서울대교구 설정 200주년 자료 총서-서한 2

코스트 요한 신부 서한집

서울대교구 설정 200주년 자료 총서-서한 2
코스트 요한 신부 서한집

펴낸 날 2023년 2월 15일 초판 1쇄 발행

펴낸 이 손희송
편집인 조한건
지은이 코스트
옮긴 이 연숙진
펴낸 곳 한국교회사연구소
　　　　서울 중구 삼일대로 330 평화빌딩
　　　　대표전화 02-756-1691
　　　　팩시밀리 02-2269-2692
　　　　홈페이지 www.history.re.kr

인쇄·제본 분도인쇄소

등록번호 1981년 11월 16일 제10-132호
교회인가 2022년 10월 6일

ISBN 979-11-85700-42-7 (94230)
　　　　979-11-85700-39-7 (세트)

정가 30,000원
ⓒ 한국교회사연구소, 2023

서울대교구 설정
200주년 자료 총서 | 서한 ❷

코스트 요한 신부
서한집

한국교회사연구소

간행사

　한국교회사연구소는 오는 2031년 서울대교구 설정 200주년을 맞아 교구사 집필에 필요한 기초 자료집들을 꾸준히 발간하고 있습니다. 잘 아시겠지만 서울대교구의 역사는 한국 천주교회의 역사이기에 자료 수집 및 연구의 범위를 가늠하기도 쉽지 않고, 처음 세운 계획대로 일을 진행해 나가는 데에도 전문 인력, 예산 등 여러 가지 변수로 많은 어려움이 따릅니다. 그럼에도 꼭 해야만 하는 작업이기에 우선 정리된 기초 자료를 중심으로 서울대교구 설정 200주년 자료를 총서로 간행하기로 하였습니다.

　작년에 『한기근 바오로 신부 서한집』이 간행되었고, 이번에는 개항기에 파리외방전교회 선교사로 활동하셨던 코스트(E.J.G. Coste, 高宜善, 1842~1896) 신부님의 편지를 모아 두 번째 서한집 총서로 『코스트 요한 신부 서한집』을 출간합니다. 명동에 있는 꼬스트홀은 바로 이분의 이름에서 따온 것입니다.

　코스트 신부님 하면 보통 세 가지가 떠오릅니다. 약현 성당과 종현(현 명동) 성당을 지은 건축가, 『한불자전』·『한어문전』이 활판으로 나올 수 있도록 도와준 인쇄업자, 그리고 뛰어난 외국어 실력으로 외교적인 문제들을 풀어 가도록 협조한 외교가 등의 이미지입니다. 이번 자료집에는 이와 관련된 여러 역사의 현장에서 발로 뛰신 코스트 신부님의 모습이 담겨 있습니다. 그런데 명동 성당이 완공되는 과정은 의외로 찾기가 쉽지 않았습니다. 완공을 2년 앞둔 1896년 2월에 갑작스러운 열병으로 선종하셨기 때문입니다.

그 뒤를 이어서 프와넬 신부님께서 명동 성당을 완성하시게 됩니다.

　코스트 신부님은 선교를 위해 파리외방전교회에 들어가 홍콩과 싱가포르에서 활동하면서 익힌 건축 기술을 바로 한국에서 펼치시게 됩니다. 1874년 상해 대표부 대표를 맡으면서 조선 선교를 자원하셨고, 그 이후로 줄곧 인쇄를 통한 문서 선교, 종교 자유를 향한 외교적 노력, 건축을 통한 공간의 성화(聖化)에 한 생애를 바치셨습니다.

　이번 자료집을 계기로 개항기의 부족한 사료들이 지속적으로 보충되기를 기대합니다. 한 권의 책을 낼 때마다 많은 분들의 얼굴을 떠올리게 됩니다. 이번에 번역을 맡아준 연숙진 아녜스 선생님께 감사의 인사를 드립니다. 그리고 연구소를 위해 큰 힘과 버팀목이 되어 주시는 교구장 정순택 대주교님과 재단 이사장 손희송 주교님께도 감사의 인사를 올립니다. 끝으로 여러 가지 어려운 여건 속에서도 묵묵히 자신의 자리에서 연구소의 발전과 성장을 위해 힘을 모아주는 직원들과 연구소가 출간한 자료들을 읽고 연구하고 격려해 주시는 분들께 감사드립니다.

2023년 1월 새해를 맞으며

한국교회사연구소 소장
조한건 프란치스코 신부

목 차

간행사 ··· 06
연표 ··· 18
해제 ··· 20
일러두기 ··· 29

01. 리델 주교가 코스트 신부에게 보낸 1876년 4월 9일 자 편지 ········ 33
    Lettre de Mgr Ridel à M. Coste [AMEP v. 580 ff. 65~68] ········ 365

02. 리샤르 신부가 코스트 신부에게 보낸 1876년 4월 9일 자 편지 ···· 36
    Lettre de M. Richard à M. Coste [AMEP v. 580 ff. 69~71bis] ···· 367

03. 드게트 신부가 코스트 신부에게 보낸 1876년 4월 28일 자 편지 ···· 40
    Lettre de M. Deguette à M. Coste [AMEP v. 580 ff. 78~80] ···· 370

04. 리델 주교가 상해 대표부의 코스트 신부에게 보낸 1876년 5월 16일 자 편지 ··· 42
    Lettre de Mgr Ridel à M. Coste [AMEP v. 580 ff. 104~107] ···· 371

05. 리델 주교가 상해 대표부의 코스트 신부에게 보낸 1876년 6월 5일 자 편지 ···· 45
    Lettre de Mgr Ridel à M. Coste [AMEP v. 580 ff. 112~115] ···· 374

06. 리델 주교가 상해 대표부의 코스트 신부에게 보낸 1876년 6월 15일 자 편지 ··· 49
    Lettre de Mgr Ridel à M. Coste [AMEP v. 580 ff. 116~118bis] ···· 377

07. 리델 주교가 상해 대표부의 코스트 신부에게 보낸 1876년 6월 22일 자 편지 ··· 52
    Lettre de Mgr Ridel à M. Coste [AMEP v. 580 ff. 119~122] ···· 380

08. 코스트 신부가 파리외방전교회 신학교 지도자 신부들에게 보낸 1876년 7월 1일 자 편지 ··· 54
    Lettre de P. J. Coste Procureur à Changhay à Messieurs les Directeurs du Séminaire des Missions Etrangères [SC Cina e Regni Adiacenti, vol. 26, f. 856r-856v] ···· 382

09.	코스트 신부가 홍콩 대표부의 르모니에 신부에게 보낸 1876년 10월 28일 자 편지	56
	Lettre de M. Coste à M. Lemonnier [AMEP v. 580 ff. 167~170]	384
10.	코스트 신부가 달레 신부에게 보낸 1877년 8월 8일 자 편지	61
	Lettre de M. Coste à M. Dallet [AMEP v. 580 ff. 232~233]	387
11.	코스트 신부가 암브루스터 신부에게 보낸 1877년 9월 24일 자 편지	63
	Lettre de M. Coste à M. Armbruster [H-12 문서]	388
12.	코스트 신부가 루세이유 신부에게 보낸 1877년 9월 24일 자 편지	69
	Lettre de M. Coste à M. Rouseille [BH-2 문서]	392
13.	코스트 신부가 홍콩 대표부의 르모니에 신부에게 보낸 1877년 10월 6일 자 편지	71
	Lettre de M. Coste à M. Lemonnier [AMEP v. 580 ff. 241~244]	394
14.	리샤르 신부가 요코하마에 있는 코스트 신부에게 보낸 1878년 4월 21일 자 편지	76
	Lettre de M. Richard à M. Coste [AMEP v. 580 ff. 336~337]	398
15.	코스트 신부가 홍콩 대표부의 르모니에 신부에게 보낸 1878년 4월 30일 자 편지	79
	Lettre de M. Coste à M. Lemonnier [AMEP v. 580 ff. 344~347]	400
16.	코스트 신부가 파리 신학교 지도자 신부들에게 보낸 1878년 5월 20일 자 편지	83
	Lettre de M. Coste aux Directeurs de Paris [AMEP v. 580 ff. 348~351]	403
17.	코스트 신부가 파리 신학교 지도자 신부들에게 보낸 1878년 6월 10일 자 편지	87
	Lettre de M. Coste aux Directeurs de Paris [AMEP v. 580 ff. 356~356c]	406
18.	코스트 신부가 파리 신학교 지도자 신부들에게 보낸 1878년 7월 13일 자 편지	90
	Lettre de M. Coste aux Directeurs de Paris [AMEP v. 580 ff. 385~385c]	409
19.	코스트 신부가 홍콩 대표부의 르모니에 신부에게 보낸 1878년 8월 4일 자 편지	92
	Lettre de M. Coste à M. Lemonnier [AMEP v. 580 ff. 392~394]	411
20.	코스트 신부가 홍콩 대표부의 르모니에 신부에게 보낸 1878년 12월 18일 자 편지	94
	Lettre de M. Coste à M. Lemonnier [AMEP v. 580 ff. 531~533]	413
21.	코스트 신부가 홍콩 대표부의 르모니에 신부에게 보낸 1879년 1월 28일 자 편지	96
	Lettre de M. Coste à M. Lemonnier [AMEP v. 580 ff. 541~544]	415
22.	코스트 신부가 홍콩 대표부의 르모니에 신부에게 보낸 1879년 3월 26일 자 편지	99
	Lettre de M. Coste à M. Lemonnier [AMEP v. 580 ff. 549~552]	417
23.	코스트 신부가 홍콩 대표부의 르모니에 신부에게 보낸 1879년 5월 30일 자 편지	101
	Lettre de M. Coste à M. Lemonnier [AMEP v. 580 ff. 612~614]	419

24. 코스트 신부가 홍콩 대표부의 르모니에 신부에게 보낸 1879년 8월 8일 자 편지 ······ 103
   Lettre de M. Coste à M. Lemonnier [AMEP v. 580 ff. 627~629] ······ 421

25. 코스트 신부가 홍콩 대표부의 르모니에 신부에게 보낸 1879년 9월 19일 자 편지 ······ 105
   Lettre de M. Coste à M. Lemonnier [AMEP v. 580 ff. 650~653] ······ 423

26. 코스트 신부가 홍콩 대표부의 르모니에 신부에게 보낸 1880년 3월 12일 자 편지 ······ 107
   Lettre de M. Coste à M. Lemonnier [AMEP v. 580 ff. 784~786bis] ······ 425

27. 코스트 신부가 홍콩 대표부의 르모니에 신부에게 보낸 1880년 12월 11일 자 편지 ······ 109
   Lettre de M. Coste à M. Lemonnier [AMEP v. 580 ff. 897~900] ······ 427

28. 일본 주재 프랑스 공사 로케트가 코스트 신부에게 보낸 1881년 1월 7일 자 편지 ······ 112
   Lettre de la Légation de France au Japon à M. Coste [뮈텔 문서 1881-1] ······ 430

29. 코스트 신부가 홍콩 대표부의 르모니에 신부에게 보낸 1881년 1월 21일 자 편지 ······ 113
   Lettre de M. Coste à M. Lemonnier [AMEP v. 580 ff. 913~916] ······ 431

30. 코스트 신부가 홍콩 대표부의 르모니에 신부에게 보낸 1881년 5월 21일 자 편지 ······ 118
   Lettre de M. Coste à M. Lemonnier [AMEP v. 580 ff. 950~951] ······ 434

31. 코스트 신부가 홍콩 대표부의 르모니에 신부에게 보낸 1881년 7월 15일 자 편지 ······ 120
   Lettre de M. Coste à M. Lemonnier [AMEP v. 580 ff. 961~963bis] ······ 436

32. 코스트 신부가 홍콩 대표부의 르모니에 신부에게 보낸 1882년 2월 13일 자 편지 ······ 122
   Lettre de M. Coste à M. Lemonnier [AMEP v. 580 ff. 977~978] ······ 438

33. 코스트 신부가 홍콩 대표부의 르모니에 신부에게 보낸 1882년 5월 16일 자 편지 ······ 124
   Lettre de M. Coste à M. Lemonnier [AMEP v. 580 ff. 991~993] ······ 440

34. 코스트 신부가 홍콩 대표부의 르모니에 신부에게 보낸 1882년 6월 9일 자 편지 ······ 126
   Lettre de M. Coste à M. Lemonnier [AMEP v. 580 ff. 1021~1022] ······ 442

35. 코스트 신부가 [극동 아시아 대표] 암브루스터 신부에게 보낸 1882년 6월 9일 자 편지 ······ 128
   Lettre de M. Coste à M. Armbruster ······ 443

36. 코스트 신부가 중국 주재 프랑스 대사 부레에게 보낸 1882년 6월 25일 자 편지 ······ 130
   Lettre de M. Coste à M. Bourée, ambassadeur de France en Chine [뮈텔 문서 1882-1] ······ 445

37. 코스트 신부가 중국 주재 프랑스 영사 디용에게 보낸 1882년 7월 29일 자 편지 ······ 133
   Lettre de M. Coste à M. Dillon [뮈텔 문서 1882-2] ······ 449

38. 코스트 신부가 리델 주교에게 보낸 1882년 9월 4일 자 편지 ·············· 136
    Lettre de M. Coste à Mgr Ridel [AMEP v. 580 ff. 1048~1051]   452

39. 코스트 신부가 홍콩 대표부의 르모니에 신부에게 보낸 1882년 11월 6일 자 편지 ·· 141
    Lettre de M. Coste à M. Lemonnier [AMEP v. 580 ff. 1064~1066]   455

40. 코스트 신부가 홍콩 대표부의 르모니에 신부에게 보낸 1883년 4월 9일 자 편지 ·· 143
    Lettre de M. Coste à M. Lemonnier [AMEP v. 580 ff. 1097~1099]   457

41. 코스트 신부가 상해 대표부의 마르티네 신부에게 보낸 1883년 5월 7일 자 편지 ·· 145
    Lettre de M. Coste à M. Martinet [AMEP v. 580 ff. 1127~1127c]   459

42. 코스트 신부가 상해 대표부의 샤퓌 신부에게 보낸 1883년 6월 4일 자 편지 ···· 148
    Lettre de M. Coste à M. Chapuis [AMEP v. 580 ff. 1135~1137]   460

43. 코스트 신부가 홍콩 대표부의 르모니에 신부에게 보낸 1883년 8월 21일 자 편지 · 150
    Lettre de M. Coste à M. Lemonnier [AMEP v. 580 ff. 1156~1158]   462

44. 코스트 신부가 홍콩 대표부의 르모니에 신부에게 보낸 1883년 11월 14일 자 편지 · 152
    Lettre de M. Coste à M. Lemonnier [AMEP v. 580 ff. 1166~1168]   464

45. 코스트 신부가 홍콩 대표부의 르모니에 신부에게 보낸 1884년 1월 6일 자 편지 ·· 154
    Lettre de M. Coste à M. Lemonnier [AMEP v. 580 ff. 1180~1182]   466

46. 코스트 신부가 받은 블랑 주교와 뮈텔 신부의 1884년 2월 5일 자 편지 일부 발췌 ·· 156
    Lettres extraits, adressées à M. Coste de Mgr Blanc et M. Mutel [AMEP v. 580 ff. 1187~1190] 468

47. 코스트 신부가 상해 대표부의 마르티네 신부에게 보낸 1884년 3월 19일 자 편지 · 161
    Lettre de M. Coste à M. Martinet [AMEP v. 580 ff. 1215~1219b]   472

48. 코스트 신부가 상해 대표부의 마르티네 신부에게 보낸 1884년 11월 21일 자 편지 · 166
    Lettre de M. Coste à M. Martinet [AMEP v. 580 ff. 1265~1268]   476

49. 코스트 신부가 로마 대표부의 카즈나브 신부에게 보낸 1884년 11월 22일 자 편지 · 169
    Lettre de M. Coste à M. Cazenave [BH-2 문서]   479

50. 코스트 신부가 상해 대표부의 마르티네 신부에게 보낸 1884년 12월 26일 자 편지 · 172
    Lettre de M. Coste à M. Martinet [AMEP v. 580 ff. 1286~1289]   482

51. 코스트 신부가 홍콩 대표부의 르모니에 신부에게 보낸 1885년 5월 30일 자 편지 · 175
    Lettre de M. Coste à M. Lemonnier [AMEP v. 580 ff. 1321~1322b]   485

52. 코스트 신부가 홍콩 대표부의 르모니에 신부에게 보낸 1885년 8월 10일 자 편지 —— 177
   Lettre de M. Coste à M. Lemonnier [AMEP v. 580 ff. 1348~1349] —— 487

53. 코스트 신부가 홍콩 대표부의 르모니에 신부에게 보낸 1885년 10월 12일 자 편지 —— 179
   Lettre de M. Coste à M. Lemonnier [AMEP v. 580 ff. 1350~1350c] —— 489

54. 코스트 신부가 홍콩 대표부의 르모니에 신부에게 보낸 1885년 12월 15일 자 편지 —— 181
   Lettre de M. Coste à M. Lemonnier [AMEP v. 580 ff. 1363~1365c] —— 491

55. 코스트 신부가 상해 대표부의 마르티네 신부에게 보낸 1886년 1월 18일 자 편지 —— 185
   Lettre de M. Coste à M. Martinet [AMEP v. 580 ff. 1366~1369] —— 494

56. 코스트 신부가 홍콩 대표부의 르모니에 신부에게 보낸 1886년 4월 2일 자 편지 —— 188
   Lettre de M. Coste à M. Lemonnier [AMEP v. 580 ff. 1396~1398] —— 497

57. 일본 교구의 경리 담당인 페티에 신부가 코스트 신부에게 보낸 1886년 4월 21일 자 편지 —— 190
   Lettre de M. Pettier à M. Coste [AMEP v. 580 ff. 1428~1428b] —— 499

58. 코스트 신부가 성영회 총장에게 보낸 1885~86년도 조선 성영회 현황 보고서
   (1886년 9월 23일 작성) —— 192
   Rapport de l'œuvre de la Sainte Enfance, Mission de Corée 1885~1886
   [AMEP v. 580 ff. 1457~1465] —— 500

59. 코스트 신부가 홍콩 대표부의 르모니에 신부에게 보낸 1887년 2월 24일 자 편지 —— 203
   Lettre de M. Coste à M. Lemonnier [AMEP v. 581 ff. 26~28] —— 511

60. 코스트 신부가 상해 대표부의 마르티네 신부에게 보낸 1887년 6월 2일 자 편지 —— 205
   Lettre de M. Coste à M. Martinet [AMEP v. 581 ff. 36~38b] —— 513

61. 코스트 신부가 루세이유 신부에게 보낸 1887년 10월 3일 자 편지 —— 208
   Lettre de M. Coste à M. Rousseille [H-8 문서] —— 515

62. 코스트 신부가 [블랑] 주교에게 보낸 1887년 10월 22일 자 편지 —— 211
   Lettre de M. Coste à Mgr Blanc [뮈텔 문서 1887-13] —— 518

63. 코스트 신부가 루세이유 신부에게 보낸 1888년 2월 6일 자 편지 —— 213
   Lettre de M. Coste à M. Rouseille [H-8 문서] —— 520

64. 코스트 신부가 조선 주재 러시아 대리 공사인 베베르에게 보낸 1888년 2월 8일 자 편지 —— 215
   Lettre de M. Coste à M. Weber [뮈텔 문서 1888-49] —— 522

65. 코스트 신부가 홍콩 대표부의 르모니에 신부에게 보낸 1888년 3월 18일 자 편지 — 217
Lettre de M. Coste à M. Lemonnier [AMEP v. 581 ff. 108~110] — 524

66. 코스트 신부가 상해 대표부의 마르티네 신부에게 보낸 1888년 4월 29일 자 편지 — 219
Lettre de M. Coste à M. Martinet [AMEP v. 581 ff. 119~122] — 526

67. 코스트 신부가 콜랭 드 플랑시에게 보낸 1888년 6월 15일 자 편지 — 222
Lettre de M. Coste à Mgr Blanc [뮈텔 문서 1888-13] — 529

68. 코스트 신부가 상해 대표부의 마르티네 신부에게 보낸 1888년 6월 24일 자 편지 — 224
Lettre de M. Coste à M. Martinet [AMEP v. 580 ff. 127~130] — 532

69. 코스트 신부가 루세이유 신부에게 보낸 1888년 7월 16일 자 편지 — 227
Lettre de M. Coste à M. Rouseille [H-8 문서] — 535

70. 종현 성당[명동 성당] 토지 소유권 문제에 관한 보고서(1888년 7월 25일 작성 추정) — 229
Rapport concernant l'affaire de la propriété du Tjyong-hyen [뮈텔 문서1888-83] — 536

71. 코스트 신부가 주한 프랑스 공사 콜랭 드 플랑시에게 보낸 1888년 9월 26일 자 편지 — 237
Lettre de M. Coste à M. Colin de Plancy [뮈텔 문서 1888-49] — 543

72. 코스트 신부가 주한 프랑스 공사 콜랭 드 플랑시에게 보낸 1888년 11월 20일 자 편지 — 238
Lettre de M. Coste à M. le Ministre [뮈텔 문서 1888-62-a] — 544

73. 코스트 신부가 빌렘 신부에게 보낸 1888년 11월 20일 자 편지 — 240
Lettre de M. Coste à M. Wilhelm [뮈텔 문서 1888-62b] — 546

74. 코스트 신부가 루세이유 신부에게 보낸 1889년 1월 5일 자 편지 — 243
Lettre de M. Coste à M. Rouseille [H-8 문서] — 548

75. 코스트 신부가 게랭에게 보낸 1889년 8월 14일 자 편지 — 245
Lettre de M. Coste à M. Guérin [뮈텔 문서 1889-77] — 550

76. 코스트 신부가 홍콩 대표부의 르모니에 신부에게 보낸 1889년 10월 21일 자 편지 — 246
Lettre de M. Coste à M. Lemonnier [AMEP v. 581 ff. 420~420-1] — 551

77. 코스트 신부가 주한 프랑스 공사 콜랭 드 플랑시에게 보낸 1890년 2월 23일 자 편지 — 247
Lettre de M. Coste à M. Collin de Plancy [뮈텔 문서 1890-12] — 552

78. 코스트 신부가 상해 대표부의 마르티네 신부에게 보낸 1890년 3월 10일 자 편지 — 248
Lettre de M. Coste à M. Martinet [H-13 문서] — 553

79. 코스트 신부가 주한 프랑스 공사 콜랭 드 플랑시에게 보낸 1890년 3월 10일 자 편지 —— 250
    Lettre de M. Coste à M. Collin de Plancy [뮈텔 문서 1890-20]　　　　　555

80. 코스트 신부가 주한 프랑스 공사 콜랭 드 플랑시에게 보낸 1890년 3월 13일 자 편지 —— 251
    Lettre de M. Coste à M. Collin de Plancy [뮈텔 문서 1890-22]　　　　　556

81. 코스트 신부가 주한 프랑스 공사 콜랭 드 플랑시에게 보낸 1890년 4월 7일 자 편지 —— 252
    Lettre de M. Coste à M. Colin de Plancy [뮈텔 문서 1890-31]　　　　　557

82. 코스트 신부가 주한 프랑스 공사 콜랭 드 플랑시에게 보낸 1890년 4월 14일 자 편지 —— 254
    Lettre de M. Coste à M. Collin de Plancy [뮈텔 문서 1890-29]　　　　　558

83. 코스트 신부가 상해 대표부의 마르티네 신부에게 보낸 1890년 4월 15일 자 편지 —— 255
    Lettre de M. Coste à M. Martinet [H-13 문서]　　　　　559

84. 코스트 신부가 루세이유 신부에게 보낸 1890년 4월 16일 자 편지 —— 258
    Lettre de M. Coste à M. Rouseille [H-8 문서]　　　　　562

85. 코스트 신부가 작성한 앙드레 신부의 부고(1890년 4월 21일) —— 260
    Notice nécrologique de M. André [AMEP v. 581 ff. 481~488]　　　　　564

86. 코스트 신부가 주한 프랑스 공사 콜랭 드 플랑시에게 보낸 1890년 4월 27일 자 편지 —— 265
    Lettre de M. Coste à M. Colin de Plancy [뮈텔 문서 1890-34]　　　　　568

87. 코스트 신부가 주한 프랑스 공사 콜랭 드 플랑시에게 보낸 1890년 5월 1일 자 편지 —— 267
    Lettre de M. Coste à M. Colin de Plancy [뮈텔 문서 1890-38]　　　　　570

88. 코스트 신부가 주한 프랑스 공사 콜랭 드 플랑시에게 보낸 1890년 5월 9일 자 편지 —— 268
    Lettre de M. Coste à M. Colin de Plancy [뮈텔 문서 1890-40]　　　　　571

89. 코스트 신부가 주한 프랑스 공사 콜랭 드 플랑시에게 보낸 1890년 5월 15일 자 편지 —— 270
    Lettre de M. Coste à M. Colin de Plancy [뮈텔 문서 1890-42]　　　　　574

90. 코스트 신부가 포교성성 장관 시메온 추기경에게 보낸 1890년 5월 19일 자 편지 —— 271
    Lettre de P. Coste au Cardinal Simeoni, Préfet de la Propagande
    [SC Cina e Regni Adiacenti, vol. 26, f. 293r-293v]　　　　　575

91. 코스트 신부가 주한 프랑스 공사 콜랭 드 플랑시에게 보낸 1890년 6월 16일 자 편지 —— 273
    Lettre de M. Coste à M. Colin de Plancy [뮈텔 문서 1890-69]　　　　　576

92. 전라도 고산 지역 신자들이 외국인들에게 당한 핍박을 코스트 신부에게 하소연하는
    1890년 6월 17일 자 편지 [뮈텔 문서 1890-63] ··············· 274

93. 코스트 신부가 주한 프랑스 공사 콜랭 드 플랑시에게 보낸 1890년 8월 3일 자 편지 ··· 276
    Lettre de M. Coste à M. Collin de Plancy [뮈텔 문서 1890-30] ············· 577

94. 코스트 신부가 주한 프랑스 공사 콜랭 드 플랑시에게 보낸 1890년 8월 21일 자 편지 ··· 277
    Lettre de M. Coste à M. Collin de Plancy [뮈텔 문서 1890-58] ············· 578

95. 코스트 신부가 주한 프랑스 공사 콜랭 드 플랑시에게 보낸 1890년 8월 22일 자 편지 ··· 279
    Lettre de M. Coste à M. Collin de Plancy [뮈텔 문서 1890-60] ············· 580

96. 코스트 신부가 모리스 쿠랑에게 보낸 1890년 9월 1일 자 편지 ··············· 280
    Lettre de M. Coste à M. Courant [뮈텔 문서 1890-61] ············· 581

97. 코스트 신부가 작성한 조선 포교지 1890년 연말 보고서(1890년 9월 14일) ······· 282
    Compte-rendu de l'administration de 1890, écrit par M. Coste
    [AMEP v. 581 ff. 491~504] ············· 583

98. 코스트 신부가 주한 프랑스 공사 콜랭 드 플랑시에게 보낸 1890년 9월 19일 자 편지 ··· 304
    Lettre de M. Coste à M. Collin de Plancy [뮈텔 문서 1890-69] ············· 603

99. 코스트 신부가 루세이유 신부에게 보낸 1890년 10월 14일 자 편지 ··············· 305
    Lettre de M. Coste à M. Rouseille [H-8 문서] ············· 604

100. 코스트 신부가 주한 프랑스 공사 콜랭 드 플랑시에게 보낸 1890년 10월 18일 자 편지 ··· 307
    Lettre de M. Coste à M. Collin de Plancy [뮈텔 문서 1891-84] ············· 606

101. 요셉 마라발 신부가 코스트 신부에게 보낸 1890년 10월 27일 자 편지 ··············· 308
    Lettre de M. Maraval à M. Coste [AMEP v. 581 ff. 505~509-1] ············· 608

102. 코스트 신부가 델페슈 신부에게 보낸 1890년 11월 26일 자 편지 ··············· 312
    Lettre de M. Coste à M. Delpech [AMEP v. 581 ff. 510~516] ············· 612

103. 코스트 신부가 주한 프랑스 공사 콜랭 드 플랑시에게 보낸 1890년 12월 20일 자 편지 ··· 315
    Lettre de M. Coste à M. Collin de Plancy [뮈텔 문서 1890-70] ············· 615

104. 코스트 신부가 주한 프랑스 공사 콜랭 드 플랑시에게 보낸 1891년 1월 11일 자 편지 ··· 316
    Lettre de M. Coste à M. Collin de Plancy [뮈텔 문서 1891-1] ············· 616

105. 코스트 신부가 주한 프랑스 공사 콜랭 드 플랑시에게 보낸 1891년 2월 3일 자 편지 ─── 318
    Lettre de M. Coste à M. Collin de Plancy [뮈텔 문서 1891-52] ─── 618

106. 코스트 신부가 주한 프랑스 공사 콜랭 드 플랑시에게 보낸 1891년 2월 5일 자 편지 ─── 319
    Lettre de M. Coste à M. Collin de Plancy [뮈텔 문서 1891-54] ─── 619

107. 코스트 신부가 루세이유 신부에게 보낸 1892년 9월 15일 자 편지 ─── 320
    Lettre de M. Coste à M. Rouseille [H-8 문서] ─── 620

108. 코스트 신부가 홍콩 대표부의 마르티네 신부에게 보낸 1893년 3월 1일 자 편지 ─── 323
    Lettre de M. Coste à M. Martinet [H-13 문서] ─── 622

109. 코스트 신부가 뮈텔 주교에게 보낸 1893년 4월 24일 자 편지 ─── 326
    Lettre de M. Coste à Mgr Mutel [뮈텔 문서 1893-148] ─── 624

110. 코스트 신부가 주한 프랑스 공사 콜랭 드 플랑시에게 보낸 1893년 8월 29일 자 편지 ─── 327
    Lettre de M. Coste à M. Colin de Plancy [뮈텔 문서 1893-163] ─── 625

111. 「조선의 일본인들」이란 제목의 보고서 필사본(1894년 7월 16일) ─── 329
    Notice sur «Les Japonais en Corée» [AMEP v. 581 ff. 1006~1010] ─── 627

112. 코스트 신부가 상해 대표부의 로베르 신부에게 보낸 1894년 7월 17일 자 편지 ─── 334
    Lettre de M. Coste à M. Robert ─── 631

113. 코스트 신부가 뮈텔 주교에게 보낸 1895년 9월 16일 자 편지 ─── 339
    Lettre de M. Coste à Mgr Mutel ─── 635

114. 코스트 신부의 부고 알림 인쇄문(1896년 2월 29일) ─── 340
    Avis de décès de P. Coste [뮈텔 문서 1896-191] ─── 636

115. 코스트 신부의 부고를 알리는 한문 서한(1896년 2월 29일) ─── 342

116. 1896년 3월 1일 거행된 코스트 신부의 장례식 참석자·초대자 명단 ─── 344
    Liste des participants de la cérémonie funéraire du père Coste
    [뮈텔 문서 1896-145, 202~205] ─── 637

117. 코스트 신부의 선종을 애도하는 영국 부영사 윌킨스의 1896년 3월 1일 자 편지 ─── 350
    Lettre de condoléances de Vice-Consulat de S. M. B. [뮈텔 문서 1896-183] ─── 640

118. 제물포 세관장 우 리탕의 코스트 신부 선종을 애도하는 1896년 3월 2일 자 편지 ─── 351
    Lettre de condoléances de M. et Mme. Woo Litang [뮈텔 문서 1896-194] ─── 641

119. 제물포 해관 총세무사 스트리플링이 뮈텔 주교에게 보낸 코스트 신부 선종을 애도하는
  1896년 3월 5일 자 편지 ··· 352
    Lettre de condoléances de Stripling à Mgr. Mutel [뮈텔 문서 1896-195] ·············· 642

120. J. H. 헌트가 뮈텔 주교에게 보낸 코스트 신부 선종을 애도하는 1896년 3월 6일 자 편지 ···· 354
    Lettre de condoléances de J.H. Hunt à Mgr. Mutel [뮈텔 문서 1896-196] ············· 643

121. 살몽 신부가 뮈텔 주교에게 보낸 코스트 신부 선종을 애도하는 1896년 3월 16일 자 편지 ···· 355
    Lettre de condoléances de M. A. Salmon à Mgr. Mutel [뮈텔 문서 1896-185] ····· 644

122. 나가사키 샤트롱 주교가 뮈텔 주교에게 보낸 코스트 신부의 선종을 애도하는
  1896년 3월 17일 자 편지 ··· 356
    Lettre de condoléances de Ev. Jules A. Chatron [뮈텔 문서 1896-198] ················· 645

123. 하코다테 샬트르 성 바오로 수녀회의 마리 오귀스트 수녀가 뮈텔 주교에게 보낸
  코스트 신부 선종을 애도하는 1896년 3월 18일 자 편지 ·· 358
    Lettre de condoléances de Sr Marie-Auguste à Mgr. Mutel [뮈텔 문서 1896-260] ····· 646

124. 코스트 신부의 사망 증명서(1896년 5월 7일, 서울) ·· 359
    Acte de décès de M. Coste [AMEP v. 581 ff. 1370~1370-1] ································ 647

  부록 | 고인의 간략한 생애 ··· 653
      Notice Nécrologique [뮈텔 문서 1896-201] ·· 677

  색인 ·· 700

연 표

1842. 04. 17	프랑스 남부 랑그도크루시용(Languedoc-Roussillon) 지방 에로(Hérault)주 아니안느(Aniane)읍 몽타르노(Montarnaud)에서 장 코스트와 펠리시테 아귀용의 1남 1녀 중 장남으로 출생
	로데즈(Rodez)교구의 벨몽(Belmont) 소신학교 졸업
	몽펠리에(Montpellier)의 선교 수도회 대신학교 입학
1866. 12. 10	파리외방전교회 입회
1868. 06. 06	사제 수품
1868. 07. 15	홍콩 대표부로 파견되어 12월에 부대표(sous-procureur)로 임명
1870. 12~1872. 06	싱가포르 대표부 대표(procureur) 역임
1872. 06	홍콩 대표부 대표 역임
1874	상해 대표부 대표 역임
1874. 09. 21	조선대목구 파견 청원
1875. 11	만주 차쿠(岔溝) 도착 후, 리델 주교의 지시로 『한불자전(韓佛字典)』필사 및 대조 작업과 조선어 공부
1878~1881	일본 요코하마(横浜)에서 인쇄 책임을 맡아 『한불자전』(1880년 12월)과 『한어문전(韓語文典)』(1881년) 출간
1880. 09. 28 이후	리샤르(E. Richard, 蔡) 신부 선종으로 조선 포교지의 경리 담당 겸임
1881 가을	일본 나가사키(長崎)에 성서 활판소를 설립하고, 본격적으로 한글 및 한역 기도서 등 인쇄 시작
1882. 10	순교자 4위(보령 갈매못에서 순교한 다블뤼 주교, 위앵 신부, 오메트르 신부, 장주기 요셉)의 유해를 나가사키로 이장

1885. 11. 08	조선 파견 자원한 지 10년 만에 조선 입국
1886. 01. 01	조선대목구장 블랑(J. Blanc, 白圭三) 주교의 대목구장 직무 대행으로 임명
1886	일본 나가사키의 성서 활판소를 서울로 이전
1887	종현 언덕 부지에 주교관, 인쇄소, 수녀원, 성영회(聖嬰會), 고아원 등 교회 건물 짓기 시작
	이후 계속해서 종현(현 명동) 성당, 약현(현 중림동 약현) 성당, 용산 예수성심신학교 등의 건축 설계 및 감독
1888. 07 이후	조선에 첫 진출한 샬트르 성 바오로 수녀회 지도 신부 담당
1890. 02~09	블랑 주교의 선종(2월 21일)으로 대목구장 직무 대행 수행
1890. 09. 08	고아원 겸 수녀원 완공
	성영회 지도 신부 전담
1891. 04. 19	뮈텔(G. Mutel, 閔德孝) 주교 집전으로 주교관 축복식 거행
1892. 05. 08	종현 성당 정초식
1892. 09	한국 최초의 서양식 벽돌조 건물인 약현 성당 완공
1892	용산 예수성심신학교 2층 벽돌조 교사 건물 완공
1893. 04. 23	뮈텔 주교 집전으로 약현 성당 봉헌식 거행
	샬트르 성 바오로 수녀회 제물포 수녀원과 제물포(현 답동) 성당 설계
1896. 02. 28	장티푸스 열병으로 오후 5시 45분 선종
1896. 03. 01	뮈텔 주교 집전으로 오전 11시 장례 미사 봉헌
	용산 성직자 묘지 안장

해 제

햇살처럼 눈부시고 자상한 성품으로
모든 이의 삶을 환히 비추다

연숙진 | 한국천주교주교회의

위의 제목은 코스트 신부를 추모하는 어느 편지에서 발췌한 문장이다. 코스트 신부를 아는 사람들은 모두 그렇게 기억했다. 그의 한국명 고의선(高宜善)의 뜻 그대로, 코스트 신부는 하느님께 '제사를 올리듯 마땅히'(宜) 자신의 온 생애를 바쳐 하느님의 뜻에 순명한 사제였고, 겸손하고 소탈하며 '양처럼 온순하고 부드럽게 말하는'(善) 자상한 성품으로 그를 아는 모든 이의 마음을 따스하게 비추었다. 프와넬(V. Poisnel, 朴道行) 신부도 고인을 기리며 "모든 일을 질서정연하게 정성껏 최선을 다하되, 오직 하느님만을 위해서 하는 것. 이를 줄여 말하면 바로 '코스트 신부'가 된다"고 회고했다. 하느님의 선하신 뜻을 이루기 위하여 코스트 신부가 정성껏 최선을 다해 행한 그 "모든 일"을 이 서한집을 통해 확인할 수 있다. 이 서한집의 구성과 내용을 소개하기에 앞서 먼저 코스트 신부의 생애를 간략히 살펴보고자 한다.

1. 코스트 신부의 생애

으젠느 장 조르주 코스트(Eugène-Jean-George Coste, 1842~1896) 신부는

1842년 4월 17일 프랑스 남부 몽타르노(Montarnaud)에서 태어났다. 프와넬 신부가 작성한 것으로 보이는 코스트 신부의 약전[1]을 보면, 코스트 신부는 그림 같은 아름다운 자연환경 속에서 자랐고 어려서부터 예술가적 기질을 키웠으며, 신심 깊은 부모 아래 성장했다. 또한 라자로회에서 설립한 몽펠리에 대신학교에서 겸손과 소탈함과 단순함을 바탕으로 교회의 가르침을 받았다. 타고난 성품에 이러한 양성이 더해져 코스트 신부는 "상냥하고, 세심하게 배려하며, 늘 도울 준비가 된 사람", "남을 기쁘게 하는 것에서 자신의 행복을 찾은" 사제가 된다.

코스트 신부는 1866년 말 파리외방전교회에 입회했는데, 그해에 병인박해가 일어났으므로 코스트 신부는 당시 조선의 박해 상황을 익히 알고 있었을 것이다. 코스트 신부는 1868년 6월 6일 사제품을 받고 7월 15일 홍콩 대표부로 떠났다.

이후 8년 동안 홍콩, 싱가포르, 상해 대표부에서 후방에서 최전방을 지원하듯 동료 선교사들을 도왔다. 그리고 1875년 요청을 받지 않았음에도 조선 파견을 자원하고 나섰다. 이렇게 결심하게 된 배경을 두고, 파리의 지도자들에게 보낸 1875년 9월 21일 자 서한에서 코스트 신부는 조선의 선교사가 되는 것이 자신의 소명임을 밝혔다.

"(…) 저의 내면에서 들려오는 소리를 차마 뿌리칠 수 없습니다. 제 안에서 이러한 말씀이 들려옵니다. '가서 하느님의 말씀을 전하여라.' (…) 만일 더욱 느슨하고 편리한 생활로 저를 초대하는 목소리였다면 저는 유혹이라고 여겼을 것입니다. 그러나 그 목소리는 궁핍과 고통과 십자가로 저를 이끄는 것이

---

[1] 여기에 약술하는 코스트 신부의 생애는 본 서한집 653~699쪽의 약전 내용을 바탕으로 작성하였고, 직접 인용문은 대부분 이 약전에서 따온 것이다.

었습니다. (…) 저를 떠미는 거역할 수 없는 이끌림을 따라 저는 그분의 목소리에 순명하고자 합니다."

코스트 신부가 "궁핍과 고통과 십자가"라고 표현한 그대로, 1875년 당시 조선 교회의 상황은 다 무너진 폐허와 같았다. 이러한 조선으로 가도록 하느님께서 자신을 부르고 계심을 코스트 신부는 깨달았던 것이다.

한편, 병인박해 때 살아남아 1869년 조선 제6대 교구장(재위 1869~1884)이 된 리델(F. Ridel, 李福明) 주교는 1867년부터 만주 차쿠(岔溝)에 머무르며 조선 재입국을 위해 노력하였다. 차쿠는 만주 교구장 베롤 주교가 선교사들이 조선 입국 전까지 머물며 사목을 할 수 있도록 양도해 준 곳으로, 배편으로 조선과 가장 가까운 곳이었다. 리델 주교는 차쿠에 머무르며 최지혁 요한 등 교우들의 도움을 받아 『한불자전(韓佛字典)』과 조선어 문법서 『한어문전(韓語文典)』의 원고 작업을 했다. 코스트 신부가 차쿠에 도착한 1875년 당시 리델 주교는 그 편찬 작업을 마무리하고 있었다. 그리고 여러 차례의 실패 끝에 1876년 봄 마침내 조선 입국에 성공한 리델 주교는 그 두 책의 인쇄 작업을 코스트 신부에게 맡긴다.

훗날 코스트 신부는 이 인쇄 작업을 두고 "시련의 연속"이었다고 웃으며 회고했다. 최초의 조립식 한글 활자들을 만들고 1,400개가 넘는 철자들을 조합해서 인쇄하는 대단한 작업이었다. 1878년 첫 인쇄본을 시작으로 요코하마 인쇄소에서 1880년 12월에는 『한불자전』을, 이듬해 1881년에는 『한어문전』을 출간했다.

코스트 신부가 인쇄 작업을 위해 일본에 자리를 잡게 된 이유 가운데 하나는, 1875년 강화도조약의 체결로 조선의 문호가 개방되자 선교사들도 일본을 통한 조선 입국을 기대했기 때문이다. 코스트 신부와 동갑으로 이름도 같은 으젠느 리샤르(Eugené Richard, 1842~1880) 신부가 1880년 9월 28일 **병환**으로 갑작스럽게 선종하자 코스트 신부는 조선 포교지의 경리 담당도 맡았다. 한편, 인쇄 작업이 마무리되던 1881년 가을 일본을 방문한 리델 주교는 조선 내부와의 수월한 연락을 위해 나가사키에 일종의 대표부를 설치하기로 결정했다. 이에 따라 코스트 신부는 일본에 4년 더 머물렀다. 코스트 신부는 나가사키에 성서활판소를 설립하여 본격적으로 한역 및 한글 기도서들을 인쇄했고 장차 조선에 인쇄소를 설치할 목적으로 조선인 교우들에게도 인쇄 기술을 배우도록 했다.

1885년 11월 8일 코스트 신부는 마침내 '약속의 땅'을 밟았다. 조선 파견을 자원한 지 10년 만의 일이었다. 이때도 여전히 선교사들은 외교인의 눈을 피해 다녀야 했고, 밤에 주로 성무 활동을 폈다. 코스트 신부도 어느덧 마흔을 훌쩍 넘어 있었다. 지방에서 선교 활동하기에는 버거운 나이이기도 했지만 블랑(J. Blanc, 白圭三) 주교는 다재다능한 지식과 인품을 겸비한 코스트 신부를 곁에 두기를 원했다. 1886년 블랑 주교는 코스트 신부를 직무 대행(Provicaire)으로 임명했다. 한편, 조불수호통상조약의 체결로 종교의 자유를 맞이한 1887년 조선 교회의 상황을 코스트 신부는 이렇게 전했다.

"조불조약이 비준된 1887년 마침내 바깥 공기를 마음껏 쐴 수 있게 되었으니, 처음으로 우리는 수단을 입고 수도의 거리를 다닐 수 있게 된 것입니다. 그날은 우리 소중한 조선 교회가, 로마 교회가 카타콤바에서 나왔던 것처럼, 서서히 무덤에서 나온 부활을 알리는 날이었습니다."

1887년 마침내 조선 교회는 토지를 소유하고 건물을 지을 수 있었으며, 전국 규모의 전교가 가능해졌다. 무덤에서 나온 부활한 조선 교회는 이제 눈에 보이는 하느님의 집을 짓는 일이 절실했다. 성당과 주교관, 신학교, 고아원 등 교회 건물을 짓는 중대한 임무가 코스트 신부에게 맡겨졌다. 홍콩 대표부에 있을 당시 베타니아 요양소 등의 건축에 참여하여 자신의 건축적 재능을 발휘하고 실무 경험도 쌓았기에 코스트 신부는 최적임자였다. 조선 교회는 1887년 종현 언덕 부지를 매입한 뒤 성당 건축에 앞서 인쇄소와 주교관 등을 지었다.

코스트 신부는 또한 대외적으로 조선 정부의 외무 독판과 프랑스 공사를 상대로 소통하는 조선 교회의 대변인 역할을 맡았다. 더욱이 1890년 2월 21일 블랑 주교의 갑작스러운 선종으로 뮈텔(G. Mutel, 閔德孝) 주교가 입국하기 전까지 조선대목구장의 직무 대행으로 조선 교회를 이끌었다. 뮈텔 신부 다음으로 차기 조선대목구장 후보에도 올랐으나 겸손한 성품과 투명한 양심을 지니고 권위 행사를 좋아하지 않은 코스트 신부에게 이 일 년여의 직무 대행 기간도 프와넬 신부의 표현을 빌리자면 "희생의 한 해"였다. 뮈텔 주교의 입국으로 그 "책임의 짐"을 훌훌 벗어버리고, 코스트 신부는 "온전히 그의 책들과 건물들, 그리고 성영회 활동"에 전념했다. 특히 고아들을 돌보는 성영회 사업은 스스로 "우리 시대에 가장 아름다운 사업"이라 평가할 정도로 코스트 신부가 중요하게 여겼다.

1892년에는 코스트 신부가 그 설계와 감독을 맡아온 약현 성당과 용산 신학교가 완공되었고, 종현 대성당(명동 대성당) 정초식이 있었다. 1892년 9월 15일 루세이유 신부에게 보낸 서한에서 코스트 신부는 약현과 종현 성당, 용산 신학교 등의 건축 소식을 이렇게 전했다.

"남대문 밖에 감탄스러울 정도로 잘 고른 언덕 위에 지은 성당과 꼭대기에 십자가가 걸려 있는 종루를 보실 것입니다. 이 성당이 바로 두세 신부가 맡고 있는 성 요셉 성당²입니다. 옛 신학교 부지에 새롭게 건물을 지었고, 이미 35명이 넘는 신학생이 살고 있습니다. 끝으로 신부님은 그토록 오랫동안 고대해 온 주요 건물이 올라가는 것도 보실 것입니다. 신부님도 아시겠지만, 우리 언덕에 있는 두 개의 작은 둔덕 사이에 우리 대성당이 올라가고 있습니다. (…) 조선 교회의 역사상 길이 기억되고 남을 그날, 이 건물의 축성식에 신부님도 참석하시겠다고 약속하지 않으셨는지요? (…) 공사가 끝나려면 앞으로 2년은 더 걸리리라 내다보고 있습니다."

안타깝게도 "조선 교회의 역사상 길이 기억되고 남을 그날"을 코스트 신부는 정작 눈으로 보지 못했다. 완공을 2년 앞둔 1896년 2월 28일 코스트 신부는 54세의 나이에 장티푸스 열병으로 갑작스레 선종했다. 이후 대성당 건축은 프와넬 신부가 이어 맡아 2년 뒤 1898년 5월 29일 봉헌식을 가졌다.

프와넬 신부가 "일찍이 조선의 어떠한 선교사도 그만큼 오랜 경력을 누린 적은 없었다"고 말할 정도로, 코스트 신부는 당시 선교사들 가운데 보기 드물게 20년이 넘는 오랜 세월 동안 조선 교회에 봉사하며 리델 주교, 블랑 주교, 뮈텔 주교 등 세 분의 주교를 보필했고, 교회의 박해와 종교의 자유를 모두 겪은 선교사였다.

2. 서한집 구성과 내용

이 서한집은 코스트 신부가 조선 파견 선교사로 자원한 이후 1876년부

---

2 약현 성당은 1891년 초대 주임 두세(C. Doucet, 丁加彌, 1853~1917) 신부가 부지를 매입하고, 코스트 신부가 설계를 맡아 1891년 착공하여 1892년 9월 완공했다. 남대문 밖에 있다고 하여 '문밖 성당', '성 요셉 성당'으로도 불렸다.

터 선종한 1896년 사이 작성된 서한들과 보고서 등을 묶은 것이다. 그 가운데 코스트 신부가 직접 쓴 서한과 보고서 등은 전체 124편 가운데 99편으로, 1876년에서 1895년 사이 작성되었다. 1896년 2월 28일 코스트 신부의 갑작스러운 선종 직후 고인을 추모하는 애도 편지들과 코스트 신부의 사망 증명서, 코스트 신부의 약전 등도 실었다.

수신인을 중심으로 보면, 홍콩과 상해 대표부에 보낸 서한이 각각 31통과 11통으로 가장 많고, 조선 주재 프랑스 공사로 선교사들에게 적극적 도움을 준 콜랭 드 플랑시[3]에게 보낸 서한이 23통이다. 이 서한집에 포함되지는 않았지만 콜랭 드 플랑시가 코스트 신부에게 보낸 서한들을 보면 두 사람이 긴밀한 협력과 우정을 나눴음을 알 수 있다. 파리외방전교회 본부의 지도자들 등에게 보낸 서한이 11통, 그밖에 1890년 연말 보고서, 1885~1886년 조선 성영회 활동 보고서, 선교사 약전, 신문 기고 기사 등 6편이 있다.

한편, 1876년 차쿠에서 리델 주교 등이 상해 대표부에 있던 코스트 신부에게 보낸 서한들은 코스트 신부가 조선 파견을 자원하고 차쿠로 오기까지의 과정을 보여준다. 작성 장소를 중심으로 보면, 1876년 가을에서 1877년 사이 코스트 신부가 차쿠에 머무르면서 인근 체푸(芝罘)나 양관(陽關) 등지에서 파리 본부와 홍콩 대표부에 보낸 서한이 5통, 이후 1878년부터 1885년까지 『한

---

3 콜랭 드 플랑시(Victor Collin de Plancy, 葛林德, 1853~1922) : 1877년부터 11년 동안 북경 주재 프랑스 공사관의 통역관 지냈고, 1886년 한불조약 체결로 조약의 비준서 교환을 위해 1887년 4월에 서울에 잠시 체류하기도 했다. 그러다 1888년 6월 초대 프랑스 대리공사로 정식 부임하여 1891년 6월까지 프랑스 영사 겸 대리공사를 지냈다. 1891~1895년 일본과 모로코에 전속되었다가 1896년 4월부터 1899년 11월까지 서울 주재 총영사 겸 대리공사로 두 번째로 부임하였다. 조선의 고서와 미술품 수집에 남다른 안목과 관심을 갖고 1900년 파리에서 열린 만국박람회에서 한국관을 설치하는 데 중심 역할을 맡기도 했다. 1901년부터 또다시 프랑스 전권공사 자격으로 서울에 세 번째로 부임하였다. 이렇게 그는 무려 세 차례에 걸쳐 조선에서 13여 년 동안 외교관으로 지내며 남다른 애정과 탁월한 외교적 수완을 발휘하여 프랑스 선교사들의 선교 활동에 적극 협력하였다. 코스트 신부와 주고받은 수백 통의 편지를 통해 이를 확인할 수 있다. 또한 자신의 대학 후배이면서 통역관으로 1890~1891년에 같이 근무했던 모리스 쿠랑(Maurice Courant, 1865~1935)의 조선 서지 연구 작업에 함께 하였고 『조선서지』가 간행되는 데 많은 도움을 주었다.

불자전』인쇄 작업을 위해 일본으로 건너가 요코하마, 나가사키 등에서 보낸 서한이 38통이다. 1885년 11월 조선 입국 이래 1895년 9월까지 서울에서 쓴 서한은 52통이다.

　서한의 주요 내용을 주요 사건별로 살펴보면, 1876년 강화도조약, 1882년 조선 순교자들의 나가사키 유해 이장, 1882년 임오군란, 1884년 갑신정변과 청불전쟁, 1885년 예수성심신학교 개교, 1886년 조불조약, 1890년 블랑 주교 선종, 1894년 동학혁명 등의 내용이 실려있다.

　이러한 소식들을 전하는 코스트 신부의 편지들을 읽다 보면, 개항기 당시 선교사들이 교회 안팎의 여러 신문과 잡지를 통해 조선을 비롯한 동아시아 정세에 적극적인 관심을 갖고, 신문에 기고할 목적으로 논평 기사를 쓸 정도로 대외 정세에 뚜렷한 입장을 견지했고 급변하는 정세 속에서 교회의 선교 방향을 모색했음을 알 수 있다. 조선 교회의 재건을 위해 헌신한 블랑 주교를 비롯한 선교사들은 조선에서 종교의 자유를 얻기 위해 힘쓰면서도 혹독하고 오랜 박해를 겪은 경험을 바탕으로 신중한 태도로 대응하고자 했다.

　특히 성당 건축 등 활발한 교회 재건 활동을 위해, 또 지방 정부의 박해나 외교인들과의 분쟁과 갈등을 해결하기 위해, 조선의 외무 독판과 프랑스 공사 사이에서 외교적 노력을 기울이는 한편, 양국의 이해관계를 살피면서 교회의 선익을 위해 신중하고 현명하게 대처하고자 고심했던 흔적을 코스트 신부의 서한들을 통해 확인할 수 있다.

　코스트 신부의 서한들은 교회사적으로 보면 19세기 말 개항기의 급변하던 조선 정세와 종교의 자유를 맞은 교회의 상황과 재건 활동을 알 수 있는 귀중한 사료이다. 그뿐만 아니라 코스트 신부의 서한들은 조선 재입국의 때를 기다리며 오랜 시간 참고 인내하는 가운데 코스트 신부가 깨달은 '하느님의 시간'에 대한 기록이기도 하다. 하느님께서 마련하신 때를 기다리며 정성과 마음을 다해 주어진 사명을 다하고자 노력했던 코스트 신부의 노고와 간절한 마음이 글 행간에서 읽힌다.

당시 일어난 주요 사건과 해결해야 할 사안 등을 간결하고 객관적으로 서술한 글들이지만, 이 편지 글에는 일평생 하느님의 뜻을 마음에 새기고 하느님의 집을 지으며 귀중한 어린 생명들을 위해 헌신한 코스트 신부의 마음이 아로새겨져 있다.

일러두기

1. 이 책은 한글 번역문과 프랑스어 판독문으로 구성한 '서한집'이다.

2. 서한 원문에 사용된 취소선과 밑줄은 번역문에도 동일하게 표기하였다.

3. 서한 원문에 사용된 ( ) 안의 내용은 번역문에도 동일하게 ( ) 속에 넣고 서체 크기를 본문과 동일하게 사용하였다.

4. 독자의 이해를 돕기 위해 번역자가 보완한 내용은 [ ]로 처리하였다.

5. 필요한 사항은 각주로 설명하였다.

6. 원문 판독을 할 수 없는 경우에는 '*'로 표시하였다.

7. 서한의 내용 중에 다른 사람의 글과 말을 인용한 부분은 가독성을 높이기 위해 서체 크기를 줄이고 문단을 나누었다.

8. 92번 한글 서한은 사진 이미지로 수록하였다.

9. 이 서한집 간행에 참여한 사람은 다음과 같다.
    - 번역·해제 및 주석 : 연숙진(한국천주교주교회의)
    - 교정 및 교열 : 김주완(한국교회사연구소)
    - 편집 : 김주영(한국교회사연구소)
    - 디자인 : 황진희

10. 한국교회사연구소 소장 조한건 신부가 감수하였다.

번역문

001 리델 주교가 코스트 신부에게 보낸 1876년 4월 9일 자 편지

리델 주교[1]가 눈의 성모 성당에서 코스트 신부에게

1876년 4월 9일, [차쿠] 눈의 성모 성당[2]

친애하는 코스트[3] 신부님에게,

여권 문제로 신부님들의 발이 묶이리라고는 생각하지 않습니다. 여권은 이 고장에서는 그다지 쓸모가 없으며 조선에서는 전혀 불필요한 물건입니다. 신부님들이 받게 될 이름은 별로 중요하지 않습니다. 중국에서는 사용하실 수

---

1   리델(Félix-Clair Ridel, 李福明, 1830~1884) : 조선교구 제6대 교구장. 파리외방전교회 선교사. 1861년 조선에 입국하였고 1866년 병인박해 때 페롱 신부, 칼레 신부와 함께 박해를 피해 살아남았으며, 조선 교회의 사정을 알리기 위해 중국으로 탈출하였다. 1869년 6월 조선교구 제6대 교구장으로 임명되었고, 1870년에 로마에서 주교성성식을 가졌으며, 이후 중국 차쿠를 거점으로 조선 교회 재건에 힘썼다. 조선을 떠난 지 11년 만인 1877년 9월 두세 신부와 로베르 신부와 함께 무사히 입국하였다. 그러나 이 기쁨도 잠시 그 이듬해인 1878년 1월 체포되어 6개월 동안 포도청 옥에 갇혀 있었다. 북경 주재 프랑스 공사의 교섭과 중국 정부의 중재로 석방되어 만주로 추방되었고, 이후 옥살이의 후유증과 과로가 겹치면서 1881년 뇌일혈로 쓰러졌고 치료를 위해 1883년 11월에 프랑스로 돌아갔으나 끝내 회복되지 못하고 1884년 6월 20일 54세로 선종하였다. 리델 주교는 만주 차쿠에서 머무는 동안 한국 최초의 사전 『한불자전』과 최초의 문법서 『한어문전』의 편찬 작업을 마무리하였다.

2   차쿠는 지금은 용화산으로 불리는 중국 요동반도 남부의 장하시에 위치한 교우촌이었다. 병인박해 이후 프랑스 선교사들이 조선에 들어오기에 앞서 근 10여 년간 머물렀던 곳으로, 1869년 만주 베롤 주교가 리델 주교에게 요동 지역 사목의 재치권을 부여하여, 조선 선교사들은 이곳에 조선 대표부를 마련하고 조선 재입국을 모색했다. 만주 베롤 주교는 차쿠에 성당을 건립하고 그 주보를 로마에 있는 '눈의 성모 성당'(聖母雪之殿, Notre Dame de Neige)과 같은 이름으로 정하였다.

3   코스트(Eugène-Jean-Georges Coste, 高宜善, 1842~1896) : 파리외방전교회 선교사. 1868년에 사제품을 받고 그해 12월에 홍콩 대표부 부대표(sous-procureur)로 배속되었다. 그 뒤로 2년 동안 싱가포르 대표부 대표(procureur)를 맡았고, 다시 홍콩 대표부에서 2년 동안 직무 수행 뒤 상해 대표부 대표로 임명되었다. 행정직에서 탁월한 능력을 발휘했음에도 코스트 신부는 조선에서 사도활동을 펼치기를 열망하였고, 이러한 그의 청원이 받아들여져 1875년 9월 조선 파견 선교사로 발령받았다.

있겠지만, 조선에서는 새 이름을 갖게 될 겁니다. 신부님의 성씨는 조선에서는 생소하고 거의 알려지지 않은 것이라 바꿀 수밖에 없습니다. 그래서 신부님은 고 [신부]로 불리게 될 것입니다. '고'는 페레올 주교[4]님의 성씨였지요. 드게트 신부[5]님은 토마스 신부[6]님의 성을 따서 최 [신부]로 불릴 것입니다. 이 편지에 동봉해서 보내는 쪽지를 보십시오.

조선과 일본의 전쟁[7]이 종결된 데다가, 앞으로 어떤 사건이 우리에게 유리할 것인지를 예측할 수 없기에 나는 오롯이 하느님의 섭리에 의탁하며 조선을 향한 출발을 준비할 것입니다. 드게트 신부님이 제때에 맞춰, 그러니까 25일에 도착하면 그 신부님도 조선 입국을 위한 원정을 하게 될 것입니다. 언어[조선어]와 관련하여 나는 이미 신부님에게 답변한 바가 있습니다. 신부님에게 몇 가지 자료를 보낼 터이지만 그것이 크게 도움이 될지 모르겠습니다. [조선어 공부를] 시작할 때에 발음을 익히기 위해 선생이 필요합니다. 어떠한 문법서의 설명으로도 발음을 [독학으로는] 결코 알 수 없기 때문입니다. 그러니 조급해하지 말고 그동안 한자 공부를 하십시오. 한자 공부에서는 발음에 너무 신경 쓰지 않아도 됩니다. 건강히 지내고 있다가 가능할 때 이곳으로 오십시오. 이곳에 오면 선생을 구해서 [조선어] 기초를 배우면 됩니다. 선생이 있으면 훨

---

4 페레올(Jean-Joseph Férreol, 高, 1808~1853) : 주교. 제3대 조선교구장. 파리외방전교회 선교사. 1843년 12월 만주대목구의 베롤 주교로부터 주교품을 받고, 1845년 10월 김대건 신부가 준비한 라파엘호를 타고 다블뤼 신부와 함께 조선에 입국하였다. 기해박해 때 순교한 앵베르 주교(제2대 조선교구장)의 뒤를 이어 조선교회를 위해 8년 동안 사목활동을 펼치면서 과로로 인한 건강 악화로 1853년 2월 45세 나이로 선종하였다.

5 드게트(Victor-Marie Deguette, 崔東鎭, 1848~1889) : 파리외방전교회 선교사. 1876년 5월 블랑 신부와 함께 조선에 입국하여 사목활동을 펼치다 1878년 6월에 체포되어 3개월 동안 옥살이를 한 뒤 중국으로 추방되었다. 이후 드게트 신부는 리델 주교 등과 함께 차쿠에 머물면서 재입국의 때를 기다렸다. 마침내 1883년 다시 조선에 입국하여 활동하다 1889년 장티푸스로 선종하였다.

6 최양업 토마스 신부를 가리킨다.

7 1875년 9월 20일에 발생한 운요호(雲揚號)사건을 말한다. 일본 군함 운요호가 강화해협을 불법으로 침입하여 일어난 조선과 일본 간의 포격 사건으로, 1876년 2월 26일 한일수호조규(일명 강화도조약 또는 병자수호조약)의 체결로 끝났다.

씬 쉽게 배울 것이고, 무엇보다도 혼자서 6개월이 걸릴 것을 한 달이면 확실히 익히게 될 것입니다.

[조선 입국을 위해] 이번에 떠날 이들의 명단을 신부님에게 알려줄 수가 없습니다. 아직 확정하지 않았고 며칠 더 기다렸다가 결정하려고 합니다.

이곳에서 우리는 입고 싶은 대로, 더 정확히 말하자면, 입을 수 있는 대로 (반은 유럽식으로, 반은 중국식으로) 옷을 입는데, 집에서는 어려움이 없습니다. 하지만 주일과 축일 때, 그리고 여행 시에는 되도록 사제복을 갖춰 입으며 최소한 수단을 입습니다. 또 [조선으로 출발할] 때를 대비하여 머리와 수염 모두 일절 깎지 않고 기르고 있으니 신부님도 그렇게 준비하십시오. 짐은 필요한 것들은 전부 챙기고 유용한 물품들도 챙기십시오. 다만 자주 통행이 불가능한 이곳의 길 사정으로 인해 운반에 어려움이 있습니다. 대체로 짐 가방을 너무 많이 가져오는데, 현 상황에서 조선에 들어갈 신부들은 미사 제구, 곧 미사 집전과 성무 집행에 필요한 것만 챙겨야 합니다. 그렇지만 [조선과 달리] 여기에는 그러한 어려움은 없습니다.

친애하는 코스트 신부님, 안녕히 계십시오. 나의 진심 어린 헌신과 뜨거운 사랑의 마음을 표하니 받아 주시기 바랍니다.

+ 펠릭스 클레르 리델
조선대목구장

002 리샤르 신부가 코스트 신부에게 보낸 1876년 4월 9일 자 편지

리샤르 신부[8]가 눈의 성모 성당에서 코스트 신부에게

76년 4월 15일 수신
1876년 4월 9일, [차쿠] 눈의 성모 성당

친애하는 코스트 신부님께,

신부님의 2월 11일과 29일, 3월 5일과 15일 자 편지들을 전부 한날에 받았습니다. 그러니 신부님이 먼저 보낸 편지에 제가 답신을 하지 못한 이유를 이해하시겠지요.

마침내 조선의 사태가 종결되었습니다. 전쟁은 없었고 일본과 완전한 협정을 맺었습니다. 제 생각에 앞으로 한동안은 유럽국들이 조선에 관심을 기울일 것 같지 않고, 따라서 우리는 예전과 동일한 상태에 놓였습니다. 그리하여 주교님이 신부님에게 언급하신 조선 원정은 실행될 예정이며, 여기서 출발하는 날짜는 이달[4월] 26일로 정해졌습니다. 우리는 드게트 신부님이 도착하기를 노심초사 기다리고 있습니다. 부디 배편이 잘 연결되어 출발일 전에 조금 일찍 도착하기를 바랄 뿐입니다. 신부님께서도 그때에 맞춰 도착하신다면 더없이 완벽할 것입니다. 리델 주교님께서 [조선으로] 떠날 이들을 아직 지명하

---

[8] 리샤르(Pierre-Eugène Richard, 蔡, 1842~1880) : 파리외방전교회 선교사. 1866년 10월 사제품을 받았고, 이듬해 1867년 2월 상해에 도착하여 먼저 조선어를 배우고 만주 차쿠로 갔다. 이후 리샤르 신부는 지병인 위통 때문이기도 했지만 중국말을 잘했기에 조선 입국을 하는 대신 차쿠에 남아 조선 포교지 대표부 경리직을 맡으며 차쿠 교우촌 사목을 맡았다. 1880년 9월 28일 장티푸스 열병으로 선종하였다.

지 않으셨기 때문에 신부님에게 명단을 알려드릴 수가 없습니다.

신부님이 상해에 머무는 동안 조선어 공부를 어떻게 해야 하는지에 대해서는 주교님이 이미 편지에 쓰셨지요. 그러니 거기에 제가 덧붙일 말은 없습니다. 주교님 말씀에 뒤이어 제가 말을 보탠다 한들 무슨 의미가 있겠습니까. 조선어 문장들을 신부님에게 보내는 것은 지금으로서는 별 도움도 안 됩니다. 조만간 신부님이 이곳에 올 것이라고 확신하는데, 신부님이 그것을 참고할 시간이 없을 것이기 때문입니다. 한자를 공부하는 것은 매우 유용합니다.

여권과 관련하여 신부님이 편지로 주교님께 문의하였으니, 주교님께서 직접 답변을 주실 겁니다. 이곳에서 우리는 수단을 입고 있는데, 이것이 평상복입니다. 그러니 옷차림을 바꾸지 않고 그대로 오시면 됩니다. 그 차림으로 만주 어느 곳이든 다닐 수 있습니다. 조선에서도 조만간 그렇게 되기를 바랍니다.

중국옷들, 가령 겨울옷들을 가지고 있다면 가져오셔도 됩니다. 이번 원정이 성공하면 올해 안으로 또 한 차례 입국 원정이 있을지 확실하지 않으니, [이곳에서] 추운 날씨를 얼마간 겪어야 할 때 도움이 될 것입니다. 겨울옷이 전혀 없다면 일부러 옷을 지어 올 필요는 없습니다. 여름용 모포는 꼭 챙겨오는 게 좋습니다. 이곳 눈의 성모 성당에서는 그것을 팔지 않는 데다, 섭씨 30도까지 올라가는 날에 솜을 넣은 중국 이불을 덮고 있으려면 아무리 그늘 밑에 있다 해도 좀 더운 편이지요. 미사 집전에 필요한 미사 제구, 성작, 제의 등을 가지고 있으면 가지고 오십시오. 그렇지 않더라도 걱정 마십시오. 필요한 것들은 이곳에 다 있습니다. 책은 최소한만 챙기고 나머지는 상해[대표부]에 맡겨두십시오. 블랑 신부[9]

---

9 블랑(Jean-Marie-Gustave Blanc, 白圭三, 1844~1890) : 제7대 조선교구장(1882-1890). 파리외방전교회 선교사. 한국 파견 선교사로 1867년 2월 15일 차쿠에 파견되어, 10년 동안 리델 주교를 도와 조선 입국을 모색하며 『한불자전(韓佛字典)』의 편찬편찬 작업에 참여하였다. 1876년 5월 드게트(Deguette) 신부와 조선 입국에 성공하였다. 1883년 조선교구장으로 임명되어 7월 8일 일본 나가사키에서 성성식을 가졌고, 명동성당 건축, 고아원과 양로원 운영, 순회 회장 제도 도입, 조선 교회 실정에 맞는 지도서(관례집) 출간 등 조선 교회의 재건을 위해 헌신하다 1890년 2월 21일 폐렴으로 갑작스레 선종하였다.

님도 그렇게 하셨습니다.

드 기뉴의 중국어 사전[10] 같은 것은 신부님에게 도움이 될 것입니다. 교의신학과 윤리신학 서적 한 권, 귀리[11]의 것이 매우 좋습니다. 상해의 피카(Pica) 신부가 쓴 『양심론(Casus Conscientiae)』, 『남경 선교사들을 위한 지침서(Monita ad Missionarios Provinciae Nankinensis)』,[12] 『쓰촨 시노드』,[13] 성경, 전례서, 신심 서적 등도 좋습니다.

조선인들은 가능한 한 짐을 최소화해서 가져갈 것을 권하고 있습니다. 지금의 상황으로는 그 짐들을 숨기는 것이 매우 어려울 것이기 때문입니다. 그러니 신부님에게 꼭 필요하다고 여겨지는 것들만 챙기십시오. 성가 책은 이곳에서 유용하게 사용될 것입니다. 신부님의 후임자가 이미 상해에 도착했으리라 생각됩니다. 그러니 신부님이 그 도시를 곧 떠날 수 있게 되겠군요. 신부님이 조선 선교사로 임명되었다는 소식을 듣고 얼마나 기뻤는지 모른다는 이야기는 신부님에게 이미 했지요. 그래도 저는 이 이야기를 신부님에게 또 할 수밖에 없답니다.

이곳 중국 여인들[여교우들]의 말에 의하면 조선과 일본 사이에 벌어진 한 차례 또는 여러 차례 교전으로 조선인 3,000명이 사망했고, 그 뒤로 평화협정

---

10 프랑스인 동양학자 드 기뉴(Joseph de Guignes)가 중국어를 프랑스어와 라틴어로 옮긴 사전이다. 『Dictionnaire Chinois, Français et Latin』(1813).

11 귀리(Jean-Pierre Gury) : 프랑스 예수회 소속 신학자로 『Compendium theologiae moralis』(1850), 『Casus conscientiae dans praecipuas quaestiones theologiae moralis』(1862) 등의 저서를 남겼다.

12 강남 초대 교구장인 발랑탱 가르니에(Valentin Garnier)가 1881년에 쓴 저서.

13 원명은 『1803년 9월 2일, 5일과 9일에 충칭 주 도회지에서 열린 쓰촨 대목구 시노드』이다. 1803년에 열린 쓰촨 시노드의 결정 사항을 담은 교령으로, 총 10개의 장에 걸쳐 극동 지역의 선교지에서 유용한 규정들의 요약이라 할 수 있다. 1858년 5월에 작성된 베르뇌 주교의 사목 서한을 보면, 이 쓰촨 시노드의 규정들을 조선 파견 선교사들도 지킬 것을 분명히 하면서도, 조선 교회의 실정에 맞게 적용했음을 알 수 있다. 이후 1887년 9월 블랑 주교는 조선 교회 실정에 맞는 지침서인 『한국 교회의 관례집(Coutumier de la Mission de Corée)』을 출간하였다.

을 맺고 무역항 세 곳을 일본에 개항했다고 합니다.[14]

신부님의 기도에 의탁하며, 주님 안에서 사랑을 가득 담아.

외젠느 리샤르

---

14 조일수호조규 체결에 따라 부산을 개항했고, 1880년과 1883년에 각각 원산과 인천을 개항했다.

003 드게트 신부가 코스트 신부에게 보낸 1876년 4월 28일 자 편지

드게트 신부가 눈의 성모 성당에서 코스트 신부에게

1876년 4월 28일, [차쿠] 눈의 성모 성당
드게트 신부

친애하는 신부님께,

간단히 소식 전합니다. 어제 드디어 눈의 성모 성당에 도착했습니다. 주교님께서 [조선 입국을 위해] 떠날 채비를 마치시고 저를 기다리고 계셨습니다. 그러니 더는 지체하지 않고 우리는 내일 조선을 향해 길을 떠날 것입니다.

이 소식을 르모니에 신부[15]님께 전해 주십시오.

출발 채비를 하느라 시간이 없어서 직접 편지를 쓸 수가 없습니다. 조선으로 떠날 사람은 우리 세 명[16]이고, 주교님께서 이 원정을 통솔하십니다. 이만 작별 인사를 전합니다. 안녕히 계십시오. 그리고 곧 만납시다.

푸리에(Pourier) 신부님과 아직 함께 계신다면 그분께 제 존경의 마음을 전해 주십시오.

---

15 르모니에(Eugène Lemonnier, 1828~1899) : 파리외방전교회 선교사. 1866년에 상해 대표부 대표로 임명받았고 1875년부터는 홍콩 대표부 총대표직을 맡아 16년 동안 그곳 총대표를 지냈다.

16 리델 주교는 1876년 4월 29일 블랑 신부와 드게트 신부와 함께 차쿠를 출발하여 조선 원정을 시도하였고, 5월 7일 대청도까지 가서 조선 교우들의 배로 갈아탔으나 당시 조선 정세 등을 듣고 두 신부만 입국시키는 것이 정황상 낫다고 판단하였다. 블랑 신부가 모든 여정의 책임을 맡았고 드게트 신부와 함께 5월 8일 조선 해안에 닿은 뒤 5월 10일 서울에 도착했다. 이로써 선교사들은 병인박해 이후 10년 만에 조선 땅을 밟았다.

특히 저를 위해 기도해 주십시오.

우리 주님 예수 그리스도 안에서

빅토르 드게트

1876년 4월 28일 차쿠

그 어떠한 지출도 하지 마십시오. 전적으로 불필요한 일입니다.

004 리델 주교가 상해 대표부의 코스트 신부에게 보낸 1876년 5월 16일 자 편지

리델 주교가 눈의 성모 성당에서 상해 대표부의 코스트 신부에게

1876년 5월 16일, [차쿠] 눈의 성모 성당
76년 5월 27일 수신

친애하는 코스트 신부님께,

우리 원정이 이번에는 성공하여 정해진 시간과 장소에서 조선 배를 만났습니다. 블랑 신부와 드게트 신부는 그 배에 올랐고, 순풍이 불어 조선을 향해 떠났습니다.

조선 교우들이 내게 이번에는 [조선에] 들어오지 말아 달라고 부탁하는 데다 앞으로 우리가 일본을 통해 재입국할 수 있을 것이라고 단언하기에, 나는 중국으로 되돌아가 포교지를 위해 할 수 있는 바를 알아보기로 결정했습니다. 교우들의 바람은 바로 [신앙의] 자유입니다. 그것이 그들이 희망하는 것이고 청하는 것이며, 내가 그들에게 얻어주고자 하는 것입니다. 애통합니다! 어찌해야 할까요? 그들의 처지가 너무도 딱하고, 그 두 신부가 온갖 어려움 속에서 지내야 하는 슬픈 상황을 생각하니 가엾은 마음이 북받칩니다. 나는 그들을 돕기 위해 최선을 다하겠다고 약속했습니다. 무엇을 해야 할지 모르겠습니다만 소식을 알아보러 가기로 결심했습니다. 유익한 소식이 있는지 말입니다.

신부님을 데리러 상해로 갔다가 거기서 일본으로 건너가서 살펴볼까 합니

다. 그러니 나를 기다려주시기 바랍니다. 내가 늦지는 않을 거라 생각되지만, 그사이에 듣게 될 모든 소식과 신부님이 판단하기에 우리 일에 유용하고 유익한 소식들을 나에게 보내주십시오. 나는 먼저 체푸로 갈 예정이니 내 앞으로 온 편지들과 반느 교구 주보[17]를 그곳으로 보내 주세요.

나는 조선인 한 명과 함께 가려 하는데, 그가 신부님의 조선어 선생이 되어 줄 겁니다. 이쪽이든 저쪽이든 아무런 희망이 보이지 않으면 나는 다시 이곳[차쿠]으로 돌아올 것이고, 그러면 신부님도 이곳으로 와서 우리와 함께 여름과 겨울을 보내게 될 것입니다.

그러나 우리가 그보다 더 나은 일을 할 수 있도록 합시다. 전능하신 하느님께 희망과 신뢰를 둡시다.

나의 진심 어린 우정을 담아
+ 펠릭스 클레르 리델
조선대목구장
76년 5월 16일, 눈의 성모 성당

[파리외방전교회 신학교] 교장 신부님께 보내는 편지들을 신부님이 그 내용을 확인할 수 있도록 봉하지 않은 채 한 봉투에 넣었습니다. 그 편지들을 읽고 난 뒤, 나의 형에게 보내는 편지를 봉하지 않은 채로 교장 신부님께 보내는 편지들 사이에 넣고 봉해 주시기 바랍니다. 그러면 교장 신부님께서 내가 형에게 쓴 편지를 읽어 보실 수 있어 흡족해하실지도 모릅니다.

...
17 「반느 교구 주보(La Semaine religieuse de Vannes)」는 1868년 1월 2일에 창간호가 나왔고 1964년에 폐간되기 전까지 매주 목요일에 발행되었다.

추신 : 내가 조선에서 한글 서적 몇 권을 (각 권마다 한 부씩) 가져왔는데, 그것들을 여러 부 인쇄하면 좋을 것 같습니다. 중국에서 인쇄가 가능한지 몰라 신부님에게 이 책들의 서체와 유사한 한글 서체가 적힌 종이 한 장을 보냅니다. 신부님이 홍콩 인쇄소를 알고 있으니 살펴봐 주시고 이 책들을 인쇄할 수 있는지 내게 말해 주십시오. 이 종이를 인쇄소에 보내 보십시오. 가능하다고 하면 내가 가지고 있는 책을 모두 보내서 중국 종이에 인쇄하려 하는데, 각 책마다 500~600권씩 찍으려 합니다. 이후에 우리가 그 활판을 가져도 되겠습니까? 조선에서 사용하기 위해서 말입니다. 그렇게 되면 중국 종이보다 훨씬 견고한 조선 종이에 찍어낼 수 있을 겁니다. 인쇄비는 적절히 책정되어 있으리라고 생각되니 비용에 대해서는 말하지 않겠습니다.

부디 이 일을 맡아주시고 내게 의견을 주시기를 바랍니다.

+ 펠릭스 클레르 리델

005 리델 주교가 상해 대표부의 코스트 신부에게 보낸 1876년 6월 5일 자 편지

리델 주교가 체푸에서 상해 대표부의 코스트 신부에게

1876년 6월 5일, 체푸
76년 6월 10일 수신

친애하는 코스트 신부님에게,

신부님의 5월 30일 자 편지를 받고 매우 기뻤습니다. 보내 준 모든 정보에 감사의 마음을 전합니다.

나는 우리가 무엇을 할지 아직 결정하지 못했습니다. 일본인들에게 개방한 개항장[18]에 우리가 정착할 수 있는지를 정확히 알려면 먼저 일본으로부터 소식을 받아야 합니다. 조선인들은 그것이 가능하다고 나에게 단언했지만 확실하지 않습니다. 이 문제에 대해서는 로케뉴 주교[19]님이 신부님에게 답변을 줄 수 있을지도 모릅니다. 가능하다고 한다면 우리는 신부님의 후임이 오는 대로 이 경로를 시도해 보려 합니다. 상해에는 가능한 한 짧게 머물렀으면 하는데, 무엇보다 좋지 않은 계절이기도 하고 기타 등등의 이유로 그렇습니다. 그렇게 해서 이곳에서 얼마간 더 머무르면서 소식을 기다릴 것입니다. 북경으로 가

---

18 조일수호조규 체결에 따라 1876년에 부산포가 개항되었다.

19 로케뉴(Joseph-Marie Laucaigne, 1838~1885) : 파리외방전교회 소속 일본 파견 선교사. 1863년 일본으로 파견되어 1864년 나가사키로 발령을 받았다. 1865년 '일본 신자(잠복 기리시탄[潜伏吉利支丹]) 발견' 이후 프티장(Petitjean) 주교를 도와 무너진 옛 일본 교우촌들을 재건하였다. 1874년 보좌주교로 성성되었으며, 1876년 일본 포교지가 분할될 때 남일본대목구의 보좌주교로 프티장 주교를 보필했다. 1885년 1월 18일 오사카에서 선종했다.

보려는 생각도 했었습니다. 중국의 수도에서는 일본인들에게 개방된 조선 개항지에 내가 정착할 수 있는지, 또 어떤 상황인지를 알 수 있을 거라는 생각이 들었기 때문입니다. 또한 들라플라스 주교[20]님과 재회하는 큰 기쁨도 누릴 수 있을 테니 말입니다. 북경 주재 일본 공사관 직원도 한 명 알고 있는데, 그는 스스로를 우리 친구라고 칭합니다. 어찌되었든 간에 망설여집니다. 신부님이 편지에 적은 공사관(대사들)의 일들을 읽고 나니 의욕이 사라집니다. 분위기가 어떠한지 잘 알지도 못하는 중국 공사관과 복잡한 일들에 휘말리게 되지는 않을까 내심 겁이 나기도 합니다.

영국이 조선을 개방시킨다면 (능란하게 한다면야 어렵지 않으리라 생각하는데) 우리에게는 그보다 더 좋을 수 없을 것입니다.

신부님이 내게 부산항 이야기를 했지요. (내가 잘 알기에 하는 말인데 그곳은 아름다운 고장이랍니다.) 나는 조약이 체결된 후에 이 항구가 폐쇄되었다고 생각했습니다. 신부님의 말을 들어보니 내가 잘못 알고 있었나 봅니다. 그 인근에 상당수의 교우들이 살고 있었고, 그중 몇 명은 그때에도 (10년 전입니다.) 항구 마을[21]에 거주하던 일본인들과 교류를 했습니다.

영국이 조만간 중국에 전쟁을 선포할 거라는 소문이 이곳에 돌고 있으나 아직 확실한 것은 아무것도 없습니다. 러시아가 이 복잡한 정세를 틈타 조선을 침략하여 차지할 우려도 있다고 하는데, 만일 그러한 일이 벌어진다면 우리는 어떻게 해야 합니까?

[한글] 서적들의 활판을 새기는 일은 좀 더 두고 봐야겠습니다. 중국에서

---

20 들라플라스(L.G. Delaplace, 田類斯, 1820~1884) : 주교. 북경교구장으로 1866년에 성경을 역술한 『성교감략(聖敎鑑略)』을 썼다. 한글본 『성교감략』은 1883년 당시 보좌주교였던 블랑 주교에 의해 간행되었다. 그 밖에도 들라플라스 주교의 저서로는 『피정신공(避靜神功)』, 『성교통고(聖敎通考)』(1873), 『열심신사(熱心神士)』(1883) 등이 있다.

21 부산 초량의 왜관을 말한다.

그 작업을 하면 조선에서 하는 것보다 훨씬 비용이 많이 나가기에 그렇습니다. 이 문제는 내가 상해에 들를 때 다시 검토해 보기로 합시다.

[홍콩 대표부의] 르모니에 신부님이 상해에 오신다면 나는 참으로 기쁠 것입니다. 그분을 다시 만나는 기쁨도 클 테지만 우리 세 사람이 일을 이루고자 서로 머리를 맞대게 될 테니 말입니다.

어떠한 방법으로든 우리가 조선에 들어가게 된다면 미사 제구 일체가 있어야겠지요. 개항장에 정주하게 된다면 필요하고 유용한 짐들을 다 가져갈 수 있을 테지만, 만일 밀입국을 하게 된다면 꼭 필요한 최소한의 짐만 챙겨야 합니다. 어찌되었든 상해에서 더 자세히 이야기하면서 우리에게 필요할 물품 일체를 준비할 시간을 가질 수 있으리라고 생각합니다. 모든 것이 결정되고 신부님이 [상해 대표부에서] 자유로워지면, 우리는 주님과 성모님께 전적으로 의탁하며 용감하고 기쁘게 전진할 것입니다. 우리의 두 동료[22]를 잊지 맙시다. 우리의 목표는 그들을 돕는 것이며, 가서 그들을 지원하고 그들의 처지가 나아지도록 힘쓰는 것입니다.

나와 함께 있는 조선인에 관해 말하는 것을 깜박했습니다. 만일 우리가 [그를 데리고] 일본에 간다면 우리가 만날 일본인들과 조선인들 사이에서 그가 우리에게 지장이 되지 않을까 걱정됩니다. 반면 우리가 그를 일본에 데려가지 않을 작정이라면 그가 굳이 상해까지 내려갈 필요는 없지요. 신부님의 생각은 어떻습니까? 어쩌면 그를 변장시킬 수도 있을 겁니다.

이달 21일 즈음이면 조선에서 소식이 오리라 생각합니다. 어쩌면 블랑 신부님의 편지도요. 그때를 오매불망 기다리고 있습니다.

그것만 빼면 나는 평안히 조용하게 지내고 있습니다. 상해 출발을 결정하

---

22 1876년 5월에 조선으로 들어간 블랑 신부와 드게트 신부를 말한다.

기 위해 신부님의 편지를 기다리겠습니다. 친애하는 벗이여, 잘 지내십시오. 힘내시고, 자주 내게 편지를 하세요. 내가 이 편지에서 문의한 여러 사항에 대해 답변과 조언을 주십시오. 건강히 잘 지내십시오.

주님 안에서
+ 펠릭스 클레르 리델
조선대목구장

006 리델 주교가 상해 대표부의 코스트 신부에게 보낸 1876년 6월 15일 자 편지

리델 주교가 체푸에서 상해 대표부의 코스트 신부에게

1876년 6월 15일, 체푸
76년 6월 19일 수신

친애하는 코스트 신부님께,

신부님의 6월 6일과 9일 자 편지와 로케뉴 주교님이 신부님에게 쓴 편지 모두 잘 받았습니다.

참으로 상황이 명확히 보이지 않고 우리가 무엇을 할 수 있을지, 또 하느님께서 섭리하신 계획이 무엇인지 잘 모르겠습니다.

그럼에도 여정에 올랐으니 나는 계속할 것이고, 신부님을 만나러 갈 테니 우리 함께 숙고해 봅시다. 어쩌면 조만간 다른 소식들을 받을지도 모릅니다. 신부님에게 이미 말했듯이 나는 여기서 조선에서 올 편지들을 기다릴 것입니다. 어쩌면 곧 받게 되거나 적어도 내가 예상한 시일에 도착하리라 생각합니다. 내가 편지를 받으면, 혹은 아무런 소식이 오지 않아도, 그럴 경우 그 사실을 리샤르 신부의 편지를 통해 알게 될 텐데, 아무튼 나는 상해로 출발할 것입니다. 엄밀히 말하자면 그 편지들이 이번 주에 도착할 수도 있겠지만, 하루 이틀 지체된다고 가정하면 다음 주는 되어야 도착할 것입니다. 내가 이미 신부님에게 이달 21일 즈음이라 말했듯이요. 나의 출발일을 신부님에게 미리 알려줄 수 있다면 그렇게 하겠지만, 아마도 어려울 듯합니다. 배가 나타나면 곧장 승선해야 하기 때문에 출발일을 정확히 알려줄 수가 없습니다.

　　6월 17일, 토요일

　　신부님의 6월 13일 자 편지를 받았습니다. 고맙습니다. 나는 북경에 갈지 결정하지 못했는데, 특히 내각이 교체된 상황이라 내가 그곳에 가는 것이 불필요하다는 판단이 듭니다. 내 계획은 그곳에 가서 일본인에게 개방한 조선의 항구에 정착할 권한을 얻는 것이었습니다. 그런데 최근에 북경 주재 일본 공사가 이곳을 들렀을 때 나는 이 문제에 관해 문의를 했고 답변을 들었습니다. 곧 일본인에게 개방한 개항장에 유럽인이 받아들여질지를 검토하는 문제를 논의하고 있으나 아직 결정된 사안은 아니라는 것입니다. 어쨌거나 나는 들라플라스 주교님께 편지를 써서 우리의 문제를 그분에게 맡기려 합니다. 나는 브르니에 드 몽모랑[23] 씨를 알고 있는데, 그가 상해에 들를 때 그를 만나 보았으면 합니다. 내 생각에는 그가 거기서 얼마간 머물 듯싶습니다. 신문 기사들을 발췌하여 보내 주어서 고맙습니다. '필로 코레아누스(Philo Coreanus)' 기사를 방금 읽었는데, 내가 이해한 바로는 옳게 쓴 것 같아서 이를 원문에 좀 더 가깝게 옮기도록 하려 합니다.

　　지금 나는 조선에서 소식이 오기를 기다리고 있습니다. 소식이 곧 오기를, 좋은 소식이기를 바랍니다! 어쨌거나 그 소식이 우리가 앞으로 해야 할 바를 결정하는 데 도움이 될 것입니다.

　　소식을 받고 나서, 여정을 계속하기로 결정하면 지체하지 않고 신부님을

23　브르니에 드 몽모랑(Brenier de Montmorand, 1813~1894) : 1876년 4월 30일에 북경 주재 전권 공사로 발령받았다.

만나러 가겠습니다. 나와 함께 있는 조선인을 데리고 갈 겁니다. 상해까지는 어려움이 없습니다. 그다음은 신부님과 합류한 뒤에 함께 결정하기로 합시다. 안 그래도 내 복장을 조금 가다듬으며 시간을 보낼 생각이니 말입니다. 수단 한 벌과 신발 등등이 필요합니다.

친애하는 신부님, 잘 지내십시오. 에메리 신부[24]님과 다른 신부님들에게도 안부 전해 주십시오. 친애하는 벗이여, 나의 진심 어린 애정을 전하니 받아 주십시오.

+ 펠릭스 클레르 리델
조선대목구장

---

24 에메리(Aymeri, 1820~1880) : 이탈리아 출신의 라자로회 소속 신부로 1857년에 중국 라자로회 대표가 되어 선종할 때까지 상해에서 활동했다.

007 리델 주교가 상해 대표부의 코스트 신부에게 보낸 1876년 6월 22일 자 편지

리델 주교가 체푸에서 상해 대표부의 코스트 신부에게

1876년 6월 22일, 체푸
76년 6월 24일 수신

친애하는 코스트 신부님에게,

오늘의 기쁜 소식을 전합니다. 블랑 신부님한테서 편지가 왔습니다. 두 신부님이 무사히 뭍에 내려 그들의 거처에 도착할 수 있었다고 합니다.[25] 거처라기보다는 은신처라고 하는 편이 맞겠네요. 내가 기대할 수 있던 것만큼이나 만사가 순조롭습니다. 나는 5월 8일에 두 신부님과 헤어졌고 그들의 편지는 5월 20일로 끝이 납니다. 그 이후의 일들은 아직은 전혀 짐작할 수가 없습니다. 드게트 신부님은 조금 지쳤었지만 회복되었다고 합니다. 그럴 수밖에 없는 상황이라 두 신부님은 안에 갇혀 지낼 텐데 여름의 무더위가 걱정입니다. 참으로 고역일 터이니 그들을 위해 많이 기도합시다. 아, 우리가 조금이라도 그들을 도울 수 있다면! 우리가 그들을 위해 무엇을 할 수 있을지 나는 아직도 모르겠습니다. 하느님께 바라기로 합시다. 신부님에게 더 자세한 내용을 알려 주려면 블랑 신부님의 편지를 신부님에게 보내야 하겠지만, 나도 아직 제대로 읽을 시간이 없었습니다. 시간이 더 있어야 합니다. 틀림없이 다음 주에는 내가 직접

---

25 블랑 신부와 드게트 신부는 1876년 5월 8일 조선 해안에 닿은 뒤 10일 밤 서울에 들어가는 데 성공했다.

이 편지를 들고 신부님에게 갈 겁니다. 상해의 무더위가 몹시 걱정되기는 하지만 나의 즐거움을 위해 가는 것이 아니니 주저할 것이 없습니다. 신부님이 나를 어디에 묵게 할지 모르겠지만 남서쪽 모퉁이에 있는, 도서실 맞은편 방이 여름에는 덜 더울 것 같습니다. 대체로 주교들을 위해 마련된 방들이 여름에는 너무 더운 것 같더군요.

이곳도 벌써부터 너무 더워서 나도 좀 지쳐 있습니다. 여기는 가뭄이 계속 이어지고 있는데, 고약합니다. 리샤르 신부님이 전하기를 북쪽 지방도 비를 애타게 기다렸지만 오지 않았다고 하고, 블랑 신부님도 가뭄 때문에 조선에 대기근이 들지 않을까 걱정하고 있다고 합니다.

신부님의 6월 19일 자 편지와 신문 꾸러미 모두 잘 받았습니다. 고맙습니다. 이제 곧 만납시다. 나는 러셀 해운의 선박을 타고 갈 것이 유력한데 아마도 다음 주 초가 될 듯합니다.

이 편지를 신부님에게 실어 갈 배를 타고 나 또한 당장 오늘이라도 가고 싶지만, 떠나기 전에 처리해야 할 일들이 있고 리샤르 신부님에게 답신도 해야 합니다.

곧 신부님을 만날 기쁨 속에서
+ 펠릭스 클레르 리델
조선대목구장

008 코스트 신부가 파리외방전교회 신학교 지도자 신부들에게 보낸 1876년 7월 1일 자 편지

코스트 신부가 파리외방전교회 신학교 지도자 신부들에게

1876년 7월 1일

존경하는 지도자 신부님들께,

리델 주교님은 지난 주일인 [1876년] 6월 25일 이곳에 도착하셨습니다. 돌아가는 정황을 살피시고자 상해에 한 달가량 머무르실 것입니다. 머지않아 외국 열강들이 조선과 통상 조약을 맺고자 교섭을 시작할 것 같습니다. 주교님께서는 신부님들께 당신 존경의 뜻을 전하고 조선 동료 신부들의 소식을 전해 달라고 제게 부탁하셨습니다.

신부님들께서도 아시는 것처럼, 블랑 신부와 드게트 신부는 5월 8일 리델 주교님과 작별 인사를 나눈 뒤 조선 해안을 향한 배에 올랐습니다. 두 신부는 10일 어둠을 틈타 배에서 내렸고 천만다행으로 뭍에 닿았습니다. 그들은 곧장 17리 정도를 걸어가, 매우 헌신적인 나이 든 교우[26]가 서울 인근에 그들을 위해 마련한 거처에 도착했습니다. 바로 그곳에서 블랑 신부는 도착한 지 열흘이 지난 5월 20일에 리델 주교님께 편지를 썼습니다. 그 날짜를 기준으로 보면 우리 두 동료 신부는 잘 지내고 있습니다. 극소수의 교우만이 그들의 존재를 알고 있기 때문입니다. 드게트 신부가 언어 공부에 전념하는 동안, 블랑 신

---

26 리델 주교를 비롯한 선교사들을 헌신적으로 보필했던 회장 최지혁(崔智爀, 1808~1878) 요한을 말한다.

부는 어느 편으로 또 어떠한 방법으로 성무를 집행할 수 있을지 백방으로 정보를 얻고 상황을 알아보았습니다. 십 년 전부터 미사를 드리지 못한 땅에서 우리 두 소중한 동료가 미사성제를 드릴 수 있었을 때 그들이 느낀 감회가 얼마나 벅찼을는지요. 함께 모두 마음을 모아 하느님께 청하도록 합시다. 우리 주 예수 그리스도와 성인들의 공로를 통하여 하느님께서 우리 동료들을 보살펴주시고 그들의 노력을 축복하여 주시어, 조만간 우리 순교자들의 귀중한 유산을 우리가 온전히 되찾게 되기를 빕니다.

[중략][27]

깊은 존경을 표하며, 신부님들의 매우 보잘것없고 헌신하는 종.

장 코스트

---

27 이하 두 단락 정도는 중국 교회 관련 소식이라 판독과 번역을 생략하였다.

009 코스트 신부가 홍콩 대표부의 르모니에 신부에게 보낸 1876년 10월 28일 자 편지

코스트 신부가 눈의 성모 성당에서
홍콩 대표부의 르모니에 신부에게

1876년 10월 28일, [차쿠] 눈의 성모 성당
76년 11월 26일 수신

친애하는 르모니에 신부님께,

[상해 대표부의] 마르티네 신부[28]님이 이따금 저의 소식을 전했으리라 생각합니다. 그동안 저는 신부님께서 홍콩에 계시지 않는다고 생각하여 편지를 띄우지 않았습니다. 오늘에야 이 도리를 다하게 되었습니다. 신부님과 저의 관계가 언제나 매우 친밀했기에 기쁜 마음으로 쓰고 있습니다. 떨어져 있어도 서로에 대한 마음은 결코 변함없기를 희망합니다.

이 자리를 빌려 신부님께서 제게 베풀어 주신 모든 호의에 감사드립니다. 저는 대표부에서 보낸 시간과, 그곳 책임을 맡으신 신부님들과 함께한 가족 같은 생활을 언제까지나 소중한 추억으로 간직하겠습니다. 제 마음은 언제나 신부님들과 함께할 것입니다. 신부님께서도 하느님 앞에서 이 가련한 조선의 선교사를 기억해 주십시오. 그렇게 해 주시리라 믿습니다. 이 선교사가 앞으로 자신에게 맡겨질 영혼들 곁에서 새롭게 사목을 펼치고 풍성한 열매를 맺

---

28 마르티네(Jean-Baptiste Martinet, 1844~1905) : 파리외방전교회 선교사. 1870년에 사제 서품을 받고 그 해 홍콩 대표부 부대표로 임명되었다. 1872년에 싱가포르 대표부로 발령받았고 1876년 6월부터 1891년까지 상해 대표부를 이끌었다.

는 데 필요한 덕목과 자질을 갖출 수 있도록 말입니다.

리델 주교님과 제가 9월 5일에 상해에서 배를 탔다는 소식을 신부님도 들으셨을 것입니다. 저희는 [9월] 8일에 체푸에 도착했고, 그곳에서 산동 포교지의 현 경리 담당인 니바르 주르당 신부[29]님에게 매우 친절한 환대를 받았습니다. 그곳에 머무는 동안 저희는 베롱 함장[30]을 만났습니다. 그는 아탈랑트(Atalante)호에 승선해 있었는데 리델 주교님께 호의를 표했습니다. 상황이 유리한 만큼 그가 저희에게 적지 않은 도움을 줄 수 있을 것 같습니다. 그는 조선의 사안에 관심을 보였습니다. 그는 북경에 가서 브르니에 드 몽모랑 씨를 만났을 때 그 일에 관해 이야기를 나눴을 것입니다.

아탈랑트호에 배속된 군종 사제 리슈 신부[31]님도 이따금 친절하게 동행하여 저희에게 기쁨을 주셨습니다. 10월 12일 저희는 페이호(Feï-ho)를 타고 체푸를 떠났습니다. 페이호는 영국 장교들이 이끄는 중국 포함으로, 이 배의 재량권은 중국 해관의 책임자인 하트[32] 씨에게 있습니다. 그가 배에 타고 있었는데, 퍼거슨(Fergusson)[33] 씨의 부탁을 받고 저희를 잉체까지 무료로 태워 주었습니다. 그는 함장과 서로 경쟁이나 하듯 저희에게 관심과 세심한 배려를 보여주었습니다. 저희는 그들에게 찬사를 보낼 뿐입니다. 25시간이 걸린 우리의 항해는 이렇듯 매우 유쾌하고 편안하게 이루어졌습니다. 13일 오후 5시에 저희

---

29 니바르 주르당(Nivard Jourdan) : 프랑스 프란치스코회 소속이며 산동 포교지 경리부 대표 신부.

30 베롱(Auguste Véron, 1819~1901) : 프랑스 해군 소장으로 1875년부터 1878년까지 중국과 일본 해역에서 프랑스 분함대를 지휘하였다.

31 리슈(Charles Lichou, 1820~1885) : 1876년 1월부터 전함 아틀랑트호 소속 군종 신부로 배속되었다.

32 로버트 하트(Robert Hart, 1835~1911) : 영국인으로 1863년에 총세무사에 임명된 이후 1908년까지 45년 동안 중국 해관을 지배했다.

33 퍼거슨(Thomas T. Fergusson, ?~1889) : 1861년 중국 산동반도의 체푸(지금의 옌타이)가 서구 열강에게 개방된 조계지가 되면서 그곳에 무역회사를 차린 영국인으로, 체푸에 머무는 동안 현지 가톨릭 선교단의 든든한 조력자 역할도 하였다.

는 잉체[34]에 닿았습니다. 베롤 주교[35]님으로부터 매우 극진한 환대를 받았습니다. 주교님은 작년에 상해에 오셨을 때 제게서 흡족한 대접을 받았다고 말씀하셨습니다. 그곳에서 만난 동료 신부님들도 매우 친절했습니다. 그곳에는 르토르 신부[36]님, 콩로 신부[37]님과 르포르말(Leformal) 신부님이 있었고, 드라보르드 신부[38]님은 저희가 머무는 동안 도착했습니다.

10월 17일 저희는 작별 인사를 하고 말을 타고 눈의 성모 성당을 향해 길을 떠났습니다. 저의 말 타는 솜씨는 제가 생각했던 것보다 훌륭했습니다. 짐들은 수레에 실었습니다. 정오 무렵 잠시 길을 멈추고 중국 주막에 들어가 구들장 위에서 점심을 먹었습니다. 예전에 장창(Jancian)에서도 그랬듯이 저는 젓가락을 사용하는 것이 매우 서툴렀습니다. 그러나 조금 더 연습을 하면 머지않아 다른 사람들처럼 할 수 있을 것입니다.

오후 4시 무렵 양관(성 후베르토 성당)에서 저희를 기다리고 있던 리샤르 신부님과 그곳 주임인 이나르 신부[39]님이 저희를 맞았습니다. 양관은 베롤 주교님께서 공의회에 참석하러 떠나시기 전에 마지막으로 머무셨던 곳입니다.[40] 그곳

...
34 잉체(Intze)는 봉천 지역의 주요 현청 소재지 가운데 하나인 영구현(營口縣)의 옛이름인 영구(營口)를 말한다. 유럽인들은 'Intze' 또는 'Ying-tse' 라고 불렀다. 만주 대목구 주교좌 성당이 있던 양관의 북쪽 지역으로 요동반도의 서쪽 해안에 자리 잡고 있으며, 요하(遼河)의 하구 지역에 해당한다. 대련 항구가 개발되기 이전에는 요동반도에서 가장 중요한 항구도시였다.
35 베롤(Emmanuel Jean François Verrolles, 方若望, 1805~1878) : 주교. 파리외방전교회 선교사. 1838년 만주교구가 북경교구에서 분할, 창설되면서 초대 교구장으로 임명되었다. 조선의 선교를 적극 지원하였고 1843년 제3대 조선교구장 페레올 주교의 성성식과 1854년 제4대 조선교구장 베르뇌 주교의 성성식을 주례하였고 메스트르, 프티니콜라, 푸르티에, 김대건, 최양업 신부들의 조선 입국을 도왔다.
36 르토르(Aristide Gustave Marie Letort, 1844~1904) : 파리외방전교회 소속 만주 파견 선교사.
37 콩로(Louis Conraux, 1852~1905) : 파리외방전교회 소속 만주 파견 선교사.
38 드라보르드(Ludger Delaborde, 1838~1878) : 파리외방전교회 소속 만주 파견 선교사.
39 이나르(Flamand Hinard, 1850~1917) : 파리외방전교회 소속 만주 선교사로 1875년부터 양관에서 선교활동을 했다.
40 베롤 주교는 1869년 바티칸 공의회 참석차 유럽으로 갔다가 1875년 만주로 돌아온 뒤에는 주교관을 잉체에 지었고 1876년 4월에 선종하기까지 그곳에서 지냈다.

에서 저희는 첨두아치를 비롯해 프랑스를 떠올리게 하는 추억들을 만났습니다. 신부님과 고향이 같은 이나르 신부님이 저희를 위해 세심한 배려를 해 주었고, 그의 사제관에서 하루하고도 반나절 동안 휴식을 취했습니다. 19일 오후 1시에 저희는 다시 말에 올라 만주의 산들을 지나며 여정을 계속했고, 산 사이로 이따금 아름다운 계곡들이 보였습니다. 리샤르 신부님이 저희와 동행했습니다. 60여 명의 신자들이 사는 작은 교우촌 양목림자(Yang-mou-lin-ze)[41]에서 저희는 하룻밤을 지냈습니다.

여정 내내 저는 우리 조선 순교자들 가운데 이러저러한 분들이 이 고장들을 지나가셨거나 머무르셨다는 사실을 떠올렸습니다. 그렇게 앞서가신 분들에 대한 회상은 영혼에 힘을 줍니다. 그분들이 저 높은 하늘에서 우리를 위해 전구하고 계시니까요.

20일 아침 6시에 저희는 다시 길을 떠났고 오후 2시 무렵에 멀리 보이는 눈의 성모 성당의 종탑과 (베롤 주교님의 말씀에 의하면) 만주 땅에 생겨난 최초의 첨두아치와 눈인사를 나눴습니다. [차쿠] 교우촌을 대표하여 주요 신자들이 말을 타고 마중 나와 리델 주교님을 맞았습니다. 오후 3시에 리델 주교님과 그 뒤를 따른 리샤르 신부님과 저는 그때를 위해 준비된 예포와 음악에 맞춰 성대한 입장을 했습니다. 이 따스한 환대는 리델 주교님에 대한 찬사이며 이 교우촌 신자들의 생기 넘치는 신심의 표시입니다.

바로 이곳이 저희가 조선에 들어가기에 앞서 지낼 임시 거처입니다. 이곳에서 지낸 지 여드레가 되었는데, 여기서 지내는 것은 나쁘지 않습니다. 그러나 이곳은 우리에게 약속된 땅이 아닙니다. 언제쯤 그 약속의 땅으로 들어갈 수 있을까요? 그날이 하루빨리 오도록 기도해 주십시오. 그리고 그리스도 안에서

---

41 양목림자(楊木林子) : 현 길림성 사평(四平)시.

언제나 신부님께 헌신적이고 애정 가득한 저를 믿어 주십시오.

장 코스트

리델 주교님과 리샤르 신부님이 신부님께 안부 인사 전해 달라고 합니다. 베타니아[요양소]의 신부[42]님과 다른 동료 신부님들에게도 저의 인사를 전해 주십시오.

---

42 파트리아(Patriat) 신부를 말한다. 파트리아 신부는 코스트 신부가 싱가포르 대표부에서 지낼 때부터 인연이 깊다. 파트리아 신부가 요양차 홍콩에 머물던 1870년부터 코스트 신부는 그를 대신해 홍콩 대표부 대표를 맡았다.

010 코스트 신부가 달레 신부에게 보낸 1877년 8월 8일 자 편지

코스트 신부가 양관에서 (극동으로 갈 예정인) 달레 신부[43]에게

1877년 8월 8일, 양관
교황 파견 선교사, 달레 신부 [앞]

친애하는 신부님께,

저는 신부님을 모시라는 리델 주교님의 지시를 받고 대표로 파견되어 어제 양관에 도착했습니다. 이곳에서 신부님을 만나 오늘 함께 눈의 성모 성당으로 출발하리라 기대하였습니다. 리델 주교님께서는 내일 곧 목요일 저녁에 우리가 도착할 것으로 믿고 거기서 기다리고 계십니다. 그런데 신부님께서 몸이 불편하여 잉체에서 발이 묶였다는 것을 알게 되었습니다. 무엇보다 신부님의 병환이 걱정이며, 또 우리에게 어떤 난처한 사고가 일어난 것은 아닌지 하고 리델 주교님께서 염려하실 것 같아 걱정입니다.

신부님께서 건강에 해로운 잉체의 기후를 하루속히 벗어나 우리 계곡[차쿠]의 맑은 공기를 마시러 오실 수 있다면 저 또한 기쁠 것 같습니다. 이곳에 오시면 형제애 가득한 환영을 받으실 것입니다. 행여 당장 여행하는 것이 어려

---

[43] 달레(Claude-Charles Dallet, 1829~1878) : 파리외방전교회 선교사이면서 교회사가. 조선의 선교사들이 보낸 서한과 다블뤼 주교의 비망기, 그 밖의 여러 자료를 이용하여 『한국 천주교회사』(1874년 간행)를 집필하였다. 본 편지에서 알 수 있듯이 달레 신부는 1877년 일본과 만주 등 극동 아시아를 방문하는 기회에 차쿠에 있는 조선 선교사들을 만나고자 했으나 병환으로 그 뜻을 이루지 못했고, 이듬해인 1878년 코친차이나 여행 도중 이질로 병사하였다.

우시다면 [이 편지를 전하고] 되돌아올 인편으로 그 사실을 제게 알려 주시기를 부탁드립니다. 그래야 제가 성모 승천 대축일을 주교님과 동료 신부들과 함께 지내러 갈 수 있기 때문입니다.

[신부님의 답신을] 기다리며 기도와 미사성제 안에서 하나 되어.

신부님의 매우 보잘것없고 헌신적인 동료
장 코스트

011 코스트 신부가 암브루스터 신부에게 보낸 1877년 9월 24일 자 편지

코스트 신부가 눈의 성모 성당에서 암브루스터 신부[44]에게

1877년 9월 24일, [차쿠] 눈의 성모 성당

친애하는 암브루스터 신부님께,

신부님이 파리외방전교회 참사회의 이름으로 보내신 6월 24일 자 편지를 리델 주교님이 받으셨을 때, 주교님은 출발 채비를 하고 계셨습니다. 이러한 연유로 주교님께서는 저더러 대신 신부님께 편지 쓰는 일을 맡기셨습니다. 저는 이 기회를 서둘러 붙잡아 우리가 예전에 함께 했던 서신 교류를 다시 잇고 신부님이 홍콩에 들렀을 때 맺은 개인적인 친분을 새롭게 하고자 합니다.

이달[9월] 11일 우리는 리델 주교님과 두세 신부님, 로베르 신부님의 작별 인사를 받았습니다. 아침 7시 반 즈음, 마을의 모든 신자들이 성당에 모여 지켜보는 가운데 [그들의] 여정이 낭송되었습니다. 주교님과 우리의 젊은 두 동료 신부가 제대 아래 무릎을 꿇고서, 자신들이 시작하는 여정을 하느님과 성모님께 의탁할 때, 양쪽 모두가 깊이 감동했습니다. 그들은 조선을 향해 떠났습니다! 그날[11일] 저녁, 이곳에서 7리외[약 28km] 떨어진 장하(庄河)[45]의 항

---

44 암브루스터(Henri Armbruster, 1842~1896) : 파리외방전교회 선교사. 1866년 일본으로 파견되어 활동하였고, 1874년부터는 파리 본부에서 일본, 만주, 조선 포교지의 대표직을 맡았다. 1895년에는 파리외방전교회 신학교 장상으로 선출되었다.

45 현 요녕성(遼寧省) 대련(大連)시.

코스트 신부가 1877년 9월 24일 차쿠 눈의
성모 성당에서 암부르스터 신부에게 보낸 편지.

구에서 그들은 중국 정크선에 올랐습니다. 그 배가 돌아왔다는 소식은 아직 듣지 못했습니다. 하지만 날씨가 좋았으니 여정이 무탈하게 이루어졌으리라 생각합니다.

리델 주교님은 북경 주재 프랑스 공사가 [선교사의] 조선 입국 계획을 저지하기 위해 로마 교황청까지 끌어들이려 했다는 사실을 알고 적잖이 놀라셨습니다. 그러나 [포교성성] 추기경 장관의 답신과 의견이 일치하는 참사회의 편지는 주교님께 귀중한 격려가 되었습니다. 주교님께서 파리 신학교의 그 신부님들께 감사의 뜻을 전해 달라고 신부님께 부탁하십니다. 우리가 하느님의 사업을 완수하는 데 있어 사람의 도움에 기댈 수 없을 때, 신부님도 늘 말씀하시듯이, 선하신 하느님의 섭리에 온전히 의탁하는 것이 가장 옳습니다. 하느님의 도우심은 우리에게 결코 부족하지 않을 것입니다.

[중국 주재 프랑스 공사] 브르니에 드 몽모랑 씨가 리델 주교님께 보낸 3월 15일 자 편지가 도중에 지체되었다 온 바람에 6월 19일에야 답변할 수 있었습니다. 주교님께서 제게 이 두 문서의 사본을 신부님께 보내 드리고 지도 신부님들께 전달해 달라고 부탁하라 하셨습니다. 그 문서들에서 한편으로는 공사가 얼마나 집요하게 선교사들의 조선 입국을 반대하는지를, 다른 한편으로는 당신의 계획을 추진하고자 하는 주교님의 결의가 얼마나 확고한지를 보시게 될 것입니다. 인간적 신중함과 그리스도교적 신중함이 서로 충돌할 때 후자가 우선되어야 마땅합니다. 우리는 그 둘 사이에서 망설여서는 안 됩니다. 주교님은 이 점을 잘 알고 계셨습니다. 바로 그러한 토대 위에서 당신의 행보를 감행하셨고, 신부님들과 파리의 지도 신부님들도 같은 생각이라는 것을 아시고 기뻐하셨습니다.

뮈텔 신부님은 제때 도착하지 못하여 조선으로 함께 떠나지 못했습니다. 우리는 아직도 그를 기다리고 있습니다. 뮈텔 신부님은 리샤르 신부님과 저와 함께 여기서 겨울을 나게 될 것입니다. 우리의 체류가 얼마나 더 오래 지속되는지요? 전혀 알 길이 없습니다. 저로서는 아무래도 리델 주교님께서 제게 맡기시며 성공적으로 마칠 수 있도록 전권을 위임하신 일을 잘 끝맺고 나서야 비로소 저의 선교지에 들어갈 수 있을 것 같습니다. 일을 신속하게 진행할 수 있도록 신부님께서 저를 도와주셨으면 합니다. 그 일은 바로 조선어 문법서[46]와 조선어-프랑스어 사전[47]의 인쇄 작업입니다. 리델 주교님의 말씀에 따르면 이 사전 한 권을 필사하는 데 대략 여섯 달이 걸린다니, 두 책 모두 수량이 많이 부족하다고 느끼고 있습니다. 주교님은 [조선으로] 떠나시면서 제게 이 두 책의 원고를 맡기셨습니다. 현재 저는 사전을 필사하고 있습니다. 이것이 저의 첫 번째 소임입니다. 그 밖에도 저는 이 책들을 어디서 인쇄하는 것이 더 유리할지 등을 알아내기 위해 정보를 수집해야 합니다. 바로 이 부분에서 신부님의 도움이 매우 유용할 것입니다. 주교님께서는 이 문제에 관하여 신부님께 몇 가지 정보를 친히 문의하셨고, 정보가 있으면 리샤르 신부님에게 보내 달라고 신부님께 부탁하셨던 것이지요. 주교님께서 신부님께 문의하신 내용이 어떤 것인지 자세히는 모르니, 저는 제가 궁금하게 여기는 것들을 여쭙겠습니다. 신부님의 첫 답신에서 얻지 못하는 내용들은 이후의 편지에서 알려 주시기를 청합니다.

이곳에서 조선어 글자들의 견본을 붓으로 써서 보내 드리면 파리에서 그

---

46 『한어문전(韓語文典, Grammaire Coréenne)』: 리델 주교가 달레 신부에게 보낸 1875년 5월 12일 자 편지를 보면, 이 조선어 문법서는 리델 주교는 물론이고 블랑 신부도 많은 공을 들여 원고 집필을 하였음을 알 수 있다. 1876년 리델 주교가 최지혁 요한 등의 도움을 받아 편찬 작업을 마무리하였다. 코스트 신부는 리델 주교의 지시로 1877년부터 인쇄 작업을 맡았고, 마침내 1881년 요코하마에서 출판하였다. 『한어문전』은 우리말로 된 문법서가 나오기도 전에 출간된 최초의 한글 문법서이기도 하다.

47 『한불자전(韓佛字典, Dictionnaire Coréen-Français)』: 사전 편찬 작업은 다블뤼 주교가 처음 시작하였으나 병인박해로 원고가 모두 소실되었고, 리델 주교가 차쿠에 머물며 최지혁 요한 등의 도움을 받아 다시 편찬 작업을 하였다. 이 인쇄 작업 또한 코스트 신부가 맡아 1877년에 첫 인쇄본을 만들었고, 『한어문전』보다 한 해 앞서 1880년에 요코하마에서 출판되었다.

에 적당한 활자 모형을 만들기가 수월하리라 생각합니다. 또한 파리에서 한자 활자도 만들 수 있으리라 생각합니다. 그곳에서 이미 '페르니(Perny) 사전'과 같은 한문 서적을 인쇄한 경험이 있기 때문입니다. 그런데 그 활자들을 능수능란하게 다룰 줄 알고 본문 안에 적절하게 끼워 넣을 수 있는 식자공이나 활자 조합을 감독할 수 있는 식자 반장을 구할 수 있을까요?

그런 어려움은 해결됐다 치고, 판형에 따라 (예를 들면, 페르니 사전의 판형) 그리고 쪽수와 권수에 따라 인쇄 비용이 얼마나 될까요? 종이 가격, 제본 가격 등을 포함해서 말입니다.

새롭다는 측면에서 학문적 관심을 끌 만하기에 [프랑스] 국립 인쇄소가 이 책들을 무료로 인쇄해 줄지 모른다는 의견을 제시하는 이도 있었습니다. 국립 인쇄소에서 그렇게 하려고 할까요? 어떠한 조건으로요? 리델 주교님은 조선 포교지에 몇 권을 할당할 수 있다면 책의 저작권을 포기할 의향이 있으십니다. 그러나 관행적인 것은 신부님께서 더욱 잘 아실 것이므로, 신부님께서 적절하다고 판단하시는 다른 제안을 저희에게 해 주십시오. 이에 관하여 제게 답변 주시면 신부님의 고견에 깊이 감사할 것입니다.

파리에서 인쇄가 가능하다면, 그것이 리델 주교님과 제가 매우 희망하는 바인데, 저는 만반의 준비를 마친 자료를 보내 드리겠습니다. 주교님의 생각은 조선에 파견될 한 젊은 동료 신부에게 조선어를 읽는 법을 배우게 하여 (이는 쉽습니다.) 사전과 문법서의 인쇄 작업을 감독하는 데 필요한 기간 동안 그 신부를 파리에 머물게 한다는 것입니다.

제가 이 편지를 쓰는 동안 리샤르 신부님이 기쁨에 넘치는 밝은 얼굴로 제 방에 들어와 우리 여행자들의 소식이 담긴 편지를 전해 주었습니다. 아닌 게 아니라 중국 정크선을 타고 우리 여행자들과 동행했던 이곳 교우 한 명이 돌아왔는데, 조선 사람 한 명이 그와 함께 왔습니다. 조선 배가 약속 장소에 정박해 있었고, 이달 18일 배를 옮겨 탔다고 합니다. 그때까지는 모든 일이 순조로웠다고 합니다. 조선에서 온 편지들이 신부님께 [조선] 포교지 소식을 전해 드릴 것입니다.

지도 신부님들께 저의 존경의 마음을 표해주십시오. 기도와 미사성제 안에서 하나 되어.

신부님의 매우 보잘것없고 헌신적인 동료
코스트

리샤르 신부님이 신부님께 인사 전합니다. 오늘은 신부님께 편지를 쓸 시간이 없으니, 신부님께서 6월 28일에 그에게 보내 주신 200여 대의 미사를 잘 받았다고 신부님께 전해 달라고 제게 부탁하는군요.

012 코스트 신부가 루세이유 신부에게 보낸 1877년 9월 24일 자 편지

코스트 신부가 눈의 성모 성당에서 루세이유 신부에게

1877년 9월 24일, [차쿠] 눈의 성모 성당

친애하는 루세이유 신부님께,

리델 주교님께서 6월 15일 자 신부님의 편지를 받으셨을 때 주교님은 [조선으로] 떠날 채비를 하고 계셨기에, 저에게 신부님께 편지와 동봉된 서류들을 잘 받았고 감사하다는 뜻을 전해 드리라고 하셨습니다. 저는 이 심부름을 기꺼이 실행하면서 이 자리를 빌려 1876년 10월 20일에 보내 주신 신부님의 편지에 감사의 인사를 올립니다.

이달 11일 주교님은 두세 신부님, 로베르 신부님과 함께 배를 타고 조선으로 향하였습니다. 그때가 복되신 동정 마리아의 탄생 8부 첨례 기간이었으니 이 여정은 성공을 거둘 수밖에 없었습니다. 조선 배가 약속 장소에 나왔고, 18일에 배를 옮겨 탔으며, 우리의 소중한 여행자들이 복된 [조선] 해안을 향해 갔다는 소식을 저희는 바로 오늘 접했습니다.

리델 주교님께서 북경 주재 프랑스 공사의 절박한 호소를 들으셨다거나, 혹은 그 공사가 로마 교황청을 통해 [주교님의] 조선 입국 계획을 저지하는 데 성공했더라면, 아마 그곳에 가시지 못했을 것입니다. 그러나 로마 교황청은 훌륭하게 숙고를 했고, 여행은 이루어졌으며, 우리 모두는 이에 흡족해하고 있습니다. 이제는 하느님의 보호에 맡길 뿐입니다! 우리가 이행하는 것은 바로 하느님의 사업이며, 우리를 보호해 주시도록 그분의 선하신 섭리에 의탁합니다.

우리는 하느님의 섭리가 우리를 매우 잘 보호해 주신다는 것을 압니다. 리델 주교님께서 프랑스 공사에게 보낸 답신에서 말씀하신 것처럼 하느님의 허락 없이는 우리의 머리카락 한 올도 땅에 떨어지지 않을 것입니다. 주교님께서 신부님과 파리의 지도 신부님들과 한뜻을 이루고 있음에 기뻐하신다는 것을 굳이 말씀드릴 필요가 없겠습니다. 참사회의 편지와 신부님의 편지가 주교님께는 귀한 격려가 되었습니다. 그리하여 두루 감사의 뜻을 전하라고 제게 당부하셨습니다.

뮈텔 신부님이 제때 도착했더라면 원정을 함께 떠났을 것입니다. 그러나 그는 아직도 이곳에 도착하지 못했습니다. 그는 눈의 성모 성당에서 리샤르 신부님과 저와 함께 겨울을 날 것입니다. 언제까지 저희가 머물러 있게 될지는 모르겠습니다. 저는 조선에 들어가기 전에 조선어 문법서와 사전의 인쇄 작업에 필요한 만반의 조치를 해야 합니다. 이 두 저서는 우리에게 완전한 육필본 원고가 단 두 부밖에 없는 귀한 책들입니다. 이 두 육필본을 [리델] 주교님께서 떠나시면서 제게 맡기셨습니다. 현재 저는 사전을 필사하고 있으며, 어디서 인쇄하는 것이 더 유리할지 알아보고 있습니다.

신부님의 선하신 기도에 저를 맡기고, 그 기도로 일치를 이루며.

신부님의 매우 보잘것없고 헌신적인 종
장 코스트

013 코스트 신부가 홍콩 대표부의 르모니에 신부에게 보낸 1877년 10월 6일 자 편지

코스트 신부가 눈의 성모 성당에서 홍콩 대표부의 르모니에 신부에게

1877년 10월 6일, [차쿠] 눈의 성모 성당

친애하는 르모니에 신부님께,

세상의 끝, 전신도 철도도 없고 큰 움직임도 없는 만주의 한 작은 오지 마을에서 지내다 보니 신부님께 말씀드릴 만한 흥미로운 이야깃거리가 없습니다. 게다가 소중한 조선 포교지가 처해 있는 상황 때문에 제가 신부님께 전해 드릴 수 있는 소식들은 매우 한정됩니다. 이러한 연유로 1876년 11월 29일에 보내 주신 신부님의 편지에 답신을 드리기까지 이토록 많은 시간이 걸린 것입니다. 그러나 편지에 표하신 신부님의 마음은 제 가슴 깊이 아로새겨져 있습니다. 진심으로 감사드립니다. 예전에 신부님과 함께 나눈 서신과 친밀한 교류도 생생한 추억으로 남아 있습니다. 주어진 상황 덕분에 자연스럽게 기회를 얻어 제가 상해에 있었을 때처럼 신부님께 편지 쓸 수 있고 신부님과 한담을 나눌 수 있어 기쁩니다.

블랑 신부님과 드게트 신부님은 조선에 입국한 뒤로 어떤 불상사도 겪지 않았고, 선하신 하느님 섭리의 손길에 따라 줄곧 잘 지내 왔습니다. 외교인들과 조정의 의혹을 받지 않기 위해 은신해 지낼 수밖에 없는 것이 사실이지만 음지에서도 우리 아름다운 조선 교회의 부활을 위해 열정적으로 일하고 있습니다. 그들의 노고가 열매를 맺어 미래를 위한 참으로 감미로운 희망을 주고 있습니다. 지금 즈음 그들은 지원군[48]을 맞이했을 겁니다. 9월 11일, 신부님이 여기에 계셨다면, 마을의 교우들이 성당에 모인 가운데 주교 한 분과 두 젊은 선교사가 제대 앞에 무릎을 꿇고 곧 시작될 여정을 하느님과 성모님께 의탁하는 모습을 보면서 저희만큼 큰 감동을 받으셨을 것입니다. 리델 주교님, 두세 신부[49]님, 로베르 신부[50]님이 조선을 향해 떠났습니다. 그날 아침 저희는 작별 인사를 나누었습니다. 그리고 그날 저녁 그분들은 이곳에서 7리외[약 28km] 떨어진 중국의 작은 항구 장하에서 배에 올랐습니다. 저희는 그분들이 18일에 약속 장소에 있던 조선 배로 옮겨 탔다는 소식을 들었습니다. 그때까지 모든 것이 순조로웠습니다. 이 여정이 복되신 동정 마리아의 탄생 8부 첨례 기간에 시작되었으니 조선 교회의 주보이신 성모님께서 보호해 주실 것입니다. 성모님께서 우리의 여행자들을 목적지까지 안전하게 인도해 주시기를, 그리고 그들과 함께 하시어 그들의 발아래 여전히 잔뜩 널려 있는 위험과 역경 속에서 사도직을 수행하는 그들을 보호해 주시기를 바랍니다. 동료 신부들과 저희 가엾은 포교지를 위해 하느님의 축복을 간청하는 저희의 기도에 신부님의 기도를 보태 주십시오.

　　신부님께서는 어째서 제가 그 약속의 땅으로 가지 않았는지 궁금해하시겠지요. 저는 주교님께서 제게 맡기신 일을 잘 끝마칠 때까지 조선 입국을 미루어야 합니다.

48　리델 주교, 두세 신부, 로베르 신부를 가리킨다.

49　두세(Camille Eugène Doucet, 丁加彌, 1853~1917) : 파리외방전교회 선교사. 1877년 9월 23일에 조선에 입국하여 초기에는 이북 5도에 걸쳐 전교 활동을 펼쳤고, 1881년부터는 약 10년 간 충청도 지방에서 사목했다. 1890년에 서울로 올라와 약현(현 중림동 약현) 성당 건축을 담당했고 1892년에 초대 약현 본당 신부로 임명되어 선종하기까지 25년간 사목했다.

50　로베르(Achille Paul Robert, 金保祿, 1853~1922) : 파리외방전교회 선교사. 리델 주교, 두세 신부와 함께 1877년 9월 23일에 조선에 들어와 경기도와 경상도 지방에서 사목했고 특히 대구 지역에서 30년간 활동했다.

저희에게 매우 중요한 두 저서, 곧 조선어 문법서와 조선어 사전의 완전한 육필본 원고가 단 한 부밖에 없습니다. 이 육필 원고들이 만일 지난날 조선의 박해 때 소실된 자료들과 같은 운명을 겪는다면 참으로 애석한 일일 것입니다. 그래서 주교님은 이 원고들을 가지고 가지 않으신 것입니다. 이 원고를 인쇄할 책무와 함께 이에 필요한 모든 권한을 주교님은 제게 위임하셨습니다. 현재 저는 사전을 필사하고 있습니다. 저는 이곳에서 겨우내 이 일에 붙들려 있게 될 것입니다. 아울러 인쇄하기에 더 유리한 곳을 알아보기 위해 정보를 구하고 있습니다. 그에 대한 정보가 파리, 요코하마, 나가사키에서 오기를 기다리고 있습니다. 리델 주교님께서 이미 상해에서 그에 관한 정보를 모으신 것을 신부님께서도 알고 계실 겁니다. 이와 관련하여 신부님께 조언을 청하는 것도 유익하다고 생각하며, 신부님께서 기꺼이 저의 요청을 들어 주시리라 믿어 의심치 않습니다. 제가 이렇게 부탁드리는 이유는 신부님께서도 비슷한 작업을 하고 계시기 때문입니다. 들라마르 신부님의 중국어 사전[51]을 인쇄하려는 의향을 갖고 계신 것으로 압니다. 신부님께서 이미 정보를 갖고 계실지도 모르겠습니다. 유용하다 싶은 신부님의 고견을 알려 주시면 감사하겠습니다. 현재 홍콩에서는 한자 활자로 인쇄를 하고 있습니까? 그곳에서 활자 모형을 제작하게 하고, 조선어 자모로 구성된 활자 한 벌을 얻을 수 있을까요? 이 두 가지, 특히 후자가 해결된다면 그다음 문제들로 넘어가기가 수월할 것입니다. 이에 대한 신부님의 답변을 기다리겠습니다.

리델 주교님께서 제게 위임한 일로 제가 신부님을 만나러 가서 한동안 함께 지낼 기회가 생긴다면, 기꺼이 제가 그 기회를 활용하고자 하는 것을 신부님께서도 이해하시겠지요. 이러한 제 짐작은 너무 이르겠지만 말입니다.

...
51 쓰촨 선교사 들라마르(Louis Charles Delamarre, 1810~1863) 신부가 1850년에 저술한 『불라한(佛羅漢, Fraçais-Latin-Chinois) 사전』을 말한다.

리델 주교님이 두 선교사와 함께 조선에 입국한 사실은 몇몇 곳에서는 모르게 하는 것이 좋을 것 같습니다. 이 부분에 대해서는 신중하시고 입이 무거우신 신부님을 믿겠습니다.

[홍콩] 베타니아의 집에 계신 신부님[파트리아 신부]은 이제 제게 편지를 쓰지도 않으시는군요. 우정을 담은 저의 인사를 그분과 베를리오즈 신부[52]님께 전해 주십시오. 그리고 그쪽에 계신 다른 동료 신부님들께도 존경을 담은 저의 인사를 전해 주십시오. 기도와 미사성제 안에서 제가 늘 함께하고 있음을 믿어 주십시오.

그리스도 안에서 헌신과 애정을 가득 담아
장 코스트

리샤르 신부님이 작성한 회계 보고서를 동봉합니다.

뮈텔 신부[53]님은 아직 도착하지 않았습니다.

리샤르 신부님이 5월에 보낸 자신의 편지를 신부님께서 받으셨는지 여쭈어 달라고 합니다. 로베르 신부님을 위해 신부님께 부탁했던 담배를 콩로 신부 앞으로 보내 주십사고 청했는데, 그에 대한 소식을 아직 받지 못했답니다. 어

---

52 베를리오즈(Alexandre Berlioz, 1852~1929) : 파리외방전교회 선교사으로 1875년에 홍콩 대표부로 파견되어 2년 동안 대표를 지냈다. 1897년 일본 도쿄로 발령 받았고 1891년 신설 교구인 하쿠다테교구장으로 성성되었다.

53 뮈텔(Mutel Gustave Charles, 閔德孝, 1854~1933) : 파리외방전교회 선교사. 제8대 조선교구장(교구장 재임 1890~1933). 1877년 2월 조선 파견 선교사로 임명되어 1880년 11월 리우빌 신부와 함께 두 번째 입국 시도가 성공하면서 황해도 지방에서 성무 활동을 시작하였다. 1885년 파리외방전교회 신학교의 지도자로 임명되어 조선을 잠시 떠났다가, 1890년 8월 조선교구 제8대 교구장으로 임명되어 1891년 2월 조선에 재입국하였다. 1886년 한불조약 이후 종교의 자유를 얻게 되면서 본격적인 교회 재건에 나섰다. 한편 1895년 『치명일기』를 편찬하는 등 순교자 행적 등을 정리하여 순교자 시복 절차를 추진하였고 마침내 1925년 7월 순교 복자 79위가 탄생되는 기쁨을 맞았다.

쩌면 신부님께서 이미 뮈텔 신부님 편에 보내셨을 수도 있겠지요.

상해에서 카르발류(Carvalho)⁵⁴ 씨가 조선어 활자 작업은 맡지 않을 것 같은데, 그러면 누구에게 이를 맡길 수 있을까요? 장로교의 인쇄소에서 조선어 활자를 주조할 수 있을까요? 거기서 그 일을 하려 할까요? 유럽 국가 중심의 인쇄소가 없는 것이 유감입니다. 인쇄를 위한 도움이 필요할 여러 포교지를 위해 예를 들어 베타니아의 집에 인쇄소가 있다면 좋을 텐데요. 그렇게만 된다면 참으로 도움이 될 것입니다.

...
54 당시 상해에서 카르발류 인쇄소(Imprimerie Carvalho & Cie)를 운영하고 있었다.

014 리샤르 신부가 요코하마에 있는 코스트 신부에게 보낸 1878년 4월 21일 자 편지

조선 포교지 경리 담당 리샤르 신부가
요코하마에 있는 코스트 신부에게 보낸 편지의 사본

1878년 4월 21일, 눈의 성모 성당(만주)

친애하는 코스트 신부님,

오늘은 신부님께 매우 슬픈 소식을 전하게 되었습니다. 다두[55]가 우리에게 전한 내용을 신부님도 알고 계시겠지요. 모든 것이 사실이었습니다.

[1878년] 1월 28일 리델 주교님이 체포되셨고, 주교님의 사람들도 마찬가지로 체포되었으며 주교님의 집은 약탈당했습니다. 선교사들은 저마다 다른 장소로 피신해 있고 아무도 체포되지 않았습니다. 주교님은 감옥에서 처우를 잘 받고 계신 것 같습니다. 아무 고문도 받지 않으셨답니다.

왕후[56]가 주교님에게 사형을 내리기를 원치 않습니다. 조정은 주교님에게 중국으로 돌아갈 것을 제안했습니다만 주교님이 이를 거부하셨습니다. 3월 25일까지 엄밀한 의미에서 박해는 없었습니다. 교우 몇 명이 고문 후유증으로 사망한 것 같습니다. 조정은 조선에 4명의 선교사가, 곧 북쪽에 둘, 남쪽에 둘

---

55 'Tadou'라고 쓰여 있는데 세례명이 다두, 곧 타대오로, 변문을 오가는 연락책을 맡은 교우로 보인다.

56 신정왕후(1808~1890)를 말한다. 성이 풍양 조씨라 '조대비(趙大妃)'로 더 많이 알려져 있다. 효명세자의 빈으로 헌종을 낳고, 1834년 헌종이 즉위하면서 왕대비(王大妃)가 되었으며 1857년 순원왕후가 별세하자 대왕대비(大王大妃)가 되었다. 12세의 어린 고종이 즉위하자 수렴청정을 하면서 왕실의 위상과 왕권 강화를 위해 힘썼고, 흥선대원군에게 섭정의 대권을 위임하여 국정 운영을 총괄하게 하였다.

있다는 것[57]을 알면서도 그들을 추적하라는 명령을 내리지 않았습니다. 조정은 유럽국들이나 일본과의 전쟁을 두려워하기 때문입니다. 그러나 올봄 [프랑스에서] 어떠한 원정도 없다면, 애석하게도 그렇게 될 것 같습니다만, 모든 정황으로 미루어 볼 때 주교님은 사형에 처해지고 선교사들은 추적당하고 교우들은 체포되는 등 한마디로 끔찍한 박해가 일어날지도 모릅니다. 부디 주님께서 이 불행이 우리 가련한 포교지를 비껴가도록 해 주시기를 빕니다! 이 폭풍이 좋은 쪽으로 바뀌기를 빕니다!

　블랑 신부님, 드게트 신부님, 두세 신부님이 편지를 보내왔습니다. 그러나 주교님과 로베르 신부님에게서는 아무 소식이 없고, 로베르 신부님은 어디에 있는지 모르겠습니다. 안타깝게도 참으로 슬픈 소식입니다!

　변문의 한 외교인이 오늘 아침 그 편지들을 들고 왔는데 점심 식사를 하고 다시 떠났습니다. 신부님들이 제게 요청한 대로 저는 연락원들이 만날 날짜를 정하기 위해 짧게 편지를 썼습니다. 약속 날짜는 오는 6월 15일입니다.

　이러한 소식들을 전해 드리지만 그래도 신부님이 조선어 사전 인쇄 작업을 하셔야 한다고 생각합니다. 지난번 연락인 편에, 곧 이달 14일에 암브루스터 신부님의 편지 사본을 신부님께 보냈습니다.

　안녕히 계십시오.

외젠느 리샤르

추신 : 편지 보내온 선교사들이 신부님께 지극한 애정이 담긴 인사를 전하

57　블랑 신부와 드게트 신부, 두세 신부와 로베르 신부를 말한다. 당시 블랑 신부와 드게트 신부는 남쪽 지방에 있었고, 리델 주교와 함께 입국했던 두세 신부와 로베르 신부는 북쪽 지방에서 사목 활동을 하고 있었다.

였습니다. 그러면서 자신들도 조만간 체포될 것이 틀림없으니 신부님께 작별 인사를 드린다고 합니다.

주교님과 선교사들의 석방을 위해 애써 주시고, 이 일에 도움을 줄 수 있는 이들을 모두 만나 교섭해 달라고 신부님께 굳이 말씀드릴 필요는 없겠지요. 저는 들라플라스 주교님께 편지를 써서 조선 포교지를 위해 힘써 주시기를 청하겠습니다.

015 코스트 신부가 홍콩 대표부의 르모니에 신부에게 보낸 1878년 4월 30일 자 편지

코스트 신부가 요코하마에서
홍콩 대표부의 르모니에 신부에게

1878년 4월 30일, 요코하마

친애하는 르모니에 신부님께,

저희는 이레 동안 바다를 가로질러 이달 25일 목요일 저녁에 도착했습니다. 23일 하루와 24일에 거친 풍랑으로 조금 고생한 것 말고는 별 어려움은 없었습니다. 파트리아 신부[58]님은 생각보다 훌륭한 뱃사람이더군요. 이번 여행이 파트리아 신부님의 건강에도 유익이 되기를 바랍니다.

저희는 동료 신부들의 환대를 받았습니다. 파트리아 신부님은 어디서나 기쁨을 안겨주는 깜짝 선물이었습니다.

신부님도 아시다시피 파트리아 신부님은 특히 오주프 주교[59]님을 깜짝 놀라게 해 드리고 싶어 했습니다. 요코하마에 도착한 다음 날 저희는 미동 신

---

[58] 파트리아(Charles-Edmond Patriat, 1828~1887) : 파리외방전교회 선교사. 1862년 싱가포르 대표부에서 활동하다 1864년 싱가포르 대표로 임명되었고, 1875년에 홍콩에 건립하기로 결정된 홍콩 요양소의 초대 소장으로 임명되었다. 당시 홍콩 대표부의 총대표는 오주프 신부였고, 두 신부가 협력하여 베타니아 요양소를 건립하였다.

[59] 오주프(Pierre Osouf, 1829~1906) : 파리외방전교회 선교사. 1856년 싱가포르 대표부로 파견되어 홍콩과 싱가포르 대표부에서 활동하였고, 1866년에는 홍콩 대표부 총대표로 임명되었다. 파트리아 신부와 함께 홍콩 베타니아 요양소 건립에 힘썼고, 특히 요양소와 경당의 설계를 맡았다. 1876년에 일본대목구가 남북으로 분리될 때 북일본대목구 대목구장으로 임명되었다.

부[60]님과 함께 에도[61]로 갔습니다. 제가 선수를 치고 먼저 가서 [오주프] 주교 님께 인사를 드렸습니다.

주교님은 신부님께서도 익히 아시는 자상함으로 저를 맞아 주셨습니다. 우리가 세상 끝으로 서로 헤어지고 난 뒤에 주님의 섭리로 이렇게 일본에서 모이게 되리라 누가 상상이나 했겠습니까? 주교님과 제가 그러한 재회의 감격에 잠겨 있을 때 누군가 문을 두드렸습니다. 미동 신부님과 함께 파트리아 신부님이 나타난 것입니다. 저는 파트리아 신부님이 같이 온 것을 주교님께 일부러 말씀드리지 않았습니다. 오주프 주교님께서 얼마나 놀라셨는지 신부님의 상상에 맡기겠습니다. 그리고 선하고 점잖으신 주교님의 [놀라고 기뻐하시는] 모습을 보는 저희도 얼마나 행복했는지 모릅니다. 모두가 홍콩과 베타니아의 추억들을 떠올렸습니다. 주교님은 옛 대표부 식구들이 모두 모여 있는 가운데 오직 당신의 벗[62]과 마르티네 신부님이 없다며 함께 있었다면 더없이 기뻤을 것이라고 아쉬워하셨습니다. 요코하마에서 그랬듯이 에도에서도 동료 신부님들과 일치감을 나눴습니다.

27일에는 주교님께서 에도에 있는 당신의 거처를 나와 친히 우리와 동행하시어 포교지의 주요한 두 곳을 보여주셨는데, 비그루 신부[63]님이 교장을 맡고 계신 신학교와 특별한 상황 덕에 최근 매입하게 된 가옥이었습니다. 랑글

---

60 미동(Félix Nicolas Midon, 1840~1893) : 파리외방전교회 선교사. 1876년 일본대목구가 남북으로 분할될 때 북일본대목구의 총대리로 임명되었다.
61 에도(江戶)는 도쿄(東京)의 옛 이름으로, 1603년 도쿠가와 이에야스가 에도에 막부(幕府)를 개설함에 따라 정치의 중심지가 되었고 1868년 메이지 유신으로 '도쿄'로 이름이 바뀌었다.
62 르모니에 신부를 두고 하는 말이다.
63 비그루(François Vigroux, 1842~1909) : 파리외방전교회 선교사. 1877년에 오주프 주교가 이끄는 북일본대목구의 총대리로 임명되어 학교를 설립하고 초기에는 프랑스어와 서양 학문들만 가르치다가 합법적 승인을 받은 뒤부터 가톨릭 교리도 가르쳤다.

레 신부[64]님이 이 가옥에서 지내며 구역 교우들을 담당하는 동시에 소학교를 운영하고 있습니다. 그곳을 나와 우리는 [주일] 프랑스 공사 조프르와[65] 씨를 방문하러 갔습니다. 에도에서 무엇보다 우리의 감탄을 자아낸 것은 오주프 주교님이 건축하신 고딕 성당으로, [홍콩] 베타니아의 경당을 떠오르게 했습니다. 제게는 일본의 모든 것이 새로웠는데 신부님께서도 아실 터이니 굳이 말씀 드릴 필요는 없겠지요.

이곳에 도착해서 저는 너무도 충격적인 소식을 듣게 되었습니다. 오주프 주교님은 그 소식을 신부님을 비롯하여 파리의 지도 신부님들과 마르티네 신부님, 리샤르 신부님에게 전하셨다고 제게 말씀하셨습니다. 제가 전에 신부님께 말씀드린 적 있는 연락원이 특사로 온 것을 보고, 우리는 리델 주교님과 동료 신부들의 운명을 걱정했습니다. 그런데 그 소식[박해 소식]을 듣고 보니 그러한 걱정이 기우가 아니었나 봅니다. 순교자들에게 영광! 그러나 이 가련한 조선 포교지는 혹독한 시련을 받고 있습니다! 이 또 다른 불행으로 해방의 때가 무기한 연기되는 것은 아닐까요?

저희는 여전히 추측만 하고 있을 뿐 언제쯤 정확한 소식을 알 수 있을지 모르겠습니다. 서울과 눈의 성모 성당 사이의 정기적인 서신 왕래는 5월에 이루어질 것입니다. 따라서 6월에는 조선에서 보낸 편지들을 받을 수 있을 겁니다. 그러나 만약 [압록강이] 해빙되면 연락인을 급파하는 것이 매우 어려워질 것입니다. 주일 프랑스 공사는 조선에 생존해 있는 우리 동료들의 운명에 지대한 관심을 표했습니다. 그러나 그가 그들을 돕기 위해 대단한 일을 할 수 있을

64　랑글레(Julien Albert Langlais, 1850~1923) : 파리외방전교회 소속 일본 파견 선교사. 1873년 일본으로 파견되어 사목 활동을 펼쳤고, 1881년에는 도쿄 교리교사 학교를 맡았다.
65　조프르와(Louis de Geofroy, 1822~1899) :프랑스 외교관으로 1872년부터 1875년까지 중국 주재 프랑스 대사를 지냈고, 1876년부터는 주일 프랑스 공사로 일본에서 외교 업무를 수행했다.

것 같지는 않습니다. 그의 계획은 프랑스 전함 한 척을 파견하여 조선 연안 주변을 떠다니게 하다가 그들에게 탈출할 방법을 제공하겠다는 것 같습니다. 그런데… 이 내용은 꼭 알아야 할 사람 외에 다른 이들에게는 말씀하지 마시라고 신부님께 따로 당부드리지 않아도 되겠지요.

우리의 원고를 인쇄하기 위한 작업에 착수했습니다. 인쇄업자는 1년 안에 마치지는 못하리라 내다보고 있습니다.

신부님의 기도에 의탁하고 그 안에서 일치를 이루며, 그리스도 안에서 헌신과 애정을 담아.

장 코스트

그쪽에 계신 신부님들께 저의 존경과 우정이 담긴 인사를 전해 주십시오.

016 코스트 신부가 파리 신학교 지도자 신부들에게 보낸 1878년 5월 20일 자 편지

코스트 신부가 도쿄에서 파리 지도자[66] 신부들에게

1878년 5월 20일, 도쿄

존경하는 지도자 신부님들께,

지금 저는 운 좋게 오주프 주교님 댁에 머물고 있습니다. 주교님께서 조선 포교지의 걱정스러운 소식을 신부님들께 알리셨다고 제게 말씀하셨습니다. 주교님께서 [신부님들께] 지난번 편지를 보내신 이후에 저희가 알게 된 상세한 내용들을 신부님들께 전하라고 하셨습니다. 그리고 리델 주교님의 석방을 위해, 또 비탄에 빠져 있을 동료 신부들을 위해 추진하고 있는 교섭에 관해서도 알려 드리리라고 하셨습니다. 저는 이러한 주교님의 뜻을 기꺼이 따르며, 이 기회에 오래전에 신부님들과 나누었던 서신 교환을 다시 이으려 합니다.

리샤르 신부님으로부터 최근에 받은 편지의 사본을 보내 드립니다. 이를 읽어 보시면 저희가 그랬듯이 신부님들께서도 우선은 안도감이 드실 것입니다. 편지에 담긴 소식들은 저희가 우려했던 것만큼 심각하지는 않습니다. 그렇지만 그 뒤에 또 무슨 일이 일어났는지 몰라 여전히 매우 걱정스럽습니다. 일본

---

66 파리외방전교회 참사회 지도자들(directeurs)은 전교회와 포교지들, 프랑스 교회와의 중재, 회원 모집과 양성, 지원과 재원 마련과 집행 등의 역할을 맡았다. 또한 파리외방전교회는 파리 본부의 신학교 교장과 지도자들, 그리고 여러 포교지 대목구장과 여러 대부 대표들이 회의와 의견 취합을 통해 다수결로 사안들을 결정하는 합의 체제로 운영되다가 1921년 단일 총장 체제로 전환하였다.

외무성 측에서 에브라르 신부⁶⁷에게 전한 바에 따르면, 조선에서 선교사 1명과 교우 17명이 처형되었고 다른 선교사 2명과 교우 26명이 감옥에 갇혀 있다고 합니다.⁶⁸ 안타깝게도 이 사건은 조선의 동료 신부들이 마지막으로 편지 쓴 날짜인 3월 25일 이후에 발생한 것으로 추정됩니다.

존경하는 지도자 신부님들께서도 알고 계시겠지만 주일 프랑스 공사 조프르와 씨는 곤경에 처한 리델 주교님과 그 일행들의 운명에 무심하지 않았습니다. 그는 조선의 소식을 듣자마자 프랑스 전함을 보내 조선 해안을 돌게 할 생각을 했습니다. 그리하여 우리 동료 신부님들이 그 사실을 알고 그리로 피신하여 박해자들의 추적을 벗어나게 하겠다는 계획이었습니다. 그는 코스마오(Cosmao)호 함장에게 그러한 요청을 했다가 받아들여지지 않자, 중국해와 일본해의 초계 수역에 도착한 뒤부르케(Dubourquais) 제독에게 전보를 쳤습니다. 공사가 제게 말하길 제독은 우리를 기꺼이 도와줄 사람이라고 했습니다. 공사의 계획에 협력하여 제독은 곧바로 위강(Hugan)호에 출발 명령을 내렸습니다. 그런데 위강호는 배에 손상을 입어 되돌아가야 했기에 그 임무를 코스마오호에 넘겼습니다.

이 코스마오호가 정박해 있던 요코하마항을 떠난 지 보름이 되었습니다. 나가사키를 지날 때 제독의 지시를 받은 듯하니, 지금은 조선의 해안에 있을 것 같습니다. 그러나 이러한 방식의 출현, 곧 멀리 떨어져서 가만히 있는 것으로 과연 기대하는 효과를 얻을 수 있을지 의문이 드는 것도 사실입니다. 부디 이 때문에 [조선에서] 박해가 다시 심해지는 일이 없게 해 주시기를 빕니다!

---

67 에브라르(Félix Évrard, 1844~1919) : 파리외방전교회 소속 일본 파견 선교사. 일본 요코하마에서 선교 활동을 펼쳤고 주일 프랑스 공사관에서 통역을 담당하기도 했다.

68 이 소식은 사실과 다르다. 실제 리델 주교는 함께 붙잡힌 교우들과 포도청에 투옥되어 있었고, 다른 선교사들은 모두 안전한 곳에 은신해 있었다.

프랑스 정부가 리델 주교님과 동료 신부들의 석방을 위해, 또 조선의 우리 성교회에 [신앙의] 자유를 얻어 주기 위해 효과적인 중재를 해 준다면 그야말로 훌륭한 역할을 해내는 것입니다. 그러나 프랑스 정부 대표들의 선의와는 상관없이, 현 상황에서는 프랑스에 그러한 도움을 요청할 엄두가 나지 않고 또 감히 기대할 수도 없습니다.

오주프 주교님은 토요일에 공사와 면담을 가지셨습니다. 주교님은 리샤르 신부한테서 받은 상세한 소식을 그날 오전에 이미 공사에게 전달하셨으나, 리델 주교님께서 중국으로 돌아가라는 [조선 정부의] 제안을 거부하셨다는 사실은 언급하지 않으셨습니다. 이러한 거부는 주교님의 사도 정신을 그대로 보여 주는 것이지만 모두가 그렇게 이해하지는 못할 것이기 때문입니다. 조프르와 공사는 일본 외무성 장관에게 영향력을 행사하겠다고 약속했습니다.

일본 외무성 장관은 포로가 된 리델 주교님과 선교사들의 석방을 조선 정부로부터 얻어 낼 수 있다고 호언하고 있습니다. 그는 받아들일 수 없는 조건을 달았는데, 선교사들이 조선으로 되돌아가지 않는다고 약속해야 한다는 것이었습니다. 그러나 항의를 받자 그는 그 조건을 철회했습니다. 그리하여 그는 지금 공문을 작성할 준비를 하고 있고, 이틀 뒤에 조프르와 공사의 검토를 받게 될 것입니다. 그 공문은 조선과 일본 사이를 오가는 일본의 첫 증기선 편으로 부산에 있는 일본 관리청[69]에 보내질 것이고, 관리청은 서울의 조정을 상대로 필요한 교섭을 하게 될 것입니다. 예전에 자기네 나라에서 천주교를 박해하던 이들이 이제는 이웃 나라에서 천주교의 입장을 지지하고 있습니다. 하느님 섭리의 행로는 참으로 놀랍기만 합니다!

존경하는 지도자 신부님들, 어려운 상황에 놓인 저희를 위해 여러분의 기

---
69 1876년 조일수호조규(강화도조약) 결과로 부산이 개항되자 일본 정부는 일본 상인의 통상 업무와 거류민 보호를 위해 부산에 관리 관청을 두었다.

도를 통해 계속해서 저희를 도와주시기 바랍니다. 특히 저희가 고대하는 저 높은 곳의 도움을 받을 수 있도록 저희를 위해 기도해 주십시오.

이러한 신뢰 안에서 신부님들께 깊은 존경을 표하며.

매우 보잘것없고 헌신하는 종
장 코스트

오주프 주교님께서 신부님들께 존경을 담은 인사를 전하십니다. 제가 이 편지를 쓰지 않았다면 주교님께서 직접 편지를 쓰실 생각이셨답니다.

이 편지에서 제가 여러분께 전해 드린 외교적 사안은 지금도 진행되고 있는 일이므로 저희는 공개적으로 거론하지 않고 있습니다.[70]

---

[70] 코스트 신부는 편지의 내용을 비밀에 부쳐 달라는 말을 이렇게 돌려서 전하고 있다.

017 코스트 신부가 파리 신학교 지도자 신부들에게 보낸 1878년 6월 10일 자 편지

코스트 신부가 도쿄에서 파리 지도자 신부들에게

1878년 6월 10일, 도쿄

존경하는 지도자 신부님들께,

앞서 보내 드린 편지에서 저는 리델 주교님과 투옥된 것으로 보이는 조선 선교사들을 석방시키기 위하여 일본 외무성 장관이 조선 정부에 보내려 하는 공문에 관하여 말씀드렸습니다. 에브라르 신부님이 프랑스 공사관의 통역인 자격으로 그 문서를 전달받았는데, 제게 간추려 알려준 내용은 이러합니다.

"일본 정부는 조선 정부가 프랑스인 사제들을 구금한 것을 알게 되었다. 양국 간의, 그리고 일본 정부와 프랑스 정부 간의 우호 관계를 감안하여 일본 정부는 조선 정부에 다음과 같은 사항을 권고한다.

앞서(1866년) 조선 정부의 명령으로 프랑스인 사제들이 학살된 것에 프랑스가 보복하지 않았던 이유는 유럽의 어느 왕국과 전쟁을 치르느라 여력이 없었기 때문이다. 그러나 조선이 또다시 가혹한 행위로 프랑스에 도전한다면 분명 프랑스의 무력을 감수해야 할 것이다.

일본 정부는 양국의 평화 유지를 위해 기꺼이 중재하고자 한다.

평화를 유지하는 방법은 구금된 이들을 부산에 설치된 일본 관리청에 인계하여 그 보호를 받도록 하는 것이다."

이 공문은 지금은 조선으로 가고 있을 것입니다. 부디 제때 도착하여 저희가 기대하는 성공을 거둘 수 있기를 빕니다!

코스마오호는 요코하마 정박지로 복귀했습니다. 이 프랑스 전함이 우리 동료 신부들을 구하기 위해 조선 연안에 파견되었던 것을 신부님들께서도 아실 겁니다. 이 전함은 부산에도 잠시 정박하였는데, 조선인들이 선상에 방문하는 것도 허락하였습니다. 사흘 동안 머물렀지만 조선 선교사들에 관해 아무런 소식도 얻지 못하고 돌아왔습니다.

아르미드(Armide)호 또한 며칠 전부터 요코하마에 있습니다. 저는 그 배에 올라가 뒤부르케 제독을 만났는데, 그는 제가 신부님들께 전해 드린 리델 주교님의 체포 등에 대한 소식을 이미 알고 있었습니다. 그는 북경 주재 프랑스 공사로부터 공문을 받았고, 일본 주재 프랑스 공사와는 면담을 가졌습니다. 끝내 그는 자신의 계획을 전혀 바꾸지 않았습니다. 그는 요코하마에 한 달가량 머물겠다고 합니다. 더욱 심각한 사건들이 생겨나 그의 계획에 차질이 생기지 않는 한 그는 아마도 선임자들의 전통적인 항로를 따라 북쪽으로 갈 것입니다. 그는 저희에게 리델 주교님이 3월 25일까지 무사했으니 분명 사형에 처해지지는 않을 것이고, 조선에 다시 돌아오지 않는다는 조건으로 본국에 송환될 것이며, 그러면 교황님이 주교님에게 다른 포교지를 주실 수도 있을 것이라고 말했습니다. 이에 저는 실례를 무릅쓰고 제독에게 리샤르 신부의 견해를 피력했습니다. 곧 조선 정부가 주교님에게 신중한 태도를 보인 것은 일본이나 유럽 국가를 두려워했기 때문이라는 것입니다. 일본은 봄에 조선에 원정대를 파견하겠다고 위협했습니다. 그러나 원정은 이루어지지 않았습니다. 조선인들이 두려움의 지배를 더 이상 받지 않게 될 때 그들에게서 무엇을 기대할 수 있겠습니까? 리델 주교님은 조선으로 되돌아오지 않는다는 약속을 하지 않으실 겁니다. 그분에게 다른 포교지를 주는 문제도 간단치 않음을 지적했습니다.

가엾은 조선 포교지는 일본과 그리고 무엇보다도 선하신 하느님 섭리의 도움을 기대하고 있습니다.

저희를 위하여 계속 기도해 주십시오, 제가 기도와 미사성제 안에 함께하고 있음을 믿어 주십시오.

신부님들의 매우 보잘것없고 애정 가득한 종
장 코스트

오주프 주교님은 하코다테, 니가타 등지로 사목 방문 중이십니다. 이달 말경에 돌아오실 예정입니다.

018 코스트 신부가 파리 신학교 지도자 신부들에게 보낸 1878년 7월 13일 자 편지

코스트 신부가 도쿄에서 파리 지도자 신부들에게

1878년 7월 13일, 도쿄

존경하는 지도자 신부님들께,

저희와 마찬가지로 신부님들께서도 리델 주교님의 운명이 결국 어떻게 될지에 관한 소식을 초조히 기다리셨을 것입니다. 조프르와 공사가 프랑스 외무부에 보낸 전보가 아마 신부님들께도 전달되었겠지요. 그럼에도 저는 전보에 담긴 소식을 신부님들께 알려 드리고 싶은 마음을 참을 수가 없습니다. 그 내용은 노심초사하며 기다리던 저희를 안심시켜 주는 것이었습니다. 리델 주교님은 1월 28일 조선 정부에 의해 구금되었던 감옥에서 풀려나 만주의 잉체(뉴창)로 이송되었고, 지금은 자유의 몸이 되셨습니다. 저희의 기도를 귀여겨들으시고 저희와 조선 포교지에 매우 귀중한 생명을 지켜 주신 하느님께 감사를 드립니다.

저희는 이달 11일 저녁에 그 소식을 알게 되었습니다. 그 소식은 현재 요코하마에 있는 뒤부르케 제독 앞으로 온 전보를 통해 간략한 형태로 전해졌습니다. 저희가 기다리는 편지들이 오면 다음번에는 더 많은 이야기를 알게 될 것입니다.

리델 주교님과 조선의 동료 신부들을 위하여 조프르와 공사의 요청에 따라 일본 정부가 시도한 것과 비슷한 조치를, 북경 주재 프랑스 공사 브르니에 드 몽모랑 씨가 중재한 덕분에 중국 정부가 서울 조정에 취했다는 사실을 신부님들도 알고 계셨겠지요. 주교님의 석방은 이렇게 동시에 가해진 이중 압박의 결과인 것 같습니다. 어제 오주프 주교님과 저는 조프르와 공사를 찾아가 저희의 기쁨과 감사의 뜻을 표했습니다. 그는 이번 일이 진행되는 내내 저희에게 강한 호감과 헌신을 보여 주었습니다.

조선에 남아있는 동료 신부들에 대한 소식은 전혀 없습니다. 조정은 그들의 존재를 알면서도 추적 명령을 내리지 않았다는 것을 신부님들도 알고 계실 것입니다. 조정이 과거보다 더욱 신중해져서, 관용 정책을 펼치려는 것은 아니더라도 덜 잔인한 모습을 보여 주려는 것이라고 기대해 볼 수 있을까요? 이는 오직 하느님만이 아시는 비밀입니다. 어쨌거나 저희는 리델 주교님에게 내려진 석방 조치가 그에 뒤따른 상황으로 볼 때 좋은 선례가 된다는 것을 지적하며 조프르와 공사와 함께 기뻐했습니다. 수많은 순교자들의 피로 물든 우리의 소중한 포교지 땅에서 풍성한 구원의 열매들이 자라날 신앙의 자유를 누릴 시기를 언제쯤 맞이하게 될까요? 하루빨리 그날이 오면 좋겠습니다.

중국과 일본에 대한 고마움과 더불어 저희의 바람 또한 더욱 커졌으면 합니다. 이 두 나라는 조선 정부에 개입함으로써 예전에 그들이 박해했던 천주교를 돕게 되었습니다. 하느님께서 그들 위로 신앙의 햇빛을 더욱 널리 비추시어 상급을 주시기를 빕니다! 이를 위해 저희는 더욱 기도하겠습니다. 기도 안에서 하나 되어 깊은 존경의 마음을 담아.

신부님들의 매우 보잘것없고 헌신적인 종
장 코스트

오주프 주교님께서 신부님들께 애정 가득한 존경의 인사를 전하십니다.

019 코스트 신부가 홍콩 대표부의 르모니에 신부에게 보낸 1878년 8월 4일 자 편지

코스트 신부가 상해에서 홍콩 대표부의 르모니에 신부에게

1878년 8월 4일, 상해

친애하는 르모니에 신부님께,

예전에 그토록 자주 신부님께 편지를 썼던 이곳 상해 대표부에서 신부님께 편지를 쓰고 있습니다. 이렇게 편지를 쓰자니 제게는 늘 소중한 추억들이 떠오릅니다. 이곳 대표부를 떠날 때만 해도 저는 하느님의 섭리로 제가 도중에 이곳에 다시 오게 되리라고는 짐작조차 하지 못했는데, 제게 이러한 기쁨을 내려 주셨습니다. 나아가 그 선하신 섭리께서는 제가 곧 신부님을 만나게 되리라는 희망을 주십니다. 제가 얼마나 기쁜지 굳이 말씀드릴 필요가 있겠습니까?

요코하마에서 조선어 문법서와 사전을 인쇄하는 것이 가능한지의 여부와 그 작업을 하기 위한 조건에 관하여 오주프 주교님께서 저희에게 알려 주신 정보는 기대 이상의 것이었습니다. 이 때문에 눈의 성모 성당에 머무르고 있는 조선 선교사들은 제가 일본에 가야 한다는 결정을 내렸습니다. 그리하여 지금 저는 그 여정에 있습니다. 어제 이곳에 도착했고, 홍콩으로 가기 위해 가장 빨리 출발하는 프랑스 여객선에 승선할 생각인데, 곧 여드레 뒤가 될 것 같습니다. 홍콩에 도착해서부터 요코하마를 운항하는 메사쥬리 해운사의 배가 출발할 때까지 신부님과 함께 지내게 될 것입니다. 홍콩의 벗들 곁에 더 오래 머문다면 제게는 더할 나위 없는 기쁨이 되겠지만, 리델 주교님께서 바라시는 바이

고 저희도 같은 의견이온데, 우리는 일을 서둘러야 합니다. 일이 마무리되어 제게 얼마간 여유 시간이 생기면 [홍콩에 머무는] 보상을 받을 수도 있겠지요.

[인쇄] 작업에 관한 정보를 문의하기 위해, 그것이 제 여행의 목적이기도 합니다만, 제가 신부님께 발송한 편지가 남부 지방을 돌면서 지체되었다는 사실을 알았습니다. 이런 이유로 답신을 받지 못한 채 저는 눈의 성모 성당을 떠났습니다. 이곳에서도 마찬가지로 답신을 받지 못했는데, 도중에 엇갈렸다는 생각이 듭니다. 신부님께서 제게 정보를 주셨어도 그것으로 제 계획이 수정되었을 거라고는 생각하지 않습니다. 그럼에도 이 자리를 빌려 신부님의 수고에 감사드립니다.

자, 곧 뵙겠습니다! 그때를 고대하며 파트리아 신부님과 샤퓌 신부[71]님 그리고 다른 동료 신부님들에게 안부를 전합니다. 그리고 그곳에 계신 분들께 인사 전합니다. 언제나 기도와 미사성제 안에서 일치를 이루며.

그리스도 안에서 신부님의 매우 보잘것없고 애정 가득한

장 코스트

---

71 샤퓌(Bernard Chapuis, 1852~1891) : 파리외방전교회 선교사. 1875년에 사제품을 받고 1876년 2월 홍콩 대표부로 파견되었다. 이후 상해 대표부로 파견되어 상해 대표부 신축 건물 공사를 맡았다.

020 코스트 신부가 홍콩 대표부의 르모니에 신부에게 보낸 1878년 12월 18일 자 편지

코스트 신부가 요코하마에서
홍콩 대표부의 르모니에 신부에게

1878년 12월 18일, 요코하마

친애하는 르모니에 신부님께,

이달 16일 저는 동방회리은행[72]에서 신부님 앞으로 제1호 요구불 어음을 발행했는데, 1매당 500달러에 해당합니다. 제가 신부님께 말씀드렸던 금액을 예치한 이유는 신부님께서 지난 11월 12일 자 편지를 통해 친절히 이를 허락해 주셨기 때문입니다. 이 점 신부님께 감사드립니다.

저희가 사전 [인쇄] 작업에서 [작업량으로는] 1/8을 했는지 잘 모르겠습니다만, 다만 제가 아는 것은 [분량으로] 인쇄물의 1/8은 아직 아니라는 것입니다. 이렇게 말씀드려도 되는지 모르겠지만 아직 첫 장도 깨끗하게 찍어내지 못했습니다. 먼저 프랑스에서 새 활자들을 들여와야 했는데, 이것만 석 달 이상이 걸렸습니다. 그사이 도쿄의 일본인 인쇄소에서 활자 모형을 준비하고 한글 활자를 주조해야 했습니다. 저희는 이 작업이 프랑스에서 유럽어 활자가 도착하기 전에 완성되기를 기대했습니다. 그런데 작업의 어려움과, 특히 일본인들

---

72 동방회리은행(東方滙理銀行, The Oriental Bank Corporation)은 1842년 인도 뭄바이에서 '서인도 은행(Bank of Western India)'이라는 이름으로 설립되었고, 1860년대 인도와 중국에 주요 지사를 두었다. 홍콩에서 최초로 생긴 은행으로 첫 은행권 지폐를 발행하였다.

의 느긋함을 저희가 충분히 고려하지 못했던 것 같습니다. 마침내 저희는 열여섯 페이지를 가인쇄하는 데 필요한 모든 재료를 거의 다 모을 수 있었고, 지금 저는 교정쇄를 수정하는 중입니다. 이렇게 첫걸음을 내디뎠으니 가속도가 조금 붙으리라고 기대합니다. 1879년 한문 책력(대표부에서 인쇄하는 교회 전례력)이 있으면 한 부 제게 보내 주시면 감사하겠습니다. 저의 조선인이 그것에 몹시 관심이 있는 것 같아 그에게 선물하려고 합니다.

책력 이야기를 하다 보니 새해가 벌써 성큼 다가왔음을 새삼 절감합니다. 신부님께 미리 새해 인사를 드리며, 신부님과 신부님의 다정한 협력자들에게 하늘의 축복이 가득한 복된 새해 맞으시기를 빕니다. 그분들께도 저희의 안부 인사를 전해 주시기 바랍니다. 신부님께서 계신 그 훌륭한 곳[홍콩 대표부]의 일원이 된 쿠브뢰르 신부[73]님에게 특별히 환영의 인사를 전합니다.

베타니아[요양소]의 신부님은 그곳 일에 좀 더 훤해지셨는지요? 적어도 제가 그분에게 보낸 거울을 통해 자신의 멋진 모습을 보실 수 [있는 여유는] 있겠지요? 그 베타니아의 신부님은 참으로 고약합니다.[74] 그럼에도 그분과 그분의 소중한 환우들에게 저의 진심이 담긴 인사를 전합니다.

저희는 내일 요코하마에 오시는 아르시노에(Arsinoë) 명의 [오주프] 주교님을 기다리고 있는데, 저는 그분을 뵐 때마다 늘 즐겁습니다.

신부님의 기도를 청하며 기도 안에서 하나 되어.

그리스도 안에서 신부님의 헌신적이고 애정 가득한
장 코스트

---

73 쿠브뢰르(Nicolas Couvreur, 1855~1929) : 1878년 홍콩 대표부로 파견되었고, 이후 싱가포르 대표부 전담 사제로 40년 동안 봉직했다.

74 파트리아 신부로부터 편지가 없어 섭섭하다는 표현을 이렇게 한 것으로 보인다.

021 코스트 신부가 홍콩 대표부의 르모니에 신부에게 보낸 1879년 1월 28일 자 편지

코스트 신부가 요코하마에서
홍콩 대표부의 르모니에 신부에게

1879년 1월 28일, 요코하마
79년 2월 6일 수신

친애하는 르모니에 신부님께,

신부님이 지난 12월 27일과 1월 13일 자 두 통의 편지를 통해 알려 주신 물품들을 잘 받았습니다. 감사드립니다.

또한 저의 500달러 어음을 수취해 주셔서 감사합니다. 아마도 조만간 같은 액수의 어음을 또 발행하게 될 것 같습니다.

신부님들이 홍콩에서 끔찍한 화재를 겪으신 듯합니다. 전보로 처음 그 소식을 접했을 때 저희는 무척 걱정하며 [대표부 건물에] 불길이 닿은 것은 아닌지 궁금했습니다. [대표부의] 신부님들과 이탈리아 신부님들이 화재를 면하셨다는 것을 [알게 되어] 기뻤습니다.

조선의 임금이 사망하게 되어 천주교인들의 불구대천의 원수인 전 섭정 [대원군]에게 다시 권력이 쥐어진다면, 신부님의 말씀처럼 저희에게는 안 좋은 영향을 줄 수 있습니다. 하느님께서 저희를 그러한 불행에서 지켜 주시기를 빕니다! 이 소식을 상해의 일간지에 전한 뉴창의 통신원은 최선의 상황을 예상하고 있는 듯합니다.

젊은 왕의 미망인은 우리에게 적대적이지 않습니다. 그녀는 리델 주교님을 사형시키기를 원했던 당파에 반대하였고, 남편이 살아있을 적에 남편으로 하여금 무구한 이들에게 관대함을 베풀라고 종용하기도 했습니다. 그 일간지가 시사하는 바와 같이, 만일 왕비가 섭정을 한다면 저희의 입장이 예전보다 더 나빠지지는 않을 것입니다.

수출입 물품들에 대해 조선 정부가 과징금을 지나치게 징수한 일로 일본 정부와 조선 정부 사이에 불거졌던 갈등이 한시적으로나마 종결되었습니다. 이 문제를 해결하기 위해 부산으로 파견되었던 일본 공사 하나부사 씨가 한 가지 소식을 전했는데, 특별히 저희의 관심을 끄는 것이었습니다. 조선 당국자들과 가진 면담에서 그들이 그에게 말하기를, 조선 정부는 조선에 프랑스 선교사들이 있다는 것도, 그들이 거주하는 것도 알고 있다고 했답니다. 도쿄 주재 프랑스 공사 조프르와 씨는 이에 대한 상세한 내용을 일본 외무성 장관 데라시마 씨에게서 듣고, 이를 오주프 주교님께 알렸습니다.

또한 저희는 동료 신부들과 교우들 모두 박해를 당하지 않았다는 것을 알게 되었습니다. 이것으로 볼 때 조선 정부가 눈감아 주고 있음을 쉽사리 알 수 있습니다. 그런데 과연 언제까지 그러한 관용이 지속될까요? 이 작은 왕국에는 그동안 수많은 격변이 있었습니다. 그러니 현재가 미래에 대한 안전한 담보가 되지는 못합니다.

조프르와 씨가 말하기를, 우리는 이 나라에서 일본인들이 더욱더 우세해지기를 바라야 한다고 하는군요. 일본인들이 지니고 올 관용 의식이 어쩌면 조선에 전파되어 널리 받아들여지게 될지도 모릅니다. 그리고 그렇게 되면 저희 성교(聖敎)에도 좋은 날의 서광이 비치는 것을 보게 될 수 있을 것입니다.

쿠브뢰르 신부님에게 회계 일과 관련하여 힘내라는 인사를 보내며, 그의 선의에 감사를 전합니다. 그분에게 안부 인사 전해 주십시오. 또한 샤퀴 신부님이 만일 학술 연구를 위한 장거리 여행에서 돌아왔다면 그분에게도, 그리고 다른 동료 신부님들에게도 인사 전해 주십시오. 기도와 미사성제 안에서 하나 되어.

신부님의 매우 헌신적이고 애정 가득한
장 코스트

022 코스트 신부가 홍콩 대표부의 르모니에 신부에게 보낸 1879년 3월 26일 자 편지

코스트 신부가 요코하마에서 홍콩 대표부의 르모니에 신부에게

1879년 3월 26일, 요코하마
79년 8월 3일 수신

친애하는 르모니에 신부님께,

북일본[대목구]에서 조만간 [홍콩] 대표부의 고참 세 명[75]이 한자리에 모이게 될 것입니다. 제게서 이미 존경과 애정을 받았고, 동시에 저의 지갑[홍콩 대표부의 업무]을 물려받은 베를리오즈 신부님을 처음 만나는 기쁨을 누리게 되겠지요. 사람들이 모이고 또 그들의 운명이 비슷하면 마음의 일치는 커질 수밖에 없습니다. 저희가 홍콩[대표부]의 추억을 지워 버렸다는 뜻이 아닙니다. 저희는 숫자들[회계]과 작별하면서도 저희와 신부님을 이어 주는, 또 저희와 신부님의 친절한 협력자들을 이어 주는 정(情)을 끊지는 않았습니다. 이 감정은 인생의 부침(浮沈)과는 무관한 것이기 때문입니다. 이에 의구심이 생긴다면 신부님께서 몸소 겪으신 경험을 떠올려 보십시오. 저는 신부님께서 베를리오즈 신부님과 재회하여 보름 동안 함께 지내며 느끼실 기쁨을 생각해 봅니다. 이 편지를 받으실 때에도 여전히 두 분이 함께 계실 테니 베를리오즈 신부님에게 저의 환영의 인사를 전해 주시고, 그에게 부탁 하나를 해 주실 수 있으신지

---

75 홍콩 대표부에서 함께 일한 오주프 주교, 르모니에 신부와 코스트 신부 본인을 두고 하는 말이다.

요? 다름이 아니라 동봉한 종이에 적힌 우리 인쇄소에서 발행한 한문 서적들의 사본 한 부씩을 베를리오즈 신부님에게 맡겨 주셨으면 합니다. 그 책들은 저의 조선인을 위한 것입니다. 저 또한 이용할 수도 있을 것입니다. 그 비용은 제 앞으로 달아 놓아 주십시오.

신부님의 지난 2월 21일 자 편지 감사합니다. 조선 소식은 뮈텔 신부님한테서 들으셨으니 제가 말씀드릴 필요는 없을 것 같습니다. 하느님께 감사드립니다! 신부님께서도 말씀하셨듯이 비교적 훌륭한 소식입니다. 하느님께서, 그리고 저희의 주보이신 성모님께서 계속해서 저희를 보살펴 주시고, 우리의 소중한 포교지에서 우리 주 예수 그리스도의 다스림이 확장되는 데 여전히 방해가 되고 있는 장애물들을 없애 주시기를 빕니다.

일본 대사 하나부사 씨는 일본 외무성 사람 두세 명과 함께 어제 전함에 올랐을 것입니다. 그의 목적은 부산으로 가서, 조약에 의거하여 조선이 일본에 개방해야 하는 다른 항구 두 곳을 조선 당국자들과 합의하여 결정하는 것입니다. 조선과의 관계에서 나날이 진일보하는 듯한 일본인들의 관대함은 저희에게 유용합니다. 적어도 이것이 제가 들은 유력 인사들의 견해입니다.

오사카의 새 성당 축복식이 어제 있었습니다. 오주프 주교님은 미동 신부님과 함께 축복식을 거행하셨는데, 금주 말 즈음 [요코하마로] 돌아오실 것입니다.

인쇄 작업의 속도가 평소보다 빠르지 않으면 올겨울은 물론이고 내년 봄에도 저는 이곳에 계속 머물게 될 것입니다.

대표부에 있는 신부님의 사랑스러운 가족들, 베타니아[요양소]의 신부님과 그의 환우들에게 인사 전해 주십시오. 기도와 미사성제 안에서 하나 되어.

신부님의 매우 헌신적이고 애정 가득한
장 코스트

023 코스트 신부가 홍콩 대표부의 르모니에 신부에게 보낸 1879년 5월 30일 자 편지

코스트 신부가 요코하마에서
홍콩 대표부의 르모니에 신부에게

1879년 5월 30일, 요코하마

친애하는 르모니에 신부님께,

이달 26일 저는 동방회리은행의 500달러 요구불 어음 제3호를 신부님 앞으로 발행했습니다.

저희는 사전 인쇄를 4분의 1은 마쳤습니다. 저희가 낼 수 있는 최대한의 속력을 내고 있다고 생각하는데, 일주일에 16페이지 정도를 찍어 내고 있습니다. 이런 식으로 계속 작업해 나가면, 1년 안에 끝마치리라 생각합니다. 그러면 뒤이어 문법서와 자습서도 인쇄해야 할 것입니다.

리델 주교님은 이곳에 6월 하순경에 오실 예정입니다. 주교님께서 이번 여행에 큰 희망을 두지는 않으시지만 조선 포교지를 위해 좋은 성과를 거두시리라 믿고 싶습니다. 설령 그 성과라는 것이 리델 주교님에 대한 일본 당국자들의 호의를 얻는 것에 그친다 해도 말입니다.

현 상황에서는 프랑스[정부]의 효과적인 보호를 기대해서는 안 될 것 같습니다. 그나마 기대할 수 있는 것이 있다면 우리에게 훼방을 놓지 않는 것입니다. 리델 주교님이 조선으로 되돌아갈 수 없다고 주장하는 일부 인사들 앞에서 신부님께서 이 문제를 피하신 것은 아주 잘하신 것이라 생각합니다. 그들이 주교님에 대해 갖는 척하는 관심은 한낱 열매 맺지 못하는 것일 뿐입니다.

뒤부르케 씨가 오주프 주교님께 리델 주교님이 언제쯤 이곳에 오실지 여쭤봐 달라고 했습니다. 그는 아마도 리델 주교님에게서 매우 따스한 감사의 인사를 기대하고 있는지 모르겠습니다.

신부님도 알고 계시겠지만, 오주프 주교님은 사목 방문을 마치고 돌아오셨고, 베를리오즈 신부님은 도쿄에 있는 일본 문학의 성지에 있습니다.

올랑 신부[76]님이 홍콩에 도착하면 그에게 저의 안부 인사를 전해 주십시오. 쿠브뢰르 신부님과 파트리아 신부님에게도, 또 그곳에 계신 거룩한 모든 분들에게도 인사를 전해 주시기 바라며, 자크맹 신부[77]님이 신부님 계신 근처로 돌아오셨다던데 그분께도 안부 전해 주십시오.

끝으로 신부님의 기도를 청하며 언제나 기도 안에서 하나 되어.

신부님의 매우 헌신적이고 애정 가득한 동료
장 코스트

---

[76] 올랑(Léon Holhann, 1851~1926) : 파리외방전교회 소속 선교사. 1875년 홍콩 대표부로 파견되었고, 1877년에는 상해 대표부로 이동한 마르티네 신부를 대신하여 싱가포르 대표부 대표를 맡았다. 코스트 신부가 이 편지를 쓸 당시인 1879년 5월에는 건강 악화로 잠시 홍콩에서 지내고 있었다.

[77] 자크맹(Charles Jacquemin, 1826~1895) : 파리외방전교회 소속의 중국 파견 선교사. 1851년 광동 포교지에 파견되었고, 병환으로 본국에 귀국한 뒤 1876년 극동 아시아로 다시 파견되었다.

024 코스트 신부가 홍콩 대표부의 르모니에 신부에게 보낸 1879년 8월 8일 자 편지

코스트 신부가 요코하마에서
홍콩 대표부의 르모니에 신부에게

1879년 8월 8일, 요코하마
79년 8월 18일 수신

친애하는 르모니에 신부님께,

저는 어제 동방회리은행의 1,000달러 요구불 어음 제4호를 신부님 앞으로 발행했습니다. 종전처럼 500달러로 한도를 제한할 수 있었지만, 신부님께서 너무 놀라지 않으시리라 믿고 금액을 두 배로 했습니다. 똑같은 작업을 너무 자주 다시 해야 하는 데다 예외적으로 이로운 환시세(액면가 그대로)를 이용하기 위해 그렇게 한 것입니다.

보내 주신 6월 12일 자 편지를 감사히 잘 받았습니다. 리델 주교님은 여전히 도쿄에 계십니다. 주교님은 걱정이 많으십니다. 미동 신부님이 편지를 통해 신부님께도 알려 드렸듯이 조선의 동료 신부들 가운데 한 명이 십여 명의 교우들과 함께 붙잡혀 서울의 감옥에 있습니다.

이 소식을 부산 인근에 사는 한 조선인 교우가 프티장 주교님께 전달했고, 블랑 신부님의 편지를 받은 부산 주재 [일본] 영사가 확인하였습니다. 이 일본 영사는 현재 도쿄에 있습니다. 그는 리델 주교님과 면담을 하였는데, 붙잡힌 선교사의 이름을 주교님께 알려 주었습니다. 이전까지는 몰랐는데, 드게트 신부님이라고 밝혀졌습니다.

4월 말경에 체포되었다고 합니다.[78] 이후 무슨 일이 있었는지, 우리 소중한 동료 신부와 교우들이 어떠한 상태에 있는지 모르겠습니다. 리델 주교님은 노심초사 조선에서 연락원이 오기를 기다리고 있습니다. 몇 가지 가능성으로 볼 때 어쩌면 오늘 만나실 수도 있습니다.

저희 가엾은 포교지에 시련이 끝도 없이 찾아오는 게 보이시지요. 도울 방법을 찾기가 어렵습니다. 인간의 방식으로는 부족해 보입니다. 그러니만큼 더욱더 전능하신 분께 향할 수밖에 없고, 간절한 기도로 그분의 손길을 청할 수밖에 없습니다. 신부님의 협력도 저희에게 필요합니다. 또한 파트리아 신부님과 홍콩과 베타니아[요양소]의 다른 동료 신부님들도 마찬가지로 틀림없이 같은 지향으로 기도해 주시리라 기대합니다. 아울러 그분들께 저의 안부 인사를 전해 주십시오.

방금 신부님께 전해 드린 소식들은 저희 주변에도 아직 공개적으로 퍼지지 않은 상태입니다.

애정 가득한 신부님의 동료
장 코스트

---

[78] 외교인의 밀고로 블랑 신부와 드게트 신부에 대해 체포령이 내려졌고, 드게트 신부의 은신처가 발각되어 1879년 5월 14일 체포되었다. 드게트 신부는 넉 달 동안 옥살이를 한 뒤 9월 7일 중국으로 송환되었다.

025 코스트 신부가 홍콩 대표부의 르모니에 신부에게 보낸 1879년 9월 19일 자 편지

코스트 신부가 요코하마에서 홍콩 대표부의 르모니에 신부에게

1879년 9월 19일, 요코하마
9월 28일 수신

친애하는 르모니에 신부님께,

신부님께서 상해 여행을 마치고 돌아오셨을 것 같기에 겨울용 수단을 주문하고자 신부님께 편지를 드립니다. 여기서 수단을 구입하는 일은 결코 쉽지가 않습니다. 홍콩에 있는 우리의 오랜 단골 재단사는 자신이 봉제한 수단들의 옷본을 보관하는 습관이 있었습니다. 그가 아직도 저의 옷본을 가지고 있다면 재단(裁斷)은 수월할 것입니다. 제 키도 몸집도 전혀 변하지 않았기 때문입니다. 따라서 앞서 말씀드린 옷본대로 하라고 전해 주시면 됩니다. 옷본이 없다고 하면 제게 알려 주십시오. 그러면 견본으로 낡은 수단 한 벌을 보내 드리겠습니다. 수고를 끼쳐 드리는 점 미리 용서를 청합니다.

신부님께서 상해를 떠나오시기 전에 리델 주교님을 만나셨으리라 생각됩니다. 주교님께서 요코하마를 떠나신 지 보름도 더 지났기 때문입니다. 두 분께서 우리의 소중한 조선 포교지의 일에 관하여 함께 오래도록 이야기를 나누셨으리라 믿어 의심치 않습니다. 따라서 그에 관해 프티장 주교님께서 미동 신부님에게 편지 쓰신 내용 말고 제가 신부님께 전해 드릴 새로운 소식은 없습니다. 북경에서 온 프랑스 귀족 여행객들이 최근 오사카에 들렀는데 그들이 프티장 주교님께 전하길, 중국 정부가 조선 정부로 하여금 드게트 신부님을 석방하게 했다고 합니다. 그게 사실이기를 바랍니다! 다른 상세한 내용은 아직 모릅니다.

방금 마르티네 신부님의 편지를 받았습니다. 리델 주교님께서 상해에 도착하시기 이틀 전에 신부님께서 [홍콩으로] 떠나셨고, 신부님께서 주교님을 홍콩에서 만나기를 희망하셨다고 쓰여 있습니다. 가는 날이 장날이라더니! 사실 주교님은 신부님의 따뜻한 초청에 답하실 계획을 세우셨고, 그러한 결정을 내리신 뒤 가장 빠른 배편으로 홍콩에 가시려고 했는데, 북경과 상해에서 온 편지를 받고 급작스레 계획을 바꾸셨습니다.

주교님은 나흘 동안 급하게 대충 채비를 하신 뒤 [당신의 상해 도착을] 미리 기별할 겨를도 없이 출발하셨습니다. 주교님의 목적은 드게트 신부의 석방을 위해 사람들이 힘쓰고 있는 북경에 접근하는 것이고, 기회가 닿으면 북경까지 가서 우리에게 유리한 교섭이 이루어지도록 돕거나 계제에 맞지 않는 교섭을 막는 것입니다.

신부님 계신 곳에 저의 존경과 우정이 담긴 인사를 전하며 기도와 미사성제로 하나 되어.

헌신적이고 애정 가득한
장 코스트

마르티네 신부님은 상해에서 일어난 화재의 피해 소식 또한 제게 전해 주었습니다. 대표부 건물을 위협했던 화재의 규모에 비해 창고 두 곳을 빼고는 다행히 피해가 없었습니다.

026 코스트 신부가 홍콩 대표부의 르모니에 신부에게 보낸 1880년 3월 12일 자 편지

코스트 신부가 요코하마에서
홍콩 대표부의 르모니에 신부에게

1880년 3월 12일, 요코하마
80년 3월 20일 수신

친애하는 르모니에 신부님께,

신부님의 호의를 청하며 동방회리은행의 1,000달러 요구불 어음(제6호)을 또 한 장 보내 드립니다. 앞으로는 신부님께 그러한 폐를 끼칠 일이 없었으면 좋겠습니다. 모든 일에는 끝이 있기 때문입니다. 하지만 이 말이 조선어 사전 작업이 끝났다는 뜻은 아닙니다. 저희는 480페이지까지 인쇄하였습니다. 인쇄해야 할 분량이 아직 200페이지가량 남아 있습니다. 문법서의 인쇄 작업도 병행하고 있습니다. 인쇄소에서 조금 더 활력을 낸다면 어쩌면 다음번 겨울이 오기 전에 제가 자유의 몸이 될 수도 있겠지요. 그러나 여전히 어려움이 남아 있는 데다, 인쇄업자의 약속에도 불구하고 일본에서 또다시 혹한의 계절을 보내야 할 것 같아 걱정입니다. 신부님도 아시겠지만 그 시기에는 만주로 [배를 타고] 가는 것이 불가능하기 때문입니다.

부산이나, 일본에서 새로 개항한 동해안의 원산을 통하면 조선에 입국하는 것이 훨씬 쉬울 듯합니다. 그러나 제가 그러한 희망을 품기에는 아직 조선 양반들이 그리 호락호락하지 않습니다. 그래도 교우들이 추적을 받지 않는 듯하고, 아주 야박한 그 [조선] 왕국에 남아 있는 우리 동료 신부들이 박해 시기 이전처럼 성무 활동을 펴기에 비교적 평온한 때를 맞은 듯합니다. 이러한 사실은 최근에 부산과 변문을 통해 받은 편지들에서 확인할 수 있습니다. 이에 관해서 저희에게 상당한 진전이 있음을 확인하시면 신부님이 기뻐하실 겁니다. 리델 주교님께서 부산을 통해 우편 연락소 등을 세우려 하신 시도가 완벽한 성공을 거두었습니다. 저희는 부산 인근에 살면서 중개 역할을 맡은 교우가 보내온 편지들과 함께 곶감 꾸러미도 받았습니다.

신부님도 2월 22일 일어난 지진 소식을 들으셨을 것입니다. 요코하마 등지에서 일어난 지진으로 저희는 무너진 건물의 잔해 속에 매장될 뻔했습니다. 두려움에 사로잡히고 굴뚝 몇 개가 쓰러진 것 말고는 별일 없이 끝났습니다. 유럽인들이 이곳에서 자리를 잡은 이래 가장 심한 지진인 것 같습니다. 피해 복구가 진행되고 있습니다.

메리노 울(merino wool)로 짠 여름용 수단을 신부님께 부탁한다는 것을 깜빡할 뻔했습니다. 제가 이미 받은 수단을 견본으로 하여 깃과 몸통의 품만 조금 늘려 주십시오(깃을 높이지는 마시고요). 그리고 총 기장과 소매 기장을 1푸스[약 2.7cm] 늘려 주십시오. 신부님께 미리 감사드립니다. 해당인[코스트 신부 본인]의 장부에 [지출 내역을] 기입하여 주십시오.

로케뉴 주교님이 아직 [베타니아] 요양소에 계시면 저의 존경 어린 인사를 전해 주시면 감사하겠습니다. 베타니아의 신부님[파트리아 신부님]과 모든 동료 신부님들에게 저의 우정이 담긴 인사를 전해 주십시오. 언제나 신부님과 기도와 미사성제 안에서 하나 되어.

그리스도 안에서 헌신적이고 애정 가득한
장 코스트

027 코스트 신부가 홍콩 대표부의 르모니에 신부에게 보낸 1880년 12월 11일 자 편지

코스트 신부가 요코하마에서
홍콩 대표부의 르모니에 신부에게

1880년 12월 11일, 요코하마
80년 12월 19일 수신

친애하는 르모니에 신부님께,

『한불자전』이 마침내 마무리되었습니다. 다음 여객선 편으로, 그러니까 보름 뒤에 홍콩 대표부 앞으로 신부님께 한 부 보내 드리는 기쁨을 누리기를 희망합니다. 리델 주교님께서 책을 헌정하시고자 하는 수취인 명부에서 홍콩 대표부가 위쪽에 자리하고 있다는 것은 굳이 말씀드릴 필요도 없겠지요. 저로서도 저와 신부님을 이어 주는 감사와 애정을 전할 수 있어 참으로 기쁩니다. 이 책을 1881년을 맞이하며 드리는 저의 새해 인사로 받아 주십시오. 아울러 [베타니아] 요양소나 싱가포르 대표부, 페낭 신학교 등에 보내는 책도 함께 발송하려 하니 잘 전달해 주시기를 부탁드립니다. 상해 대표부와 인근 지역에 보낼 책들은 제가 마르티네 신부님에게 직접 발송하겠습니다.

화재나 여타 다른 사고에 대비하여 리델 주교님은 저희 조선 포교지를 위해 따로 예비한 50부를 서로 다른 장소에, 곧 25부는 홍콩에, 25부는 상해에 보관하기를 바라십니다. 신부님께서 이러한 조치에 반대하지 않으시기를 바라며, 대표부 어느 구석에 보관할 자리를 마련해 주셨으면 합니다. 따라서 신부님께 앞서 말씀드린 부수 외에 25부를 더 발송할 예정입니다.

저는 이 책을 홍콩의 서점이나 서적상에게 판매하고 싶었습니다. 그러나 수수료로 터무니없는 조건인 15%를 요구하는 켈리[79]의 중개인과 합의에 이르지 못했습니다. 신부님께서 더 유리한 제안을 할 만한 사람을 만나실 수 있으신지요? 저의 인쇄업자는 [수수료] 8%로 요코하마에서 위탁 판매를 맡고 있는데, 여기에는 보험료와 그의 신문에 광고를 싣는 비용 등도 포함되어 있습니다. 다만 저는 [책의] 유통을 더욱 원활하게 하고자 다른 판로도 가졌으면 합니다.

신부님께 지나친 부담을 드리는 것 같아서 책 몇 권은 신부님이 직접 맡아 주십사 부탁드릴 엄두가 나지 않습니다. 그러나 신부님께 책을 요청하는 이들이 있을 경우 그들에게 책을 내주는 일을 신부님이 불편하게 여기지 않으신다면, 당분간은 제가 보내 드릴 보관용에서 내어 주시면 됩니다. [부족한 수량은] 나중에 채워 넣으면 됩니다. 마르티네 신부님에게도 똑같은 부탁을 할 생각입니다. 그러나 만일 이것이 신부님께 불편을 끼친다거나 홍콩 대표부의 규정에 반하는 것이라면 주저하지 마시고 제게 말씀해 주십시오. 어떠한 경우이든 신부님의 의견을 감사히 받아들이겠습니다.

사전에 문법서와 자습서가 뒤따르지 않는다면 제대로 된 사전이 아닐 것입니다. 문법서와 자습서는 한 권으로 묶일 것이고 대략 석 달 뒤면 나올 듯합니다. 리델 주교님은 사전과 마찬가지로 이 책 또한 신부님께 보내 드리기를 원하십니다.

미동 신부님이 저와 함께 있는 조선인을 위해 구리로 만든 중국 담뱃대 하나를 신부님께 부탁했었습니다. 괜찮으시다면 그것을 보내실 때 한문 책력도 한 부 보내 주시면 감사하겠습니다.

---
79 켈리 앤 코(Kelly & Co.)를 말한다. 켈리(J.M. Kelly)가 상해에서 운영한 사업체로 도서, 문구를 판매하며 위탁 중개업도 하였다.

새해 인사와 함께 저의 우정이 담긴 안부 인사를 파트리아 신부님과 다른 동료 신부들에게 전합니다. 언제나 기도와 미사성제 안에서 하나 되어.

신부님께 지극히 헌신적이고 감사해하는 동료
장 코스트

조선 [포교지] 소식은 신부님께 굳이 말씀드릴 필요가 없겠지요. 소중한 리샤르 신부님의 죽음으로 애도 중인 것과 [조선에 있는] 우리 동료 신부들이 비교적 평온하게 지내고 있다는 것 등등 신부님께서 알고 계실 소식들입니다.

사전 가격은 아래와 같습니다.

반양장본 ················ 13달러
양장본 ·················· 14달러

028 일본 주재 프랑스 공사 로케트가 코스트 신부에게 보낸 1881년 1월 7일 자 편지

프랑스 공사 로케트가 코스트 신부에게

주 일본 프랑스 공사관
1881년 1월 7일, 도쿄

요코하마에 계신 교황 파견 선교사 코스트 신부 귀하

신부님, 신부님의 12월 23일과 24일 자 편지 두 통과 함께, 리델 주교님께서 신부님을 통해 제게 보내 주신 『한불자전』들을 잘 받았습니다. 조선대목구장께서 정해 주신 대로 이 흥미로운 출판물 몇 부를 파리의 외무부와 일본 정부에 보내겠습니다. 저의 깊은 감사의 뜻을 리델 주교님께 전해 주십시오.

확신컨대 이 훌륭한 출판물을 제게 선물하시면서 주교님은 북경에서 맺은 우리의 관계를 추억하셨을 것입니다. 주교님께 저의 감사 인사를 전해 주십시오. 더불어 프랑스어와 조선어로 된 최초의 기념비적 작품을 통해 하느님의 말씀이 조선의 주민들에게 자유롭게 전해질 때가 앞당겨지기를 바라는 저의 염원도 전해 주셨으면 합니다.

저의 깊은 존경의 마음을 표하며
로케트

029 코스트 신부가 홍콩 대표부의 르모니에 신부에게 보낸 1881년 1월 21일 자 편지

코스트 신부가 요코하마에서
홍콩 대표부의 르모니에 신부에게

1881년 1월 21일, 요코하마
81년 1월 31일 수신

친애하는 르모니에 신부님께,

마침내 이번에는 '멘잘레(Menzaleh)'호에 신부님께 보내는 상자를 싣는 데 성공했습니다. 동봉한 선하증권(船荷證券)에 적혀 있는 대로 상자에 표시가 되어 있습니다.

상자 안에 제가 신부님께 미리 알려 드린 바 있는 책(『한불자전』)들이 들어 있습니다. 상세 내역은 이렇습니다.

반양장본
(퐁디셰리에 있는) 페롱 신부님 ┄┄┄ 1부
페낭 신학교 ┄┄┄┄┄┄┄┄┄┄┄ 1부
보관용 ┄┄┄┄┄┄┄┄┄┄┄┄┄ 16부
　　　　　　　　　　　　　18부

양장본
르모니에 신부님 ┄┄┄┄┄┄┄┄ 1부
파트리아 신부님 ┄┄┄┄┄┄┄┄ 1부
싱가포르 대표부 ┄┄┄┄┄┄┄┄ 1부

보관용	——————	1부
		4부
총	——————	22부

(신부님께 드리는) 한 부에만 "…………님께 드립니다."라는 헌정 문구가 있습니다. 나머지 책들의 경우 발송하시기 전에 표시된 수취인에게 헌정 문구를 써 주시거나 누군가를 시켜 쓰도록 해 주시면 감사하겠습니다.

같은 상자 안에 조선 지도 석 장이 들어 있습니다. 하나는 신부님께, 또 하나는 파트리아 신부님에게 드리는 것이며, 나머지 한 장은 신부님 마음대로 하십시오.

사전의 판매와 보관과 관련하여, 신부님께서 12월 20일 자 편지에서 하신 말씀에 기꺼이 동의하며, 제게 주신 조언과 모두를 돕기 위한 신부님의 선의에 감사드립니다.

이전 편지에서 신부님께 말씀드린 대로, 책 가격은 이렇게 정했습니다.

반양장본 13달러, 양장본 14달러

마르티네 신부님이 제게 이 책을 원하는 선교사들에게는 값을 얼마를 받아야 하는지 물어 왔고, 저는 8달러에 주면 될 것이라고 답변했습니다. 신부님께서도 그러한 경우가 생기면 마찬가지로 하시면 됩니다.

저는 상자에 담을 수 있는 것은 모두 신부님께 보내 드렸습니다. 신부님이 책을 판매하실 경우, 필요에 따라 새로이 판매하거나 일정량 보관해 두기 위해 나중에 책들을 보내 보충해 드리겠습니다. 그러나 신부님이 편지에 하신 말씀을 보니 제가 한 가지 놓친 것이 떠올랐는데, 홍콩에 비축분을 너무 많이 두지 않도록 신경 써야 한다는 점입니다. 흰개미를 말씀드리려는 것입니다. 이 때문에 신부님의 의견에 전적으로 따르면서 상해[대표부]에 비축분을 더 많

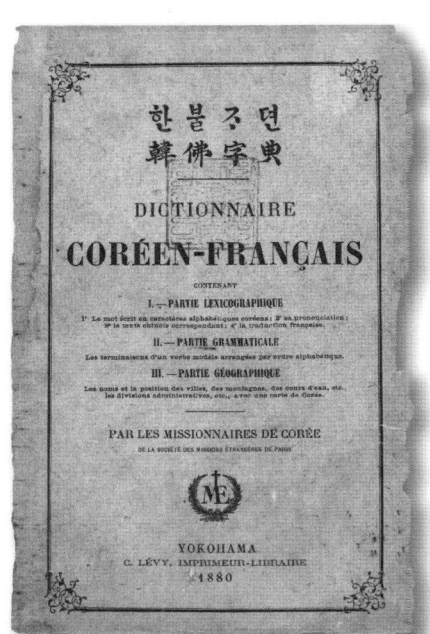

1880년에 출판된 『한불자전』 표지와 속표지. 당시 코스트 신부는 만주 차쿠에서 리델 주교가 준비해 오던 『한불자전』의 편찬 작업을 맡았고, 1878년에 일본 요코하마로 건너가 한글 자모를 주조하여 1880년에 인쇄·출판하였다.

이 두도록 하겠습니다.

책을 더욱 수월하게 유통시키기 위해 몇 권을 양장 제본하는 것이 좋겠다고 생각하시면, 보관용으로 보내 드리는 양장본을 견본으로 하시면 됩니다. 물론 책등에 새겨진 한글 제목은 무시하셔도 됩니다. 양장 제본을 할 경우 여기서는 40전[80]을 내는데, 환산하면 대략 0.25달러 될 것입니다. 그러나 신부님께서는 당연히 홍콩 물가를 따르시면 되고, 이로 인해 책 가격에 변동은 없을 것입니다. 그 부가 비용은 저희 [조선] 포교지 회계 장부에 기입만 해 두십시오.

신부님께서 저희 소중한 조선에 늘 보여 주시는 관심에 감사드립니다. 11월 원정은 가로막는 난관들이 많았으나 하느님의 섭리로 성공을 거두었습니다. 신부님도 그 상세한 내용을 알고 계실 겁니다.

조선 배가 중국 배와 만나기에 앞서 붙잡혔다가 풀려났고, 비축한 식량이 바닥나서 수도로 다시 가야 했고 난파를 당했습니다. (배에 있던 사람들은 구조된 것으로 보입니다.) 그래서 중국 배가 조선 해안에 가까이 왔을 때 교우들은 두 선교사(뮈텔 신부와 리우빌 신부)를 하선시키기 위해 갹출금을 모았습니다. 또한 조선 배를 타고 온 조선인 신학생 세 명은 그 근처에 있다가 중국 배에 올라 만주로 향했고, 그곳에 무사히 잘 도착했습니다.

어제 저는 블랑 신부님이 부산을 통해 보낸 편지를 프티장 주교님으로부터 전달받았습니다. 편지에는 신임 동료 신부 두 사람이 황해도의 어느 마을에 안착하여 평온히 잘 지내고 있다고 쓰여 있었습니다. 다른 곳도 마찬가지로 평온하다고 합니다.

선하신 하느님의 섭리에 감사드릴 뿐입니다. 파트리아 신부님과 동료 신부님

---
80 전(sen, 錢)은 옛 일본의 화폐 단위로 엔(yen, 円)의 100분의 1에 해당된다.

들에게 저의 우정이 담긴 인사를 전해 주십시오. (아브 신부[81]님과 발레이스 신부[82]님께 감사 인사 전해 주십시오.)

신부님의 헌신과 애정 가득한 동료

장 코스트

담뱃대와 책력 받았습니다. 감사합니다.

---

81 아브(François Hab, 1829~1890) : 파리외방전교회 선교사로 말레이시아 페낭으로 파견되었다.
82 발레이스(Edmond Wallays, 1842~1925) : 파리외방전교회 선교사로 1865년 상해 대표부로 파견되었고, 1866년 페낭 대신학교에 임명을 받아 철학과 라틴어 등을 가르쳤다. 발레 혹은 발라이스로 발음하기도 한다.

030 코스트 신부가 홍콩 대표부의 르모니에 신부에게 보낸 1881년 5월 21일 자 편지

코스트 신부가 요코하마에서
홍콩 대표부의 르모니에 신부에게

1881년 5월 21일, 요코하마
81년 5월 28일 수신

친애하는 르모니에 신부님께,

신부님의 4월 23일 자 편지를 받았음을 알려 드리며, 사전과 문법서와 관련하여 저의 마지막 어음을 신부님 앞으로 발행했음을 서둘러 말씀드립니다. 이달 17일 자로 발행된 동방회리은행의 1,000달러 요구불 어음입니다.

이는 저의 일이 거의 끝나가고 있음을 뜻합니다. 문법서와 자습서도 마무리되었습니다. 오늘 우편을 통해 한 부를 파리에 보낼 수 있을 것 같습니다. 다음번에는 홍콩으로 보낼 책들을 신부님께 보내 드리겠습니다. 사전 때와 비슷하게 그 가운데에는 선물용도 있고, 판매나 보관용도 있습니다.

사전과 관련하여 신부님께서 결정하신 내용에 저도 모두 동의하며 저의 가장 진심 어린 감사를 드립니다. 문법서와 관련해서도 동일하게 해 주시면 됩니다.

제가 요코하마에 얼마나 더 있어야 할지 모르겠습니다. 리델 주교님께서 저희 교우들이 사용할 기도서를 이곳에서 찍어 내는 일을 제게 맡기실 수 있습니다. 이 일은 이제 막 마친 두 책들만큼 오래 저를 붙잡지는 않을 것입니다. 주교님의 새로운 지시를 기다리는 중입니다.

주교님은 베타니아[요양소]에 오셔서 휴식을 취하시라는 신부님의 초대에 분명 깊이 감동하셨을 것입니다. 그러나 신부님께서도 아시겠지만 주교님은 변화를 싫어하십니다. 그리고 불편한 몸이 회복되셨다고 들었습니다.

라이몬디 주교[83]님은 오주프 주교님을 만나지 못한 아쉬움을 안고 [홍콩으로] 떠나실 예정입니다. 오주프 주교님은 북부 지방으로 여행을 가시느라 자리를 비우셨는데 한 주 뒤에야 돌아오실 것입니다.

동료 신부들에게 우정이 담긴 인사를 전합니다. 기도와 미사성제 안에서 일치를 이루며.

그리스도 안에서 헌신과 애정을 담아
장 코스트

---

83 라이몬디(Giovanni Timoleone Raimondi, 1827~1894) : 밀라노대교구 출신으로 1850년 교황청립 외방 전교회에서 사제품을 받았다. 1868년 홍콩지목구장으로 임명되었고, 1874년 10월 4일 자로 홍콩지목구가 대목구로 승격됨에 따라 대목구장으로 임명되었다. 1894년 9월 27일 선종할 때까지 홍콩에서 사목하였다.

031 코스트 신부가 홍콩 대표부의 르모니에 신부에게 보낸 1881년 7월 15일 자 편지

코스트 신부가 요코하마에서 홍콩 대표부의 르모니에 신부에게

1881년 7월 15일, 요코하마
81년 7월 26일 수신

친애하는 르모니에 신부님께,

때마침 기회가 되어 벤자민 목사 편으로 신부님께 소포 한 꾸러미를 보내 드립니다. 그 안에는 조선어 문법서 12부가 들어 있는데 다음과 같이 나누어 주시면 됩니다.

르모니에 신부님	1부	⎫
파트리아 신부님	1부	⎬ 양장본 3부
싱가포르 대표부	1부	⎭
페롱 신부님	1부	⎫ 반양장본 2부
페낭 신학교	1부	⎭
보관용	7부	반양장본 7부
	총	12부

사전 때만큼 많은 부수를 보내 드리지 않는데, 앞서 신부님께서 제게 말씀하신 이유들에 제가 동의했기 때문입니다. 대부분을 상해[대표부]에 보관할 것입니다. 헌정 문구가 표시되어 있지 않은 책들은 '(위에 언급된 수취인)님께 드립

니다' 등의 문구를 넣어 주시면 감사하겠습니다. 반양장본의 판매가는 6달러입니다. 그러나 이 책을 원하는 선교사들에게는 4달러에 주시면 됩니다.

위탁과 광고는 신부님의 지혜에 맡깁니다. 사전 때처럼 하시면 될 것입니다. 여기서는 영자 신문 두 군데에 일주일 동안 두 저서를 함께 홍보했습니다. 저의 인쇄업자가 『일본의 메아리(Echo du Japon)』[84]의 발행인이라 날마다 무상으로 광고를 하고 있습니다.

리델 주교님께서 지금 상해에 계신 것을 신부님도 아시겠지요. 주교님은 홍콩까지 내려갈 뻔하셨습니다. 신부님의 초청에 더하여 쇼스 주교[85]님의 성성식이 있기에 아마도 더 애써 보실 것입니다. 그럴 경우 저희도 주교님이 나가사키로 오실 때 이곳에 들르시기를 기대해 볼 수 있겠지요. 동료 신부들에게 안부를 전하며 기도와 미사성제 안에서 언제나 하나 되어.

신부님의 헌신적이고 애정 가득한 동료
장 코스트

저는 지금 조선어 기도서를 재인쇄하는 중인데, 이 때문에 대략 석 달 정도 더 이곳에 묶여 있게 될 것입니다. 그런 다음 나가사키로 가서 거처를 정하고 조선에 들어갈 수 있을 때를 기다리며 인쇄 작업을 계속할 것입니다.

...
84 이 잡지는 1891년 교토에서 창간되어 신자들의 활동, 연락 등의 소식을 전하는 일본 천주교회의 기관지였다. 1899년부터 도쿄의 산자이샤(三才社)로 발행처를 옮겼고, 1911년부터는 도쿄, 나가사키, 오오사카, 하코다테까지 4교구의 공인 기관지로 활용되었다. 1929년부터 새로 창설된 '가톨릭중앙출판부'에서 발행되다가, 1941년에는 새로 제정된 종교단체법에 의해 창설된 '일본 천주교공교출판사(日本天主公教出版社)'에서 출판되었다. 전황이 악화되면서 1944년 12월부터 1946년 3월까지 일시 휴간되었으나, 이듬해 4월 가톨릭중앙출판사에서 복간되었다. 2002년부터 휴간 상태이다.
85 쇼스(Augustin Chausse, 1838~1900) : 파리외방전교회 선교사로 1862년 중국 광동으로 파견되었다. 1880년 광동지목구 보좌주교로 임명되어 이듬해 1881년 7월 25일에 성성식을 가졌다.

032 코스트 신부가 홍콩 대표부의 르모니에 신부에게 보낸 1882년 2월 13일 자 편지

코스트 신부가 나가사키에서 홍콩 대표부의 르모니에 신부에게

1882년 2월 13일, 나가사키
82년 2월 24일 수신

친애하는 르모니에 신부님께,

1월 30일 자 신부님의 짧은 편지 감사드립니다. 회계는 지금 제 앞에 있는 문서들로 제가 판단할 수 있는 한 정확한 것 같습니다.

리델 주교님께서 거동하실 수 있다니 다행입니다. 점점 더 호전되신다는 소식을 들으면 기쁠 것입니다.

조선의 동료 신부들로부터 직접 소식 받지 못한 지 꽤 되었습니다만, 부산에 있는 일본인 연락원들이나 조선 교우 연락원들이 저희에게 꽤 자주 편지를 보내옵니다. 저희 쪽에서는 나가사키가 연락소가 될 듯합니다. 그러나 경리 담당자로서 [저의] 직무는 아직은 활동 범위가 좁아서 한정되어 있습니다. 저는 여기서 계속 인쇄 작업을 계속 이어 나가려 합니다. 나가사키의 한 일본인과 이미 계약을 맺었고, 그는 지금 저희 작업을 위해 조선어 활자를 주조하고 있습니다.

저는 리델 주교님의 답신을 기다리고 있습니다. 오늘 주교님께 편지를 쓰지 못하니, 주교님께 저의 인사를 전해 주시면 감사하겠습니다. 아울러 파트리아 신부와 다른 동료 신부들에게도 인사 전해 주십시오.

우리 주님 안에서 전적인 헌신을 담아

장 코스트

미동 신부님에게 나중에 필요하게 되면 저의 포교지 회계의 대차대조를 하실 때 신부님께 도움을 청하라고 했습니다. 신부님께서 그의 어음들을 잘 결제해 주시기를 바랍니다.

033 코스트 신부가 홍콩 대표부의 르모니에 신부에게 보낸 1882년 5월 16일 자 편지

코스트 신부가 나가사키에서 홍콩 대표부의 르모니에 신부에게

1882년 5월 16일, 나가사키
82년 5월 21일 수신

친애하는 르모니에 신부님께,

신부님의 5월 6일 자 짧은 편지와 상해 대표부를 통해 제게 보내 주신 책들을 잘 받았습니다.

이 책들을 보내신 뒤에 신부님께서는 리델 주교님을 통해 블랑 신부님이나 로베르 신부님을 위해 요청한 또 다른 도서 목록을 받으셨을 것입니다. 착오를 피하기 위해 회계 장부에 해당인의 이름으로 이 내역들을 기재해 주시면 감사하겠습니다. 마찬가지 이유로 로베르 신부님에게 보내는 책들은 해당 주소를 적어 별도의 상자에 넣어 주시면 감사하겠습니다.

신부님의 말씀처럼 전함들이 조선을 향해 대거 움직이고 있습니다. 북경 황실의 조언을 받은 조선 정부가 스스로 첫걸음을 내디딘 것으로 보이는 만큼 이번에는 협상이 성공을 거둘 가능성이 예전보다 더 큽니다.

이 소식을 들으니 자연스럽게 저희의 계획에 있어서도 새로운 방향을 설정해야 한다는 생각이 듭니다. 따라서 리델 주교님의 도움과 식견이 그 어느 때보다 저희에게 도움이 될 것입니다. 또한 주교님께서 의사의 조언에 따라 프랑스로 가시겠다고 결심하실 것 같지 않습니다. 게다가 한 번 떠나신 뒤 주교님께서 돌아오지 못하신다면 걱정이지 않습니까? 다른 한편으로, 여기서는 쾌유에 대한 희망이 거의 없지만, 프랑스에서의 체류로 빨리 회복하시고 완쾌되시리라는 확실한 희망만 있다면, 여행을 감행하시는 것이 좋을 것입니다. 이러한 상황에서, 그리고 회복 가능성이 어느 정도인지 모르는 저로서는 선뜻 어떠한 의견도 제시할 수 없기에 주교님의 직감을 믿고 따르고자 합니다. 신부님께서 적절하다고 판단되시면, 허심탄회하게 신부님의 고견을 펼쳐 주셨으면 합니다.

저희에게 보여 주시는 관심에 감사드립니다. 동료 신부들에게 안부 인사를 전합니다.

그리스도 안에서 헌신과 애정을 담아
장 코스트

034 코스트 신부가 홍콩 대표부의 르모니에 신부에게 보낸 1882년 6월 9일 자 편지

코스트 신부가 상해에서 홍콩 대표부의 르모니에 신부에게

1882년 6월 9일, 상해
82년 6월 12일 수신

친애하는 르모니에 신부님께,

저는 비공식 통역인 자격으로 체푸와 서울을 향해 가던 중이었습니다.[86] 그러나 지금 저는 상해에 멈춰 있는데, [천진 주재 프랑스 영사] 디용(Dillon) 씨가 '뤼탱(Lutin)'호를 타고 조선으로 벌써 떠났기 때문입니다. [프랑스와 조선 사이의] 조약 덕분에 앞서 말씀드린 목적지에 갈 수만 있다면, 그리하여 우리의 거룩한 종교가 급속도로 성장하는 모습을 볼 수만 있다면 이렇게 뜻밖의 일을 당해도 저는 애석하지 않습니다. 저는 이곳에서 사태의 결과를 기다릴 생각입니다.

리델 주교님이나 마르티네 신부님이 신부님께 조선에 관하여 다소 비밀에 부쳐 있는 몇 가지 상세한 내용을 전해 드릴 것입니다. 저는 이달 3일 자 신부님의 편지를 어제 잘 받아 읽었다는 것만 알려 드립니다. 리델 주교님의 상태가 호전된 것을 확인하게 되어 저희는 매우 기쁩니다. 주교님의 건강이 점점

---

[86] 상해 대표부의 마르티네 신부가 중국 주재 프랑스 영사 디용에게 보낸 1882년 6월 1일 자 편지를 보면, 디용이 조선과의 협상을 위한 통역인으로 코스트 신부와 드게트 신부를 지목하여 요청한 사실이 나온다. 한편 마르티네 신부는 답신에서 코스트 신부가 조선어 사전 등의 인쇄 작업을 오랜 기간 맡았기 때문에 조선어에 정통하다고 소개하였다.

더 회복되어 존경하는 주교님께서 조만간 소중한 저희 포교지에서 저희와 합류하실 수 있기를 바랍니다!

저희 [미사 예물] 대장에 받아 놓은 미사가 아직 상당량 있습니다. 따라서 제게 주신 미사들을 다른 신부님들에게 배분해 주십시오. 그리고 감사드립니다. 동료 신부님들에게 안부 전해 주십시오. 기도와 미사성제 안에서 하나 되어.

신부님의 헌신적이고 애정 가득한 동료
장 코스트

035 코스트 신부가 [극동 아시아 대표] 암브루스터 신부에게 보낸 1882년 6월 9일 자 편지

코스트 신부가 상해에서 암브루스터 신부에게

1882년 6월 9일, 상해

친애하는 암브루스터 신부님,

제가 상해에 있다는 것을 아시면 신부님께서 조금 놀라실 듯합니다. 저는 체푸로 가던 중이었습니다. 그곳에서 프랑스 전함을 타고 비공식 통역인 자격으로 서울에 들어갈 참이었습니다. 그런데 천진 주재 프랑스 영사 디용 씨가, 북경 주재 프랑스 대사로부터 조선 정부와 조약을 맺기 위해 교섭할 임무를 받고 벌써 떠났습니다. 그래서 저는 [교섭의] 결과가 긍정적일 경우 앞서 말씀드린 목적지를 향해 달려갈 준비를 갖추고 이곳에서 사태의 결과를 기다리려 합니다. 프랑스 대사 부레(Bourée) 씨와 디용 씨는 우리에게 굉장히 호의적입니다. 그들이 바라는 모든 이득을 단번에 얻지 못한다 하더라도 그들은 우리의 상황을 악화시키지 않는 것에 주안점을 둘 것이 틀림없습니다. 그리고 그들이 조선 정부로부터 다음에 더 많은 양보를 얻어 낼 수 있는 길을 마련하리라 기대해 볼 만합니다. 그러니 우리는 조선 포교지에 머지않아 찾아올 좋은 날들의 여명을 기쁘게 맞이할 수 있습니다. 우리 순교자들의 피가 자비를 외치고 있습니다. 여기에 우리 기도의 열의를 보탭시다.

미국은 이미 조선의 개항장 세 곳을 얻었다고 합니다. 나가사키의 일본 신문은 미국이 체결한 조약의 한문본을 실었습니다. 프랑스와 영국과 독일은 뒤 처지기를 바라지 않습니다. [그들의] 움직임이 점점 두드러지고 있으며, 협상이 비밀리에 열리고 있습니다. 조만간 그 결과를 알게 되겠지요.

두세 신부님을 위한 주문서를 동봉합니다.

리델 주교님께서 지팡이를 짚고 걸으실 수 있다는 소식을 어제 들었습니다. 점점 더 호전되시어 주교님께서 조선에서 우리와 함께하시기를 빕니다!

지도자 신부님들께 존경이 담긴 저의 인사를 올립니다. 기도와 미사성제 안에서 하나 되어.

지극히 헌신적이고 애정 가득한 동료
장 코스트

나가사키에 계신 리델 주교님 앞으로 『순례자(Le Pelerin)』를 구독 신청해 달라고 제가 신부님께 청하였습니다. 그런데 아무것도 오지 않았습니다.

036 코스트 신부가 중국 주재 프랑스 대사 부레에게 보낸 1882년 6월 25일 자 편지

코스트 신부가 체푸에서 중국 주재 프랑스 대사 부레에게

1882년 6월 25일, 체푸

대사님께,

조선 선교사인 저는 리델 주교님으로부터 저희 [조선] 포교지와 관련한 몇 가지 임무를 부여받아 나가사키에 있던 무렵 마르티네 신부님의 전보를 받았습니다. 상해[대표부]의 대표 신부인 그는 [중국 주재 프랑스 영사] 디용 씨가 대사님과 협의하고 나서 표명한 바람을 전달하며, 저에게 가능한 한 빨리 체푸로 와달라고 요청했습니다. 상해에 도착한 저는 상황이 갑작스럽게 변하여 제 여행의 주된 목적이 어그러지고 있음을 알게 되었습니다. 그럼에도 저희에게는 매우 중요한 조선의 사안들에 대하여 디용 씨와 이야기하겠다는 희망으로 저는 체푸까지 오게 되었습니다. 디용 씨는 예전에 홍콩에서 알게 되었습니다. 체푸에서 그를 만나면서 저는 그의 높은 자질을 알아보게 되었습니다. 대사님을 대신하여 디용 씨가 조선의 사안들이 어떻게 진행되고 있는지 대외비로 제게 알려 주었습니다. 저는 이러한 신뢰의 표시에 마음이 움직였고, 자연스레 우리 대화의 주된 주제는 현재 추진 중인 조약이 되었습니다.

이번 일에서 대사님께서 가톨릭교회를 위해 보여 주신 헌신은 아무리 칭송해도 지나치지 않습니다. 저희의 진심 어린 사의를 받아 주십시오. 다만 신중을 기해야 하므로 대사님께서 저희를 위해 얻고자 하시는 모든 이익을 우리가 드러내 놓고 요구해서는 안 될 것입니다. 대사님과 디용 씨와 마찬가지로 저 또한 기다릴 줄 알아야 한다고 생각합니다. [조선 정부가] 그토록 완강하게 버티며 [넘겨주기를] 반대하고 있는 이권을 강점하려 한다면 우리의 미래를 담보하기는커녕 위태롭게 만들지 모릅니다. 지금 중요한 것은 조약으로 인해 선교사들의 처지가 악화되지 않는 것, 조약문에 선교사들에 불리하게 작용할 수 있는 그 어떠한 표현도 담지 않는 것입니다.

디용 씨는 본질적인 내용에는 변함이 없고 조선인들의 불신을 불러일으키지 않으면서 [우리에게] 유리한 방향으로 문안을 수정할 방법이 있으리라고 생각하고 있습니다. 그런 이유로 디용 씨는 이 문제에 대한 저의 의견을 대사님께 전하라고 권했습니다. 다음은 [조약문] 12항과 관련하여 제가 제안하고자 하는 수정 내용인데, 대사님께서 검토해 주십시오.

제12항 _ 상호 우호 관계의 증진을 위하여, 상대국의 말과 글, 국법, 도덕, 과학, 예술을 익히거나 가르치고자 하는 조약 체결 당사국 백성의 노력을 독려한다.

[제가] 덧붙인 단어, 즉 '도덕'과 '가르치고자'는 본문에 자연스럽게 추가된 것으로만 보이지만, 경우에 따라 종교[가톨릭교회]의 입장을 지지하는 데 원용될 수도 있을 것입니다.

더욱이 이미 대사님께서 보여 주신 탁월한 기량으로, 대사님께서는 앞으로 조선인들과 직접 관계를 맺을 때 그 상황에서 어떠한 이득을 얻어 낼 수 있을지를 더욱 잘 아시게 될 것입니다. 저는 우리의 이익이 신뢰할 만한 분의 손에 맡겨져 있다고 확신합니다. 체결될 조약은 5년 뒤에 개정될 것입니다. 그사이 개정하려는 노력을 통해 분명 수많은 쟁점이 드러날 것이고, 이에 대한 실질적인 결정은 불가피하게 새로운 조항에 영향을 줄 것입니다. 따라서 애초에 조선 정부와 교섭하러 올 프랑스의 고위 인사들 중에서 [우리] 종교의 입장을 옹호해 줄 경험 많고 헌신적인 이들이 있다면 저희는 유익한 결과를 기대해 볼 수 있을 것입니다. 이 프랑스 대표들을 선택하는 것은 대사님의 따뜻한 관심에 달려 있습니다. 그리고 저는 대사님께서 거기에 특별한 관심을 갖고 계신다고 믿어 의심치 않습니다.

저는 맡은 일 때문에 나가사키로 가야 합니다. 그뿐만 아니라 제가 체푸에 더 머무는 것은 이롭지 않은 듯합니다. 리델 주교님께서 병환으로 홍콩에 발이 묶여 계시지만 우리 포교지의 일을 전해 드리면 대사님이 저희에게 보여 주시는 고마운 관심을 아시고 흡족해하실 것입니다. 대사님께 리델 주교님과 조선 선교사들을 대신하여 거듭 감사의 뜻을 표하며, 깊은 존경의 마음을 전합니다.

매우 보잘것없고 헌신적인 종

037 코스트 신부가 중국 주재 프랑스 영사 디용에게 보낸 1882년 7월 29일 자 편지

코스트 신부가 나가사키에서 중국 주재 프랑스 영사 디용에게

1882년 7월 29일, 나가사키

디용 씨,

저는 방금 조선의 동료 신부들로부터 서울에서 보낸 7월 11일 자 편지 두 통을 받았습니다. 종교의 자유를 얻을 가능성에 대한 내용이 담겨 있는데, 이 내용을 영사님께서 조약에 서명을 하시기 전에 아셨다면 굉장히 만족스러우셨을 텐데요.

이미 너무 늦은 것은 아닌지 망설여지면서도 그 내용을 영사님께 전해야 한다는 생각을 떨쳐 버릴 수가 없습니다. 영사님께서 이 일에 관심 갖고 계시는 것을 제가 알고 있기 때문입니다. 그뿐만 아니라 영사님께서 앞으로 내딛으실 행보에 그 내용이 길잡이 역할을 할 수도 있을 것입니다. 아래의 글은 뮈텔 신부님이 제게 보낸 편지 내용인데, 조선에서 무성했던 소문을 전하고 있습니다.

"그리스도교를 국교로 하는 프랑스가 그 자녀다운 면모를 보이며 종교 문제를 맨 먼저 내세웠다고 합니다. 정부나 대리 공사…. 이곳의 외교인이나 그리스도인 모두 [이를] 의심하지 않습니다…"

블랑 신부님도 아래와 같은 편지를 보냈습니다.

"프랑스의 도착을 알게 되자 조선 임금과 온 백성은 프랑스가 그리스도인들[천주교인들] 때문에 왔으며, 그들을 위해 [종교의] 자유를 조금이라도 얻기 위해 온 것이라 결론 내렸습니다. 그 소식을 듣자마자 자연스럽게 여론이 들끓었고, 편견에 사로잡힌 이들은 '수치를 당하느니 죽는 것이 낫다'며 제법 떠들썩하게 결의를 다지기도 했으나 이내 임금의 굳고 힘찬 의지 앞에서 사그라들었습니다. 임금은 다른 서구 나라들과 마찬가지로 프랑스인들과도 조약을 맺기로 결심하였습니다."

우리 동료 신부들은 프랑스 국기를 다시 보게 되기를 학수고대하고 있습니다. 제가 나가사키에 돌아와서 보낸 편지를 그들은 아직 받지 못했습니다. 최근에도 저는 그들에게 부레 씨의 의도와 우리에 대한 그의 호의를 알리는 편지를 썼습니다. [중국 주재 프랑스 대사인] 부레 씨에게도 영사님 이야기를 했고, 동료 신부들에게는 영사님을 가톨릭교회의 이익을 지켜주는 분이자 프랑스 대표로서 조선에서 곧 만나기를 바란다고 전했습니다.

당분간 종교[천주교]에 유리한 조항을 넣는 일은 단념해야 할 것 같습니다. 그래도 어쨌거나 프랑스가 조선과 직접 외교 관계를 수립한다면 요령과 수완을 가지고 차츰 포교지를 보호하기가 더 수월해질 것이며, 포교지 사업들도 진척을 이루게 될 것입니다. 제가 내세우는 이러한 생각이 우리의 희망을 붙들어 줄 것입니다. 영사님께서 우리에게 보여 주시는 열의에 감사드립니다.

영사님 이야기를 프티장(Petitjean) 주교님께 하였더니, 주교님께서 영사님의 관심에 깊이 감명받으셨습니다. 저의 존경의 마음을 D[디용] 부인과 프란시스(Francis)에게 전해 주셨으면 합니다.

아울러 이 편지에 작은 상본을 동봉합니다. 주르당(Jourdan) 신부님의 소식은 듣지 못했습니다. 기회가 닿으면 주르당 신부님과 다른 신부님들에게 안부 전해 주십시오.

헌신의 마음을 담아
매우 보잘것없는 당신의 [종]

038 코스트 신부가 리델 주교에게 보낸 1882년 9월 4일 자 편지

코스트 신부가 나가사키에서 리델 주교에게

1882년 9월 4일, 나가사키

주교님께,

주교님께서 프랑스로 출발하셨다는 것을 저희는 최근에 알았습니다. 주교님과 멀리 떨어져 있는 것이 저희에게는 참으로 힘들지만 의사들의 공통된 조언에 따라 내린 결정에 저희는 박수를 보낼 수밖에 없으며, 그러한 결정으로 주교님의 건강이 더욱 빠르고 완전하게 회복되시리라 봅니다. 프와넬 신부[87]가 저희에게 보낸 편지에 따르면 싱가포르까지 [주교님의] 여행은 순탄하셨더군요. [주교님이 순조롭게 여행을 소화하셨다는] 이 귀중한 결과는 저희가 간직한 희망, 곧 주교님을 다시 뵙고 또 주교님께서 저희 가운데 계시면서 저희의 노고를 격려하시고 소중한 조선 포교지의 이익을 위해 힘을 실어 주시리라는 희망을 더욱 굳게 만듭니다.

저희는 [주교님이 돌아오시기를] 기다리는 동안 주교님께서 출발하기에 앞

---

87 빅토르 프와넬(Victor Poisnel, 朴道行, 1855~1925) : 파리외방전교회 선교사. 1881년 조선으로 발령을 받고 나가사키에 도착하여, 그곳에서 인쇄소 작업에 한창이던 리델 주교를 만났다. 병환 중인 리델 주교를 보살폈고, 1882년 리델 주교가 치료차 본국으로 돌아갈 때 싱가포르까지 동행하여 주교를 간호하였다. 이후 프와넬 신부는 나가사키에서 코스트 신부의 성서 활판소 작업을 돕다가 1883년 드게트 신부와 함께 조선에 입국하였다. 황해도에서 첫 사목 활동을 시작으로 1885년에는 뮈텔 신부를 대신하여 당가를 지냈으며 명동 대성당의 기초가 되는 건물들(주교관, 당가 건물, 성당)을 지었다. 1896년 2월 코스트 신부가 장티푸스 열병으로 갑작스레 선종하자 명동 대성당 건축을 이어 맡아 1898년 5월 완공하였다.

서 저희에게 주신 지침에 부합하도록 노력할 것입니다. 그러한 지침이 담긴 소포가 8월 25일에 이곳에 도착했습니다. 그때부터 물론 모색을 안 한 것은 아니지만, 조선으로 저희 편지들을 보낼 기회를 여태 찾을 수 없었습니다. 블랑 주교는 포교지의 유익을 위해 주교님께서 그에게 내린 고위직[88]에 따르는 직무를 받아들이지 않을 수 없을 것입니다. 그리고 동료 신부들도 열과 정성을 다하여 서로 앞다퉈 블랑 주교가 그 직무를 수월하게 수행하고 열매를 맺도록 도우리라고 믿어 의심치 않습니다. 다만 언제 어떻게 주교 서품식이 치러지게 될지요? 이를 예측하기가 어렵습니다. 주교님께서 떠나실 때 저희가 처해 있던 [예측 가능한] 상황이 새로운 상황들 때문에 현저하게 바뀌었기 때문입니다.

주교님 앞으로 홍콩에 보냈으나 아마 프랑스에서 받게 되실 저의 편지에서, 나가사키 신문들을 참고하여 저는 조선에서 발생한 유혈혁명[89]을 약술하였습니다. 방금 전 저는 블랑 주교와 뮈텔 신부가 보낸 편지 두 통을 받았고 그 혁명에 대한 자세한 소식을 읽었습니다.[90] 이 두 편지는 뒤늦게 온 소포와

...

[88] 블랑 주교가 조선대목구의 보좌주교로 임명된 것을 두고 하는 말이다. 리델 주교가 파리 신학교 장상인 루세이유 신부에게 보낸 1882년 7월 27일 자 편지를 보면, 이미 1877년 리델 주교가 조선에 재입국할 당시 블랑 신부를 부주교(Provicaire, 직무 대행)으로 임명하려 했으나 사제 두 명을 동시에 임명해야 한다는 칙서 조항 때문에 미루었고, 이후 리델 주교가 체포되는 사건으로 부주교 임명과 성성이 계속 미루어졌음을 알 수 있다. 1882년 7월 현재 리델 주교는 자신이 반신마비의 상태로 치료차 프랑스로 돌아갈 수밖에 없는 상황에서 블랑 신부를 부주교로 임명했음을 설명한다. 참고로 17세기 전교 지방의 특수성을 고려하여 대목구장이나 지목구장이 취임하면 즉시 직무 대행을 임명하도록 하였는데, 이 직무 대행은 모두 사제였지만 조선에서는 부주교(副主敎)라고 불렀다. 원칙적으로 부주교는 coadjutor에게만 적용해야 한다.

[89] 1882년 일어난 임오군란을 말한다. 1882년 6월 5일 무위영 소속 구훈련도감 군병들이 모래가 섞인 쌀을 급료로 지급하려던 관리들을 구타한 사건이 발단이 되어 일어난 군란으로, 이후 각종 수탈로 생계에 심각한 위협을 받은 빈민과 오군영의 폐지와 급료를 못 받은 하급 군병이 가세하면서 민씨 정권에 대한 대규모 폭동으로 이어졌다.

[90] 블랑 주교가 리델 주교에게 보낸 1882년 8월 1일 자 편지를 보면, 임오군란을 두고 반문명, 반외세를 표방하는 당파가 반격을 감행하여 일으킨 사건으로 이 임오군란의 여파로 고종이 실권했다고 전한다. 이 사건의 주요 희생자는 대원군의 반대파와 친일파들이라고, 이 사건으로 대원군이 재집권하였고 일본의 침략이 우려되는 상황에서 신자들이 언제 일어날지 모르는 전쟁과 박해의 위협 속에 있다고 블랑 주교는 전하였다. 한편, 뮈텔 신부가 리델 주교에게 보낸 1882년 8월 4일 자 편지에는 7월 23일에 일어난 임오군란에 대해 날짜별로 기술되어 있다. 당시 뮈텔 신부의 사제관이 사건 현장에서 멀지 않아 눈으로 생생하게 목격한 것처럼 상세히 전하면서, 뮈텔 신부도 블랑 주교와 마찬가지로 이 임오군란을 지지하거나 주도한 이가 있다면 바로 대원군이라고 지적한다.

함께 방금 도착했는데, 주교님 앞으로 보내진 것입니다. 블랑 주교는 제가 그 편지 내용을 확인하고 프티장 주교님과 이곳에 있는 동료 신부들에게 알려도 된다고 하였습니다.

주교님께서도 이 소포와 함께 그 편지들을 받게 되실 겁니다. 편지 작성일은 8월 1일이지만 [8월] 7일에야 발송될 수 있었습니다. 이 최근 날짜[8월 7일]까지는 동료 신부들에게 특기할 만하다고 여겨지는 사건은 없었던 것 같습니다. 이 맹위를 떨치는 폭풍[임오군란]이 그들에게 반대하여 일어난 것이 아닌 만큼, 하느님께서 섭리하시어 그 폭풍이 다 지나갈 때까지 그들을 보호해 주시기를 희망해야겠습니다.

너무도 참혹한 테러 행위가 있은 뒤라 일본이 자국민들이 흘린 피와 자국의 대사가 받은 모욕에 대해 의당 지체 없이 보복하리라 추측했습니다. 실제로 처음 얼마 동안 그들은 끓어오르는 열기로 전쟁을 준비했습니다. 그러나 결국 외교적으로 사건을 해결하겠다는 생각을 하고 있습니다. 요코하마에서 받은 최근 신문에 따르면 평화적 해결책이 엿보입니다. 일본 공사 하나부사 씨는 8월 16일 서울에 들어갔고 조선 당국의 극진한 환대를 받았다고 전하고 있습니다.

이미 대원군은 사과를 하도록 했고, 지나친 행위[임오군란]가 저질러진 데에 유감을 표하면서 자신은 그러한 반란과 무관하며 조약 등을 준수하겠다고 주장하였고, 일본인들을 만족시키겠다고 이해시켰습니다. 일본인들이 그의 번듯한 말에 속아 넘어갈지 모르겠습니다.

그러나 일부 사람들은 조언을 잘 받아들여서인지 호랑이의 가죽으로 변장한 이 늙은 여우[91]의 아부를 너무 믿어서는 안 된다고 생각합니다. 요컨대

---
91 대원군을 빗대어 표현한 비유다.

대원군이 외국인들에게 호의적인 당파와 손을 잡은 것처럼 소개되고 있습니다. 저는 그러한 그의 [태도] 변화를 과연 믿어야 할지 조금 놀랍기만 합니다. 사태의 추이를 더 지켜봐야 하겠습니다.[92]

사태가 어떻게 끝날지 불확실하고, 저희의 불안정한 상태가 얼마나 오래 지속될지 모르기에 지금부터 저희 조선인 신학생들과 관련하여 결단을 내릴 필요가 있지 않나 싶습니다.

이 문제와 관련하여 주교님께서 제게 블랑 주교와 뜻을 같이하라고 당부하셨는데, 블랑 주교도 이미 조선인 신학생들을 페낭에 보내야 한다는 생각을 했습니다. 이를 제가 최근에 받은 블랑 주교의 서한들 가운데 하나에서도 재차 확인할 수 있습니다. 따라서 저는 조스 신부[93]와 상의한 뒤, [블랑 주교의 생각을] 실행에 옮기고자 페낭에 라틴어 수업을 따라갈 수 있는 이곳의 신학생들 4명(나이 많은 빈첸시오가 아니라)을 보낼 계획입니다. 이들은 시골에서 지내면서 건강을 회복했고 생기를 찾은 듯합니다. 한편 질병 때문에서든, 또는 조선에 모아들이기 위해서든, 원하는 때 빼내 올 수 있다는 것을 레그르(Laigre) 신부[94]와 합의하여 결정할 것입니다.

---

92 임오군란의 사태 수습을 이유로 대원군이 재집권하였다. 일본과 청국은 이권을 지키고자 즉시 군대를 파견했다. 병력을 이끌고 온 일본 공사 하나부사 요시타다는 주모자 처벌, 피해 보상, 개항 및 통상의 확대, 병력 주둔을 비롯한 8개 조항을 요구했다. 이에 대원군은 일본에 무력으로 대응할 방침을 세우고 마산포에 상륙 중인 청국군에게 일본군을 견제해 줄 것을 요청하게 된다.

93 조스(Jean-Baptiste Josse, 趙, 1852~1886) : 파리외방전교회 선교사. 1881년 조선으로 발령을 받았으나 입국이 어려운 시기였으므로, 중국 상해에 머물던 리델 주교를 만나 직접 주교로부터 조선어 수업을 받았다. 이후 리델 주교는 중풍 치료를 위해 홍콩으로 떠났고, 조스 신부는 일본 나가사키로 가서 코스트 신부 등과 함께 지내며 인쇄소 작업 등을 하며 조선 입국 때를 기다렸다. 그러다 마침내 주교 서품식을 위해 일본에 왔던 블랑 주교와 함께 1883년 10월 조선에 입국하였다. 처음에는 원주 부엉골 작은 교우촌을 맡았고 이듬해부터 전라도 지방에서 사목 활동을 펼쳤다. 1886년 1월 장티푸스 열병으로 35세의 나이에 선종하였다.

94 레그르(Joseph-Michel-Mathurin Laigre-Filliatrais, 1822~1885) : 파리외방전교회 선교사로 1848년부터 페낭 신학교에서 교수직을 맡았고, 1869년 페낭 신학교 교장이 되어 1885년 선종할 때까지 교장직을 지냈다.

지도자 신부님들에게 저의 존경을 전해 주시고, 프티장 주교님과 나가사키의 동료 신부들의 존경의 마음도 전해 주셨으면 합니다. 저의 깊은 애정과 헌신의 마음을 주교님께 드리며.

주교님의, 매우 보잘것없고 애정 가득한 종

장 코스트

039 코스트 신부가 홍콩 대표부의 르모니에 신부에게 보낸 1882년 11월 6일 자 편지

코스트 신부가 나가사키에서
홍콩 대표부의 르모니에 신부에게

1882년 11월 6일, 나가사키

친애하는 르모니에 신부님께,

홍콩에서는 여전히 좋은 가격으로 녹나무 가구들을 만들고 있다고 생각합니다. 그 가구들이 이곳에 와서 개당 6달러 이상만 넘지 않는다면 – 저는 그렇다고 생각하는데, 코르(Corre) 신부님이 저를 통하여 6개 정도 보내 주십사 청하고 있습니다. 제가 이 일에 관심을 두는 이유는 가톨릭 선교단 인근에 제가 세놓은 집의 가구 장식을 위해서 한두 개는 취할 수 있기 때문입니다. 홍콩에서 알맞은 가격으로 선교사들이 으레 구입하는 이 등급의 질 좋은 담배를 구입할 수 있다고 합니다. 이에 코르 신부는 종류별로 절반씩 10kg을 본인 부담으로 구입하기를 신부님께 청합니다. 신부님께서 신경 써서 각각의 가격을 표시하는 수고를 해 주시어 앞서 말씀드린 가구들의 서랍 속에 담배를 넣어서 보내 주시면 될 것 같습니다. 제가 홍콩에 있었을 때는 가구들이 두 쪽으로 분리되어 운송이 매우 편리했었는데, 지금도 여전히 그러하다고 생각합니다.

오늘 받은 조선 소식들도 좋습니다. 임금이 매우 기분이 좋은가 봅니다. 프랑스인들이 조약에 서명하기 위해 다시 오지 않자 프랑스와 러시아와 조약 체결의 임무를 맡은 특사를 중국에 파견했다고 합니다. 대원군이라면 그렇게까지 하지는 않았을 겁니다. 대원군은 여전히 중국에 있다고 합니다.[95] 정직한 사람들이 평화로이 지낼 수 있도록 그가 오래도록 그곳에 머무르기를 바랍니다!

오늘 두 명의 새로운 신학생과 함께 도착한 연로한 조선인[96]이 다블뤼 주교님, 위앵 신부님과 오메트르 신부님, 그리고 장[주기 요셉] 회장의 귀중한 유해를 모시고 왔습니다.[97]

조만간 [이곳에] 오게 될 드게트 신부는 상해에서 직접 신부님께 페낭 신학교로 갈 그의 신학생 두 명을 보낼 것입니다. 저희가 이곳에서 보낼 신학생들 (5~6명 정도)이 도착할 때까지 그들을 맡아 주셨으면 합니다. 이 신학생들도 신부님이 계신 곳[홍콩 대표부]을 거쳐 페낭으로 함께 갈 것입니다. 저희 인쇄소가 가동되기 시작했습니다. 과연 언제쯤 조선에도 인쇄소를 설치할 수 있을까요?

8월 11일 자 신부님 편지 감사드립니다. 잘 받았다는 말씀을 미처 드리지 못했습니다.

동료 신부들에게 안부 전해 주십시오.

신부님의 매우 헌신적이고 애정 가득한
장 코스트

...

95 1882년 7월 대원군의 요청에 따라 서울에 들어온 청군은 오히려 8월 26일 대원군을 납치했고, 이후 대원군은 1885년까지 3년 동안 중국 천진에 유폐되었다. 블랑 보좌주교가 리델 주교 앞으로 보낸 1882년 10월 8일 자 편지 내용을 보면, 당시 대원군의 납치 소식에 고종과 명성황후의 추종 세력들은 흡족해했고, 이후 명성황후는 환궁하여 다시 정권을 잡았으나 왕비에 대한 반응이 환영보다는 비난이 컸음을 알 수 있다. 또한 대원군의 납치 과정이 한편의 희극과도 같아서 블랑 주교는 혼자 한참을 웃었다고 한다.

96 앞의 각주에서 언급한 블랑 주교의 위의 편지(1882년 10월 8일 자)를 보면 그의 이름은 권 타대오다. 본 편지에서 블랑 주교는 "용감한 권 타대오는 서울 성 클라로 학교의 선생으로, 시련의 시기 내내 우리와 함께 했다…."며 그를 소개하고, 그에게 순교자들의 유해를 코스트 신부에게 전달하고 예비 신학생 2명을 함께 데리고 가는 임무를 맡겼다고 밝힌다.

97 순교자들 유해 이장은 1882년부터 계속 제기되었는데, 조선 내의 이장보다는 불안한 정세와 박해 등을 감안하여 조선보다 일본으로 이장하는 것이 안전하다는 판단에서 나가사키로 옮기게 되었다.

040 코스트 신부가 홍콩 대표부의 르모니에 신부에게 보낸 1883년 4월 9일 자 편지

코스트 신부가 나가사키에서 홍콩 대표부의 르모니에 신부에게

1883년 4월 9일, 나가사키

친애하는 르모니에 신부님께,

제가 지난번 편지에서, 신부님이 로베르 신부에게 맡기신 미사 [예물] 100대와 관련하여 신부님의 뜻을 전달했다는 말씀을 깜박 잊고 드리지 못했습니다. 로베르 신부가 직접 신부님께 편지를 드리지 않는다면 제가 신부님께 그의 답변을 대신 전해 드리겠습니다. 신부님도 잘 아시듯이 조선에서 보내는 답신들은 종종 오래 기다리게 만듭니다.

때마침 얼마 전에 편지들을 받았는데 좋은 소식입니다. 블랑 주교님의 지시에 따라 저희는 이달 7일 토요일에 드게트 신부와 프와넬 신부를 인천행 배에 태웠습니다. 인천은 서울에서 80리 떨어진 새 개항장입니다.[98] 그들이 도착하면 블랑 주교님은 길을 나서서 같은 증기선을 타고 이곳 나가사키로 와서 성성식을 가질 것입니다. 저희 예상이 틀리지 않는다면 보름 안에는 도착하실 것입니다. 이 소식을 오늘은 제가 편지를 쓰지 못하는 파트리아 신부님과 마

---

[98] 드게트 신부는 조선에서 1879년 체포된 뒤 중국으로 추방되었고, 이후 나가사키로 가서 프와넬 신부와 함께 코스트 신부의 성서 활판소 작업을 도왔다. 두 신부는 1883년 4월 9일 나가사키를 떠나 부산항을 거쳐 13일 당시 막 개항된 인천항에 닿았다.

르티네 신부님에게, 신부님이 적절하다고 판단되시면 동료 신부들에게도 전해 주십시오. 그런데 중요한 것은 이 소식이 한동안 퍼져 나가서는 안 되고, 특히 정부 인사들에게 알려져서는 안 된다는 것입니다. 신중함이 아직은 필요한 시기인 듯합니다. 블랑 주교님은 가능한 한 극비리에 여정을 마치고 속박 없이 조선에 되돌아가기를 바라고 있습니다.

미사 [예물]와 관련하여, 조선 대표부에게 맡겨주실 수 있는 미사가 있으신지요? 이백 대 정도는 받을 수 있을 것 같습니다.

드게트 신부가 너무도 친절한 나머지 [다른 사람에게 책을 주어서] 그의 한문 서적들 가운데 한 권이 짝이 안 맞게 되었고, 이 편지에 동봉하는 종이에 적힌 권호가 없다고 합니다. 드게트 신부는 신부님[홍콩 대표부]의 도서실에 있는 책들 가운데 한 권을 빼주시기를 바라는 것은 아니지만, 혹시 신부님이 아무 불편함이 없이 그 결권을 채워주실 수 있다면, 조선 포교지 회계 장부에 이를 표시해 주시면 됩니다. 그렇게 해 주시면 드게트 신부에게 도움이 될 것입니다.

3월 12일자 신부님의 짧은 인사에 감사드립니다. 신부님께서 북일본[대목구]의 차용금 문제와 관련해 의향이 있으시다니 좋습니다.

동료 신부들에게 우정 어린 인사를 전하며, 그리스도 안에서 신부님의 매우 헌신적이고 애정 가득한 저임을 믿어 주십시오.

장 코스트

041 코스트 신부가 상해 대표부의 마르티네 신부에게 보낸 1883년 5월 7일 자 편지

코스트 신부가 나가사키에서
상해 대표부의 마르티네 신부에게

1883년 5월 7일, 나가사키

친애하는 마르티네 신부님께,

신부님께서 4월 25일 자 편지로 제게 주신 미사 [예물] 100대를 받았습니다. 감사합니다.

샤퓌 신부가 드게트 신부와 프와넬 신부의 여행과 관련한 최근 소식을 전해 드렸을지 모르겠습니다. 간단히 말씀드리면, 두 신부는 4월 16일 다소 어려움을 겪은 뒤 인천에 내렸습니다.[99]

일단 외딴곳에서 뭍에 내린 뒤 그들은 제때 기별을 받고 나온 교우들의 마중을 받았고, 두 시간 정도 걸어서 때마침 밤이라 [눈에 띄지 않고] 그들을 맞을 만반의 준비를 한 교우 집에 도착했습니다. 그곳에서 우리 동료들은 조선식으로 옷을 갈아입고, 가마 두 대에 나눠 타고 수도까지 갔습니다.

---

99 드게트 신부와 프와넬 신부는 인천항으로 입국할 당시에 신분 노출을 우려하여 작은 배로 갈아탔다. 그런데 하선한 그들에게 은신처를 제공하기로 약속한 일본인의 거부로 이틀 정도 배에 머물렀고 개펄을 걸어 해안가에 닿는 등 우여곡절을 겪은 뒤 1883년 4월 16일 밤 서울에 안착했다. 프와넬 신부는 가족에게 보낸 1883년 4월 16일 자 편지에서 당시 인천항에 대한 신부의 첫인상을, 조선 정부가 외국인들에게 혐오감을 주고자 일부러 고른 항구 같다며 조선인들에게 항구는 북적거려서는 안 되는 곳이라고 소개한다. 또한 모친에게 보낸 1883년 4월 21일 자 편지에서는 서울에 도착하기까지의 여정을 전하며, 가마를 타고 8시간을 가느라 힘들었으나 두 신부에게 지극 정성으로 물과 먹을 것을 챙겨 주는 교우들이 "진짜 엄마들(vrais mamans)" 같았다고 표현했다.

코스트 신부가 1883년 5월 7일 일본 나가사키에서 상해 대표부의 마르티네 신부에게 보낸 편지.

블랑 주교님은 그들이 타고 간 배로 바로 오시지 못했습니다. 아마 로베르 신부의 병환으로 발이 묶이신 것 같았습니다. 로베르 신부는 티푸스 열병에 걸렸으나 호전되었습니다. 과연 언제쯤 주교님이 다시 여행길에 오르실 수 있을지 저희는 알 수 없습니다.

파트리아 신부님과 다른 신부님들에게 우정을 전하며, 그리스도 안에서 신부님의 매우 헌신적인 저임을 믿어 주십시오.

장 코스트

042 코스트 신부가 상해 대표부의 샤퓌 신부에게 보낸 1883년 6월 4일 자 편지

코스트 신부가 나가사키에서 상해 대표부의 샤퓌 신부에게

1883년 6월 4일, 나가사키

친애하는 샤퓌 신부님께,

신부님의 5월 29일 자 편지와 함께 제게 알려 주었던 물품을 잘 받았습니다. 감사합니다.

도쿄 주재 프랑스 공사 트리쿠 씨는 신식 사고를 하는 사람이라 아직도 사람들이 미사에 참례하러 가느냐며 이를 기이하게 여깁니다. 그는 공화정에 흠뻑 물들어 있고, 도쿄와 요코하마에 있는 대다수 프랑스인들의 우상이기도 합니다. 『일본의 메아리』는 그에게 대단한 아부를 퍼붓고 있습니다. 부레 씨를 포함한 전임 공사들은 [그 사람과 비교하면] 개 발싸개 취급을 받았습니다. 간단히 말씀드리면 트리쿠 씨는 특별한 임무를 맡았고, 아마도 통킹 문제와 관련하여 북경으로 파견된 것 같습니다. 도쿄를 떠나면서 그는 9월 달에 돌아올 것이라고 했습니다. 그가 조선 문제를 건드린다면, 조심하십시오! 가톨릭의 입장이 위험해질 수 있습니다. 이따금 당신의 목적을 이루시고자 정반대되는 것들을 사용하시는 하느님의 섭리로 기적이 일어나지 않는 이상 말입니다.

에브라르 신부는 도쿄 주재 프랑스 공사관의 통역관이었는데, 트리쿠 씨는 그의 호의를 사양했습니다. 그러나 정중하게 해고했으니 프랑스 공사관과 가톨릭 선교단의 관계는 여전히 정직에 바탕을 두고 있습니다.

이상이 제가 여러 정보를 통해 그려 본 그 인물에 대한 초상입니다.

부레 씨는 [그에 비하면] 우리에게 전혀 다른 신뢰를 갖게 합니다. 따라서 그가 북경에 계속 주재한다는 소식은 확인되지 않아 참으로 유감입니다.

통킹에 대한 프랑스의 영향력이 이홍장(李鴻章)의 잠을 깨운 듯합니다. 외교술이 탁월한 이 모사꾼이 선교사들이 조선에서 그러한 영향력을 행사하도록 가만히 놔둘 리가 없을 것입니다. 따라서 그가 조불조약의 체결에 훼방을 놓으려 애쓴다 해도 전혀 놀라운 일이 아닙니다.

몇 가지 징후로 볼 때 블랑 주교님은 보름 뒤 즈음 도착할 수 있을 것입니다. 이 편지에 동봉해 드리는 동료 신부들의 최근 편지들도 받게 될 것입니다. 병환 중이던 사람은 신부님의 친구인 뮈텔 신부가 아니라 (드게트 신부가 서두르면서 이름을 잘못 적었는데) 로베르 신부였고, 위험한 고비를 넘겼으니 지금은 나아 있을 것입니다.

조선에서 들려오는 새로운 소식은 없습니다. 조정에서도 천주교인들만큼이나 유럽인들이 오기를 바란다는 것 말고는 말입니다. 의젓한 프랑스가 그곳에 있다면 [얼마나 좋겠습니까]!

샤퓌 신부님, 건강 잘 챙기시고, 게아 신부에게 저의 우정을 전해 주십시오.

그리스도 안에서 헌신적인

장 코스트

043 코스트 신부가 홍콩 대표부의 르모니에 신부에게 보낸 1883년 8월 21일 자 편지

코스트 신부가 나가사키에서
홍콩 대표부의 르모니에 신부에게

1883년 8월 21일, 나가사키

친애하는 르모니에 신부님께,

신부님의 7월 9일 자 서한이 저희가 북부로 떠날 때 이곳에 도착했습니다. 저는 돌아온 뒤 받게 되어 피정이 채 끝나기 전이지만 몇 마디 짧게 답신을 드리고자 합니다.

자리를 지키고 있던 조스 신부가 신부님께서 제게 [보내 주시겠다고] 알려 준 것을 받았습니다. 한문 서적들 가운데 요청했던 것들 중 일부가 보이지 않는데, 이 책들은 서가회(徐家匯, Zikawei) 도서관[100]의 목록에는 적힌 것들입니다. 이에 이 일을 면밀히 검토하는 소임을 맡은 저희 학자가 착각한 것이 아니라면, 그 책들이 아직 준비가 되지 않고 나중에 보내질 것이라고 판단하고 있습니다.

신부님이 '일본-조선' 선반에서 찾으셨다는 『로지에 드 마리(Le Rosier de Marie)』 잡지는 조선으로 보낼 것입니다.

블랑 주교님이 신부님께 편지를 쓰실 것입니다. 이미 주교님이 신부님께, 당

---

100 서가회(徐家匯, Zikawei)는 상해 변화가 이름으로, 지금은 '쉬자후이'로 불린다. 상해 대표부가 위치한 거리 이름을 따서 대표부 도서관을 이렇게 부른 듯하다.

신이 [일본] 중부와 북부[대목구]의 동료들 모두에게 얼마나 큰 환대를 받았는지 말씀하셨을지도 모르겠습니다. 그들 가운데 제게도 구면인 분들이 있었습니다. 저희는 이십여 일 동안 오주프 주교님과 함께 보냈는데, 오주프 주교님은 건강상의 이유로 홍콩으로 가셔야 했습니다. 조만간 신부님도 오주프 주교님을 만나는 기쁨을 맞게 되실 겁니다. 신부님이 9월 1일에 승선하실 테니 말입니다. 존경해 마지않는 친애하는 대표부의 원로이며 우리와 수많은 추억들로 맺어진 분[오주프 주교]을 다시 만나실 때 마르티네 신부님과 파트리아 신부님, 그리고 신부님의 기쁨이 어떠할지 쉽게 짐작이 갑니다. 오주프 주교님께 빠른 쾌유를 바라며 전하는 저의 마음도 거듭 전해 주시면 감사하겠습니다.

블랑 주교님은 신부님이 알려 주신 조선행 자르딘느호에 승선하고자 조스 신부와 함께 다음 상해편 여객선을 탈 예정입니다. 그 배는 십중팔구 다음 월요일(이달 27일)에 출항할 것입니다. 만일 그들의 상해 도착이 증기선 자르딘느호의 출발보다 뒤라면, 불필요한 여행이 되지 않도록 신부님이 전보를 보내 주시기를 기대하겠습니다.

마르티네 신부가 돌아오는 대로 저의 우정을 전해 주십시오. 저는 다시 피정에 들어갑니다.

언제나 그리스도 안에서 신부님의 헌신적이고 애정 가득한

장 코스트

블랑 주교님이 직접 신부님께 편지를 써서 생생하게 말씀드릴 것입니다. 주교님의 존경의 표시를 [대신 전해 드리니] 받아 주십시오.

044 코스트 신부가 홍콩 대표부의 르모니에 신부에게 보낸 1883년 11월 14일 자 편지

코스트 신부가 나가사키에서 홍콩 대표부의 르모니에 신부에게

1883년 11월 14일, 나가사키
84년 1월 12일 수신

친애하는 르모니에 신부님께,

제가 일본 여객선에 태워 보낼 다섯 명의 조선인 신학생들이 그들의 선배들처럼 페낭행 배를 탈 수 있도록 신부님께서 잘 보살펴 주시기를 부탁드립니다. 신부님께서도 곧 만나 보시겠지만 그들은 젊음과 희망이 넘칩니다. 저는 또한 신부님께서 그들을 눈에 넣어도 안 아플 만큼 소중하게 대해 주시리라 믿어 의심치 않습니다. 그들의 라틴어는 완전히 초급 수준입니다. 그들 가운데 맏이는 스무 살로, 한자의 도움을 받으면 신부님네 사람들과 조금은 의사소통을 할 수 있을지도 모릅니다. 저는 이 신학생들을 하느님의 섭리와 신부님의 보호에 맡깁니다. 그들이 편지 꾸러미와 함께 신부님께 소포 두 개를 전해 드릴 터인데 그 내용물은 이렇습니다.

1. 상해 브라르(Vrard) 상점에 수리를 맡겨야 하는 블랑 주교님의 손목시계. 마르티네 신부에게 이에 관해 알려 드렸습니다.

2. 여러 물품(서적, 필사본 노트, 사진 등)이 담긴 소포. 리델 주교님이 제게 기념으로 청하셨던 것들.

신부님이 이 소포를 해당 수신자들에 보내시는 것이 [저보다는] 훨씬 수월하리라 생각하여 저희 신학생들 편으로 이 두 소포를 신부님께 맡깁니다. 미리 감사드립니다. 조선에서 온 소식들은 훌륭합니다. 블랑 주교님과 조스 신부의 여정은 그보다 더 기대할 수 없을 정도로 성공적이었습니다. 하느님 찬미 받으소서! 프와넬 신부는 이질로 한동안 고생했으나 지금은 회복되었습니다. 조선인들은 서서히 개화되고 있습니다. 이제 그들은 유럽인들을 보는 데에도 익숙합니다. 앞으로 선교사들을 보게 되는 데에도 익숙해질 것입니다. 어쨌든 선교사들이 조선에 있음을 조정이 알고 있지만 그들은 박해를 받고 있지 않습니다. 과연 언제쯤 드러내 놓고 다닐 수 있을까요? 조약이 잘 체결되면 저희에게 그러한 성과를 얻게 해 줄 것입니다. 그때를 기다리며 사람들보다는 선하신 하느님께 더욱 기대야 하겠습니다. 또한 신부님께서 저희를 위해 계속해서 기도해 주시기를 바랍니다.

　신부님께서 보내 주신 10월 6일 자 편지 감사히 잘 받았습니다. 블랑 주교님도 신부님을 만나신다면 신부님만큼 기뻐하셨을 텐데, 아직은 희생을 더 견디어야 하는가 봅니다. 저는 마르티네 신부에게 거듭 제가 아직 받지 못한 책들과 관련하여 한문 서적들을 요청하였습니다.

　동료 신부들에게 저의 우정을 전해 주셨으면 합니다. 기도와 미사성제 안에 하나 되어.

감사의 마음을 담아 신부님의 애정 가득한 종
장 코스트

　저희 신학생들 가운데 둘은 이제 겨우 12살밖에 되지 않아 이곳에서 홍콩까지 반액 좌석을 구입했습니다. 홍콩에서 페낭까지의 노선에서도 이와 비슷한 할인을 받을 수 있으니 신부님께 이를 알려 드립니다.

045 코스트 신부가 홍콩 대표부의 르모니에 신부에게 보낸 1884년 1월 6일 자 편지

코스트 신부가 나가사키에서
홍콩 대표부의 르모니에 신부에게

1884년 1월 6일, 나가사키

친애하는 르모니에 신부님께,

저희 다섯 명의 신학생을 보살펴 주심에 감사드립니다. 그들이 무사히 페낭에 도착했다는 소식이 또 오기를 바랍니다.

저희 조선인 인쇄공들 가운데 하나로 드게트 신부의 예전 신학생이 학업을 계속할 수 있기를 간청했습니다. 최근에 저는 블랑 주교님에게서 긍정적인 답변을 받았습니다. 그리하여 이 젊은이도 그의 선배들처럼 페낭으로 보내고자 신부님께 부탁드리게 되었습니다. 이러한 도움을 주심에 미리 감사드립니다.

이 자리를 빌려 저의 진심을 담은 새해 인사를 드리며, 편지를 받는 기쁨을 제게 준 파트리아 신부님과 [홍콩] 대표부와 요양소의 다른 동료 신부들에게도 새해 인사드립니다.

블랑 주교님의 손목시계는 제가 이를 맡겼던 저희 젊은이들이 잃어버린 것이 아니라면, 페낭에서 되돌려 보내올 것입니다.

조선의 소식들은 계속해서 좋습니다. 파크스 경(Sir H. Parkes)[101]이 서울에

---

[101] 헨리 파크스(H. Parkes, 1828~1885) : 1882년 당시 주일 영국 공사였고, 1883년 영국 전권 대신의 자격으로 조선 전권 대신 민영목과 조영수호통상조약을 체결했다.

서 블랑 주교님을 저녁에 초대했고, 주교님에게 예견하기를, 영국과 조선의 조약 덕분에 선교사들의 입지도 곧 나아질 것이라 말했습니다. 들라플라스 주교님도 편지로 조선에서 돌아오는 길에 영국 공사를 만나셨는지 같은 내용을 알리셨는데, 올봄에 블랑 주교님이 서울에 대성당을 지을 수도 있다고 하셨습니다. 이것이 과연 사실일까요?

[신부님의 답신을] 기다리며, 기도와 미사성제 안에서 하나 되어.

신부님의 매우 헌신적인 동료
장 코스트

미사 [예물] 때문에 곤란을 겪으신다면, 파리에서 오기를 기다리는 동안 제가 몇 대는 받을 수 있습니다. 그러나 신부님이나 이를 배분받고 있는 다른 동료 신부들에게 폐가 되지 않는 선에서 그렇습니다.

이 편지를 신부님께 싣고 갈 배가 만석이라, 앞서 미리 말씀드린 조선인 신학생은 자리가 있는 다음번 증기선을 통해서나 떠날 수 있을 것입니다.

046 코스트 신부가 받은 블랑 주교와 뮈텔 신부의 1884년 2월 5일 자 편지 일부 발췌

블랑 주교의 편지(일부 발췌)

1884년 2월 5일, 서울

우리가 묄렌도르프 씨[102]와 가진 외교 협상에 관해 신부님께 말씀드려야 겠지요? 뮈텔 신부가 이에 관해 신부님에게 쓴 편지를 방금 읽었습니다. 그것이 불가능해 보이므로 나는 아무에게도 그에 관한 편지를 쓰지 않겠다는 것 말고 내가 덧붙일 말은 없습니다. 프티장 주교님에게 (동료 신부님들에게는 말고) 그에 대해 말씀드리십시오. 그리고 [성령의] 영감에 따라 이 편지를 신부님 좋으실 때로 쓸 수 있고, 조금이라도 유용하다고 여겨지면 상해나 홍콩이나 파리에 그에 관해 편지를 보내도 됩니다. 나로서는 그러한 계획이 오히려 걱정을 불러일으킵니다. [묄렌도르프 씨가] 하는 모든 제안에 '우리의 무능함(non possumus)'을 말할 수밖에 없기에 묄렌도르프 씨가 결국 상처를 받고 우리에게 등을 돌리지 않을까 걱정입니다. 우리의 희망은 전적으로 모든 것을 당신의 가장 큰 영광으로 돌리시는 하느님의 섭리 안에 있습니다. "네 근심을 주님께 맡겨라, 그분께서 너를 지켜 주시리라."

---

102 묄렌도르프(Paul George von Möllendorff, 1848~1901) : 이홍장의 추천으로 한국 최초의 서양인 고문으로 부임해 통리아문의 외무 협판이 되어 외교 고문 역할 등을 맡았다. 1884년 러시아와 수교를 위해 중국 천진 주재 러시아 공사 베베르(Weber)가 내한하자 적극 주선에 나서 '조로수호통상조약'이 체결되는 데 일조했다.

뮈텔 신부의 편지[103]

1884년 2월 5일, 서울

    주교님께서 신부님께 묄렌도르프 씨가 하스[104] 씨를 통해 우리에게 접근했다는 말씀을 하셨는지 모르겠습니다. 간략하게 말씀드리면 이렇습니다. 묄렌도르프 씨는 조선 정부의 제도 개혁을 위해 실현하고자 하는 많은 계획이 있습니다.

    그런데 이를 위한 재원이 필요한데 재원 마련이 어렵다는 것입니다. 그래서 그는 우리가 유럽의 가톨릭 신자들에게서 오백만 [프랑?]을 차용받을 수 있도록 해 준다면 그 조건으로 [종교의] 자유를 얻게 해 주겠다고 제안했습니다. 그 담보로 세관 징수금(이미 저당 잡혔을지 모르는)과 50년 동안의 광산 채굴권(문제가 매우 많은 담보)을 약속하고 있습니다. 우리는 그에게 영리 목적의 일에는 관여할 수 없다고 답했고, 충분한 담보물이라 해도 우리가 그러한 금액을 구하기 어려울 것이라고 말해 주었습니다. 또한 담보물이 충분하다면 그것을 내세우는 것만으로도 어디서든 빌릴 곳을 찾을 수 있을 것이라고 말했습니다. 그는 그 담보가 많은 이들의 눈에는 별로 확실하게 보이지 않을 수 있고, 이 때문에 가톨릭 신자들을 대상으로 했다며, 금융업보다는 자선 사업으로 그들의 관심을 끌게 하려는 계산이었다고 우리에게 솔직히 털어놓았습니다.

    이러한 제안을 그는 저의 사제관에서 주교님에게 드렸고, 이때 비공식적으로 주교님을 방문하러 온 하스 씨도 함께 있었습니다.

---

103   Vol. 580, ff. 1188-1190.

104   하스(Joseph Haas) : 체코 출신으로 중국 상해 주재 오스트리아-헝가리 영사로 근무하다가 1883년 봄 외교 고문으로 제물포의 세관장을 겸임하게 된 묄렌도르프는 자신의 보좌관 겸 제물포 세관원 총감독직을 그에게 맡겼다.

다음 날 하스 씨가 그의 집으로 저를 불러, 우리에게 돈을 차용하는 것이 실현 불가능해 보이는지 묄렌도르프 씨가 단념했다며 그가 또 다른 제안을 내놓았다고 말해 주었는데, 그 제안은 이러합니다.

그는 교회와 조선 정부 사이의 협약을 체결하게 해 주겠다고 제안합니다. 교회가 조선에 250만 [프랑?]을 준다면, 그 조건으로 조정은 우리에게 [종교의] 자유뿐만 아니라 가톨릭 신앙의 전파를 위해 도움과 조력을 줄 것이라고 합니다. 그리고 프로테스탄트들과 정교회는 여기서 제외되며 영구적으로 제외하겠다고 합니다. 묄렌도르프 씨는 조선인들의 민족적 특징으로 볼 때 일본을 포함한 다른 어느 동양 나라들보다 유럽 문명을 훨씬 더 잘 받아들일 수 있다고 확신합니다. 그는 비교적 가까운 장래에 임금과 관리들을 포함하여 모든 조선인들이 그리스도교로 개종하리라는 것을 의심치 않습니다.

주교님의 결정과, 가르치는 권한을 돈으로 사는 것이 아닌지 여부를 알아보는 문제는 일단 제쳐 두고 저는 [하스 씨에게] 이렇게 답변했습니다. 우리가 그러한 금액을 현금화하는 것은 절대적으로 불가능하고, 전교회가 다른 포교지들에 손실을 주면서까지 한 포교지만을 위해 그러한 희생을 할 수 없으며, 우리가 전교회로부터 받는 연간 배당금은 상대적으로 미미하다고 말했습니다. 그러자 하스 씨는 신부 한 사람이 유럽으로 가서 헌금을 모으면 그 액수는 곧 거둘 수 있을 거라고 제게 말했습니다. 이에 저는 그에게 발바닥이 닳도록 온 세계를 돌아다닌다 해도 그렇게 큰 금액을 기대하기는 매우 어렵다는 점을 지적했습니다.

이러한 내용을 주교님께 알려드렸더니 주교님도 같은 의견이셨습니다. 그날 저는 다시 하스 씨를 만나러 갔습니다. 그는 거의 같은 말을 되풀이하면서, 250만 프랑의 일부라도 구할 수 있다면 협약은 체결될 수 있다고 말했습니다. 심지어 그는 그러한 제안을 우리 대표부 대표들과 파리와 로마의 장상들에게 말하라고 했습니다. 내일 아침(아니 이미 자정이 지났으므로 잠시 뒤) 저는 주교님을 찾아뵙고 이러한 내용을 알려드릴 것입니다. 주교님께는 좋다고 판단되시는 대로 이에 관한 편지를 쓰실 것입니다.

하스 씨는 뮐렌도르프 씨가 우리에게 매우 호감을 가진 듯하고, 차츰 우리에게 뭔가를 얻어다줄 수 있으리라고 제게 말합니다. 그런데 어떤 조건으로 그렇다는 말일까요? 그것이 무엇이든 단 한 사람이 우리에게 어려움을 줄 것 같은데, 그가 바로 현 정부의 김홍집[105]입니다.

이에 대해 이미 뮐렌도르프 씨가 여러 달 전에 제게 말했습니다. 그러나 김홍집은 천주교인들의 적으로 여겨지지 않습니다. 심지어 그가 이따금 천주교인을 지지해 주었다고 저는 알고 있습니다. 그런데 그의 반대는 체계적이라 그만큼 염려스럽다고 합니다. 뮐렌도르프 씨는 차츰 그의 반대를 물리칠 것이고 결국 자기 집에 그를 초대하여 주교님과 대담을 갖게 할 계획인 것 같습니다. 이 일이 앞으로 어떻게 진행되겠는지요? 분명한 것은 대신들과 세상 임금들의 마음을 당신의 힘 안에 쥐고 계신 선하신 하느님의 뜻대로 되리라는 것입니다.

---

105 김홍집(金弘集, 1842~1896) : 1880년 예조참의로 일본 수신사의 임무를 맡았고 이후 그의 주도로 모든 정부 조직을 통리기무아문으로 개편했고, 예조참판으로 승진되어 외교 업무를 전담했다. 그는 개화의 주도자로 신식 군대인 별기군 창설과, 일본의 문물을 배우기 위한 신사유람단 파견 등을 주도했다. 1882년과 1883년 미국, 영국, 독일과 차례로 수호통상조약을 체결할 때 협상의 실무 책임을 맡았다. 1884년 임오군란의 수습책으로 정부에서 일본과 청나라와 제물포조약 등을 체결할 때에도 전권 부관으로 협상의 실무 책임을 맡았으며, 이후 대외 교섭의 최고 책임자가 되었다.

코스트 신부가 1884년 3월 19일 일본 나가사키에서 상해 대표부의 마르티네 신부에게 보낸 편지.

047 코스트 신부가 상해 대표부의 마르티네 신부에게 보낸 1884년 3월 19일 자 편지

코스트 신부가 나가사키에서
상해 대표부의 마르티네 신부에게

1884년 3월 19일, 나가사키

친애하는 마르티네 신부님께,

축일 축하드립니다! 신부님을 위해 요셉 성인께 기도를 드리며 성인께서 어려움을 겪는 신부님을 도와주시기를 빕니다!

하스 씨가 '난징'호를 타고 있으리라 생각했는데, 여행을 미뤘거나 다른 배를 탔나 봅니다. 반(Van) M…[묄렌도르프] 씨가 블랑 주교님께 했다고 하스 씨가 신부님께 말씀드린 제안은 예전 것입니까? 아니면 최근 것입니까? 그것을 모르겠습니다. 블랑 주교님께서 이곳[나가사키]에 계실 때 받으셨던 제안은 예전 것에 해당했는데, 주교님께서 상해에서 신부님과 그에 관해 말씀을 나누지 않으셨다면 저로서는 정말 의외인 것 같습니다.

반 M…[묄렌도르프] 씨는 자신에게 로마 백작이나 그 비슷한 작위를 준다면 조선에서 종교의 자유를 얻어주겠다고 제안했습니다. 그의 제안에 아직 답한 것 같지는 않아 보입니다. 12월 14일 블랑 주교님께서 제게 보낸 편지 내용이 이렇기 때문입니다.

"나는 아직 반 M… 씨를 만나지 않았습니다. 그러나 오직 출세만을 생각하고, 하느님과 자신의 영혼과 초월적 세상에 대해서는 조금도 관심이 없는 이 성주의자에게서 무엇을 기대할 수 있겠습니까?"

뮈텔 신부도 마찬가지로 처음의 기대가 연기처럼 날아가 버렸다고 제게 편지했습니다. 그 사람의 태도에서 질투 섞인 불신의 징후를 간파했다고 생각했습니다. 그의 야심 찬 계획을 실현하는 데 선교사들이 방해가 될 것 같아 그러한 태도를 보이는 것이겠지요. 이후 제가 새롭게 알고 있는 것은 전혀 없습니다. 어쩌면 신부님께서 하스 씨를 통해 저보다 더 많이 알고 계실지 모르겠습니다. 하스 씨가 여전히 장애물로 여겨지는지(물론 선교사들에게는 그렇지 않지만 말입니다.) 같은 12월 14일의 편지에서 블랑 주교님께서 제게 이렇게 쓰셨습니다.

"나는 신부님을 하스 씨 등의 지도 신부로 임명할 작정이었습니다. 그렇게 되면 신부님이 공식 직함을 얻게 될 것이고, [종교] 자유의 날이 서둘러 올 수 있으리라 생각했습니다. 그러나 그 지도 신부의 직함과 관련하여 [신부님이 얻지 못할까] 심히 걱정이 됩니다. 지금은 무기한 연기된 것 같습니다. 하스 씨는 자신의 계획을 M… 씨에게 말하고자 했고, M… 씨는 그 여파를 걱정하여 하스 씨가 서울에 오는 것을 막았고, 이미 세관원이 있는데도 인천에 자리를 잡도록 했습니다."

1월 10일의 편지에서 블랑 주교님은 이렇게 덧붙이십니다.

"인천에 계속 머물고 있는 하스 씨는 여전히 서울에 올 수 없습니다. 심지어 산보 삼아서도 오지 못하는데, [M… 씨가] 그를 경쟁자로 두려워하는 것 같습니다."

조선에서 저희가 앞으로 공개적으로 자리를 잡을 가능성에 관해서는 다음의 주교님 말씀을 보십시오.

12월 14일 자 [블랑 주교의] 편지
"파크스 경은 그가 곧 체결할 조약 덕분에 우리의 입지가 많이 나아지기를 기대한다고 내게 말했습니다. 내년 5월에는 영국 공사가 있을 터이니 서울에 프랑스인도 거주할지 모른다고 말했습니다. 나는 이 모든 좋은 소식들이 곧 현실이 되기를 바랍니다. …"

1월 10일 자 [블랑 주교의] 편지
"프랑스인으로서 신부님이 인천에 와서 정착할 권한이 없습니다. 하스 씨에게 서울에 가옥을 구매하는 것을 M… 씨가 못 하도록 했다고 신부님께 내가 말했었지요. '조약이 그러한 권한을 인정하지 않기 때문입니다!!!' 하스 씨는 조선 세관의 직원인데도 말입니다. 영국인들이 조약을 통해 서울에 정착하게 되면 일이 훨씬 수월하리라 보는데 두고 봅시다."

신부님 쪽에서 더 새로운 소식을 알고 있으면 제게 알려 주시면 감사하겠습니다. 우리에게는 여전히 그 말 많은 에모네 어음 문제가 남아 있군요. 딱한 [에모네] 신부가 나쁜 기질의 희생물이 되려는 것 같아 그만큼 더욱 애처롭습니다(물론 이 말을 그에게는 하지 마십시오). 저는 그의 합법적인 권리라 생각하여 그에게 모든 조정 수단을 제안했습니다. 그러나 그는 그의 기벽으로 매번 돌아가는 것 같습니다.

저는 제 편지들을 에모네 신부[106]에게 전할 소임을 맡은 샤퓌 신부 앞으로 보냈습니다. 주요 내용이 담긴 두 통의 편지는 1880년 4월 29일과 5월 11일자 편지입니다. 그 편지들에는 우리를 방어하고 신부님을 변호하는 내용이 담겨 있습니다. 그 편지들을 만주[포교지]에서 돌려보내 오면, 필요할 경우 참조하셔도 됩니다. 또 필요하다면 제가 그 편지들을 전사하여 신부님에게 보낼 수 있습니다. 상해[대표부]에서 조선 포교지 앞으로 만주[포교지]에 보낸 최근 채권이 에모네 어음의 총액만큼 상승하여 평균 5.12%를 지불했습니다. 이는 신부님이 만주 포교지에 부당하지 않았다는 것을 충분히 입증하는 것입니다. 신부님의 금리는 5%밖에 되지 않았기 때문입니다. 에모네 신부는 우리에게 5% 대신 1.82%로 할인해 주면서, 제 계산이 틀리지 않다면, 총 93.17c의 손실을 입히고 있습니다. 어떠한 근거로 그러지는 모르겠습니다. 어쨌든 모든 것을 절충하여 저는 샤퓌 신부에게 4%만 요구하도록 했으며, 따라서 나머지 총 29.30은 만주[포교지]에 반환하도록 했습니다. 이 조정을 에모네 신부가 기꺼이 받아들인다면 말입니다. 1883년 회계 연도 장부에 이 반환금이 적혀 있지 않아 놀랐습니다. 에모네 신부가 이에 만족하지 않는다면 더 큰 권한을 지닌 이들에게 호소할 수밖에 없을 것입니다. 블랑 주교님께서는 제게 더 이상의 조율은 하지 말라고 하셨습니다.

에모네 신부님에 관해 이야기를 시작했으니 더 드린다면, 에모네 신부님이 게랭(Guérin) 씨가 분실한 편지들과 관련하여 신부님에게 답을 했습니까? 블랑 주교님께서 이 사건에 대해 제게 재차 말씀하셨는데, 이제는 지긋지긋합니다.

⋯

106　에모네(Noel-Marie Emonet, 1849~1900) : 파리외방전교회 소속 만주 파견 선교사. 1879년에서 1889년 사이 잉체에서 만주 포교지의 경리 담당자로 지냈다. 1900년 의화단의 난이 일어나자 봉천에서 기이용 주교와 함께 학살되었다.

요코하마의 [영자 신문] 『재팬 메일(Japan Mail)』은 한 소책자(『조선의 지명과 인명의 로마자 표기 안내서』)의 출간 소식을 알리며 『한불자전』의 지명 부분을 간접적으로 공격하였습니다. 저는 『일본의 메아리』에 상해에서 보내는 익명의 편지를 써서 그러한 공격에 반박해야 한다고 생각했습니다. 상해의 영자 신문들을 통해 그 편지를 다시 게재할 필요가 있겠습니까? 저는 잘 모르겠습니다. 켈리와 웰시 서점에서 그 책자가 판매될 것입니다. 아무 소문을 내지 말고 지역 신문들이 그에 대해 어떻게 생각하는지 한번 살펴보십시오. [기사 내용들이] 심하게 무례한 것이 아니라면 굳이 들춰낼 필요는 없겠습니다. 『재팬 메일』처럼 경망스러운 것이라면 가능한 한 익명으로 항의하는 것이 나을 것입니다. 이를 대비하여 저는 요코하마에서 선교사들의 친구였던 용감한 미국인 가톨릭 신자 데일 씨를 생각했습니다. 지금은 그가 상해에 있는 한 제지 공장의 대표라고 합니다. 그의 주소를 알고 계십니까? 제게 알려 줄 수 있겠습니까? 조선의 선교사들을 위해 슈펠트와 교섭한 사람이 바로 그 사람입니다. 어쨌든 교섭의 기회이든 회피의 기회이든, 신부님이 조언을 주셨으면 합니다.

신부님이 10일 자 편지로 알려 준 소식에 감사합니다. 콩로 신부와 다른 동료 신부들에게 저의 안부 인사를 전해 주십시오.

그리스도 안에서 헌신을 다하며
장 코스트

048 코스트 신부가 상해 대표부의 마르티네 신부에게 보낸 1884년 11월 21일 자 편지

코스트 신부가 나가사키에서
상해 대표부의 마르티네 신부에게

1884년 11월 21일, 나가사키

친애하는 마르티네 신부님께,

신부님이 보내신 10월 28, 29일 자 편지와 11월 4일 자 편지를 받았다고 아직 알려 드리지 않은 까닭은 그동안 신부님에게 서둘러 전할 소식이 전혀 없었기 때문입니다.

신부님에게 제가 말씀드렸던 큰 가옥이 이달 26일에 경매에 부쳐집니다. 그 집을 얻는 것이 문제가 될는지요? 물론 저는 신부님의 지침을 받기 전에는 결코 행동하지 않을 것입니다. [그러나] 그러지 않기를 바라며, 우리 동료들이 중국에서 자리를 잘 유지할 수 있기를 바랍시다.

이제는 잦아졌다고 우리에게 말씀을 주신 뒤로 우리가 전쟁[107]에 대해 새롭게 아는 것이 전혀 없습니다. 소강상태에서 어떠한 결론이 나겠습니까?

그런데 가엾은 광주 포교지가 산동 포교지 다음으로 [청불전쟁의] 손해 갚음을 하는 듯합니다. 중국인들은 반드시 누군가에게, 설령 무고한 사람에

---

107 1884년 8월부터 1885년 4월까지 청나라와 프랑스가 베트남의 종주권을 두고 벌인 전쟁을 말한다. 전쟁에서 열세에 처한 청나라는 프랑스에게 화의를 요청했고, 베트남에 대한 종주권을 프랑스에게 넘겨 준다는 내용의 톈진 조약을 맺었다. 이로써 청나라는 베트남 종주권을 상실함과 동시에 막대한 경제적 손실을 입고 위신까지 잃게 되었다.

게라도 보복을 해야 하는가 봅니다. 여러 지방에 전달된 북경[중앙]의 명령은 주민들을 진정시키는 것이 그 목적이었습니까? 아니면 한층 적대적인 성격을 지닌 것이었습니까? 신부님의 의견에 따르면 샤레이르(Chareyre) [신부의] 무기 가격에 추가 비용 2달러가 더해지겠습니다. 이 무기를 한 유럽인 상점에 판매를 위해 내놓기에 앞서, 우리의 친애하는 동료 신부의 답변을 기다릴 수 있겠습니다. 코르 신부가 권총을 무척 사고 싶어하니 말입니다.

우리 신학생 네 명의 도착 소식을 알려 주시어 감사합니다. 르모니에 신부님의 보살핌 덕분에 그들은 별 탈 없이 배에서 내렸습니다.

타엘[평량]의 환전에 관한 신부님의 고견을 뮈텔 신부에게 알렸더니, 조선에서 더 많은 은괴를 두는 것은 위험이 없지 않기 때문에 처음에 요청했던 은괴 20개에 만족하자고 편지를 보내왔습니다. (이달 12일의) 블랑 주교님의 편지에서 신부님이 관심을 가질 만한 내용을 발췌해 전합니다.

"우리 작은 나라 조선에 대해 신부님에게 전할 새로운 소식은 별로 없습니다. 중국에서 벌어지고 있는 심각한 사건들에 모든 사람의 눈이 집중되어 있습니다. 그 파장이 이곳에서 유리하게 또는 불리하게 느껴질 것입니다. 어쨌든 조선인들은 중국인들에게 반감이 있기 때문에 프랑스인들이 승리했다는 소식이 들릴 때마다 신자들만큼이나 외교인들도 기쁘게 반깁니다. 우리의 천상 스승께서 프랑스 군대를 끝까지 축복해 주시어 우리가 곧 그토록 바라는 종교의 자유를 얻게 되기를 빕니다.

중국 주재 [프랑스] 공사에게 보낸 나의 편지는 매우 호의적으로 받아들여졌고, 더할 나위 없이 훌륭한 답신이 상해를 통해 방금 내게 도착했습니다. 그 가운데 특별히 이러한 말이 눈에 들어옵니다. '어쨌거나 주교님은 우리가 조선과 협상을 할 그날, [가톨릭] 선교단의 관심사도 잊히지 않고 포함될 것임을 확신하셔도 됩니다.' 등등.

또한 조선 임금이 우리에게 뭔가 놀라운 선물을 준비하고 있다고 말합니다. 미국 공사의 말에 따르면 그 일이 여섯 달 안에 일어날 것이라고 하는데…. 여섯 달이라니 너무 깁니다. 그리고 페레트가 우유통을 쏟을 위험은 늘 있습니다."[108]

우리가 나눈 대화로 볼 때 하스 씨는 조선으로 되돌아오기를 어느 정도는 원했던 것 같습니다. 대략 한 달 뒤, 특히 종교적인 이유로 쓸모가 있을 때를 대비해서 말입니다. 그러나 그의 계획은 다른 이유들로 계속 갈피를 못 잡았습니다. 신부님이 어쩌면 그를 만났을지 모르겠습니다. 그가 포교지와 맺은 재무 관계에 관하여 우리 동료 신부님들이 제게 말한 내용은 없습니다.

우리 조선인들 가운데 한 사람이 사적인 일로 이탈리아 전함 '크리스토포르 콜롬보' 호의 사령관에게 편지를 써야 할 것 같습니다. 그 배가 어디에 있는지 아십니까?

우리 문서고를 열람하다가 리델 주교님의 여권을 발견했습니다. 외교 관계가 회복될 경우 규정에 따라 계속 그럴 필요가 있다면, 신부님이 이 서류를 공사관에 반환하셔도 됩니다.

그리스도 안에서
장 코스트

...
[108] 라퐁텐(Jean de La Fontaine, 1621~1695)의 우화 가운데 "우유 파는 여인과 우유통"의 경우를 들어 조약 체결의 기대가 언제든 물거품이 될 수 있음을 말하고 있다. 이 우화의 여주인공 페레트는 우유통을 머리에 이고 팔러 가는 길에 우유를 팔아 부자가 되는 상상을 한다. 그러다 그만 우유통을 떨어뜨리고 우유가 모두 쏟아지면서 그 꿈은 모두 물거품이 된다.

049 코스트 신부가 로마 대표부의 카즈나브 신부에게 보낸 1884년 11월 22일 자 편지

코스트 신부가 나가사키에서
로마 대표부의 카즈나브 신부[109]에게

1884년 11월 22일, 나가사키

친애하는 카즈나브 신부님께,

블랑 주교님이 이달[11월] 12일 자 편지에서 제게 하신 말씀은 이렇습니다.

"조만간 포교성성에 편지를 보내어 우리 인쇄 작업에 대해 전하기에 앞서 나는 먼저 새롭게 인쇄된 서적들의 제출은 우리 로마 대표부 대표에 맡기겠다는 것만 알려줄 것입니다. 신부님이 카즈나브 신부님에게 편지를 써서 우리가 어디쯤에 와 있는지 물어봐 주십시오. 리델 주교님이 요청받은 자료들을 제출하셨는지요? 아니면 안 하셨는지요?"

저는 블랑 주교님이 제게 맡기신 대로 오늘 신부님께 편지를 씁니다.

우리는 이미 여러 서적을 인쇄하였는데, 조선의 옛 선교사들이 이미 출간했던 책들의 개정판과 한문으로 간행된 책들의 역서 등입니다. 제가 암브루스

---

109 카즈나브(Pierre-Xavier Cazenave, 1834~1912) : 파리외방전교회 선교사. 1861년 홍콩 대표부 부대표를 지냈고, 이어서 싱가포르, 상해 대표부를 거쳐 1866년 파리 신학교 지도자로 발령받았다. 1883년 로마 총대표로 선출되어 29년 동안 로마 주재 총대표를 지내며 파리외방전교회 소속 순교자들의 시복 추진을 위한 청원인의 소임을 맡아왔다.

터 신부님이나 리델 주교님께 연이어 보낸 소포에는 "선집(Collectanea)"[110]에서 요구하는 조건을 충족하기 위해 매번 포교성성 앞으로 보낼 한 부를 더 넣었습니다. 다만 그즈음 리델 주교님이 병환 중이셔서 주교님이 로마에 그 부본들을 전달하거나 전달하게 하셨을지 모르겠습니다. 블랑 주교님은 신부님이 가능하시면 그 문제에 관해 알아보시기를 바라시는 것 같습니다. 조선어 제목을 알려 드리는 것이 신부님께 도움이 될지 몰라 알려 드리면 아래와 같습니다.

1. 『텬쥬셩교공과』, 기도서,

1881년 암브루스터 신부님께 보내드렸을 것 같습니다.

2. 『신명초행』, "영성 생활의 첫걸음"

3. 『령셰대의』, "세례에 대한 설명"

『셩찰긔략』, "양심 성찰"

『회죄직지』, "통회론"

위의 세 소책은 1권으로 묶여 있습니다.

주(註) : 2번과 3번의 책들은 이곳에서 1883년 3월 26일에 암브루스터 신부를 통해 리델 주교님 앞으로 보내 드린 바 있습니다.

4. 『셩교요리문답』, 교리서로, 1883년 11월 21일에 리델 주교님 앞으로 보냈습니다.

5. 『셩교감략』, 거룩한 교회의 약사로, 1884년 4월 28일 리델 주교님 앞으로 보냈습니다.

이에 더하여 오늘 저는 우편으로 성청이 요구하는 절차를 따라 달라는 부탁과 함께 다음과 같은 세 권의 소책을 신부님 앞으로 보내 드립니다.

『진교졀요』, "입교를 하기 위해 꼭 필요한 것"

---

[110] 포교성성에서 발행한 『포교성성 선집(Collectanea Sacrae Congregationis Fidei)』을 말하는 것 같다.

『텬당직로』, "하늘로 가는 참된 길"

『셩교백문답』, "성교에 관한 백 가지 질문과 답변"

[리델 주교님이 로마에 부본들을 전달했는지] 알아보시고 나서 혹시 위에 언급한 다른 책들을 다시 보내 드려야 한다면 언제든 말씀만 하십시오.

새 소식들과 관련하여 블랑 주교님의 편지 일부를 옮겨 신부님께 전하고자 합니다.

"우리 작은 나라 조선에 대해 신부님에게 전할 새로운 소식은 별로 없습니다. 중국에서 벌어지고 있는 심각한 사건들[111]에 모든 사람의 눈이 집중되어 있습니다. 그 파장이 이곳에서 유리하게 또는 불리하게 느껴질 것입니다. 어쨌든 조선인들은 중국인들에게 반감이 있기 때문에 프랑스인들이 승리했다는 소식이 들릴 때마다 신자들만큼이나 외교인들도 기쁘게 반깁니다. 우리의 천상 스승께서 프랑스 군대를 끝까지 축복해 주시어 우리가 곧 그토록 바라는 종교의 자유를 얻게 되기를 빕니다."[112]

1885년 새해에는 그렇게 되겠는지요? 어쨌거나 1885년이 친애하는 카즈나브 신부님께 천상의 축복이 가득한 한 해가 되기를 빕니다!

그러한 바람으로 주님 안에 애정 어린 헌신의 마음을 담아
장 코스트

---

111   1884년 8월부터 1885년 4월까지 베트남에 대한 종주권을 두고 청나라와 프랑스 사이에 일어난 청불전쟁을 말한다.

112   1884년 11월 12일 자 블랑 주교의 편지로, 앞서 코스트 신부가 마르티네 신부에게 보낸 편지(47번 편지)에서 동일하게 인용되고 있다.

050 코스트 신부가 상해 대표부의 마르티네 신부에게 보낸 1884년 12월 26일 자 편지

코스트 신부가 나가사키에서 상해 대표부의 마르티네 신부에게

1884년 12월 26일, 나가사키

친애하는 마르티네 신부님께,

최근 서울에서 일어난 소요[113]에 관해 신부님이 전해 주시는 온갖 상반된 소식들을 들어 보니 신부님도 저보다 더 알고 계신 게 없군요. 저는 조선에서 편지를 전혀 받지 못했습니다. 어쨌거나 우리 동료 신부들이 신분이 노출되지 않았으니 고통을 겪지 않았으리라 희망합니다. 더욱이 유럽인들은 피해를 입지 않은 것 같습니다. 뮈텔 신부는 교우들에게 성사를 베풀고자 지방에 내내 있었나 봅니다. 블랑 주교님만 수도에 계셨기에 제게 편지를 쓰기 전에 사태를 분명히 파악하고자 하셨을 겁니다.

신문에서 읽은 여러 이야기들을 종합해 보면, 중국인들이 조선에서 영향력이 차츰 줄어들고 유럽 열강에게 자리를 내주게 되자 이에 불만을 품었던 것으로 보입니다. 일본인들은 그러한 패권을 쥔 열강들의 선두자이며 개화파의 기수와 같기에 자연스럽게 중국인들의 부추김을 받은 반대파의 증오와 공격의 표적이 되었습니다. 중국은 시대에 조금은 뒤떨어진 낡은 [조선에 대한]

---

[113] 1884년 12월 4일에 일어난 갑신정변을 말한다.

종주권을 내세우며 제 껍질 속에 갇혀 있는 편이 나을 것입니다.

신부님이 블랑 주교님께 쓴 편지와 첨부 문서들을 저는 대단히 흥미롭게 읽었습니다. 하스 씨의 노력은 모든 찬사를 받아 마땅하다고 생각합니다. 그의 시각은 매우 높습니다. 그의 주장은 가톨릭을 믿는 [국가] 정부들에게 깊은 인상을 줄 만합니다. 고백하건대 하스 씨가 [조선으로 오기를] 권하는 오스트리아가 주도권을 잡고 선교사들이 종교적인 영향력을 확장하고 널리 문명화시키는 데에 필요한 [종교의] 자유를 얻게 해 준다 해도 저는 하나도 애석해하지 않을 것입니다. 프랑스가 뒤이어 들어와 필요한 경우 획득한 특권을 강화하고 확대해 나가고자 할 때 지장이 있지 않을 것입니다. 프랑스가 교회의 맏딸이며 포교지들의 수호자라는 칭호에 걸맞기 위해서는, 다른 국가들이 이러한 방향에서 시도하는 것을 질투의 눈으로 바라보아서는 안 됩니다. 나는 신부님과 마찬가지로, 프랑스 정부의 자존심을 건드리지 않는 것이 좋다고 생각합니다. 따라서 우리는 가능한 한 거리를 두면서 하스 씨가 시도하는 계획에 공식적으로 모습을 보이는 것은 피해야 합니다. 그리고 그러한 신중함이 슬기의 다스림을 받는다면, 곤란한 일에 연루되지 않으면서 신부님께서 용기의 말로 정신적인 도움을 줄 수 있다고 생각합니다. 그런데 블랑 주교님께서 이에 관해 신부님에게 견해를 표현하실 것입니다.

"선물을 준다 해도 그리스인들은 두렵습니다(Timeo Danaos, et donna ferentes)."[114] 신부님도 눈여겨보셨겠지만, 우리[프랑스의] 외교단은 종교의 자유를 주는 대신 프랑스어를 가르쳐야 한다고 우리에게 강요하면서 그 본심을 드러내고 있습니다. 프랑스의 숨은 의도를 도와 프랑스어를 가르치다니요…. 하스 씨의 제안이 제가 보기에는 훨씬 더 사심이 없어 보입니다. 어째서 우리

114　베르길리우스의 장편 서사시 『아이네이스』에 나오는 표현으로, 목마를 선물하여 트로이를 함락시킨 그리스인들을 두고 한 말이다. 여기서 "선물을 주는 그리스인들을 조심하라"라는 속담이 나왔다.

소명의 거룩함을 존중하지 않고 우리를 정치적·상업적 중개인으로 만들려고 하는 것일까요? 교육에서 적어도 우리에게 자유를 주고, 우리가 바라는 바를 표현하도록 해야 하지 않겠습니까? 물론 저의 애국심은 프랑스가 [조선에] 간섭하기를 바라지만, 너무도 많은 일에 참견하지 않을까 우려됩니다.

동료 신부님들이 영국 여객선을 통해 홍콩에서 [나가사키로] 바로 올 수밖에 없다면, 제가 마중을 나갈 수 있도록 미리 알려 주면 좋겠습니다. 르모니에 신부님이 그 생각을 하셨을지도 모르겠습니다.

신부님의 21일 자 소포를 방금 받았습니다. 신부님의 새해 인사에 깊이 감사드립니다. 저 또한 새해를 맞아 신부님에게 진심을 전하니 받아 주십시오.

저는 신부님이 중국 함대가 약진했다는 소식을 알려 주리라 기대했었습니다. 중국이 좀처럼 승리를 거두지 못하고 있군요!

콩로 신부가 그곳에 신부님과 계속 함께 있겠지요? 그에게 저의 새해 인사를 전해 주시기 바랍니다.

늘 그렇듯이 그리스도 안에서 헌신적이고 애정 가득한

장 코스트

051 코스트 신부가 홍콩 대표부의 르모니에 신부에게 보낸 1885년 5월 30일 자 편지

코스트 신부가 나가사키에서
홍콩 대표부의 르모니에 신부에게

1885년 5월 30일, 나가사키

친애하는 르모니에 신부님께,

신학생 최[태종] 루카가 무사히 여정을 마치고 목요일 저녁에 도착했습니다. 신부님의 5월 24일 자 편지와 신부님이 그에게 맡긴 소포도 잘 받았습니다. 상해를 통해 보낸 신부님의 18일 자 편지도 조금 전에 도착했습니다.

뮈텔 신부는 저희와 일주일을 보낸 뒤 오늘 저녁 요코하마행 배를 탑니다. 그의 원래 계획은 상해로 가거나 홍콩으로 바로 가는 것이었습니다. 그런데 뮈텔 신부가 파리로 가서 [극동 아시아의] 경리부장이 되었으니 일본 선교단과 더욱 폭넓게 알도록 일정을 바꾸게 했습니다. 그는 6월 14일 요코하마에서 프랑스 여객선을 탈 예정입니다. 그러니 그가 홍콩에 도착할 날을 대략 예상하실 수 있을 겁니다.

뮈텔 신부가 제게 신부님과 다른 동료 신부들에게 애정 어린 경의를 표한다고 전해 달라고 합니다. 그가 직접 신부님에게 흥미로울 수 있는 조선 소식들을 전할 것입니다.

파트리아 신부와 샤퓌 신부 등에게 저의 우정을 전해 주십시오.

우리 주님 안에서 애정과 헌신을 다하며

장 코스트

    중국과의 전쟁 때문에 상해의 샤레이르 신부가 받기로 한 무기(소총과 권총)를 상해로 들여오기가 어려웠습니다. [그래서] 마르티네 신부는 제게 그 무기들을 나가사키에 하선시켜 새 지시가 있을 때까지 보관해 달라고 부탁했었습니다. 그리고 최종적으로는 기회가 되면 홍콩으로 그것들을 보내 달라고 했고, 그래서 저는 뮈텔 신부에게 그 무기들을 맡겼으니 뮈텔 신부가 신부님에게 전달할 것입니다.

052 코스트 신부가 홍콩 대표부의 르모니에 신부에게 보낸 1885년 8월 10일 자 편지

코스트 신부가 나가사키에서
홍콩 대표부의 르모니에 신부에게

1885년 8월 10일, 나가사키

친애하는 르모니에 신부님께,

신부님이 6월 22일과 7월 22일 자로 보내 주신 두 통의 편지에 감사드립니다. 뮈텔 신부는 조선을 떠나면서 겪은 이별의 고통을 페낭을 지나면서 다시 겪게 되지 않을까 두려워했을 것입니다. 그럼에도 그는 자신의 회한과 우리의 아쉬움을 떠안고 서둘러 파리로 향했습니다.

신부님의 바람을 채워 드리고자 뮈텔 신부가 조선에서부터 지출한 여행 경비 내역을 알려 드립니다.

조선

서울에서. 인천을 거쳐 나가사키까지	$ 24
부대 비용	5.08
재출발 때	29.08
재출발	$ 29.08
나가사키에서 요코하마 경유까지	35
짐 선적 및 승선 비용	19.86
합계	83.94

어제 블랑 주교님의 편지를 받았습니다. 주교님은 쿠쟁 주교님의 성성식에 오기 위해 성모 승천 대축일 지난 뒤 곧바로 출발할 계획입니다. 따라서 이곳에는 보름 뒤에 오실 것입니다. 인천에서 출발할 미스비시(Missu Bishi)의 첫 배가 이달 23일에 도착하기로 예정되어 있기 때문입니다.

신부님도 아시겠지만, 쿠쟁 주교님의 지향에 따라 성성식은 오사카에서 거행될 것입니다. 아마도 9월 초가 될 것 같습니다. 오주프 주교님을 비롯한 여러 주교님들이 오시기를 기다리고 있습니다. 신부님도 이 잔치에 오시겠지요.

무한한 존경과 우정을 담아 신부님께 드립니다.

그리스도 안에서 헌신과 애정을 담아
장 코스트

053 코스트 신부가 홍콩 대표부의 르모니에 신부에게 보낸 1885년 10월 12일 자 편지

코스트 신부가 나가사키에서 홍콩 대표부의 르모니에 신부에게

1885년 10월 12일, 나가사키

친애하는 르모니에 신부님께,

이달 6일 저는 리데이에(Riddehier) 씨의 지시에 따라 신부님 앞으로 1,000달러짜리 일람불 어음에 서명했습니다. 신부님께서 전처럼 잘 지불해 주시기 바랍니다.

신부님의 9월 4일 자 편지에 감사드립니다.

신부님도 알고 계시겠지만, 쿠쟁 주교님의 성성식이 9월 21일 오사카에서 있었습니다. 주례는 오주프 주교님이 맡으셨고, 블랑 주교님과 에브라르 신부가 보좌하였습니다. 신부님이 이 축하 자리에 참석하지 못하셔서 아쉽습니다. 세 분의 주교님이 그곳에서 신부님을 만나셨다면 더없이 행복해하셨을 것입니다.

블랑 주교님은 오사카에서 돌아와 조선으로 가는 다음 배편에 승선할 생각을 하셨는데, 쿠쟁 주교님이 전보를 보내어 출발을 미뤄 달라고 부탁하셨습니다. 그 이유를 전하는 편지에서, 신임 [북경 주재] 프랑스 공사 코고르당(Cogordan)[115] 씨가 곧 도착할 예정이며 그가 중국과 조선과의 통상 조약의 협

---

115 코고르당(Georges Cogordan, 1849~1904) : 1885년 북경 주재 프랑스 공사로 발령받았고 이어 전권 대신으로 1886년 조선과 통상 조약 체결을 위해 협상하였다.

상을 맡고 있다고 알려주셨습니다. 공사님은 오늘 나가사키에 도착하는 승객 명단에 있습니다. 블랑 주교님은 그를 만날 생각을 하고 계시지만 그와의 면담 결과에 큰 신뢰를 두지 않습니다. 주교님은 이웃한 섬들로 나들이 여행 중이시고 아직 돌아오지 않으셨습니다. 상해행 여객선이 떠나기에 앞서 돌아오시리라 기대합니다.

    저희는 짐을 꾸리고 있습니다. 조선으로 가고자 이삿짐을 챙기고 있습니다. 사소한 문제가 일어나지 않는다면 저는 3주 뒤나 한 달 뒤에 배를 탈 것입니다. 저도 실망하는 데에 매우 익숙한 터라 기대를 반만 하고 있습니다. 모든 것을 하느님께 맡깁니다! 우리 소중한 포교지와 저를 위해 기도해 주십시오.

그리스도 안에서 헌신을 다하며

장 코스트

    파트리아 신부님과 동료 신부님들에게 저의 우정을 전합니다.

054 코스트 신부가 홍콩 대표부의 르모니에 신부에게 보낸 1885년 12월 15일 자 편지

코스트 신부가 홍콩 대표부의 르모니에 신부에게

1885년 12월 15일, 서울

친애하는 르모니에 신부님께,

신부님의 10월 29일 자 편지가 제가 지금 있는 서울로 왔습니다. 저는 11월 8일 모든 성인 대축일 팔부 축일에 이곳에 도착했습니다. 십 년의 배회 끝에 마침내 이곳, 이 소중한 조선에 제가 있습니다. 하느님 찬미 받으소서! 신부님, 보잘것없는 저의 봉사를 하느님께서 기꺼워해 주시고, 가능한 당신의 영광과 영혼들의 구원에 보탬이 되도록 해 주시기를 저와 함께 기도해 주십시오.

나가사키를 떠나기 전에 보낸 마지막 며칠을 정신없이 지내다 보니 신부님께 어음과 관련하여 알려 드릴 시간조차 없었습니다. 두 번째 어음, 6호를 리데이에 씨의 지시에 따라 11월 3일 신부님 앞으로 1,000달러짜리로 발행했습니다. 신부님께서 첫 번째 어음처럼 지불해 주시는 호의를 베풀어 주시리라 생각합니다. 조선에 은행이나 상사들이 세워져 나가사키만큼 수월하게 신부님과 연락을 취할 수 있기를 간절히 바랍니다. 그동안 상해의 마르티네 신부나 나가사키의 코르 신부가 신부님께서 우리에게 보내 주실 것들, 가령 편지나, 소포, 상자 등을 우리에게 전달해 줄 것입니다.

블랑 주교님은 일본에서 신부님을 만나지 못한 것을 아쉬워하셨습니다. 이제 주교님을 방문할 일이 생기시면 서울로 오시면 될 것입니다. 언제든 신부님을 환영한다는 말은 굳이 말씀드릴 필요도 없겠습니다. 과연 언제쯤 간절히 바라는 이 만남이 이루어질 수 있겠는지요? 분명 신부님은 지금 저희가 입고 있듯이 굳이 조선의 상복 차림으로 변장을 하시거나, 지금은 탁월한 여권 역할을 하는 유럽인 평복 차림으로 오기를 바라지 않으실 겁니다. 마침내 우리에게 [종교의] 자유의 시간이 내년 봄에는 오게 될까요? 중국의 신임 프랑스 공사 코고르당 씨의 말에 근거하여 저희에게 약간의 희망이 생겼습니다. 그가 나가사키에 들렀을 때 블랑 주교님이 그를 만나고자 배에 올랐고, 이후 주교님은 코고르당 씨의 권유에 따라 편지를 써서 조선과 체결하고자 하는 조약에 관해 어떠한 생각이신지를 그에게 전했습니다. 그의 답신을 주교님은 아직 받지 못하셨습니다. 그래도 공사님은 호의적인 태도로 활기도 있어 보였습니다. 더욱이 디용(Dillon) 씨가 총영사로 임명받았습니다. 조선과의 관계를 감안하여 그에게 그러한 직함을 부여한 것입니다. 모든 일을 하느님께 맡깁니다!

블랑 주교님은 수도와 인근 교외 지역에 순회 사목 방문 중이시고, 아마도 2~3주 뒤에 돌아오실 것입니다. 그동안 저는 집을 지키며 저희 인쇄소가 재설치될 때까지 주교님과 함께 주교관에 머물게 될 것입니다. 다른 동료 신부들도 마찬가지로 사도 여행 중입니다. 그들은 전통이 된 신중함 덕분에 익숙해진 고요를 즐기는 듯합니다. 이곳에서 몇십 리 떨어진 곳에 마라발 신부의 지도 아래 신학교가 모습을 갖춰 가고 있습니다.[116] 그곳 신학생들 가운데 신부

---

116 1885년 10월 경기도 여주시 강천면 부평리 부엉골에 세운 예수 성심 신학교(일명 부엉골 신학교)이다. 부엉골은 박해시대 지형적으로 알맞은 위치(한강이 고리 모양으로 흐르는 가운데 작은 섬처럼 자리해 은신처로 좋았고, 세 개의 도[경기, 강원, 충북]가 만나는 접점이라 한 지방에서 박해가 일어날 경우 다른 곳으로 피신하기 좋은 곳)에 있었다. 이곳 부엉골에 처음 부임한 선교사는 로베르 신부로, 1878년에 이곳에 자리를 잡았고 1882년 블랑 주교의 지시에 따라 공소를 설정하고 한문 교사와 사제관 겸 성당으로 사용될 오두막 두 채를 지었다. 1884년 페낭 신학교로 보낸 신학생들이 기후와 풍토에 적응하지 못하고 일부가 귀국한 상태였고, 마라발 신부가 1885년 5월에 조선에 입국하자 블랑 주교는 마라발 신부를 교장으로 임명하고 그해 10월 서둘러 개교하였다. 그러나 시설이 열악한 데다 콜레라로 교사와 학생이 사망하였고, 1886년 한불조약의 체결로 선교 활동이 자유로워지면서 2년 뒤인 1887년 용산으로 이전하게 된다.

님이 만나셨던 병환으로 귀국한 학생들도 있는데, 지금은 회복되었습니다.[117]

1886년을 맞아 새해 인사를 드립니다. 신부님 주변에 있는 동료 신부님들, 곧 [홍콩] 대표부와 나자렛 요양소에 있는 동료 신부들에게도 저의 새해 인사를 전해 주셨으면 합니다. 저는 파트리아 신부님께 편지를 쓰고 싶지만 그분의 답신을 받으리라는 확신이 없습니다. 제발이지 파트리아 신부님께 말씀해 주십시오. 제게 많은 [답신의] 빚을 지고 있고 악의보다 더한 감정을 그분에게 품고 있다고 전해 주십시오.

기도와 미사성제 안에서 하나 되어,
그리스도 안에서 헌신과 애정을 담아
장 코스트

1885년 12월 16일 자 추신 :

블랑 주교님이 한 공소(교우들의 모임)에서 다른 공소로 가시다가 잠시 들르셨습니다. 점심을 드시고 담배를 피우는 짧은 시간이었습니다. 주교님도 신부님께 안부를 전하시며, 며칠 전부터 주교님이 고려해 오신 사안에 관하여 신부님과 상의해 보라고 제게 맡기셨습니다. 리델 주교님이 생존해 계신 동안[118]에는 관례에 따르는 것에 만족하셨으나 이제는 가까운 장래에 필요할지 모를 재원 마련을 할 때라고 보십니다. 뮈텔 신부가 홍콩에 들렀을 때 신부님께 그에 관해 말씀을 조금이라도 드렸을지 모르겠습니다. 바로 저희 포교지

---

117 페낭 신학교로 유학한 신학생들 가운데 병환으로 귀국한 신학생은 1885년 당시 4명(전 안드레아, 이내수, 한기근, 최태종)이었고 이들을 포함해 총 7명의 신학생이 마라발 신부의 지도를 받았다.

118 리델 주교는 1884년 6월 20일 선종하였다.

가 대표부에 소유하고 있는 4만여 피아스터[119]($40,000)를 예치해 이자를 얻는 것에 관한 것입니다. 더욱 안전하게 보관하고자 그 돈을 나누어 은행 두 곳에, 절반($20,000)은 홍콩에, 절반($20,000)은 상해에 예치하고자 합니다. 이는 당좌 예금으로 동일한 이익을 얻는 방법이 없다면 연 고정 기탁이 될 것입니다. 아울러 신부님이 대표부를 위하여 늘 그러시지만 최선을 다해 최선으로 운용하실 수 있도록 신부님께 그 권한을 맡겨드립니다.

    이러한 제안을 신부님께서 불편해하지 않으시리라 생각합니다. 그리고 블랑 주교님을 대리하여 이 새로운 도움을 주심에 저희의 진심을 담은 감사의 뜻을 전합니다.

그리스도 안에서 헌신을 다하며

장 코스트

---

[119] 피아스터(piastre)는 1885년에서 1952년 사이 프랑스령 인도차이나에서 통용된 화폐 단위로, 인도차이나 피아스터라고 불린다.

055 코스트 신부가 상해 대표부의 마르티네 신부에게 보낸 1886년 1월 18일 자 편지

코스트 신부가 상해 대표부의 마르티네 신부에게

1886년 1월 18일, 서울

친애하는 마르티네 신부님께,

신부님의 1월 3일 자 편지 소포와 신문들이 어제 돔케 씨를 통해 잘 도착하였습니다. 우리가 지난번 만난 적이 있는 이 양반은 매우 호의적입니다. 그러니 이제 우리 관계도 묄렌도르프 씨의 시절처럼 좋은 상황에 바탕을 두고 세워졌다고 봅니다. 하느님 감사합니다! 우리와 이웃해 있는 독일 영사 부들러 씨는 우리 친구이기도 합니다. 지난번에는 블랑 주교님과 저를 저녁 식사에 초대했습니다. 그때 돔케 씨도 알게 되었습니다.

신부님이 앞서 보내 주신 편지가 들어 있던 첫 소포와 신문 꾸러미를 라포르트 씨에게 전달하셨다는 말씀이시지요. 우리는 분명 신부님에게서 온 신문들의 일부는 보긴 했습니다만, 신부님이 손수 쓰신 편지는 주교님에게나 저에게 전달되지 않았습니다. 우리는 코르 신부를 통해 신부님이 보냈다고 생각한 편지들만 받았습니다. 라포르트 씨가 아직 그 편지들을 가지고 있을까요? 그가 우리에게 새해 선물로 가져다주고자 그 편지들을 간직하고 있는 것은 아닐까요?

12월 6일과 9일에 쓴 저의 편지 두 통을 신부님에게 전한 여객선이 20일 자 세 번째 편지를 싣고 갔으리라 봅니다. 그 편지를 강 요한에게 맡겼는데, 그는 신부님도 아는 조선인입니다. 이미 그를 만나 보셨으리라 생각합니다. 그가 상해로 떠났고 신부님네[상해 대표부]에서 200달러를 받아야 하기 때문입니다. 이 최근[12월 20일 자] 편지에서 저는 제물포의 연락원에 관하여 몇 가지 우려를 표했습니다. 그는 중앙 정부의 지시로 한 차례 풀려났다가 곧 다시 추적을 받았다고 합니다. 다행히 이 사건이 난감한 여파를 초래하지 않았고 우리 연락원은 자유의 몸입니다. 앞으로 그를 괴롭히지 않겠다는 확답도 받았습니다.

쿠퍼 씨는 신부님이 조선어 문법서와 자전을 그에게 20권씩 부칠 거라는 통지를 받았습니다. 저는 그에게 그 가격들을 알려 주었습니다.

『일본의 메아리』의 편집장 살라벨(Salabelle) 씨가 상해로 사무실을 이전한다는 소식을 미동(Midon) 신부가 제게 알려 주었습니다. 그 사람의 주소를 모르기에 그에게 보내는 편지를 여기에 동봉해 보내오니 신부님에게 맡깁니다. [이 편지에서] 우리와 치러야 할 계산과 관련하여, 그가 예전에 미동 신부와 그랬던 것처럼 신부님과 정산하라고 말했습니다. 그러므로 앞으로 신부님이 판매 금액을 받게 될 것이고, 관련 서류들을 저희에게 전달해 주시면 됩니다. 이 새로운 봉사에 미리 감사의 말씀을 드립니다.

프랑스[정부]가 겨울 동안 조선에 개입하는 것이 거의 불가능해 보였습니다. 여러 해 동안 간절히 바라온 종교의 자유가 마침내 꽃피우는 것을 보리라는 희망을 품고 우리는 봄에 프랑스가 오기를 고대합니다. 그러나 우리 계획에 지장을 줄지 모르는 정치적 문제들이 [일어나지 않을까] 걱정이 됩니다. 우리는 낙심하는 데에 익숙합니다. 하느님 섭리의 보호 아래 계속 나아갑시다. 선하신 하느님의 뜻대로 이루어질 것입니다.

저희보다 더 불행한 이들이 있다는 것을 코친차이나의 가엾은 포교지들이 보여 주고 있습니다. 쓴 잔을 다 마셨다고 생각했는데 계속 시련을 겪고 있으니 말입니다.

신부님이 조선으로 휴식차 오실 수 없는 이유가 재정 문제 때문만은 아닙니다. 그러나 차츰 상황이 바뀔 수도 있으니 언젠가 이곳에서 신부님을 만나는 날이 오리라는 희망을 저는 버리지 않고 있습니다.

그날을 고대하며, 기도와 미사성제 안에서 하나 되어.

그리스도 안에서 헌신과 애정을 다하며
장 코스트

프와넬 신부는 성무 활동 중이라 아직 돌아오지 않았습니다.

기회가 되시면 이 편지지를 세 번 접을 수 있는 규격의 긴 봉투 200~300장을 보내 주시면 감사하겠습니다.

모든 것을 살펴본 끝에 우리는 지난번 여객선이 신부님이 우리에게 부치신 소포 꾸러미 두 개를 싣고 왔음을 확인하게 되었습니다. 그 꾸러미 가운데 하나에 신부님이 [블랑] 주교님 앞으로 쓰신 12월 7일 자 편지가 담겨 있었는데, 아마도 라포르트 씨에게 신부님이 건네신 것 같습니다. 따라서 이 문제에 관해 전혀 걱정하지 마십시오. 지금부터는 제가 12월 20일 자 편지에서 말씀드린 약속 어음들이 모든 의문을 떨쳐내는 데 도움이 될 것입니다.

1월 19일 - 이번에는 라포르트 소포와 신문들을 받았습니다. 이 모든 것을 라포르트 씨가 직접 알려 주었습니다. 신부님의 12월 26일 자 짧은 편지와 새해 인사, 그리고 아름다운 사진에 감사드립니다. 그 사진을 보니 추억들이 떠오르고 아름다운 모습이 눈에 선합니다.

056 코스트 신부가 홍콩 대표부의 르모니에 신부에게 보낸 1886년 4월 2일 자 편지

코스트 신부가 홍콩 대표부의 르모니에 신부에게

1886년 4월 2일, 서울

친애하는 르모니에 신부님께,

신부님의 1월 21일 자 편지에서 저희 포교지 돈을 일본에 기탁하도록 권하시며 신부님이 덧붙이신 아래의 말씀이 제 눈에 들어왔습니다.

"그곳에 기탁한다고 더 많은 위험을 감수해야 하는 것도 아니고, [이를 통해 조선] 포교지는 이자 혜택을 보게 될 것이며, [파리외방전교회의 공동 기금 안에 남은 기금의 경우 제가 포교지에 이자를 지불할 권한은 없으며, 재정적 불행 [사고]의 경우에는 전교회가 포교지의 [그 기금에 대한 재정] 보증을 섭니다."

이를 통해 제가 내린 결론은, 전교회가 포교지에 보증을 서지 않을 경우 신부님이 전권 위임을 갖게 되리라는 것입니다. 그런데 신부님이 블랑 주교님과 제게 보내 주신 지난 편지들을 보면 의심의 여지가 없습니다. 신부님의 책임이 불명확한 경우에도 형식적 책임을 면하실 수는 없습니다. 따라서 그러한 말씀은 좋은 변명이 되지 않습니다. 홍콩이든 상해든 그곳에 경리 담당들을 두고 있으므로 그곳에 돈을 기탁하는 것은 금지되어 있다는 결론이 됩니다. 전교회가 개인을 위해서는 신부님에게 이자 징수를 허용하면서, 지난 20년 동안 전교회의 예비 기금이 늘어나는 데 보탬이 된 한 포교지를 위해 신부님이 그렇게 하는 것을 금지한다는 말씀이 됩니다. 이러한 기현상이 생겨날 수밖에 없는 이유들을 알다가도 모르겠지만 저희는 매우 분명한 근거가 있다고 생각해야 하겠고, 불가피함을 있는 그대로 받아들어야 하겠습니다. 저희는 일본에 있는 벗들에게 방향을 돌려 또 다른 문을 두드릴 도리밖에 없겠습니다. 오주프 주교님에게 그분의 경리 담당자를 통해서 저희를 위해 요코하마에 5만 피아스터(50,000달러)를 기탁해 주기를 바란다는 편지를 쓰겠습니다.

이렇게 하여 저희의 요청이 받아들여진다면, 그 가치의 어음을 신부님이 받게 되시더라도 놀라지 마시기 바랍니다. 지금부터는 그렇게 받으실 권한이 신부님께 있다고 생각하셨으면 합니다. 위에서 말씀드린 설명에 [납득하기] 힘든 내용이 있더라도 제가 신부님의 민감한 입장을 고려하고 있고 저희를 향한 신부님의 호의를 모르지 않음을 알아 주셨으면 합니다. 특별히 신부님이 제게 표해 주시고자 하신 [배려의] 마음에 감사드립니다.

과거에도 그랬지만 지금도 언제나 진심으로
신부님의 헌신적이고 애정 가득한 동료
장 코스트

5만 피아스터가 홍콩 총대표부에서 (일본) 요코하마 은행들로 이체되는 것을 확인하고 승인함.

+ J. G. 블랑
안티곤느의 [명의] 주교
조선대목구장

057 일본 교구의 경리 담당인 페티에 신부가 코스트 신부에게 보낸 1886년 4월 21일 자 편지

일본 교구의 경리 담당인 페티에 신부[120]가 코스트 신부에게

1886년 4월 21일, 요코하마

친애하는 오랜 벗 코스트 신부님께,

신부님을 우리 곁에 둘 시간이 다시는 오지 않겠지만 이따금 작은 도움을 드릴 수 있다면 그에 대한 어느 정도의 보상이 될 것입니다. 따라서 신부님이 맡기신 돈을 우리는 최선을 다해, 우리가 표시할 수 있는 존경의 마음을 담아 관리하리라 기대하셔도 됩니다. 바로 이러한 이유에서, 때가 결코 좋지 않기 때문에 신부님이 말씀하신 금액($50,000)을 르모니에 신부님 앞으로 어음을 발행해야 한다고 생각하지 않았습니다. 현재 1% 절하되어 홍콩에서 이곳으로 돈을 옮기는 것만으로도 순 손실액이 500달러입니다. 조금 더 기다려 보는 것이 낫다는 생각이지만 이와 관련하여 신부님이 제게 지시를 내려 주시는 대로 기꺼이 따를 것입니다.

가장 간단한 방법은 신부님이 르모니에 신부님에게 편지를 써서 이 기금을 보낼 가장 좋은 때를 선택하시도록 하는 것이 될 것입니다. 저는 한 번에 같은 은행을 통해 송금을 하지 않았으면 합니다.

---

120   페티에(Alfred Pettier, 1843~1930) : 파리외방전교회 소속 일본 파견 선교사. 1868년 북일본 선교지로 발령을 받고 요코하마에 도착한 이후 일본에 천주교 금지령이 풀리지 않아 조계지에 거주하는 유럽인들과 선원들의 사목을 담당했다. 1886년 당시에는 요코하마에서 본당을 맡으며 일본 포교지 경리 담당을 맡고 있었다.

친애하는 신부님, 블랑 주교님께 저의 깊은 존경의 마음을 전해 주시고, 제가 우리 주님 안에서 애정 가득한 헌신을 다하고 있음을 믿어 주셨으면 합니다.

알프레드 페티에
교황 파견 선교사, 경리 담당

058 코스트 신부가 성영회 총장에게 보낸 1885~86년도 조선 성영회 현황 보고서
(1886년 9월 23일 작성)

조선 성영회[121] 현황 보고서

1886년 9월 23일
성영회 사업, 조선 포교지

1885년 6월 1일부터 1886년 3월 31일까지 사업 현황

1886년 9월 23일, 서울

세례 받은 아이들 수		1,918명
위탁 보육 중인 아이들 수		302명
고아원 수		2곳
고아원 원아 수	남아	52명
	여아	28명
	총	80명
학교 수		2곳
학교 학생 수	남학생	37명
포교지가 맡은 아이들 총수		382명

---

121 성영회(聖嬰會, Association de la Sainte-Enfance) : 1843년 당시 교구의 포르뱅 장송(Forbin-Janson) 주교가 창설한 고아 구호 단체로, 특별히 파리외방전교회의 많은 사업에 재정적 도움을 주었다. 1852년에 들어온 메스트르 신부에 의해 1854년 한국에 처음 도입된 이래 베르뇌 주교는 성영회 사업을 더욱 체계화시켰으나 병인박해로 중단되었다. 1880년 블랑 주교에 의해 재개되면서 고아 위탁 사업을 통해 신자 가정에서 양육하도록 했다. 1885년 고아원을 설립하였고 1888년 샬트르 성 바오로 수녀회 수녀들이 입국하여 고아원 운영을 맡게 된다.

La Sainte Enfance en Corée, 1886
1885-1886 SÉMINAIRE (Les PP. Coste et Robert.)
du
MISSIONS ÉTRANGÈRES
128, Rue du Bac
PARIS

Œuvre de la Sainte-Enfance –
Mission de Corée –

23 Septembre 1886.

État de l'œuvre depuis le 1er Juin 1885 jusqu'au 31 Mai 1886.

Nombre des enfants baptisés	1918
Nombre des enfants en nourrice	302
Nombre d'orphelinats	2
Enfants dans les orphelinats — Garçons	52
Filles	28
Total	80
Nombre d'écoles	2
Enfants dans les écoles — garçons	37
Nombre total des enfants entièrement à la charge de la Mission	382

Dépenses

Pour les baptêmes d'enfants	475,40
Pour les enfants en nourrice	5.848,80
Pour les enfants dans les orphelinats	3.470,45
Pour les enfants dans les écoles	720,
Pour les fermes — achats de rizières	405,37
Total des Dépenses	10.919,02

Balance
Recettes –

Reliquat de l'exercice précédent	131,78
Allocation de l'année 1885	5.000,
Total des Recettes	5.131,78

코스트 신부가 1886년 9월 23일 성영회 총장에게 보낸 1885~1886년도 조선 성영회 현황 보고서.

지출

유아 세례 ······················· 475,40d
위탁 보육 아이들 ··················· 5,848,80
고아원 원아들 ···················· 3,470,45
학교 학생들 ······················ 720
농지, 논 구입 ···················· 400,37
지출 총액 ······················ 10,915d,02

결산

수입

전 회계 연도 잔액 ················· 131,78
1855년도 보조금 ··················· 5,000
수입 총액 ······················ 5,131d,78

지출

지출 ························· 10,915d,02
결손 ························· 5,783d,24

소견

위의 결산을 통해 드러난 결손 금액과 현황표의 수치들을 작년과 비교해 보면 1885~1886 회계 연도 동안 조선 성영회가 거둔 성과를 잘 알 수 있습니다.

포교지가 처한 불안정한 상태와 박해 정부의 의심을 일깨울지도 모른다는 우려, 선교사들이 알려지지 않은 상태로 지내야 하고 심지어 신자들을 통해 행하는 자선 사업조차 숨기기 위해서 각별한 신중을 기해야 하는 처신, 선교사들의 손과 발을 묶는 온갖 원인으로 성영회 사업이 사그라질 수 있는 상황에서 그러한 도약을 할 수 있었기에 이를 확인한 우리는 기쁩니다.

우리가 아직은 [종교의] 자유를 만끽하고 있지 않은 것이 사실입니다. 조정과 교류를 맺고자 파견된 프랑스 공사 코고르당 씨는 우리에게 매우 호의적이었습니다. 그러나 중국의 부추김으로 조선의 외부(外部)가 모든 양도에 반대하였고, 내년 봄에 비준하기로 된 한불조약에는 종교 조항이 전혀 명기되어 있지 않습니다. 어쨌거나 이 나라는 조금씩 국제 관계에 익숙해져 가고 있고, 임금도 개인적으로는 우리에게 적대적이지 않으며, 치안 당국도 우리의 존재가 알려져 있음에도 우리를 괴롭히지 않습니다. 따라서 우리가 앞으로 더 많은 관용[자유]을 누리기만 한다면 성영회 사업이 점진적으로 확장되리라 기대해도 될 것입니다.

작년에 우리 계획에 있었던 진료소 설립을 위해 교섭을 했으나 이를 약속했던 고아원 한 곳의 의사가 안타깝게 사망하면서 이 계획의 실행을 연기할 수밖에 없었습니다. [인력] 구성의 어려움만 없었어도 이미 일이 이루어졌을 것입니다. 우리는 조금씩 목표를 이루어 가기를 희망합니다.

수입을 확보하고 그만큼의 부담을 덜어내고자 논 매입을 생각했습니다. 우리는 논 몇 헥타르[수천 평]를 환매권부 계약으로 구입할 수 있었습니다. 이 논들에서 머지않아 첫 수확이 나올 것입니다. 우리가 기대하는 바대로 [수입 확보를 위한] 기초 공사가 잘 이루어지면, 안정적인 토대 위에 새 [농지] 구입을 위한 유리한 상황을 맞게 될 것입니다.

영예롭게 우리가 특기해 드리는 진전을 계속할 수 있도록 성영회 중앙회가 우리를 돕고자 한다는 것을 믿어 의심치 않습니다. 그러나 지난해 보조금 5,000프랑은 발전을 위해서는 물론이고 이미 시작된 사업을 유지하기에도 절대적으로 부족한 액수입니다.

원조가 늘어나리라는 희망 속에서, 또한 프로테스탄트들이 자신들의 학교와 보호 시설 등으로 아이들을 낚아채 가고 있는 심각한 영향에 맞서기 위해 우리는 새로운 지출 앞에서 뒤로 물러서지 않았고, 상당한 손실 앞에서도 그러했습니다. 재원이 부족하여 성영회라고 불리는 참으로 아름답고 유익한 자선 사업 계획을 축소할 수밖에 없다면 우리는 참으로 고통스러울 것입니다.

1886년 9월 23일, 서울
장 코스트
부주교[직무 대행]. 교황 파견 선교사

성영회 총장 신부에게 보내는 편지
1886년 9월 23일, 서울

총장 신부님께,

푸게레(Fougerais) 주교님으로 보면 성영회의 손실은 분명 피부에 와닿습니다. 그러나 모든 일을 두루 살피시는 하느님께서는 각별한 애정을 두시는 사업에 특별한 관심을 갖으십니다. 자기 열정의 희생물이 되어 돌아가신 분에게 상급을 주시면서 그의 마땅한 후임을, 그분의 자질과 덕성의 상속자를 택하시는 일을 하느님께서 잊지 않으실 것입니다.

총장 신부님, 기꺼이 저희도 기도 안에 신부님과 함께하며 우리 시대에 꽃피운 가장 아름다운 사업 가운데 하나를 영예롭게 짊어지시도록 신부님을 돕겠습니다. 블랑 주교님은 보잘것없는 중개자인 제게 신부님께 애정의 마음을 — 이는 저의 마음이기도 합니다 — 표하라 전하시면서, 함께 동봉해 드리는 조선 성영회 사업 표를 보내라고 하셨습니다. '소견'란에 성영회 사업의 현황과 장래의 관점에서 신부님께서 관심을 가질 만한 주요 자료를 담고자 노력했습니다. 이 정보를 보완하고자 로베르 신부의 연말 보고서 사본도 함께 보내 드립니다. 로베르 신부가 전하는 일화를 통해 더욱 자세한 내용을 확인하실 수 있을 것입니다. 전체 표에는 그것을 넣을 자리가 없었습니다. 신부님께서 로베르 신부의 이야기를 통해 하느님의 섭리하심에 감탄하시고 지방에서 성영회의 상황이 어떠한지 아실 수 있으리라 확신합니다.

이곳 수도[서울]에 고아원이 두 곳 있습니다. 서울은 나라의 개방 때부터 조선과 조약을 체결한 열강들이 연이어 세운 공사관이나 영사관들의 소재지입니다. 프로테스탄트 목사들은 지방에는 전혀 얼씬도 하지 않고, 심부름꾼들을 통해 성경 몇 권을 배포하는 것에 그치고 있습니다. 그러나 그들이 그들 나라의 보호를 받으며 오리라는 것은 예상했어야 했습니다. 영국 공사관은 아직 그들을 인정하려고 하지 않았습니다. 미국 영사관은 그들을 자기 보호 아래 두었습니다. 예닐곱 명의 미국인 목사들이 그들 수만큼의 부인들, 곧 그들의 아내나 여집사들을 대동하고 수도 성곽 안에 자리를 잡았고, 학교들을 짓고 대낮에 활보하고 다니며, 관리들과 친하게 지내고, 심지어 조정의 지원도 얻어 내어 교수나 다른 여러 직함으로 보조금을 받습니다. 이들은 특히 유복한 계층에 관심을 둡니다. 재산이 없는 이들과 특히 버려진 아이들은 가톨릭의 몫입니다. 우리는 우리에게 주어진 이 몫을 거절하지 않도록 해야 합니다. 이는 선하신 하느님의 몫이기 때문입니다.

더욱이 애덕의 본보기는 가난한 비신자들의 눈을 뜨게 하고 그들의 편견을 없애며, 그들이 모르는 형태로 헌신을 가르치고 실천하게 하는 종교로 향하도록 하느님께서 사용하시는 최선의 방법입니다. 그런데 피부로 와닿도록 헌신이 행해지는 곳은 바로, 자기 비움과 무사무욕으로 그 어떠한 반감도 받지 않는 기관이 아닌지요? 우리 고아원이 우리의 가장 소중한 사업들 가운데 손꼽힌다고 단언할 수 있고, 전교회의 누이이며 협조자인 성영회가 우리가 시작한 사업을 발전하는 수단들을 제공하면서 이교의 점령에 맞서 싸울 수 있게 해 주기를 바랍니다.

총장 신부님, 신부님의 기도를 통한 호의와 협력을 우리에게 주시기를 바라며, 성영회 지도 신부님들에게 경의를 표하며 깊은 존경의 마음을 전합니다.

신부님의 매우 보잘것없고 헌신적인 종
장 코스트
부주교[직무 대행]. 교황 파견 선교사

성영회의 신심 깊은 회원들의 바람에 응답하여 블랑 주교님은 전교회 연보에 흥미로운 기사들, 예를 들어 로베르 신부의 연말 보고서를 실어 주시면 감사하겠다는 뜻을 신부님께 전하십시오.

조선 파견 선교사 로베르 신부의 1885~1886년 연말 보고서(발췌)

작년에 [경상도에] 자리를 잡은 성영회 사업이 열매를 맺기 시작했습니다. 외교인 아이들 950명 이상이 임종 대세의 물속에서 새로이 태어났습니다. 이 아이들 가운데 750명은 이미 영원한 복락을 누리러 떠났습니다. 그리고 남은 200명 가운데 100명 이상의 아이들은 성영회 사업의 비용으로 거두어져 양육되고 있습니다. 재원이 부족하여 더 많은 아이들을 키우는 것은 불가능하지만, 나라를 휩쓴 기근 때문에 거리에 버려진 아이들이 너무도 많습니다. 더 많은 아이들을 거둘 수 있는 때가 오기를 기다리며 저는 세례를 주는 교우들에게 죽을 위험에 있는 이들에게 약식 세례를 주는 것에 만족하라고 지시했습니다. 이들은 대단한 열의와 열정으로 대세를 주고 있습니다.

처음에는 외교인들 사이에 천주교인들이 버려진 어린아이들을 찾아다니며 아이들을 살해하고 만병통치약에 삼으려고 심장을 빼간다는 소문이 퍼졌습니다. 그러나 차츰 이 중상모략은 사라지고 진실이 자리를 잡았습니다. 지금은 성영회 사업을 모든 외교인들이 알고 있고 이 사업에 감탄과 놀라움으로 가득 차 바라봅니다.

많은 일화들 가운데 하나를 들려 드리고자 합니다. 한 외교인 여인에 관한 이야기입니다. 지난 12월에 남편이 두 어린 자식만 남기고 세상을 떠났습니다. 하나는 아직 젖을 떼지도 못한 아기이고 두 아이를 모두 키우는 것이 어렵게 되자 그 여인은 아이 하나를 물에 던질 계획도 품었습니다. 이것은 그 여인이 직접 이야기한 것입니다. 얼마 뒤에 천주교인들이 버려진 아이들을 거두어 정성껏 키운다는 것을 알게 되었습니다. 곧장 그 여인은 이를 운명으로 받아들였고, 그날 저녁 어린 젖먹이를 강보에 씌워 길가에 놓고 겨우 세 살 된 큰아이를 맹렬히 울어대는 젖먹이 옆에 앉게 했습니다. 그런 다음 자신은 조금 떨어진 길모퉁이에 웅크리고 앉아 두 아이가 어떻게 되나 지켜보았습니다. 한 시간이 지나기도 전에 가엾은 두 아이는 추위에 얼어붙어 울 힘도 없었습니다. 외교인들이 그 옆을 지나다녔지만 아무도 아이들에게 눈길도 주지 않았습니다. 이러한 광경은 기근이 있는 해에는 도시와 인근 지역에서 수없이 벌어지고 있기 때문입니다. 그러다 마침내 한 낯선 남자가 지나치다가 가던 길을 멈추고 반쯤 죽어가는 어린아이들에게 다가가 아직 숨이 붙어 있나 살피더니 젖먹이를 품에 안고 거기서 얼마 떨어지지 않은 작은 오두막으로 데려가 몸을 따스하게 덮였습니다. 이어 잠시 뒤 한 여인이 두 번째 아이를 안고 같은 집으로 데려갔습니다. 두 아이의 엄마는 멀리서 그들을 따라갔고 무슨 일이 일어나는지 보았습니다. 날마다 그녀는 자기 아이들이 있는 오두막 문 앞에 와서 구걸을 했는데 교우들은 그 여자가 누구인지 몰랐습니다. 그녀는 날마다 아이들이 잘 보살핌을 받고 좋은 옷을 입고 비할 바 없이 기쁘게 지내는 것을 보았고, 밥을 조금 얻은 뒤 물러가 다음 날 다시 오곤 했습니다. 여러 날 동안 계속 그렇게 했습니다. 한 달이 지난 뒤 그녀는 평소보다 조금 늦게 왔는데, 두 아이 가운데 큰애만 보이자 놀라서 자신이 여러 번 보았던 작은애는 어떻게 되었느냐고 솔직하게 물었습니다. 지난밤에 이질로 숨을 거두어 그날 저녁 장례를 치러줄 것이라고 답해 주자 더는 듣지도 못한 채 등을 돌려 큰 눈물을 떨구며 저녁에 다시 와서 그 아이의 장례에 참석하리라 다짐했습니다. 실제로 그날 밤이 되자 그 여인은 옆길 모퉁이에 웅크리고 앉아 있었고, 조촐한 장례 행렬이 시작되자 뒤를 따르며 모든 예식에 참례하고, 그토록 사랑한 자신의 아이가 묻힌 구멍에 흙이 다 채워질 때까지 자리를 떠나지 않았습니다. 이튿날부터 그 여인은 다시 큰애가 있는 집에 왔고, 왠지 모를 감미로운 기쁨이 섞인 고통을 더는 참지 못하고 성영회에 맡겨진 자기 아들을 키우고 양육하는 과부에게 마음을 쏟아 놓으며 불행한 자신의 이야기를 모두 털어놓고, 앞서 제가 말씀드린 버려진 두 아이를 거두는 자선을 베풀어 준 천주교인을 어떻게 계속 따라다니며 지켜보았는지, 날마다 그 집을 찾아왔고, 장례식에 참석했던 일 등등을 이야기하며, 그토록 아름다운 일들을 행하는 종교를 실천하는 길을 자신에게도 가르쳐 달라고 청했습니다. 가난한 과부 교우는 탄복하며 그러한 이야기를 듣고 난 뒤 그 불운한 여인에게서 하느님께서 특별히 섭리하신 계획을 보았다고 믿고서 서둘러 그에게 직접 교리를 가르쳤습니다. 지난 2월 그 교우는 세례 준비를 완벽하게 마친 그 여인을 제게 데리고 왔는데, 그녀는 지난날 자신의 잘못을 떠올리며 눈물을 펑펑 쏟으며 남다른 열정으로 세례를 받았습니다. 이 여인은 벌써 친척과 친구 여러 명에게 교리를 가르치고 있고, 아둔하지 않고 조선어를 완벽하게 읽고 쓸 줄 알기에 앞으로 비신자들을 개종시키는 데 열성을 다하리라 기대합니다.

또 다른 가족에게는 죽음을 앞둔 아이가 있는데, 그 집의 외아들입니다. 온 집안 식구가 일어서 있고 통곡 소리를 이웃 주민들이 모두 들었습니다. 근처에 살던 교우 김 바오로가 그러한 야단법석의 이유를 전해 듣고(인근 점쟁이들을 모두 불러들여 그 집에 있을지도 모를 악귀들을 몰아내고자 많은 미신을 행했을 것이 분명하기에), 그 집에 구원해야 할 영혼이 있음을 보고는 아이들을 잘 치료하는 의사로 자신을 소개하며 죽어가는 아이 곁에 다가가 깨끗한 물을 떠 오게 한 뒤 아이에게 대세를 베풀었고, 가족들에게 두려워할 것이 전혀 없고, 이 아이는 구원받았다고 말해 주면서 그 아이가 방금 받은 영적 은혜에 관하여 말하고자 했습니다. 그런데 의사로 자처한 그의 예상과는 달리, 그 아이는 더 나은 삶으로 옮아가는 대신 눈을 뜨고 되살아난 것이 아니겠습니까! 온 집안사람들이 기뻐 뛰는 가운데, 우리 새 신자만이 예외였으니, 한 영혼에게 하늘의 새집을 마련해 주었다고 생각했는데 그러한 희망이 꺾였기 때문입니다. 그때 사람들은 아이를 빨리 낫게 한 그 특별한 치료약이 무엇이냐고 물었습니다. 그는 뭐라고 선뜻 대답해야 할지 몰랐다며 제게 이러한 말을 전했습니다. "저는 잠시 망설이다 뭔지 모를 내적인 영감을 받고 용기를 내어 그들에게 교리를 설명했고, 그들이 신뢰하는 점쟁이들의 속임수를 깨닫도록 했습니다." 그는 [그들에게] 이 말을 덧붙였습니다. "저는 댁의 아들에게 세례를 주었고, 여러분이 좋든 싫든 그 아이는 천주교인이며 성교회의 자녀입니다. 훗날 이 아이가 그 사실을 알고 그가 지닌 이름에 합당한 모습을 보여 줄 수 있기를 바랍니다!" 온 가족이 이 말을 듣고 기뻐했습니다. 아이의 아버지가 말했습니다. "우리 아들이 천주교인이라면 더 더욱 우리도 그렇게 되어야 마땅하지 않겠습니까?" 그러면서 그 자리에서 천주교 서적을 청했습니다. 그리하여 지금 그 가족들 가운데 열심한 예비 신자들이 열대여섯 명 됩니다. 이러한 일들이 참으로 많아 모두 열거하고자 한다면 끝이 없을 것입니다. 말이 길어지지 않도록 여기서 한 말씀만 더 드리며 이만 줄이고자 합니다. 세례를 주는 남녀 교우들이 도시[대구]에서 명망이 높다 보니, 외교인들도 자기 자녀들이 죽을 위험에 처하자 대세를 달라고 청하러 온 적도 여러 번 있었습니다. 그들은 '저들(천주교인들)에 따르면 또 다른 세상이 있다 하니 적어도 아이가 저세상에서 행복을 누릴 수 있지 않을까' 하고 생각한 것입니다. 심지어 한 외교인은 자기 아들이 임종을 맞는 순간, 직접 그가 갖고 있던 교리서의 양식에 따라 아들에게 대세를 주었다고 합니다. 그는 그 책에서 외교인 자녀라도 죽을 위험에 처하면 대세를 주어야 한다는 것을 보았기 때문입니다.

1886년 4월 21일, 경상도 칠곡

아실 로베르

조선의 교황 파견 선교사

059 코스트 신부가 홍콩 대표부의 르모니에 신부에게 보낸 1887년 2월 24일 자 편지

코스트 신부가 홍콩 대표부의 르모니에 신부에게

1887년 2월 24일, 서울

친애하는 르모니에 신부님께,

신부님께서 우리에게 보내 주신 회계가 정확해 보입니다. 블랑 주교님께서 제게 신부님에게 그 수령 통지와 함께 다음의 견해를 알려 드리라고 하십니다.

신부님께서도 우리처럼, 우리 전교회의 일부 회원들이 규칙의 조항들에 관해 논의하는 과정에서 각각의 선교사에게 원칙적으로 할당된 보조금의 일괄 지급을 요구하고 있음에 주목하셨을 것입니다.

파리에 배당된 660프랑은 지난해 환율로 157.89달러에 상당하며, 이제까지 대표부의 관례에 따르면 120달러였기에 그 차액이 37.89달러입니다.

파리와 홍콩의 여건이 어느 정도 균형을 이룰 때에는 환율의 상승이나 하락을 이용할 생각을 누구도 거의 하지 않았습니다. 그러나 이제는 그 불균형이 너무 두드러지고 있으니 낡은 관례를 수정할 필요가 있지 않겠습니까?

언뜻 보면 포교지마다 자신과 관련된 이 사안을 원하는 대로 자유롭게 해결하는 듯 보입니다. 그러나 좀 더 가까이에서 살펴보면 문제는 전체 이익이 한계에 달했다는 것입니다. 대목구장이나 장상들은 형평의 권리를 얻고 이의를 제기할 만한 모든 구실을 제거하기 위한 일정한 규정이 마련된다면 대단히 만족할 것입니다. 그들은 현 상황에서 어느 기준을 참고해야 할지 모릅니다. 연

율에 따라 보조금을 지불하는 것이 공평한 조치가 될 수 있을지 모르겠으나 이는 총대표부의 관행 자체, 곧 예년 평균 120달러에 맞춰 연간 여비를 책정하는 관행에 반대되는 혁신이 될 것입니다. 그렇다면 어떻게 해야 하겠습니까?

그 이름에 걸맞게 총대표부의 대표가 이 재정 문제에 대한 자신의 견해를 밝히도록 요청받았다고 여겨집니다. 분명 신부님의 동의가 큰 비중을 차지할 터이니 현재의 고충이 곧 해결되리라 봅니다.

조선의 남동부(경상도) 지역 본당들을 맡고 있는 로베르 신부가 몇 주 전에 우리에게 알리기를, 대구 인근의 신자들이 감사의 명령으로 추격을 받았다고 합니다. 로베르 신부도 감옥에 갇힐 위협을 느꼈습니다. 박해가 그 정도로까지 일어났다면 저희가 벌써 그 사실을 알고 있을 겁니다. 어쨌거나 신부님의 기도를 청하고자 합니다.

신부님 곁에 있는 동료들에게도 저의 안부 인사를 전해 주십시오.

언제나 그리스도 안에서 헌신적이고 애정 가득한
장 코스트

060 코스트 신부가 상해 대표부의 마르티네 신부에게 보낸 1887년 6월 2일 자 편지

코스트 신부가 상해 대표부의 마르티네 신부에게

1887년 6월 2일, 서울

친애하는 마르티네 신부님께,

마침내 우리에게 새장의 문이 열렸습니다. 비준서의 교환이 5월 30일 아무 어려움 없이 이루어졌습니다. 임금[고종]의 알현도 환대 속에 이루어졌습니다. 임금은 프랑스 공화국 대통령의 친서를 콜랭 드 플랑시[122] 씨에게서 전해 받고 흡족해했으며, 프랑스인들과 협력을 맺게 된 것을 기뻐했습니다. 임금은 우호 관계를 유지하도록 자신의 노력을 다하고, 프랑스인들을 잘 대우하겠다는 등의 약속을 했습니다. 물론 이러한 표명 가운데 예의나 관례로 이루어진 말들은 감안해야 합니다. 그러나 임금이 우리를 향해 반감이 없다는 것이 이미 확인되었으니 그것만 관련해서 본다면 그의 약속은 헛말이 아닐 것임을 믿을 만합니다.

감옥에 갇힌 우리 신학생이 어떠한 상황의 여파로 프랑스 사절이 도착하

---

122 빅토르 콜랭 드 플랑시(Victor E.M.J. Collin de Plancy, 1853~1922) : 1887년 한불조약 체결을 위해 조선에 입국한 뒤 1888년부터 1891년 3년 동안 초대 주한 프랑스 공사를 지냈다. 한불조약으로 프랑스 선교사들이 종교 활동이 가능했으나 그 폭이 매우 좁았는데, 탁월한 협상 능력을 지닌 콜랭 드 플랑시는 선교사들이 신분을 인정받고 수월하게 활동할 수 있도록 도왔다. 또한 조선에 대한 애정이 각별하여 다시 조선에 오기를 바랐고, 실제 1896년에 재부임하여 1906년까지 공사 겸 총영사로 지냈다. 그는 13년 동안 조선에 머물며 남다른 문화재에 대한 뛰어난 감식안과 열정으로 『직지심경』을 비롯한 고서, 고미술품 등 2,500여 점을 수집했고, 모리스 쿠랑의 『조선서지』 발간에 도움을 주었다.

기 며칠 전 잘 처우를 받던 병영에서 죄인들의 감옥[포도청]으로 이송되었는데, 그곳에서는 형벌을 받을 때 말고는 결코 나오지 못합니다. 플랑시 씨가 이 아이의 무죄를 변호하고 석방을 위해 노력하겠다고 약속했습니다. 그는 현재 (오후) 이 사건을 신경 써야 하고, 우리에게 전국을 돌아다니는 권한을 주게 될 여권 문제도 신경 써야 합니다. 그가 가장 이로운 방향으로 성공할 수 있기를 빕니다!

여권과 관련하여 신부님께 말씀드리는 것을 깜박했습니다. 블랑 주교님이 당신 여권을 조선인들에게 요청하기를 바라는 여권의 견본으로 사용하도록 하고자 반환하지 않으셨고, 드게트 신부와 저의 여권만 북경 주재 프랑스 공사관에 반환했습니다.

저의 신학생들이 불어-한문 소사전을, 예를 들어 기켈(Giquel)과 르메르(Lemaire) 씨가 만든 소사전[123] 같은 것을 상해나 중국에서 얻을 수 있느냐고 제게 묻습니다. 신부님께서 답변을 주셨으면 합니다.

최근에 신부님이 보내 주신 소포를 뜯어 보니, 등잔 하나가 깨져 있었습니다. 따라서 그와 비슷한 다른 등잔을 다시 보내 주셨으면 합니다. 아울러 제게 주어진 소임이라 신부님께 포교지를 위해 아래의 것들을 보내 주십사 요청드립니다.

1. 금괴 5 돈
2. 은괴 8-10 돈, 이는 통용되는 방식에 따라 보내 주셔야 합니다.

---

123 1874년 상해에서 발행된 문고판 불어-한문 사전(Dictionnaire de Poche Français-Chinois)으로, 한문 명은 『한법어휘변람(漢法語彙便覽)』이다. 중국 주재 프랑스 공사 가브리엘 르메르(Gabriel Lemaire)와 중국 복건성 복주(福洲, 푸저우)의 해군학교 선정학당(船政學堂)을 맡은 프랑스 대위 로스페르 기켈(Prosper Giquel)이 중국인 학생들을 위해 함께 만들었다. 참고로 1867년 복주에 선정국(船政國)이 세워지면서 조선소와 병기창이 프랑스의 지도 아래 설립되었고, 해군학교인 선정학당이 세워졌다. 이 학교에서는 영어, 프랑스어 등 서양말과 항해술 과학 기술을 가르쳤다.

또한 제물포의 세창양행(MM. E Meyer and Co.)[124]에 신부님 앞으로 발행한 1,000달러짜리 어음을 주게 될지도 모른다는 것을 알려 드립니다. 조만간 같은 금액의 어음을 또 발행하게 될 것 같습니다.

우리는 앞으로 수녀님들 등등의 입국을 생각하여 건물을 짓고자 땅을 매입하고 있습니다. 여기에는 신부님도 포함됩니다! 신부님도 이제는 서울 거리에서 수단을 입고 거니실 수 있다는 것을 한번 상상해 보십시오. 우리에게 그 멋진 장면을 언제쯤 선사해 주시렵니까?

[그때를] 고대하며 언제나 그리스도 안에서.

매우 헌신적인 신부님의

장 코스트

---

[124] 세창양행(世昌洋行. 영어 상호명은 E. Meyer & Co)은 독일 무역상 에두아르드 마이어(E. Meyer)가 1884년 제물포에 설립한 최초의 외국인 무역 상사로, 1883년 조독통상조약 체결 뒤 독일인 고문관 묄렌도르프의 후원을 받아 인천 제물포에 자리를 잡았다. 철기, 조폐, 인쇄기계 등의 수입과 기술자 알선, 선박 운송, 광산 개발, 차관 제공 등 다양한 업무를 맡았다.

061 코스트 신부가 루세이유 신부에게 보낸 1887년 10월 3일 자 편지

코스트 신부가 루세이유 신부[125]에게

1887년 10월 3일, 서울

친애하는 동료 신부님께,

우리 조선 신학교의 교장 리우빌 신부가 뒤몽(Dumont)의 미사곡 5부를 신부님께 요청해 달라고 제게 부탁합니다. 이 덕분에 오랫동안 끊겼던 신부님과 서신 왕래를 예전처럼 다시 할 수 있게 되었습니다. 신부님께 저의 존경과 애정 가득한 추억에 감사의 마음을 표할 수 있어 기쁘다는 것을 굳이 말씀드릴 필요는 없겠지요.

신부님께서 [홍콩] 나자렛에서 놀라운 일을 하고 계신 듯합니다. 여러모로 매우 추천할 만한 기획을 통해 신부님이 거두신 성공에 저도 함께 기뻐합니다. 전체 인가를 받은 듯한데, 이는 하느님의 축복의 증거이며 항구성과 발전의 보증입니다. 신부님은 기도와 피정 생활을 통해서뿐만 아니라 양서의 보급을 통해 우리 선교지들에 유용한 사업을 하고 계십니다. 상해에 있는 예수회

---

125 루세이유(Jean Rouseille, 1832~1900) : 파리외방전교회 선교사. 1856년 홍콩 대표부로 발령을 받고 4년 동안 홍콩 대표부에서 지냈고, 1860년 파리외방전교회 신학교에서 성경과 전례를 가르치고, 신학교 소장 고문 서고를 정리하는 일도 적극적으로 맡아 1870년까지 파리 본부에서 일했다. 1872년 로마 총대표부 대표로 임명되었고 순교자들의 시복 청원자의 역할도 수행했다. 1880년에는 델페슈 신부의 후임으로 파리외방전교회 신학교 총장으로 선출되었다. 1883년에는 선교 사제들을 위한 피정과 영신훈련을 위한 건물을 짓는 소임을 맡아 마카오, 홍콩 등에 세웠고 1885년 홍콩 인쇄소를 짓고 출간하였다. 1899년 귀국하여 후학을 양성하다 1900년 1월 22일 선종했다. 1887년 당시 루세이유 신부는 홍콩 인쇄소에서 일하고 있었다.

신부들이 발행하는 잡지처럼, 우리 출판소에서 중국어 가톨릭 잡지가 발행되는 것을 언젠가 보게 될지도 모르겠습니다. 어찌 되었든 하느님의 영광과 많은 영혼의 구원을 위하여 신부님이 염원하시는 대로 진전이 이루어지기를 바랍니다.

이곳 조선에서 저희는 이제 카타콤바에서 나오기 시작했습니다. 서울과 인근 지역에서 수단을 입고 거리를 거닐 수 있게 되었기 때문입니다. 어쨌거나 이것이 우리 교우들에게 모두 적용되는 공식적인 [신앙의] 자유는 아직 아닙니다. 우리 교우들이 만일 대담하게 외국 종교를 드러내 놓고 고백한다면 조정은 그들을 박해할 권한을 행사할 듯합니다. 지도층의 경우 오래전부터 지녀온 강한 적대감을 여전히 지니고 있고 틈만 나면 이를 드러내고 있습니다. [그 실례를 들면] 경상도에서는 교우들이 신앙 때문에 여전히 감옥에 갇혀 있다는 것을, 곧 그들이 신앙을 공식적으로 포기하려 하지 않는다는 것을 신부님도 아마 들으셨을 겁니다. 또한 페낭의 어린 신학생이 작년에 제물포에서 체포되어 여러 주 동안 도둑과 강도들을 가두는 감옥에 있다가 결국에는 먼 지방으로 유배되었는데, 그곳으로 간 뒤로는 그의 소식을 알 길이 없다는 것도 알고 계셨을 겁니다. 최근에는 군인 여럿이 천주교인들로 알려지면서 월급을 받지 못하고 해고되었습니다. 그런데 이 징후는 의미심장합니다. 불과 몇 해 전에 이 일이 일어났다면 통상적인 해고로 그치지 않고, 다른 세상으로 보내는 해고[처형]를 했을 것입니다. 이렇게 예전의 엄격함이 느슨해졌습니다. 유럽인들과 접촉한다면 과거의 난폭한 풍속이 훨씬 인도적인 예의범절에 자리를 내주리라는 희망의 여지가 있고, 우리는 하느님의 사업을 앞당길 수 있도록 이를 활용하고자 노력할 것입니다.

우리는 건물을 짓고자 토지를 구입했습니다. 건물을 먼저 짓게 될까요, [아니면] 대성당을 먼저 짓게 될까요? 시의적절하게 실현될 수 있도록 양쪽으로 계획을 모두 세울 것입니다. 앞으로의 변화에 대비하여 먼저 건물을 지을 수도 있을 것입니다. 그리고 그 건물은 신학교(Collège)[126]라 불리게 될 것이며, 이 명칭에 사람들이 놀라지는 않을 것입니다. 영적인 [목적을 위한] 건축이 특히 잘 마무리될 수 있도록 우리와 함께 기도해 주시기를 바랍니다.

동료 신부님들에게 저의 우정과 존경의 마음을 전해 주십시오. 기도와 미사성제 안에서 언제나 하나 되어.

신부님의 매우 보잘것없고 헌신적인 종
코스트

---

[126] 원문에서 대문자로 쓰인 "Collège"는 학교가 아니라 신학교를 의미한다. 특히 여기서는 1887년부터 짓기 시작하여 1892년 완공된 용산 신학교를 말한다.

062 코스트 신부가 [블랑] 주교에게 보낸 1887년 10월 22일 자 편지

코스트 신부가 블랑 주교에게

1887년 10월 22일

주교님께,

베베르(Weber) 씨의 편지들을 보면 드게트 신부 사건[127]과 관련하여 오고 간 협상 결과를 알 수 있습니다. 주교님께서는 드게트 신부를 포함하여 저희만큼이나 그 결과에 만족하지 못하시리라 생각합니다. 도대체 어떻게 그러한 진부한 변명에 그칠 수 있다는 말입니까?

현장에 없었던 조[128]는 개인적으로는 잘못이 없다는 것을 압니다. 그러므로 그를 탓하지 않습니다. 그렇지만 [이 사건에서] 잘못, 태만, 그로 인한 피해(특히 정신적인)가 있었다는 것은 분명합니다. 꼭 [공표]했어야만 했던 때에 조약을 공표하지 않은 [조선] 정부에 그 책임이 있지만, 서울에서 답변이 오기를 기다리지 않은 원산 관장에게도 일부 책임이 있습니다. 비공개로 이루어진 사과인 만큼 충분한 보상이 되지 못했습니다. 다음의 내용을 요구하겠다는 것은 가까스로 합의를 이뤘습니다. 첫째, 드게트 신부가 조약에 근거하여 항

---

[127] 원산에서 사목을 펼치고 있던 드게트 신부가 1887년 10월 여권[호조] 미소지를 이유로 체포되어 추방되는 사건이 일어났다. '드게트 추방 사건' 또는 '원산 사건'으로 불리는데, 드게트 신부의 호조 미소지와 덕원 부사의 조불조약에 대한 무지에서 빚어진 사건이다. 조불조약에 따르면 개항장에 거주할 경우 여권이 필요 없었으나, 당시 조약 내용을 모르고 있던 덕원 부사는 드게트 신부를 체포하고 추방 명령을 내렸다.

[128] 당시 외아문 독판이었던 조병직을 일컫는 것으로 보인다.

의를 했음에도 치욕스럽게 추방했던 정부의 명의로 [그가 원산으로] 복귀할 때 호위를 한다. 둘째, 드게트 신부의 권리를 밝히는 성명서를 원산에 [방을] 붙여 사람들이 그를 괴롭히지 못하도록 한다. 셋째, 피해가 발생했으면 보상한다. 이들 [조목] 중 어느 하나도 사과문에 언급되지 않았습니다. [그러나] 필요하다면 서울에 주재하는 모든 외국 대표들에게 사건을 맡겨 훨씬 강력하게 항의해야 하지 않겠습니까? 그러기에 앞서 이를 베베르 씨에게 미리 알릴 수도 있을 것입니다. 어찌 되었든지 간에 더욱 강력하게 항의하기 위해 주교님께서 친히 앞에 나서시는 것이 좋겠다는 것이 프와넬 신부와 주교님의 종[코스트 신부]의 생각입니다.

또 다른 고려 사항들을 말씀드리지 않고 서둘러 주교님께 문제의 서류를 보내 드립니다.

주교님의 매우 보잘것없고 헌신적인 종
장 코스트

드케트 신부에게 우정을 표하며.

063 코스트 신부가 루세이유 신부에게 보낸 1888년 2월 6일 자 편지

코스트 신부가 루세이유 신부에게

1888년 2월 6일, 서울

친애하는 동료 신부님께,

12월 10일 자 신부님의 편지에서 언급하신 기사들과, 신부님이 우리에게 보내 주신 다른 많은 좋은 것들을 모두 잘 받았습니다. 블랑 주교님께서 감사의 뜻을 전하시리라 봅니다.

신부님이 상해에서 어렵게 구하신 인쇄 활자 모형들은 조선어 사전의 활자를 주조하는 데 사용했던 모형들의 복제일 것 같습니다. 제가 요코하마의 레비 씨 가게에서 본 것들처럼, 아직 조립되지 않은, 전기 도금만 된 것입니다. 가지고 계신 모형들이 아직 그 상태에 머물러 있다면, 당장은 그것들을 사용하실 수 없습니다. 우리도 동일한 크기의 활자 모형들을 가지고 있고, 중간 크기 활자와 좀 더 큰 활자 모형 또한 가지고 있으니, 이 모형들을 가지고 서로 다른 크기의 세 종류 활자를 우리가 직접 주조하고 있습니다.

이러한 정보가 도움이 되기를 바라며 조금은 늦었지만 진심을 담아 새해 인사 드립니다. 동료 신부님들에게도 저의 존경과 우정을 전해 주십시오.

기도와 미사성제 안에서 하나 되어 신부님의 매우 보잘것 없고 헌신적인 종.

코스트

여기에 작은 주문서를 동봉합니다.

1888년 2월 5일, 서울
 조선 신학교를 위해 나자렛에 요청한 것 :
- [윤리 신학] 요약집(Epitome [theologiae moralis]) 15권
- 식사 전후 기도(Benedictio mensae) 5부

코스트

064 코스트 신부가 조선 주재 러시아 대리 공사인 베베르에게 보낸 1888년 2월 8일 자 편지

코스트 신부가 러시아 대리 공사 베베르[129]에게

1888년 2월 8일, [서울]

대리 공사님께.

어제 대리 공사님을 만나는 기쁨을 가진 뒤 우리에게 든 생각과 들리는 소문들로 보아, 우리 사건에 왕실이 개입하는 것은, 우리를 시기하는 이들이 우리를 그에 결부시키려 할 만큼 중요하지 않다고 생각하게 되었습니다.

양반들은 이구동성으로 M[외아문]의 독판[130]이 잘못된 결정을 내려 실패했다고 말합니다. 어떤 이들은 승부에서 진 것처럼 여겼고, 또 다른 이들, 곧 최후의 희망에 매달리고자 애쓰는 우리 지역민들은 용맥(龍脈)을 핑계 댈 수도 없고 또 우리 소유권에 이의를 제기할 수 없게 되자 우리가 장소를 비워 주는 데 동의하면 임금이 우리를 무척 마음에 들어하실 것이라고 우리를 설득하고자 했습니다. 그들 가운데 특히 [외아문] 독판과 한 장군,[131] 심가와 유가 등을 언급하고 있습니다. 임금을 알현하러 가기에 앞서 한 장군은 독판과 대담을 가졌습니다. 다른 회의들도 열렸는데, 거기서 분명 작전을 짰을 것입니다. 한 장군은 우리의 적입니다. 대리 공사님도 잘 알고 계시듯 일본에서 돌아

---

129 베베르에 대해서는 각주 132번 참조.
130 1888년 당시 외무독판은 조병식이었다.
131 원문에 "le général Han"으로 나오며, 1891년에 포도대장을 지낸 한규설로 추정된다.

오는 길에 제물포에서 붙잡힌 어린 조선인 신학생을 유배 보낸 것도 바로 그 사람입니다. 또한 여러 군인을 천주교인이라는 이유로 해고한 자도 바로 그 사람입니다. 임금은 우리에게 적대적이지 않아 보입니다. 임금이 상황을 제대로 알게 되어 그 자신의 판단을 따른다면, 앞서 말한 양반들과 같은 시각에서 사건을 보지 않을 것 같습니다. 따라서 모든 상황으로 볼 때 한 장군이 대리 공사님에게 자신에게 유리한 입장에서 전하[임금님]와 자신이 가진 대화 내용을 전했으리라고 의심할 수밖에 없습니다. 임금이 [그의 말에] 속임을 당한 것이라면, 우리에게 불리한 여론을 형성할 수 있는 모사꾼들이 그렇게 승리하도록 양보하는 것이 마땅하겠습니까.

따라서 우리는 타협할 이유가 없으며, 우리의 권리를 유지하는 것이 [우리가] 취해야 할 최선의 입장이라고 생각합니다. 물론 그렇다고 임금에 대한 우리의 존경과 그분의 올바르고 고귀한 성품에 대한 공경이 없는 것도 아닙니다. 더욱이 대리 공사님께서 우리에게 어느 정도의 호의를 베풀어 주신다면 우리는 우리에게 허락된 모든 방법을 통해 감사의 마음을 전해 드릴 것입니다.

우리는 이러한 상세한 내용이 대리 공사님께 유익이 될 수 있으리라 생각했습니다. 바로 그러한 이유에서 서둘러 이 내용을 전하게 되었습니다. 깊은 존경의 마음을 담아 부탁드리며 매우 보잘것없는 종….

065 코스트 신부가 홍콩 대표부의 르모니에 신부에게 보낸 1888년 3월 18일 자 편지

코스트 신부가 홍콩 대표부의 르모니에 신부에게

1888년 3월 18일, 서울

친애하는 르모니에 신부님께,

서신 연락을 못 한 지 벌써 꽤 됩니다. 신부님께서 상해에 계신다면 분명 서신 교환이 훨씬 활발했을 것입니다. 그러니 [상해 대표부의] 마르티네 신부를 찾으십시오. 마르티네 신부님이 계속해서 저희의 일들을 해 주고 있습니다. 어쨌거나 오늘은 블랑 주교님을 대신하여 신부님께 회계 수령을 통지해 드리면서 때마침 신부님께 짧게라도 인사를 전하며 우리의 오랜 우정을 되살릴 수 있어서 기쁩니다.

회계를 방금 꼼꼼히 살펴보았고, 정확해 보입니다. 그런데 우리[조선 포교지의] 돈이 물처럼 빠져나가는 것을 확인하는 계기가 되었습니다. 가옥[사제관], 성당 등을 짓기 위해 아직 큰 수문도 열지 않았는데 말입니다!

우리의 자선 활동을 위한 건물들 때문에 예산의 균형이 상당히 깨지고 있습니다. 저는 예산의 균형을 회복하고자 노력해야 한다는 데에 찬성합니다. 어쨌든 그때까지는 요코하마에 있는 우리 포교지 소유의 재산을 갉아먹을 수밖에 없을 것 같습니다. 북일본[대목구]에 직접 어음을 발행하는 대신 양쪽의 비용 지출을 피하는 방식으로 총대표부와 합의할 방법이 없겠습니까? 페티에 신부가 그러한 금액을 우리 처분에 계속 맡기겠다는 의견을 신부님께 드리기만 하면 될 것이고, 신부님은 북일본[대목구]의 배당금에서 나가는 것처럼 하여 부담시키시면 될 것이며, 우리[조선 포교지]는 동일한 한도 내에서 상해 대표부에 어음을 발행하면 될 것입니다.

조불조약이 우리에게 보장하는 변변찮은 특혜를 누리기 시작했다는 것을 신부님께서도 아실 겁니다. 우리는 멋진 토지를 매입했는데, 일부 인사들이 우리가 소유하지 못하게끔 애를 썼으나 허사였습니다. 우리는 그곳에 기초 토목공사를 마쳤고, 먼저 가옥을 지은 뒤 성당을 지을 것입니다.

머지않아 샬트르 성 바오로회 수녀들이 오기를 기다리고 있습니다.

내부적으로 보면 우리 동료들은 고무적인 성공을 거뒀습니다. 우리가 관용에서 자유로 넘어가게 된다면 바로 더 많이 거두게 될 것입니다. 그런데 얼마나 더 기다려야 하고, 얼마나 더 시련을 겪어야 하겠는지요? 이는 하느님만이 아시는 비밀이겠지요. 신부님께서 저희를 도와 계속해서 기도해 주시고, 그곳에 있는 동료 신부들에게 저의 안부 인사 전해 주십시오.

매우 보잘것없고 애정 가득한 동료
장 코스트

066 코스트 신부가 상해 대표부의 마르티네 신부에게 보낸 1888년 4월 29일 자 편지

코스트 신부가 상해 대표부의 마르티네 신부에게

1888년 4월 29일, 서울

친애하는 마르티네 신부님께,

얼마 전 도착한 여객선에 신부님이 보내신 편지가 없었습니다. 그래도 지난 4월 5일 자 신부님의 짧은 글을 잘 받았다는 것을 알려 드려야 할 것 같습니다.

지금은 우리가 미동 주교님의 성성식에 참석할 수 있을지 불투명합니다. 블랑 주교님이 출발에 앞서 콜랭 드 플랑시 씨를 만나기를 원하시기 때문입니다. 그런데 플랑시 씨는 후반기에나 도착할 것 같고 어쩌면 5월 말이 될지도 모릅니다.

우리의 상황을 전망한 그의 방식으로 미루어 볼 때 콜랭 드 플랑시 씨는 우리의 권익을 보호하고 우리 소유지와 관련하여 조선 정부 내 일부 당파가 초래한 여타 대립의 상황에 대응하기에 적절한 인물로 보입니다. 지금까지 우리는 베베르(Weber)[132] 씨가 애초부터 직접 지시한 행동 방침을 줄곧 따라왔고, 그는 조선의 외부 독판[133]으로 하여금 가짜 서류를 만들었다고 인정하게

---

132 카를 베베르(Karl I. Weber, 1841~1910) : 웨베르라고도 불리며, 러시아 제국의 외교관으로 1885년부터 1897년까지 조선 주재 러시아 대리 공사를 지냈다. 능란한 외교술로 고종의 절대적인 신임을 얻으며 조선 내에 러시아의 영향을 키워 나갔다. 1896년 고종의 아관파천을 돕고 친러 내각을 조직하며 고종이 러시아 공사관에 머무르는 1년 동안 친러시아 정책을 펴도록 했다.
133 당시 외부 독판은 조병식이었다.

끔 만들면서 그를 누르기도 했습니다. 우리는 베베르 씨가 공증을 위해 조선 외부에 보낸 토지 문서를 돌려받지 않는 한 조선 정부와 타협하지 않기로 결심했습니다. 그런데 조선 행정 당국이 직접 인정한 우리의 권리가 있음에도, 다시 말해 절차를 밟도록 하겠다는 약속을 되풀이했음에도 우리 서류[134]는 아직 돌아오지 않고 있습니다. 조선 정부의 비위를 건드리지 않아야 하는 이유가 있는지, 베베르 씨는 지금은 방향을 선회하여 우리의 권리를 모두 인정하면서도 우리가 서류를 돌려받는 것에 지나치게 중요성을 부여한다고 비난하며 조선인들을 용서해야 하고 그들의 호감을 사려면 권리 하나 정도는 포기할 줄도 알아야 한다고 말하고 있습니다. 우리 경우가 예를 들어 북경 천주당과 비슷하다면 그의 의견을 따르는 것이 쉬울 것입니다. 그러나 우리의 경우는 완전히 다릅니다. 게다가 조선 정부가 우리에게 어떠한 보상을 제시했습니까? 도시 끝 외진 곳에 있는 작은 토지를 제안했습니다. 사회에서 격리해야 하는 나병 환자로 우리를 취급하려는 것이 아니고 무엇인지요. 게다가 이미 우리 토지에 토목 공사가 이루어졌으니 타협에 대해 말하기는 다소 늦은 감이 없지 않은지요. 어쩌면 베베르 씨도 이를 알고 있을 겁니다. 그럼에도 꼭 필요하지도 않은 절차를 구실로 우리가 서류에 부서하게 하는 실수를 했고 지금은 그 서류를 되찾지도 못하고 있습니다. 게다가 지금 그는 러시아 국경과 관련한 통상 조약을 구상 중이라 여념이 없습니다. 그는 조선인들의 심기를 건드리고 싶어하지 않습니다. 따라서 우리가 그들과 타협을 하여 다른 곳으로 자리를 옮겨 임금을 흡족하게 한다 해도 그는 불쾌해하지 않을 겁니다. 그 결과 그는 풍요로운 온정과 종교의 선익이 생겨날 것이라고 생각합니다. 반면에 정반대의 경우에는 불길한 유령이 우리 앞을 가로막고 서 있으니, 교우들은 우리

---

134 명동 성당 부지와 관련한 부동산 권리부 등기를 말한다.

와 소통이 금지되고, 그들의 유배, 박해 등이라는 것입니다. 모든 상황으로 보아 사태의 심각성이 과장되어 있습니다. 어쨌든 그는 우리를 납득시키지 못했고, 설령 우리가 작은 폭우를 겪는 것이라 해도 현 상황에서 조선인들에게 양보하는 것은 시의적절하지 않다고 생각합니다. 우리가 그렇게 하면 그들은 나약함의 표시로 받아들여 자신들이 우월하다고 생각할 것이고, 또 다른 경우들에서 수시로 더 많이 요구할 것입니다. 우리의 권리를 유지하도록 해 줄 다른 고려 사항들은 굳이 말씀드리지 않겠습니다. 이상의 몇 가지 상세 내용이 신부님이 콜랭 드 플랑시 씨를 만날 때 도움이 되리라 봅니다. 신부님께서 그에게 미리 알려주거나 신부님 특유의 세심함으로 그에게 정보를 제공한다면, 콜랭 드 플랑시 씨가 러시아 대리 공사를 처음 만날 때-아마도 그의 집에서 처음 며칠은 지내게 될 터인데-, 그가 주는 첫인상을 경계하게 될 것입니다.

우리는 5월에 네 분의 수녀님들이 오기를 기다려 왔습니다. 그런데 뮈텔 신부가 편지로 올해 말에나 도착할 수 있을 것이라고 합니다. 우리는 적어도 두 분을 가능한 한 빨리 보내 줄 것을 간곡히 요청하고 있습니다.

신부님의 매우 헌신적인

장 코스트

067 코스트 신부가 콜랭 드 플랑시에게 보낸 1888년 6월 15일 자 편지

코스트 신부가 콜랭 드 플랑시[135]에게

1888년 6월 15일

대리 공사님,

저희 신학생들과 관련된 서류를 대리 공사님께 전달하게 되어 영광입니다. 리우빌 신부 편지를 통해 고발된 사건에 관해 간단명료하게 알려 주고 있습니다. 다른 편지들은 뒤이은 교섭 결과를 보여주고 있습니다. 베베르 씨의 편지를 활용하신 뒤 블랑 주교님께 되돌려 보내 주신다면 주교님께서 감사해하실 것입니다. 어제 [블랑] 주교님이 러시아 대리 공사를 만나러 가셨다가 그의 입을 통해 대리 공사님이 아시면 좋을 정보를 얻으셨습니다. 문제의 사건으로 혼란한 상황이 새로운 국면으로 접어들고 있기에 판무관이 어려움을 해결하는 데 도움이 될 수 있을 것입니다. 주교님은 우리 신학생들의 문제로 대화를 나누셨는데, 다음은 베베르 씨의 말입니다.

"주교님, 이번 사건에 오해가 있었습니다. 조선인들은 당혹스러워하며 데니 씨에게 구류 중인 이들[세 명의 신학생들]과 관련한 처리 방식을 두고 의논했습니다. 데니 씨는 그들[세 젊은이들]이 주교님의 학생들인지를 알지 못했습니다. 데니 씨는 그들을 국법에 따라 처리해야 한다고 대답했고 그 사안과 관련

---
135 콜랭 드 플랑시는 1888년 6월 6일 프랑스 정부 대표 초대 주한 대리 공사로 조선에 정식 입국했다. 그에 대한 자세한 설명은 각주 118번 참조.

한 규정의 사본을 요구했습니다. 그런데 그 규정에 따르면, 궁궐의 담장을 무엄하게 뚫고 들어온 자는 사형이나 유배형을 받습니다."

그러자 주교님은 세 종류의 담장이 있고, 사형은 맨 안쪽 담 안으로 들어간 이들에게 적용되어야 하며, 우리 신학생들은 바깥 담장 안에만 있었다는 점을 지적했습니다. 베베르 씨는 이렇게 말을 이었습니다. "데니 씨는 가장 가벼운 형벌, 곧 추방의 형벌을 적용하라고 조언했습니다. 그런데 제가 (여기서 말하는 '저'는 베베르 씨입니다.) 가톨릭 선교단의 편에서 그 가엾은 수인들을 위해 협박을 했어야 함을 알게 되자, 그는 대단히 놀랐고 몹시 안타까워했습니다."

데니 씨가 신학생들을 풀려나게 하고자 또 다른 조치를 취했는지에 관해서 워커 씨는 명확한 답변을 하지 않았습니다. 그는 이렇게 말했습니다. "자, 어쨌든 신학생들은 여전히 감옥에 있습니다." 그런데 신학생들의 무죄를 입증할 방법이 있습니다. 그들은 서울 지리에 어두운 데다가 궁궐의 지형을 몰랐을 뿐만 아니라, 산책을 계속하려고 출구를 찾다가 어느 구멍을 통과했던 것인데, 이것이 어떠한 결과를 초래할 줄 몰랐던 것입니다. 신학생들은 그들에 대해 전적인 책임 일체를 지닌 한 유럽인의 권한에 속한 사람들입니다.

어쨌거나 저는 여기에 동봉해 드리는 서류들을 통해 대리 공사님께서 또 다른 방어책들을 이용하실 수 있도록 맡겨 드리며, 깊은 존경의 마음을 표합니다.

귀하의 매우 보잘것없고 헌신적인 종

B[블랑] 주교님은 가톨릭 선교단을 대표하여 귀하께 표하는 진심 어린 감사의 뜻을 받아 주시기를 바라십니다.

장 코스트

068 코스트 신부가 상해 대표부의 마르티네 신부에게 보낸 1888년 6월 24일 자 편지

코스트 신부가 상해 대표부의 마르티네 신부에게

1888년 6월 24일, 서울

친애하는 마르티네 신부님께,

오늘은 세례자 요한 성인의 축일이라 신부님을 특별히 생각했습니다. 신부님의 주보 성인께 신부님이 바라시는 모든 은총을 얻어 주시기를 청합니다.

저의 최근 편지를 통해 조만간 신부님 앞으로 천 피아스터의 어음을 발행할 거라고 알려 드렸습니다. 제가 세창양행에 낸 어음은 이렇습니다.

6월 13일 제14호 어음 ············ $ 800
6월 18일 제15호 어음 ············ $ 240

전보에 이어 신문들을 보시고 걱정하셨을지도 모르겠지만, 안심하십시오. 위험은 지나갔습니다. 중국에서 꽤 널리 퍼진 것이었으나 조선에서는 아직 들어 본 적 없던 소문이 서울에서 돌더니 지금은 지방에서 계속 돌고 있습니다. 조선인들이 그들의 동포들로부터 아이들을 훔쳐다가 일본인이나 유럽인에게 팔면 그들이 아이들을 죽인 다음 피를 뽑아내어 물처럼 끓이고, 살은 약으로 먹는다는 의심을 받았습니다. 한 살배기 아기들은 100냥에 팔리고, 두 살배기들은 200냥에 팔린다는 식입니다. 큰 아이들은 사람이 먹기에는 너무 질기므로 말에게 준다고도 했답니다. 이상이 대중이 맹신하는 쑥덕공론 가운데 수집한 내용의 일부입니다. 장안에서 사람들의 술렁임이 대단했습니다. 심지어 큰불로 번질 수 있는 불씨가 될 뻔했습니다. 외국 열강의 대표들도 이에 동요했고 협의한 뒤 제물포에 전함을 둔 열강들은 몇 명의 해병으로 구성된 경비대를 서울에 오도록 했습니다.

그리하여 프랑스, 미국, 러시아, 일본 공사들은 저마다 군인 20여 명으로 이루어진 분견대를 받았습니다. 위협을 주는 데 그보다 더 많은 수도 필요 없었습니다. 그리고 조선 정부의 이름으로 포고령이 내려졌습니다. 그래서 지금 수도는 평온을 되찾았습니다. 지방에서 위험을 피하고자 콜랭 드 플랑시 씨는 지방에도 마찬가지로 서둘러 포교령을 내려 줄 것을 요구했습니다.

이 모든 비방을 일으킨 자들은 신원을 드러내지 않고자 아주 신경을 썼습니다. 비방들이 사방에서 동시에 일어난 모습을 보면 현 정권의 적수인 반대파의 이익을 위해 쿠데타를 일으키고자 마련된 행동 지침에 따른 것 같습니다. 임금도 심각하게 위협을 받았다고 생각하여 유럽인들 못지않게 걱정했습니다.

상황을 대처하는 면에서 볼 때 콜랭 드 플랑시 씨는 우리에게 필요한 사람입니다. 그가 맡았다면 우리의 모든 문제가 진작에 해결되었을 것입니다. 그는 우리와 같은 시각에서 문제들을 보고 있습니다. 조선인들과의 논쟁에서 밀리지도 않습니다. 그는 우리의 권리를 분명히 주장하는 것에 그치고 그러면 조선인들은 "그렇소."라고 말합니다. 이는 결국 밟아야 할 절차의 문제일 뿐입니다. 따라서 우리는 조만간 우리 신학생들이 풀려나고 우리 토지 문서를 돌려받게 되기를 기대하고 있습니다. 하느님 감사합니다!

블랑 주교님은 우리를 보러 오라고 루세이유 신부를 초청하실 것입니다. 자, 신부님은 언제쯤 오시겠습니까?

제가 서울의 거리를 동행해 드릴 테니 적합한 구두 한 벌을 맞춰 주십시오. 그런데 참, 그 구두 상인에게 지난해 제게 보내 준 구두 한 벌은 치수에 맞지 않았다고 알려 주실 수 있으신지요. 그가 자기 상점에서 널려 있던 구두들을 처분하고 싶었나 봅니다. 리우빌 신부님 앞으로 얼마 전에 받은 구두들이 제 발에 더 잘 맞습니다. 저의 발 치수가 더 작은 데도 지난해 제 앞으로 보낸 구두들은 너무 큽니다. 이러한 자잘한 말씀까지 드려 죄송합니다. 요약하면 이렇습니다. 저의 발 치수나 리우빌 신부의 발 치수에 맞는 끈 달린 맞춤 구두 한 벌.

다음 여객선으로 우리 두 명의 착한 수녀들이 이곳에 도착하게 된다면 우리는 조금 놀라게 될 것입니다. 선교사들도 약간 그렇기는 하지만 조선식 생활에 맞추거나 스스로 마련하지 않는 한, 식기와 가구 등에서 수녀님들에게 부족한 것이 매우 많을 것 같아 걱정입니다.

[지면 부족으로] 종이 방향을 [세로로] 돌려야 했습니다. 늘 그렇듯이, 이렇게 말씀드리며 이만 줄입니다.

그리스도 안에서 신부님의 매우 헌신적이고 애정 가득한.

장 코스트

4권 제46호 잘 받았습니다. 좋습니다! 우표들도 감사드립니다.

069 코스트 신부가 루세이유 신부에게 보낸 1888년 7월 16일 자 편지

코스트 신부가 루세이유 신부에게

1888년 7월 16일, 서울

지극히 친애하는 루세이유 신부님께,

신부님이 떠나신 뒤 우리는 전라도 선교사, 친애하는 라푸르카드 신부[136]의 사망 소식을 듣는 고통을 맛보았습니다. 라푸르카드 신부는 이달[7월] 11일 고열로 쓰러졌는데, [전라도] 남부로 가던 베르모렐 신부를 만나고 돌아오는 길이었습니다. 베르모렐 신부는 [선종 소식을 듣고] 제때 도착하여 라푸르카드 신부에게 마지막 성사들을 베풀었습니다.

이 슬픈 소식을 모니에 신부와 마라발 신부에게 전해 주시고, 안부도 전해 주십시오. 또한 거듭 좋은 여행 되시기를 바라며 더불어 깊은 존경의 마음을 담아.

매우 보잘것없고 헌신적인 동료
코스트

---

136 라푸르카드(Arnaud-Jean Lafourcade, 羅亨默, 1860~1888) : 파리외방전교회 소속 한국 파견 선교사. 1886년 8월 사제품을 받고 같은 해 12월 1일 한국으로 파견되었다. 이듬해 1887년 1월 전라도에서 조선말을 익힌 뒤 1887년 가을부터 고산(얼음골)에서 성무 활동을 폈다. 이후 빼재(수티)로 옮겨 사목하다 1888년 7월 11일 티푸스 열병으로 사망하였다. 신부의 유해는 1896년 고산 되재로 이장되었다.

우리는 신부님에 대한 좋은 추억들로 가득합니다. 어째서 그토록 짧게 들렀다 가셨습니까?

주교님과 프와넬 신부가 신부님께 안부 인사를 전합니다.

070 종현 성당[명동 성당] 토지 소유권 문제에 관한 보고서(1888년 7월 25일 작성 추정)

종현 성당 부지 소유권 문제 관련 보고서[137]

1888년 7월 25일, 서울

1888년 1월 동안 베베르 씨가 저희 토지 문서를 조선 행정 당국에 등록하라고 조언했습니다. 저희도 이를 인지하고 있었고 나중에 그에게 그러한 절차가 반드시 필요한 것은 아니라는 점을 지적했습니다. [그러한 절차가] 조약에는 명시되어 있지 않기 때문입니다.

유럽인들은 제 나라 정통[관습]을 따르려는 듯 등록[절차]을 하나의 보증처럼 활용합니다. [그러나] 조선인들은 그러한 것을 꺼립니다. 매매 계약 때에도 행정처의 개입 없이 소유권 이전의 표시로 문서가 양도되면 끝입니다. 그럼에도 저희는 저희 서류를 신속 정확하게 돌려받게 될 거라고 우리에게 약속한 러시아 공사 대리의 요구에 응하고자, 함께 모여 서류를 분류하고 저희가 소지한 모든 문서를 그에게 보냈습니다.

베베르 씨도 나름대로 그 문서들을 검토하고 이를 적어둔 다음 외아문으로 보냈는데, 이 외아문에서 해당 부서(한성부)를 통해 블랑 주교의 명의로 이를 등록하도록 [조치]했어야 했는데 그러지 않은 것입니다.

---

137 본 보고서는 일인칭 복수 주어로 작성되었으나 필체로 보아 작성자가 코스트 신부로 여겨진다. 가톨릭 선교단 명의로 보내는 보고서로, 끝부분의 내용과 "전하"라는 표현을 감안하면 종현 성당 부지 문제와 관련하여 고종에게 보내고자 했던 보고서가 아닐까 추정된다.

저희는 저희 권리를 확신하고 저희 언덕에서 흙 퍼내기 작업을 열심히 하고 있었습니다. 2월 3일 외아문 독판의 공문을 저희에게 전달하기를 원했던 베베르 씨의 초대를 받아 코스트 신부와 프와넬 신부가 러시아 공사관으로 갔습니다. 공문에는 저희 소유권에 대해 이의를 제기하며 그 언덕이 조선 정부의 땅이라는 주장이 담겨 있었습니다. 그 언덕이 왕실 조상들을 모신 인근 사당(영희전)을 굽어보고 있다는 것을 전제로, 산의 허리를 훼손해 산의 수호신(主山)을 어지럽히고 있다고 저희를 비난했습니다.

저희는 베베르 씨에게 저희 땅은 정부의 소유지가 아니라고 답했습니다. 저희 문서가 그 증거였습니다. 저희는 그 토지를 대대로 물려받은 개인 소유자들에게서 얻었습니다. 그리고 저희가 건물을 짓기로 계획한 언덕에 옛집들의 토대가 보였는데, 이는 일본인들이 인근에 처음으로 자리를 잡을 때에도 있었습니다. 그리고 바로 그때에 이 이웃들[일본인들]을 피하고자 토지 소유자들이 그 집들을 허물고 자재들을 판 다음 다른 곳으로 이주했던 것입니다.

용맥(龍脈)과 관련해서 저희는 이를 뒤흔든 것이 저희가 처음이 아니었다는 점을 지적했습니다. 그 언덕 여러 군데 조선인들이 심하게 깊이 파 놓았는데, 그들은 그곳에 와서 건축에 적합한 모래나 흙 따위를 파냈습니다. 그 언덕은 사람들이 거주하는 작은 골짜기와 사람들의 왕래가 잦은 길을 사이에 두고 사당과 떨어져 있어 그곳과는 아무 상관이 없습니다. 저희 견해도 그렇지만 이 사건과 무관한 양반들의 견해도 조정이 저희에게 산의 정기를 훼손했다고 탓하는 것은 잘못된 일이라는 것입니다.

더욱이 조정은 특정 토지를 산의 수호신들을 위해 따로 마련해 놓고자 자신들의 입장을 변호하려고 한 것이라면 그러한 유보 조항을 언급했어야 합니다. 그런데 조약에는 그러한 내용이 전혀 없습니다. 프랑스인이면 누구나 토지를 매입하고 외국인들에게 개방된 항구나 장소에서 건물을 지을 권리를 인정하는 조약 내용에 따라 저희는 행동했습니다.

이런 식으로 제멋대로 만든 평계를 내세울 수 있는 권한이 조정에 주어진다면, 그들에게 탐탁하지 않은 누군가를 괴롭히는 일은 너무도 손쉬운 일이 될 것입니다.

2월 4일, 베베르 씨가 저희를 변호하고자 외아문(외부)에 갔습니다. 그곳에서 독판(외부 대신)의 거센 반대에 부딪혔는데, 그는 여러 궤변을 늘어놓으며 특히 사당[영희전]의 문고에서 토지 문서를 찾았다고 주장했습니다. 요컨대 합의에 이르지 못하자 양편이 당장 저희 땅에 가 보자고 결정했습니다. 베베르 씨는 가마꾼들의 도착이 늦어지는 것을 지적하며 그렇게 지체된 것은 은밀한 지령에 따른 것이며 이는 어떤 음모의 징후라고 말했습니다.

저희가 저녁 식사를 마쳤을 때 외아문의 사람들이 왔다는 기별이 왔습니다. 베베르 씨와 데니[138] 씨가 맨 먼저 도착했습니다. 독판은 한참 뒤에 도착했는데, 저희 응접실로 들어오려고 하지 않았습니다. 그는 수행원과 함께 자리를 뜨더니 곧장 언덕의 가장 높은 지점으로 향했습니다.

도중에 그는 토목 공사를 하는 인부들을 막으라며 위협했습니다. 데니 씨와 베베르 씨, 코스트 신부와 프와넬 신부가 뒤따라갔습니다. 저희는 통역관을 통해 말을 나누기 시작했습니다. 프와넬 신부가 한번은 직접 독판에게 말을 걸었습니다. 독판은 신부에게 대답조차 하지 않으며 스스로 중요한 사람임을 드러내 보이려는 조선 양반 특유의 거만한 태도로 이렇게 말했습니다. "이 사람은 뭔가? 나는 공사하고만 볼 일이 있소."

그러는 사이 블랑 주교님이 도착했습니다. 양측은 이미 언급된 이유들을

---

138 데니(Owen N. Denny, 德尼, 1838~1900) : 1886년 청의 이홍장의 추천을 받아 묄렌도르프의 후임으로 외교 고문직으로 조선에 부임했다. 이홍장의 추천을 받았음에도 고종을 비롯한 조정 대신들에게 러시아에 의존할 것을 권고하고, 청의 내정 간섭에 반대하며 비판했다. 1887년 조선이 수교를 맺은 나라들에 외교 사절을 파견하도록 도왔고, 1888년에는 주한 러시아 공사 베베르와 결탁하여 러시아와 통상 조약을 맺도록 적극 주선했다.

내세웠습니다. 그런데 그날 일어난 모든 자잘한 사건들을 압도한 일은 외무 독판이 그가 온 희망을 걸었던 문서를 제시한 것입니다. 사당[영희전]으로 가서 찾아오라고 사람을 보내어 15분 정도 걸려서 마침내 가져온 알 수 없는 글은 비단 천에 고이 접혀 있었습니다. 독판은 "자! 여기 있소." "보면 알 것이오." 라고 말했습니다. 저희는 그것을 펴서 대충 넘겨 보았는데, 맨 끝 지면에 '主山'으로 시작되고 줄이 바뀌면서 끝나는 문장이 눈에 들어왔습니다. 독판이 말했습니다. "자, 그 문장을 읽으시오."

주교님은 이미 그의 간계를 제일 먼저 알아채셨고 이렇게 물으셨습니다. "이 글은 누가 쓴 것입니까? 당신이 이것을 오늘 아침이나 어제 쓴 것이지요? 서체가 동일하지도 않고, 붓의 굵기도 다릅니다." 주교님은 그 책을 베베르 씨에게 건네며 속임수임을 확인하도록 했습니다. 독판은 당황해했고, 그의 측근들은 혼란스러워했습니다. 그들 가운데 아무도 선뜻 대꾸하지 못했습니다. 베베르 씨는 화가 난 몸짓으로 그 책을 돌려주었습니다. 데니 씨는 그것이 무엇이냐고 물었고, 곧 그 알 수 없는 글이 다시 제시되었습니다. [데니 씨는] "오! 참으로 나쁩니다, 정말로 아주 나쁩니다!"라고 말했고, 제각기 한목소리로 탄식했습니다. 베베르 씨는 이렇게 말했습니다. "그러한 사기를 쳤으니 더 논의할 필요가 있겠습니까? 자, 갑시다." 그는 그 책을 가져왔던 하인의 얼굴을 향해 던졌고, 당황하여 돌처럼 굳어 서 있는 독판과 그의 측근들을 그대로 두고 집으로 돌아갔습니다.

한편 주교님은 외무 독판 옆에 그대로 남아 그를 측은하게 생각하셨습니다. 주교님은 저희를 도와주거나 해칠 수 있을 정도의 권력을 가진 사람에게 신중히 행동하도록 베베르 씨에게 당부했습니다. 자기 역할을 잘 수행해 온 베베르 씨는 상황에 적절하게 처신했습니다. 그리하여 그는 되돌아왔습니다. 우리가 독판을 응접실로 들어오라고 권하자, 조금 전까지 거칠었던 그의 말

투가 누그러졌음을 알 수 있었습니다. 그는 블랑 주교님에게 이렇게 말했습니다.

"우리가 함께 직접 대화를 나눌 수 있어 참 좋습니다. 우리가 이 사안을 원만하게 해결하기를 바랍니다."

요컨대 모든 정중함을 표시하며 헤어졌습니다. 그러나 독판이 고배를 마시자 그와 그의 친구들의 계획에 차질이 생겼을 것입니다. 한 번 패하고 난 뒤 그들은 또 다른 계책을 도모했습니다. 그 내용을 여기에 동봉해 드리는, 베베르 씨 앞으로 온 2월 8일 자 편지를 통해 알 수 있습니다.

3월 1일, 독판의 초청을 받아 주교님은 프와넬 신부와 함께 아문[외아문]에 다녀오셨고, 거기서 저희 서류를 그다음 날에 바로 돌려받게 될 것이고 그런 다음에는 사건을 원만하게 끝맺게 될 것이라는 약조를 받았습니다.

또 다른 공문들(한두 통)은 러시아 공사관 앞으로 보내진 것이나 강한 인상을 준 것처럼 보이지 않습니다. 그것들은 똑같은 궤변을 다른 형식으로 반복한 것에 지나지 않았습니다.

여기에 동봉해 드리는, 베베르 씨와 블랑 주교님이 주고받았던 3월 5일과 7일 자 공문에서 더욱 강조된 한 국면이 눈에 띕니다. (…)

3월 달에 조선 임금의 고문관 데니 씨도 대리인이요 조정자 자격으로 조선 정부를 돕고자 왔습니다. 그러나 우리가 받은 제안은 결단코 받아들일 수 없는 것이었고, 조롱으로밖에 여길 수 없는 것이었습니다. 그들이 우리에게 제공하겠다고 하는 토지는 너무 외딴곳에 있어 사회에서 내침을 당한 나환자들에게 적합할 것 같았습니다. 데니 씨도 이에 동감하는 듯 보였습니다. 화해를 위한 온갖 방편을 제시한 뒤 그는 위임 권한을 단순히 이행하러 왔다고 우리에게 솔직히 토로했습니다.

이 보고서와 첨부 서류에 보이는 의견들을 두루 고찰하여 저희 권리를 주장하는 것이 적절하다고 생각했습니다. 언젠가 베베르 씨 앞에서 저희는 조선인들에게 유명한 속담을 인용해 말했습니다.

"상대가 전진하면 나는 후퇴하고, 상대가 후퇴하면 나는 전진한다." ㄱ연이은 사실들이 저희가 맞았다는 것을 보여 주는 듯합니다. 불행하게도 저희가 양보를 했다면 누가 알겠습니까? 저희 적들이 승리를 했다고 그것을 자랑으로 여기며 또 다른 상황에서 저희를 억압했을지 모를 일입니다.

이제 하느님께 감사하게도 [저희는] 시합에서 승리를 거뒀고 밟아야 할 절차들이 남아 있으나 이는 저희가 기울인 노고의 열매를 보증해 줄 뿐입니다. 그것이 바로 [프랑스] 대리 공사의 지혜에 기대하는 바이고, 우리의 희망은 그가 도착한 이래 더욱 탄탄해졌습니다. 그는 사태에 대처할 줄 알았고, 그의 어조와 굳셈으로 조선인들을 휘어잡을 줄 알았습니다. 사람들은 독판의 말을 전하는데, 콜랭 드 플랑시 씨를 두고 이렇게 말했다고 합니다.

"다른 사람들만큼 굴려 먹기 쉽지 않은 사람이군."

저희는 기쁘게도 그의 명성이 저희 사건을 호전시켰음을 확인하고 있습니다. 저희 생각에 동일한 궤도로 계속 나아가기만 하면 될 것입니다. 이미 결정된 것은 가능한 한 재론하지 않고, 조선인들의 궤변에 말리지 않으며, 또 그들에게 끊임없이 프랑스인들은 약속을 지키는 사람들로 변덕스러운 사람들의 술책에 좌우지되지 않는다는 것을 입증해 보이는 것이 존경을 받고 법을 존중하도록 하며 불필요한 말썽을 피하는 방법이 된다고 생각합니다. 베베르 씨 또한 언제가 저희에게 이렇게 말했습니다.

"플랑시 씨가 당신들을 소송에서 이기게 해 준다면 분명 그는 훨씬 유리한 입장에 서게 될 것입니다."

이 모든 점을 감안해 볼 때 저희 사건은 간단한 [행정] 절차로 해결될 것입니다. 바로 우리 [토지] 문서를 돌려주는 일입니다. 건물을 짓고 저희가 터를 잡는 문제와 관련하여 어째서 저희에게 특별 허가가 필요한지 모르겠습니다. 이 허가는 조약 내용에 포함되어 있기 때문입니다. 종교 건물과 관련한 문제들을 제기하겠습니까? 그런데 조약에 따르면 프랑스인들은 자기 종교를 실천할 권리를 지니므로 그러한 목적을 위해 마련된 성당을 지을 권리가 있습니다. 당분간은 이에 대해 더는 요구하지 않고자 하는데, 조선인들도 저희 계획을 물으러 오는 것을 곤혹스럽게 여길 것입니다. 천주교 금령이 아직 남아 있는 요코하마, 도쿄, 나가사키, 그 밖의 다른 일본의 개항장에서 성당을 지었고, 일본 정부가 성당의 구조와 규모를 규제하고자 개입한다는 말도 들어 보지 못했습니다.

저희 토지 문제는 해결된 사안이라 더 재론할 필요가 없으므로 한쪽으로 제쳐두고, 사정이 허락하는 한 저희는 기꺼이 임금에게 기쁨을 주고자 합니다. 이를 저희는 이미 베베르 씨에게 분명히 밝혔고, 기꺼이 거듭 밝히고자 합니다. 지금은 전혀 예견할 수 없지만 장차 저희는 전하에게 봉사할 수 있을지도 모릅니다.

전하의 백성에게 종교의 자유를 허락하고, 가톨릭 선교사들에게 중국처럼 여권을 내주는 칙령을 내린다면, 전하 편에서도 참으로 극찬받을 호의의 징표를 저희에게 주게 될 것입니다. 그런데 과연 그처럼 포교지에게 유익한 이득을 간청할 때가 온 것이겠습니까? 저희는 [프랑스] 공사가 시의적절하게 처신하도록 그에게 일임하며 저희의 깊은 존경과 감사와 헌신의 마음을 받아 주시기를 청하고자 합니다.

1888년 7월 25일, 서울

저희는 조선 양반들의 관례에 부합하여 토지를 조금씩 매입한 뒤, 1887년 11월 하순부터 토목 공사를 시작했고, 1887년 12월과 1888년 1월 동안 만인이 보는 앞에서 작업이 이루어졌고, 이에 대해 조선 정부로부터 어떠한 항의도 들어보지 못했습니다.

071 코스트 신부가 주한 프랑스 공사 콜랭 드 플랑시에게 보낸 1888년 9월 26일 자 편지

코스트 신부가 주한 프랑스 공사 콜랭 드 플랑시에게

1888년 9월 26일

[공사]님께

우리의 소포를 보내 드립니다. 주교님께서는 공사님이 매번 우리에게 알려주시는 수고를 마다하지 않는다고 제게 ***하는 호의를 베풀 수 있으리라 생각하셨습니다. 상해에서 오는 소포들이 도착하는 날이나 그다음 날 행낭으로 우리 편지들을 공사님께 보내야 하는지 말씀해 주시겠습니까? 미리 감사드립니다.

수녀님들이 제게 공사님에 관하여 말씀해 주셨습니다. 수녀님들은 공사님이 유럽인 신자들이 주일과 축일에 미사를 볼 수 있는 임시 장소를 마련해 달라는 희망을 표시하셨다는 것을 기억하고 있습니다. 수녀님들은 그들만 사용하도록 마련된 소박한 경당에서 자리 하나를 공사님에게 제공할 생각을 했습니다.

다만 그들 속에서 공사님이 너무 불편해하시고, 공사님이 [새벽] 6시 정규 미사에 참례하기 위해 너무 일찍 일어나야만 하는 것은 아닐까 염려하고 있습니다.

주교관에서는 그러한 불편함은 없으실 것입니다. 주교님은 공사님과 게랭 씨를 위해 기꺼이 주교님의 경당에서 9시 미사를 마련해 줄 수 있다고 하십니다. 주교님의 사람들 말고는 다른 이들은 미사에 참례하지 않습니다. 이곳에서 미사 참례를 하는 것이 좋다고 생각되시면 미리 알려 주시기만 하면 됩니다.

이만 줄입니다.

072 코스트 신부가 주한 프랑스 공사 콜랭 드 플랑시에게 보낸 1888년 11월 20일 자 편지

코스트 신부가 주한 프랑스 공사 콜랭 드 플랑시에게

1888년 11월 20일

[대리]공사님,

공사님께서도 아시는 바와 같이 저희는 제물포 유럽인 거류지에 부지를 구입할 생각을 해 왔습니다. 여러 장소를 물색해 보니 그 부지가 가장 적합해 보였습니다. 저희는 확신을 갖고 공사님께 그렇게 말씀드리며 조선 지방 정부에 필요한 조치를 취해 주시기를 청하고자 합니다.

저희가 얻기를 바라는 부지는, 한쪽에는 언덕 위 세창양행[139]의 발터(Walter) 씨의 소유지와 라포르트[140] 씨의 부지, 그리고 또 다른 한쪽에는 조선 관장의 부지 사이에 위치해 있는데, 언덕 위에서부터 아래쪽 팔린 땅까지 8~10제곱미터 정도이며, 저희 요청에 따라 [제물포] 세관장이 경계를 구분 지어주겠다고 약속했습니다. 따라서 공사님께 저희가 드릴 말씀은… 저희가 저희 이름으로 직접 구입하지 말라는 조언을 듣게 되었다는 것입니다. 이 때

---

139 세창양행은 중국 천진에 있던 마이어 상사(Meyer & Co.)의 지사 형태로, 마이어는 1884년 묄렌도르프의 주선으로 인천에 세창양행을 설립하고 칼 발터(C. Walter)를 지사장으로 파견했다. 세창양행은 묄렌도르프의 지원 아래 급속도로 기반을 닦고 사업을 확장해 나갔으며, 묄렌도르프도 세창양행을 통해 차관, 선박 운송, 기술자 초빙, 광산권 개발 등 조선의 근대화 정책을 구체화했다.

140 라포르트는 1883년 묄렌도르프가 조선 해관을 창설하기 위해 중국에서 영입해 온 10개 다국적 인물들 가운데 한 사람으로 인천 해관 요원으로 활동했다.

문에 저희는 라포르트 씨에게 저희를 위해 그 토지 매입을 맡겼습니다. 이렇게 하는 데 큰 어려움이 없으리라 생각합니다.

 조만간 낙찰을 위한 날짜를 정해 주시는 호의를 베풀어 주시고, 결정 내리신 후 저희에게 알려 주시면 감사하겠습니다.

 [공사님의 답을] 기다리며, 깊은 존경의 마음을 담아.

공사님의 매우 헌신적인 종

073 코스트 신부가 빌렘 신부에게 보낸 1888년 11월 20일 자 편지

코스트 신부가 빌렘 신부에게

1888년 11월 20일

친애하는 빌렘 신부님,

신부님의 편지에 따라 우리는 서울에 주재하는 한 의사의 소견을 들었고, 그의 소견서를 이 소포에 동봉하여 신부님께 보내 드립니다. 그것을 통해 조선의 기후가 신부님의 쾌유에 도움이 된다는 것을 알게 되실 겁니다. 지방에서의 [사목] 생활은 신부님께서도 짐작하실 수 있겠지만 매우 고될 것입니다. 저희는 신학교에 신부님을 위한 자리를 마련해 둘 생각을 해 왔습니다. 따라서 신부님은 페낭의 생활을 이곳에서도 계속하시기만 하면 될 것이며, 더욱이 더 온화한 기후로 피로를 훨씬 덜 느끼실 것입니다.

이러한 여건 속에서 신부님이 건강을 회복하신다면, 저희도 매우 흡족해 할 것입니다. 신부님이 충분히 지내 본 뒤라도 새로운 상황에 적응하실 수 없다면 언제든 오주프 주교님께 말씀을 드릴 수도 있을 것입니다. 오주프 주교님께서 신부님의 건강에 더욱 적합한 생활 방식으로 지극한 환대를 해 주시리라 저희는 믿어 의심치 않으며, 북일본[포교지]에서는 훨씬 편리하게 지내실 수 있으실 겁니다.

결정을 신부님께 맡깁니다. 조선에서 경험을 쌓고자 하신다면 대환영을 받으실 것입니다. 그러니 선하신 하느님께서 신부님의 지혜를 밝혀 주시기를 청

코스트 신부가 빌렘 신부에게 조선 입국을 권유하며 보낸 1888년 11월 20일 자 편지.

하십시오. 발레이스(Wallays) 신부님과 이 편지를 공유하시고 상의하신 뒤, 신부님의 결정을 저희에게 알려 주시면 감사하겠습니다.

    답신을 기다리며, 주님 안에서 애정 가득하고 헌신적인 우리임을 믿어 주십시오.

074 코스트 신부가 루세이유 신부에게 보낸 1889년 1월 5일 자 편지

코스트 신부가 루세이유 신부에게

1889년 1월 5일, 서울

친애하는 루세이유 신부님께,

막 시작된 한 해를 맞아, [1888년] 8월 7일 자로 보내 주신 신부님의 편지에 감사도 드릴 겸 인사드립니다. 안부를 전하며, 신부님은 물론이고 신부님께서 하시는 일이 모두 잘되기를 바라며 진심 어린 새해 인사를 전합니다.

모니에 신부[141]는 그의 새로운 창작에 성공을 거두고 있습니까? 그가 보여 준 재능을 보면 전적으로 신뢰할 수 있습니다. 제가 모니에 신부에게 보낸 정보가 어느 정도 도움이 될 수 있었는지 모르지만 그와 알고 지내면서 제가 얻어가는 바가 오히려 더 많다고 확신합니다. 어쨌거나 그에게 도움을 줄 수 있어 참으로 기쁩니다. 활자 모형 주조는 조만간 끝날 것입니다. 그동안 저는 그곳으로 여행하는 로(Rault) 신부[142] 편으로 신부님께 짐 다섯 상자를 보내 드립

---

141 모니에(François-Charles Monnier, 1854~1939) : 파리외방전교회 선교사. 1879년 인도 남부 마이소르로 파견되어 선교 활동을 펼쳤고 1884년 홍콩 요양소 건립 책임자로 임명되었는데, 홍콩 나자렛 인쇄소도 설립하여 극동 아시아 선교지에 큰 도움을 주었다. 여기서 말하는 새로운 창작은 나자렛 인쇄소 건립을 말한다.

142 로(Jean-Louis Joseph Rault, 盧若望, 1860~1902) : 파리외방전교회 소속 조선 파견 선교사. 1886년 사제품을 받고 12월 조선으로 발령을 받았고, 황해도 장연에 자리를 잡았다. 1889년에는 평안도 수안까지 성무 활동을 확대하였고 교우촌마다 작은 학교도 세웠다. 1893년 원산으로 발령을 받았으나 병환으로 서울로 돌아온 뒤 용산 신학교를 맡았으며 교장직을 지냈다. 1900년 부산으로 임지를 옮겨 활동하다 1902년 콜레라 환자들에게 임종 대세를 주는 과정에서 콜레라에 감염되어 그해 9월 13일 선종했다.

니다. 그 상자 안에는 신부님께서 지시하신 중간 크기의 조선어 활자 한 벌이 담겨 있습니다. 로 신부는 조금 악화된 건강을 회복하기 위해 12월 중순에 상해로 떠났습니다. 어쩌면 홍콩까지 내려갈지도 모르고, 그러면 신부님께 소중한 추억으로 남아 있는 서울과 인근 지역에 관해 말씀드릴 것입니다. 로 신부는 우리가 대성당도, 집[주교관]도 아닌, 우리를 위한 임시 거처이며 인쇄소로 사용할 창고를 지었다고 신부님께 말씀드릴 것입니다. 이 창고가 다 완공된 것은 아닙니다. 지붕을 얹는 동안 서리가 내려 작업이 중단되었습니다. 봄이 되어야 그 안에 거주할 수 있으리라 기대합니다.

수녀님들은 오래전부터 우리 성영회를 이끌어 왔습니다. 수녀님들이 펼치는 열정을 보면 선하신 하느님께서 큰 선익을 도모하시고자 그들의 자선의 소명을 활용하시리라 기대할 수 있습니다.

지방의 동료 신부들은 연례 성무 활동을 펼치고 있습니다. 새로운 소식은 없습니다.

제 생각에 신부님께서 이곳에 계신 동안 우리 신학생들이 풀려났다고 봅니다. 대구의 용감한 여신자 골롬바의 석방 소식도 이미 들어 알고 계시겠지요? 이는 플랑시 씨의 중재 덕분에 이루어진 기정사실로, 그는 언제나 우리를 매우 흡족하게 해줍니다.

동료 신부님들에게 저의 새해 인사와 깊은 존경의 마음을 전해 주십시오.

기도와 미사성제 안에서 하나 되어
신부님의 지극히 헌신적인 종이며 동료
장 코스트

075 코스트 신부가 게랭에게 보낸 1889년 8월 14일 자 편지

코스트 신부가 게랭에게

1889년 8월 14일

친애하는 게랭 씨,

어제 귀하께서 우리에게 전해 준 좋은 소식에 감사드립니다. 기쁘게도 이번 사건이 잘 마무리된 것에 축하를 드리며, 우리를 위해 애써 주신 아낌없는 노고에 진심 어린 감사를 드립니다.

오늘 제가 주교님께 편지를 드리면 모든 것이 해결되었다는 것을 아시고 큰 근심에서 벗어나게 될 것입니다.

귀하의 정당한 권고를 앙드레 신부에게 전했습니다. 더욱이 두 달 동안 그가 떨어져 있는 것이 그에게 값진 경험이 되어 신중함을 익히게 될 것입니다.

거듭 감사의 뜻을 전하며 저의 헌신적인 존경의 마음을 담아 드립니다.

*** 씨[143](M. …)는 앙드레 신부 사건에서 보여준 열정으로 충분히 칭송 받을 만합니다.

---

143 갓등이 앙드레 신부 사건을 통해서 보면 콜랭 드 플랑시 공사가 이 문제의 해결을 도왔을 것으로 추정된다.

076 코스트 신부가 홍콩 대표부의 르모니에 신부에게 보낸 1889년 10월 21일 자 편지

코스트 신부가 홍콩 대표부의 르모니에 신부에게

1889년 10월 21일, 서울

친애하는 르모니에 신부님께,

다른 페이지에서 블랑 주교님의 주문을 보실 것입니다.

서울 고아원 원장 스타니슬라 수녀님은 캉디드 수녀님이 홍콩 총대표부와 홍콩 샬트르 성 바오로 수녀회를 통해 170.14달러를 우리에게 상환하도록 했다는 사실을 신부님께 전해 달라고 제게 부탁합니다. 신부님께서 이러한 조정에 기꺼이 동의하시리라 확신하며 미리 감사의 말씀을 드립니다.

4월 22일에 보내 주신 신부님의 글에 아직 감사의 인사를 드리지 못했는데, 그럴 시간이 제게 없었습니다. 우리 주교관 겸 경리부 건물은 처마 끝과 박공 등 장식 공사를 하고 있습니다. 우리는 수녀님들을 위해 고아원 공사도 시작했습니다. 공사 감독과 다른 여러 잡무로 제게는 친구들과 한담을 나눌 여유도 별로 없습니다. 그러나 그들을 향한 마음만은 여전합니다.

지금은 [건강이] 어떠신지요? 건강을 빕니다! 너무 무리하지 마십시오.

그리스도 안에서
장 코스트

077 코스트 신부가 주한 프랑스 공사 콜랭 드 플랑시에게 보낸 1890년 2월 23일 자 편지

코스트 신부가 주한 프랑스 공사 콜랭 드 플랑시에게

1890년 2월 23일

공사님,

어제 제가 공사님의 편지를 받았을 때 답신을 드리기에 너무 늦은 시간이었습니다. 블랑 주교님의 선종을 맞아 함께 아파하는 사람들의 모습에서 저희는 깊은 감화를 받고 있으며, 진심으로 모든 분에게 감사의 뜻을 전하고 싶습니다. 그러나 저희는 저희 종교 예식에 프로테스탄트 선교사들을 초청하는 것에 익숙하지 않습니다. 현재로서 저희는 신중을 기하는 것이 존경하는 고인의 뜻을 따르는 것이라 생각하며, 고인께서도 이와 비슷한 상황에서 똑같이 신중한 태도를 취하셨습니다.

교파 문제는 차치하고라도 저희가 행여 몇몇 인사를 [장례식 초청에] 깜박했다면, 공사님께서 그들이 누구인지 알려 주시면 감사하겠습니다. 또한 여기에 두세 개 견본을 함께 보내 드리니, 적절하다고 판단되시는 대로 사용하시면 되겠습니다.

프와넬 신부는 당일 낮 동안 공사님께서 저희에게 분명 약속하고자 하셨던 의자들을 찾으러 인편을 보낼 생각입니다.

존경의 마음을 담아

078 코스트 신부가 상해 대표부의 마르티네 신부에게 보낸 1890년 3월 10일 자 편지

코스트 신부가 상해 대표부의 마르티네 신부에게

1890년 3월 10일, 서울

친애하는 마르티네 신부님에게,

전보를 통해 신부님도 조선 포교지가 상중(喪中)임을 아셨을 겁니다. 우리는 블랑 주교님을 잃는 고통을 겪었습니다. 주교님은 보름여 동안 폐렴을 앓으신 뒤 2월 21일에 선종하셨습니다. 그달 초 주교님은, 저도 동행하기로 했던 [나가사키] 시노드에 참석하고자 떠날 채비를 하려고 하셨기에, 나가사키에서 기쁨에 가득 차 [그분을] 기다리고 있는 동안 주교님이 쓰러지리라고 누가 생각이나 했겠습니까?

하느님께서 섭리하시는 계획은 헤아릴 길이 없습니다. 우리는 그저 그분의 놀라운 안배에 순명할 따름이고, 더 나은 고향을 찾아 우리를 떠나신 분께 우리의 애석한 마음을 표하며, 그분 덕행의 발자취를 따라가고자 노력할 따름입니다.

다급한 일들로 이렇게 간단하게 편지를 쓰는 것을 이해해 주시기 바랍니다. 신부님이 보내신 홍콩[대표부]의 회계도 상세히 검토할 시간조차 없답니다. 신부님 앞으로 발행한 제78호 어음-3월 10일자-of On Cheong(?)은 190달러짜리입니다. 홍콩으로 발행한다면 환율의 변동은 피할 수 있겠지만 그런 경우는 드물어 보입니다.

르모니에 신부님을 비롯한 그곳 신부님들에게 존경과 우정을 담아.

그리스도 안에서

코스트

저희는 파스키에 신부의 병환이 매우 심각하다는 것을 압니다. 하느님께서 새로운 불행에서 저희를 지켜 주시기를 빕니다!

079 코스트 신부가 주한 프랑스 공사 콜랭 드 플랑시에게 보낸 1890년 3월 10일 자 편지

코스트 신부가 주한 프랑스 공사 콜랭 드 플랑시에게

1890년 3월 10일

공사님,

저는 오늘 오후 공사님께 한 사건을 의뢰하고자 직접 뵈러 갈 생각이었습니다. 그러나 [그렇게 하면] 서신 연락을 앞으로 안 하실 것도 같아 염려되고, 또 저 역시 [공사님의 편지를 제게 전한] 같은 연락원을 통해 여기에 동봉해 드리는 서류를 먼저 보내 드리는 것이 적절하다고 판단했습니다. 그 서류들을 보시면 로베르 신부가 공사님의 호의적인 개입을 호소하고 있음을 아실 것입니다. 골룸바 사건에서 공사님이 성공을 거두셨기에 우리는 같은 감사[대구 감사]를 상대로 공사님께서 같은 조치를 취해 주신다면 성과가 없지 않으리라 기대합니다.

공사님을 직접 뵙는 영광을 갖게 되기를 바라며 저의 사과와 존경 어린 인사를 전해 드립니다.

080 코스트 신부가 주한 프랑스 공사 콜랭 드 플랑시에게 보낸 1890년 3월 13일 자 편지

코스트 신부가 주한 프랑스 공사 콜랭 드 플랑시에게

1890년 3월 13일

공사님,

친절하게 제게 보내 주신 통보를 잘 받고, 신속하게 함안 사건을 기꺼이 맡아 주심에 감사드리며, 공사님이 거두신 성공에 축하의 말씀을 전하지 않을 수 없습니다.

외무 독판과 조선 정부 또한 이 상황에서 놀랄 만큼의 성의를 보여 주었습니다. 어려움을 해결하고 안 좋은 회피적 언사를 피한 이러한 [조선] 왕실의 태도는 조정의 권위를 지극히 영예롭게 만드는 것입니다. 공사님께서 그들을 만나시면 저희의 찬사와 감사의 뜻을 전해 주시고, [조선의] 국익에 저희가 전심을 다하고 있음을 확신시켜 주셨으면 합니다.

깊은 존경을 담아

지극히 보잘것없고 헌신하는 종

081 코스트 신부가 주한 프랑스 공사 콜랭 드 플랑시에게 보낸 1890년 4월 7일 자 편지

코스트 신부가 주한 프랑스 공사 콜랭 드 플랑시에게

1890년 4월 7일

공사님께,

저는 방금 리우빌 신부와 마라발 신부와 함께 묘지로 사용할 용도로 요청할 용산의 부지를 살펴보고 왔습니다. 우리가 눈여겨본 사항을 말씀드리면 이렇습니다.

증인들에 따르면, 순교가 현재 표시된 표척의 왼편과 뒤편 모두에서 일어났을 것이라고 합니다. 이는 공사님이 점으로 표시한 범위 안에 이곳이 포함되지 않는다는 말이 됩니다.

따라서 표척 뒤쪽의 또 다른 구역(공사님이 지정한 곳에서 수직 방향에 있는)이 더 나을 것 같다는 것이 저희 생각입니다. 가로 95~100미터, 세로 45~50미터로 (공사님의 도면에 제가 초록색으로 점찍은 곳으로), 표척에서 마을 방향으로는 40미터 떨어져 있고, 동일 지점[표척]에서 반대 방향으로는 55미터 떨어져 있습니다. 총 길이는 95미터입니다.

만일 [활궁터에서 날아오는] 화살들이 우리 부지 안으로 들어올 위험이 있다는 구실로 반대를 한다면, 이렇게 대답할 수 있습니다. 말굽 모양의 구릉이 그 화살들을 막아 줄 것이라는 겁니다. 과녁은 대개 이 구릉 앞쪽에 있기 때문입니다.

게다가 마을 궁수들이 때로는 이곳에서, 때로는 조금 더 위쪽에서 훈련을 합니다. 과녁을 바꾸었다고 해서, 예를 들어 평행사변형의 각들 가운데 한 각으로 자리를 바꾸었다 해도 그들은 크게 불편해하지 않을 것입니다.

저희가 제안하는 부지는 다른 곳보다 덜 비쌀 터이니 매입하는 일이 훨씬 수월할 것입니다.

082 코스트 신부가 주한 프랑스 공사 콜랭 드 플랑시에게 보낸 1890년 4월 14일 자 편지

코스트 신부가 주한 프랑스 공사 콜랭 드 플랑시에게

1890년 4월 14일

오늘 자로 보내 주신 공사님의 편지와 동봉해 주신 서류 감사히 잘 받았습니다.

보두네 신부는 그의 고충이 잘 해결된 데에 매우 기뻐하고 감사해 마지않을 것입니다.

저의 진심 어린 감사의 마음을 담아.

083 코스트 신부가 상해 대표부의 마르티네 신부에게 보낸 1890년 4월 15일 자 편지

코스트 신부가 상해 대표부의 마르티네 신부에게

1890년 4월 15일, 서울

친애하는 마르티네 신부님에게,

2월 23일 자로 보내 주신 신부님의 매우 다감한 편지에 감사드려야겠습니다. 작고하신 블랑 주교님을 떠나보낼 때 우리는 머지않아 우리 가운데 한 사람을 또 떠나보내리라고는 생각조차 못 했습니다.

우리는 얼마 전 [또다시] 친애하는 앙드레 신부의 선종을 알게 되었습니다. 앙드레 신부는 이달[4월] 13일 오전 6시 45분 이곳에서 한나절 떨어진 곳에서 알릭스 신부가 지켜보는 가운데 영면했습니다. 그는 티푸스 열병을 앓다가 이레째 되던 날 그렇게 된 것입니다. 앙드레 신부는 자기 헌신과 열정에 희생되어 숨졌다고 말할 수 있습니다. 그는 몇 주 전에 같은 병에 걸린 파스키에 신부를 몸소 간호하기도 했습니다. 성주간 동안 그의 옛 교우들-지금은 알릭스 신부의 교우들인-에게 성사를 베풀면서 분명히 과로를 했을 것입니다.

지난해 같은 시기 우리는 드게트 신부를 그렇게 잃었습니다. 채 얼마 되지도 않은 시간 동안 우리는 얼마나 많은 시련을 겪고 있는지요! 하느님의 거룩한 뜻이 이루어지기를 빕니다!

신부님이 보내 주신 회계는 이제 막 수령했고 [계산은] 정확해 보입니다. 다만 올해 회계 연도의 경우 아래의 추가 사항을 신부님께 알려 드리고자 합니다.

루세이유 신부님이 우리에게 활자 모형을 조립하여 조선어 활자를 보내 달라고 부탁했습니다. 이러한 이중의 요청을 받아 실행한 뒤 저는 모니에 신부에게 보낸 편지에서 [지불] 총액을 아래와 같이 전했습니다.

모형 제작비 ----------------- $50
활자 제작비 ----------------- $50
총 --------------------------- $100

모니에 신부가 이견을 주지 않았으니 아마도 제가 [홍콩] 총대표부를 통해 상환 조치를 하리라 생각한 것 같습니다. 그런데 저는 그에게 [상환 지불을] 일임했습니다. 바로 이러한 이유에서 르모니에 신부님이 이에 관해 아무런 의견을 받지 못했던 것입니다. 제 생각에 올해 회계 장부에서 이 공란을 메우는 일로 신부님에게 문제가 전혀 없으리라 생각합니다. 그리고 필요하다면 루세이유 신부에게 미리 알리면 될 것입니다. 미리 감사드립니다.

1889년 회계를 검토하면서 또 다른 특기 사항을 말씀드려야 할 것 같아 메모를 해 두었습니다. 여기에 동봉해 드리는 메모에서 수녀님들을 위해 일부 수정해야 할 사항이 있는지 살펴보십시오. 이 문제는 신부님의 지혜에 맡기고자 합니다.

우리 연 피정은 이달 21일에 시작합니다. 지방의 동료 신부들은 머지않아 도착할 것입니다. 우리는 새로 지어 아직 회벽도 바르지 않은 건물이지만, 그곳에 그들을 묵게 하려고 힘쓸 것입니다.

건물 공사는 시작은 했으나 아직 끝이 보이지 않습니다. 신부님께서도 대표부를 다른 곳으로 옮겨야 할 일이 생긴다면 한동안 고생하시겠군요. 도처에서 얼마나 많은 변화가 있는지요!

현재 상해에 있는 르모니에 신부가 우리를 방문하러 오지 않겠습니까? 신부님의 모든 일이 잘되고 늘 건강하시기를 빕니다.

기도 안에서 하나 되어
그리스도 안에서 헌신과 애정을 담아
코스트

3월 14일 자 편지를 보내 준 라클로 신부[144]에게 감사의 인사를 전합니다. 라클로 신부에게 별도의 통지가 없는 한 리우빌 신부에게 염소털[캐시미어]은 보내지 말아 달라고 전해 주셨으면 합니다. 리우빌 신부는 이미 그에게 맞는 옷감을 받았습니다.

알림장

[샬트르 성 바오로] 수녀회 회계(1889년)

보조금 총액 1,0000프랑을 총 대표부의 평균 이자율(3.89프랑)로 계산하면 $2,583.97이나 [실제] 기재된 총액 $2,493.50로 90.47 차액이 발생했습니다.

게다가 상해 대표부의 총액(T73)으로 되돌려 받은 70/72번 어음 때문에 수녀님들은 위에 기재된 금액 $2,493.50 가운데 $52.60의 손해를 보았습니다.

이러한 이중의 손해를 입지 않도록 수녀님들에게 $1달러당 3.87프랑의 평균 환차액의 혜택을 주거나 아니면 상해[대표부]에서 은행 이율만큼 어음을 할인해 주는 것이 적절하지 않겠는지요?

---
144 1890년 당시 라클로 신부는 홍콩 대표부 부대표를 맡고 있었다.

084 코스트 신부가 루세이유 신부에게 보낸 1890년 4월 16일 자 편지

코스트 신부가 루세이유 신부에게

1890년 4월 16일, 서울

친애하는 루세이유 신부님께,

신부님께서도 짐작하고 계시겠지만, 우리에게 일어난 고통스러운 사건으로 신부님께서 1월 24일에 보내 주신 고마운 편지에 대한 답신을 좀 더 일찍 하지 못했습니다.

고인이 되신 블랑 주교님을 떠나 보내 드린 지 채 얼마 되지 않았는데, 이달 [4월] 13일에 또다시 앙드레 신부를 떠나보내야 했습니다. 앙드레 신부가 병을 앓은 지 이레가 되던 날이었습니다. 지난해 이맘때에는 드게트 신부님을 떠나보냈습니다.[145] 이렇게 얼마 되지도 않는 시기 동안 얼마나 많은 시련을 겪고 있는지요! 하느님의 뜻이 이루어지기를, 그리고 그분의 거룩한 이름이 더 좋은 세상으로 떠난 분들을 통해 그러듯이 남아 있는 이들을 통해서도 찬미 받으시기를 빕니다.

신부님이 간직하신 우리에 대한 좋은 추억과 우리 사전을 인쇄하면서 우리에게 [도움을 주겠다고] 흔쾌히 응답해 주심에 감사드립니다. 페낭에 있는 우리 신학생들이 이번 학사 연도 말에 학업을 마치기로 되어 있는데, 신부님께

---

145 드게트 신부는 1876년에 블랑 신부와 함께 조선에 들어와 박해기와 개항기를 모두 보낸 1889년 당시 최고참 선교사로, 장티푸스로 선종했다.

서 제안하시는 대로 그 [인쇄] 작업에 도움을 줄 수 있을 것입니다. 저희의 논의를 거친 뒤 신부님께서 [인쇄 작업에] 필요한 이들을 두실 수 있을 것입니다.

우리 동료 신부들은 이달 21일에 시작될 연 피정을 위해 모이고 있습니다. 새 건물은 아직 초벽을 하지 않은 상태이지만 그들을 그곳에 묵게 하고 있습니다. 신부님이 방문하시어 우리를 기쁘게 하셨을 때 우리 건축의 청사진만 보셨지요. 그때 이후로 우리는 인쇄소를 지었고, 지금은 그 건물을 임시 경당과 경리부 겸 주교관으로 사용하고 있습니다. 우리가 [그동안] 일을 참 많이 하였지요? 하느님께서 우리가 이곳, 곧 우리의 마음을 뒤흔드는 역사를 지닌 소중한 조선 포교지에서 영적인 건물을 짓는 데에도 유능하고 열정적인 일꾼임을 보시고 기뻐하시기를 빕니다! 신부님의 선한 기도 안에서 기억해 주십시오.

신부님과 함께 있는 동료 신부들에게 존경과 우정을 전합니다.

애정 가득한 존경의 마음을 담아
신부님의 매우 보잘것없고 헌신적인 종
장 코스트

085 코스트 신부가 작성한 앙드레 신부의 부고(1890년 4월 21일)

앙드레 신부[146]의 부고

1890년 4월 21일, 서울

친애하는 뮈텔 신부님께,

고인이 되신 블랑 주교님을 보내 드린 지 채 얼마 지나지도 않았는데,[147] 우리 가운데 또 한 사람을 떠나보냈습니다. 친애하는 앙드레 신부가 이달 13일 오전 6시 45분, 이곳에서 하루 정도 떨어진 곳에서 그의 후임인 알릭스 신부가 지켜보는 가운데 선종했습니다. 지난해 비슷한 시기에는 친애하는 드게트 신부님이 선종했습니다[148] 채 얼마 되지 않은 시간 동안 얼마나 많은 시련을 겪고 있는지요! 하느님의 뜻이 이루어지기를, 그리고 그분의 거룩한 이름이 더 좋은 세상으로 떠난 이들을 통해 찬미 받으시는 것처럼 남은 이들을 통해서도 찬미 받으시기를 빕니다!

앙드레 신부는 1887년 1월 15일 서울에 도착하여 언어 공부를 위해 블랑

---

146 앙드레(Jacques-Edouard André, 安學古, 1861~1890) : 파리외방전교회 소속 선교사. 1887년 9월 사제품을 받고 11월 2일 조선으로 파견되었다. 서울에서 조선어를 익힌 뒤 1888년 7월 수원 갓등이 본당으로 발령을 받았다. 1888~1889년 열정적으로 사목을 펼쳤고 1890년 4월 13일 티푸스 열병으로 선종했다.

147 블랑 주교(1844~1890)는 1890년 2월 21일 갑작스러운 병환으로 선종하였다.

148 드게트 신부(1848~1889)는 1889년 4월 29일 향년 41세의 나이로 선종했다. 블랑 주교는 추모의 글에서 오랜 경험과 완벽한 조선어 실력, 열정과 관대함에서 그 누구도 대신하지 못할 훌륭한 선교사였다고 평했다. 1889년 4월 가뭄으로 고생하는 지방의 신자들을 위해 구호품을 전달한 뒤 서울로 올라오는 길에 추위와 과로로 열병에 걸려 선종하였다.

주교님 곁에서 지냈습니다. 몇 마디 더듬으며 말할 수 있게 되자 주교관에 드나드는 신자들과 대화를 나눴습니다. 앙드레 신부는 (남달리)[149] 사교적인 성격을 지녔기에 조선어를 처음 배울 때 으레 겪게 마련인 어려움을 극복하며 빠른 진전을 이루었습니다.

같은 해(1887년) 7월 초 앙드레 신부는 경기도 수원의 지역 본당 갓등이로 파견되었습니다. 그는 (아내 그곳 교우들과 친해졌고) 자신의 몫으로 주어진 주님의 포도밭 가운데 하나인 그 지역에 온 애정을 쏟았습니다. 그리하여 마침내 그토록 그의 심장을 뛰게 했던 역사를 지닌 소중한 조선 교회에 그의 몫의 기여를 할 수 있었고, 수많은 이들이 피를 흘려 일구어 낸 이 땅에 그 또한 땀을 흘릴 수 있게 되었습니다.

앙드레 신부는 자신의 신자들이 좀 더 수월하게 모일 수 있도록 경당을 짓기로 결심하였습니다. 아마도 이 계획으로 그에게 초래될 물질적·재정적 어려움을 고려하지 못했던 것 같습니다. 만반의 대처를 하느라 각고의 애를 써야 했습니다. 그리하여 피정 때 서울에 온 그를 보니, 그의 얼굴에 그가 쏟은 근심의 흔적이 역력했습니다. 어쨌거나 그의 노력은 성공의 결실을 거두었고, 더 넓고 더 적절한 지역에서 미사성제를 바치는 위로를 받았습니다.

[바오로] 사도의 권고를 따라 그는 모두에게 모든 것이 되었습니다. 그의 신자들은 그를 아버지처럼 아꼈습니다. 그들 한 사람 한 사람의 이익이 그에게 무관하지 않았습니다. 한 번은 그의 신자들 가운데 하나가 한 외교인에게 피해를 입자 이를 바로잡기 위해 측은한 마음에서 신중함이 앞섰다면 하지 않았을 조치를 취했습니다. 이 사건으로 그는 서울로 올라올 수밖에 없었습니다. 모두가 그의 의도를 옹호했습니다. 그러나 그가 사랑하고 존경했던 이

---
149 이하 괄호 속 취소선 내용은 프랑스어 원문 그대로 옮긴 것을 나타낸다.

들에게 비난을 받았을 때 그의 여린 마음이 얼마나 힘들었겠습니까. 이곳에 머무는 동안 앙드레 신부는 시간이 더디게 가는 것에도 괴로워하며 오매불망 자신의 신자들을 다시 만나고 싶어했습니다. 그런데 그는 다른 미덕들에 못지 않게 [훌륭한] 인내심을 가지고 있었습니다. 그리고 그의 기분을 풀어주고자 그의 송사가 유리한 쪽으로 돌아갈 것이라고 말해 주면 기분이 나아지는 것이었습니다. 마침내 길었던 한 달이 지난 뒤 문제가 해결되었다는 소식을 받았습니다. 이 소식이 그에게는 유배의 끝이었습니다. 바로 이튿날 앙드레 신부는 그의 소중한 교우촌으로 다시 돌아가게 되었습니다.

그 첫해에 앙드레 신부는 그가 사는 마을의 외곽까지 성무 활동을 펴고자 애썼습니다. 그가 한층 폭넓게 활동할 수 있었던 1888년과 1889년에는 사도적 열정을 활짝 펼쳤습니다. 그런데 이 열정은 서둘러 빨리 이루려는 것이 아니라 제대로 잘 이루기 위해 쏟은 자제된 열정이었습니다. 그는 고해소에서 자신의 양들 하나하나의 영적 질병에 적절한 약을 주었으니 말입니다. 그는 이를 특별히 좋아하는 것처럼 보였고, 상당한 시간을 고해소에서 보냈습니다.

앙드레 신부는 과로 앞에서도 물러서지 않았습니다. 두세 신부가 나가사키 시노드에 조선 대표로 참석하고자 일본으로 떠나면서 두세 신부의 지역 본당의 연례 판공이 마무리되지 못했습니다. 이 일을 마치고자 앙드레 신부의 선의에 호소한 것이 허사가 아니었으니 그가 이 일을 맡아 주려고 했기 때문입니다. 그러나 또 다른 곳에서도 그의 헌신을 필요로 했습니다.

그의 이웃 파스키에 신부[150]가 병이 들었다는 소식을 전해 듣자 그는 서둘러 도움을 주고자 달려갔습니다. 여기에 3월 17일 앙드레 신부가 직접 그 사실

---

150 파스키에(Pierre Joseph Pasquier, 朱若瑟, 1866~?) : 1889년 7월 사제품을 받고 그해 10월 조선으로 파견되었다. 1890년에는 충청남도 여산 지방과 이후 1889년부터 1904년까지 공주 지역에서 사목 활동을 했고, 1905년 유럽으로 돌아간 뒤 파리외방전교회를 떠났다.

을 어떻게 전하고 있는지 그의 편지를 인용하겠습니다. 이 편지는 제가 앙드레 신부에게서 받은 마지막 편지입니다.

"지난 주일 오후 저는 산밑(San-mit)을 떠나 월요일 아침 바울(Pa-oul)에 도착했습니다. 비가 (줄곧 내리더니) 밤새도록 내렸습니다. 상관없었습니다! 서둘러야 한다고 들었고 동료가 중요하지 않습니까!"

앙드레 신부는 파스키에 신부의 소식을 전한 뒤 이렇게 덧붙였습니다.

"저는 그가 완전히 나을 때까지, 필요하다면 기꺼이 계속 머물 것입니다. 저는 하느님께서 원하실 때 저의 일을 할 것입니다. 따라서 서울에서 지시가 없으면 저는 바울을 떠나지 않겠습니다. 그래도 저를 대신할 사람을 보내주는 것이 적절하다고 판단하시면… [대신할 사람을 보내는 게] 여의치 않다면, 걱정하지 마십시오. 저는 자리를 지킬 것이고, 블레(Velay)[151]의 아들로서 끝까지 제 소임을 다할 것입니다."

실제로 앙드레 신부는 파스키에 신부가 완전히 회복될 때까지 머물렀고 파스키에 신부도 그의 도움 없이 지낼 수 있을 정도가 되자 헤어져 앙드레 신부는 3월 28일 갓등이로 돌아왔습니다. 그곳에는 그의 후임 알릭스 신부가 막 도착해 있었습니다. 한데 모인 두 동료는 함께 부활의 기쁨을 맞을 채비를 했고, 상황이 허락하는 한도 내에서 성대한 [파스카] 잔치가 되기를 바랐습니다. [그리하여] 앙드레 신부는 200대 가까이 고해성사를 베풀었습니다. 이는

---
151 프랑스 남중부 지방의 옛 지방 명으로, 지금의 오트 루와르(Haute-Loire) 지방에 해당한다. 앙드레 신부는 오트 루와르 지방 쿠봉(Coubon)에서 태어났다.

이미 바울에서 과로가 누적된 그에게 한층 더 과로를 보태는 것이었습니다. 그러나 그는 열정으로 해내었으니, 자기 양들을 위해 제 목숨을 내어 줄 준비가 된 착한 목자는 자기 양들에게 성찬례의 잔치에 참여하는 행복을 주고자 애쓰기 때문입니다. 부활절 다음 월요일 고열로 앙드레 신부는 드러눕게 되었고, 애통하게도 다시는 일어나지 못했습니다. (그의 곁을 줄곧 지킨 알릭스 신부가 신부님에게 그의 신앙과 신심의 마음을 전할 것이고, 사백 주일에 갑작스레 맞은 [그의] 죽음과 장례에 대해 증인으로서 전할 것입니다.) 사백 주일에 앙드레 신부는 신앙과 신심 가득한 모습으로 자신의 임종을 함께 한 모든 이들에게 큰 감화를 주었습니다.

제가 맡은 일들 때문에 서둘러 이 글을 마무리 지을 수밖에 없지만 회한이 없는 것이 아닙니다. 우리에게 참으로 소중한 도움을 주고 꽃다운 나이에 숨을 거둔, 그러나 천상에서는 이미 성숙한 한 동료의 무덤 앞에 헌화하는 마음으로 저의 회한을 바칩니다.

우리는 오늘 저녁부터 피정에 들어갑니다. 동료 신부들이 모두 한데 모여 있습니다. 아직 초벽을 바르지 않은 상태이지만 새로 지은 건물에서 묵고 있습니다.

***에 대한 간단한 언급 [이하 내용 없음]

086 코스트 신부가 주한 프랑스 공사 콜랭 드 플랑시에게 보낸 1890년 4월 27일 자 편지

코스트 신부가 주한 프랑스 공사 콜랭 드 플랑시에게

1890년 4월 27일

공사님께,

[작고하신] 블랑 주교[152]님은 공사님의 인품을 높이 보시어 진작부터 시의적절한 조치로 로마[교황청]에 공사님이 조선의 천주교를 위해 남다른 도움을 주고 있음을 전하며 특별한 관심을 갖도록 하셨습니다.

공사님의 공로에 맞갖은 상급[훈장]을 요청한 뒤 주교님은 당신도 하늘에 계신 우리 아버지의 상급을 받고자 떠나셨습니다. 주교님이 직접 교황께서 공사님에게 수여한 영예[훈장]를 전하셨다면 참으로 기뻐하셨을 것입니다. 그러한 주교님께서 누리셨어야 할 그 행복을 우리, 조선의 선교사들은 공사님과 함께 나누고자 합니다. 우리는 공사님이 우리를 위해 쏟으신 호의의 결과에 끊임없이 감사하며, 조국을 위한 만큼 종교를 위해서 일하는 프랑스 대표를 갖게 되어 참으로 자랑스럽습니다.

지금쯤 공사님을 위해 마련된 훈장을 드렸어야 했습니다. 늦어지고 있는 것이 아쉽긴 하지만, 조만간, 내일이나 모레쯤이면 도착할 것입니다.

어쨌든 저는 공사님에게 교종의 호의가 담긴 이 표시를 전달하게 되어 영

---

152 블랑 주교는 1890년 2월 21일 갑작스러운 병환으로 선종하였다.

광이며 그레고리오 성인의 새로운 기사님의 건강을 위해[153] 모든 신부님들에게 [기도를] 제안하겠습니다.

1890년 4월 27일

다음번에 떠날 [요셉] 마라발 신부[154]는 동생을 함께 데리고 올 것 같습니다. 따라서 장 마라발 '徐若翰[서약한]' 신부[155]를 위해 강원도와 함경도 지방을 두루 다닐 수 있는 통행증[호조]을 잘 준비하도록 해 주시면 감사하겠습니다.

・・・
153 성 그레고리오 대십자 훈장을 받은 플랑시 씨의 건강을 빈다는 말을 비유적으로 표현한 것이다.
154 마라발(Joseph Maraval, 徐若瑟, 1860~1916) : 1885년 입국하여 부엉골 신학교 교장으로 임명받았으나 열악한 시설과 콜레라 발병으로 오래 유지되지 못했다. 1886년 한불조약의 체결로 선교 활동이 자유로워지고 2년 뒤인 1887년 신학교가 용산으로 이전되면서 1890년까지 용산 신학교 교수를 지냈다. 1890년 원산으로 발령을 받았다. 그곳에서 사목을 하는 동안 아픈 동생 장 마라발 신부의 간병을 맡아 했으나 얼마 지나지 않아 떠나보내는 아픔을 겪었다.
155 마라발(Jean-Baptiste Maraval, 徐若翰, 1866~1890) : 요셉 마라발 신부의 막냇동생으로, 1889년 11월 27일 조선으로 파견되어 1890년 2월 입국했다. 안타깝게도 입국 당시부터 폐결핵을 앓아 서울에서 잠시 어학 공부를 한 뒤 건강 회복을 위해 형 요셉 마라발 신부가 있는 원산으로 보내졌으나 회복되지 못하고 1890년 10월 24일 형이 지켜보는 가운데 눈을 감았다.

087 코스트 신부가 주한 프랑스 공사 콜랭 드 플랑시에게 보낸 1890년 5월 1일 자 편지

코스트 신부가 주한 프랑스 공사 콜랭 드 플랑시에게

1890년 5월 1일

공사님께,

여권에 반드시 기입되어야 할 성명은 다음과 같습니다.

두세 신부	[요셉] 마라발 신부	베르모렐 신부
丁	徐	張
加	若	若
彌	瑟	瑟

두세 신부와 베르모렐 신부의 행선지에서 바뀔 것은 전혀 없습니다.

어제 도착한 두세 신부는 제물포에서 짐 가방 가운데 일부를 아직 받지 못했는데, 그 속에는 여권과 공사님 앞으로 보내는 편지가 들어 있습니다. 두세 신부는 다음번에 두 서류를 공사님께 보내 드릴 수 있기를 기대합니다. 심지어 그는 말에서 떨어지지만 않았어도 직접 그 서류를 들고 공사님께 갈 생각을 하고 있었습니다.

상태가 심각하진 않지만, 휴식을 취해야 합니다. 함안 사건과 도적떼 사건에서 취해진 조치들과 관련하여 *****감사드립니다.

공사님께서 우리를 위해 애써 주시고자 하시는 노고에 감사드리며….

088 코스트 신부가 주한 프랑스 공사 콜랭 드 플랑시에게 보낸 1890년 5월 9일 자 편지

코스트 신부가 주한 프랑스 공사 콜랭 드 플랑시에게

1890년 5월 9일

'남종'(Nam Tjyang)[156]이라는 조선인은 32세가량으로, 전라도 출신으로 전주읍에서 상당한 지위를 차지하고 있는데, 그는 자신이 배운 천주교를 받아들이기에 앞서 몇 가지 의문을 밝히고자 서울에 왔습니다. 그는 교우들에 대해 들었고 그들의 책을 읽었습니다. 지난해에는 보두네 신부와 면담을 가졌습니다. 천주교인들이 사람들이 많이 사는 중심지를 피해 산속에 산다는 것을 알고는 그들이 박해를 여전히 두려워해야 하는지 의아해했습니다. '교우들의 처지가 외세들과 맺은 조약들을 통해, 아니 적어도 그 결과로 생겨난 수교를 통해 개선되지 않았는가? 그들이 추방 판결받았다고 여기고 있는데, 그로부터 그들을 끌어낼 방법은 없는 것인가?'

그리하여 남 씨는 교우들을 그러한 비천한 처지에서 벗어나게 하고, 그들에 관한 여론을 바로잡아 그리스도교가 그에 걸맞은 지위를 갖게 되기를 바랐습니다. 그는 전주에서 영향력이 있었기에 어느 정도 성과를 거둘 수 있으리라고 기대했습니다. 그는 지위가 높은 일곱 사람과 협력하여 학교를 세울 방편을 도모했습니다. 이 학교에서 그들[교사들]은 한문과 함께 유럽어, 특히 프랑스어를

---

156 89번 서한을 보면 그의 이름이 '홍종남'임을 알 수 있다.

익히면서 가톨릭 교리도 함께 배울 수 있고, 상황이 허락되면 그들의 학생들에게 교리를 주입할 수도 있을 것입니다. 그들은 설립 비용으로 (서울의 화폐 가치로) 오만 냥에 버금가는 금액을 지불하기로 약속한 것 같습니다. 논에서 거두는 수입을 통해 마련되는 것으로, 선교사를 위한 가옥 등도 포함된 것입니다.

그들은 [학교 설립] 계획을 실행하기에 앞서 당국에게 걸리는 것이 전혀 없는지 확인해 보고자 했습니다. 그리고 그 계획을 실현하고자, 가능하다면 공식 인가를 아무런 제약 없이, 수월하게 받을 수 있는지 확인해 보고자 했습니다.

이상이 남 씨가 그제 저에게 전한 [학교 설립 구상의] 주요 내용입니다. 저는 그러한 훌륭한 의도를 지닌 그를 칭찬해 주었고, 그를 격려하고자 프랑스 공사가 조선 정부와의 외교 관계에서 종교 사안에 매우 헌신적이시므로 그의 조언을 구하겠다고 약속했습니다.

[조불]조약을 보면 프랑스 국민인 선교사들에게는 가르치는 등의 권리가 부여되어 있습니다. 이 조항에 근거하여 전주에서 남 씨와 그의 동료들이 보두네 신부와 베르모렐 신부의 각별한 지도 아래 학교를 설립하겠다는 것을 외아문에 알릴 수 있지 않을까요? 또 외아문이 필요한 권고문과 함께 방해 금지 등의 내용을 담은 통지를 전라도 감사에게 보내 줄 것을 부탁할 수 있지 않을까요? 공사님이 외아문에 보내는 이러한 의견서에는 당연히 종교 문제는 따로 거론되지 않겠지요. 남 씨는 [전주로] 돌아가기에 앞서 답변을 기다릴 것입니다.

이 조선 양반들이 보여준 귀감은 자연스럽게 그 도시와 인근의 많은 토박이들의 개종을 이끌게 될 것이고, 가톨릭교에 유익이 되는 것은 물론이고 프랑스에는 영광이 될 것입니다. 이러한 생각으로 공사님께서 신중하신 처사로 도움을 주시리라 확신하며 본 사안을 전해 드립니다.

답신을 기대하며⋯.

089 코스트 신부가 주한 프랑스 공사 콜랭 드 플랑시에게 보낸 1890년 5월 15일 자 편지

코스트 신부가 주한 프랑스 공사 콜랭 드 플랑시에게

1890년 5월 15일

공사님께,

[편지를] 들고 가는 홍종남(洪鐘南)은 제가 공사님께 전주 학교 설립 계획을 추진하고 있는 '남종'이라는 이름으로 알려 드린 조선인입니다.

그는 독판을 만나는 것을 아주 꺼려하는데, 독판에게서 뜻밖의 당혹스러운 일을 겪을까 두려워하기 때문입니다. 그는 기꺼이 공사님과 의견을 나누기를, 곧 공사님의 주사를 만날 준비가 되어 있습니다. 공사님이 자신에게 호의적이며 어려움이 있다면 그것을 해결해 주실 의향이 있다는 것을 그는 알고 있습니다.

첫발을 뗀 걸음이 좋은 결과를 낳을 수 있기를 희망하며 공사님께 저의 존경을 담은 인사를 드리게 되어 영광입니다.

090 코스트 신부가 포교성성 장관 시메온 추기경에게 보낸 1890년 5월 19일 자 편지

코스트 신부가 포교성성 장관 시메온 추기경에게

1890년 5월 19일

추기경님께,

서울 주재 프랑스 공사 콜랭 드 플랑시 씨 앞으로 보내신 칙서와 추기경님의 2월 3일 자 서한(N° 1707/89)이 사랑과 존경으로 기억되는 블랑 주교님이 선종하신 뒤 이곳에 도착했습니다. 4월 27일, 저희 연피정을 마치며 저는 빅토르 콜랭 드 플랑시 씨에게 교황 성하께서 특별히 수여하신 훈장[157]을 소개하는 영광을 가졌습니다. 여기에 동봉하는 서한을 보시면 그 행복한 수신자가 교황 성하의 높은 호의의 징표를 받고 얼마나 기뻐했는지를 아시게 될 겁니다.

교황 성하의 각별한 호의는 그가 더욱 힘차게 가톨릭의 이익을 옹호하는 데에 큰 격려가 될 것입니다. 그의 깊은 감사의 뜻을 전해 드리며, 존경의 마음을 담아 추기경님의 옷자락에 입을 맞춥니다.

깊은 존경의 마음을 담아 매우 보잘것없고 순종하는 종.

장 코스트

[조선 대목구] 대표

---

157 블랑 주교는 선종하기 한 해 전인 1889년 1월 21일 적극적인 중재와 협력으로 교회에 많은 도움을 준 콜랭 드 플랑시에게 "성 그레고리오 대십자 훈장"을 수여해 줄 것을 교황청에 요청하였다.

교황 레오 13세가 콜랭 드 플랑시에게
내린 칙서. 한국 가톨릭교회 선교 임무를 적극적으로
지원하고 열정적인 관심을 쏟은 콜랭 드 플랑시의 공로를 치하한다는 내용이다.

091 코스트 신부가 주한 프랑스 공사 콜랭 드 플랑시에게 보낸 1890년 6월 16일 자 편지

코스트 신부가 주한 프랑스 공사 콜랭 드 플랑시에게

1890년 6월 16일

공사님께,

통신원이 제물포에서 방금 도착했는데, 빌렘 신부 편에서 보낸 약간 구겨지고 얼룩진 편지를 가져왔습니다. 이 문서를 공사님께 서둘러 전하며 그 상태가 안 좋은 점 양해를 구합니다. 이 편지를 통해 재차 계류 중인 문제에 관해 알게 되실 것이고 어쩌면 조치를 취해야 할 적절한 때가 언제인지도 판단하시게 될 것입니다.

통신원이 출발하기에 앞서 빌렘 신부에게 취해야 할 행동 노선을 알려 주는 것이 적절하다고 판단되시면 귀하의 지침을 [보내 주시면] 제가 빌렘 신부에게 전달하도록 하겠습니다.

[답신을] 기다리며…

092 전라도 고산 지역 신자들이 외교인들에게 당한 핍박을 코스트 신부에게 하소연하는 1890년 6월 17일 자 편지 [뮈텔 문서 1890-63]

전라도 고산 지역 신자들이 코스트 신부에게

1890년 6월 17일

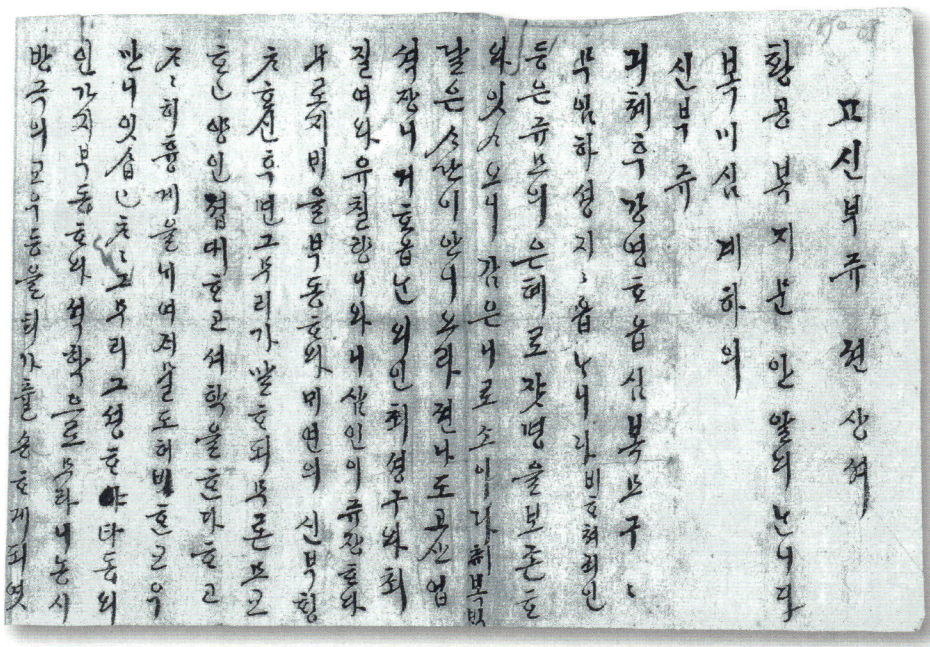

고 신부님 전 상서

"…다른 사단이 아니오라 전라도 고산읍 석장리 사는 외인 최성구와 최질여와 유칠량이 세 명이 주장하여 무뢰지배(無賴之輩)와 부동(符同)하여 매년 신부 행차하신 후면 그 무리가 말하되 양인(洋人) 접대하고 서학을 한다 하고 자자히 흉계를 내어, 재물도 허비한 교우 많이 있사옵고 차차 그 무리 극성하야 타동 외인까지 부동하여 서학으로 모니 농시방극(農時方劇) 교우 등을 교회가 출송(出送)하게 되었사오니 이런 변고를 면해야 모든 교우가 부지하겠사오며…방금 또 한 교우가 전(田) 2백 냥을 빼앗기게 되었사오니 처분하옵소서. 모든 교우 부지하옵기를 천만 복망하옵나이다."

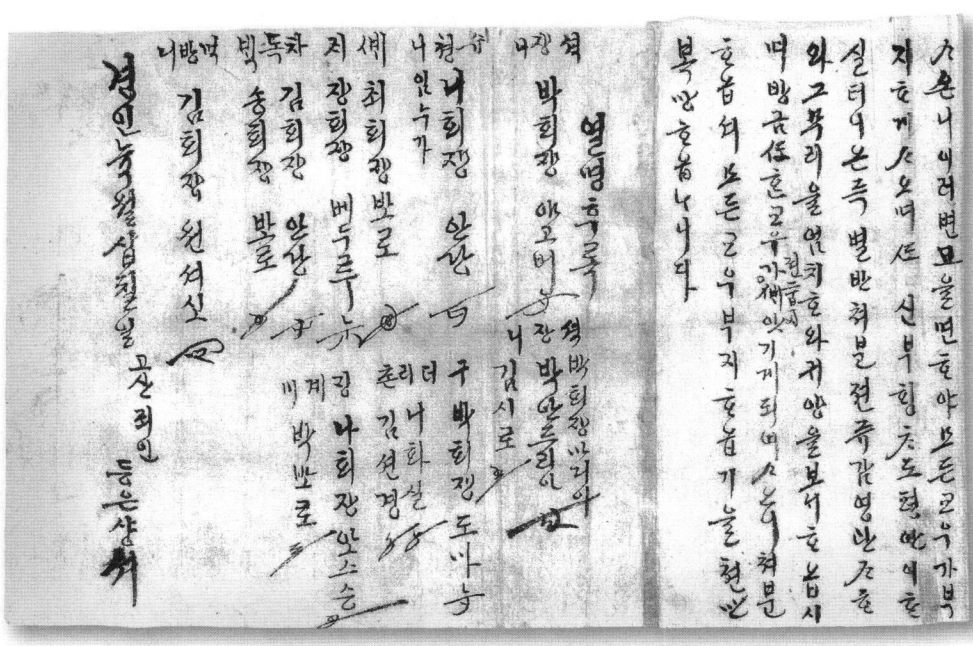

열명후록(列名後錄)
석장리 박 회장 야고보, 박 회장 마리아, 박 안드레아, 김시로
수청리 이 회장 안토니오, 임 루카
빼재 최 회장 바오로, 장 회장 베드로
차독백 김 회장 안토니오, 송 회장 바오로
먹방이 김 회장 빈첸시오
구더리촌 박 회장 토마스, 나화실, 김선경
갱계리 나 회장 아우구스티노, 박 바오로

경인(1890년) 유월 십칠일 고산 죄인 등은 상서.

093 코스트 신부가 주한 프랑스 공사 콜랭 드 플랑시에게 보낸 1890년 8월 3일 자 편지

코스트 신부가 주한 프랑스 공사 콜랭 드 플랑시에게

1890년 8월 3일

공사님께,

공사님의 열이 가셨다는 반가운 소식을 듣고 기뻐하며 곧 쾌차하시리라 확신합니다.

**을 통해 우리 소포를 보내 드리게 되어 영광입니다. 공사님, 이 소포를 보베 씨(Mr. Beauvais)에게 맡기시면서 그에게 좋은 여행이 되기를 바란다는 저의 인사를 거듭 전해 주셨으면 합니다.

마라발 신부의 편지로 [저희의] 단조로운 일상이 깨졌습니다. 마라발 신부는 그 지역 토박이로 핍박받는 한 가난한 과부를 위해 정의를 구할[시비를 가릴] 목적으로 조심스럽게 자신의 요청을 공사님께 전해 달라고 청하고 있습니다. 그런데 마라발 신부는 이 사건의 발생 과정에서 유럽인들에게 가해진 중상모략이 공사님의 관심을 충분히 끌 만하고, 폐해를 없애 달라고 요청할 만큼의 충분한 논거도 있다고 보고 있습니다. 마라발 신부의 편지에 한자로 적힌 서류를 동봉해 드리는데, 여기에는 동일 사건에 대한 상세한 설명이 담겨 있습니다.

모든 것을 공사님의 신중한 판단에 맡겨드리며, 감사의 마음을 담아.

지극히 보잘것없고 ***한 종.

094 코스트 신부가 주한 프랑스 공사 콜랭 드 플랑시에게 보낸 1890년 8월 21일 자 편지

코스트 신부가 주한 프랑스 공사 콜랭 드 플랑시에게

1890년 8월 21일, 서울

공사님,

어제 받은 8월 11일 자 어느 [보두네 신부의][158] 편지에 새로운 복잡한 사건에 관한 이야기가 담겨 있습니다. 무고한 교우의 목숨이 걸려 있고, 또 사실들이 분명한 만큼 저는 주저하지 않고 이 사건을 공사님께 맡겨 드리오니, 공사님이 보시기에 적절한 시각에서 그 사건을 고려해 주시기를 청했습니다.

[보두네 신부의 8월 11일 자 편지에서 일부 발췌하여 전해 드립니다.]

용안(전라도)에는 영산 김씨 가문에 속한 관장이 있는데, 권력을 남용하여 갖은 방법으로 주민을 괴롭히고 탄압을 그치지 않고 있습니다. 그 도가 너무 지나치다 보니, 시련 속에서 대체로 잘 참고 인내하던 조선인들도 더는 견디지 못했습니다. 그 고을 주민들이 들고 일어난 것입니다. 그들은 외교인 장곽산을 우두머리로 앉히고, 관아로 몰려가 큰소리로 그들이 겪은 온갖 불의를 그치라 외치며, 침해당한 권리의 전면적 복권을 요구했습니다. 관장은 겁을 먹고 난관을 벗어날 방도를 모색했습니다. 그는 범법 행위를 저질렀기에

---

[158] 바로 아래 나오는 취소선 내용을 보면 이 편지가 보두네 신부의 편지임을 알 수 있다.

감사로부터도 보호를 기대할 수 없었기 때문입니다. 양심의 가책을 별로 느끼지 않는 그였기에 또 다른 술책을 고안했습니다. 그는 그럴듯한 약속으로 폭도의 우두머리를 매수하였고, 그 우두머리[장곽산]는 목숨의 위협을 느껴 무리를 버리고 도망쳤습니다. 그는 모든 추적을 벗어나기 위한 최상의 방책을 생각해 냈는데, 그것은 폭도의 우두머리로 유판수라는 교우를 고발하는 것이었습니다. 관장은 이 교우에 대한 체포령을 내렸는데, 그를 죽이고 그의 집안을 몰락시키려는 것이었습니다.

유판수는 도망을 쳐서 잠시 위험을 피한 뒤 보두네 신부에게 [공사의 개입을 요청하는] 부탁을 드려 달라고 요청했습니다. 이 선교사는 [그의 편지에서] 이렇게 덧붙입니다.

"어찌 부탁의 편지를 쓰는 것을 거절할 수 있겠습니까? 한 무고한 교우의 목숨이, 그리고 스무 명이 되는 교우 가정의 존망이 달린 문제이고, 그 지역 교우들과 외교인들 사이의 평화가 달린 문제입니다. 영산 김씨들은 줄곧 교우들에게 적대적이었고, 여전히 교우들을 박해하고 있습니다. 신부님께 그들 모두를 부탁드립니다. 부디 해로운 결과를 빚을 수도 있는 이 모든 사건에 공사님이 관심을 갖도록 해주시기를 부탁드립니다."

이러한 보두네 신부의 요청이 너무도 눈물겨워 다른 부연 설명은 필요 없을 것 같습니다.

공사님의 선처에 이 사건을 전적으로 맡겨 드리며…

095 코스트 신부가 주한 프랑스 공사 콜랭 드 플랑시에게 보낸 1890년 8월 22일 자 편지

코스트 신부가 주한 프랑스 공사 콜랭 드 플랑시에게

1890년 8월 22일

[공사님께,]

원산 사건에 대한 좋은 소식을 주심에 감사드립니다. 마라발 신부가 그에 대한 소식을 제게 전해 오는 대로 공사님께 알려 드리겠습니다.

용안 사건과 관련하여 말씀드리면, 제가 보기에도 저희가 공식적으로 개입하는 것은 어려워 보였습니다. 그런데 이 베드로 씨가 제때 도착하여 우리 양편 모두를 난관에서 벗어나게 해 준 것 같습니다. 그가 독판과 친분이 있는지라 그와 함께 작은 어려움 몇 가지를 좋게 해결할 수 있었습니다. 그가 독판을 찾아가 용안 사건에 대해 말하면서 외아문이 이 사건에 관심을 갖고 무고한 이를 보호하고 평온을 회복하도록 하고자 한다면, 프랑스 공사가 흡족해 할 것이라고 알리기만 하면 될 것입니다.

다마드 씨(Mr. d'Amade)[159]가 좋은 여행을 했으리라 믿습니다.

그에게 인사를 전하며….

---

[159] 알베르 다마드(Albert d'Amade, 1856~1941) : 프랑스 무관으로 1890년 당시 중국 대사관 소속 대위 자격으로 서울에 출장을 왔다. 이때 그가 찍은 사진들이 남아 있어 당시 조선의 풍속과 문화를 알 수 있는 사료가 되고 있다.

096 코스트 신부가 모리스 쿠랑에게 보낸 1890년 9월 1일 자 편지

코스트 신부가 모리스 쿠랑[160]에게

1890년 9월 1일

쿠랑 씨,

저는 플랑시 씨에게 편지를 써서 전라도에서 일어난 사건과 관련하여 취해진 조치의 결과를 알리려던 참이었습니다. 그런데 며칠 플랑시 씨가 자리를 비웠음을 알게 되었고, 귀하 또한 마찬가지로 우리에게 호의 어린 도움을 주시려고 하는 것을 알기에 귀하께 전하는 편이 좋다고 생각합니다.

전라도의 선교사 보두네 신부는 특히 두 사람 때문에 고통을 겪어야 했습니다. 그들이 벌이는 흉책과 협박, 비방과 모욕 때문에 이웃에 사는 교우들뿐만 아니라 보두네 신부 또한 견딜 수 없을 지경에 이르렀습니다. 그들은 주민들을 선동하여 우리 동료인 보두네 신부를 괴롭힐 목적으로, 신부가 보는 앞에서 박문겸이라는 교우를 폭행하기까지 했습니다.

이 선동꾼들 가운데 한 사람인 최방석(전주읍 출신)은 대성동(Tai-syeng-tong) 마을의 촌장입니다. 또 다른 선동꾼은 함여천으로 약파해(Yak-pa-hai)에 살고 있습니다.

---

160 모리스 쿠랑(Maurice Courant, 1865~1935) : 1890년 5월 주한 프랑스 대사관 통역 서기관으로 부임하여 1892년 3월까지 21개월 동안 한국에 체류했다. 콜랭 드 플랑시의 권유와 뮈텔 주교의 도움으로 한국학 연구를 시작하여 총 4권으로 된 『조선서지(朝鮮書誌, Bibliographie Coréenne)』를 남겼다.

탄원을 접하게 된 플랑시 씨는 정식 호조[여권]를 소지한 유럽인이 효과적인 보호를 보장 받도록 외아문에 이 문제를 의뢰하기를 희망했습니다. 이에 따라 독판은 전라 감영에 전보를 보냈고, 전라 감사는 두 죄인을 관할하는 관장에게 수도에서 온 지시를 전달했습니다. 그러나 이 지시는 지켜지지 않았습니다. 여기에 동봉해 드리는 보두네 신부의 편지를 보면 알 수 있을 겁니다. 보두네 신부는 탄원을 올리며 의견을 덧붙였는데, 이를 보고 아마도 그냥 넘기실 수 없을 겁니다.

증명하기 위한 확실한 정보와 함께 외아문에 재차 호소하여 이 베드로 씨에게 훨씬 심각할 무질서를 근절한다면 좋은 결과를 거둘 수 있을 것입니다. 귀하께서 주사, 다시 말해 통역관인 이 베드로 씨에게 이 책무를 맡기고자 하신다면, 그가 귀하를 대신해서 다시 외아문에 출두할 것이고, 귀하께서는 저희에게 도움을 주시게 될 것이고, 저희는 귀하께 매우 감사해할 것입니다.

[답신을] 기다리며, 수고를 드려 죄송합니다. 존경과 헌신의 마음을 담아.

097 코스트 신부가 작성한 조선 포교지 1890년 연말 보고서(1890년 9월 14일)

조선 [포교지] 부주교[직무 대행] 코스트 신부의 연말 보고서

1890년 9월 14일, 서울

조선 포교지 1890년 성무 활동 보고서

	1889년	1890년	증가
1. 가톨릭 인구	16,589	17,577	988
2. 외교인 영세자	871	963	92
3. 외교 자녀 영세자	1,983	2,431	448

친애하는 지도자 신부님들에게,

    이 연말 보고서를 시작하면서 제 머릿속에 맨 먼저 떠오른 것은 사랑과 존경이 가득한 추억으로 우리에게 남겨두고 떠나신 블랑 주교님의 빈자리입니다. 주교님은 당신도 참석하셨어야 했던 시노드가 나가사키에서 막 열리려는 때에 돌아가셨습니다. 일본 포교지의 주교들과 동료 신부들이 기쁨의 환호 속에서 주교님을 맞으러 나갈 채비를 하던 동안 우리는 참으로 사랑하는 우리 주교님을 떠나보내기 위해 너무도 다른 행렬을 지으며 [지상에서] 그분의 마지막 거처까지 함께 했습니다. 블랑 주교님이 애정과 정성을 모두 쏟으신 이 순교자들의 땅에서 하느님께서 우리에게 기꺼이 주신 결실을, 당신이 예년처럼 여러 신부님들에게 직접 전하는 기쁨을 누리셨다면 얼마나 좋았겠습니까! 조선 포교지가 뒤흔들렸던 마지막 박해로 시련을 겪은 뒤 차츰 카타콤바에서 나오는 모습을 지켜보는 행복을 주교님은 누리셨습니다. 토지를 매입하여 그곳에 우리 사업에 필요한 첫 건물들을 짓는 데에 한창이셨습니다. 그런데 조선 정부는 우리에게 드러내 놓고 적대 행위를 하지는 않았지만 1888년 1월에 압수한 우리의 토지 문서를 줄곧 반환하지 않고 있었습니다. 이러한 부당한 압류가 주교님께는 근심거리가 되었고, 완전한 기쁨을 막고 있었습니다. 돌아가시기 전 주교님은 그 장애물이 사라지는 것을 보고 흡족해하셨습니다. 조선식으로 맞는 새해 첫날, 서울 주재 프랑스 공사 플랑시 씨의 현명하고 헌신적인 중재 덕분에 그 서류를 돌려받았습니다. 이 사건은 열렬한 환영을 받았습니다. 사실 이 일은 지금까지 우리를 박해해 오던 [조선 정부의] 정책의 방향 전환이자 우리가 가르치는 가톨릭 교리의 관용을 향한 진전을 입증하는 것이 아니겠습니까?

하느님께 감사하게도 관용을 향한 이러한 진전은 수도에서뿐만 아니라 지방에서도 점점 더 뚜렷하고, 지방의 동료 신부들에게 좋은 날들의 서광이 비치고 있습니다. 그들 가운데 북부 지방에서 한 지역 본당을 맡고 있는 동료 신부는 제게 이러한 내용의 편지를 썼습니다.

"신부님은 서울의 [명동 성당 등의] 건축이 지방에 얼마나 좋은 인상을 주고 있는지 상상하지 못하실 겁니다. 신자들은 이를 자랑스러워하고, 외교인들은 [종교의] 자유가 머지않았다고 생각하여 점점 더 우리에게 가까이 다가오고 있습니다."

또 다른 동료 신부도 남부에서 이렇게 썼습니다.

"외교인들은 차츰 교우들과 친하게 지내고 있습니다. 사람들 사이의 편견이

▲ 1890년 대지 조성을 끝낸 명동 성당 부지 전경.

▼ 한창 신축이 진행 중인 한국 천주교의 상징이자 심장인 명동 성당의 1894년 모습. 코스트 신부의 설계와 감독 하에 1892년 5월 8일 공사를 시작하였고, 1898년 5월 29일 프와넬 신부에 의해 완공되었다.

사라지고 당국도 훨씬 호의적인 태도로 우리 교우들과의 갈등을 피하고 있습니다. 상황 파악의 대가인 아전들은 하나같이 교우들에 대해 긍정적으로 증언하고 있습니다. 그들은 말하기를 천주교인들은 '진 빚을 잘 갚는 용감한 사람들이고 훌륭한 일꾼들'이라고 합니다. 양반들은 교우들의 성실함을 칭찬하고, 주민들도 교우들에게 매우 우호적입니다. 이렇게 교우들이 좋은 호응을 얻게 된 주요 이유는 서울에 유럽인들이 있기 때문입니다."

그럼에도 지방에서 더러 괴롭힘을 당하기는 했지만 그러한 일은 늘 예상하고 있으므로 전반적으로 우리 적들에게 혼란을 주고 있으며 우리 성교회에는 진전을 가져다주었다고 말할 수 있습니다. 좀 더 뒤에서 로베르 신부의 연말 보고서를 통해 그 구체적인 예를 보시게 될 것입니다.

이상으로 전체적인 일별을 마친 뒤, [조선] 포교지의 여러 교우촌을 자세히 살펴보기에 앞서, 제가 이 편지를 쓸 소재를 모으는 동안 새롭게 받은 소식을 말씀드리고자 합니다. 이 소식은 선교사들과 신자들에게 기쁨을 가득 안겨 주었습니다. 바로 전보를 통해 뮈텔 주교가 조선대목구장으로 임명되었다는 소식을 받은 것입니다. "주님의 이름으로 오시는 분 찬미 받으소서!"가 우리 소중한 선교지의 외톨이 처지를 끝맺도록 해 주고, 사도직의 무거운 짐을 우리가 짊어지도록 도우며, 하느님의 영광과 영혼들의 구원을 위하여 선익을 추구하는 우리의 발걸음을 인도하기를 빕니다!

로 신부는, 북서부의 두 개의 도인 황해도와 평안도를 맡고 있는데, 그가 거둔 성인 영세자 수는 93명이고 사규 고해는 506회입니다. 바오로 성인처럼 로 신부는 자기 교우들을 생각하며 기쁨에 넘쳐서 보기에도 감격스러운 표를 통해 우리에게 이렇게 전하고 있습니다.

"모든 연령과 모든 신분의 사람들이 낮에는 고된 일터에서 보내고 저녁에는 가족끼리 모여 교리 공부를 하거나 몇몇 신입 교우에게 교리를 가르칩니다. 그들은 널리 전교하고 우리 성교회를 알리고자 하는 거룩한 경쟁을 보여 주고 있습니다. 남녀를 막론하고 교우들은 지치지도 않고 실패에도 낙심하지 않으며, 대단한 성공에도 자만하지 않고, 또 그만하면 족하다고 전혀 만족하지 않습니다. 모든 교우가 선익의 길을 걸으며 서로 격려하고, 필요한 경우 서로 주의를 줄 뿐입니다. 그리고 판공 때가 다가오면 저마다 열의를 한층 늘려 자신의 [교리] 학습도 보충하고, [세례를 받도록 그들이] 준비를 맡은 신입 교우들의 학습도 보완합니다."

로 신부는 덧붙여 이렇게 말합니다.

"험한 길도 마다하지 않고, 아이들을 함께 데려오면서 겪는 곤란함도 아랑곳하지 않고 온 가족이 육칠십 리나 되는 길을 걸어오는 것을 보면서 얼마나 감격하며 눈물을 쏟았는지 모릅니다! 가장 행복한 이들은 분명 신입 교우들에게 교리를 가르치는 이들, 사탄에서 그들을 빼내 온 이들일 것입니다. 기쁨이 가득한 그들의 얼굴을 보면 그들이 [사탄에게] 승리했음을 충분히 알 수 있습니다."

그러나 좋은 일이 있으면 나쁜 일도 있기 마련입니다. 로 신부는 이어서 이렇게 전합니다.

"참된 종교를 모르는, 또 설령 안다 해도 하느님께 마땅한 경배를 드리기를 거부하는 수많은 영혼들을 보면 애석한 마음이 들지 않을 수 없습니다. 백천과 수안을 제외하면, 제가 맡은 황해도 교우촌들은 구월산 아래와 그 둘

레로 한정되어 있습니다. 평안도의 경우 교우촌은 다섯 마을밖에 되지 않고, 이 마을들도 평양시 둘레에 반원형 모양으로 자리하고 있으며 교우들의 수도 별로 많지 않습니다. 이 두 중심지를 벗어나면 참하느님을 경배하는 이가 단 한 명도 없습니다. 이러한 죽음의 상태는 무엇 때문일까요? 주민들의 악의 때문일까요? 아닙니다. 제가 신분을 드러내 놓고 사방을 두루 다녔지만 주민들의 나쁜 태도나 행동을 두고 한탄해야 했던 경우는 거의 없었습니다. 저의 소견으로는 무지에서 그 원인을 찾아야 하고 바오로 성인처럼 이렇게 말해야 할 것 같습니다. '선포하는 사람이 없으면 어떻게 들을 수 있겠습니까?'[161] 북서부 지방 주민들이 구원을 가져다주는 거룩한 세례의 물을 통해 새롭게 태어난다면, 그들은 기쁜 소식[福音]을 받아들이고 훌륭한 그리스도인으로서 의무를 다할 준비가 잘 되어 있다고 생각합니다."

이제 조선 지도에서 함경도 지방의 북동쪽[함경북도]을 살펴보겠습니다. 그 지방에는 아직 선교사의 여정을 나타내는 십자가 표시가 없지만, 주님께서 조만간 당신의 포도밭에 일꾼들을 보내 주시기를 바랄 수 있을 것 같습니다.

좀 더 밑으로 내려가 원산(함경도 남부), 이천과 낭천(강원도) 지역 본당에서 쿠데르 신부는 116명의 성인 영세자를 기록했고, 사규 고해도 880회입니다. 쿠데르 신부가 그의 신자들에 관해 전한 말을 인용하고자 합니다.

"대체로 그들의 판단은 탁월하게 올곧으며 그들의 풍속은 매우 순수합니다. 외교인들 가운데서도 대단히 순진무구한 이들이 많습니다. 그래서 모든 연령과 모든 신분의 사람들이, 원죄밖에 없어 보이는 사람들이 마침내 세례를 받

---

161 로마서 10장 14절.

는 모습을 보면서 저는 자주, 그것도 너무 자주 감격의 눈물을 흘렸습니다. 그들은 하느님을 몰랐고 악마를 숭배했습니다. 그러나 이를 매우 옳은 일이라 여겨 그런 것이었고, 의도적으로 자연법을 심각하게 어긴 적도 없었습니다."

하느님의 사업을 막고자 악마가 몸부림을 쳤으나 결국 제 꾀에 걸려 넘어졌을 뿐만 아니라 역효과를 낳았으니, 이를 쿠데르 신부가 전하는 다음의 이야기가 입증하고 있습니다.

"한 용감한 외교인이 오래전부터 입교하기를 원했으나 마귀할멈과도 같은 그의 아내가 못 하게 줄곧 막아 왔습니다. 그러다 마침내 곡식을 추수하여 곳간에 거두자 이 호인은 몰래 빠져나와 교리를 배우고자 교우들의 집으로 달려갔습니다. 며칠이 지난 뒤 그 악녀가 찾아왔습니다. '우리 남편 어딨어요? 내 남편이 피신한 곳을 알려 달라고요.' 교우들은 그가 있는 곳을 알려 주었습니다. 그녀는 안으로 들어갔고, 이내 평화롭게 앉아 있는 탈주자를 붙잡고는 단검을 내밀며 당장 자신에게 저고리 앞섶 조각(이혼의 표시)을 잘라 내어주던가 배교하고 집으로 돌아가자고 채근했습니다. 너무도 놀란 호인은 자신의 저고리를 자를 엄두를 내지 못했습니다. 새 저고리인 데다가 아내와 이혼하기를 바라지 않았기 때문입니다. 게다가 그는 자신의 하느님을 부인하느니 차라리 죽음을 맞겠노라고 맹세하였습니다. 그러나 아내는 자기 남편을 자주 이겨 온 터라 남편에게 지려고 하지 않았습니다. 그녀는 떠밀리고 밀치고 하였습니다. 사실인즉 몸싸움을 하면서 모자와 겉옷이 벗겨졌고 모든 것이 산산조각이 났습니다. 결국 딱한 남편은 결국 자신의 용맹한 반쪽을 따라가기로 하였고, 그럼에도 교우들에게 곧 다시 오겠다는 약속을 잊지 않았습니다. 악녀가 승리를 거두었으나 채 반 시간도 걸지 못하고 싸움의 감정이 실패의 끔찍한 고통으로 바뀌었습니다. 초주검이 되다시피 한 그녀를 집까지 안고 갔고, 집에서는 자리에 꼼짝없이 누워 지내며 남편이 날마다 기도문을 응송하는 소리를 들을 수밖에 없었습니다. 다시 일어설 수 있게 되자 완력으로 싸움을 다시 시작할 용기가 없었습니다. 과연 그녀는 어떻게 했을까요? 용하다는 점쟁이를 간신히 찾아갔습니다. 그러고는 그 악마 추종자에게 자기 남편이 벙어리가 되는 은사를 얻게 해 달라고 청했습니다. 점쟁이가 '왜요?'라고 묻자, '남편이 그 끔찍이도 싫은 천주쟁이가 되지 않길 바라기 때문이오.'라고 말했습니다. '그러면 그것을 막고자 남편을 벙어리로 만들길 바란다는 거요?' '그렇소.' '오! 그런 거라면! 단단히 조심하시오' 점쟁이는 그렇게 말하며 엄숙하면서도 알 수 없는 표정을 지었습니다. '천주교인들의 교리는 하늘의 위대한 영의 교리이고, 그 영이 땅으로 내려오면 늘 화가 생깁니다. 그러니 그 위대한 영의 화를 돋우지 않도록 조심하시오. 안 그러면 뭔가 크게 놀랄 일이 일어날 거요.' '그럼, 어떻게 해요?' 여인은 사시나무 떨듯 떨면서 물었습니다. '뭘 해야 하는가 하면 말이요. 댁 남편뿐만 아니라 당신도, 그리고 당신 자녀들도, 온 가족이 모두 천주교인이 되어야 하오. 그렇지 않을 거라면 조심하시오!' 이렇듯 악마가 본의 아니게 훌륭한 선교사가 되었습니다. 실제로 지금은 온 집안 식구가 교리를 배우고 있다고 제게 전해 왔습니다."

동부에 있는 강원도에서 르 메르 신부가 거둔 성인 영세자 수는 73명이고, 사규 고해는 887회입니다. 르 비엘 신부가 거둔 성인 영세자 수는 40명이고, 사규 고해는 654회입니다. 르 메르 신부는 편지에서 이렇게 전합니다.

"찾아보아야 할 교우들보다 거쳐 가야 할 장소들이 훨씬 많습니다. 게다가 동부 지방의 선교사가 여행해야 하는 길은 평평한 꽃길만은 아닙니다. 그렇다고 그 여정이 주는 매력이 전혀 없다는 뜻은 아닙니다. 친애하는 선임자들이 똑같은 길을 갔으며, 심지어 우리처럼 안전하지도 않은 상태로, 신분을 드러내지 못한 채로 다녔다는 생각을 하면 더욱 그렇습니다. 시절이 바뀌었고, 이제 이 산들 속에는, 세상의 악취 나는 공기와 멀리 떨어진 곳에서 그리스도를 위해 순교한 순교자들의 후손들이, 선하신 하느님의 자녀들이 살고 있습니다. 그리고 이제 그곳에도 하느님을 모르던 순박한 외교인들이 도시인들보다 더 나무 우상들을 깨뜨리고, 하느님 앞에 무릎을 꿇고 경배드리고 있습니다."

"저는 십자가에 못 박히신 그리스도의 참 제자들로 열심한 신자들을 만났습니다. 그들은 세상에서는 죽은 사람들로, 가난과 고통과 질병을 차분하고 평온하게 견디고 있습니다. 또 이들만큼 열심이지는 않지만 최소 본질적인 것을 실천하고 하느님의 법에 크게 벗어나는 것은 피하는 신자들도 만났습니다. 그리고 애석하게도 아버지의 유산을 낭비하면서 연기 자욱한 초가집을 떠나지 않는 탕자들도 만났습니다. 그 집 안에서 늙은 부모는 위로를 받지 못한 채 울고 있습니다. 끝으로 제가 들은 (심지어 직접 보기도 한) 여러 탕자들에 대한 이야기를 전합니다. 예전에는 교회의 충실한 자녀였으나 지금 그들은, 복음서에 나오는 탕자처럼 무자비한 주인 밑에서 지저분한 돼지들을 키우며 숨 한 번 제대로 쉬지도 못하고 있습니다. 아! 과연 언제쯤 그들이 '일어나자(Surgam)'[162]라고 말하며 아주 오래전부터 그들을 기다리고 있는 아버지에게 달려올 날이 오겠는지요? 이 탕자들 가운데 한 명이 제게 남긴 인상은 무어라 형용할 수 없습니다. 그렇지만 이십여 년 동안 세속과 사탄과 자기 욕망의 노예가 되어 살던 탕자의 고백을 들으며 제가 흘린 눈물은 어찌나

---

[162] 루카 복음 15장 18절 "일어나 아버지께 가서 이렇게 말씀드려야지(Surgam et ibo ad patrem meum et dicam illi)"의 첫 단어이다.

달콤했던지요. 그는 그 노예살이의 멍에에서 벗어나 눈물을 흘리며 지난날 젊은 시절에 그의 기쁨이 되어 주셨던 하느님께 마침내 돌아왔습니다! 위로의 하느님께서는 십여 명의 이 흥미로운 탕자들의 고백을 제가 듣도록 해 주셨습니다. 그들 가운데 한 사람의 이야기를 들려 드리겠습니다. 이는 1866년 대박해를 피해 살아남은 많은 신자들의 이야기이기도 합니다.

박해가 터졌을 때 그는 피신하였고, 그때부터 이십 년 동안 가족의 안부도 전혀 듣지 못했습니다. 그는 점쟁이 패거리를 따라다녔는데, 이들은 사람들이 맹신하는 습성을 지독히 교묘하게 이용하는 자들로 조선에서 가장 혐오 받고 멸시받는 부류입니다. 어느 날, 그날은 하늘에서 점지해 준 행운의 날이었지요! 그러니까 점쟁이가 된 그 사람이 강원도 강릉에 와서 구경꾼들에게 운을 봐주던 어느 날 그 또한 더없이 행운의 만남을 갖는 운을 갖게 되었습니다. 그날은 장날이었습니다. 옹기장이들이 만든 멋진 물건들이 즐비한 곳을 가로질러 가던 순간 그는 갑자기 걸음을 멈춰 섰습니다. 그 상인들 가운데에서 이십여 년 동안이나 헤어져 지내온 맏형을 알아보았던 것입니다. 그의 마음과 수호천사가 그에게 그 사람이 맞다고 말했습니다. 그는 동료 가운데 하나를 불러 세워, 저 사람에게 가서 이름과 나이와 태어난 곳 등을 물어 오라고 일렀습니다. 잠시 뒤 형제는 서로 지난날의 불행을 이야기하며, 그토록 오랜 이별의 고통을 잊은 채 하느님의 섭리로 이렇게 만나게 된 것을 기뻐했습니다. 이렇게 점쟁이는 자기 형은 물론, 자신의 종교와 자신의 하느님을 되찾았습니다.

[교회로] 되돌아오기를 갈망하는 많은 냉담자들을 [돌아오지 못하도록] 여전히 붙잡고 있는 것이 있다면 바로 이주의 어려움입니다. 신자들 가운데 [냉담자들의] 이주를, 그들이 집을 구입하고 조금이라도 밭을 사도록 돕고자 하는, 아니 도울 수 있는 이들은 아무도 없습니다. 제게 오백 프랑만 있다면

하느님의 은총으로 8~9 가구는 돌아오게 할 수 있을 것입니다."

매력적인 충청도에는 내포가 위치해 있는데, 조선 교회사에서 옛 신자들의 수와 열정으로 유명한 그곳에서 두세 신부가 성무 활동을 폈습니다. 이 친애하는 동료 신부가 거둔 성인 영세자 수는 69명이고, 사규 고해는 1851회입니다. 두세 신부는 이렇게 전합니다.

"내포가 수많은 (순교자들의 피로) 비옥해진 땅임을 모두가 잘 알고 있습니다. 지금은 신자들이 여섯 개 도에서 나뉘어 살고 있지만 예전에는 내포가 신자들의 못자리였습니다. 그러다 신자들의 입에서 그 이름이 일절 나오지 않고 그 이름 자체만으로 공포와 두려움이 되던 시절이 있었습니다. 그러나 이제 그 시절은 다 지나갔습니다. 선하신 하느님께서 조선에서도 특히 이 귀한 지역을 위해 간구하는 수많은 순교자들의 기도에 귀를 막고 계실 수 없으셨습니다. 저는 그곳에서 일어난 행복한 변화를 확인하고 싶을 때마다, 5년이라는 시간의 간극을 넘어 제 마음을 과거로 돌려 보기를 즐겨합니다. 그때는 여기저기 흩어진 신자들을 격려하고자 밤새도록 길을 가야 했고, 때로는 가마 안에 내내 갇혀 지내야 했습니다. 심지어 그렇게 조심했음에도 종종 포졸들의 손아귀에 잡힐 뻔한 적도 많습니다. 그러나 지금은 하느님 감사하게도! 그러한 위험은 사라졌고 상황은 호전되었습니다. 그사이 새 교우촌들이 생겨났고, 지금은 감히 단언하건대 가장 아름다운 교우촌들이 내포에 있습니다. 그 교우촌 가운데 우리 신입 교우들에게 생기를 불어넣을 정도의 열정적인 증언을 지금 들려 드리겠습니다.

'한 젊은이가 천주교인이 되고자 집을 떠나 저를 한동안 도왔습니다. 집으로 돌아가서 공부를 하고 친척들을 가르치기 시작해 올해 그의 집안 식구 4명과 함께 세례를 받았습니다. 이러한 성과는 미약해 보일지 몰라도, 선하신 하느님의 도움을 받은 선한 그리스도인이 무엇을 할 수 있는지 잘 보여 주는 증거입니다. 저는 그의 온 집안이 개종하리라 믿어 의심치 않습니다. 그 집안 식구들이 많은 데다 그 고장에서 제법 영향력이 있기에 본보기가 되어 다른 영혼들을 주 하느님의 품으로 데려오리라는 희망을 품어 봅니다.

또한 순수하고 소박한 조선인들에게 신앙이 얼마나 깊이 뿌리내리고 있는지를 알 수 있는 경우를 들려 드리겠습니다.

78세의 노파 이야기입니다. 그녀는 1866년 박해 이전에 천주교에 관하여 들었습니다. 성모송을 배운 뒤 하루도 빠지지 않고 날마다 성모송을 여러 차례 바쳤습니다. 이렇게 24년을 보내는 동안 그 노파는 단 한 명의 교우도 만나지 못했습니다. 그런데 급박한 상황이 되었습니다. 매우 연로한 데다가 나이가 나이인 만큼 거동이 불편했습니다. 선하신 하느님께서 그토록 지극한 선의에 무심하지 않으셨습니다. 마침내 노파는 어느 화창한 날 한동안 알고 지낸 적이 있던 여교우를 만났습니다. 얼마나 기뻤겠습니까! 게다가 그곳에서 5리 정도 떨어진 곳에 회장이 인도하는 작은 교우촌이 있다는 것을 알고 얼마나 놀랐겠습니까! 그길로 노파는 길을 나섰습니다. 날마다 그 교우촌으로 가서 십이단과 묵주 기도를 배웠습니다. 제가 그곳에 들렀을 때 세례를 받기 위해서 그렇게 한 것이었습니다. 노파는 제가 머지않아 그곳에 온다는 것을 알았기 때문입니다. 정해진 날 저는 그곳에 도착했습니다. 방에 들어가자 그 선량한 여인은 땅에 얼굴을 대고 있었습니다. [그녀에 관한] 이야기를 듣고 나서 그녀를 앞으로 나오게 했습니다. 그 노파와 함께 서너 명의 여인들도 왔는데, 그 노파가 자기 처지를 설명하는 데 도움을 받고자 데려온 이들이었습니다. 노파는 자신의 처지를 이야기했고, 간절히 세례 받기를 청했습니다. 찰고를 마친 뒤 제가 세례 받을 준비를 해도 되겠다고 알려 주었을 때 그 노파의 기쁨이 어떠했는지 말로 표현하기는 어려울 것 같습니다. 그 가엾은 노파는 얼마나 기뻐했는지 모릅니다. 저도 그녀만큼 기뻤다고 말씀드릴 수 있습니다. 그런데 진짜 흥미로운 이야기는 따로 있습니다. 세례식을 치를 때가 되어 제가 먼저 예식에 따른 질문들을 시작하자 그 노파는 적잖이 놀라며 대답했습니다. 그저 예 또는 아니오라고 답하라고 일러 주어도 소용이 없었습니다. 그 나이에는 [모든 것을] 너무도 쉽게 잊어버리지요. 예식에 따른 기도를 계속하면서 제가 두 번째로 그 노파에게 물었습니다. '마귀와 그 모든 행실과 유혹을 끊어 버립니까?'. 그러자 그 가엾은 여인은 참지 못하고 이렇게 말하는 것이었습니다! '물론이지요. 마귀를 끊어 버린 지 25년이나 됩니다. 하느님께 감사하게도 그동안 저는 단 한 번도 집에서 미신이 행해지는 것을 용납하지 않았습니다. 그런데 어떻게 신부님은 제 말을 의심하실 수 있습니까?'

노파는 온 힘을 실어 그토록 신념을 굳게 표현했지만 옆에서 예식을 도와주던 교우들은 웃음을 참지 못했습니다. 이윽고 저는 그 노파와 단둘이만 남게 되었고, 솔직히 털어놓건대 제가 직면한 상황이 진지하다 보니 제게는 괴로운 시간이었습니다. 어쨌든 이 아름다운 영혼 안에서 이루어진 은총의 작용을 보며 감탄하지 않을 수 없습니다. 얼마 뒤 그 노파는 생의 마지막에 이르렀고 하느님의 자비를 찬미하고자 [하늘나라로] 떠났습니다."

전라 남부에서 거둔 성과는 이렇습니다.

보두네 신부가 거둔	성인 영세자 수	48명
	사규 고해	1,616회
베르모렐 신부가 거둔	성인 영세자 수	45명
	사규 고해	1,326회

우리 두 동료 신부는 남부 지방에서 더 멀리까지 뻗어나가 이웃한 섬들에 예수 그리스도의 이름을 전하고 싶어 합니다. 그러나 이 시도를 충족시킬 여력이 그들에게는 없습니다. "그러니 수확할 밭의 주인님께 일꾼들을 보내 주십사고 청해 주십시오."[163] 그동안 두 동료 신부는 그들에게 맡겨진 밭을 정성껏 경작하며, 착하지만 솔선수범이 부족한 교우들에게 선교 열의를 키워 나갈 것입니다. 베르모렐 신부는 이렇게 말합니다.

"그들은 외교인들로부터 나쁜 대우를 받고 온갖 고초를 겪으면서 지나칠 정도로 신중해지는 법을 배웠습니다. 그래서 선뜻 외교인들과 상대하지 못하고 이웃 주민을 두려워해 왕래하지 않거나 간단한 인사만을 나누는 정도에 그칩니다. 위험을 무릅쓰고 외교인들에게 천주교를 알리는 교우는 거의 없고, 용감한 교우들조차 이 일에 매우 신중합니다. 저는 이것이 병폐라고 생각합니다. 이러한 속도로 느리게 진행된다면 조선은 앞으로도 오랫동안 천주교 나라가 되지 못할 것입니다. '믿음은 들음에서'[164] 오는데 우리 신자들은 너무 두려워하고, 실제로 봐도 그렇습니다.

태오기[태옥](Tai-ok-ki)에서 마을 훈장인 한 외교인이 어떻게 들었는지는 모르겠지만 천주교에 관하여 듣고는 지난 12월 제가 그곳을 지날 때 [다가와] 저의 하인과 이야기를 나누고 싶어 했습니다. 그는 관심 있게 귀담아듣고 들은 것에 흡족해하는 듯 보였습니다. 떠나가면서 그는 '곰곰이 생각해 보겠다.'고 하인에게 말했습니다. 때마침 조선식으로 새해 첫날이 다가오던 참이었습니다. 그런데 모두 아시겠지만 이날은 외교인들에게는 흥청대는 술판이 벌

---
163 마태오 복음 9장 38절 참조.
164 로마서 10장 17절.

어지고 미신[제사]이 행해지는 날입니다. 우리의 장(문제의 그 사람의 성입니다)은 계획을 세워 보라는 친구들의 청을 단칼에 거절하면서, 그 모든 것이 어리석은 일이고 자신은 더는 그렇게 하지 않기로 결심했다고 말했습니다. 친구들은 너무도 터무니없어 보이는 그의 거절에 화가 나 그에게 대놓고 못되게 굴지 못하고, 대신 교우들에게 보복하기로 작정하였습니다. 그들은 교우들이 그에게 약을 먹여 그를 타락시켰다고 비난했습니다. 그리하여 그들은 교우들을 찾아갔고 그들에게 미신을 치를 비용을 보태라며 50냥을 한 번에 내라고 요구했습니다. 딱한 교우들은 그들의 마음에 짐을 안기는, 또 너무도 가벼운 그들의 주머니에 지나친 부담이 되는 그들의 요구에 두려운 나머지 어떻게 해야 하느냐고 제게 문의하러 왔습니다. 저는 교우들에게 단 한 푼도 주지 말라고 말하며 두려워하지 말라고 격려하였고, 일이 관장에게 가서 해결할 수밖에 없는 경우가 되면 그 앞에서 자신들의 신분을 밝히고, 천주교인으로서 어떠한 연유에서든 미신을 행할 수 없고 거기에 동조할 수 없다고 단호히 말하라고 일러 주었습니다. 그리하여 교우들은 외교인 대표들과 함께 읍으로 갔는데, 관장 앞에 출두하기에 앞서 관속들에게 그들이 찾아온 목적을 밝혔습니다. 그러자 기대 이상으로 잘 판단한 관속들은 사안이 매우 위중하며 이 일이 관장 앞에까지 가면 시비를 건 자들은 비싼 대가를 치르게 될 것이라 말했습니다. 이러한 말에도, 그들이 내세운 주장의 정당성에도 자신이 없어진 외교인들은 회장에게 이쯤해서 멈추자고 간청하며 다시는 교우들에게 아무것도 요구하지도 않을 것이고, 앞으로 교우들을 괴롭히지 않겠다고 약속했습니다. 그렇게 말하고 나서 그들은 관속들과 회장에게 한잔하라며 술값을 내고 화해하고 풀이 죽어 돌아들 갔습니다. 그런데 이 작은 소란이 [신앙의 불씨를 당기는] 도화선이 되어 그 외교인들 가운데 열성적인 이들 여러 명이 입교의 의지를 보였고, 몇 명은 교리를 배우기 시작했습니다."

보두네 신부는 이렇게 전합니다.

"이 도[전라도]에서 제가 심혈을 기울이고 있는 것은 신앙의 전파만이 아니라 또 다른 것이 있는데, 바로 성영회 사업입니다. 그 결과는 아주 큰 위안을 줍니다. 임종 대세를 받은 외교 자녀 수가 220명에 달하여 작년에 비해 80명 이상이 늘었습니다. 이곳의 교우 수가 다른 지역 본당들의 수치에 이르지 못하는 이유를 신부님은 이미 알고 계실 겁니다. 저의 신자들은 좁은 지역에 모두 운집해 있고, 담배 농사를 짓기에 외교인들이 사는 중심지에서 멀리 떨어진 산속에 살고 있습니다. 그들이 평지로 내려가거나 시장에 가는 일은 극히 드물고, 돌아다니는 이들은 남자들뿐입니다.

저의 영세자들 가운데 박 안드레아는 그 열정과 그가 베푼 영세자 수에서 단연 두드러집니다. 그는 훌륭한 자질로 [교우들] 특히 집안의 모친들의 존경과 애정을 받았습니다. 그는 아픈 어린이들과 몸이 불편한 이들에게 각별한 관심을 기울이고 있고, 때에 따라 돈이나 쌀 몇 되를 나눠 주기도 합니다. 박 안드레아는 이 사람에게는 유용한 약을 주고, 저 사람의 아픈 갓난아이에게는 부작용 없는 약을 줍니다. 아이들의 부모들은 우리 교우를 보호자이며 친구로 만났다는 것에 행복해합니다. 그의 추천으로 이웃 외교인들도 죽을 위험에 처한 자녀들을 데려와 [그들의 말을 그대로 빌리면] 아이들이 '좋은 곳'에 갈 수 있도록 해 주는 물을 아이들의 머리에 부어 주기를 바랍니다. 순박한 그들은 천국을 그렇게 말합니다.

학교 사업은 그 시작부터 우리 예상대로 진정한 난관에 부딪히고 있습니다. 우리 신자들의 가난과 마을들이 멀리 떨어져 있다는 것이 주된 두 가지 어려움입니다. 그럼에도 저는 마침내 학교 네 채를 세우기에 이르러, 21명의 학생들이 글공부를 하고 있습니다."

경상도에서 로베르 신부와 조조 신부가 성무 활동을 펼쳤습니다. 로베르 신부의 성인 영세자 수는 135명이고 사규 고해는 1,174회이며, 조조 신부가 거둔 성인 영세자 수는 72명, 사규 고해는 863회입니다.

로베르 신부가 그의 연말 보고서에서 들려준 일화로, 앞서 제가 [소개해 드리겠다고] 언급했던 이야기를 여기서 싣겠습니다.

"함안의 지역에서 일어난 지역 박해는 경상도 지방에 그 소문이 퍼졌고, 심지어 수도에까지 전해졌기에 그 원인과 경과를 말씀드리지 않고 그냥 넘어갈 수 없습니다. 함안읍에 사는 한 아전(衙前)의 모친이 마리아라는 이름으로 세례를 받았는데, 병이 났습니다. 병세가 깊어져서 목숨이 위태로워지자 그의 친구들 가운데 천주교인 하나를 불러오게 하여 자신을 돌보고 죽음을 잘 맞을 수 있도록 도움을 청했습니다. 부자이고 영향력 있던 외교인 아들은 그 고장에서 효심이 깊은 사람이라 모친의 바람대로 해 드렸습니다. 여교우가 도착하자 이윽고 친척들을 비롯한 집안사람들에게 환자를 불편하게 하는 일은 모두 금지하도록 했습니다. 우리의 교우는 한 해 전 그녀의 대모가 되었기에, 자신의 대녀를 돌보기 위해 노고를 아끼지 않았습니다. 마지막 숨을 거두기에 앞서 마리아는 아들을 불러서, 자신은 천주교인으로 죽을 것이니 자기가 죽고 나면 모든 장례 예절을 천주교식으로 해 달라고 당부했습니다. 아들은 그렇게 하겠다고 약속했고, 이어 마리아는 그의 아름다운 영혼을 하느님께 돌려 드렸습니다.

모친의 사망 소식이 함안읍과 인근 지방에 퍼지자마자, 사방에서 외교인 친척과 친지들이 무리를 지어 고인의 집을 찾아와 예법에 따라 아들에게 조의를 표하고자 했습니다. 그런데 그가 미신[제사]을 전혀 펼쳐 놓지 않자 그를 호되게 나무라며, 모친에 대한 효의 의무를 다하지 않는다고 비난했고,

직접 다짜고짜 몇 가지 마귀의 예식을 행하고자 했습니다. 그 아전은 정중히 그들을 막으며 모친이 눈을 감으면서 하지 말라는 말을 남겼는데, 모친이 천주교인이었고 천주교인들은 부모가 돌아가시면 미신을 결코 행하지 않기 때문이라고 말했습니다. 이에 모든 사람이 잠잠해졌습니다. 고인의 유해는 인근에서 온 많은 교우들이 맡아 가능한 한 장엄하게 장례 예식을 치렀습니다. 그리하여 외교인들과 비신자 친척들이 모두 지켜보는 가운데 마리아의 장례는 천주교식으로 치러졌습니다. 그러나 악마는 잠자코 당하고만 있지 않았습니다. 장례식이 끝난 뒤 외교인 여러 명이 우리 거룩한 종교의 진리를 배우기를 청하자, 악마는 사람들이 그리스도교에 호의적으로 생각하게 된 것을 이용하여 읍 전체에 분란을 일으켰고, 막 자라나려는 구원의 새싹들의 숨통을 시작부터 막고자 했습니다. 그 이야기는 이렇습니다.

고인의 친척들은 고인이 병환 중일 때뿐 아니라 사망한 뒤에도 그들에게 [고인의 부고를] 전하지 않은 것에 못마땅해하며 보복하기로 마음을 먹었습니다. 그리하여 관장을 찾아가 고인의 아들을 고발하였는데, 그가 가장 신성한 의무인 효도를 못 했다는 구실을 대며 홀어머니를 죽게 내버려두었고, 모친을 보살피러 오도록 친척들을 전혀 부르지 않았으며, 가장 나쁜 것은 모친 곁에 천주교인들을 불러와 주술을 하도록 하고, 모친이 죽은 뒤 망자의 사지를 자르게 했다는 등의 말이었습니다. 요컨대 모함에 모함을 더해, 관장은 물론 읍내 모든 주민들이 보기에 극악한 짓으로 만들어 버렸습니다. 모든 이가 그렇게 저질러진 중범죄에 경악하며 치를 떨었고, 사실 여부를 확인할 생각은 하지 않고 하늘 아래 일찍이 일어난 적이 없는 죄를 저지른 자들을 죽여야 마땅하다고 고함을 질렀습니다. 사방에서 천주교의 이름을 저주하며 강력하게 척결해야 한다고 외쳤습니다. 매우 사악하고 탐욕스러운 관장은 이 사건으로 상당한 수입을 얻기를 기대하며 고발을 받아들였습니다. 그리하여

[고인의 아들인] 그 아전은 다른 주요 교우 여섯 명과 함께 체포되었습니다. 교우들이 배교를 거부하자 이내 매질을 당하고 감옥에 갇혔으며, 그곳에서 관속들로부터 온갖 욕설과 모욕을 겪었습니다.

포졸들은 관장의 처신을 보고 더욱 대담해져 이웃 교우촌들에 들이닥쳐 마구 약탈했고, 우리 가엾은 신입 교우들을 괴롭히고 또 괴롭혔습니다.

그 상황을 알게 된 저는 대구에 있는 경상 감사에게 그들을 고소하고, 함안의 신자들을 위해 잘못을 가려 달라고 요청했습니다. 그러나 감사는 천주교인들과 관련된 사건이라는 이유 하나만으로 어떠한 조사도 거부했고, 고소인들을 되돌려보냈습니다. 어쨌거나 그들을 감옥에 집어넣지 않았으니 이는 과거에 행해진 관례와 달라진 점입니다.

이렇다 보니 저는 어디에 호소해야 할지 모르겠기에 수도의 동료 신부들에게 편지를 써서 외교적인 방법을 시도하는 것밖에 달리 방도가 없었습니다. 서울 주재 프랑스 정부 대표인 콜랭 드 플랑시 씨가 이 사건을 알게 되자 조선의 외아문 독판에게 이를 의뢰했습니다. 그러자 외아문 독판은 전에 없는 호의로 우리를 만족시키겠다고 약속하면서, 함안 지역의 관장에게 두 차례나 전보를 보내어 우리 신자들을 풀어 주고 그들이 잃어버린 모든 것을 빠짐없이 돌려주라고 독촉했습니다. 실제로 함안의 관장은 자신의 자존심이 상처를 입자 상부의 명령을 서둘러 이행하지 않았고 화병까지 났습니다. 그러나 톡톡히 교훈을 얻은 셈입니다. 이 사건이 인근의 모든 지역에 알려진 것입니다. 곧, 수도에서는 이제 더 이상 천주교를 금지하지 않는다는 소문이 두루 퍼졌고, 이는 모든 지방 신자들을 위한 진정한 승리였습니다. 천주교인들을 없애 버리겠다고 호언장담했던 함안읍의 외교인들은 서울에서 내려온 명령을 알게 되자마자 곧 상부 기관이 강제하기에 앞서 그들 스스로 훔친 물건들을 되돌려주었습니다. 우리 주님께 영광을 드리며, 조선의 순교자들에게 감사를 드립니다! 그분들은 분명 끊임없이 당신들 나라의 개종을 위해 하느님께 기도하고 계실 것입니다!"

로베르 신부는 편지를 맺으며 대구읍에서 몇 해 전에 설립된 성영회 사업이 잘 진행되고 있다고 알렸습니다. 성영회가 거둔 고아 63명은 특수 시설[고아원]이 따로 없기에 모두 신자 가정에 위탁되었고 그들이 정성껏 돌보고 있습니다. 고아들 가운데 이미 아침 기도와 저녁 기도, 네 가지 교리를 응송할 줄 아는 8~9세가량의 아이들을 심심찮게 볼 수 있습니다. 한 해 동안 우리 동료 신부[로베르 신부]가 거둔 외교 자녀 임종 대세자 수는 357명이고, 그 가운데 272명의 아이들은 영원한 행복을 누리러 [하늘나라로] 갔습니다.

앙드레 신부는 수도에서 100리 떨어진 경기도에 자리를 잡았는데, 그 지역 성무를 채 마치기도 전에 갑작스러운 죽음을 맞았습니다. 앙드레 신부가 남긴 성무 활동 보고서를 보면 성인 영세자 수는 68명으로, 사규 고해는 1,550회로 기록되어 있습니다. 그의 임무를 이어받은 알릭스 신부가 거둔 성인 영세자 수는 19명, 사규 고해는 172회입니다.

빌렘 신부는 조선의 개항장 가운데 가장 중요한 제물포에 얼마 전 건물을 세웠고, 그가 거둔 성인 영세자 수는 12명, 사규 고해는 72회입니다. 우리 동료 신부는 이렇게 썼습니다.

"이곳의 물질적인 상황을 말씀드리면, 토지를 획득하면서 진일보했습니다. 단순한 토지 매입임에도 조선의 [행정] 당국으로부터 줄곧 어려움을 겪었고, 최종까지 지난한 협상을 거쳐야 했습니다. 하느님께 감사하게도 마침내 [우리] 포교지는 좋은 자리에 위치해 있고 지금 그리고 앞으로 필요할 경우를 대비해 충분히 큰 땅을 확보했다고 저는 생각합니다."

프와넬 신부가 파스키에 신부와 신학교 동료 신부들의 도움을 받아 서울과 인근 외곽에서 거둔 결과는 이렇습니다.

성인 영세자 ·················· 156명
사규 고해 ·················· 1,061회

천주교 인구는 교외는 950명, 성 내곽은 586명입니다. 프와넬 신부는 이렇게 말합니다. "[통계가] 완벽하려면 그 수에 성영회 고아원 원아의 수도 모두 더해야 합니다. 200명 가까이 되는 이 인원 추가에도 불구하고, 올해 서울의 비싼 물가로 사람들이 지방으로 이주하면서 성 내곽 교우 수는 적어도 150명 가량 줄었습니다." 예전에는 이 가엾은 교우들이 성사를 받으러 가려면 신중에 신중을 기해야 했습니다. 그러나 지금은 [외교인들로부터] 악의의 표시나 아무 방해도 받지 않고 주일마다 미사에 참례하러 오고, 그들에게 나눠 주는 하느님의 말씀을 양식으로 삼는 모습을 보며 저희는 위로를 받습니다. 앞으로 그들은 2~3년이 지나면 더 합당한 성전에서 그들의 마음을 사로잡을 성대한 예식을 보게 될지도 모릅니다. 이는 신심을 키우는 데 참으로 적절한 광경이 될 것이고, 이 소박한 영혼들, 대체적으로 올곧고 은총의 빛에 열린 이 영혼들 가운데 자연스럽게 하느님을 찬미하는 이들이 새로이 생겨날 것입니다.

신학교를 서울 포교지의 땅 안으로 옮길 계획을 하고 있으나 아직은 수도에서 10리 정도 떨어진 용산에 있습니다. 신학교 수업은 사정이 허락하는 범위 내에서 시간을 정확하게 지키면서 진행되고 있습니다. 교장 리우빌 신부가 마라발 신부의 도움을 받아 20명의 신학생들을 아버지의 마음으로 정성껏 돌보았습니다. 그가 세세한 부분까지 신경을 쓰고 있음을 전례, 단성 성가, 경당 장식 등 모든 것에서 알 수 있습니다.

샬트르 성 바오로회 수녀들이 맡고 있는 성영회 고아원에서 17명의 성인 영세자와 83명의 영아 영세자가 나왔습니다. 비좁고 불편한 옛 건물 대신 성영회 사업의 필요를 충족하는 더욱 적절한 건물로 옮겼습니다. 동정 성모 마리아 탄생 축일에 축복식을 가졌습니다. 고아원에서 일하는 이들은 건강해 보입니다. 그곳을 지도하는 7명의 수녀들의 헌신에 아무리 경의를 표한다 해도 지나치지 않을 것입니다. 또한 그곳에서 묻어나는 정갈함과 청결함은 아무리 칭송해도 지나치지 않습니다. 세상에서 기댈 곳 없었으나 하느님께서 섭리하시어 안식처를 마련해 주신 이 어린 백성이 지극히 높으신 분의 은혜를 찬양하고 성모님을 칭송하는 노래를 듣고 있으면 참으로 흐뭇합니다!

고(故) 안티곤느 주교님[블랑 주교님]이 마지막으로 마련하신 제도들 가운데, 선교의 수단으로 풍성한 결실을 거두리라 여겨지는 것이 바로 순회 회장단입니다. [지방 각지의] 선교사들이 선발하여 지방에서 올라온 9명의 교우들은 현재 서울에서 두세 신부의 지도 아래 [교리] 공부를 하고 있습니다. 이들은 조만간 저마다의 지역으로 돌아가 외교인들 속에서 [그들이] 배운 지식에 열정을 더하여 맘껏 발휘하게 될 것입니다. 하느님께서 이 조촐한 시작을 축복해 주시기를 빕니다!

우리의 모든 일이 하느님의 축복을 받도록 신부님들도 우리와 함께 기도해 주시기를 빌며, 존경하는 지도자 신부님들에게 깊은 존경의 마음을 표합니다.

신부님들의 매우 보잘것없고 헌신적인 종
장 코스트
부주교[직무 대행]
1890년 9월 14일, 서울

098 코스트 신부가 주한 프랑스 공사 콜랭 드 플랑시에게 보낸 1890년 9월 19일 자 편지

코스트 신부가 주한 프랑스 공사 콜랭 드 플랑시

1890년 9월 19일

며칠 짧게 지방에 내려갔다가 어제 저녁 돌아와 보니 공사님의 9월 13일 자 편지와 14일 자 편지가 와 있었습니다. 곧장 답신을 드리려 했는데, 오늘 아침 공사님의 짧은 편지와 함께 덕원 감사 앞으로 보내는 독판의 편지가 도착했습니다. 이 독판의 편지를 마라발 신부의 연락원에게 맡기도록 하겠습니다.

그런데 제가 그 편지에 추신을 덧붙일 필요가 없는지 궁금합니다. 마라발 신부로부터 받은 다른 소식들이 또 있기 때문입니다. 공사님께서 제게 표현해 주신 바람에 부응하고자 서둘러 그 소식들도 전달해 드립니다. 무엇보다도 형리들의 오만함 때문에 벌어진 지금의 상황으로 마라발 신부의 앞날은 전혀 낙관할 수 없습니다. 어쩌면 공사님께서 그에 대한 처방을 내려 주실 수 있으실 것입니다. 필요하다면 제가 연락원에게 기다리라고 청하겠습니다.

보두네 신부를 위해 확약과 함께 독판에게서 두 번째 전보를 받도록 힘써 주심에 감사드립니다. 짧은 중국 여행으로 대사님의 건강이 조금이라도 회복되셨으리라 믿고 싶습니다. 저희에게 슬픔을 준 소식이 공사님께는 유익이 되는 변화를 예고하는 것이지만, 분명 저희에게는 안타까운 소식입니다.

마라발 신부의 9월 3일 자 편지는 안평의 이방(吏房)인 한 교우(박 요한)의 모욕 등과 관련된 것입니다.

099 코스트 신부가 루세이유 신부에게 보낸 1890년 10월 14일 자 편지

코스트 신부가 루세이유 신부에게

1890년 10월 14일, 서울

친애하는 루세이유 신부님께,

신부님의 8월 26일 자 편지에 감사드립니다.

신부님의 여행 경비와 관련하여 우리가 1888년과 1889년 회계에서 누락을 많이 했습니다. [그 상세 내역은] 제물포에서 서울까지의 여행 경비 등입니다. 그런데 이는 순전히 [실수가 아닌] 의도적 누락이었습니다. 만인의 추앙받을 만한 추억을 남기고 떠나신 안티곤느(Antigone)의 [명의] 주교님[블랑 주교]이 그렇게 하길 원하셨고, 우리도 모두 같은 의견이었습니다. 환대의 권리를 다르게 이해할 수 있겠는지요? 그리고 신부님의 소중한 방문이 우리에게 가져다준 기쁨이 아무것도 아니라고 생각하시는지요? 이 문제에 대해 염려하지 마십시오.

작은 물품 구매와 관련하여 신부님께서 지불하길 원하시니 프와넬 신부에게 [가격이] 얼마에 이르는지 물어보겠습니다. 그 내용을 이 편지 뒷부분에 기입할 터이니 홍콩 대표부와 해결하실 수 있을 겁니다.

뮈텔 주교님의 [조선대목구장] 임명을 알린 전보를 받은 뒤 [뮈텔] 주교님의 편지를 받았습니다. 성성식은 9월 14일에 있을 예정이었으나 파리에서 출발일이 아직 정해지지 않았습니다. 주님의 이름으로 우리 소중한 조선 포교

지를 고아와 같은 처지에서 벗어나게 해 주고자 오시는 분에게 축복이 있기를 빕니다! 신부님과 뮈텔 주교님의 관계로 보면 그분이 우리에게 다시 오는 것을 기뻐하는 건 우리만이 아닐 것 같습니다. 최근에 지은 주교님의 궁전으로 그분을 방문하러 오시지 않겠습니까? 예를 들어 우리 대성당 축성식 때 말입니다.

그때를 기다리며, 우리에게 매우 좋은 추억을 남긴 모니에 신부와 다른 동료 신부들에게 저의 안부 전해 주십시오.

존경과 헌신의 마음을 담아
장 코스트

100 코스트 신부가 주한 프랑스 공사 콜랭 드 플랑시에게 보낸 1890년 10월 18일 자 편지

코스트 신부가 주한 프랑스 공사 콜랭 드 플랑시에게

1890년 10월 18일

공사님께,

독판이 전라도 감사에게 보낸 두 번째 전보가 두 죄인 최가와 함가를 감옥에 가두는 결과를 빚었다는 것을 공사님도 아실 겁니다. 도덕적 효과는 우리가 기대할 수 있는 모든 것입니다. 앞으로 난동꾼들은 프랑스 공사의 개입이 그들에게 불리한 결과를 낳을 수 있는 곤란한 상황을 자초하고 싶지 않을 것입니다.

이제 목적을 이루었으니, 보두네 신부에게는 이제 관용이 정의의 자리를 대신하게 될 듯합니다. 그리하여 저희가 본을 보여 주어야 하는 그리스도교 정신에 따라, 보두네 신부는 그 두 죄인을 용서할 것을 제안합니다. [그 제안이란] 그들 가운데 하나인 함가는 그냥 풀어 주고 또 다른 최가 또한 풀어 주나 그가 맡은 촌장직을 면하는 것입니다. 이렇게 된다면 그는 예전과 달리 교우들에게나 외교인들에게 더 이상 해를 끼치지 않을 것이며 모두가 만족하게 될 것입니다.

이러한 결과를 얻기 위해서 외아문에 거듭 호소할 필요가 있을 것입니다. 처벌 명령을 내린 외아문에서 처벌을 중지하게 할 수 있습니다. 이러한 이유에서 보두네 신부는 공사님께서 좋다고 여기시는 경우라면 선처를 위해 개입해 주셨으면 하고 바라고 있습니다.

수고로움을 끼쳐 드림에 용서를 청하며…

101 요셉 마라발 신부가 코스트 신부에게 보낸 1890년 10월 27일 자 편지

요셉 마라발 신부가 코스트 신부에게
(장 마라발 신부[165]의 부고)

1890년 10월 27일, 원산

예수·마리아·요셉
하느님의 더 큰 영광을 위하여

+

친애하는 코스트 신부님께,

신부님께서 저의 지난번 편지를 받으셨을 때 아마도 제 아우 장(Jean)의 목숨이 매우 위험하다고 여기셨을 겁니다. 애통하게도 제가 생각했던 것보다 죽음이 일찍 찾아왔습니다. 선하신 하느님께서는 10월 24일 오전 6시 반에 장의 영혼을 당신께 오라고 부르셨습니다.

이 잔인한 이별로 제가 느끼는 고통은 참으로 처절합니다. 하느님의 뜻이 이루어지기를 빕니다! 제가 무엇을 생각하고 바랄 수 있겠습니까. 바로 그날 우리가 축일로 기념한 성 라파엘 대천사가 젊은 토빗의 길동무가 되어 그를 인도하였듯이, 장의 영혼을 천국으로 이끌어 주시기를 바랄 뿐입니다.

저는 장의 곁을 계속 지키며 10월 15일 병자성사를 주었고, 사망하기 전전

---

165 마라발(Jean-Baptiste Maraval, 徐若翰, 1866~1890) : 파리외방전교회 소속 조선 파견 선교사. 1885년 파리외방전교회에 입회하여 1889년 9월 21일 사제품을 받고 그해 11월 27일 조선으로 파견되었다. 서울에 도착했을 때 폐병에 걸렸고, 건강 회복을 위해 함경도 원산으로 보내졌으나 끝내 회복하지 못하고 1890년 10월 24일 24세의 나이로 눈을 감았다.

날에는 임종이 임박했다고 생각하여 그를 위해 임종하는 이들을 위한 기도를 바쳤습니다. 그러자 그는 의식이 또렷한 상태에서 대답했습니다. 더욱이 그는 마지막 순간까지 의식을 잃지 않았습니다. 끔찍한 고통을 겪으면서도 그는 죽음을 두려워하지 않았고, 오히려 진심으로 바라며 죽음을 청했습니다. 폐결핵 환자들은 고통을 느끼지 않는다고들 말합니다. 애통하게도 장의 경우는 그렇지 않았습니다. 오 하느님 맙소사! 얼마나 고통스러웠는지 잠시도 편히 잠을 잘 수 없었고, 줄곧 기침이 나와서 누워 있을 수도 없었습니다. 옆구리의 통증이 계속되어 제대로 숨을 쉬지도 못했습니다. 그를 바라보면 큰 연민을 느끼지 않을 수 없었습니다. 그가 조선에 잠시 머물렀을 뿐이라고 물론 말할 수 있겠지만 이러한 잠깐의 체류도 계속되는 고통일 뿐이었습니다. 신음이 저절로 나올 정도로 고통이 극심할 때도 그가 염려한 것은 오직 한 가지, 고통을 견디지 못하여 하느님의 마음을 상하게 해 드리고 자신의 의지에 반하여 작은 소리라도 내는 것은 아닐까 하는 것이었습니다. 장은 죽음 앞에서 자신이 평온하다는 것이 이상하다고 생각했습니다. 두려움 속에서 제게 이렇게 말하곤 했습니다. "저 자신이 이해가 안 됩니다. 저는 분명 죽음을 앞두고 있고, 그렇다고 느끼고, 형님도 날마다 그렇게 말해 주고 있지요. 저 역시 저녁마다 스스로 이렇게 말합니다. '선하신 하느님께서 오늘 밤 나를 부르실 수도 있지'. 그런데 이러한 생각이 들어도 무덤덤하고, 마음이 흔들리지도 않아요. 그래도 제가 떠날 때가 오면 성모님께서 제게 좋은 생각을 주시지 않을까 생각합니다." 이따금 저는 그에게 묻곤 했습니다. 온종일 무슨 생각을 하느냐고. 그의 대답은 이러했습니다. "안타깝게도! 말하기는 무척 어려울 것 같아요. 온종일 아무 생각 없이 보내요." 제가 그에게 물었습니다. "악마가 너를 괴롭히지 않고 가만히 놔두는 거니?" "저를 가만히 내버려두긴 하지만 늘 제 옆에 붙어 있어요. 너무 고통스러울 때 제가 견뎌 내지 못하게 만들려는 거지요. 그리고 그 불행한 존재[악마]는 너무도 자주 성공을 거두곤 합니다." 저는 날마다 매 순간 그를 격려하였고, 죽음에 관해 말해 주고, 묵주 기도와 저녁 기도를 함께 바쳤습니다. 마지막 며칠은 말하는 것이 어려웠고, 거의 내내 잠을 잤으며, 기침할 때에만 눈을 떴습니다. 이에 저는 그에게 묵주 기도를 바칠 것을 권하지 않았습니다만, 두세 번 정도만 기도드리는 것을 빠뜨렸다고 생각됩니다. 숨을 거두기 전날 아침, 그가 "요셉 형! 요셉 형!" 하고 불렀고, 저는 곧장 그에게 달려갔습니다. 제가 말했습니다. "무슨 일이야?" 그가 말했습니다. "서둘러 마지막 사죄를 해 줘요. 마지막이 된 것 같아요. 기침을 하느라 숨이 멈출 뻔했어요." 그의 바람대로 저는 그에게 사죄경을 해 주었습니다. 그러자 이렇게 말했습니다. "자, 오늘은 저를 위해 미사성제를 바쳐 주세요." "안심해라. 그렇게 하마. 잘 귀담아듣고." (저는 작은 칸막이 하나를 세워 제대와 그의 공간을 분리했습니다.) 오후에도 내내 그의 곁에 앉아 책을 읽으며 시간을 보냈습니다. 오후 3~4시경 장이 제 쪽으로 몸을 돌리며 말했습니다. "형, 계속 책만 들고 그렇게 있는 거예요?" "가엾은 장, 내가 네게 말을 걸 수 있지만 네가 대답할 수 없잖니. 그러면 네가 피곤해질 테니까. 이렇게 [책을 읽고] 있는 거지. 온종일 바닥만 바라보고 있을 수 없잖니." 장이 말했습니다. "그럼, 자! 책을 읽는 대신 묵주 기도를 바쳐 줘요." 저는 기꺼이 그의 청을 받아들였고, 저녁에는 저녁 기도와 그를 위한 특별 기도를 바쳤고 그의 옆에서 잠을 잤습니다. 제 발을 끈으로 묶어 두었는데, 장이 저의 도움이 필요할 경우 그 끝을 붙잡아 저를 깨우도록 했습니다. 10시, 자정, 새벽 1시 15분, 새벽 5시에 일어나 그를 최선을 다해 보살폈습니다. 내관(內官)이 밤을 새웠고, 저는 새벽 5시 15분에 그에게 말했습니다. "자, 곧 날이 밝을 것이니 자네는 잠시 가서 쉬게. 내가 보살피겠네." 그날은 그가 청하는 대로 자리에 앉은 뒤라 피곤이 더욱 심했습니다. "괜찮아?" 내가 묻자 "좋아! 좋아!" 하고 대답하며 한숨을 보태었는데, 이는 좋다는 것이 매우 상대적이라는 뜻이었습니다. 그것이 제가 들은 그의 마지막 말이었습니다. 저는 5시 반경 잠이 들었습니다. 6시 반이 되자 제가 아직 나오지 않은 것을 모두가 이상하게 여겼는데, 내관이 들어와 제 동생을 바라보고 저를 깨웠습니다. 애석하게도, 장은 마지막 숨을 거두었습니다. "장! 장! 내 말 들려?" 아무 답이 없었습니다. 그의 영혼은 하느님 앞에 가 있었고, 우리의 손에는 생명이 없는 그의 육신만이 남아 있었습니다. 그의 영혼이 평화로이 잠들기를 빕니다(Anima ejus requiescat in pace).

제의가 입혀진 그의 시신은 10월 26일 주일 아침 6시 사제관에서 얼마 떨어진 곳에 매장되었습니다. 무덤 속 봉분 한가운데에 나무 십자가를 묻었고, 며칠 뒤 저는 [나무보다는] 변질이 잘 안 되는 표식을 넣을 것입니다.

이렇게 장은 영원히 저를 떠났습니다. 너무도 사랑하는 제 동생은 23년 하고도 하루가 모자란 열한 달을 살았습니다. 그는 1866년 11월 25일 저녁 10시에 태어났는데, 이는 타른(Tarn)주 카스트르(Castres)읍의 기록 보관소에서 얻은 세례 대장의 내용과 같습니다.

친애하는 코스트 신부, 그의 영혼의 안식을 위해 미사 5대를 바쳐 주십시오. 동료 신부님들도 각자 그렇게 해 주시기를 부탁드립니다. 장 마라발의 영혼의 안식을 위한 미사 대금으로 각 동료 신부님들의 회계에 5프랑씩을 셈해 주셨으면 합니다.

너무도 고통스러운 상실로 아파하는 신부님의 종을 기도 중에 기억해 주십시오.

요셉 마라발

102 코스트 신부가 델페슈 신부에게 보낸 1890년 11월 26일 자 편지

코스트 신부가 델페슈 신부에게

1890년 11월 26일, 서울

존경하는 총장 신부님께,

신부님께 사랑하는 장 마라발 신부의 부고를 전해 드리게 되어 마음이 아픕니다. 장 마라발 신부는 폐병의 후유증으로 원산(조선)에서 지난 10월 24일 오전 6시 반에 선종했습니다. 그의 형[요셉 마라발 신부]이 보낸 편지를 보시면 이른 죽음을 맞기에 앞서 감화를 주는 그의 모습을 알 수 있기에, 우리 가운데 잠시 머물다 떠난 마라발 신부에 관하여 몇 마디만 덧붙이고자 합니다.

1890년 2월 2일 조선에 도착한 장 마라발 신부는 선임자들이 그랬듯이 서울의 주교관에 머물며 [조선어] 공부를 시작했습니다. 며칠 뒤 우리의 존경하는 교구장 블랑 주교님이 쓰러졌고 다시는 자리에서 일어나지 못하셨습니다. 장 마라발 신부도 우리 존귀한 수장이며 아버지에 대한 애정으로 가득 차 그분을 함께 간병하기를 바랐습니다. 그러나 마라발 신부의 건강이 나빴기에 밤샘 간병은 하지 못하게 했습니다. 그는 파리에 있을 때 감기에 걸렸는데 이를 소홀히 여겨 건강이 악화되어, 조금만 피로해도 견뎌내지 못했기 때문입니다. 이 무렵부터 기침이 다시 시작된 것 같습니다.

마라발 신부는 자신이 세운 규칙에 충실하여 기도와 [조선어] 공부에 전념하며 보냈습니다. 보통 며칠의 휴가를 받으면 형 요셉 마라발 신부가 교수로 있는 용산[신학교](서울에서 10리 떨어진)으로 여행을 했습니다. 그곳에서 두 형제는 가족과 고향을 추억하며 서로의 속내를 나누곤 하였습니다.

피정 때(4월 말)가 되어, 익히 잘 아는 동료 신부들을 다시 만나고, [모르는] 다른 동료들과도 알게 되어 기뻐하면서도 마음 깊은 곳에 드리운 슬픔 때문에 기쁨을 온전히 누리지 못했으리라 쉽게 짐작할 수 있었습니다. 이는 동료들처럼 현장에 뛰어들어 영혼들을 [구원하여] 예수 그리스도께 데려갈 수 있기를 원했기 때문이었을 겁니다. 그러나 여러 처방으로도 그를 쇠약하게 만드는 병은 말끔히 가시지 못했고, 그의 목소리는 쉬고 흐릿해졌습니다. 그를 진찰한 의사는 쾌유의 희망이 많지 않다고 조심스레 알렸습니다. 우리가 애써 감추려 했지만, 이 젊은 사도가 의사의 소견을 짐작하면서 느꼈을 상심이 얼마나 컸겠습니까! 언젠가 그도 평소에 속내를 터놓고 지내는 동료에게 이렇게 말했습니다. "모든 것을 완전히 내려놓는다는 것이 이토록 힘든 것인 줄은 몰랐습니다." 그런데 이 착한 신부는 모든 것을 내려놓았습니다. 우리는 모두 그의 다감함과 상냥함을 기억합니다. "참 안됐어!" 그가 약속했던 희망과 함께 조금씩 무덤을 향해 가고 있는 그의 모습을 보면서 동료들은 그렇게 말했습니다.

공기가 바뀌면 좀 나아지리라 판단하였습니다. 형 [요셉] 마라발 신부가 조선의 동쪽 개항장인 원산으로 자리를 옮기면서 동생인 장 마라발 신부도 함께 가도록 결정되었고, 그들은 5월 28일 함께 떠났습니다.

원산에서 사랑하는 환우는 형으로부터 받을 수 있는 모든 헌신적인 보살핌을 받았습니다. 7월 29일 제게 쓴 편지에서 장 마라발 신부는 자신의 건강 상태를 전하고, [조선어] 공부를 얼마나 좋아하는지, 또 자신이 짐이 되지나 않을지 하는 염려와 인내를 보여 주었습니다. 그는 이렇게 말했습니다.

"신부님께서 제게 애정을 보여 주심과 저의 건강 회복을 간절히 바라고 계심에 감사드립니다. 서울을 떠난 뒤 큰 차도는 없었습니다. 우기 동안 저는 가장 고통스러웠습니다. 날씨가 맑으면 기력도 회복되고 조금은 유쾌함도 살아납니다. 이곳에는 기분 전환을 위한 일이 많지 않습니다. 해변가로 산책을 하기에는 바다가 너무 멀리 떨어져 있습니다. 책들이 도착한다면, 하루가 조금은 더 짧게 느껴질지도 모르겠습니다. 적어도 잠시 몰두할 뭔가가 있을 테니까요. 몇 달 동안 저의 형과 함께 보낼 수 있도록 해 주심에 감사드립니다. 병 때문에 힘든 날도 있습니다. 그럴 때는 다른 어떤 동료보다 저의 형이 제 곁에 있어서 좋습니다. 그러나 결국 저는 형을 지치게 만들 것입니다. 친애하는 코스트 신부님, 기도 중에 저를 기억해 주시고, 신부님의 매우 헌신적인 종이 인내와 완전한 내려놓음을 지닐 수 있도록 청해 주십시오."

애통하게도! [그의 건강이] 비교적 나아지리라는 기대를 품었으나 오래 가지 못했습니다. 우리는 올해 세 차례나 우리 동료들의 죽음을 애도하고 있습니다. 블랑 주교님, 앙드레 신부, 장 마라발 신부를 [차례로 떠나보냈습니다]. 하느님의 거룩한 뜻이 이루어지기를 빕니다!

이 편지에 고인의 유언장과 사망 증명서 2부를 동봉해 드립니다. 이 서류들과 함께 위에 적은 약력이 파리에 있는 우리 경리 담당에게 보내졌어야 하는데, 그가 자리에 없으니 신부님께서 전달해 주시리라 믿습니다. 이 자리를 빌려 신부님께 감사드리며 저의 애정을 표합니다.

신부님의 매우 보잘것없고 애정 가득한 종
장 코스트
부주교[직무 대행]

103 코스트 신부가 주한 프랑스 공사 콜랭 드 플랑시에게 보낸 1890년 12월 20일 자 편지

코스트 신부가 주한 프랑스 공사 콜랭 드 플랑시에게

1890년 12월 20일

공사님,

공사님께 기쁜 마음으로 보내 드리는 보두네 신부의 편지 사본을 통해, 공사님의 호의 어린 중재의 결실을 알게 되실 겁니다. 진심 어린 감사의 마음을 담아 축하의 인사를 드립니다.

보두네 신부는 그리스도교에 유익이 되면서도 조선에서 프랑스의 위엄을 결코 약화시키지 않을 몇 가지 점을 들고 있습니다. 이와 관련하여 공사님께서 저를 만날 필요를 느끼신다면 저는 내일 오후 흔쾌히 공관으로 가겠습니다.

'배'씨 성을 지닌 사람의 요구와 관련하여 공사님의 주사(主事)가 이 사안을 잘 알고 있는 듯하므로 저희에게 정보를 줄 수도 있을 것입니다.

이만 줄이며.

104 코스트 신부가 주한 프랑스 공사 콜랭 드 플랑시에게 보낸 1891년 1월 11일 자 편지

코스트 신부가 주한 프랑스 공사 콜랭 드 플랑시에게

1891년 1월 11일

공사님께,

나팔수들의 병영인 우영(右營)이라 불리는 부대에서 나팔수 역할을 하는 김경준이라는 군인이 고소를 당했습니다. 공범으로 같은 부대에 속한 다른 네 명의 군인이 있습니다. 제가 들은 내용 그대로 사실을 요약하여 말씀드리면 이렇습니다. 피고인들이 유럽인들, 특히 공사님을 상대로 욕설을 한 범인들이라 거친 말들을 그대로 옮겨 전하는 것을 양해해 주셨으면 합니다.

남문 옆 순청골(巡廳洞)에 이 타대오라는 교우가 살고 있습니다. 그의 처형(妻兄)이 (위에서 말씀드린) 김경준의 맏형과 혼인을 했습니다.

[그런데] 김경준의 맏형이 죽었습니다. 그 아내가 아기를 낳았으나 고아원에 맡겨졌고, 현재 수녀님들이 맡아 키우고 있습니다.

김경준은 네 동료를 대동하여 이 타대오를 찾아와 아기를 어떻게 했느냐고 물었고, 이 타대오는 사실 그대로 대답했습니다.

그러자 김경준은 못마땅해하면서 이 타대오의 옷을 벗겨 흠씬 두들겨 팼습니다. 그는 이 타대오에게 이렇게 말했습니다.

"아이를 얼마에 팔았냐? 프랑스 공사에게 팔았냐?"

이 타대오는 답했습니다. "그 아기는 팔린 것이 아니오. 프랑스인 수녀들의 보살핌을 받으며 자라고 있소."

그 가운데 군인들이 [번갈아가며 말했습니다.]

"그 아이는 불에 구워져 프랑스 공사와 유럽인들에게 먹혔고, 똥으로 나왔지."

"아니야. 그들은 백일 된 아이들만 먹어."

"생으로 먹지."

마찬가지로 또 다른 모욕적인 말들을 했습니다.

그들은 이 타대오를 실컷 두들겨 팬 뒤 풀어 주었고, 만일 똑같은 잘못을 되풀이한다면 또 겪게 될 것이라고 위협했습니다.

범인들의 우두머리인 김경준을 붙잡는다면 다른 자들도 재판에 넘기기가 수월할 것입니다.

명백한 사실이 분명한 만큼 본보기가 되는 처벌을 가할 필요가 있을 것 같습니다. 그리한다면 불과 몇 해 전처럼 때마침 여론을 부추겨 심각한 결과를 초래할 뻔했던 중상모략이 다시 고개 드는 일을 막을 수 있을 것입니다.

이 사건을 공사님의 판단에 맡기며 감사의 마음을 담아.

105　코스트 신부가 주한 프랑스 공사 콜랭 드 플랑시에게 보낸 1891년 2월 3일 자 편지

코스트 신부가 주한 프랑스 공사 콜랭 드 플랑시에게

1891년 2월 3일

공사님께,

전라도에서 [건립] 계획 중인 학교를 위해 취해진 조치의 결과와 관련하여 공사님께서 이달 2일에 제게 보내 주신 편지 내용을 기회가 닿는 대로 보두네 신부에게 전달하도록 하겠습니다.

또 다른 사건이 얼마 전 원산에서 일어났습니다. 동봉해 드리는 마라발 신부의 편지에 그에 대한 상세한 내용이 실려 있습니다. 우리 동료 신부는 공사님의 강력한 중재에 다시 기대는 것밖에 달리 방법이 없다고 여기고 있습니다. 영향을 미칠 수 있다고 여기신다면 공사님의 노력은 예전처럼 성공을 거두리라 믿어 의심치 않습니다.

[답신을] 기다리며 감사의 마음을 담아.

편지를 봉하려는 순간 마라발 신부로부터 두 번째 편지를 받았는데, 또 다른 복잡한 일에 관해 이야기하고 있습니다. 서둘러 이 편지를 마라발 신부의 첫 번째 편지와 함께 보내 드립니다.

106 코스트 신부가 주한 프랑스 공사 콜랭 드 플랑시에게 보낸 1891년 2월 5일 자 편지

코스트 신부가 주한 프랑스 공사 콜랭 드 플랑시에게

1891년 2월 5일

공사님께,

마라발 신부가 보낸 연락원은 편지가 맡겨지는 대로 떠날 것입니다.

공사님께서 독판에게 제안하신 조치들이 충실하게만 이행된다면 매우 훌륭한 결과를 낳으리라 말해도 될 것 같습니다.

그러한 희망 속에서 감사의 마음을 담아.

107 코스트 신부가 루세이유 신부에게 보낸 1892년 9월 15일자 편지

코스트 신부가 루세이유 신부에게

1892년 9월 15일, 서울

친애하는 루세이유 신부님께,

뮈텔 주교님은 피정에 들어가셨습니다. 영신 수련을 시작하기에 앞서 주교님은 아래에 동봉한 목록에 적힌 인쇄물들을 신부님께 요청하라고 제게 맡겼습니다. 그 인쇄물들을 조만간 받을 수 있기를 바라시는 것 같습니다.

이 심부름 덕분에 신부님께 짧은 인사와 안부를 전하게 되어 기쁩니다.

[홍콩] 나자렛에서 우리의 울창한 남산의 능선과, 우리 순교자들이 피를 흘린 새남터 네거리, 그분들의 유해가 묻힌 무덤들, 그리고 폭풍우로 잔디가 벗겨진 언덕 등이 아직도 눈에 선하신지요? 신부님께서 모니에 신부와 함께 그 장소들을 두루 둘러보신 이후로 변화가 생겼습니다.

우리가 생각했던 여러 계획이 실행에 옮겨졌습니다. 지금은 인쇄소 용도로 마련한 건물이 지어졌는데, 현재는 임시 성당으로 사용되고 있습니다. 신부님은 [이곳에 다시 오시면] 새로 지은 주교관의 침실에서 묵게 되실 겁니다. 이곳은 제가 [건물 설계] 도면을 보여 드렸던 조선식 방(여전히 존재하는)에서 그리 멀지 않습니다.

[또한] 남대문 밖에 감탄스러울 정도로 잘 고른 언덕 위에 지은 성당과 꼭대기에 십자가가 걸려 있는 종루를 보실 것입니다. 이 성당이 바로 두세 신부

▲ 국내 최초의 서양식 건물인 약현 성당의 1900년 전경. 코스트 신부가 설계를 맡아 1891년에 착공하여 1892년에 완공하였다.

▶ 약현 성당의 종. 코스트 신부는 뮈텔 주교에게 보낸 1892년 4월 24일 자 편지에서 이 종을 종루에 올렸다고 언급하였다.

가 맡고 있는 성 요셉 성당[166]입니다. 옛 신학교 부지에 새롭게 건물을 지었고, 이미 35명이 넘는 신학생이 살고 있습니다.

끝으로 신부님은 그토록 오랫동안 고대해 온 주요 건물이 올라가는 것도 보실 것입니다. 신부님도 아시겠지만, 우리 언덕에 있는 두 개의 작은 둔덕 사이에 우리 대성당이 올라가고 있습니다. 고딕 양식으로 길이가 70미터 가까이 되고, 종탑과 제의실이 포함되어 있습니다. 지반이 함몰되어 있었는데, [오히려] 그 덕분에 내진(內陣) 아래를 지하 묘역으로 활용할 수 있게 되었습니다. 벽돌 공사는 첫 번째 창문 높이까지 진행되었는데, 우리가 기대했던 것보다 훨씬 빠른 속도이지만 우리 재정에는 큰 구멍이 생겼습니다!

조선 교회의 역사상 길이 기억되고 남을 그날, 이 건물의 축성식에 신부님도 참석하시겠다고 약속하지 않으셨는지요? [아직은 일러서] 뮈텔 주교님이 신부님을 초청하는 데에도 시간이 더 걸릴 것이고, 신부님도 준비할 시간이 필요하실 테지요. 공사가 끝나려면 앞으로 2년은 더 걸리리라 내다보고 있습니다. 어쨌거나 대환영을 받으실 겁니다.

신부님의 새로운 나자렛에서 어떻게 지내고 계십니까? 그렇게 해서 열은 완전히 쫓아내셨습니까? 동료 신부들, 특히 모니에 신부에게 저의 우정을 전합니다.

존경과 헌신의 마음을 담아
장 코스트

∴∴∴
166 약현 성당을 말한다. 1891년 초대 주임 두세 신부가 성당 부지를 매입하고, 코스트 신부가 설계를 맡아 1891년 착공하여 1892년 완공했다. 약현 성당은 남대문 밖에 있다고 하여 '문밖 성당', '성 요셉 성당'으로도 불렸다.

108 코스트 신부가 홍콩 대표부의 마르티네 신부에게 보낸 1893년 3월 1일 자 편지

코스트 신부가 홍콩 대표부의 마르티네 신부에게

1893년 3월 1일, 서울

친애하는 마르티네 신부님에게,

도대체 우리가 어찌하여 이렇게 된 것입니까? 신부님이 상해에 계실 때에는 배편이 있을 때마다 서신을 주고받곤 했습니다. 신부님이 홍콩에 계신 뒤로는 아무것도, 거의 아무것도 나누지 못했습니다.[167] 그렇게 된 것은 상황 때문이지만 기회가 없기도 했습니다. 마음은 변한 것이 아니라고 믿고 싶습니다. 적어도 저는 그렇습니다만 신부님도 그러시리라 믿습니다. 진심 어린 저의 인사를 받으십시오. 새해 인사라고는 차마 말씀드리지 못하겠습니다. 이미 조금은 묵은해가 되었으니 말입니다. 그래도 새해 인사는 늘 새해 인사이지요. 또 마음은 계절의 변화와 아무 상관이 없습니다.

신부님의 머리가 눈에 띄게 희어지고 여러 가지 걱정들로 쇠약해지셨다고 들었습니다. 은행들이 불안정하기 때문입니까? OBC[168]에서 손실이 있었습니까? 신부님도 아실지 모르지만 우리도 요코하마에 있는 그 은행에 7,000달러를 맡겼는데, 배당금이 20%에 불과했습니다. 나머지는 어느 정도로, 또 언제

---

167 마르티네 신부는 상해 대표부를 떠나 1891년부터 홍콩 총대표부의 대표를 맡아 오고 있었다.
168 동방회리은행(Oriental Bank Cooperation)의 약어.

돌려받게 될는지요? 알 도리가 없습니다.

한편 지난해 5월 시작한 대성당 공사를 마치기 위해 우리는 거금이 필요할 것 같습니다. 공사는 겨우내 추위로 중단되었으나 오는 4월 초에 재개될 것입니다. 재정 때문에 중단되지 않는다면 말 그대로의 건축 공사는 내년 겨울이 오기 전에 마무리될 수 있을 것입니다. 이어서 내부 공사가 있을 것이고, 이는 다소 오래 걸릴 것입니다. 저희 예상대로라면 축성식은 2~3년 뒤에야 가능할 것입니다.

그때 신부님께서도 참석하러 오십니까? 그때 신부님을 뵙게 된다면 참으로 기쁠 것입니다. 그런데 과연 그때 신부님께서 참석하러 오실 시간적 여유가 있겠습니까? [성성식 전에라도] 짬이 생기시면 그때 오시는 편이 나으실 듯합니다. 우리에게 오시어 근심을 잊으십시오. 환영을 받으시리라는 것은 당연합니다. 조선의 공기는 신부님의 건강에도 분명 좋을 것입니다.

신부님이 지난번에 우리에게 보내 주신 회계와 관련하여 주교님께서 말씀하시지 않을지도 모르니, 제가 면밀히 검토했고 정확했다는 것을 기꺼이 말씀드리고자 합니다.

홍콩 대표부에 위탁 보관 중인 조선어 책들에 관하여 주교님께 말씀을 드렸더니, 주교님은 조금씩 팔리고 있는 책들을 대체하도록 이곳으로 보내 오게 하라는 의견을 주셨습니다. 신부님께서 우리에게 그 책들을 보내시기에 앞서 (어쩌면 루세이유 신부님에게서) 제본을 해 주시면 감사합니다. 저의 계산이 틀리지 않으면 신부님 편에 남은 부수는 이렇습니다.

『한불자전』 15~16권

조선어 문법서 6~7권

미리 감사를 드립니다.

우리 아픈 환우들, 마라발 신부와 르 비엘 신부는 어떻습니까? 마라발 신부는 어쩌면 [조선에] 돌아오고자 조만간 여정에 오를 것입니다. 그들에게, 또 다른 동료 신부들에게 저의 안부 인사 전합니다. 그럼 이만 줄입니다.

코스트

신부님께서도 분명 이미 알고 계시거나 곧 아시게 될 터인데, 2월 22일 선종한 참으로 수도자다웠던 엘리사벳 수녀님의 장례식을 최근에 치렀습니다.

109 코스트 신부가 뮈텔 주교에게 보낸 1893년 4월 24일 자 편지

코스트 신부가 뮈텔 주교에게

1893년 4월 24일

[뮈텔] 주교님께

종이 이미 종루 위에 올려 있습니다. 분명 작업이 오래 걸릴 것입니다. 작업을 감독하는 것이 중요하기에 두세 신부와 주교님의 종[코스트 신부]은 끝까지 남아 지켜보고자 합니다.

하여 공사관 방문 제안을 받기는 했지만 저희가 가기는 힘들 것 같습니다. 주교님께서 플랑댕 씨에게 양해의 말씀과 인사를 전해 주셨으면 합니다. 게다가 동료 신부들 가운데 저희 대신 갈 사람을 쉽게 찾으실 것입니다.

주교님의 매우 보잘것없고 충실한 종
장 코스트

110 코스트 신부가 주한 프랑스 공사 콜랭 드 플랑시에게 보낸 1893년 8월 29일 자 편지

코스트 신부가 주한 프랑스 공사 콜랭 드 플랑시에게

1893년 8월 29일

공사님께,

우리 조선어 책(문법서와 자전) 상당수가 요코하마의 인쇄업자 레비 씨의 후임자인 살라벨 씨 인쇄소에 위탁되어 있습니다. 그는 정기적으로 중개 수수료를 제외한 이 책의 판매 수익금을 우리에게 상환해야 했었습니다.

그런데 살라벨 씨가 곧바로 상해에 자리를 잡았고, 그 도시에 한동안 머무른 뒤 통킹으로 떠나서 해퐁 세관에서 근무하고 있습니다. 상해를 떠나면서 그는 우리 경리 담당자인 마르티네 신부와 정산을 했습니다. 이와 관련하여 저는 공사님께, 그가 마르티네 신부에게 보낸 편지(1886년 10월 30일 자)의 사본을 전해 드리게 되어 영광입니다.

이 편지의 사본과 함께 마르티네 신부는 다음과 같이 남겼습니다.

"살라벨 씨는 신문을 통해 자신의 정산은 차후에 있으리라 알려 왔는데, 그와 관련해 고지가 있을 것이라고 합니다. 실제로 저는 살라벨 씨로부터 위에 표시된 부수들을 받았습니다." (편지 참조)

책들이 팔렸으므로 살라벨 씨는 중개 수수료를 제외한, 이미 판매된 수익금은 우리에게 지불해야만 했습니다. 그 날짜(1886년 10월 30일)로 채무액은 그가 편지에서 밝힌 것처럼 203달러였습니다.

1887년 12월 2일 자 편지에서 마르티네 신부는 제게, 살라벨 씨가 마르티네 신부에게 선금 50달러를 지불하면서 나머지 금액(153달러)은 차차 계산하기로 약속했다고 제게 알렸습니다.

저는 살라벨 씨에게 편지를 썼으나 아직 답장을 못 받았습니다. 우리의 상황은 이렇습니다. 따라서 그가 우리에게 빚을 진 금액은 153달러입니다.

공사님, 외람된 말씀이지만, 저희가 너무 오래도록 받지 못한 빚을 상환받도록 공사님의 영향력을 행사해 주십사 부탁드립니다. 이는 공사님께서 우리에게 해 주시는 진정한 봉사가 될 것입니다. 우리가 앞으로 지출해야 하는 비용이 많고, 예산의 균형을 맞추고자 절약함에도 고충이 있기 때문입니다.

공사님의 우호적인 중계가 충분한 힘이 있어 사법적 수단에 도움을 구하지 않고도 우리가 바라는 결과를 얻어다 주리라 희망하며, 미리 저의 진심 어린 감사를 드리며, 깊은 존경의 마음을 표하오니 받아 주시기를 바랍니다.

공사님의 매우 보잘것없는 종

111 「조선의 일본인들」이란 제목의 보고서 필사본(1894년 7월 16일)

조선의 일본인들(필사본 기사)[169]

1894년 7월 16일

조선의 일본인들

일본군은 여전히 조선에 있습니다. 그 수가 많고 앞으로 더 오래 조선에 머물려는 듯합니다. 이 사실을 눈여겨보아야 하는데, 그 심각성으로 볼 때 여론의 법정에 소환되어야 마땅합니다. [그동안] 무슨 일이 있었는지를 살펴봅시다. 일본인들은 동학교도의 봉기로 위험이 우려되자 자국민을 보호하겠다는 핑계로 [조선에] 들어왔습니다. 치안 유지를 위한 것이라면 제물포와 서울에 작은 부대를 주둔하는 것으로 충분했을 것입니다.

[일본과] 마찬가지로 [치안 불안과] 관련된 당사자들인 다른 [서구] 열강들은 이러한 예방 조치를 기울이지 않았습니다. 그들은 제물포에 전함 한두 척을 며칠 동안 정박해 두는 것에 그쳤습니다. 위험이 지나가자 이 선박들은 사라졌고, 일부는 더 오래 머물렀으나 이는 어디까지나 정규적인 이동 계획에 따른 것이었습니다.

그런데 일본인들은 그렇지 않았습니다. 다른 [나라] 군대들이 물러가는 동안 일본인들은 계속해서 군인과 군수품을 가득 실어 보냈고, 이는 명백히 조

---

169 작성자의 이름이 명시되어 있지 않으나 필체를 보면 코스트 신부가 쓴 글이 확실하다.

선 정부와 외국 대표들의 의사에 반하는 것이기에, 이러한 병력 과시에 사람들은 대단히 놀라지 않을 수 없었습니다. 아무리 항의를 해도 일본인들은 자국 군대의 주둔은 어디까지나 임시적인 것이라며, 반란군 토벌을 위해 남부에 파견된 중국 군대가 물러나면 곧바로 철수할 계획이라고 답했습니다. 문명인들에게 [자신이] 한 말은 신성한 말입니다. 일본인들이 자신의 말을 지키리라고 보십니까? 그들이 스스로 주장하듯이 문명화된 사람들이라면 그렇다고 말씀하시겠지요? 여러분은 그들을 잘 모르는 겁니다.

오히려 그들은 점점 더 군비를 강화하고 있습니다. 장기 주둔을 하려는 듯 서울 인근 곳곳에 진지를 틀고, 길목들을 지키고 있으며, 병영을 증강하고, 또 여러 거점에 전보와 통신을 세웠으며, 심지어 제물포와 서울 사이에 전신줄까지 놓았습니다. 조선 정부가 그렇게 하도록 허락하지 않았음에도 말입니다.

한마디로 일본인들은 이 나라를 자기들이 정복한 나라인 양 대하고 있고, 만민법을 무시하고 외국 영토를 침범하고 있으며, 근간이 되는 정의를 무시한 채 사유지들을 침범하고, 공용 도로 등의 통행을 막고 있습니다. 이러한 오만 불손함은 짐작조차 할 수 없는 것이 아닌지요?

스스로를 정당화하고자 그들이 전쟁의 권리를 내세우려는 것일까요? 그런데 선전포고는 없었습니다. 게다가 해를 끼치지도 않은 민족을 상대로 그렇게 할 수는 없었습니다. 아! 어쩌면 힘을 행사할 권리를 내세우려는 것일지도 모르겠습니다. "대단들 하오! 일본인 양반들! 그러니까 그대들은 그대들의 문명화된 범위와 사상의 폭이 대포와 속사엽총의 사정거리로 가늠이 된다고 믿게 하려 하는구료. 미안하지만 이 말을 그대들에게 하겠소. 야만인들이던 그대들의 조상들이 지금 그대들이 유럽 나라들에게 빌려 온 전쟁 기계들을 좀 더 일찍 알았더라면 그만큼은 했을 것이오."

이렇게 저들은 극동 아시아의 문명화를 위한 개척자라고 자처하고 뽐내고 있습니다. 그들 나라에서 외국인 거주자들에 대한 권한을 내세우면서 유럽인 사법관들과 어깨를 나란히 하기를 갈망하는 고명한 법률 고문들입니다.

예의는 정직하고 상냥한 겉모습으로 호의가 표현된 것입니다. 일본인들에게는 적어도 겉으로 번지르르한 예의는 있습니다. 그들은 상호 관계에서 굽신거림과 꾸미는 태도를 아끼지 않기 때문입니다. 그런데 실제로 과연 그럴까요? 무장 해제된 조선 정부를 상대로 그들이 취하는 행동을 보고 판단해 보십시오. 순진무구하고 힘없는 가엾은 민족에게 일으키는 온갖 공포와 두려움 속에서 그 호의를 찾아보십시오. 일본 군대들이 저들의 대포를 이 도시 저 도시로 끌고 다니며 아무 이유 없이 모든 이들의 머릿속에 공포를 심고 다녔다는 것을 생각해 보십시오.

궁궐에서부터 가장 초라한 초가집에 이르기까지 날마다 불안과 근심이 쌓이고 있습니다. 이러한 공포 때문에 과반수의 서울의 주민들과 제물포의 주민 80%가 혹여 일어날지도 모르는 전쟁을 피하고자 지방으로 피신하였습니다. 저 허풍쟁이들이 보호자인 양 와서는 어떻게 행동하고 있는지 보십시오. 그만큼 일본인들에 대한 증오가 만연합니다. 모든 사람이 그들의 존재만으로도 진저리를 칩니다.

그런데 조선인들과 전쟁을 벌이는 것이 그들의 목적이라고 생각하지 마십시오. 아닙니다. 그들은 이 불운한 나라를 가엾게 여기는 척만 합니다. 그들은 오직 중국에 불만을 품고 있다고들 합니다.

"그러나 그렇다면 일본인 양반들, 다른 곳에나 가서 싸우고, 가엾은 이 나라에 고통을 주러 오지는 마시오. 이 나라는 그대들의 봉사보다는 평화와 평온이 더 필요하다오."

저들이 원하는 것이 무엇인지 아십니까? 그들조차 그것을 제대로 잘 모릅니다. 그러나 적어도 그들이 본의든 아니든 간에 문명화의 혜택을 조선에 가져다주기를 바랍니다. 그들의 노력 덕분에 이 나라는 중국과의 오래된 종속국 체제에서 벗어날 것입니다. 묄렌도르프, 데니, 그레이트하우스, 르 장드르 등의 고문관들이 비추는 희미한 빛이 떠오르는 태양의 찬란한 빛에 자리를 내어 주게 될 것입니다.

조선 군대는 일본 교관들에게서 미국 교관들과는 다른 능력을 발견하게 될 것이고, 이제는 영광의 길로 걸어갈 수 있을 것입니다. 조선 양반 제도의 멍에가 가난한 양민들에게 더 이상 지워지지 않을 것이며, 행정의 틀이 속속들이 개편될 것입니다. 세관 업무도 일본인 공무원들의 손아귀로 넘어갈 것이고, 그러면 그들은 그들의 특징이기도 한 저 찬탄할 만한 관료 제도를 도입하고자 온 신경을 쏟을 것입니다. 보물 창고는 지폐들로 가득 찰 것이고 풍족함과 번영이 사방을 지배할 것입니다.

그러나 이러한 외관이 훌륭한 교육으로 장식되지 않는다면, 물질적인 안녕은 아무 소용이 없을 것입니다. 일본인 교수들이 주요 고등 교육 기관에 자리를 잡을 것이고, 그들의 눈부신 영향력이 나라 곳곳을 비출 수 있을 것입니다. 그들은 학문과 과학을 가르칠 것이고, 특히 정의와 권리와 예절의 원칙을 다양한 실례를 곁들여 가르칠 것입니다.

이상이 그들이 품은 계획의 큰 줄기입니다. 이렇게 간략하게 살펴보는 것만으로 그들의 계획을 판단해 보면, 과연 그것이 이웃의 안녕을 위해 헌신하는 큰 민족에 걸맞은 계획이라 생각하십니까? 웃음이 나오시지요. 맞습니다. 거기서 우리는 일본의 오만불손과 거만함만을 볼 수 있기 때문입니다. 그리고 그것들은 광기에 가깝습니다. 자칭 이 위대한 문명인들이 유럽과 미국을 문명화하겠다고 방패를 들고 나설 일만 남았습니다. 그러나 그때가 아직 오지 않았으니 이러한 말을 그들에게 해 주고 싶습니다.

"이보게들! 학교로 다시 돌아가게나. 지혜를 가르치겠다고 나서기 전에 먼저 지혜로운 사람이 되는 법을 배우시게."

그래도 일본 민족에게 자원이 있다는 것을 인정하기로 합시다. 그들 중에서도 존경할 만한 인물이 있다는 것을 말입니다. 그런데 어찌하여 그들의 민족적 자만심은 앞의 생각들을 들게 하는 것일까요?

1894년 7월 16일

112 코스트 신부가 상해 대표부의 로베르 신부에게 보낸 1894년 7월 17일 자 편지

코스트 신부가 상해 대표부의 로베르 신부에게

1894년 7월 17일

[레옹] 로베르 신부님께,

엊그제인 7월 14일, 뮈텔 주교님과 프와넬 신부와 당신의 종[코스트 신부]은 프랑스 공사관에서 돌아오던 길에 5~6세 된 어린 조선 아이를 우연히 만났습니다. 그 아이는 우리 앞에서 모욕적인 표현을 썼는데, 그것은 이곳에서 일본인들을 두고 하는 말로, 영국인들을 '존 불'(John Bull)[170]이라고 부르는 경우와 같습니다. 그 가엾은 아이는 참으로 순진무구했고, 우리에게 인사를 하려는 뜻에서였습니다.

그러나 이를 통해 결론을 쉽게 끌어낼 수 있습니다. 수도에서도 지방에서도 특히 얼마 전부터 유독 일본인들이 문제가 되고 있습니다. 일본인들을 참으로 싫어합니다. 이들이 있어 유럽인들도 피곤합니다.

그들의 간섭은 오만불손한 데다가 그들과 호감을 연결 지을 수 없는 부류의 사건들이 더해졌는데, 아주 최근에 한 가지 사건이 또 일어났습니다. 저는 그 사건을 여기에 동봉하는 서류를 작성한 뒤에야 알게 되었는데, 곧 이에 관해 말씀을 나누고자 합니다.

---

170 존 불(John Bull)은 영국인 특히 잉글랜드 사람을 두고 하는 말로, 정치 풍자 만화 등에서 중년의 배불뚝이에 중절모를 쓰고 있는 남자로 그려진다. 프랑스인들이 조롱의 의미로 이 단어를 사용하였다.

영국 영사 가드너 씨가 그의 아내와 서기관과 함께 수도 성곽 밖으로 나들이를 나갔습니다. 평소 누구에게나 개방된 오솔길을 걷고 있었는데, 한 일본인 보초병이 길을 막자 그들은 놀라지 않을 수 없었습니다. 가드너 씨는 항의했을 터이고, 공공 도로는 만인을 위한 거라고 말했겠지요. 그가 영국 대표라는 자신의 직함도 이용했으리라 생각됩니다. 그런데 그 보초병은 십중팔구 영어를 몰랐을 것이고 지시받은 명령만 따랐습니다. 곧 가드너 씨와 그의 부인과 서기관을 떠밀었던 것입니다. 자세한 내용과 이 사건의 여파는 상해의 신문들에 실릴 것입니다.

이전에 우리 신학교 인근에 소유한 땅에서도 그와 비슷한 장면이 펼쳐졌는데, 더 비극적인 것이 될 뻔했습니다. 일본 군인들이 뭔지 모를 구실로 이 부지 안에 난폭하게 들어왔습니다. 의당 그곳 하인은 정당한 항의를 했습니다. 로 신부와 베르모렐 신부에게도 달려가 이 사실을 알렸고, 신부들은 식사를 하다 말고 곧장 달려가 다툼을 해결하고 잘못을 … [가리고자] 했습니다. 언쟁이 거세졌고, 책임자들이 나서야만 해결될 수 있을 것 같았습니다. 그러나 범인들이 도주할 경우 그들을 알아보기 위해 증거물이 필요했습니다. 유럽에서 그러하듯이 우리 동료 신부들은 군인들의 군모를 벗겨 버릴 생각이었습니다. 그런데 무례한 일본인들은 이러한 방식을 용납하지 않았습니다. 급기야 군인 하나가 로 신부에게 칼을 뽑아 들기에 이르렀고, 또 다른 군인은 담장을 뛰어넘었습니다. 그가 도망쳐 달아난 것이겠거니 생각했습니다. 그런데 그게 전혀 아니었습니다. 동료들에게 구조를 요청하러 이웃 초소로 간 것이었습니다. 그리하여 신부들은 신학교로 돌아오자마자 또 다른 위험 경보를 받고 같은 장소로 다시 가야 했습니다.

돌발적인 상황과 협상이 이어진 뒤 장교 하나가 사과를 하러 왔고, 범인들은 처벌을 받을 것이고, 규정을 준수하도록 엄한 명령을 내리겠다고 장담했습니다.

　상해 신문들은 이 사건을 보도한 적도 없고 앞으로도 그러리라 생각됩니다. 그러나 이 나라에 아무런 이유 없이 들어와 말썽을 일으키는 무뢰한들에게 그들이 혹독한 교훈을 준다면 이를 유감스럽게 여기지는 않을 것입니다.

　일본인들은 명예와 관련하여 민감합니다. 언젠가 1870년 또는 1871년경 우라카미(Ourakami)의 교우들이 유배되었을 때 파리에 일본인 대사가 한 사람 있었습니다. 이 대사는 그 가엾고 불쌍한 이들에 대한 자국 정부의 불의 때문에 살롱에서 열리는 모임에 참석할 때마다 비난을 받아야 했습니다. 고결한 자기 민족이 야만인 취급을 받는 것이 부끄러워 그는 서둘러 도쿄에 전보를 쳤고 이내 교우들은 풀려났습니다.

　여기 동봉해 드리는 기사와 비슷한 류의 기사를 신문에 실어 민감한 부분을 건드릴 수도 있으리라 저는 생각했습니다. 설령 기사를 실어서 바라는 결과(일본 군대의 조선 철수)를 얻지 못한다 해도, 적어도 저는 불쾌하기 짝이 없는 부패에 항거하는 위로는 받게 될 것입니다. 게다가 그 기사는 같은 어조의 또 다른 기사들에 영감을 줄 것이며, 그 모든 것이 모여 유익한 압력을 줄 수 있을 것입니다. 마침 영국 영사 사건이 영국 신민들의 불만을 불러일으키면서 시의적절한 것처럼 보입니다.

　그러나 그 기사의 출처가 어디인지 독자들이 의혹을 품지 않도록 조심하십시오. 우리가 일본인들로부터 반감을 사지 않는 게 좋다는 것을 신부님께서도 잘 아실 것입니다. 더욱이 우리는 일본인들이 이곳에서 우리에게 해 주는 또는 해 줄 의향이 있는 도움에 대해 감사해하고 있으니까요.

　따라서 기사가 영어로 번역되어야겠지만, 번역 투로 읽혀져서는 안 됩니다. 저는 이 산문[신문 기사]을 작성한 장본인이라는 의식에 집착하지 않기에 다른 이들이 대신 작성자라 여겨진다 해도 상관하지 않습니다. 오히려 신부님의 친구들 가운데 누군가가 [제가 동봉한 기사의] 어조와 보편적인 생각에 영감을 받아 비슷한 내용의 기사를 작성해 자신의 것으로 하기를 원한다면 가장 이상적일 것입니다. 신부님께서는 제 생각을 아실 겁니다. 그것으로 충분합니다.

상황에 따라 신부님이 생각하시기에 삼가는 것이 더욱 신중하다고 생각되신다면, 행동을 위해 그러하듯 삼가는 것도 신부님께 맡기겠습니다. 하여간 고맙습니다.

동학교도들이 뿔뿔이 흩어졌을 뿐 일축된 것은 아니라는 것을 신부님께서도 아셨을 겁니다.[171] 지금 그들은 복수할 마음을 품고 궁지에 몰린 도적떼가 되어, 특히 가엾은 교우들을 유럽인들의 친구로 여겨 원한을 품고 그들을 약탈하고 있습니다.

전보가 끊임없이 이어지는데, 날이 갈수록 그 내용이 비통하여, 교우들과 선교사들에게 임박한 위험과 죽음의 위협에 관한 소식들로, 다급히 도움을 요청하고 있습니다.

프랑스 함대의 사령관들도 소식을 전해 들었습니다. 그들 모두 선의에 가득 차 있으나 참으로 효과적인 지원을 해 주지는 못합니다. 조선 중앙 정부 편에서도 조치를 취했습니다. 그들은 호의를 보였고 (대반전입니다!) 임금도 전라도 감사에게 선교사들과 천주교인들이 요청하는 대로 [신변] 보호를 해주라는 엄명을 내렸습니다. 과연 결과가 어떻게 될까요? 감사가 악당을 진압할

• • •
171 1894년 7월 26일 뮈텔 주교가 파리 본부 지도자들에게 보낸 서한을 보면 동학 혁명이 일어난 전라도 전주에서 사목을 펴던 보두네 신부와 조조 신부가 전하는 위급한 상황 등을 상세히 알 수 있다. 천주교인들을 적으로 여긴 동학교도들은 전라도 선교사들과 천주교인들을 공격하고 약탈했으며, 서울에서는 일본군이 점령하여 서울 주민의 1/4이 피난을 떠났고, 당시 명동 대성당 지하 경당은 피신한 교우들로 꽉 찰 정도였다고 한다. 조선으로 진주하는 청국군과 일본군의 대치 상황으로 당시 도처에서 약탈과 살해가 자행되는 무정부 상태로 두 나라 군대의 점령으로 황폐화되었고 전운이 감싸고 있었음을 알 수 있다. 이 와중에 조조 신부는 피신하고자 서울로 올라오던 중에 7월 29일 금강 하구에서 청국군에 의해 피살되었다.

만큼 충분한 의지도 없고 방편도 없는 것은 아닌지 우려가 됩니다. 평정을 회복하기까지는 시간이 걸릴 것입니다. 조조 신부의 교우들은 죽음을 면하고자 또는 학대를 피하고자 박해 시대 때처럼 산속에서 떠돌이 생활을 할 결심을 했습니다. 하느님께서 그들을 도우시기를 빕니다.

113 코스트 신부가 뮈텔 주교에게 보낸 1895년 9월 16일 자 편지

코스트 신부가 뮈텔 주교에게
1895년 9월 16일

주교님께,

르페브르 씨가 방금 양고기를 보내왔습니다. 이 물품을 보내면서 주교님 앞으로 보낸 짧은 인사를 글로 보내왔는데, 제가 이 편지를 뜯어 열고 그 기증자에게 감사의 뜻을 전해도 된다고 생각했습니다. 이 선물[양고기]은 세 등분 되어 있는데, 하나는 약현의, 또 다른 하나는 성영회의, 나머지 하나는 경리부의 몫입니다. 주교님 앞으로 드리는 이 물품에 더하여 어제와 오늘 아침 주교님 앞으로 받은 편지들도 동봉해 드립니다. 존경의 마음을 담아.

장 코스트

114 코스트 신부의 부고 알림 인쇄문(1896년 2월 29일)

코스트 신부의 부고(인쇄문)

M

조선대목구장과 조선의 선교사들은 상실의 아픔 속에서
고인의 부고를 전합니다.

으젠느 장 조르주 코스트 신부
교황 파견 [선교사] 부주교[172]

1896년 2월 28일 향년 54세의 나이로, 성교회의 성사들을 받으며 서울에서 선종했습니다.
장례는 가톨릭 선교단의 임시 경당(종현)에서 3월 1일 주일 오전 11시에 있을 예정입니다.

위령 기도
1896년 2월 29일, 서울

---

172 각주 88번 설명 끝 부분 참조. 17세기 전교 지방의 특수성을 고려하여 대목구장이나 지목구장이 취임하면 즉시 직무 대행을 임명하도록 하였는데, 이 직무 대행은 모두 사제였지만 조선에서는 부주교(副主敎, Provicaire)라고 불렀다. 원칙적으로 부주교는 coadjutor에게만 적용해야 한다.

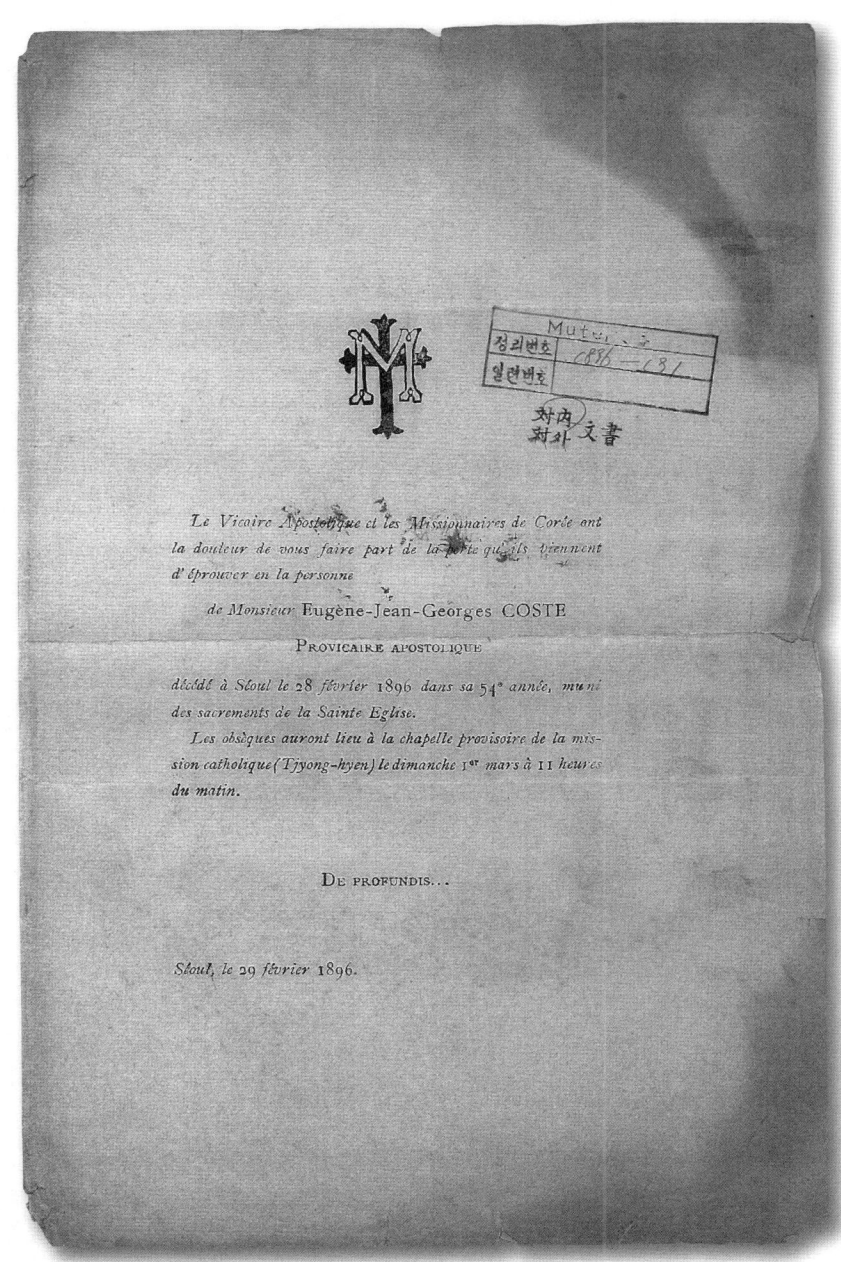

Le Vicaire Apostolique et les Missionnaires de Corée ont la douleur de vous faire part de la perte qu'ils viennent d'éprouver en la personne

de Monsieur Eugène-Jean-Georges COSTE

PROVICAIRE APOSTOLIQUE

décédé à Séoul le 28 février 1896 dans sa 54ᵉ année, muni des sacrements de la Sainte Église.

Les obsèques auront lieu à la chapelle provisoire de la mission catholique (Tjyong-hyen) le dimanche 1ᵉʳ mars à 11 heures du matin.

DE PROFUNDIS...

Séoul, le 29 février 1896.

1896년 2월 29일 자 코스트 신부 부고.

115 코스트 신부의 부고를 알리는 한문 서한

코스트 신부의 부고(한문 서한)

告訃

法國士人 高宜善寓居於貴畿內 鍾峴矣 不幸於 今 二月 二十八日 別世 今 三月 初一日 午前 11時 点鍾 發引定計 先此告訃
프랑스 선교사 코스트는 귀 지역 내 종현에서 살다가 불행하게도 금 2월 28일에 별세 금 3월 초1일 오전 11시에 발인할 계획입니다. 먼저 이를 알립니다.

外部 大臣 閣下
외부 대신 각하에게

建陽 元年 二月 二十九日 鍾峴主教堂
건양 원년(1896년) 2월 29일 종현 주교관에서

外部 大臣 書題所 入納
외부 대신 서제소에 삼가 드립니다.
鍾峴告訃 書
종현에서 부고를 씁니다.

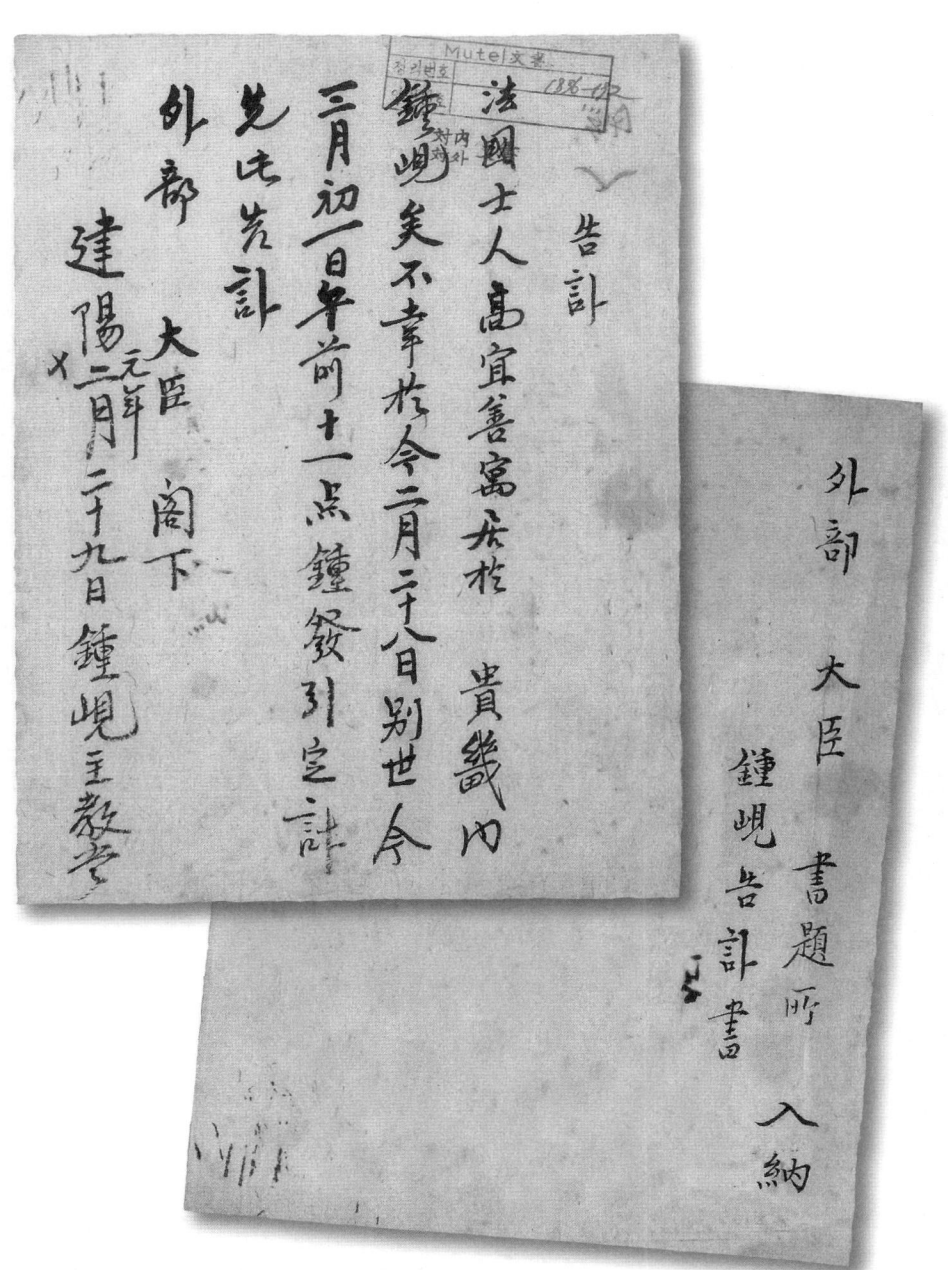

종현 주교관에서 1896년 2월 29일 외부 대신에게 보낸 코스트 신부 부고.

116 1896년 3월 1일 거행된 코스트 신부의 장례식 참석자·초대자 명단

코스트 신부의 장례식 참석자·초대자 명단

내빈 명단 :

르페브르 G. Lefèvre [프랑스 대리 공사 겸 총영사]

에밀 마르텔 E. Martel [법어학교(관립 외국어 학교) 교사]

카를 베베르 C. Weber [러시아 대리 공사 겸 총영사]

알렉스 드 슈페에르 A. de Speyer [러시아 공사]

로스포포프 N. Rospopof [러시아 공사관 서기관 대리 겸 통역관]

스타인 E. Stein [러시아 공사관 서기관 겸 통역관 대리]

크리인 J. Krien [독일 영사 자격]

라인스도르프 J. Reinsdorf [독일 부영사]

월터 힐리어 W. Hillier [영국 총영사]

윌리스 R. Willis [영국 영사관 영사관보]

시일 J.M.B. Sill [미국 총영사 겸 대리 공사]

알렌 H. Allen [미국 총영사, 의사]

MM :

고무라 J. Kormura [일본 공사]

히오키 E. Hioki

마츠가타 S. Matsugata

우찌다 S. Utchida [일본 영사]
하라다 M. Harada
발도크 박사 Dr. Baldock
고조 박사 Dr. B. Kojo

MM :
르장드르 대장 Gl Le Gendre
그레이트하우스 대장 Gl Greathouse
닌스테드 대령 Cl Nienstead [일본의 미국영사관]
다이 대장 Gl Dye
허치슨 W. du F. Hutchinson [영국인, 육영공원]
핼리팩스 W. Hallifax [영국인, 육영공원]

법국 Commissariat de France
미국 Légation d'Amérique
아라사국 Légation de Russie
일본 공사관 Légation du Japon
일본 영사관 Consulat du Japon
영국 Consul Général d'Angleterre
덕국 Consulat d'Allemagne
해관 Monsieur Leavy Brown
해관 레비 브라운씨 Monsieur Leavy Brown
해관 보링씨 Monsieur Bohring
사바딘 부부 Monsieur et Madame Sabatin
의원 발도크씨 Docteur Baldock
니의원 미스 쿠크 Miss Cooke

니선덕 르장드르 대장 Général Legendre
북촌 다이 대장 Général Dye
새문안 그레이트하우스 대장 Général Greathouse
새문안 그레이트하우스 부인 Madame Greathouse
새문안 드 레메디오스 씨 Monsieur de Rémedios
새문안 드 레메디오스 부인 Madame de Rémedios

코스트 신부 장례식 초대자 명단(참석 여부 표시)[173]

서울
MM.

르페브르 Lefèvre |

마르텔 Martel |

베베르 Waeber |

슈페에르 de Speyer |

스타인 Stein |

로스포포프 Rospopoff |

크리인 Krisen |

라인스도르프 Reinsdorff |

힐리어 Hillier |

윌리스 Willis |

발도크 Baldock |

시일 Sill |

...
173 참가자 이름 옆에 세 가지 종류의 표시가 되어 있다. 참석자의 경우 종선 표시(|)가, 불참자의 경우에는 엑스 표시(X)가 되어 있다. 플러스 표시(+)도 있는데, 장례식 당일에는 불참했으나 나중에 예방한 사람의 표시로 보인다.

알렌 Allen	|
허치슨 Hutchinson[영국인]	+
르 젠드르 Le Gendre[협판 내무 부사]	+
다이 Dye[미군 군사 교관]	+
그레이트하우스 Greathouse[조선 정부 법률 고문]	+
핼리팩스 Hallifax[영국인]	+
브라운 Brown	×
Chal**	×
Ko***	+
마츠가타 Matsugata	+
히오키 Hioki	+
우치다 Utchida[일본 영사]	+
닌스테드 Nienstead	+
하라다 Harada[일본 보병대 대위]	+
고조 Kojo[일본인 의사]	

제물포

리베 함장 Ct Rivel	×
오피상 Officin	×
오스본 Osborne	×
베리아니 Beriani	×
투르썰 Tournseul	×
윌킨슨 Wilkinson	×
볼터 Wolter[독일인, 세창양행]	×
드 레메디오스 de Remedios[그레이스하우스 비서관]	×
우 리탕 Woo litang	×

스트리플링 Sripling	×
모이실 Moïsil	×

부산

헌트 Hunt	×
A***	×

원산

그륀셀러 Grunseller	×

일본 상사	×
살무나 Salmuna	×
페티에 Pettier	×
바슬롱 주교 Mgr Vasselon	×
베를리오 주교 Berliot	×
마리 오귀스트 수녀 Sr Marie Auguste	×
기이유 주교 Mgr Guillou	×
홍콩 (대표부) 대표	×
사이공 대표	×
***	×
M. Leg**	×
제독	×
Mgr Pis**	×
M. Ma**	×
피그노 신부 M. Fignaux	×

▶ 용산 성직자 묘지에 안장된 코스트 신부의 묘. 묘석에 "鐸德 高公之墓(탁덕 고공지묘), 장 코스트, Montis Pessulan교구 출신, 조선대목구장[직무 대행], 1896년 2월 28일, 54세의 나이로 잠들다."라고 새겼다.

▼ 코스트 신부의 장례식 참석자·초대자 명단

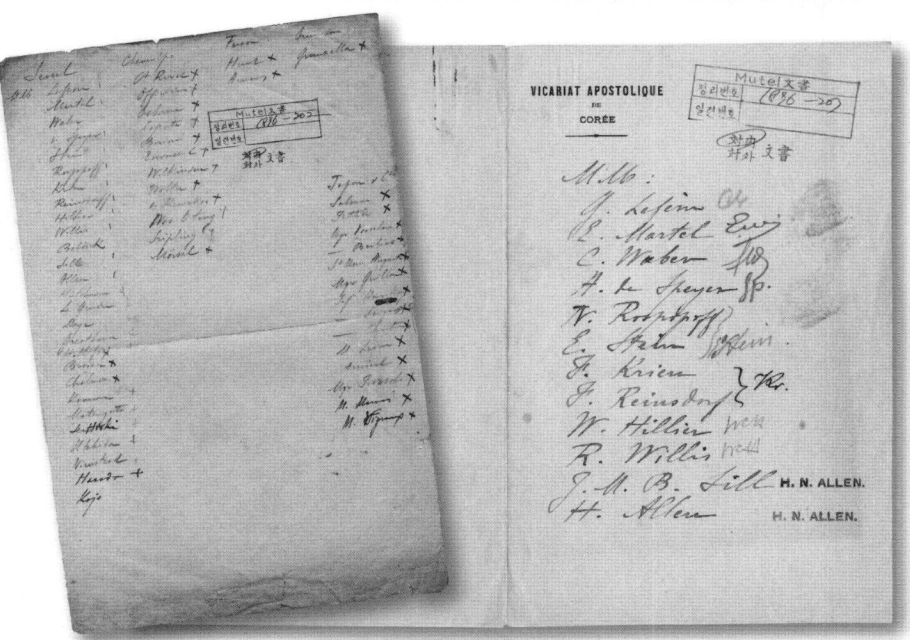

117 코스트 신부의 선종을 애도하는 영국 부영사 윌킨스의 1896년 3월 1일 자 편지

영국 부영사 윌킨스의 편지

1896년 3월 1일, 제물포
영국 부영사관

[뮈텔] 주교님께

눈부시고 자상한 부주교[직무 대행], 코스트 신부의 선종으로 조선 교회가 겪은 상실의 마음에 저의 진심과 존경을 담아 애도의 뜻을 서둘러 주교님께 전해 드립니다.

깊은 존경의 마음을 담아
부영사
W.H. 윌킨스

118 제물포 세관장 우 리탕의 코스트 신부 선종을 애도하는 1896년 3월 2일 자 편지

제물포 세관장 우 리탕의 편지

1896년 3월[174] 2일, 제물포

우 리탕(Woo Litang) 씨 내외는 주교님과 조선 가톨릭 선교단이 코스트 신부를 떠나보내는, 그 무엇으로도 채워질 수 없는 상실의 아픔을 겪으셨음을 알게 되었고 깊은 애도의 뜻을 전합니다.

---

174 원문에 2월로 적혀 있으나 코스트 신부의 선종일이 2월 28일이므로 3월의 오기로 판단된다.

119 제물포 해관 총세무사 스트리플링이 뮈텔 주교에게 보낸 코스트 신부 선종을 애도하는 1896년 3월 5일 자 편지

제물포 해관 총세무사 스트리플링[175]이
뮈텔 주교에게

1896년 3월 5일, 제물포

뮈텔 주교님께,

친애하는 코스트 신부님의 선종 소식은 제게 슬프고 뜻밖의 소식이었습니다. 신부님께서 편찮으시다는 것을 [미리] 알았더라면 신부님의 간병에 저도 힘을 보태도록 허락해 주십사 청했을 것입니다.

애석하게도 슬픈 소식을 너무도 늦게, 너무 뒤늦게 알게 되어 마지막 가시는 길에 존경을 담은 저의 마지막 기도도 드리지 못했습니다. 앞으로 다시는 신부님의 자상하신 얼굴을 뵙지 못할 거라 생각하니 참으로 슬픕니다. 주교님과 선교단의 상실의 아픔이 참으로 크기에 그 어떠한 말도 위로가 되지 못할 것임을 알기에 말씀을 드리는 것조차 망설여집니다.

코스트 신부님이 몹시 그리울 것입니다. 그분의 자상하고 행복한 성품은 햇살과 같아 그분을 알게 된 모든 사람들의 삶을 환히 비추셨습니다.

메르텐스 부부도 이 슬픈 소식을 들으면 분명 몹시 슬퍼할 것이며, 알게

---

175 스트리플링(Alfred B. Stripling, 薛必林, ?~1904) : 1883년 최초로 제물포에 해관이 설립되면서 묄렌도르프와 함께 조선에 온 영국인 세무사로, 제물포 해관의 초대 총세무사를 지냈다.

된다면 주교님과 선교단의 모든 분들께 삼가 [애도의] 마음을 함께 표할 것입니다.

진심 어린 마음으로 애도를 표하며
시저 스트리플링

120 J.H. 헌트가 뮈텔 주교에게 보낸 코스트 신부 선종을 애도하는 1896년 3월 6일 자 편지

J.H. 헌트가 뮈텔 주교에게
1896년 3월 6일

친애하는 주교님께,

주교님께서 보내 주신 부고를 통해 코스트 신부님의 선종을 오늘 아침 알게 되었고 삼가 조의를 표합니다.

코스트 신부님이 최근까지 위독하셨다는 소식을 듣지 못했기에 갑작스러운 선종 소식에 놀라움을 감출 수 없습니다.

지금까지 인사를 드리지 못했는데도 자상하시게 제게 보내 주신 1894년 12월 23일 자 주교님의 편지에 감사드립니다. 뒤늦긴 했지만 지금도 감사드리며, 제가 언제든 누군가에게 기꺼이 도움을 드리고 싶다는 것을 알아 주셨으면 합니다.

헌트 부인과 저는 주교님과 프와넬 신부님께 감사의 마음을 담아 보내 드립니다.

존경과 진심을 담아
J.H. 헌트

121 살몽 신부가 뮈텔 주교에게 보낸 코스트 신부 선종을 애도하는 1896년 3월 16일 자 편지

살몽 신부가 뮈텔 주교에게

1896년 3월 16일, 나가사키

[뮈텔] 주교님께,

며칠 전 코스트 신부가 선종했다는 슬픈 소식을 접했습니다. 재능을 맘껏 펼치며 한창 일하실 나이에 떠나셨습니다. 이달 7일에 돌아가신 오사카의 바슬롱 주교님의 선종 소식만큼이나 뜻밖으로 충격적인 소식입니다.

애도에 잠긴 조선 포교지와 온 마음으로 함께하며, 제가 마음으로 함께할 수 있도록 편지로 부고를 알려 주심에 깊이 감사드립니다.

존경의 마음을 담아
주교님의 매우 보잘것없는 종

M.A. 살몽

122 나가사키 샤트롱 주교가 뮈텔 주교에게 보낸 코스트 신부의 선종을 애도하는 1896년 3월 17일 자 편지

나가사키 샤트롱 주교가 뮈텔 주교에게

1896년 3월 17일, 나가사키

지극히 존경하는 주교님께,

주교님 얼마나 놀라셨겠습니까. 저희도 온 마음으로 애도에 잠겨 있습니다. 주교님의 최근 편지에는 너무도 뜻밖이면서도 고통스러운 소식이 담겨 있었습니다.

제 곁에 있는 동료 신부들이 모두 선하신 코스트 신부님을 다 알고 존경해 왔습니다. 이곳 일본인 사제들과 수많은 신학생들은 아직도 신부님을 기억하고 있고 함께 기도하였습니다. 그들 모두를 대신하여 저는 주교님께 저희 사랑을 담아 삼가 애도의 마음을 전해 드립니다.

파리의 신학교처럼, 또 조선처럼 일본 또한 얼마 전 저희 모두도 놀라는 몹시 비통한 시련을 겪었습니다.

친애하는 오사카 주교님이 오래도록 결실로 가득한 주교직을 수행하실 듯해 보였는데, 돌연 쓰러지셨고 청천벽력 같은 그분의 선종 소식에 저희 모두 충격에 빠졌습니다. 갑작스러운 일이라 전혀 예상하지 못했습니다. 이제 이 가없은 중(中)일본 포교지는 또다시 목자 없는 처지가 되었습니다.

참으로 하느님 말고는 그 어떤 생명에도, 그 무엇에도 결코 기댈 수가 없습니다!

참으로 존경하는 주교님, 주교님과 아픔을 함께하고 있음을 전해 드리며, 주님 안에서 사랑 가득한 저의 마음을 받아 주시기를 바랍니다.

+ 쥘 A. 샤트롱
나가사키 주교

123 하코다테 샬트르 성 바오로 수녀회의 마리 오귀스트 수녀가 뮈텔 주교에게 보낸 코스트 신부 선종을 애도하는 1896년 3월 18일 자 편지

하코다테 샬트르 성 바오로 수녀회의
마리 오귀스트 수녀가 뮈텔 주교에게

1896년 3월 18일, 하코다테

A. M. D. G. [하느님의 더 큰 영광을 위하여]

주교님께,

저희는 주교님과 주교님의 훌륭한 선교사들께서 지금 얼마나 애통해하실지 알기에 진심으로 함께 애도를 표합니다. 작고하신 존경하는 코스트 신부님이 저희 수녀들에게 얼마나 헌신하시고 자애 가득한 관심을 베풀어 주셨는지를 알기에 그 아픔을 함께 느끼고 있습니다. 주교님의 포교지가 또 상실의 아픔을 겪다니요! 주교님께는 또 얼마나 고통스러운 시련이겠는지요! 주교님, 저희는 마땅히 기도 안에서 함께하며, 저희 고아원의 아이들도 고인 영혼의 안식을 위해 기도할 것입니다. 그리하여 고인이 참으로 누려 마땅한 복을 어서 누릴 수 있기를 빕니다. 또한 주교님과 주교님의 소중한 포교지를 위해서도 기도하겠습니다!

저희의 애도의 마음을 표하며 깊은 존경을 담아.

주교님의 매우 보잘것없는 종
마리 오귀스트 수녀
1896년 3월 18일, 하코다테

124 코스트 신부의 사망 증명서(1896년 5월 7일, 서울)

1896년 2월 28일 선종한 코스트 신부의 사망 증명서

1896년 조선 주재 프랑스 판무소의 호적 장부 발췌

1896년 2월 29일 오후 4시. 으젠느 장 조르주 코스트 씨의 사망 증명서.

조선대목구의 부주교[직무 대행], 가톨릭 선교단에 속하여 서울에 거주했고, 이전에는 프랑스 파리 뒤박가 128번지 외방전교회 신학교에 거주했던 그는 서울에서 1896년 2월 28일 저녁 5시 45분에 향년 54세의 나이로 사망했다. 1842년 4월 17일 에로(Hérault)주 아니안느(Aniane)읍 몽타르노에서 장 [코스트]과 펠리시테 아귀용의 아들로 태어났다. 이 내용은 조선대목구장 구스타프 샤를 마리 뮈텔 주교(41세, 서울 거주)와 조선 포교지의 경리 담당 빅토르 루이 프와넬 신부(40세, 서울 거주)가 작성한 사망 신고서에 따른 것으로, 두 사람은 모두 고인을 알고 있었다고 진술했다. 이들은 [사망 증명서를] 일독한 뒤 [아래와 같이] 서명했다. 조선 주재 프랑스 판무관, 호적 담당자 조르주 르페브르는 이를 확인하는 바이다.

(서명) G. 뮈텔   (서명) V. 프와넬
(서명) G. 르페브르

1896년 5월 7일, 서울

원본과 같음을 확인함.

통역관 겸 서기관

G. 르페브르

통역관 겸 서기관 조르주 르페브르 씨의 위의 서명을 공증함.

프랑스 대리 공사

V. 콜랭 드 플랑시

코스트 신부 사망 증명서.

판독문

001 Lettre de Mgr Ridel à M. Coste [AMEP v. 580 ff. 65~68]

9 Avril 1876
Mgr Ridel, de N.D. des Neiges, au P. Coste

N.D. des Neiges, le 9 Avril 76

Monsieur et bien cher Père Coste,

Je pense que l'affaire de vos passe-ports ne vous arrêtera pas c'est un meuble assez inutile pour ce pays et tout à fait inutile pour la Corée. Peu importe les noms que l'on vous donnera ils pourront vous servir pour la Chine ; mais en Corée vous aurez de nouveaux noms. Je suis obligé de changer le votre[vôtre] qui n'est pas connu ou du moins peu repandu[répandu] en Corée. Ainsi vous vous appellerez Ko c'était le nom de Mgr Ferréol, M. Deguette s'appellera Tchoï c'était le nom du P. Thomas... Voyez le petit billet que je joins à cette lettre.

Puisque la guerre entre le Japon et la Corée est terminée et que je ne prévois pas quel évènement pourrait nous être favorable, me confiant tout entier à la Providence, le départ pour la Corée va avoir lieu ; si M. Deguette arrive à temps c.à.d. pour le 25, peut-être sera-t-il de l'expédition. Je vous ai déjà repondu[répondu] pour ce qui est de la langue. Je vous enverrais bien q.q. travaux mais je crains que cela ne vous soit plus nuisible nécessairement pour commencer il vous faut un maitre[maître] pour apprendre la prononciation que toutes les explications possibles des grammaires ne vous apprendraient jamais. Ainsi donc patience, étudiez du chinois (les caractères) sans trop vous occuper de la prononciation, portez vous bien, et venez ici quand vous pourrez vous y trouverez un maître qui vous enseignera les premiers éléments et avec lui vous apprendrez plus facilement mais surtout plus surement[sûrement] en u n mois que seul en six mois.

Je ne vous nomme pas ceux qui vont faire partie du prochain départ parce que ce n'est pas une affaire terminée et que j'attendrai encore q.q. jours avant de décider.

Ici on s'habille comme on veut ou plutôt comme on peut, (européen chinois moitié l'un moitié l'autre) à la maison il n'y a pas de difficulté mais les jours de dimanche et de fêtes, en voyage nous nous mettons le plus possible en ecclésiastique du moins en soutane (1). Pour le bagage : tout ce qui est nécessaire même ce qui est utile ; ici il n'y a que la difficulté du transport par des routes bien souvent impraticables. Généralement on apporte trop de bagage et ceux qui entreront en Corée dans les circonstances présentes doivent se contenter de leur chapelle c.à.d. de tout ce qui est nécessaire pour célébrer la Ste Messe et administrer les Sacrements, cependant pour ici il n'y a pas les mêmes difficultés.

Adieu, bien cher Père Coste, recevez l'expression de mes sentiments de sincère dévouement et de vive affection.

(1) Pour être prêts au moment voulu nous laissons tous pousser les cheveux et la barbe sans rien couper... commencez à faire ainsi.

+ F.C. Ridel
Ev. Vic. ap. de Corée

002 Lettre de M. Richard à M. Coste [AMEP v. 580 ff. 69~71bis]

P. Richard, de N.-D. Des Neiges, au P. Coste

[reçue] 15 Avril 76
Notre Dame des Neiges, le 9 Avril 1876

Bien cher Père Coste,

J'ai reçu le même jour vos lettres des 11 et 29 févriers[février], 5 et 15 mars. Cela vous expliquera pourquoi je n'ai point répondu à la première.

Voilà donc les affaires coréennes terminées. Pas de guerre, arrangement complet avec le Japon, et nous dans le même état qu'auparavant, car je ne crois guère que d'ici quelque temps, les Européens s'occupent de la Corée aussi l'expédition dont Monseigneur vous a parlé aura lieu, le départ d'ici est fixé au 26 de ce mois. Nous attendons avec impatience l'arrivée de Mr. Deguette. Puisse les navires bien correspondre et l'amener un peu avant ce jour. Si vous arriviez en même temps, ce serait parfait. Comme Mgr Ridel n'a point encore désigné ceux qui partiront, je ne puis vous les faire connaître.

Monseigneur vous a déjà écrit sur la manière dont vous devez vous comporter dans l'étude du Coréen pendant que vous resterez à Shanghai. Je n'ai donc rien à dire là dessus, car tout ce que je pourrais vous dire, après, Monseigneur, ne signifierait rien. Vous envoyer des phrases coréennes est chose peu utile pour le moment, car vous n'aurez guère le temps de vous en servir, persuadé que vous allez nous arriver bientôt. L'étude des caractères chinois est chose très utile. Vous venez d'écrire à

Sa Grandeur à propos des passe-ports. Elle vous répondra elle-même. Ici, nous portons la soutane, c'est l'habit ordinaire. Ainsi vous n'aurez qu'à venir sans changer votre costume. Il peut aller partout en Mandchourie. Puisse-t-il en être bientôt ainsi en Corée. Si vous avez des habits chinois, d'hiver par exemple, vous pouvez les apporter, car si l'expédition réussit, il n'est pas sûr qu'il y en ait une autre cette année, et ils vous serviront à une certaine époque qui n'est pas chaude. Si vous n'en avez point, inutile d'en faire faire. Vous ferez bien d'apporter une couverture de laine pour l'été. On n'en vend point à Notre Dame, et les couvertures chinoises bourrées de coton sont un peu chaudes lorsque le thermometer[thermomètre] marque 30 centigrades au dessus de zéro et plus à l'ombre.

Si vous avez une chapelle, calice, ornements etc. ce qui est nécessaire pour dire la Ste Messe vous pouvez l'apporter. Sinon soyez sans inquiétude il y a ici ce qu'il faut pour vous monter. Quant aux livres, apportez en le moins que vous pourrez laissant les autres en depot[dépôt] à Shanghai, comme a fait Mr. Blanc. Un Dictionnaire chinois, comme de Guignes peut vous servir un exemplaire de Théologie Dogmatique et morale, Gury très bon, *Casus conscientiae* du P. Pica de Changhai, *monita ad Miss. Prov. Nankinensis, Synode du Stuchuen*, Ste Bible, Rituel, des livres de piété etc etc. Les Coréens recommandent d'emporter le moins de bagages possible, parce que dans l'état actuel, il sera fort difficile de les cacher. Ainsi apportez ce que vous regarderez comme devant vous être le plus utile. Les livres de chant peuvent servir ici. Je pense que le missionnaire que[qui] doit vous remplacer est déjà arrivé à Changhai, ce qui vous permettra de quitter bientôt cette ville. Je vous ai déjà dit, combien j'étais content de ce qu'on vous avait nommé missionnaire en Corée. Je ne puis que vous le répéter.

Les chinoises d'ici disent que les Coréens ont eu 3000 hommes tués dans une ou plusieurs batailles avec les Japonais, et qu'après ils ont fait la paix et accordé aux Japonais 3 ports de commerce.

Je me recommande à vos prières et je suis votre tout affectionné en N.S.

Eug. Richard

003 Lettre de M. Deguette à M. Coste [AMEP v. 580 ff. 78~80]

P. Deguette à P. Coste

28 Avril 1876
***tte, à N.-D. Des Neiges[1]

Bien cher Père,

Deux mots seulement. Hier donc je suis arrivé à Notre Dame des Neiges. Monseigneur m'attendait pour partir. Par conséquent, sans plus tarder, demain nous nous mettons en route pour la Corée.

Je vous prie de communiquer cette nouvelle au P. Lemonnier.

Occupé à faire mes préparatifs je ne puis moi-même lui écrire.

Nous sommes trois à partir, et c'est Monseigneur qui dirige l'expédition. Ainsi, cher père, Adieu et à bientôt.

Si le Père Pourier est encore avec vous, veuillez lui présenter mon respect.

Surtout priez beaucoup pour moi.

Tout votre en N.S.J.Ch.
V. Deguette

Tchaco 28 avril 1876
Ne faites aucun dépense c'est tout à fait inutile.

...
1 P. Deguette로 짐작된다.

004 Lettre de Mgr Ridel à M. Coste [AMEP v. 580 ff. 104~107]

16 Mai 1876
Mgr Ridel, à N.D. des Neiges, au P. Coste

[reçue] 27 Mai 76

Bien cher Père Coste,

Notre expédition cette fois-ci a réussi nous avons rencontré au temps et à l'endroit fixés la barque coréenne. M. Blanc et M. Deguette s'y sont embarqués et le vent étant favorable ont fait voile vers la Corée.

Quant à moi les chrétiens coréens m'ayant prié de ne pas rentrer cette fois-ci et de plus m'ayant affirmé que par le Japon nous pourrions rentrer je me suis décidé a[à] revenir en Chine pour voir ce qu'il y aurait possibilité de faire pour la mission ; car le désir des chrétiens c'est la liberté c'est ce qu'ils espèrent[,] ce qu'ils demandent[,] ce qu'ils veulent que je leur obtienne. Hélas! que faire? Cependant leur état si misérable, la triste position où vont se trouver ces MM. au milieu de toutes sortes de difficultés m'émeut de compassion je leur ai promis de faire mon possible pour leur porter secours. Que vais-je faire je l'ignore. Mais je suis décidé à aller chercher des nouvelles ; si elles sont favorables ; j'irai vous prendre à Chang hai pour de là aller au Japon voir... Ainsi ayez la bonté de m'attendre je pense que je ne tarderai pas et en attendant donnez moi toutes les nouvelles que vous saurez et que vous jugerez utiles, intéressantes à notre œuvre. Je me rends d'abord à Tchefou où je vous prie de m'adresser les lettres qui me sont destinées ainsi que la semaine religieuse de Vannes.

Je prends avec moi un coréen ce sera votre professeur de langue coréenne.

S'il n'y avait nul espoir de faire quoique ce soit d'un côté au d'autre je reviendrais ici et vous y viendriez passer l'été et l'hiver avec nous.

Mais puissions nous faire mieux que cela. Espérance et confiance en Dieu qui est tout puissant.

Acceptez l'expression de mes sentiments de sincère amitié.

+ F.C. Ridel
Ev. Vic. ap. de Corée
N.D. des Neiges 16 Mai -76

Je mets sous un seul pli les lettres adressées à M. le Supérieur et sans les cacheter afin que vous puissiez en prendre connaissance, après les avoir lues sans cacheter celle adressée a[à] mon frère vous cachetterez[cacheterez] celle adressée à M. le Supérieur et renfermant la précédente que M. le Supérieur sera peut-être content de pouvoir lire.

– P. S. – J'ai rapporté de Corée un certain nombre de livres coréens, (un seul exemplaire de chaque) : il me semble qu'il serait bon d'en faire imprimer un certain nombre d'exemplaires. Comme je ne sais pas si on pourrait le faire en Chine je vous envoie une feuille d'écriture coréenne semblable à celle des livres ; vous qui connaissez l'imprimerie de Hong Kong ayez donc la bonté de voir et de me dire si l'on pourrait imprimer ces livres, envoyez cette feuille à l'imprimerie si on peut réussir j'enverrai tous les livres que j'ai pour les faire imprimer sur papier chinois, et en faire tirer 5 ou 600 exemplaires de chaque. - Plus tard pourrait-on avoir les planches pour s'en servir en Corée et tirer ainsi des exemplaires sur le papier coréen plus solide que le chinois? - Je ne parle pas du prix je pense qu'il y a une règle fixée et juste pour l'impression.

Ayez la bonté de vous occuper de cette affaire et de m'en donner avis.

+ F.C.R

005 Lettre de Mgr Ridel à M. Coste [AMEP v. 580 ff. 112~115]

Mgr Ridel, de Tche-fu, au P. Coste

Tchefou, le 5 Juin 1876
[reçue] 10 Juin 76

Bien cher Père Coste,

J'ai reçu avec beaucoup de plaisir votre lettre du 30 Mai. Je vous remercie de tous les renseignements que vous me donnez.

Je ne suis pas encore fixé sur ce que nous pourrons faire. Il nous faut d'abord recevoir des nouvelles du Japon afin de savoir au juste si nous pouvons nous fixer dans un port ouvert aux japonais ce qui n'est pas certain bien que les Coréens me l'aient assuré. Peut-être Mgr Laucaigne vous repondra[répondra] sur ce point. S'il y a possibilité nous tenterons cette voie dès que vous serez remplacé. Je désire séjourner le moins possible à Chang hai d'abord la saison n'est pas favorable etc... par conséquent je prolongerai encore q.q. temps mon séjour ici et attendrai des nouvelles. J'ai eu q.q. temps l'idée d'aller à Pékin pensant que j'aurais pu dans la capitale du celeste[céleste] empire apprendre s'il m'était possible de m'établir dans les ports coréens ouverts aux japonais et à quelles conditions, j'eus été bien heureux aussi de revoir Mgr Delaplace, je connais aussi un des employés japonais faisant partie de la légation du Japon à Pekin[Pékin] et qui se dit notre ami. Quoi qu'il en soit j'hésite et ce que vous m'écrivez des affaires de la légation (des ambassadeurs) ne m'encourage pas, j'ai presque peur d'entrer dans des complications avec la légation de Chine dont je ne connais pas assez l'esprit.

Si l'Angleterre ouvrait la Corée (ce qui je crois ne serait pas difficile si on s'y prenait bien) c'est bien ce que nous aurions de mieux.

Vous me parlez du port de Fusan (c'est un beau pays je puis en parler parce que je le connais) mais je croyais que d'après le traité ce port cessait d'exister d'après ce que vous me dites je vois que j'étais dans l'erreur; dans les environs nous avions un certain nombre de chrétiens, quelques uns même à cette époque (il y a 10 ans) étaient en relation avec les japonais residants[résidants] dans ce port.

Le bruit court ici que l'Angleterre va déclarer la guerre à la Chine mais on ne sait encore rien de positif, il est à craindre dit-on que la Russie ne profite de ces complications pour envahir la Corée et s'en emparer et des[dès] lors que ferions nous?

Nous attendrons pour faire graver les planches des livres ; en le faisant faire en Chine je vois que le travail est beaucoup plus cher qu'en Corée. Nous examinerons de nouveau cette question à mon passage à Chang-hai.

Si M. Lemonnier venait à Chang hai j'en serais bien aise et ce serait pour moi un grand plaisir de la revoir c'est alors qu'à trois nous comploterions pour le succès de nos affaires.

Si nous allions en Corée de q.q. manière que ce soit il vous faut une chapelle complète si nous nous établissions dans un port ouvert on peut emporter tout le bagage nécessaire et utile si nous entrions furtivement ce serait le strict nécessaire et le moins possible. Du reste je pense toujours pouvoir passer à Chang hai le temps nécessaire pour entrer dans tous ces détails et faire préparer tout ce dont nous pourrions avoir besoin. Quant tout sera décidé et que vous serez libre nous irons bravement et gaiment[gaiement] de l'avant mettant toute notre confiance en N.S. et sa sainte Mère. N'oublions pas nos deux confrères notre but est de les aider, d'aller à leur secours, de tâcher d'adoucir leur position.

J'oubliais de vous parler du coréen que j'ai avec moi. Si nous allons au Japon je crains bien qu'il ne soit un embarras pour nous au milieu des japonais et des coréens que nous pourrions rencontrer d'un autre côté si nous ne devons pas l'emmener avec nous il est inutile qu'il descende jusqu'à Chang haï. Qu'en pensez-vous? Peut-être pourrait-on le deguiser[déguiser].

Je pense que vers le 21 de ce mois j'aurai des nouvelles de Corée peut-être même une lettre de M. Blanc j'attends ce temps avec impatience.

En dehors de cela je reste calme et tranquille j'attendrai vos lettres pour me décider à partir pour Chang haï etc… Adieu, bien cher Ami, bon courage écrivez moi souvent, répondez aux differentes[différentes] questions que je vous fais ici, donnez moi votre avis et portez-vous bien tout à vous en N.S.

+ F.C. Ridel
Ev. V. ap. de Corée

006 Lettre de Mgr Ridel à M. Coste [AMEP v. 580 ff. 116~118bis]

Mgr Ridel, à Che-fu, au P. Coste

Tchefou, 15 Juin 76
[reçue] 19 Juin 76

Bien cher Père Coste,

J'ai sous les yeux vos deux lettres du 6 et du 9 juin avec la lettre que vous adressait Mgr Laucaigne.

Vraiment la situation ne me parait pas claire et je ne vois pas bien ce que nous pourrons faire et quels sont les desseins de la Providence.

Toutefois puisque je suis en route je continuerai, j'irai vous rejoindre nous délibérerons et peut-être d'ici ce temps aurons nous d'autres nouvelles. Comme je vous l'ai dit j'attendrai ici les lettres que peut-être je recevrai bientôt de Corée, ou du moins l'époque où je presume[présume] qu'elles peuvent m'arriver quand je les aurai reçues ou bien si rien ne doit venir lorsque je l'apprendrai par une lettre de M. Richard je me mettrai en route pour Chang hai.

Ces lettres à la rigueur pourraient m'arriver cette semaine cependant en admettant qu'il y ait un ou deux jours de retard ce ne serait que pour la prochaine semaine et comme je vous l'ai déjà dit vers le 21 de ce mois. Si je puis vous avertir à l'avance du jour de mon arrivée je le ferai mais peut-être sera-ce difficile car quand le navire se présente on s'embarque sans pouvoir annoncer certainement à l'avance le jour du départ.

Samedi 17 juin

Je reçois votre lettre du 13 juin je vous en remercie. Je ne suis pas décidé à aller à Pékin où je juge ma présence inutile surtout dans les circonstances de changement de ministère; mon projet était en y allant d'obtenir de pouvoir m'établir dans un port coréen ouvert aux japonais. Or ces jours derniers le consul japonais de lieu *** passait ici je l'ai fait consulter à ce sujet et il a repondu[répondu]: On traite cette question de savoir si les européens seront admis dans les ports ouverts aux japonais c'est une affaire qui n'est pas encore décidée, etc... Quoiqu'il en soit je vais écrire à Mgr Delaplace et remettre nos affaires entre les mains de Sa Grandeur.

Je connais Monsieur Brenier de Montmorand je serais désireux de le voir à son passage à Chang hai où, je pense, il s'arrêtera quelque temps. Je vous remercie pour tous les extraits de journaux que vous me faites passer, je viens de lire l'article *Philo Coreanus*, il me parait être dans le vrai en tout ce que j'ai pu comprendre je vais me le faire traduire plus littéralement.

Maintenant j'attends des nouvelles de Corée puissent-elles bientôt arriver et être bonnes! En tout cas elles serviront à me décider sur ce que nous aurons à faire à l'avenir.

Si après les avoir reçues je me décide à continuer mon voyage je ne tarderai pas à aller vous rejoindre, j'emmènerai le Coréen avec moi, jusqu'à Changhai il n'y a pas de difficultés, rendu auprès de vous nous déciderons la suite, d'autant plus que je pense rester le temps de reconforter[réconforter] un peu mon habillement, j'ai besoin d'une soutane, de souliers etc...

Adieu, bien cher Père, ayez la bonté d'offrir mon bon souvenir au bon M. Aymery etc... et vous, bien cher ami, recevez l'assurance de mes sentiments de sincère affection.

+ F.C. Ridel
Ev. Vic. ap. de Corée

007 Lettre de Mgr Ridel à M. Coste [AMEP v. 580 ff. 119~122]

Mgr Ridel, à Che-fu, au P. Coste

Tchefou, 22 Juin
[reçue] 24 Juin 76

Bien cher Père Coste,

La bonne nouvelle du jour c'est une lettre de M. Blanc. ces M.M. ont pu opérer leur débarquement sans encombre et gagner leur résidence ou plutôt leur cachette. Tout va aussi bien que je pouvais l'espérer. J'ai quitté ces MM. le 8 Mai et leur lettre se termine au 20 Mai. On ne peut encore rien prévoir pour la suite. M. Deguette a été un peu fatigué mais il s'est remis. Je crains pour eux les chaleurs de l'été renfermés comme ils doivent l'être, c'est une grande fatigue prions beaucoup pour eux. oh si nous pouvions un peu les secourir ; je ne vois pas encore ce que nous pouvons faire espérons en Dieu. Pour plus de détails je vous enverrais bien la lettre de M. Blanc mais je n'ai encore eu à peine le temps de la lire j'en ai besoin; j'irai vous la porter moi-même la prochaine semaine très-probablement. Je crains beaucoup les chaleurs de Chang-hai mais je n'y vais pas pour mon plaisir dès lors je n'hésite pas. Je ne sais où vous allez me loger mais il me semble que pour l'été la chambre du coin Sud Ouest vis à vis la bibliothèque serait la moins chaude car je crois que les appartements ordinairement destinés aux évêques sont très-chauds en été.

Ici il fait déjà bien chaud et je suis même pour cela un peu fatigué. La sécheresse continue ici, c'est affreux M. Richard me dit que dans le Nord on a aussi en vain attendu la pluie et M. Blanc dit aussi qu'à cause de la sècheresse on craint une grande famine en Corée.

Je reçois votre lettre du 19 juin et le paquet de journaux. Merci. Donc à bientôt. Très-probablement je partirai par un navire de la compagnie Russelles etc. et peut-être au commencement de la prochaine sermaine.

Je serais même parti aujourd'hui par celui qui va vous porter cette lettre mais avant je dois règler plusieurs affaires et repondre[répondre] à M. Richard etc...

Donc au plaisir de vous voir bientôt.
+ F.C. Ridel
Ev. Vic. ap. de Corée

008 Lettre de P. J. Coste Procureur à Changhay à Messieurs les Directeurs du Séminaire des Missions Etrangères
[SC Cina e Regni Adiacenti, vol. 26, f. 856r-856v]

P. Coste à Messieurs les Directeurs
du Séminaire des Missions Etrangères

Changhay, le 1er Juillet 1876

Messieurs Vénérés Directeurs,

Mgr Ridel est arrivée ici dimanche dernier, 25 Juin. Il restera au moins un mois à Changhay, pour surveiller la tournure des événements. Le moment n'est peut-être pas éloigné où les Puissances étrangères se mettront en relation avec la Corée pour faire des traités de commerce. S.G. me prie de vous présenter ses respects et de vous donner des nouvelles de nos Confrères de Corée.

Après avoir dit adieu à Mgr Ridel, le 8 Mai, MM. Blanc et Deguette firent voile comme vous le savez, vers les rivages coréens. Leur débarquement s'opéra le 10 à la faveur des ténèbres, mais très heureusement. Ils gagnèrent aussitôt et atteignirent au bout de 17 lys de marchs, sans être découverts, l'habitation qui leur avait préparée près de la capitale par un vieux chrétien très-dévoué. C'est de là que le P. Blanc a écrit à Mgr Ridel le 20 Mai dix jours après leur arrivée. Jusqu'à cette date, nos deux Confrères s'étaient tenus car leur présence n'était connue que d'un très peu nombre de chrétiens. Tandis que Mr. Deguette se livrait à l'étude de la langue, Mr. Blanc prenait des informations et sondait le terrain pour savoir dequel côté et de quelle manière il pourrait commencer l'exercice du Saint ministère. L'émotion de nos deux chers Confrères a été bien grande quand ils ont pu offrir le Saint Sacrifice de la Messe sur cette terre où il n'avait pas été offert depuis dix ans. Unissons nos suffrages, demandons à Dieu, par les mérites de N. S. Jésus Christ et de ses Saints, veiller sur nos Confrères et de bénir leurs efforts, afin que nous puissions bientôt recouvrer pleinement le précieux héritage de nos martyrs.

[...]

Veuillez agéer l'assurance du profond respect avec lequel j'ai l'honneur d'être.

Messieurs et Vénérés Directeurs
Votre très humble et dévoué Serviteur.
J. Coste

009 Lettre de M. Coste à M. Lemonnier [AMEP v. 580 ff. 167~170]

P. Coste (à N.-D. des Neiges) au P. Lemonnier

N.D. des Neiges, le 28 8bre 1876
[reçue] 26 9bre 76

Bien cher Père Lemonnier,

Je pense que le P. Martinet vous a donné quelquefois de mes nouvelles. Tandis que je vous croyais absent de Hong-Kong, je me suis abstenu de vous écrire. Je m'acquitte aujourd'hui de ce devoir avec d'autant plus de plaisir que nos relations ont toujours été très-cordiales. J'espère que la séparation ne changera rien à nos sentiments réciproques, permettez-moi de vous remercier ici de toutes les bontés que vous avez eues pour moi. Je conserverai toujours précieusement le souvenir des procures et de la vie de famille qui y présidait. Mon cœur ne cessera pas d'être uni aux vôtres. Vous vous souviendrez aussi devant Dieu, j'en ai la confiance, du pauvre missionnaire de Corée afin qu'il acquise les vertus et les qualities dont il a besoin pour remplir fructueusement son nouveau ministère auprès des âmes qui lui seront confiées.

Vous avez dû apprendre que Mgr Ridel et votre serviteur s'embarquèrent à Changhay le 5 7bre dernier. A Tchéfou, où nous arrivâmes le 8, nous avons trouvé une très affable hospitalité chez le P. Nivard Jourdan, procureur actuel de la mission du Chan-tong. Pendant notre séjour, nous y avons vu l'Amiral Véron, qui était à bord de «l'Atalante» et qui a donné des témoignages de bienveillance à Mgr Ridel. Les circonstances étant favorables, il pourrait nous donner un bon coup de main. Il paraissait s'intéresser aux affaires de Corée; il a dû s'en entretenir avec Mr. Brenier de Montmorand, qu'il a été voir à Péking. Mr. l'abbé Lichou aumônier de «l'Atalante» nous a aussi procuré de temps en temps le plaisir de son aimable compagnie. Le 12 8bre nous partions de Tchefou sur le Feï-ho. Le «Feï-ho» est une canonnière chinoise commandée par des officiers anglais, et à la disposition de Mr. Hart, Directeur des douanes. Ce dernier était à bord. C'est lui qui, à la demande de Mr. Fergusson, nous a accordé un passage gratis jusqu'à Ing-tze. Avec le Commandant, il a rivalisé d'attention et de prévenances à notre égard. Nous n'avons que des éloges à donner à ces Messieurs. Aussi notre traversée de 25 heures s'est faite très-agréablement et très-confortablement. Le 13 à 5 h. du soir nous débarqueons à Ing-tze. Nous avons été très-bien accueillis par Mgr Verrolles. S.G. a bien voulu me rappeler qu'Elle avait été contente de la réception que je lui avais faite à Changhay l'année précédente. Les Confrères que nous y avons trouvés ont aussi été très-aimables. Il y avait MM. Letort, Conraux et Leformal. Le P. Delaborde est arrivé pendant que nous y étions.

Le 17 8bre nous faissions nos adieux et nous enfourchions nos chevaux pour gagner N.D. des Neiges. Je suis meilleur cavalier que je ne croyais. Nos bagages partaient sur des charettes. Vers midi, halte et diner dans une auberge chinoise sur un Kang. Comme autrefois à Jancian, je me suis apercu que je n'étais pas très habile à manier les bâtonnets; mais avec un peu plus d'exercice, je ne tarderais pas à faire comme les autres. Vers 4 h. du soir nous étions reçus à Yang Kouan (St Hubert) par le P. Richard qui nous y attendait, et par le P. Hinard, le Curé de l'endroit. Yang-Kouan est la dernière résidence qu'avait habitée Mgr Verrolles avant son départ pour le Concile. Nous y avons retrouvé l'ogive et d'autres souvenirs de France. Le P. Hinard, un de vos compatriots, a été aux petits soins pour nous. Aussi, nous nous sommes reposés chez lui un jour et demi. Le 19, à 1 h. de l'après-midi, nous remontions à cheval pour continuer notre route à travers les montagnes de la Mandchourie, lesquelles sont de temps en temps entrecoupées de belles vallées. Le P. Richard était avec nous. Nous passâmes la nuit à Yang-mou-lin-ze, petit village d'une soixantaine de chrétiens. Pendant le voyage je me rappelais que tels et tels de nos martyrs de Corée avaient passé ou séjourné dans ces parages. Le souvenir de tels devanciers fait du bien à l'âme. Ils intercèdent pour nous du haut du ciel.

Le 20, à 6 h. du matin nous remettions en route, et le soir vers 2 h. nous saluions de loin le clocher de N.D. des Neiges et les premières ogives qui avaient pris naissance sur la terre de Mandchourie (dit Mgr Verrolles). Une députation des chefs chrétiens du village était venue à cheval au devant de Mgr Ridel. A 3h. S.G. suivie du P. Richard et de votre serviteur faisait son entrée solennelle au son de la musique et au bruit d'un canon chargé pour la circonstance. Ces démonstrations sympathiques font l'éloge de Mgr Ridel, en même temps qu'elles sont l'indice des sentiments religieux qui animent cette population. Voici donc notre pied-à-terre avant d'entrer en Corée. Il y a huit jours que j'y suis, et je m'aperçois que le séjour m'en est pas désagréable. Mais ce n'est pas notre terre promise. Quand pourrons-nous entrer dans celle-ci? Priez pour que ce soit bientôt, et me croyez toujours Votre tout dévoué et affectionné in Xto.

Jn. Coste

Mgr Ridel me prie de le rappeler à votre bon souvenir, ainsi que le P. Richard. – Mes amitiés à M. de Béthanie et aux autres Confrères.

Lettre de M. Coste à M. Dallet [AMEP v. 580.ff. 232-233]

P. Coste au P. Dallet (devant venir en Extrême-Orient)

Yang Kouan, le 8 Août 1877
Mr. Dallet, Miss. ap.

Monsieur et cher Confrère,

Député par Mgr Ridel pour venir à votre rencontre, je suis arrivé hier à Yang-Kouan. J'espérais vous y trouver, et reprendre aujourd'hui avec vous la route de N.D. des Neiges, où S. G. nous attend demain soir, jeudi. Mais j'ai appris qu'une indisposition vous a retenu à Ing-tze. J'en suis contrarié pour vous d'abord, et puis parce que Mgr Ridel va craindre qu'il ne nous soit arrive quelque fâcheux accident.

Aussi verrais-je avec plaisir que vous pussiez immédiatement quitter l'atmosphère insalubre de Ing-tze, et venir respirer l'air pur de notre vallée, où vous trouveriez un accueil fraternel. Que s'il vous est impossible de faire ce voyage maintenant, je vous prie de vouloir bien m'en informer par le retour du porteur, afin que je me mette en mesure d'aller rejoindre Monseigneur et les confrères pour la fête de l'Assomption.

En attend, veuillez me croire, en union de prières et Sts Sacrifices.

Votre très-humble et dévoué confrere.
Jn. Coste

011 Lettre de M. Coste à M. Armbruster [H-12 문서]

P. Coste au P. Armbruster

N. D. des Neiges, le 24 7bre 1877

Cher Monsieur Armbruster,

Quand Mgr Ridel reçut la lettre du 24 Juin que vous lui aviez adressée de la part du Conseil, il faisait ses préparatifs de départ ; c'est pourquoi il m'a chargé de vous écrire à sa place. Je saisis avec empressement cette occasion de renouer la correspondance que nous avons eue ensemble autrefois, et de renouveler la connaissance personnelle que nous avons faite à votre passage à Hong-Kong.

Le 11 du courant, nous recevions les adieux de Mgr Ridel, de Mr Doucet et de Mr Robert. On récita l'itinéraire vers 7h.1/2 du matin en présence de tous les chrétiens du village réunis dans l'église. L'émotion était grande de part et d'autre, quand, à genoux au pied de l'autel, S.G. et nos deux jeunes confrères recommandaient à Dieu et à la Ste Vierge le voyage qu'ils entreprenaient. Ils partaient pour la Corée!... L'embarquement se fit le soir du même jour sur une jonque chinoise au port de Tsouang-ho, qui est à sept lieues d'ici. Nous n'avons pas encore de nouvelles du retour de la barque. Mais comme le temps a été favorable, nous pensons que le voyage se sera fait heureusement.

Mgr Ridel n'a pas été peu surpris d'apprendre que M le Ministre de France à Péking a été jusqu'à vouloir faire intervenir la Cour de Rome afin d'enrayer le projet de pénétrer en Corée. Mais la lettre du Conseil, d'accord avec la réponse faite par le Cardinal Préfet, est un précieux encouragement pour S.G., qui vous prie d'en exprimer sa reconnaissance à ces Messieurs du Séminaire de Paris. Quand nous ne pouvons nous appuyer sur des bras de chair pour accomplir l'œuvre de Dieu, rien de plus juste, comme vous le faites remarquer, que de s'en remettre entièrement à la bonne Providence, dont le secours ne nous manquera jamais.

Une autre lettre de Mr Brenier de Montmorant, adressée le 15 Mars à Mgr Ridel, ayant éprouvé du retard en route, il n'y a été répondu que le 19 Juin. S.G. m'a chargé de vous envoyer copie de ces deux documents, avec prière de les communiquer à MM les Directeurs. Vous y verrez, d'un côté, avec quelle persistance M^r le Ministre s'oppose à l'entrée des missionnaires en Corée, et de l'autre, avec quelle résolution Monseigneur se montre disposé à poursuivre son projet. Quand la prudence humaine est aux prises avec la prudence chrétienne, celle-ci réclame la préférence, nous n'avons pas à balancer. Monseigneur l'a bien compris. C'est là-dessus qu'il a réglé ses démarches ; et il est heureux de se trouver en conformité de sentiments avec vous et avec ces Messieurs de Paris.

Mr Mutel n'est pas arrivé à temps pour faire partie de l'expédition de Corée. Il est encore attendu. Il passera l'hiver ici avec le P. Richard et votre serviteur. Notre séjour se prolongera-t-il encore longtemps? Je n'en sais rien. Quant à moi, je ne pourrai probablement entrer dans ma mission qu'après avoir mené à bonne fin une entreprise dont m'a chargé Mgr Ridel, en me donnant pleins pouvoirs pour la faire réussir. Vous voudrez bien, j'espère, me donner un coup de main afin d'en presser l'exécution. Il s'agit de faire imprimer la grammaire coréenne et le dictionnaire coréen-français ; deux ouvrages dont nous ressentons beaucoup la pénurie, car, pour copier le Dictionnaire, il faut perdre environ six mois, dit Mgr Ridel. S.G., en partant, m'a confié ces deux manuscrits. Je transcris actuellement le Dictionnaire. C'est la première partie de mon mandat. Je dois, en outre, prendre des informations pour savoir où il sera plus avantageux de faire imprimer ces ouvrages etc etc. Et c'est ici que votre concours me sera très utile. Monseigneur vous a lui-même demandé certains renseignements à ce sujet, en vous priant de les adresser au P. Richard. Comme je ne connais pas en détail les questions que vous a faites S.G., vous me permettrez d'ajouter les miennes afin de vous fournir l'occasion de suppléer, dans des lettres subséquentes, aux informations qui manqueraient dans votre première réponse.

Je pense qu'en envoyant d'ici, écrits au pinceau, des modèles des lettres coréennes, il sera facile de faire exécuter à Paris des matrices conformes. Je pense également qu'on peut se procurer à Paris des caractères mobiles chinois ; car on y a déjà imprimé des ouvrages chinois, tels que le dictionnaire Perny. Mais trouvera-t-on un compositeur pour se débrouiller au milieu de ces caractères et les placer convenablement dans le texte, ou un prote qui en puisse surveiller la composition?

Supposé que ces difficultés soient levées, quel serait le prix de l'impression, pour tel format (par exemple, format du Dictionnaire Perny), à raison de tant de pages, de tant d'exemplaires, y compris papier, reliure etc etc?

Quelqu'un avait suggéré la pensée que l'imprimerie nationale, ou autre, se chargerait peut-être gratis de l'impression de ces ouvrages, comme intéressant la science à cause de leur nouveauté. Le voudrait-elle? A quelles conditions? Mgr Ridel serait disposé à lui en abandonner la propriété si elle voulait bien faire cession de quelques exemplaires pour la Mission de Corée. Cependant, comme vous pouvez être plus au courant des us et coutumes, on vous laisse le soin de faire telles autres propositions que vous jugeriez convenables. Vous me répondriez à ce sujet, et je vous serais reconnaissant de vouloir bien aussi me donner votre avis.

Si l'impression pouvait se faire à Paris, ce que je désire beaucoup avec Mgr Ridel, je vous enverrais les matériaux tout préparés ; et alors, l'idée de S.G. serait qu'un jeune Confrère destiné pour la Corée apprît à lire le Coréen, ce qui est facile, et qu'il restât à Paris le temps nécessaire pour surveiller l'impression du Dictionnaire et de la grammaire.

Pendant que j'écrivais ma lettre, le P. Richard est entré dans ma chambre tout rayonnant de joie et annonçant le courrier qui apporte des nouvelles de nos voyageurs. En effet, un chrétien d'ici, qui les avait accompagnés sur la jonque chinoise, est de retour, et avec lui se trouve un Coréen nouvellement arrivé. La barque coréenne s'étant trouvée au rendez-vous le transbordement a eu lieu le 18 du courant. Jusque-là tout allait bien. Les lettres qui viennent de la Corée vous donneront les nouvelles de la Mission.

Veuillez présenter mes respects à MM les Directeurs et me croire, en union de prières et Sts Sacrifices,

                              Votre très humble et dévoué confrère.
                              Coste

Le P. Richard vous salue. N'ayant pas le temps de vous écrire aujourd'hui, il me prie de vous accuser réception des deux cents et quelques messes que vous lui avez envoyées le 28 Juin.

012 Lettre de M. Coste à M. Rouseille [BH-2 문서]

P. Coste au P. Armbruster

N. D. des Neiges, le 24 7bre 1877

Cher Monsieur Rouseille,

Mgr Ridel ayant reçu votre lettre du 15 Juin lorsqu'il faisait ses préparatifs de départ, il m'a chargé de vous en accuser réception et de vous remercier des pièces qui l'accompagnaient. Je m'acquitte avec plaisir de cette commission, qui me fournit en même temps l'occasion de vous remercier à mon tour de votre bonne lettre du 20 Octobre 1876.

Le 11 du courant S. G. s'est embarquée pour la Corée avec M. M. Doucet et Robert. C'était pendant l'octave de la Nativité de la Ste Vierge: ce voyage ne pouvait que réussir. Nous avons appris aujourd'hui que la jonque coréenne s'étant rendue au rendez-vous, le transbordement a eu lieu le 18, et qu'elle a cinglé avec nos chers voyageurs vers les rivages fortunés.

Mgr Ridel ne serait pas là s'il avait écouté les sollicitations pressantes de Mr le Ministre de France à Péking, ou si celui-ci avait réussi à faire enrayer par la cour de Rome le projet de pénétrer en Corée. Mais la Cour de Rome a été mieux avisée, et le voyage a eu lieu, et nous en sommes tous satisfaits. Maintenant, à la garde de Dieu! C'est son oeuvre que nous accomplissons: à sa bonne Providence de nous protéger.

Nous savons qu'Elle s'en acquitte très bien. Aucun cheveu de notre tête ne tombera sans sa permission, ainsi que le faisait remarquer Mgr

Ridel dans une réponse à M^r le Ministre. Inutile de vous dire que S. G. est heureuse de se trouver en comformité de sentiment avec vous et avec les Messieurs de Paris. La lettre du Consul ainsi que la vôtre ont été pour Monseigneur un précieux encouragement. Aussi il m'a prié d'un témoigner sa reconnaissance aux uns et aux autres.

Le P. Mutel aurait fait partir de l'expédition s'il était arrivé à temps; mais il n'est pas encore ici. Il hivernera à N. D. des Neiges avec le P. Richard et votre serviteur. Je ne sais pas jusqu'à quand se prolongera notre séjour. Quant à moi, avant d'entrer en Corée, il me faut prendre toutes les mesures nécessaires pour faire imprimer la grammaire et le dictionnaire coréens, deux ouvrages importants dont nous n'avons que deux manuscrits complets. Les deux manuscrits, Monseigneur me les a confiés en partant. Je transcris actuellement le Dictionaire; et je prends des infomations pour savoir où il sera plus avantageux de faire imprimer.

Je me recommande à vos bonne prières, en union desquelles j'ai l'honneur d'être.

Votre très humble et dévoué serviteur.
Jn. Coste

013 Lettre de M. Coste à M. Lemonnier [AMEP v. 580 ff. 241-244]

P. Coste (à N.-D. des Neiges) au P. Lemonnier

N. D. des Neiges, 6 8bre 1877

Bien cher Père Lemonnier,

Retiré au bout du monde, dans un petit coin de la Mandchourie, où il n'y a ni télégraphe, ni chemins de fer, ni grand mouvement, je n'avais pas grand'chose d'intéressant à vous raconter. Du reste, la chère mission de Corée est dans de telles conditions que l'étendue des nouvelles que je pouvais vous en donner est bien restreinte. Cela vous explique pourquoi j'ai mis tant de temps à répondre à votre bonne lettre du 29 9bre 1876. Mais les sentiments que vous m'y exprimez sont restés gravés dans mon cœur; je vous en remercie sincèrement. Le souvenir de nos anciennes correspondances, les rapports intimes que nous avons eus ensemble ne s'est pas, non plus, effacé de ma mémoire. Aussi je suis heureux de profiter d'une circonstance qui me fournit naturellement l'occasion de vous écrire et de causer avec vous comme quand j'étais à Chang-hay.

Depuis que MM. Blanc et Deguette sont entrés en Corée, ils n'ont eu aucune rencontre fâcheuse, ils ont toujours été conduits par la main paternelle de la bonne Providence. Il est vrai qu'ils sont obligés de se cacher pour ne pas éveiller les soupçons des païens et du gouvernement; mais, quoique dans l'ombre, ils travaillent avec zèle à la résurrection de notre belle Eglise de Corée, et leurs efforts sont couronnés de succès qui donnent de bien douces espérances pour l'avenir. A l'heure qu'il est, ils ont dû recevoir du renfort. Le 11 7bre, si vous aviez été ici, vous auriez eu, sans doute, votre part d'émotion comme nous, en voyant, en présence des chrétiens du village réunis dans l'église, un évêque et deux jeunes missionnaires, à genoux devant l'autel, recommander à Dieu et à la Ste Vierge, le voyage qu'ils entreprenaient : Mgr Ridel, Mr. Doucet et Mr. Robert partaient pour la Corée. Nous reçûmes leurs adieux le matin. Le soir, ils s'embarquaient à Tsouang-ho, petit port chinois à sept lieues d'ici. Nous avons appris que le 18 ils ont transbordé sur la jonque coréenne ; qui s'est trouvée au rendez-vous. Jusque là tout allait bien. Le voyage avait commencé pendant l'octave de la Nativité de la Ste Vierge, par conséquent sous les auspices de cette bonne Mère, patronne de la Corée. Nous espérons qu'Elle aura conduit nos chers voyageurs sains et saufs jusqu'au port désiré, et que sa protection les accompagnera dans leurs travaux apostoliques au milieu des difficultés et des périls qui sont encore semés sous leurs pas. Vous voudrez bien joindre vos prières aux nôtres pour attirer avec plus d'abondance les bénédictions de Dieu sur nos confrères et sur notre malheureuse mission.

Vous vous demandez, sans doute, pourquoi je n'ai pas pris moi-même mon vol vers cette terre promise. Je dois le différer jusqu'à ce que j'aie mené à bonne fin une entreprise qui m'a confiée Monseigneur.

Nous n'avons qu'un manuscrit complet de deux ouvrages très-importants pour nous, la grammaire et le Dictionnaire coréens. Il serait dommage que ces manuscrits subissent le sort de ceux analogues qui ont disparu pendant la persécution de Corée. S.G. ne les a pas emportés avec Elle. Elle me les a confiées avec charge de les faire imprimer et pleins pouvoirs pour cela. Je copie actuellement le Dictionnaire. C'est un travail qui me retiendra ici pendant l'hiver. Je prends en même temps des informations pour savoir où il sera plus avantageux de faire imprimer. J'en attends de Paris, de Yokohama et de Nagasaki. Vous savez que Mgr Ridel en avait déjà recueilli à Chang-hay. Je crois qu'il n'est pas inutile de vous consulter aussi à ce sujet, et je ne doute nullement de votre bonne volonté à me satisfaire. Je suis d'autant plus porté à en agir ainsi que vous-même travaillez à une œuvre semblable, car vous aviez, je crois, intention de faire imprimer le Dictionnaire chinois du P. Delamarre. Vous avez peut-être déjà pris des renseignements. Aussi je vous serais reconnaissant de vouloir bien me faire part des observations que vous croirez utiles. Imprime-t-on maintenant à Hong-Kong avec des caractères mobiles chinois? Pourrait-on y faire exécuter des matrices et obtenir la fonte des caractères qui composent l'alphabet coréen? Ces deux points, le dernier surtout, étant éclaircis, il serait facile de passer aux questions subséquentes. Mais j'attendrai votre réponse pour cela.

Si à cause de ce mandat de Mgr Ridel, j'avais occasion d'aller vous revoir et de passer quelque temps avec vous, vous comprenez bien que j'en profiterais volontiers. Mais ce sont des conjectures trop précoces.

Il est peut-être bon de laisser ignorer dans certaines sphères que Mgr Ridel vient d'entrer en Corée avec deux missionnaires. Je livre cela à votre prudence et discrétion.

Mr. de Béthanie ne m'écrit plus. Veuillez lui présenter quand même mes meilleurs amitiés ainsi qu'au P. Berlioz et autres confrères ; mes respects à qui de droit, et croyez-moi toujours, en union de prières et Sts Sacrifices.

Votre tout dévoué et affectionné in Xto.
Jn. Coste

Recevez les comptes du P. Richard.

Le P. Mutel n'est pas encore arrivé.

Le P. Richard me prie de vous demander si vous avez reçu sa lettre du mois de Mai. Il n'a pas eu encore de nouvelles des cigares qu'il vous a demandés pour le P. Robert avec prière de les faire passer au P. Conraux. Peut-être les aurez-vous envoyés par le P. Mutel.

A Chang-hay, puisque Mr. Carvalho ne se chargerait pas des caractères coréens chez qui aurait-on pu se les procurer? L'imprimerie presbytérienne aurait-elle pu les fondre? Le voudrait-elle? – C'est dommage que nous n'ayons pas une imprimerie européenne centrale, chez Mr. de Béthanie, par exemple, au service de nos différentes Missions qui auraient besoin d'y recourir. Il me semble que, positis ponendis, cela rendrait de véritables services.

014 Lettre de M. Richard à M. Coste [AMEP v. 580 ff. 336~337]

P. Richard, en Mandchourie, Au P. Coste, à Yokohama (Japon)
(Triste «Confirmation» de l'arrestation
de Mgr Ridel, et faits ambiants)

Copie d'une lettre adressée à Mr. Coste, à Yokohama,
par Mr. Richard, Procureur de la Mission de Corée

N.D. des Neiges(Mandchourie), 21 Avril 1878

Cher Père Coste,

Aujourd'hui j'ai à vous annoncer de bien tristes nouvelles. Vous savez ce que Tadou nous avait appris. Tout était vrai. Le 28 Janvier Mgr Ridel a été arrêté, ses gens aussi, sa maison livrée au pillage. Les missionnaires sont cachés en différents endroits ; aucun n'a été arrêté. Il parait que Monseigneur est bien traité en sa prison ; on ne lui a fait sublir aucun supplice. La Reine ne veut pas qu'on le fasse mourir. Le gouvernement a proposé à Sa Grandeur de retourner en Chine ; Elle a refusé cette proposition. Jusqu'au 25 Mars il n'y avait pas eu de persécution proprement dite. Quelques chrétiens, parait-il, étaient morts à la suite des tortures. Le gouvernement, qui sait que quatre missionnaires sont en Corée, deux au Nord, deux au Sud, n'a pas donné l'ordre de les rechercher ; il craint une guerre avec les Européens ou les Japonais. Mais s'il n'y a aucun expédition ce printemps, ce qui malheureusement est probable, tout porte à croire que Monseigneur sera mis à mort, les missionnaires seront recherchés, les chrétiens arrêtés, etc., en un mot, qu'il y aura une persécution terrible. Puisse Notre Seigneur détourner ce malheur de notre pauvre mission! Puisse cette tempête tourner en bien!

MM. Blanc, Deguette et Doucet ont écrit. Rien de Monseigneur, ni de Mr Robert, qui se trouve ne sait ou[où]. Hélas! comme ces nouvelles sont tristes!!

C'est un païen de Pien-men qui a apporté ces lettres ce matin ; il est reparti après dîner. J'ai écrit une petite lettre afin de fixer un rendez-vous pour les courriers, comme on m'en avait prié. Ce sera le 15 Juin prochain.

Malgré toutes ces nouvelles, je crois que vous devez faire imprimer au moins le Dictionnaire coréen. Par le dernier courrier, 14 du présent, je vous ai envoyé copie d'une lettre de Mr. Armbruster.

Veuillez etc.
Eug. Richard

P.S. Les missionnaires qui écrivent vous offrent leurs amitiés les plus affectueuses, et vous adressent leurs adieux, persuadés qu'ils seront bientôt arrêtés.

Je n'ai pas besoin de vous dire de travailler à la délivrance de Monseigneur et des missionnaires, et d'agir auprès de tous ceux qui peuvent s'y employer. J'écris à Mgr Delaplace, priant Sa Grandeur de vouloir bien s'employer en faveur de la mission de Corée.

E.R.

015 Lettre de M. Coste à M. Lemonnier [AMEP v. 580 ff. 344~347]

P. Coste (à Yokohama) au P. Lemonnier

Yokohama, le 30 Avril 1878

Bien cher Père Lemonnier,

Nous sommes arrivés jeudi soir, 25 du courant, après une traversée de sept jours. Nous n'avons eu à souffrir de la grosse mer que pendant la journée du 23 et un peu de 24. Le P. Patriat est meilleur marin que je ne croyais. J'espère qu'il se trouvera bien de ce voyage sous le rapport de la santé.

Nous avons eu le meilleur accueil chez nos confrères. Le P. Patriat a causé d'agréables suprises partout. Il tenait principalement à en ménager une pour Mgr Osouf, comme vous le savez. Le lendemain de notre arrivée à Yokohama, nous nous rendîmes à Yedo en compagnie du P. Midon. Je pris les devants pour aller présenter mes hommages à Monseigneur. Sa Grandeur me reçut avec l'affabilité que vous lui connaissez. Après nous êtres vus séparés jusqu'aux bouts du monde, qui aurait pensé que la Providence nous réunirait ainsi au Japon? Nous étions plongés dans les émotions d'une telle rencontre lorsque quelqu'un frappa à la porte : c'était le P. Midon, accompagné du P. Patriat, que je m'étais bien gardé d'annoncer. Je vous laisse à deviner quelle surprise pour Mgr Osouf ; ... et pour nous, quel bonheur de contempler ce bon et digne Evêque. Nous avons rappelé les souvenir de Hong-Kong et de Béthanie. Sa Grandeur a fait remarquer qu'il ne manquait que son ami et le P. Martinet pour mettre au complet la réunion des vieux procureurs : alors la joie aurait été à son comble. A Yedo, comme à Yokohama nous avons trouvé la même sympathie de la part des Confrères. Le 27, Monseigneur a bien voulu nous accompagner lui-même, et nous faire voir les deux postes principaux de la mission, en dehors de sa résidence à Yedo, à savoir : le séminaire dont le P. Vigroux est le supérieur ; et une maison première que des circonstances particulières ont permis d'acheter dernièrement, où se trouve le P. Langlais, qui s'occupe des chrétiens du quartier, tout en dirigeant un petit collège. De là, nous avons été faire une visite à Mr de Geoffroi, Ministre de France. A Yedo, nous avons admiré, entre autres choses, l'église gothique dont Mgr Osouf est l'architecte, et qui nous a rappelé la chapelle de Béthanie. – Tout est nouveau pour moi au Japon ; mais vous le connaissez vous-même ; c'est pourquoi je m'abstiens de vous en parler.

En arrivant ici, j'ai appris une nouvelle qui est pour moi un grand sujet d'alarme. Mgr Osouf m'a dit vous l'avoir communiquée, ainsi qu'à nos Directeurs de Paris, au P. Martinet et au P. Richard. Elle semble confirmer les craintes que nous avait fait concevoir l'arrivée du courrier extraordinaire dont je vous avais parlé, sur le sort de Mgr Ridel et de nos confrères. Gloire aux martyrs ! Mais cette pauvre mission de Corée est bien éprouvée ! Ce nouveau malheur ne va-t-il pas retarder encore indéfiniment l'heure de sa délivrance ?

Nous sommes encore livrés aux conjectures, et nous ne savons quand nous pourrons avoir des nouvelles précises. Régulièrement l'échange des correspondances entre Seoul et N.D. des Neiges devrait se faire au mois de Mai ; nous pourrions donc ainsi avoir des lettres de Corée dans le courant du mois de Juin. Mais s'il y a eu une débâcle, il sera bien difficile de dépêcher les courriers. Mr le Ministre de France au Japon a bien voulu s'intéresser au sort de ceux de nos confrères qui peuvent survivre. Mais il ne paraît pas qu'il puisse faire grand'chose pour leur porter secours. Son plan serait, je crois, de leur fournir les moyens de s'évader, en envoyant un navire de guerre français rôder autour du littoral. Mais... Je n'ai pas besoin de vous recommander de ne parler de ces chosesqu'à ceux à qui il convient.

Nous avons fait les premières démarches pour l'impression de nos manuscrits. L'imprimeur ne compte pas avoir fini avant un an.

Je me recommande à vos bonnes prières, en union desquelles je suis toujours Votre tout dévoué et affectionné in Xto.

Jn. Coste

Mes respects et amitiés à qui de droit.

016 Lettre de M. Coste aux Directeurs de Paris [AMEP v. 580 ff. 348~351]

P. Coste, au Japon aux Directeurs de Paris
(L'arrestation, à Séoul, de Mgr Ridel, détails...)

Tokio, le 20 Mai 1878

Messieurs et Vénérés Directeurs,

Mgr Osouf, chez qui j'ai le bonheur de me trouver en ce moment, m'a dit qu'il vous avait fait part des nouvelles alarmantes de notre mission de Corée. Il m'engage à vous communiquer les détails que nous avons appris depuis sa dernière lettre, et à vous mettre au courant des démarches que l'on fait pour délivrer Mgr Ridel et ceux de nos confrères qui seraient dans la détresse. Je me rends d'autant plus volontiers aux désirs de Sa Grandeur que cela me donne occasion de renouer les anciennes correspondances que j'ai eues avec vous.

En lisant la copie que je vous envoie d'une lettre reçue dernièrement du P. Richard, vous éprouverez, sans doute, comme nous, une première impression de soulagement. Les faits qui y sont relatés ne sont pas aussi graves que nous l'avions craint. Néanmoins ce n'est pas sans de sérieuses inquiétudes qu'on se demande ce qui a pu avoir lieu dans la suite. Au ministère japonais des Affaires étrangères, on a dit au P. Evrard qu'en Corée un missionnaire et dix-sept chrétiens avaient été mis à mort, que deux autres missionnaires ainsi que vingt-six chrétiens étaient en prison. Malheureusement on semble supposer que ces évènements sont postérieurs au 25 Mars, date des dernières lettres de nos confrères.

Vous savez, Messieurs et Vénérés Directeurs, que Mr. de Geofroi,

Ministre de France au Japon, n'a pas été insensible au sort de Mgr Ridel et de ses compagnons d'infortune. Dès qu'il en eut la première nouvelle, il eut l'idée d'envoyer un navire de guerre français faire la ronde autour de la Corée, afin que nos confrères l'apercevant pussent aller y chercher refuge et échapper aux poursuites des persécuteurs. Ayant échoué dans la demande qu'il en fit au Commandant du 'Cosmao' il télégraphia à Mr. l'Amiral Dubourquais, qui arrivait dans la station des mers de Chine et du Japon.

On m'a représenté Mr. l'Amiral comme bien disposé en notre faveur. S'associant aux vues de Mr. le Ministre, il intima immédiatement au Hugan l'ordre de partir. Le 'Hugan' ayant été obligé de rebrousser chemin par suite d'une avarie, son mandat fut transmis au 'Cosmao'.

Il y a une quinzaine de jours que le 'Cosmao' a quitté le port de Yokohama, où il était venu mouiller. A son passage à Nagasaki il a dû recevoir les instructions de Mr. l'Amiral, et doit être en ce moment sur les côtes de Corée. Mais il y a lieu de douter qu'une apparition de cette nature, isolée et muette, produise l'effet qu'on désire. Plaise à Dieu qu'elle ne suscite pas une recrudescence de persécution! La France jouerait, sans doute, un beau rôle, si elle interposait une médiation efficace pour la délivrance de Mgr Ridel et de nos confrères, et pour l'obtention de la liberté en faveur de notre sainte religion en Corée. Mais, quelle que soit la bonne volonté de ses représentants, on n'ose lui demander ni attendre d'elle un tel service, dans les circonstances actuelles.

Mgr Osouf a eu samedi une conférence avec Mr. le Ministre, auquel il avait déjà transmis dans la matinée les nouveaux détails reçus du P. Richard, sans faire mention toutefois du refus opposé par Mgr Ridel à la proposition de retourner en Chine, refus qui montre l'âme tout apostolique de Sa Grandeur, mais qui ne serait peut-être pas compris de la même manière par tout le monde. Mr. de Geofroi a promis d'user de son influence auprès du Ministère japonais des Affaires étrangères.

De son côté, le Ministre japonais des Affaires étrangères se fait fort d'obtenir du gouvernement coréen l'élargissement de Mgr Ridel et des missionnaires captifs. Il mettait à cela une condition qui n'est pas acceptable, c'est que les missionnaires promettraient de ne pas rentrer en Corée ; mais, grâce aux représentations qui lui ont été faites, il s'est désisté de cette condition. Il prépare donc une dépêche qu'il doit soumettre dans deux jours à l'examen de Mr. de Geofroi. Cette dépêche sera envoyée, par un des premiers vapeurs japonais qui font le service du Japon en Corée, à l'égard du gouvernement japonais à Pusan, qui fera auprès de la cour de Séoul les démarches demandées. Voilà donc un gouvernement, naguère persécuteur de la religion dans son pays, qui prend en main la cause de cette même religion dans un pays voisin. Comme les voies de la Province sont admirables!

J'espère, Messieurs et Vénrés Directeurs, que dans les circonstances difficiles où nous nous trouvons, vous continuerez à nous aider par la ferveur de vos prières à attirer sur nous les secours que nous attendons surtout d'en haut.

Dans cette confiance, je vous prie d'agréer l'assurance du profond respect avec lequel j'ai l'honneur d'être,

Messieurs et Vénérés Directeurs,
Votre très-humble et dévoué serviteur.
Jn. Coste

Mgr Osouf, qui se proposait de vous écrire si je ne l'avais fait, vous présente ses respectueuses salutations. Nous ne parlons pas dans le public de l'affaire diplomatique qui se traite en ce moment et dont je viens de vous entretenir.

017 **Lettre de M. Coste aux Directeurs de Paris** [AMEP v. 580 ff. 356~356c]

P. Coste, à Tokyo aux Directrs de Paris.
(Toujours, en faveur de Mgr Ridel des démarches :
dépêche du Japon au Govert de Séoul, etc.)

Tokio, le 10 Juin 1878

Messieurs et Vénérés Directeurs,

Dans ma dernière lettre je vous parlais d'une dépêche que le Ministre japonais des Affaires étrangères devait adresser au gouvernement coréen, pour obtenir la délivrance de Mgr Ridel et des missionnaires de Corée qui auraient été emprisonnés. En qualité d'interprète de la Légation de France, le P. Evrard a reçu communication de cette pièce. Voici le résumé qu'il m'en a fait :

«Le gouvernement japonais a appris que le gouvernement coréen a fait mettre en prison des prêtres français.

Les bons rapports qui existent entre ces deux Etats, et aussi entre le gouvernement japonais et le gouvernement français, autorisent le gouvernement japonais à faire au gouvernement coréen les représentations suivantes :

Le massacre des prêtres français exécuté précédemment (en 1866) par ordre du gouvernement coréen est resté impuni parce que la France a été occupée à faire la guerre avec un royaume d'Europe. Mais si la Corée venait à la braver par de nouveaux actes de rigueur, elle aurait probablement à subir les armes de la France.

Le gouvernement japonais veut bien s'interposer pour maintenir la paix entre les deux pays.

Le moyen d'avoir la paix c'est de remettre les prisonniers entre les mains et sous la sauvegarde des autorités japonaises établies à Fusan.»

Cette dépêche doit être en route maintenant. Puisse-t-elle arriver à temps et obtenir le succès qu'on en espère!

Le 'Cosmao' est de retour dans la rade de Yokohama. Vous savez que ce navire de guerre français avait été envoyé sur le littoral coréen pour offrir un refuge à nos confrères. Il a mouillé en rade de Fusan, où des Coréens ont été admis à le visiter. Après trois jours d'attente, il est revenu sans avoir rien appris des missionnaires de Corée.

L'« Armide » est aussi à Yokohama depuis quelques jours. Mr. l'Amiral Duburquais, que j'ai vu à bord de ce bateau, connaissait déjà les nouvelles que je vous ai transmises sur l'arrestation de Mgr Ridel etc. Il a reçu une dépêche de Mr. le Ministre de France à Péking, et il a eu une entrevue avec Mr. le Ministre de France au Japon. Finalement, il ne change rien à son programme : il restera environ un mois à Yokohama, d'où probablement il mettra le cap vers le Nord, pour suivre l'itinéraire traditionnel de ses devanciers, à moins que des évènements plus grave ne le fassent déroger à son plan. Il nous a fait remarquer que, puisque Mgr Ridel avait été épargné jusqu'au 25 Mars, il était probable qu'il ne serait pas mis à mort ; mais qu'il serait rapatrié, à condition de ne plus rentrer en Corée ; et qu'alors le pape pourrait bien lui donner une autre mission. Je me suis permis d'exprimer à Mr. l'Amiral la réflexion du P. Richard : si le gouvernement coréen avait usé de ménagements à l'égard de Monseigneur, c'est parce qu'il craignait les Japonais ou les Européens.

Les Japonais avaient menacé de faire, au printemps, une expédition contre la Corée. L'expédition n'a pas eu lieu. Qu'attendre des Coréens, quand ils ne seront plus sous l'empire de la crainte? – Mgr Ridel ne prendra pas l'engagement de ne pas rentrer en Corée. Quant à lui donner une autre mission, on a fait observer que la chose n'est pas facile.

La pauvre mission de Corée attend donc son secours des Japonais et surtout de la bonne Providence.

Veuillez continuer à prier pour nous et me croyez, en union de prières et Sts Sacrifices.

Messieurs et Vénérés Directeurs,
Votre très-humble et affectionné serviteur.
Jn. Coste

Mgr Osouf est en voyage à Hacodaté, Niigata etc. Il sera de retour vers la fin du mois.

018 Lettre de M. Coste aux Directeurs de Paris [AMEP v. 580 ff. 385~385c]

P. Coste, au Japon aux Directrs de Paris
(délivrance de Mgr Ridel, qq. premiers détails, les négociations médiatrices)

Tokio, le 13 juillet 1878

Messieurs et Vénérés Directeurs,

Comme nous, vous avez dû être dans l'impatience de recevoir des nouvelles sur le sort final de Mgr Ridel. Un télégramme envoyé par Mr. de Geofroy au Ministère de son département en France vous aura sans doute, été communiqué. Néanmoins, je ne puis m'empêcher de vous faire part de la nouvelle qu'il contient et qui nous a tous soulagés de l'anxieuse attente sous le poids de laquelle nous étions. Mgr Ridel, délivré de la prison où il avait été jeté le 28 Janvier par le gouvernement coréen, a été transporté à Ing-tze (New-chroang), en Mandchourie, et il jouit maintenant de la liberté. Grâces en soient rendus à Dieu, qui a écouté favorablement nos prières, et qui nous a conservé une vie si précieuse à nous et à la mission de Corée.

Nous avons eu connaissance de cette nouvelle le 11 du courant, au soir. Elle est arrivée sous forme sommaire par un télégramme adressé à Mr. l'Amiral Duburquais, actuellement à Yokohama. Les lettres que nous attendons prochainement nous donneront de plus amples détails.

Vous avez dû apprendre que, grâce à la médiation de Mr. Brenier de Montmorand, notre Ministre de France à Péking, le gouvernement chinois avait fait, auprès de la Cour de Séoul, des démarches analogues à celles qui ont été tentées, à la demande de Mr. de Geofroy, par le gouvernement japonais, dans l'intérêt de Mgr Ridel et de nos confrères de Corée.

La délivrance de Sa Grandeur est probablement le résultat de cette double pression simultanée. Hier, Mgr Osouf et votre serviteur sommes allés en exprimer notre satisfaction et notre reconnaissance à Mr. de Geofroy, qui nous a donné, dans tout le cours de cette affaire, des marques de vive sympathie et de dévouement. On ne dit rien de nos confrères restés en Corée. Vous savez que le gouvernement, instruit de leur présence, n'avait pas donné ordre de les poursuivre. Peut-on espérer que, mieux avisé que par le passé, il veuille se montrer moins cruel, sinon inaugurer une politique de tolérance? C'est le secret de Dieu. Quoi qu'il en soit, nous avons été heureux de noter, avec Mr. le Ministre, comme un bon précédent la délivrance accordée à Mgr Ridel dans les circonstances qui l'ont accompagnée. Quand verrons-nous cette ère de liberté religieuse où le sol de notre chère mission imbibé du sang de tant de martyrs pourra germer des fruits nombreux de salut? Plaise à Dieu que ce soit bientôt?

Que nos vœux s'étendent aussi, avec notre reconnaissance sur la Chine et le Japon. Par leur interposition auprès du gouvernement coréen, ces deux Etats viennent de servir la cause de la religion qu'ils persécutaient naguère. Que Dieu les en récompense en faisant briller sur eux, avec plus d'étendue, le soleil de la foi! C'est ce à quoi nous contribuerons par la ferveu r de nos prières, en union desquelles j'ai l'honneur d'être, avec un profond respect,

Messieurs et Vénérés Directeurs,
Votre très-humble et dévoué serviteur.
Jn. Coste

Mgr Osouf vous présente ses affectueux hommages.

019 Lettre de M. Coste à M. Lemonnier [AMEP v. 580 ff. 392~394]

P. Coste (à Shang-hai) au P. Lemonnier

Chang-hay, le 4 Août 1878

Bien cher Père Lemonnier,

Je vous écris de Chang-hay, de cette procure d'où je vous écrivais si souvent autrefois. Cela me rappelle des souvenirs qui me sont toujours chers. En quittant cette procure, je ne soupçonnais pas que la Providence dût m'y ramener en passant. Elle me fournit cette satisfaction. Bien plus cette bonne Providence me fait espérer que j'irai bientôt vous voir. Ai-je besoin de vous dire combien j'en suis heureux?

Les renseignements que nous a communiqués Mgr Osouf sur la possibilité d'imprimer à Yokohama la grammaire et le Dictionnaire coréens, et sur les conditions de ce travail ont dépassé nos espérances. C'est pourquoi il a été décidé par les missionnaires de Corée résidant à Notre-Dame-des-Neiges que je prendrais le chemin du Japon. Me voici donc en route. Je suis arrivé hier ici, et je compte m'embarquer pour Hong-Kong sur la première malle française ; c'est-à-dire de demain en huit. Je resterai avec vous le temps qui s'écoulera depuis mon arrivée jusqu'au départ du bateau des Messageries qui fait le service de Yokohama. Il me serait, sans doute, très-agréable de rester plus longtemps auprès de mes amis de Hong-Kong ; mais Mgr Ridel désire et nous sommes tous de son avis, que l'on active la besogne. Si, le travail terminé, il me restait quelque loisirs, à mon temps, je pourrais peut-être me dédommager.

J'ai appris que la lettre dans laquelle je vous demandais des renseignements sur l'affaire qui est le sujet de mon voyage, a éprouvé du retard en route en allant faire un circuit dans le Sud. C'est ce qui m'explique pourquoi, j'étais encore sans réponse quand j'ai quitté N.-D. des Neiges. Je ne l'ai pas reçue la réponse ici non plus : je me figure que je l'ai croisée en route. Quoi qu'il en soit, je doute que les informations que vous auriez pu me donner soient de nature à me faire modifier mes plans. Néanmoins je vous remercie de la peine que vous vous êtes donnée à cette occasion.

Donc, à bientôt! En attendant, mille amitiés aux PP. Patriat, Chapuis et autres confères ; mes respects à qui de droit. Et croyez-moi toujours, en union de prières et Sts Sacrifices,

Votre tout dévoué et affectionné in Xto.
Jn. Coste

020 Lettre de M. Coste à M. Lemonnier [AMEP v. 580 ff. 531~533]

P. Coste (à Yokohama) au P. Lemonnier

Yokohama, le 18 Décembre 1878

Cher Père Lemonnier,

Le 16 du courant j'ai donné une traite N° 1, sur vous, à l'Oriental Bank Corp^on, payable à une, de $ 500. Si j'ai déposé la somme que je vous avais indiquée, c'est parce que vous avez eu l'obligeance de m'y autoriser par votre lettre du 12 9bre, dont je vous remercie.

Je ne sais pas si nous avons exécuté le huitième du travail que comportera le Dictionnaire ; mais ce que je n'ignore pas c'est qu'il n'y a pas encore la huitième partie d'imprimée. J'ose à peine vous dire que la première feuille n'est pas encore tirée au net. Il a fallu d'abord faire venir des caractères neufs de France, ce qui a pris plus de trois mois. Pendant ce temps-là une maison japonaise de Tokio devait préparer les matrices et fondre les caractères coréens. Nous espérions que ce travail serait complété avant même l'arrivée de France des caractères européens ; mais nous ne comptions pas assez avec la difficulté du travail ni surtout avec la lenteur japonaise. Enfin nous avons à peu près réussi à réunir tout le matériel nécessaire pour faire un premier tirage de seize pages : Je suis en train de corriger les épreuves. Ce pas une fois fait, j'espère que nous irons un peu plus vite.

Si vous avez des calendriers chinois (calendriers ecclésiastiques qu'on imprime à la procure) pour l'année 1879, je vous serais reconnaissant de vouloir bien m'en envoyer un. J'en ferais cadeau à mon coréen, qui paraît y tenir.

Cela me fait penser que la nouvelle année va bientôt frapper à nos portes. Permettez-moi de la prévenir, pour vous la souhaiter heureuse de remplir de bénédiction céleste pour vous et pour vos aimables collaborateurs, à qui je vous prie de faire part de nos meilleurs sentiments. Je présente d'une manière spéciale mes souhaits de bienvenue au P. Couvreur, qui vient de prendre place dans vos rangs respectables.

Mr. de Béthanie y voit-il un peu plus clair? peut-il, au moins, contempler sa belle face dans le miroir que je lui ai envoyé? Il est bien méchant, ce Mr. de Béthanie. Malgré ça, je lui envoie mes meilleurs souhaits pour lui et pour ses chers malades.

Nous attendons demain, à Yokohama, Mgr d'Arsinoë, que je vois toujours avec un nouveau plaisir.

Je me recommande à vos bonnes prières, en union desquelles je suis toujours

Votre tout dévoué et affectionné in Xto.
Jn. Coste

021 Lettre de M. Coste à M. Lemonnier [AMEP v. 580 ff. 541~544]

*P. Coste (à Yokohama) au P. Lemonnier*******[2]

Yokohama, le 28 Janvier 1879

[reçue] 6 fév 79

Bien cher Père Lemonnier,

J'ai reçu les objets que vous m'annoncez par vos deux bonnes lettres du 27 X^bre et du 13 Janvier, dont je vous remercie.

Merci également pour avoir acquit ma traite de $ 500. Il est probable que je ne tarderai guère à tirer encore pour la même somme.

Il parait donc que vous avez eu un terrible incendie à Hong-Kong. Quand nous en eûmes la première nouvelle par le télégraphe, nous nous demandions avec une certaine inquiétude si la ***** n'avait pas été atteinte. J'ai ***** avec plaisir que vous avez été épargnés, ainsi que les Pères italiens etc.

La mort du roi de Corée pourrait avoir des conséquences fâcheuses pour nous, comme vous le dites, si elle ramenait au pouvoir l'ex-régent, l'ennemi juré des chrétiens. Que Dieu nous préserve de ce malheur! Le correspondant de Newchwang qui a communiqué cette nouvelle au journal de Chang-hay, semble concevoir de meilleures espérances. La veuve du jeune roi ne nous est pas hostile ; elle s'était opposée au parti qui voulait mettre Mgr Ridel à mort ; du vivant de son mari, elle le poussait à des sentiments de clémence à l'égard des innocents etc. Si, comme semble

...

2 원본 훼손으로 판독불가. 이하 동일하다.

l'insinuer le journal, elle est à la tête de la régence, notre cause ne sera pas plus compromise qu'auparavant.

On vient de mettre fin, au moins pour un temps, au différent[différend] qui avait surgi entre le gouvernement japonais et le gouvernement coréen relativement aux surtaxes excessives prélevées par ce dernier sur les articles d'importation et d'exportation. Hanabusa, l'ambassadeur japonais qui avait été envoyé à Fusan pour régler cette affaire, a rapporté une nouvelle qui nous intéresse spécialement. Dans l'entrevue qu'il a eue avec les autorités coréennes, celles-ci lui ont déclaré que le gouvernement coréen n'ignore ni la présence ni la résidence des missionnaires français en Corée. Mr. de Geofroy, notre Ministre à Tokio, qui tient ces détails de Terashima, Ministre japonais des Affaires étrangères, en a fait part à Mgr Osouf. Nous savons d'ailleurs que ni nos confrères, ni les ******[chrétiens] ne sont molestés. D'où il est ****[facile de] conclure que le gouvernement coréen ferme les yeux. Mais jusqu'à quand durera cette espèce de tolérance? Il y a eu tant de revirement dans ce petit royaume que le présent n'est pas une sûre garantie pour l'avenir. Nous devons désirer, dit Mr. de Geofroy, que la prépondérance des Japonais s'établisse de plus en plus dans ce pays. Les idées de tolérance qu'ils apportent avec eux finiront peut-être par s'y propager et y prévaloir. Et alors nous pourrons peut-être saluer l'aurore de meilleurs jours pour notre sainte religion.

Je souhaite au P. Couvreur bon courage pour les comptes, et le remercie de ses bons sentiments. Présentez-lui mes amitiés, ainsi qu'au P. Chapuis, s'il est de retour de ses pérégrinations scientifiques, aux autres confrères, etc. etc. ; et me croyez toujours, en union de prières et saints sacrifices,

Votre tout dévoué et affectionné.

Jn. Coste

022 Lettre de M. Coste à M. Lemonnier [AMEP v. 580 ff. 549~552]

P. Coste (à Yokohama) au P. Lemonnier

Yokohama, le 26 Mars 1879
[reçue] 3 Août 79

Bien cher Père Lemonnier,

Le Japon Septentrional va donc réunir bientôt trois vétérans de la procure ; et j'aurai le plaisir de faire la connaissance du bon P. Berlioz, qui avait déjà hérité de mon estime et de mon affection, en même temps que de mon portefeuille ou porte monnaie. L'union des cœurs ne peut que gagner à la réunion des personnes et à la similitude des destinées. Ce n'est pas à dire que nous rompions avec les souvenirs de Hong-Kong. En disant adieu aux chiffres, nous n'avons pas abdiqué pour cela les sentiments qui nous attachent à vous et à vos aimables collaborateurs. Car ces sentiments sont de nature à échapper aux vicissitudes de la vie ; s'il y avait lieu d'en douter, je n'aurais qu'à faire appel à votre propre expérience. Je pense au plaisir que vous avez de revoir ce cher P. Berlioz pendant une quinzaine de jours. Puisqu'il sera encore chez vous quand vous recevez ma lettre ; voulez-vous, s.v.p., lui présenter mes souhaits de bienvenue, et lui demander un petit service? Il s'agirait de lui confier un exemplaire de chacun des ouvrages chinois de notre imprimerie qui sont marqués sur la feuille ci-jointe. Ils sont destinés à mon Coréen. J'en tirerai peut-être aussi mon profit. Veuillez les mettre à mon compte.

Je vous remercie de votre petit mot du 21 Février. Inutile que je vous donne les nouvelles de Corée, puisque vous les avez reçues du P. Mutel. Grâces à Dieu! elles sont relativement excellentes, comme vous le faites remarquer. Plaise à Dieu et à la bonne Mère notre patronne, de continuer à veiller sur nous, et de lever les obstacles qui s'opposent encore à l'extension du règne de N.S. Jésus-Christ dans notre chère mission!

Mr. Hanabusa, ambassadeur japonais, a dû s'embarquer hier, sur un navire de guerre, avec deux ou trois autres membres du corps diplomatique également japonais, pour se rendre à Fusan, dans le but de déterminer, de concert avec les autortiés coréennes, les deux autres ports qui, d'après le traité, doivent être ouverts par la Corée en faveur du Japon. Les idées de tolérance dans lesquelles les Japonais semblent progresser de jour en jour, jointes à leurs relations avec la Corée, ne peuvent qu'être utiles à notre cause. Telle est, du moins, l'opinion que j'ai entendu exprimer par des personnes compétentes.

La bénédiction de la nouvelle église d'Osaka avait lieu hier. Mgr Osouf, qui s'est rendu à cette cérémonie avec le P. Midon, sera peut-être de retour vers la fin de la semaine.

Si mes travaux d'impression ne vont pas plus vite qu'à l'ordinaire, non-seulement le prochain hiver, mais le printemps qui le suivra me retrouveront encore ici.

Mes compliments, s.v.p., à votre aimable famille procuratoriale, à Mr. de Béthanie, à ses malades, etc. etc. ; et croyez-moi toujours, en union de prières et Sts sacrifices,

Votre tout dévoué et affectionné in Xto.
Jn. Coste

023 Lettre de M. Coste à M. Lemonnier [AMEP v. 580 ff. 612~614]

P. Coste (à Yokohama) au P. Lemonnier

Yokohama, le 30 Mai 1879

Bien cher Père Lemonnier,

Le 26 du courant j'ai donné sur vous 1 traite, N° 3, of Oriental Bank Co∗∗ de $ 500, payable on demand.

Nous avons inprimé le quart du Dictionnaire. Nous sommes arrivés, je crois, au maximum de vitesse que nous puissions atteindre, c'est-à-dire que nous faisons presque un tirage de 16 pages par semaine. Si nous continuons à fonctionner de la sorte, je pense que le Dictionnaire touchera à sa fin dans moins d'un an. Nous aurons ensuite à imprimer la grammaire et les exercices.

Mgr Ridel est attendu ici dans la seconde moitié ou à la fin du mois de Juin. Quoique Sa Grandeur ne fonde pas un grand espoir sur ce voyage, j'aime à croire qu'il ne sera pas sans quelque beau résultat pour la mission de Corée, ne serait ce qu'en conciliant en faveur de Mgr Ridel la bienveillance des autorités japonaises.

Dans les circonstances actuelles, nous n'avons pas à compter sur une protection efficace de la part de la France. Tout ce que nous pouvons désirer de mieux, c'est qu'elle ne nous mette pas des bâtons dans les roues. Je trouve que vous avez bien fait d'esquiver cette question devant certains personnages qui prétendent que Mgr Ridel ne peut pas rentrer en Corée. L'intérêt qu'ils affectent de porter à Sa Grandeur ne paraît être, tout au moins, qu'un intérêt stérile.

Mr. Dubourquais a fait demander à Mgr Osouf à quelle époque Mgr Ridel est attendu ici. Il y a lieu de se demander s'il s'attend à des remerciments bien chauds de la part de Sa Grandeur.

Vous savez, sans doute, que Mgr Osouf est de retour de sa tournée pastorale ∗∗[et] que le P. Berlioz est à Tokio dans le sanctuaire des belles-lettres japonaises, etc.

Quand le P. Holhann sera arrivé à Hong-Kong, veuillez lui présenter mes meilleures amitiés. Je vous prie d'en faire part également au P. Couvreur au P. Patriat, et à toute la sainte compagnie, sans oublier le papa Jacquemin qui, dit-on, est de retour dans vos parages.

Enfin je me recommande à vos bonnes prières, en union desquelles je suis toujours.

Votre tout dévoué et affectionné confrère.
Jn. Coste

024 Lettre de M. Coste à M. Lemonnier [AMEP v. 580 ff. 627-629]

P. Coste (à Yokohama) au P. Lemonnier

Yokohama, le 8 Août 1879
[reçue] 16 août 79

Bien cher Père Lemonnier,

J'ai donné hier, sur vous, à l'Oriental Banking Cor. une traite N° 4, de $ 1,000, payable à vue. J'aurais pu me limiter à $ 500, comme précédemment ; mais, persuadé que je ne vous prendrais pas au dépourvu, j'ai doublé la somme, afin de n'être pas obligé de renouveler si souvent les mêmes opérations, et surtout pour profiter d'un change exceptionnellement favorable (au pair).

J'ai à vous remercier de votre bonne lettre du 12 Juin. Mgr Ridel est toujours à Tokio. Ce cher évêque n'est pas sans soucis. Le P. Midon vous avait écrit qu'un de nos confrères de Corée avait été arrêté avec plusieurs dizaines de chrétiens et mis en prison à Séoul. Cette nouvelle, communiquée à Mgr Petitjean par un chrétien coréen des environs de Fusan, a été confirmée par le consul même de Fusan, à qui le P. Blanc avait écrit. Ce fonctionnaire japonais se trouve actuellement à Tokio ; il a eu une entrevue avec Mgr Ridel, à qui il a indiqué le nom du missionnaire arrêté, qu'on ignorait précédemment, et qui se trouve être le P. Deguette. L'arrestation a eu lieu vers la fin du mois d'Avril.

Que s'est-il passé depuis, dans quel état se trouvent notre cher confrère, les chrétiens, etc? C'est ce que nous ignorons. Mgr Ridel attend avec impatience le courrier de Corée ; il peut le recevoir aujourd'hui, selon certaines probabilités. Vous voyez que notre pauvre mission n'est pas à la fin de ses épreuves ; et il est difficile de savoir comment y porter secours. Les moyens humains semblent nous faire défaut. Raison de plus pour vous tourner vers le Tout-Puissant et de lui recommander son œuvre par de ferventes prières. Votre concours, j'espère, ne nous fera pas défaut. Je compte aussi que le P. Patriat et nos autres confrères de Hong-Kong et de Béthanie, à qui vous voudrez bien présenter mes amitiés, ne manqueront pas de prier pour la même cause.

Les nouvelles que je viens de vous donner n'ont pas encore transpiré dans le public qui nous entoure.

Votre très-affectionné confrère.
Jn. Coste

025 **Lettre de M. Coste à M. Lemonnier** [AMEP v. 580 ff. 650~653]

P. Coste (à Yokohama) au P. Lemonnier

Yokohama, le 19 7bre 1879
[reçue] 28 7bre

Bien cher Père Lemonnier,

Comme vous êtes probablement de retour de votre voyage à Chang-hay, je m'adresse à vous pour la commande d'une soutane en drap d'hiver. Ici il n'est guère facile de s'accommoder sur cet article. Notre vieux tailleur de Hong-Kong avait l'habitude de conserver les patrons des soutanes qu'il confectionnait. S'il a encore le mien, l'opération sera très-facile ; car je n'ai guère changé ni en hauteur ni en ampleur. On pourrait donc en rapporter au modèle sus-dit. Que s'il a disparu, veuillez être assez bon pour m'en avertir, et je vous enverrai alors une vieille soutane pour modèle. Pardon d'avance pour la peine.

Je suis porté à croire que vous aurez eu la chance de voir Mgr Ridel avant de quitter Chang-hay ; car Sa Grandeur est parti de Yokohama, il y a plus de quinze jours. Je ne doute pas que vous n'ayez causé longuement ensemble sur les affaires de notre chère mission de Corée. Je n'ai donc, à ce sujet, aucune nouvelle à vous donner, sinon ce qui a été écrit au P. Midon par Mgr Petitjean. Certains nobles voyageurs français venant de Péking sont passés dernièrement à Osaka, et ont dit à Mgr Petitjean que le gouvernement chinois avait obtenu du gouvernement coréen l'élargissement du P. Deguette. Puisse-t-il en être ainsi! Je n'ai pas d'autres détails.

Je reçois à l'instant une lettre du P. Martinet m'apprenant que vous êtes parti deux jours avant l'arrivée de Mgr Ridel à Chang-hay, et que vous espériez trouver Sa Grandeur à Hong-Kong. Pas de chance! Monseigneur avait, en effet, formé le projet de répondre à la bienveillante invitation que vous lui aviez faite, et il devait mettre le cap sur Hong-Kong par la malle la plus prochaine après cette détermination prise, lorsque des lettres reçues de Péking et de Chang-hay lui firent subitement changer son plan.

Dans quatre jours les préparatifs furent bâclés, et il partit sans avoir même le temps de se faire annoncer. Le but de Sa Grandeur était de se rapprocher de Péking, où l'on s'occupait de la délivrance du P. Deguette, et même d'aller jusqu'à cette capitale, suivant que cela lui paraîtrait opportun, soit pour seconder des démarches qui nous seraient favorables, soit pour en empêcher d'intempestives.

Mes respects et amitiés dans vos parages, et croyez-moi toujours, en union de prières et Sts Sacrifices.

Votre tout dévoué et affectionné.
Jn. Coste

Le P. Martinet me fait aussi la description des ravages de l'incendie à Chang-hay. La procure s'en est tirée encore à assez bon compte, malgré les deux magasins en moins, vu le danger qui la menaçait.

026 Lettre de M. Coste à M. Lemonnier [AMEP v. 580 ff. 784~786bis]

P. Coste (à Yokohama) au P. Lemonnier

Yokohama, le 12 Mars 1880
[reçue] 20 Mars 80

Cher Père Lemonnier,

Voici une autre traite (N° 6) de $ 1.000, of Oriental Bank Cor., à vue, qui se recommande à votre obligeance.

J'aime à espérer que dorénavant je n'aurai pas à faire feu sur vous de la sorte, car il faut une fin à tout. Ce qui ne veut pas dire cependant que le dictionnaire coréen soit terminé. Nous en sommes à la page 480. Il nous reste encore près de deux cents pages à imprimer. L'impression de la grammaire est aussi en cours d'exécution. S'il y avait un peu plus d'activité dans l'atelier, je serais peut-être libre avant l'hiver prochain ; mais les difficultés restant ce qu'elles sont, et malgré les promesses de mon imprimeur, je me vois menacé de passer encore au Japon une autre saison des glaces, époque pendant laquelle, vous le savez, il est impossible d'aborder en Mandchourie.

Il serait bien plus simple d'entrer en Corée par Fusan, ou par Ouen-san, nouveau port coréen sur la côte orientale ouvert aux Japonais. Mais Messieurs les Coréens ne sont pas encore si commodes que je puisse me flatter de cet espoir. Il parait cependant que les Chrétiens ne sont pas poursuivis, et que nos confrères restés dans ce royaume si peu hospitalier, profitent d'un certain calme relatif pour exercer leur ministère comme avant la persécution. C'est ce que témoignent des lettres arrivées récemment par les voies de Fusan et de Pien-men. A ce propos, il vous sera peut-être agréable de constater avec nous un certain progrès : c'est que l'expérience tentée par Mgr Ridel pour établir, par Fu-san, des communications postales, etc., a parfaitement réussi. Nous avons reçu des lettres et même un paquet de Kakis envoyés par le chrétien des environs de Fusan qui est chargé de servir d'intermédiaire.

Vous avez, sans doute, eu connaissance du tremblement de terre du 22 février, dans lequel nous avons failli être ensevelis sous les ruines à Yokohama et ailleurs. Nous en avons été quittes pour l'épouvante, pour quelques cheminées de renversées, etc. Il paraît que c'est le plus violent depuis que les Européens sont ici. On est en train de réparer les dégâts.

J'allais oublier de vous demander une soutane d'été en mérinos sur le modèle de celle que j'ai déjà reçue, seulement avec un peu plus d'ampleur, au collet (sans en augmenter la hauteur), au corsage ; augmenter d'un pouce la longueur totale et la longueur des manches. Merci d'avance pour ce service, que vous porterez au compte de qui de droit.

Si Mgr Laucaigne est encore au sanatorium, veuillez lui présenter mes respectueux hommages. Mes amitiés à Mr. de Béthanie, à tous les confrères, et croyez-moi toujours, en union de prières et Sts Sacrifices.

Votre tout dévoué et affectionné in Xto.

Jn. Coste

027 Lettre de M. Coste à M. Lemonnier [AMEP v. 580 ff. 897-900]

P. Coste (au Japon) au P. Lemonnier

Yokohama, le 11 X^{bre} 1880
[reçue] 19 X^{bre} 80

Bien cher Père Lemonnier,

Le dictionnaire coréen-français est enfin terminé. Par la prochaine malle, c'est-à-dire dans quinze jours, j'espère avoir le plaisir de vous en envoyer un exemplaire pour la procure de Hong-Kong. Inutile de dire qu'elle est une des premières sur la liste des destinations à qui Mgr Ridel désire faire hommage du livre. Et je suis heureux pour ma part, de pouvoir vous donner ce témoignage de la reconnaissance et de l'affection qui me lient à vous. Recevez-le comme gage de mes vœux de bonne année 1881. J'y joindrai d'autres exemplaires, soit pour le sanatorium, soit pour la procure de Singapore, soit pour le collège de Pinang, etc., que je vous prierai de vouloir bien faire suivre. Ceux qui sont destinés à la procure de Changhay ou aux environs, je les enverrai directement au P. Martinet.

Pour diviser les chances d'incendie ou d'autres accidents, Mgr Ridel désirerait déposer dans différents endroits une cinquante d'exemplaires qui seraient réservés pour notre mission, soit vingt-cinq à Hong Kong, vingt-cinq à Chang-hay. J'ose espérer que vous ne vous opposerez pas à cet arrangement et que vous trouverez place à les loger dans quelque coin de la procure. En conséquence, je compte vous envoyer vingt-cinq exemplaires, outre ceux dont je vous ai parlé plus haut.

J'aurais désiré mettre l'ouvrage en vente chez quelque libraire ou marchand de Hong-Kong. Mais je n'ai pas pu m'arranger avec le correspondant de Kelly, qui demande, pour sa commission, des conditions exorbitantes, 15%. Pourriez-vous vous entendre avec quelqu'un qui ferait des offres plus avantageuses? Mon imprimeur se charge lui-même du dépôt à Yokohama à raison de 8%, y compris l'assurance, l'annonce sur son journal, etc. Seulement, pour avoir un écoulement plus facile, je serais bien aise d'avoir d'autres débouchés. Je n'ose pas vous proposer de vous charger vous-même de quelques exemplaires, craignant de vous donner un trop grand surcroît de besogne. Si cependant vous ne voyez pas d'inconvénient à céder quelques volumes aux personnes qui vous en demanderaient, vous pourriez les prendre, en attendant, dans le dépôt que je vous enverrai, quitte à les remplacer plus tard. J'ai intention de faire la même proposition au P. Martinet. Mais si cela devait vous gêner ou contrarier vos principes, ne craignez pas de me le dire. En tout cas, je recevrai votre avis avec reconnaissance.

Il manquerait quelque chose au dictionnaire s'il n'était accompagné de la grammaire et d'exercices. Ces deux derniers ouvrages qui seront reliés en un seul volume, serait prêts dans trois mois à peu près. Mgr Ridel désire qu'ils vous soient adressés comme le dictionnaire.

Le P. Midon vous avait demandé une pipe chinoise en cuivre pour le Coréen qui est avec moi. Si vous vouliez bien y joindre un calendrier chinois, je vous en serais reconnaissant.

Mes amitiés avec mes vœux de bonne année au P. Patriat, ainsi qu'aux autres confrères, et croyez-moi toujours, en union de prières et Sts. Sacrifices.

Votre tout dévoué et reconnaissant confrère.
Jn. Coste

Inutile de vous parler de la Corée : vous connaissez le deuil causé par la mort du cher P. Richard, le calme relatif dont jouissent nos confrères, etc.

Voici quel sera le prix du dictonnaire :

Broché ·················· $ 13.
Relié ···················· $ 14.

028 Lettre de la Légation de France au Japon à M. Coste [뮈텔 문서 1881-1]

Légation de France au Japon

Tokio, le 7 janvier 1881

Monsieur l'abbé Coste, missionnaire apostolique à Yokohama Monsieur l'abbé,

J'ai reçu, avec vos deux lettres des 23 et 24 décembre dernier, les exemplaires du Dictionnaire Coréen Français que Mgr Ridel a bien voulu vous charger de me faire parvenir. Je vais adresser au département des Affaires Etrangères à Paris et au gouvernement japonais ceux des exemplaires de cette interessante publication que le vicaire apostolique de la Corée leur destine, et je vous prie de vouloir bien être auprès de Mgr Ridel l'interprète de toute ma gratitude.

Sa Grandeur, en me faisant présent de cette remarquable publication, a bien voulu, j'en suis convaincu, se souvenir de nos entretiens de Pékin. Veuillez lui en témoigner ma vive reconnaissance et l'assurer des voeux que je forme pour que le premier monument de la langue Franco-Coréenne serve à abréger le temps qui nous sépare de celui où la Parole de Dieu pourra être librement prêchée aux habitants de la Corée.

Veuillez agréer, Monsieur l'abbé, les assurances de mon profond respect.

Roquette

029 Lettre de M. Coste à M. Lemonnier [AMEP v. 580 ff. 913~916]

P. Coste (au Japon) au P. Lemonnier

Yokohama, le 21 Janvier 1881
[reçue] 31 Janv. 81

Bien cher Père Lemonnier,

Cette fois-ci nous avons enfin réussi à embarquer sur le «Menzaleh» une caisse à votre adresse, marquée comme l'indique le connaissement ci-inclus. Elle contient les livres (dictionnaires coréen-français) que je vous avais annoncés. En voici le détail :

Exempl. brochés
Pour Mr. Féron (Pondichéry) ------- 1
Pour le Collège de Pinang ------- 1
Dépôt ------------------------------ 16
                              18

Exempl. reliés
Pour Mr. Lemonnier ------------------ 1
Pour Mr. Patriat ------------------- 1
Pour la Procure de Singapore ------- 1
Dépôt ------------------------------ 1
                              4
Total ------------------------------ 22

Un seul exemplaire (celui qui vous est attribué) porté la formule consacrée : A M... hommage... Je vous serai reconnaissant de vouloir bien écrire ou faire écrire cette formule sur les autres exemplaires dont les destinations sont indiqués, avant d'en faire l'expédition.

Vous trouverez dans la même caisse trois cartes de Corée : il y en a une pour vous, une pour le P. Patriat, et l'autre à votre disposition.

Pour la vente et le dépôt du dictionnaire, je souscris très-volontiers à ce que vous me dites dans votre bonne lettre du 20 X^{bre}, et vous remercie des conseils que vous me donnez, ainsi que de la bonne volonté que vous témoignez à tous rendre service.

Ainsi que je vous l'écrivais précédemment, le prix de l'ouvrage est ainsi fixé :

Broché : $ 13. – Relié : $ 14.

Le P. Martinet me demandait quel serait le prix pour des missionnaires qui en désireraient ; je lui ai répondu qu'il pourrait les céder à $ 8. Vous pourriez faire de même si le cas se présentait.

Je vous ai envoyé tout ce que pouvait contenir la caisse. Les exemplaires que vous écoulerez seront remplacés plus tard pour une nouvelle mise en vente ou pour le dépôt fixe, s'il y a lieu. Mais ce que vous m'écrivez me rappelle un inconvénient que j'avais perdu de vue et qui milite pour que le dépôt à Hong-Kong ne soit pas considérable : je veux dire les fourmis blanches. A cause de cela, me rangeant parfaitement à votre avis, je renforcerai le dépôt destiné à Changhay.

Si vous croyez qu'il soit bon de faire relier quelques exemplaires pour les écouler plus facilement, vous pourriez prendre comme modèle l'exemplaire relié que je vous envoie en dépôt. Vous laisseriez de côté, bien entendu, le titre en caractères coréens qui figure au dos. Pour cette reliure, je paie ici 40 sen, ce qui, au taux total, reviendrait à peu près à $ 0.25 ;

mais vous prendriez naturellement le prix de HongKong, sans, pour cela, rien changer au prix du livre. Vous porteriez simplement ces frais additionnels au compte de notre mission.

Je vous remercie de l'intérêt que vous prenez toujours à notre chère Corée. L'expédition de novembre a réussi d'une manière toute providentielle, en dépit de tous les contre-temps conjurés pour l'entraver. Vous en savez, sans doute, les détails : barque coréenne saisie avant la rencontre de la barque chinoise, puis relâchée et obligée, faute de provisions, de regagner la capitale, et naufragé (je pense que le personnel est sauvé) ; barque chinoise abordant à la côte coréenne ; chrétiens se cotisant pour faire descendre les deux missionnaires (MM. Mutel et Liouville) ; trois élèves coréens venus par la barque coréenne, et se trouvant dans ces parages, montent sur la barque chinoise et se rendent en Mandchourie, où ils sont arrivés heureusement. J'ai reçu hier, de Mgr Petitjean, communication d'une lettre du P. Blanc venu par Fusan : elle dit que les deux nouveaux confrères sont tranquilles dans un village de la prov. de Hoang-hai, où ils sont fixés. La même tranquillité règne partout ailleurs. Aidez-nous à remercier la bonne Providence. – Mes amitiés au P. Patriat, aux confrères (merci aux PP. Hab et Wallays) et croyez-moi toujours.

Votre bien dévoué et affectionné confrère.
Jn. Coste

Reçu pipe et calendrier. Merci.

030 Lettre de M. Coste à M. Lemonnier [AMEP v. 580 ff. 950~951]

P. Coste (à Yokohama) au P. Lemonnier

Yokohama, le 21 Mai 1881
[reçue] 28 Mai 81

Bien cher Père Lemonnier,

En vous accusant réception de votre dernière lettre du 23 Avril, je m'empresse de vous annoncer que j'ai donné sur vous ma dernière traite pour ce qui regarde le Dictionnaire et la Grammaire. Elle est datée du 17 courant, à vue, of Oriental Bank, $ 1000.

C'est vous dire que mes affaires touchent à leur fin. La grammaire et les exercices sont terminés. Je puis en envoyer un exemplaire aujourd'hui à Paris par la poste. Prochainement je vous enverrai ceux qui sont destinés à Hong-Kong soit comme cadeaux, soit comme objet de vente ou de dépôt, pareillement à ce qui a été fait pour le Dictionnaire.

J'approuve tout ce que vous avez décidé pour ce dernier ouvrage et vous envoie mes plus sincères remerciements. Vous pourrez suivre la même ligne de conduite relativement à la grammaire.

Je ne sais pas combien de temps j'ai encore à rester à Yokohama. Il est possible que Mgr Ridel me confie le soin de faire imprimer ici un livre de prières à l'usage de nos chrétiens ; ce travail ne me retiendrait pas aussi longtemps que les deux ouvrages que nous venons de terminer. J'attends de nouvelles instructions de Sa Grandeur.

Monseigneur aura sans doute été touché de l'invitation que vous lui avez faite d'aller se reposer à Béthanie ; mais vous savez qu'il est ennemi des changements ; j'ai appris, du reste, qu'il est remis de son indisposition.

Mgr Raimondi repartitra avec le regret de n'avoir pas rencontré Mgr Osouf, absent pour un voyage dans le nord, dont il ne sera de retour que dans une semaine.

Mes amitiés aux confrères, et croyez-moi toujours, en union de prières et Sts Sacrifices.

Votre tout dévoué et affectionné in Xto.
Jn. Coste

031 Lettre de M. Coste à M. Lemonnier [AMEP v. 580 ff. 961~963bis]

P. Coste (à Yokohama) au P. Lemonnier

Yokohama, le 15 Juillet 1881
[reçue] 26 Juillet 81

Cher Père Lemonnier,

La[Le] Rév. M. Benjamin me fournit l'occasion, que j'attendais, de vous envoyer un paquet, contenant 12 exemplaires de la Grammaire coréenne, à répartir comme il suit :

Pour Mr. Lemonnier	1 exempl		
– Mr. Patriat	1 –	}	3 ex. reliés
– Proc. de Singapou	1 –		
– Mr. Féron	1 –	}	2 ex. brochés
– Collège de Pinang	1 –		
– Dépôt disponible	7 –		7 ex. brochés
Total	12		

Je ne envoie pas un aussi grand nombre d'exemples que pour le dictionnaire, en raison des motifs que vous m'avez exposés précédemment et que j'ai approuvés. Le lot principal sera à Changhay.

Je vous serai reconnaissant de vouloir bien mettre, sur les exemplaires qui ne l'ont pas, la formule voulue : Hommage, etc. à l'adresse des destinataires sus-mentionnés.

L'ouvrage se vend $ 6 broché. Vous pouvez cependant le céder à raison de $ 4 aux missionnaires qui désiraient se le procurer.

Pour la consignation et l'annonce, je m'en rapporte à votre sagesse. Vous n'avez, du reste, qu'à faire comme pour le dictionnaire. Ici, j'ai fait annoncer conjointement les deux ouvrages pendant une semaine sur deux journaux anglais. Mon imprimeur, qui est le Directeur de l'«Echo du Japon», les annonce chaque jour gratis.

Vous savez que Mgr Ridel est actuellement à Changhay. Sa Grandeur a failli descendre jusqu'à HongKong. Peut-être l'occasion du Sacre de Mgr Chausse jointe à votre invitation lui fera faire un effort de plus. Dans ce cas, nous pourrions espérer voir passer ici Monseigneur en se rendant à Nagasaki.

Mes amitiés aux confrères et croyez-moi toujours, en union de prières et saints sacrifices.

Votre tout dévoué et affectionné confrère.
Jn. Coste

Je suis en train de faire réimprimer un livre de prières en coréen, ce qui me retiendra encore environ 3 mois ici, après quoi j'irai planter ma tente à Nagasaki et imprimer encore, en attendant que je puisse m'élancer sur la Corée.

032 Lettre de M. Coste à M. Lemonnier [AMEP v. 580 ff. 977-978]

P. Coste au P. Lemonnier

Nagasaki, le 13 Février 1882
[reçue] 24 fév. 82

Cher Père Lemonnier,

Merci pour votre petit mot du 30 janvier. Les comptes, autant que j'en puis juger par les documents que j'ai sous les yeux, me paraissent exacts.

Nous constatons avec plaisir que Mgr Ridel peut se mouvoir ; et je serai heureux d'apprendre que le mieux s'accentue de plus en plus.

Il y a quelque temps que nous n'avons pas de nouvelles directes de nos confrères de Corée ; mais nous avons à Fou-san des correspondants japonais ou chrétiens coréens, qui nous écrivent assez souvent. Nagasaki semble destiné à devenir pour nous, un centre de correspondances. Cependant les fonctions de procureur sont encore restreintes dans un cercle assez étroit d'occupations. Je m'en vais continuer ici mon métier d'imprimeur. J'ai déjà passé un contrat avec un japonais de Nagasaki, qui est maintenant en train de fondre des caractères coréens pour nous.

J'attends une réponse de Mgr Ridel. Comme je ne lui écris pas aujourd'hui, veuillez lui présenter mes hommages, ainsi qu'au P. Patriat et aux autres confrères ; et agréez pour vous l'assurance de mon entier dévouement en N.S.

Jn. Coste

J'ai avisé le P. Midon d'avoir recours sur vous pour solder son compte avec notre mission, lorsqu'il y aura lieu. Veuillez être assez bon pour faire honneur à ses traites.

033 Lettre de M. Coste à M. Lemonnier [AMEP v. 580 ff. 991~993]

P. Coste (à Nagasaki) au P. Lemonnier

Nagasaki, le 16 Mai 1882
[reçue] 21 Mai 82

Bien Cher Père Lemonnier,

J'ai reçu votre petit mot du 6 Mai avec les livres que vous m'avez fait passer par la Procure de Changhay.

Depuis cet envoi, vous avez dû recevoir, par l'intermédiaire de Mgr Ridel, d'autres listes de livres demandés soit pour le P. Blanc, soit pour le P. Robert. Sur les comptes, veuillez avoir la bonté de les inscrire au nom des intéressés, afin d'éviter toute erreur. Pour la même raison, je vous serai également reconnaissant de vouloir bien mettre dans un paquet à part avec adresse les livres destinés au P. Robert.

Il y a, comme vous le dites, un grand mouvement de navires de guerre vers la Corée. Cette fois-ci les négociations ont plus de chance de succès que précédemment, attendu que le gouvernement coréen, conseillé par la cour de Péking, parait avoir fait lui-même les premières avances.

Ces nouvelles sont de nature à imprimer une nouvelle direction à nos projets. Les secours et les lumières de Mgr Ridel nous seraient donc plus utiles que jamais. Aussi je doute fort que Sa Grandeur se décide à faire le voyage de France proposé par le docteur. Au surplus, n'est-il pas à craindre que Monseigneur une fois parti ne puisse plus revenir? D'un autre côté, s'il y a un espoir fondé que le séjour de la France accélérerait et compléterait la guérison qu'on désespère presque d'obtenir ici, il semblerait que Sa Grandeur ferait bien d'entreprendre le voyage. Dans de telles conjonctures, et ne sachant pas quelles sont les chances de rétablissement, je n'oserais aventurer aucun avis et préférerais m'en rapporter à l'inspiration de Monseigneur lui-même. Vous êtes plus autorisé vous-même à exposer votre manière de voir, si vous le jugez convenable.

Merci pour l'intérêt que vous nous portez ; mes amitiés aux confrères, et croyez-moi toujours.

Votre tout dévoué et affectionné en Xto.
Jn. Coste

034 Lettre de M. Coste à M. Lemonnier [AMEP v. 580 ff. 1021~1022]

P. Coste (à Shang-hai) au P. Lemonnier

Chang-hay, le 9 Juin 1882
[reçue] 12 Juin 82

Cher Père Lemonnier,

J'étais en route pour Tche-fou et pour Séoul avec le titre d'interprète offficieux ; mais me voilà stoppé à Changhay parce que Mr. Dillon est déjà parti sur le «Lutin» pour la Corée. Je ne suis pas fâché de cette aventure, pourvu que je puisse bientôt me rendre, à la faveur d'un traité, au but précité, et voir notre sainte religion faire de rapides progrès. Je compte attendre ici l'issue des événements.

Mgr Ridel ou le P. Martinet vous donneront sur la question coréenne, quelques autres détails tenus encore un peu sous le secret. Je voulais seulement vous accuser réception de votre bonne lettre du 3 courant que j'ai lue hier. Le mieux constaté dans l'état de Mgr Ridel est pour nous le sujet d'une grande satisfaction. Puisse-t-il s'accentuer de plus en plus, et permettre à notre vénérable prélat de nous suivre bientôt dans notre chère mission!

Il y a encore, sur nos registres, une certaine quantité de messes en réserve. Veuillez donc distribuer à d'autres celles que vous m'offrez, et merci.

Mes amités, s.v. p, aux confrères, et veuillez me croire toujours, en union de prières et Sts. Sacrifices.

Votre tout dévoué et affectionné confrère.
Jn. Coste

035 Lettre de M. Coste à M. Armbruster

P. Coste Au P. Armbruster

Changhay, le 9 Juin 1882

Cher Monsieur Armbruster,

Vous serez, sans doute, quelque peu surpris de me savoir à Changhay. J'étais en route pour Tche-fou, d'où je devais me rendre, sur un navire de guerre français, à Séoul, avec le titre d'interprète coréen officieux. Mais Mr Dillon, consul de France à Tien-tsin, chargé par Mr le Ministre de France à Péking, de négocier un traité avec le gouvernement coréen, est déjà parti. J'attendrai donc ici l'issue des évènements, prêt à m'élancer vers le but précité, si les résultats sont favorables. Mr Baurrer[Bourée] Ministre de France et Mr Dillon, sont animés des meilleures dispositions à notre égard. S'ils n'obtiennent pas du premier coup tous les avantages désirables, ils viseront assurément à ne pas empirer notre position, et nous avons lieu d'espérer qu'ils ouvriront la voie à de plus amples concessions plus ou moins prochaines de la part du gouvernement coréen. Nous pouvons donc saluer l'aurore de jours meilleurs pour notre chère mission de Corée. Le sang de nos martyrs crie miséricorde. Joignons-y la ferveur de nos prières.

Les Américains ont déjà, dit-on, obtenu l'ouverture de trois ports coréens ; et le journal japonais de Nagasaki a reproduit le texte chinois du traité qu'ils ont conclu. La France, l'Angleterre, l'Allemagne ne veulent pas rester en arrière. Le mouvement est de plus en plus accentué, et les négociations tenues secrètes. Bientôt nous connaîtrons les résultats.

Vous trouverez sous ce pli une demande pour le P. Doucet.

Nous avons appris hier que Mgr Ridel peut marcher à l'aide d'un bâton. Puisse le mieux s'accélérer de plus en plus et permettre à sa Grandeur de nous suivre en Corée!

Mes respects à MM. les Directeurs, et veuillez me croire, en union de prières et Sts sacrifices,

Votre tout dévoué et affectionné confrère.

Jn. Coste

Je vous avais demandé un abonnement au Pèlerin, à l'adresse de Mgr Ridel, à Nagasaki. Or, je ne vois rien venir.

036 Lettre de M. Coste à M. Bourée, ambassadeur de France en Chine [뮈텔 문서 1882-1]

P. Coste à Bourée

Tchefou, 25 Juin 1882

M. le M.

Missionnaire de Corée, j'étais à Nagasaki chargé par Mgr Ridel de certaines affaires relatives à notre mission, lorsque je reçus un télégramme du P. Martinet : notre procureur de Chang-hay, se faisant l'interprète des désirs exprimés par Mr Dillon qui en avait conféré avec Votre Exc., m'invitant à me rendre à Tchefou dans le plus bref délai.

Arrivé à Changhay, j'appris ~~que les circonstances ayant changé~~ qu'un changement survenu dans les circonstances ~~diminu~~ modifiait éludait ~~un des principaux~~ le but principal de mon voyage. Néanmoins ~~l'espoir de m'entreteni avec Mr Dillon~~ je suis venu jusqu'à Tchefou dans l'espoir de m'entretenir avec ~~Tchefou~~ Mr Dillon sur les affaires de Corée qui nous intéressent à un si haut point.

J'avais connu autrefois Mr Dillon à Hong-Kong ; ~~c'est un homme que j'ai en singulière estime. Dans notre rencontre à Tchefou il m'a témoigné, en faveur de pour nos oeuvres, la même bienveillance qu'autrefois, et Nous avons causé longuement de la manière dont Votre Excellence a conduit~~ Notre rencontre à Tchefou m'a ~~donné~~ fourni l'occasion ~~de constater une fois~~ de plus d'apprécier de nouveau ses ~~excellentes~~ hautes qualités ~~que je lui connaissais. Il m'a mis~~ De votre part il m'a mis confidentiellement au courant de la ~~situation par rapport~~ à question coréenne. Je suis très sensible à cette marque de confiance. Le traité projeté a donc été le sujet principal de nos conversations. ~~Nous avons causé longuement de la question du traité avec la Corée.~~ La part que Votre Excellence ~~prend dans cette affaire me montre témoign Je sais combien Votre Excellence tient dans cette dans cette~~ Dans cette affaire Votre Excellence ~~fait preuve dans cette affaire~~ fait paraître au profit de la cause ~~religieuse~~ catholique un dévouement au dessus de tout éloge. Veuillez en agréer nos sincères remerciements. ~~Je ne puis non plus assez loué la prudence~~ La prudence ne nous permet pas de réclamer expressément tous les avantages que vous voudriez nous voir octroyés.

Comme vous et avec Mr Dillon, je crois qu'il faut savoir attendre. ~~Comment favorable. Vouloir~~ Prétendre emporter d'assaut des ~~concessions~~ privilèges ~~contre lesquels~~ combattus par une résistance si opiniâtre serait ~~plutôt~~ peut-être compromettre notre avenir au lieu de le ~~favoriser~~ sauvegarder. L'important, pour le moment, c'est ~~que les missionnaires qu'il n'y ait rien, dans le texte du traité~~ que le traité n'empire pas la situation des missionnaires, que ~~il n'y ait, rien dans le traité~~ le traité ne renferme aucune expression dont on puisse se servir contre eux. Mr Dillon pense même ~~que, sans jeter la défiance dans l'esprit des Coréens, on pourrait modifier la rédaction~~ qu'il y a peut-être moyen de modifier la rédaction ~~augmente~~ dans un sens favorable, sans altération substantielle et sans jeter la défiance dans l'esprit des Coréens. En conséquence il m'~~incite~~ engage à vous faire part de mes observations à ce sujet. Or, voici la modification que je proposerais sur l'art. XII, au contrôle de V. E.

XII _ Afin d'accroître les relations réciproques d'amitié, on encouragera les efforts des sujets de l'un des pays contractants qui étudieront ou <u>enseigneront</u> la langue écrite ou parlée, les lois, <u>la morale</u>, les sciences et les arts de l'autre pays.

Les mots ajoutés enseigneront et morale, qui ne ~~sont~~ semblent être qu'une ~~suite~~ complément naturelle du texte, pourraient ~~peut être~~ à l'occasion être invoqués ~~à l'apport en faveur~~ à l'appui de la cause religieuse.

Du reste, ~~les circonstances et votre talent~~ Mr le Ministre, le savoir-faire dont vous avez donné des preuves vous enseignera mieux, ~~si vous si vous allez en personne en Corée~~ dans vos relations directes avec les Coréens, quel parti vous pourrez tirer des circonstances. ~~J'ai la satisfaction de savoir~~ J'ai l'assurance que nos intérêts sont entre bonnes-mains. ~~En outre~~ Le traité à conclure ~~ne sera que provisoire puisque sera~~ devra être révisé dans cinq ans. ~~Dans cet intervalle~~ L'essai qui en sera fait ~~dans~~ pendant cet intervalle ~~fera~~ découvrira sans doute bien des points litigieux *** ~~qui fourniront la matière de nouvelles stipulations favorables ou défavorables~~ dont la décision pratique influera nécessairement sur les nouvelles stipulations. ~~Il serait est donc à des souverainement désirable Si donc les agents premiers agents de la France en Corée sont donc des~~ Si, ~~dans la cause relig~~ par conséquent les intérêts religieux rencontrent dès le début des avocats expérimentés et dévoués dans les premiers agents de la France auprès du gouvernement coréen nous pouvons en espérer un résultat salutaire. Le choix ~~que *** fait~~ de ces agents se reco mmande de lui-même, M. le M., à ~~votre bienv influence de votre autorité~~ votre bienveillante attention. Aussi je ne doute pas que V. Exc. n'y apporte, ~~j'en suis convaincu,~~ un soin spécial.

Mes affaires me rappellent à Nagasaki. Je ne vois pas, du reste, ~~que je n'ai plus de raison~~ qu'il soit utile de prolonger mon séjour à Tchefou. Mgr Ridel ~~à qui je rendais cpte de ma mission~~ retenu à Hong-Kong pour cause de maladie, ne sera pas peu satisfait quand je lui rendrai compte de ma mission, ~~assurément~~ en apprenant les marques ~~de bienveillance~~ d'intérêt dont nous sommes ~~l'objet de la part de~~ redevables à V. E. ~~Et je crois pouvoir~~ Veuillez agréer l'expression renouvelée de la reconnaissance que je vous en offre, en son nom et au nom des missionnaires de Corée ; ainsi que l'assurance de la haute considération avec laquelle j'ai l'honneur d'être,

M. le M.
De V. E.

Le très humble et dévoué serviteur.

037   Lettre de M. Coste à M. Dillon [뮈텔 문서 1882-2]

P. Coste au P. Dillon

29 Juill. 82

Mr Dillon,

Je viens de recevoir ~~deux lettres~~ de nos confrères de Corée deux lettres de Séoul 11 Juill. Elles contiennent ~~quelques renseignements~~ sur la possibilité d'obtenir la liberté religieuse, ~~que~~ des renseignements que vous auriez sans doute été bien aise de connaître avant la signature du traité. ~~Je me demande s'il n'est pas trop tard pour vous les communiquer.~~ Tout en me demandant s'il n'est pas trop tard, je ne puis résister à la tentative de vous les communiquer, car je sais que cette question vous intéresse ; ils pourront, du reste, ~~jeter un ✱✱~~ servir à vous guider dans les démarches que vous aurez à faire plus tard. Voici ce que m'écrit le P. Mutel ; rapportant les bruits qui avaient couru dans le pays :

« On a dit que les Français s'étant montrés dignes fils de la France chrétienne avaient mis en avant la question de religion ; que le gouvernement ou plutôt le chargé d'affaires...

Personne ne doute ici, soit païens soit chrétiens... »

De son côté le P. Blanc, prov., m'écrit ce qui suit

« En apprenant l'arrivée de la France, le roi de Corée et toute la

449

nation a conclu qu'elle venait à cause des chrétiens, pour leur obtenir un peu de liberté. Naturellement, à la première nouvelle, il y a eu un peu d'effervescence et le potius mori quam foedari de l'arrière-ban des encroûtés s'est fait jurer un instant avec assez de fracas, mais s'est aussitôt éclipsé devant la volonté ferme et énergique du roi, résolu de traiter les Français aussi bien que les autres nations de l'Occident.»

Nos confrères ~~se demandent ensuite~~ attendaient avec impatience le retour des pavillons français. ~~Je leur ai écrit après mon retour à Nagasaki et dernièrement encore je leur ai expliqué la cause du retour expliqué la cause.~~ Ils n'avaient pas encore reçu la lettre que je leurs avais adressée après mon retour ~~arrivée~~ à Nagasaki. Je leur ai écrit encore dernièrement pour les ~~expliquer~~ mettre plus au courant des ~~la question~~ intentions de Mr Baurer, ~~et leur expliquer la cause du retard~~ et de ses bonnes dispositions à notre égard. Je lui ai aussi parlé de vous et leur ai exprimé l'espoir ~~que j'avais~~ de vous voir bientôt ~~en Corée~~ comme représentant de la France en Corée et défenseur des intérêts ~~religieux~~ catholiques. ~~Ils comprendront. Il importe pour le moment d'entrer en relations diplomatiques avec la Corée. Une fois que la France aura établi des relations diplomatiques directes avec la Corée.~~

Dût-on renoncer pour le moment à l'insertion de clauses ~~favorables à (religieuses)~~ favorables à la religion, toujours est-il que du moment où ~~des relations~~ la France aura établi des relations diplomatiques directes avec la Corée, il lui sera plus facile, avec du tact et du savoir-faire d'arriver peu à peu à la sauvegarde des missions et au progrès de leurs oeuvres. Cette réflexion, que j'ai mise en avant, soutiendra ~~** l'espoir des missionnaires~~ notre espoir, et le ~~dévouement~~ zèle que vous mettez à nous rendre service vous assure notre reconnaissance.

Mgr Petitjean à qui j'ai parlé de vous a été très sensible à votre attention. Veuillez présenter mes respects à Mme D. et à Francis je pense ∗∗∗ ∗∗∗ ∗∗∗∗ ∗∗∗ ainsi qu'à ∗∗∗ une petite image que je joins à ce pli. Je n'ai pas de nouvelles du P. Jourdan. Veuillez à l'occasion me rappeler à son bon souvenir ainsi qu'à celui des autres pères et agréer l'assurance du dévouement avec lequel j'ai l'honneur d'être.

V. très h∗∗

038 Lettre de M. Coste à Mgr Ridel [AMEP v. 580 ff. 1048~1051]

P. Coste (à Nagasaki) à Mgr Ridel

Nagaski, le 4 Septembre 1882

Monseigneur,

Nous avons appris dernièrement votre départ pour France. Quelque pénible que nous soit d'éloignement de Votre Grandeur, nous ne pouvons qu'applaudir à une décision, conseillée d'un commun accord par les médecins, et qui fait entrevoir, pour votre santé, un rétablissement plus prompte et plus complet. D'après ce que nous écrit le P. Poisnel, le voyage s'est fait jusqu'à Singapore sous d'heureux auspices. Ce précieux résultat confirme l'espérance que nous conservons de vous revoir bientôt au milieu de nous pour encourager nos efforts et soutenir les intérêts de notre chère mission de Corée.

En attendant, nous tâcherons de nous conformer aux instructions que Votre Grandeur a daigné nous donner avant son départ. Le pli qui les renfermait est arrivé ici le 25 Août. Depuis cette époque je n'ai pu encore, malgré mes recherches, trouver l'occasion d'envoyer nos lettres en Corée. Mgr Blanc ne pourra faire autrement que d'accepter, pour le bien de la mission, la charge inhérente à la dignité que Votre Grandeur vient de lui notifier ; et nos confrères rivaliseront de zèle, je n'en doute pas, pour la lui rendre facile et fructueuse. Seulement quand et comment aura lieu le sacre? Il est difficile de le prévoir, Car des circonstances nouvelles ont notablement changé la position dont laquelle Votre Grandeur a cru nous laisser.

Une lettre, que je vous adressai à Hong-Kong, mais que vous n'aurez reçue qu'en France, vous donnait, d'après les journaux de Nagaski, le résumé de la révolution sanglante qui vient de s'opérer en Corée. Je viens de lire le récit détaillé de cette révolution dans deux lettres de Mgr Blanc et du P. Mutel, arrivés dernièrement avec un pli en retard. Elles sont adressées à Votre Grandeur. Mgr Blanc m'avait autorisé à en prendre connaissance et à les communiquer à Mgr Petitjean ainsi qu'aux confrères d'ici. Vous les recevrez en même temps que ce pli. Elles sont datées du 1er Août, mais n'avaient pu être expédiés que le 7. A cette dernière date, nos confrères n'avaient aucun accident à signaler de leur côté. Espérons que la divine Providence continuera à les protéger jusqu'à la fin de la tempête, qui, du reste, n'était pas déchaînée contre eux.

Après un attentat si violent, il était naturel de supposer que le Japon ne tarderait pas à venger le sang versé de ses sujets et son honneur outragé dans la personne de son Ministre. En effet, dans l'ardeur de premier moment, il s'était armé en guerre. Mais, en fin de compte, voilà qu'il s'avise de traiter l'affaire diplomatiquement ; et le dernier journal reçu de Yokohama laisse entrevoir une solution pacifique. Il raconte que Mr. Hanabousa, Ministre du Japon, est entré à Sye-oul le 16 Août et a reçu un accueil très favorable de la part des autorités coréennes.

Déjà le T'ai-ouen-Koun avait fait adresser ses excuses, regrettant les excès commis, protestant qu'il était étranger à la révolte, qu'il maintiendrait le traité, etc., et donnant à entendre qu'il donnerait satisfaction aux Japonais. Je ne sais pas si ceux-ci se laisseront prendre à ces belles démonstrations ; mais certains esprits, peut-être mieux avisés, pensent qu'il ne faut pas trop se fier aux cajoleries de ce vieux renard déguisant sa peau de tigre. Bref, on représente le Tai-ouen-Koun comme se ralliant au parti favorable aux étrangers. Je vous demande un peu ce qu'il faut croire d'une pareille conversion. Attendons la suite des évènements.

L'issue en étant incertaine et, par suite, ne sachant pas combien durera notre état précaire, je me demande s'il n'y aurait pas lieu de prendre dès maintenant une détermination relative à nos élèves coréens. Mgr Blanc, avec qui vous me priez de m'entendre à ce sujet, était déjà d'avis de les envoyer à Pinang : c'est ce qui ressort encore d'une de ses dernières lettres, que je viens de recevoir. Après avoir consulté le P. Josse, je me propose donc de donner suite à cette idée et d'envoyer à Pinang les quatre élèves d'ici (pas le vieux Vincent) capables de poursuivre leurs études de latin. Leur séjour à la campagne les a rétablies, et ils me paraissent animés de bonnes dispositions. Il serait, du reste, convenu avec le P. Laigre, qu'on pourrait les retirer quand on voudrait, soit pour cause de maladie, soit pour les réunir en Corée.

Veuillez présenter mes respects à MM. les Directeurs, agréer ceux de Mgr Petitjean et des confrères de Nagasaki, ainsi que l'assurance du profond dévouement avec lequel j'ai l'honneur d'être,

Monseigneur,
Votre très-humble et affectionné serviteur.
Jn. Coste

039 Lettre de M. Coste à M. Lemonnier [AMEP v. 580 ff. 1064~1066]

P. Coste (à Nagasaki) Au P. Lemonnier

Nagaski, le 6 9bre 1882

Cher Père Lemonnier,

Je pense qu'on fait encore à HongKong des meubles-bureaux en camphrier à bon marché. Si, rendus ici, ils ne doivent pas revenir à plus de $ 6 chacun, ce que je crois, le P. Corre vous prie par mon intermédiaire de vouloir bien lui en envoyer une demi-douzaine. Je suis intéressé dans l'affaire, car je pourrai en prendre un ou deux pour l'ameublement d'une maison que j'ai louée près de la Misson-catholique. On dit qu'il y a également à HongKong, et à prix convenable, de bon tabac à fumer de deux qualités, dont les missionnaires ont l'habitude de se fournir. Le P. Corre vous prie donc de vouloir bien en acheter à son compte 10 Kilos, moitié de chaque espèce, que vous glissiez dans les tiroirs des sus-dits meubles, en ayant soin d'en indiquer le prix séparément. De mon temps, les meubles-bureaux se divisaient en deux, ce qui les rend très-commodes pour le transport : je pense qu'il en est toujours de même.

Les nouvelles reçues de Corée aujourd'hui même sont bonnes. Le roi est très-bien disposé. On dit que ne voyant pas revenir les Français pour la signature du traité, il a envoyé un ambassadeur en Chine avec mission de traiter avec la France et la Russie. Le Tai-ouen-Koun n'en ferait pas autant. Ce dernier est, dit-on, encore en Chine. Puisse-t-il y rester longtemps pour la tranquillité des honnêtes gens!

Un de nos vieux Coréens arrivé aujourd'hui avec deux nouveaux élèves, nous a apporté les restes précieux de Mgr Daveluy, de MM. Huin et Aumaître et du catéchiste Tjyang.

Le P. Deguette attendu prochainement vous enverra directement de Changhay deux de ses élèves destinés au Collège de Pinang.

Veuillez avoir la bonté de les garder jusqu'à l'arrivée de ceux que nous vous enverrons d'ici (5 ou 6) et qui vont partir également pour Pinang en passant chez vous.

Nous avons une imprimerie qui commence à fonctionner. Quand pourrons-nous l'installer en Corée?

Merci pour votre bonne lettre du 11 Août, dont je ne vous avais pas encore accusé réception.

Mes amitiés aux Confrères et croyez-moi toujours.

Votre tout dévoué et affectionné.
Jn. Coste

040 Lettre de M. Coste à M. Lemonnier [AMEP v. 580 ff. 1097~1099]

P. Coste au P. Lemonnier à Nagasaki

9 Avril 1883
Nagaski, le 9 Avril 1883
[reçue] 2 Mai 83

Cher Père Lemonnier,

Dans ma dernière lettre, j'ai oublié de vous dire que j'ai fait votre commission auprès du P. Robert à propos des 100 messes que vous mettez à sa disposition. Je vous transmettrai sa réponse s'il ne vous écrit pas directement ; mais vous savez que les réponses de Corée se font quelquefois longtemps attendre.

Enfin, nous en avons reçu dernièrement. Elles sont bonnes ; et la preuve c'est que nous avons, d'après les instructions de Mgr Blanc embarqué samedi, 7 du courant, MM. Deguette et Poisnel pour In-tchyen, nouveau port ouvert à huit lieues de Séoul. A leur arrivée, Mgr Blanc doit se mettre en route et s'embarquer sur le même vapeur pour venir se faire sacrer à Nagasaki, où nous l'attendons eu moins de quinze jours, si nos calculs ne nous trompent pas. Veuillez communiquer ces nouvelles à MM. Patriat et Martinet à qui je n'écris pas aujourd'hui, ainsi qu'aux confrères, si vous le jugez à propos. Mais il importe qu'elles ne soient pas divulguées d'ici à quelque temps, surtout parmi le monde officiel. Il paraît que la prudence n'est pas encore hors de saison. Mgr Blanc tient à voyager le plus secrètement, possible et à rentrer sans entraves.

A propos de messes, pourriez-vous encore disposer de quelques-unes en faveur de la procure de Corée? Nous pourrions en accepter environ deux-cents.

Le P. Deguette pour avoir été trop complaisant, a dépareillé un de ses ouvrages chinois il lui manque le volume inscrit sur la feuille ci-jointe. Il ne prétend pas vous demander de dépouiller à votre tour un ouvrage de votre librairie ; mais si, par hasard, vous pouviez lui combler, sans inconvénient, cette lacune, que vous porteriez au compte de la Mission de Corée, vous lui rendriez service.

Merci pour votre petit mot du 12 Mars. All right, comme vous aurez intention de faire au sujet de l'emprunt du Japon septl.

Amitiés aux Confrères, et croyez-moi toujours.

Votre tout dévoué et affectionné en Xto.

Jn. Coste

041 Lettre de M. Coste à M. Martinet [AMEP v. 580 ff. 1127-1127c]

P. Coste (au Japon) au P. Martinet

Nagasaki, le 7 Mai 1883

Bien cher Père Martinet,

J'accepte les 100 messes, que vous m'offrez par votre bonne lettre du 25 Avril. Merci.

Le P. Chapuis vous a peut-être communiqué les dernières nouvelles relatives au voyage des PP. Deguette et Poisnel. En deux mots, ils sont descendus le 16 Avril à In Tchyen (Ninsen), après quelques difficultés.

Une fois débarqués dans un endroit retiré, des Chrétiens, avertis à temps, les ont accompagnés, pendant deux heures de marche, et à la faveur de la nuit, chez un des leurs, où tout était préparé pour les recevoir. Là, nos confrères ont endossé le costume coréen ; et deux chaises couvertes ont dû les transporter à la capitale.

Mgr Blanc n'a pas pu venir par le même bateau. Il eu a été, sans doute, empêché par la maladie du P. Robert, atteint de la fièvre typhoïde, mais qui allait mieux. Jusqu'à quand le voyage de Sa Grandeur est-il remis? C'est ce que nous ne savons pas.

Amitiés au P. Patriat, etc., etc., et croyez-moi.

Votre tout dévoué in Xto.

Jn. Coste

042 Lettre de M. Coste à M. Chapuis [AMEP v. 580 ff. 1135~1137]

P. Coste, au Japon, au P. Chapuis

Nagasaki, le 4 Juin 1883

Cher Père Chapuis,

Avec votre lettre du 29 Mai, j'ai reçu les objets que vous m'annonciez. Merci.

Mr. Tricou, Ministre du France à Tokio, est une nouvelle couche, un homme à la hauteur des idées modernes, qui trouve drôle qu'on aille encore à la messe. Il nage en plein dans les eaux de la République : aussi est-il l'idole de la plupart de nos compatriotes de Tokio et de Yokohama ; l' «Echo du Japon» lui lance des coups d'encensoir à tout casser ; les autres Ministres avant lui, y compris Mr. Bourée, ne valaient pas les quatres fers d'un chien. Bref, Mr. Tricou est envoyé à Péking en mission extraordinaire, probablement pour les affaires du TongKing. En partant de Tokio, il a annoncé qu'il serait de retour au mois de septembre. S'il touche à la question coréenne ; gare! La cause catholique ne serait pas sans danger, à moins que le Providence qui, pour parvenir à ses fins, se sert quelquefois des éléments les plus contraires, ne fasse un de ces miracles.

Le P. Evrard était interprète à la Légation de Tokio. Mr. Tricau l'a remercié de ses services ; mais comme cette exclusion s'est faite poliment, les relations du Ministre avec la Mission catholique sont demeurées sur un pied d'honnêteté.

Tel est le portrait que je me fais du personnage, d'après des informations diverses.

Mr. Bourée nous inspirait une tout autre confiance. La nouvelle de son maintien au poste de Péking n'a donc pas été confirmée. C'est bien regrettable.

Il paraît que l'influence française au TongKing trouble le sommeil de Ly-hung-tchang. L'intrigant diplomate ne saurait pas donner aux missionnaires de porter cette influence en Corée. Aussi rien d'étonnement qu'il ne cherche à leur mettre des bâtons dans les roues dans le traité franco-coréen.

D'après certains indices, Mgr Blanc pourrait arriver dans une quinzaine de jours.

Vous trouverez ci-inclus le dernier courrier des Confrères. Ce n'était pas votre ami le P. Mutel qui était malade (le P. Deguette, dans la précipitation, s'était trompé de nom) ; c'était le P. Robert, du reste, était hors de danger et est maintenant probablement guéri.

Rien autre de bien nouveau en Corée, sinon qu'à la Cour on désire autant que les Chrétiens l'arrivée des Européens. Si la noble France était là!...

Ménagez votre santé, cher P. Chapuis ; présentez mes amitiés au P. Gea, et me croyez.

Votre tout dévoué en Xto.
Jn. Coste

043 Lettre de M. Coste à M. Lemonnier [AMEP v. 580 ff. 1156~1158]

P. Coste, (à Nagasaki) au P. Lemonnier

Nagasaki, le 21 Août 1883

Cher Père Lemonnier,

Votre lettre du 9 juillet arriva ici au moment où nous allions partir pour le Nord. Je la retrouve à mon retour, et, sans attendre la fin de notre retraite, je tiens à y répondre en quelques mots.

Le P. Josse, qui gardait la boutique, a reçu ce que vous m'annonciez. Parmi les livres chinois je ne trouve pas tous ceux demandés, qui figurent cependant sur le catalogue de la librairie de Zikawei. J'en conclus qu'ils n'étaient pas encore prêts et qu'ils seront envoyés plus tard, à moins que notre lettré chargé d'examiner l'affaire ne se soit trompé.

Le Rosier de Marie, que vous avez trouvé dans le casier Japon-Corée, est pour la Corée.

Mgr Blanc se propose de vous écrire. Il a dû vous dire déjà avec quel accueil sympathique il a été reçue par tous nos confrères du Centre et du Nord, où j'ai retrouvé aussi d'anciennes connaissances. Nous avons passé une dizaine de jours avec le bon Mgr Osouf, que son état de santé a obligé à se rendre à Hong-Kong. Il paraît que vous aurez bientôt le plaisir de le voir, puisque vous allez vous embarquer le 1er 7bre. Je me figure aisément la joie et du P. Martinet, et du P. Patriat et la vôtre, en revoyant ce vénérable et bien-aimé patriarche de la procure, auquel nous rattachent tant de souvenirs agréables. Veuillez, s.v.p. lui renouveler l'expression de mes sentiments avec mes souhaits de prompte guerrison.

Mgr Blanc se propose de prendre, avec le P. Josse, la prochaine malle de Changhay, qui, selon toute apparence, partira lundi prochain (27 du courant) afin de s'embarquer pour la Corée sur le bateau de la maison Jardine que vous lui avez annoncé. Si cependant leur arrivée à Changhay devait suivre le départ du vapeur, Jardine, ils comptent sur un télégramme de votre part, afin d'éviter ainsi un voyage inutile.

Mes amitiés, s.v.p. au P. Martinet, dès qu'il sera de retour. Je rentre dans le recueillement, en me disant comme toujours.

Votre tout dévoué et affectionné in Xto.
Jn. Coste

Mgr Blanc vous dira de vive voix ce qu'il vous aurait écrit. Recevez ses hommages.

044 Lettre de M. Coste à M. Lemonnier [AMEP v. 580 ff. 1166~1168]

P. Coste, (à Nagasaki) au P. Lemonnier

Nagasaki, le 14 9bre 1883
26 9bre 83

Bien cher Père Lemonnier,

Cinq élèves coréens, que je vais embarquer sur la malle japonaise, vont se recommander à vos bon soins pour être dirigés sur Pinang comme leurs devanciers. Ainsi que vous le verrez, ils sont riches en jeunesse et en espérance : aussi je ne doute pas que vous ne les traitiez comme la prunelle de vos yeux. En fait de latin, ils en sont tout à fait au b a ba. L'aîné d'entre eux, qui a vingt ans, pourra peut-être s'entendre un peu avec vos gens à l'aide des caractères chinois. Je les abandonne à la providence de Dieu et à la vôtre. Avec le pli de lettres, ils vous remettront deux paquets :

1°_ Une montre de Mgr Blanc à faire reparer à Changhay par la maison Vrard : j'en ai donné avis au P. Martinet.

2°_ Un paquet contenant différents objets (livres, notes manuscrites, photographies, etc.) que m'a demandés Mgr Ridel comme souvenirs.

Je profite du passage de nos élèves pour vous confier ces deux paquets, pensant qu'il vous sera plus facile de les envoyer à leurs destinataires. Merci d'avance.

Les nouvelles reçues de Corée sont bonnes. Le voyage de Mgr Blanc et du P. Josse a réussi au-delà de toute espérance. Dieu soit béni! Le P. Poisnel, qui avait eu quelques attaques de dyssenterie, allait mieux. Les

Coréens se civilisent peu à peu ; ils s'habituent à voir les européens ; peut-être s'habitueront-ils à voir les missionnaires. En tout cas, ceux-ci ne sont pas molestés, quoique leur présence soit connue du gouvernement. Quand pourront-ils se montrer à découvert ? Un bon traité pourrait nous obtenir ce résultat. Attendons, et comptons encore plus sur le bon Dieu que sur les hommes. Aussi j'espère que vous voudrez bien continuer à prier pour nous.

Merci pour votre bonne lettre du 6 8bre. Mgr Blanc aurait été aussi content que vous de faire votre rencontre ; mais il y a des sacrifices qu'il faut savoir supporter.

J'ai renouvelé au P. Martinet ma demande de livres chinois pour ceux que je n'avais pas encore reçus.

Veuillez présenter mes amitiés aux confrères et me croire toujours, en union de prières et de Sts Sacrifices,

Votre tout affectionné et reconnaissant serv.
Jn. Coste

Deux de nos élèves, âgés de douze ans seulement, ne paient que demi-place d'ici à Hong-Kong. Je vous en avertis pour le cas où il y aurait lieu à une réduction analogue sur la ligne de Hong-Kong à Pinang.

045 Lettre de M. Coste à M. Lemonnier [AMEP v. 580 ff. 1180~1182]

P. Coste au P. Lemonnier (à Nagasaki)

Nagasaki, le 6 Janvier 1884
[reçue] 12 Janv 84

Cher Père Lemonnier,

Merci pour les soins que vous avez bien voulu donner à nos cinq élèves. J'espère revenir bientôt la nouvelle qu'ils sont arrivés heureusement à Pinang.

Un de nos imprimeurs coréens, ancien élève du P. Deguette, a sollicité la faveur de continuer ses études. J'ai reçu pour lui dernièrement une réponse affirmative de la part de Mgr Blanc. Ce jeune homme va donc se recommander aussi à vous pour être acheminé vers Pinang comme ses devanciers. Merci d'avance pour ce service.

Veuillez, par la même occasion, agréer mes souhaits bien sincères de bonne année, et les partager avec le P. Patriat, qui m'a fait le plaisir de m'écrire ; ainsi qu'avec les autres confrères de la procure et du Sanatorium.

Il est probable que la montre de Mgr Blanc vous reviendra de Pinang, si elle n'a pas été égarée par nos jeunes gens, à qui je l'avais confiée.

Les nouvelles de la Corée continuent à être bonnes. Sir H. Parkes a invité Mgr Blanc à diner avec lui à Séoul, et lui a prédit que, grâce au traité de l'Angleterre avec la Corée, la position des Missionnaires serait bientôt améliorée. Mgr Delaplace, qui a dû voir le Ministre d'Angleterre à son retour de Corée, a même écrit qu'au printemps prochain Mgr Blanc pourrait bâtir une cathédrale à Séoul. Serait-ce vrai?

En attendant, veuillez me croire toujours, en union de prières et de Sts Sacrifices,

Votre tout dévoué Confrère.
Jn. Coste

Si vous étiez embarrassé d'intentions de messes, je pourrais en accepter quelques-unes, en en attendant de Paris ; mais que ce soit sans préjudice pour vous ou pour les confrères que vous fournissez.

Le bateau qui vous apporte cette lettre est au complet. L'élève coréen annoncé ne partira donc que par le prochain vapeur qui acceptera des passagers.

046 Lettres extraits, adressées à M. Coste de Mgr Blanc et M. Mutel
[AMEP v. 580 ff. 1187~1190]

Lettres (extraits), adressées à M. Coste, à Nagasaki
Mgr Blanc et M. Mutel de Corée

(Les 2 lettres) 5 Février 1884
Extraits de lettres adressées à M. Coste à Nagasaki

Lettre de Mgr Blanc
Séoul, 5 Février 1884

Faut-il vous parler de nos négociations diplomatiques avec Mr. de Möllendorff? Je viens de lire la lettre que Mr. Mutel vous écrit à ce sujet. Je n'ai rien à y ajouter, sinon que la chose me paraissant impossible, je n'en écrirai ni à Pierre ni à Paul. Parlez de la chose à Mgr Petitjean (non aux Confrères), et suivant l'inspiration, vous pourrez faire de cette lettre l'usage qu'il vous plaira et en écrire à Shanghai, HongKong, Paris, si vous y voyez deux liards d'utilité. Pour moi, ces projets m'inspirent plutôt de l'inquiétude, en ce sens qu'obligé de dire toujours «non possumus» à toutes les avances, je crains qu'à la fin Mr. de Möllendorff ne se trouve blessé et ne se retourne contre nous. Notre espoir est tout dans la divine Providence, qui saura tourner toute chose à sa plus grande gloire. *Jacta curam tuam in Dominum, et ipse te custodiet.*

Lettre de Mr. Mutel
Séoul, le 5 Février 1884

Monseigneur vous parle peut-être des ouvertures que nous a faites Mr. de Möllendorff par l'entremise de Mr. Haas. Voici en deux mots ce dont il s'agit : Mr. de Möllendorff a une foule de plans qu'il voudrait réaliser pour réformer le système de gouvernement coréen : or, pour ce faire il faudrait des fonds et les fonds manquent. Il nous a donc proposé de lui procurer près des catholiques d'Europe un emprunt de 5 millions, moyennant quoi il nous procurera la liberté. Il donne comme garanties les recettes de la douane (déjà engagées probablement) et l'exploitation des mines pendant 50 ans (garantie plus que problématique). Nous avons répondu que nous ne pouvions nous immiscer dans des affaires commerciales ; même avec des garanties suffisantes, il nous serait impossible de trouver pareille somme ; et que, si les garanties étaient suffisantes, il suffisait de les faire valoir pour trouver à emprunter peu importe où. Il nous avoua sans difficulté que les garanties pourraient peut-être paraître peu sûres à bien du monde, et que c'est pour cela qu'en s'adressant aux catholiques, il comptait plutôt les intéresser à une bonne œuvre qu'à une entreprise financière.

Ces propositions furent faites à Monseigneur, à ma maison, où Mr. Haas était venu rendre visite à Sa Grandeur, à l'insu du public of course.

Le lendemain Mr. Haas me fit appeler chez lui et me dit que, puisque l'emprunt nous paraissait irréalisable, Mr. de Möllendorff y renonçait, pour une proposition que voici.

Il propose de faire passer un concordat entre l'Eglise et le gouvernement coréen. L'église s'engagerait à verser la somme de 2 millions 1/2 à la Corée, moyennant quoi, le gouvernement nous donnerait, non-seulement liberté, mais encore aide et assistance pour la prédication de la foi catholique, à l'exclusion des Protestants et des Schismatiques, exclusion que le gouvernement s'engagerait à maintenir *in æternum*. Mr. de Möllendorff est persuadé que, vu le caractère du peuple coréen, le pays est plus susceptible d'embrasser la civilisation européenne qu'aucun autre nation de l'Orient, y compris le Japon ; il ne doute pas qu'à un intervalle relativement prochain, toute la Corée ne soit convertie au christianisme, y compris le roi et les mandarins.

Tout en réservant la décision de Monseigneur et la question de savoir si l'Eglise achète à prix d'argent le droit d'enseigner, je répondis qu'il nous serait absolument impossible de réaliser pareille somme ; que l'œuvre de la Prop. de la foi ne pourrait jamais faire pareil sacrifice en faveur d'une mission au détriment des autres et que l'allocation annuelle que nous en recevons est relativement minime. Mr. Haas me dit alors qu'il suffirait qu'un Père retournât en Europe pour recueillir des aumônes et que ce chiffre serait bientôt atteint. Je lui fis observer qu'en battant toutes les caisses du monde, il était bien impossible de compter sur une si large aumône.

Je fis part de la chose à Monseigneur, qui fut du même avis. Ce soir je viens de voir encore Mr. Haas. Il me répéta à peu près la même chose, en me disant toutefois que, ne pourrait-on trouver qu'une partie des 2 millions 1/2, le concordat pourrait se passer quand même. Il me dit, en outre, de parler de cette proposition à nos procureurs et à nos supérieurs tant de Paris que de Rome.

Demain matin (ou plutôt tout à l'heure, car il est minuit passé) j'irai trouver Monseigneur pour lui faire part de ces pourparlers, et Sa Grandeur en écrira selon qu'Elle le jugera bon.

Mr. Haas me dit d'ailleurs que Mr. de Möllendorff paraît bien disposé en notre faveur, et que peut-être petit à petit il pourrait nous obtenir quelque chose. Mais à quelles conditions? Un seul homme parait-il, ferait des difficultés pour nous accorder quoi que ce soit, c'est le gouvernement actuel de K.K., Kim Hong-tjip-i ; c'est déjà ce que Mr. de Möllendorff m'avait dit il y a quelques mois. D'autre part, Kim Hong-tjip-i, ne passe pas pour un ennemi des chrétiens ; je crois même savoir qu'il les a quelquefois soutenus. Or, son opposition dit-on, est d'autant plus à craindre qu'elle est raisonnée. Mr. de Möllendorff se proposerait de vaincre petit à petit son opposition, et finalement de l'inviter chez lui à une entrevue avec Monseigneur.

De tout cela, qu'adviendra-t-il? Evidemment ce qu'il plaira au bon Dieu, qui tient en sa puissance le cœur des grands et des rois.

047 Lettre de M. Coste à M. Martinet [AMEP v. 580 ff. 1215~1219b]

P. Coste (de Nagasaki) au P. Martinet
1 feuille 1/2 – 6 pages

F. I, pp. 1-4
Nagasaki, le 19 Mars 1884

Bien cher Père Martinet,

Bonne fête! et que St Joseph, que j'ai prié pour vous, vous assister au milieu de vos difficultés!

Je croyais trouver Mr. Haas à bord du «Nanzing» ; mais il a, sans doute, différé son voyage ou a pris un autre bateau. Les propositions qu'il vous a dit avoir été faites par Mr. Van M... à Mgr. Blanc, sont-elles anciennes ou récentes? C'est ce que je ne sais pas. Il était question des anciennes, quand Mgr Blanc était ici, et je m'étonnerais que Sa Grandeur ne vous en eût pas entretenu à Changhay. Mr. Van M... promettais d'obtenir la liberté religieuse en Corée, à condition qu'on lui ferait décerner le titre de Comte romain ou quelque chose d'analogue. Il ne paraît pas qu'on ait encore donné suite à ces propositions, car voici ce que m'écrivait Mgr Blanc le 14 Décembre : «Je n'ai pas encore vu Mr. de M... ; mais qu'attendre d'un rationaliste qui ne songe qu'à faire sa fortune, et s'inquiète peu de Dieu, de son âme, et du monde surnaturel?» De son côté, le P. Mutel m'écrivait aussi que les premières espérances s'en allaient en fumée. On avait cru apercevoir dans les allures de ce Monsieur certains indices de défiance jalouse : les missionnaires lui auraient porté ombrage dans ses vues ambitieuses. Depuis lors je n'ai rien appris de nouveau à ce sujet ; peut-être en savez-vous plus que moi par Mr. Haas. Toujours est-il que Mr. Haas lui-même est regardé comme un obstacle (non pas par les missionnaires, bien-entendu). Dans la même lettre du 14 Xbre, Mgr Blanc me dit : «J'avais eu l'intention de vous installer comme aumônier de Mr. Haas, etc., etc. ce qui vous aurait donné une position officielle et aurait pu hâter le jour de la liberté ; mais je crains beaucoup pour votre titre de chapelain : c'est, je crois, renvoyé aux calendes grecques. Mr. Haas ayant voulu parler de son projet à Mr. de M..., celui-ci a eu peur des conséquences et a défendu à Mr. Haas de venir à Séoul le priant de s'établir à In-tchyen, où il y a déjà un commissionnaire des douanes.» Dans *(f. 1217)* une lettre du 10 Janvier, il ajoute : «Mr. Haas toujours à In-tchyen n'a pas encore pu venir à Séoul, même pour une promenade : on dirait qu'on a peur de lui, peur d'un compétiteur.»

Quant à la possibilité de nous établir ouvertement en Corée, voici les paroles de Sa Grandeur :

(14 Xbre) – «Sir H. Parkes m'a dit que, grâce au traité qu'il allait conclure, il espérait que notre position serait beaucoup améliorée ; que l'an prochain, au mois de mai, il y aurait un Ministre anglais et peut-être un Français en résidence à Séoul, etc. etc. Je souhaite que toutes ces bonnes nouvelles deviennent bientôt des réalités...»

(10 Janv.) – «Comme français, vous n'avez pas le droit de venir vous installer à In-tchyen. Ne vous ai-je pas dit que Mr. de M... a défendu à Mr. Haas d'acheter une maison à Séoul, «parce que les traités ne lui reconnaissent pas ce droit!!!» et cependant Mr. Haas est un employé de la douane coréenne.

Quand les Anglais, de par le traité, seront installés à Séoul, alors la chose sera plus facile et on avisera.»

De votre côté, si vous connaissez quelque chose de plus nouveau, je vous serais reconnaissant de m'en faire part à votre tour.

Nous avons donc encore sur le dos cette fameuse traite Emonet. Le pauvre Père est d'autant plus à plaindre qu'il semble se rendre victime d'un travers d'esprit (n'allez pas lui dire ça, pourtant). Je lui ai offert tous les moyens de conciliation que j'ai crus compatibles avec les droits de la justice : il parait qu'il en revient toujours à sa marotte. Mes lettres étaient adressés au P. Chapuis, qui avait chargé de les communiquer au P. Emonet. Les deux principales sont du 29 Avril et du 11 Mai 1880. Elles contiennent notre défense et votre justification. Si elles sont revenues de Mandchourie, vous pouvez les consulter au cas où vous en auriez besoin ; je pourrais même vous les transcrire si c'était nécessaire. – Les derniers envois de fonds de Changhay en Mandchourie, pour la Missions de Corée, s'élevant à peu près au chiffre de la traite Emonet, avaient payé une moyenne de 5.12 %, ce qui prouve pleinement que vous n'avez pas été injuste envers la Mondchourie, puisque votre taux n'était que de 5%. En nous escomptant la traite à 1.82 % au lieu de 5%, le P. Emonet nous ferait perdre, si je ne me trompe, T 93.17c : on se demande à quel titre. Quoi qu'il en soit, pour tout accommoder, j'avais autorisé le P. Chapuis à ne demander que le 4% et à restituer, par conséquent, T 29.30 à la Mandchourie, si cet arrangement agréait au P. Emonet. J'ai été surpris de ne pas voir ce remboursement sur l'exercice 1883. Si le P. Emonet ne s'en contente pas, il sera obligé de recourir à de plus puissants : Mgr Blanc m'a défendu d'accorder davantage.

A propos du P. Emonet, vous a-t-il répondu au sujet des lettres égarées par Mr. Gérrin? Mgr Blanc m'a reparlé de cette affaire, qui finit par devenir une scie.

Le 'Japan Mail' de Yokohama, en annonçant la publication d'un opuscule (A Manual of Korean geographical and other proper names romanised), a trouvé moyen d'attaquer indirectment la partie géographique du Dict. cor.-franç. J'ai cru devoir réfuter ces attaques en écrivant à l' «Echo du Japon» une lettre anonyme, datée de Changhay. Y aura-t-il lieu de la faire reproduire par quelque journal anglais de vos parages? C'est ce que je ne sais pas. L'ouvrage doit être en vente chez Kelly et Walsh. Sans faire du bruit voyez un peu ce qu'en pense la presse locale. S'il n'y a rien de trop inconvenant, inutile de lever le lièvre. Que si on y rencontrait la même désinvolture que sur le «Japan Mail», il serait peut-être bon de protester, en gardant toujours l'incognito, autant que possible. Dans ce dernier cas, j'ai songé à Mr. Dayle, un brave catholique américain qui était l'ami des missionnaires à Yokohama. Il est, m'a-t-on dit, à Changhay à la tête d'une papeterie. Connaissez-vous son adresse et pourriez-vous me l'indiquer? C'est ce Monsieur qui fit des démarches auprès du Commadore Schuffeldt en faveur des missionnaires de Corée. En tout cas, veuillez me donner votre avis sur l'opportunité d'une démarche ou d'une abstention.

Merci pour les nouvelles que vous me donnez dans votre bonne lettre du 10, mes amitiés au P. Conraux, aux autres confrères et croyez-moi toujours.

Votre tout dévoué in Xto.
Jn. Coste

048 Lettre de M. Coste à M. Martinet [AMEP v. 580 ff. 1265~1268]

*** à Nagasaki **Martinet

Nagasaki, le 21 Novembre 1884

Bien cher Père Martinet,

La raison pour laquelle je ne vous ai pas encore accusé réception de vos lettres du 28, 29 Octobre et du 4 novembre, c'est que je n'avais rien de pressant à vous dire.

La grande maison dont je vous avais parlé sera mise à l'encan le 26 de ce mois. Serait-il question de la louer, je ne ferais, bien entendu, aucune démarche sans recevoir vos instructions. Espérons qu'il n'y aura pas lieu, et que nos confrères pourront se maintenir en Chine.

Depuis que vous nous avez dit que le vent était à la paix, nous n'avons rien appris de nouveau sur la guerre. Que conclure de cette accalmie?

Mais, parait-il, la pauvre Mission du Kueng-tcheau, après celle de Canton, paie les pots cassés. Il faut bien que les Chinois se vengent sur quelqu'un, ce quelqu'un fut-il innocent. Les ordres de Péking, distribués dans les différentes provinces, avaient-il[ils] pour but de calmer les populations, ou avaient-ils encore un caractère plus hostile?

D'après votre avis, les $ 2 de frais supplémentaires seront ajoutées au prix des armes Chareyre. Avant de mettre ces armes en vente dans un magasin européen, nous pouvons, sans inconvénient, attendre la réponse de ce cher confrère. Le P. Corre a quelque envie d'acheter un revolver.

Merci d'avoir annoncé nos quatre élèves. Grâce aux soins du P.

Lemonnier, leur débarquement s'est effectué sans inconvénient.

Le P. Mutel, à qui j'avais fait part de vos observations relatives au change des taëls, m'a écrit de nous en tenir aux vingt premiers lingots demandés, une plus grande accumulation d'argent n'étant pas sans péril en Corée.

J'extrais d'une lettre de Mgr Blanc (du 12 de ce mois) les passages qui peuvent vous intéresser.

«Rien de bien nouveau à vous dire sur notre petit pays de Corée. Toute l'attention est absorbée par les graves événements qui se passent en Chine, et dont le contre-coup se fera sentir ici ou favorable ou funeste. En attendant, à cause de la haine portée aux Chinois par les Coréens, chaque victoire des Français est saluée avec joie par les païens aussi bien que par les chrétiens. Daigne le Divin Maître bénir jusqu'au bout les armes françaises, et nous aurons bientôt la liberté religieuse si désirée.

«Ma lettre à Mr. le Ministre de Chine a été accueilllie très-favorablement, et la réponse, aussi bonne que possible, vient de m'arriver de Changhay. Entre autres choses il est dit : «Vous pouvez être assuré *(f. 1268)* de toute façon que le jour où des négociations s'engageront avec la Corée, les intérêts des Missions ne seront pas oubliés...» etc.

«On dit aussi que le roi de Corée nous ménage quelque agréable surprise, et cela avant six mois, au dire de Mr. le Ministre d'Amérique... Six mois, c'est bien long ; et Perrette est toujours en danger de laisser choir son pot-au-lait.»

Mr. Haas, d'après la conversation que nous avons eue, avait quelque désir de rentrer en Corée, dans un mois environ, surtout afin d'être utile à la cause religieuse ; mais ses plans étaient encore chancelants pour d'autres motifs. Vous l'avez peut-être vu. Quant à ses rapports financiers avec la mission, nos confrères ne m'en ont pas parlé.

Un de mes Coréens aurait à écrire, pour une petite affaire personnelle, au Commandant du «Cristofore Colombo, navire de guerre italien. Savez-vous où se trouve ce navire?

En compulsant nos archives, j'ai découvert la passeport de Mgr Ridel. Quand les relations diplomatiques seront rétablies, vous pourrez renvoyer cette pièce à la Légation, si les règlements le veulent toujours ainsi.

Tout à vous in Xto.
Jn. Coste

 **049** Lettre de M. Coste à M. Cazenave [BH-2 문서]

P. Coste au P. Cazenave

Nagasaki, le 22 Novembre 1884

Cher Monsieur Cazenave,

Voici ce que me dit Mgr Blanc dans une lettre du 12 de ce mois:

«Devant avoir bientôt l'occasion d'écrire à la Propagande et de parler de nos imprimeries, j'avertirai simplement que nous allons charger notre procureur de Rome de présenter les livres nouvellement imprimés. Je vous prie d'écrire à Mr Cazenave et de lui demander où nous en sommes. Mgr Ridel a-t-il fait ou non les présentations requises?»

Je m'acquitte aujourd'hui du mandat de Mgr Blanc.

Nous avons déjà imprimé plusieurs livres, éditions nouvelles de livres publiés déjà par les anciens missionnaires de Corée, traductions de livres édités en chinois, etc. Dans les envois successifs que j'ai faits à Mr Armbruster ou à Mgr Ridel, j'ai toujours joint un exemplaire pour la Propagande, afin de remplir les conditions exigées dans les «Collectanea». Seulement, à cette époque, Mgr Ridel étant malade, nous nous demandons s'il a pu transmettre ou faire transmettre ces exemplaires à Rome. Mgr Blanc semble désirer que vous preniez des informations à ce sujet, si c'est possble. Si l'indication des titres coréens peut vous aider, la voici:

1. 천쥬성교공과,

   livre de prières, a dû être adressé au P. Armbruster en 1881.
2. 신명초행,

«Premiers pas dans la vie spirituelle»
3. 령셰대의,

   «Explication du baptême»

   성찰긔략,

   «Examen de conscience»

   회죄직지,

   «De la contrition»

   trois opuscules reliés en un 1 volume.

   Nota_ Les livres indiqués dans les N°s 2° et 3° ont été envoyés d'ici le 26 mars 1883, et adressés à Mgr Ridel par l'intermédiaire du P. Ambruster.
4. 성교요리문답,

   catéchisme, envoyé le 21 novembre 1883 à Mgr Ridel.
5. 성교감략,

   abrégé d'Histoire Sainte, envoyé à Mgr Ridel le 28 avril 1884.

   Pour faire suite, je vous adresse aujourd'hui par la poste, avec prière de remplir auprès de la S. Congrégation les formalités voulues, les trois opuscules suivants:

   진교절요,

   «Le strict nécessaire pour entrer dans la religion»

   텬당직로,

   «Le vrai chemin du ciel»

   성교백문답,

   «Cent demandes et réponses sur la sainte religion»

Après informations, s'il y a lieu de renouveler l'envoi des autres livres sus-mentionnés, vous n'aurez qu'à dire un mot.

En fait de nouvelles, je vous transcris un passage de la lettre de Mgr Blanc:

«Rien de bien nouveau à vous dire sur notre petit pays de Corée. Toute l'attention est absorbée par les graves événements qui se passent en Chine, et dont le contre coup se fera sentir ici favorable ou funeste. En attendant, à cause de la haine portée aux Chinois par les Coréens, chaque victoire des Français est saluée avec joie par les païens aussi bien que par les chrétiens. Daigne le Divin Maître bénir jusqu'au bout les armes françaises, et nous aurons bientôt la liberté religieuse si désirée.»

Sera-ce dans le courant de l'année nouvelle 1885? Quoi qu'il en soit, que cette année soit pour vous, cher Père Cazenave, féconde en bénédictions célestes! Tels sont les voeux que je vous prie d'agréer, avec l'assurance de mon affectueux dévoument en N. S.

Jn. Coste

050 Lettre de M. Coste à M. Martinet [AMEP v. 580 ff. 1286~1289]

P. Coste (à Nagasaki) au P. Martinet

Nagasaki, le 26 Décembre 1884

Cher Père Martinet,

Avec toutes vos nouvelles contradictoires sur les derniers troubles de Seoul, vous êtes aussi avancé que moi : je n'ai reçu aucune lettre de Corée. J'espère cependant que nos confrères n'auront pas eu à souffrir, grâce à leur incognito ; du reste, les Européens semblent avoir été épargnés. Le P. Mutel était, sans doute, encore en province pour l'administration des Chrétiens ; et Mgr Blanc, seul à la capitale, aura probablement voulu attendre une éclaircie avant de m'écrire.

D'après les différents récits que j'ai lus sur le journal, je serais porté à croire que les Chinois seraient mécontents de voir leur influence en Corée céder peu à peu la place à la prépondérance européenne ; les Japonais, qui sont comme les avant-coureurs de cette prépondérance et les porte-drapeau du parti progressiste, ont été naturellement le point de mire de la haine et des attaques du parti opposé fomenté par les Chinois. La Chine ferait mieux de rentrer dans sa coque avec sa vieille prétention de suzeraineté un peu démodée.

J'ai lu avec beaucoup d'intérêt votre lettre à Mgr Blanc et les pièces connexes.

Les efforts de Mr. Haas me paraissent dignes de tout éloge. Il se place à un point de vue très-élevé. Ses arguments sont de nature à faire impression sur un gouvernement catholique. Je ne serais pas fâché, je vous l'avoue, de voir l'Autriche prendre la noble initiative à laquelle l'invite Mr. Haas, et obtenir aux missionnaires, la liberté dont ils auraient besoin pour étendre leur influence religieuse et civilisation. Cela n'empêcherait pas la France de venir ensuite confirmer et accroître, au besoin, les privilèges acquis. Elle ne peut s'autoriser de son titre de <u>Fille aînée de l'Eglise</u> et de <u>Protectrice des Missions</u>, pour regarder d'un œil jaloux ce que les autres nations entreprennent dans ce sens. Seulement, comme vous, je suis d'avis qu'il est bon de ménager sa susceptibilité ; en nous tenant autant que possible à l'écart, évitant de paraître officiellement dans les démarches tentées par Mr. Hass ; mais, avec cette réserve commandée par la prudence, vous pouvez, je crois, sans vous compromettre, donner l'appui moral d'une parole encourageante. Au reste, Mgr Blanc vous exprimera, sans doute, à ce sujet, sa manière de voir.

Timeo Danaos, et donna ferentes. Vous l'avez vous-même remarqué, notre diplomatie montre un peu le bout de l'oreille, en voulant nous imposer l'obligation d'enseigner le français comme échange de la liberté religieuse. Enseigner le français pour seconder les vues secrètes de la France... Les propositions de Mr. Haas me semblent bien plus désintéressées. Pourquoi méconnaître le caractère sacré de notre vocation, et vouloir faire de nous des agents politiques ou commerciaux? Au moins devrait-on nous laisser libres en matière d'enseignement, et se contenter de nous exprimer des *(f. 1289)* désirs. Assurément mon patriotisme me fait souhaiter l'intervention de la France ; mais je crains qu'elle ne se mêle de trop de choses.

Si nos confrères doivent venir directement de HongKong par malle anglaise, je serais bien aise d'en être prévenu, afin d'aller les chercher à bord. Peut-être le P. Lemonnier y aura-t-il songé.

Votre pli du 21 m'arrive à l'instant. Merci mille fois de tous vos souhaits. Recevez, en retour, les plus sincères que je forme pour vous à l'occasion de la nouvelle année.

Je m'attendais à ce que vous alliez me dire que l'escadre chinoise avait fait marche en avant. Elle tarde donc bien à accueillir ses lauriers!

Le P. Conraux est probablement toujours chez vous. Veuillez aussi lui exprimer mes vœux de bonne année et me croire, comme ci-devant,

Votre tout dévoué et affectionné in Xto.

Jn. Coste

051 Lettre de M. Coste à M. Lemonnier [AMEP v. 580 ff. 1321~1322b]

P. Coste au P. Lemonnier

Nagasaki, le 30 Mai 1885

Cher Père Lemonnier,

L'élève Tchoi Luc est arrivé jeudi soir après un heureux voyage. Il m'a remis le pli que vous lui aviez confié avec votre lettre du 24 mai. La lettre du 18 vià Changhay vient de me parvenir tout à l'heure.

Le P. Mutel s'embarque ce soir pour Yakohama, après avoir passé une semaine avec nous. Son premier projet était de se rendre à Changhay ou directement à HongKong ; mais nous l'avons décidé à faire plus ample connaissance avec les Missions du Japon, dont il est le délégué comme procureur à Paris. Il compte s'embarquer sur la malle française à Yokohama le 14 juin. Ainsi vous pouvez prévoir à peu près le jour de son arrivée à HongKong. Il me charge de vous présenter ses affectueux hommages ainsi qu'aux autres confrères. Il vous donnera lui-même, sur la Corée, les nouvelles qui peuvent vous intéresser.

Mes amitiés, s.v.p., aux PP. Patriat, Chapuis, et C°, et veuillez agréer l'assurance de mon affectueux dévouement en N.S.

Jn. Coste

A cause de la guerre avec la Chine il était difficile d'introduire à

Changhay des armes destinées au P. Chareyre (un fusil et trois revolvers). Le P. Martinet m'avait prié de les débarquer à Nagasaki et de les garder jusqu'à nouvel ordre. Finalement il m'a conseillé de les envoyer à HongKong, si l'occasion se présentait. Je les confie donc au P. Mutel, qui vous les remettra.

052 Lettre de M. Coste à M. Lemonnier [AMEP v. 580 ff. 1348~1349]

P. Coste au P. Lemonnier

Nagasaki, le 10 Août 1885

Cher Père Lemonnier,

Merci de vos deux lettres du 22 juin et du 22 juillet.

Le P. Mutel a craint sans doute, en passant à Pinang de raviver la douleur de la séparation qu'il a éprouvée en quittant la Corée. Il avait hâté, du reste, de se rendre à Paris, emportant ses regrets et les nôtres.

Pour satisfaire à vos désirs voici l'indication de ses dépenses de voyage déboursées par la Corée.

A Séoul. Passage de In-ychyen à Nagasaki	$ 24
Frais accessoires	5.08
A repartir	29.08
Repart	$ 29.08
A Nagasaki. Passage pr. Yokohama	35
Trousseau et embarqt	19.86
Total	83. 94

J'ai reçu hier une lettre de Mgr Blanc. Il se propose de partir aussitôt après l'Assomption pour venir au Sacre de Mgr Cousin. Il sera ici, par conséquent, dans une quinzaine de jours ; car le premier bateau de la Missu Bishi qui doit quitter In-tchyen est marqué comme attendu le 23 du courant.

Vous savez, sans doute que dans l'intention de Mgr Cousin le Sacre aura lieu à Osaka. Ce sera probablement vers le commencement de Septembre. On attend Mgr Osouf etc. Serez-vous de la fête!

Mille respects et amitiés autour de vous, et croyez-moi toujours.

Votre tout dévoué et affectionné en Xto.

Jn. Coste

053 Lettre de M. Coste à M. Lemonnier [AMEP v. 580 ff. 1350~1350c]

P. Coste (à Nagasaki) au P. Lemonnier

Nagasaki, le 12 Octobre 1885

Cher Père Lemonnier,

Le 6 du courant j'ai signé une traite N° 5, sur vous, à l'ordre de Mr. A. Riddehier, de $ 1000, à vue. J'espère que vous voudrez bien y faire honneur ; comme précédemment.

Merci pour votre bonne lettre du 4 Septembre.

Vous avez su, sans doute, que le Sacre de Mgr Cousin a eu lieu à Osaka le 21 7bre. L'évêque consécrateur était Mgr Osouf, assisté de Mgr Blanc et du P. Evrard. C'est dommage que vous n'avez pu participer à la fête. Les trois évêques auraient été particulièrement très-heureux de vous y voir.

Au retour d'Osaka Mgr Blanc comptait s'embarquer prochainement pour la Corée, lorsqu'un télégramme de Mgr Cousin le pria de différer son départ. La lettre explicative annonçait l'arrivée prochaine de Mr. Cogordan nouveau Ministre de France, chargé de negocier un traité de commerce avec la Chine et avec la Corée. Son Excellence figure sur la liste des passagers arrivés aujourd'hui à Nagasaki. Mgr Blanc se proposait d'aller le voir, sans mettre une grande confiance dans le résultat de cette entrevue. Sa Grandeur n'est pas encore de retour d'une excursion qu'Elle fait dans les îles voisines. J'espère cependant qu'Elle arrivera avant le départ de la malle pour *(f. 1350-3)* Changhay.

Nous sommes dans les emballages : nous déménageons pour nous rendre en Corée. S'il n'arrive pas d'anicroche, mon tour de m'embarquer aura lieu dans trois semaines ou un mois ; mais je suis tellement habitué aux déceptions, que je n'y compte qu'à demi. A la garde de Dieu! Priez pour notre chère Mission et pour

Votre tout dévoué in Xto.
Jn. Coste

Mes amitiés aux PP. Patriat & Cie.

054 Lettre de M. Coste à M. Lemonnier [AMEP v. 580 ff. 1363~1365c]

P. Coste au P. Lemonnier

Séoul, le 15 Décembre 1885
[reçue] 9 Janv. 86

Cher Père Lemonnier,

Votre bonne lettre du 29 octobre est venue me trouver à Séoul, où je suis arrivé le 8 novembre, octave de la Toussaint. Me voilà donc enfin dans cette chère Corée, autour de laquelle je rôdais depuis dix ans. Que Dieu soit béni! Priez-le avec moi d'avoir pour agréables mes humbles services et de les faire contribuer autant que possible, à sa gloire et au salut des âmes.

Dans la précipitation des derniers jours que j'ai passés à Nagasaki, je n'ai pas même eu le temps de vous annoncer une seconde traite, N° 6, que j'ai tirée sur vous le 3 9bre de $ 1000 à l'ordre de Mr. A. Redeehier. Je pense que vous aurez eu le bonté de la payer, comme la première.

Il serait à désirer que des banques ou des maisons de commerce établis en Corée nous fournissent, autant qu'à Nagasaki, la facilité de correspondre avec vous. En attendant, soit le P. Martinet à Changhay, soit le P. Corre à Nagasaki, nous tranmettront ce qui vous aurez à nous envoyer : lettres, paquets, caisses, etc.

Mgr Blanc a regretté de ne pouvoir vous rencontrer au Japon. Ce sera désormais à Seoul que vous aurez à lui faire visite. Pas n'est besoin de dire que vous serez le bienvenu. Mais quand pourra se faire cette entrevue si désirable? Evidemment vous ne voudrez pas vous astreindre à vous déguiser, comme nous maintenant, sous le costume de deuil coréen, au même sous le costume laïque européen, qui est cependant un excellent passeport. L'heure de la liberté sonnera-t-elle enfin pour nous au printemps prochain? Nous avons quelques expérances fondées sur la parole même de Mr. Cogordan, nouveau Ministre de France en Chine. A son passage à Nagasaki, Mgr Blanc alla le voir à bord ; et depuis il lui a écrit, suivant l'invitation qu'il en avait reçue, pour lui exposer sa manière de voir sur le traité à conclure avec la Corée. La réponse n'a pas pu parvenir encore à Sa Grandeur. Mais Son Excellence avait parue animée de bonnes dispositions. En outre, Mr Dillon a été nommé Consul général ; et l'on pense que ce titre lui a été conféré en vue de la Corée. A la garde de Dieu!

Mgr Blanc est en tournée d'aministration pour la capitale et la banlieue, et rentrera probablement dans deux ou trois semaines. Pendant ce temps-là, je garde le logis, et demeurerai probablement au palais épiscopal avec Sa Grandeur jusqu'à ce que notre imprimerie soit réinstallée. – Les autres confrères sont aussi en courses apostoliques et paraissent jouir de la tranquilité accoutumée, grâce aux précautions traditionnelles. – Nous avons à quelques lieues d'ici un Séminaire en formation sous la direction du P. Maraval. Il y a, entre autres, les élèves que vous avez vus passer comme malades et qui sont rétablis.

Recevez mes vœux de bonne année 1886, et veuillez en faire part aux confrères qui sont autour de vous : à la Procure, au Sanatorium, à Nazareth. J'écrirais bien au P. Patriat; mais je ne suis pas sûr d'en avoir une réponse. Dites-lui, s.v.p. qu'il est bien endetté envers moi et que je lui réserve plus d'une malice.

En union de prières et Sts. Sacrifices, Votre tout dévoué et affect. In Xto.

Jn. Coste

P.S. – 16 Décembre 1885. – Mgr Blanc, en passant d'un Kong-so (réunion de Chrétiens) à un autre, vient de faire une courte apparition, seulement le temps de déjeûner et de fumer une pipe. Il vous envoie, bien-entendu, ses amitiés ; et m'a chargé de traiter avec vous une affaire qu'il a en vue depuis quelque temps. Du vivant de Mgr Ridel, il s'est contenté de suivre la marche traditionnelle ; mais voici le moment de se ménager des ressources pour un avenir peut-être prochain : le P. Mutel vous en a dit peut-être un mot lors de son passage à Hong-Kong. Il s'agirait donc de placer à intérêt une quarantaine de mille piastres ($40.000) sur les fonds que notre mission possède en procure, en les divisant, pour plus de sûreté, en deux banques, soit une partie ($20.000) à Hong-Kong, et une partie ($ 20.000) à Changhay. Ce serait un dépôt fixe annuel, s'il n'y a pas moyen d'obtenir les mêmes avantages à compte courant. On vous laisse, du reste, la faculté d'agir pour le mieux, comme vous le ferez en faveur de la procure.

Je pense que vous ne verrez pas d'inconvénient à cette proposition ; et vous prie, au nom de Mgr Blanc, d'agréer nos sincères remerciements pour ce nouveau service.

Votre tout dévoué in Xto.
Jn. Coste

055 Lettre de M. Coste à M. Martinet [AMEP v. 580 ff. 1366~1369]

******[P. Coste]au P. Martinet

Séoul, le 18 Janvier 1886

Bien cher Père Martinet,

Le pli dans lequel était votre lettre du 3 janvier et les journaux sont fidèlement arrivés hier par l'entremise de Mr. Domke. Ce Monsieur que nous avons vu dernièrement, se montre très-aimable. Voilà donc nos relations avec vous établies sur un bon pied comme du temps de Mr. Von Möllendorff. Deo gratias! Le consul d'Allemange Mr. Budler, qui est notre voisin est aussi notre ami. Il a invité dernièrement Mgr Blanc et votre serviteur à souper. C'est là que nous avons fait connaissance avec Mr. Domke.

Vous me dites que vous avez adressé précédemment un premier pli de lettres et un paquet de journaux à Mr. Laporte. Nous avons certainement reconnu des extraits de journaux qui venaient de vous ; mais pas de lettre de votre main soit à Monseigneur, soit à votre serviteur. Nous avons seulement reçu des lettres que nous avons cru venir par l'entremise du P. Corre. Mr. Laporte aurait-il encore les lettres, qu'il aurait retenues pour nous les apporter comme étrennes du premier de l'an?

La malle qui vous a apporté mes deux lettres du 6 et du 9 décembre, a dû en emporter une troisième du 20, que je confiai à Kang Jean. Celui-ci est un Coréen que vous connaissez. Je pense que vous l'avez déjà vu, car il est parti pour Changhay et doit toucher chez vous $200. Dans cette dernière lettre, je vous exprimais certaines inquiétudes au sujet de notre courrier à Chemulpo une fois relâché, et puis recherché, disait-on, par ordre du gouvernement central. Heureusement cette affaire n'a pas eu de suites fâcheuses, et notre courrier demeure en liberté : nous avons même obtenu l'assurance qu'on ne l'inquiéterait pas.

Mr. Cooper a été prévenu que vous deviez lui adresser 20 grammaires et 20 dictionnaires coréens. Je lui en ai indiqué les prix.

Le P. Midon m'avait déjà annoncé que Mr. Salabelle, Directeur de l'«Echo du Japon» devait transporter ses bureaux à Changhay. Ne sachant pas l'adresse de ce Monsieur, je prends la liberté de vous confier une lettre ci-incluse que je lui envoie. Je lui dis de régler désormais nos comptes avec vous comme il le faisait précédemment avec le P. Midon. Cela se réduira pour vous à recevoir les sommes qu'il vous remettra comme produit des ventes effectuées, et à nous transmettre les pièces afférentes. Merci d'avance pour ce nouveau service.

Il ne me paraissait guère possible que la France intervînt en Corée pendant l'hiver. Nous l'attendons au printemps, avec l'espoir de voir enfin éclore la liberté religieuse après laquelle nous soupirons depuis bien des années. Mais n'avons-nous pas à craindre quelques complications politiques qui viendront déranger nos plans? Nous sommes habitués aux déceptions. Voguons toujours sous l'égide de la bonne Providence : il n'arrivera que ce que le bon Dieu voudra.

Il y en a de plus malheureux que nous, témoins ces pauvres Missions de la Cochinchine, qui continuent à être éprouvées tandis qu'on croyait qu'elles avaient épuisé le calice d'amertume.

La question financière n'est pas la seule qui vous empêche de venir maintenant vous délasser en Corée. Mais peu à peu les conditions changeront peut-être, et je ne désespère pas d'avoir un jour ou l'autre le plaisir de vous voir ici.

En attendant, croyez-moi toujours, en union de prières et de Sts Sacrifices,

Votre tout dévoué et affectionné in Xto.

Jn. Coste

Le P. Poisnel, en cours d'administration n'est pas encore de retour.

Pourriez-vous nous envoyer, à l'occasion, deux ou trois cents enveloppés longues, du format de cette lettre pliée en trois.

Tout bien examiné, nous avons reconnu que la dernière malle nous a apporté deux plis de vous. Un de ces plis, qui renfermait votre lettre à Monseigneur du 7 décembre, doit être celui que vous aviez adressé à Mr. Laporte. Donc, n'ayez aucun souci à ce sujet. Désormais les N°s d'ordre, dont je vous parlais dans ma lettre du 20 décembre, serviront à écarter tout doute.

19 Janvier. – Pour le coup, nous tenons le pli Laporte avec les journaux, le tout annoncé par Mr. Laporte lui-même. Merci pour votre petit mot du 26 Xbre, vos vœux et la belle photographie, qui me rappelle des souvenirs et me montre des embellissements.

056 Lettre de M. Coste à M. Lemonnier [AMEP v. 580 ff. 1396~1398]

P. Coste au P. Lemonnier

Séoul, le 2 Avril 1886

Cher Père Lemonnier,

Dans votre lettre du 21 janvier, que j'ai sous les yeux, en nous engageant à placer notre argent au Japon, vous ajoutiez :

« Les dépôts n'y courent pas plus de risques, et la Mission profitera d'intérêts que je ne suis pas autorisé à lui payer pour des fonds qui restent dans les fonds communs de la Société et dont celle-ci se porte garant envers la Mission, au cas de malheurs financiers. »

J'en concluais que, du moment où la Société ne se porterait plus garant envers la Mission, vous seriez muni de pleins pouvoirs. Mais vos dernières lettres à Mgr Blanc et à votre serviteur ne laissent aucun doute : vous êtes lié par une défense formelle, même dans le cas où votre responsabilité est à couvert. Rien de tel qu'une bonne explication. Il en résulte donc qu'il nous est interdit de faire aucun placement, soit à HongKong soit à Changhay, parce que nous y avons des procureurs. La Société, qui vous autorise à percevoir des intérêts pour des particuliers vous le défend pour une Mission dont le capital est, depuis vingt ans, un des éléments principaux qui servent à grossir le fonds de réserve de la Société. Sans connaître les motifs qui forcent à créer cette espèce d'anomalie, nous devons penser qu'ils sont gravement fondés ; et nous n'avons qu'à subir la nécessité telle qu'elle est. Il nous reste la ressource de frapper à une autre porte, en nous adressant à nos amis du Japon. Nous écrivons à Mgr Osouf de vouloir bien, par l'intermédiaire de son procureur, placer pour nous à Yokohama cinquante mille piastres ($ 50.000).

Ainsi, dans le cas où notre demande serait agréée, ne soyez pas surpris de recevoir une traite pour cette valeur ; et veuillez vous croire autorisé dès maintenant à y faire droit.

Malgré ce qu'il y a de pénible dans ces explications, il est bien entendu que, faisant la part de la situation délicate où vous vous trouvez, je n'en reconnais pas moins votre bienveillance envers nous, et vous remercie en particulier des sentiments que vous voulez bien m'exprimer.

Je suis donc aussi sincèrement que par le passé,
Votre tout dévoué et affectionné confrère.
Jn. Coste

Vu et approuvé le transfert de 50.000 piastres de la procure général de HongKong aux banques de Yokohama, (Japon).

+ J. G. Blanc
Evêq. d'Antig.
Vic. apost. de Corée

057 Lettre de M. Pettier à M. Coste [AMEP v. 580 ff. 1428~1428b]

*****(Japon)   ***oste[Coste]

Yoke[Yokohama] le 21 Avril 1886

Cher vieux Père Coste,

N'ayant plus l'heure de vous posséder au milieu de nous, ce sera un certain dédommagement du pouvoir vous rendre un petit service de temps en temps. Vous pouvez donc compter que nous traiterons votre argent de notre mieux et avec tout le respect que nous avons pour vous. Précisément pour ce motif, je n'ai pas cru devoir tirer sur le P. Lemonnier la somme dont vous parlez ($ 50.000), le moment n'étant guère favorable. Le discount serait actuellement de 1 %, soit une perte nette de $ 500, rien que pour faire venir votre argent de HgKg ici. Tout en pensant qu'il vaut mieux attendre un peu, je suis tout disposé à suivre les ordres que vs[vous] voudrez bien me donner à ce sujet. Peut-être le plus simple serait-il d'écrire vs[vous] m[même] au P. Lemonnier, en lui disant de choisir le moment le plus favorable pour nous faire cet envoi de fonds. J'aimerais assez que cet envoi ne se fasse pas du même coup et par la m[même] banque.

Veuillez, cher Père, présenter *** nos sentiments les plus respecteux à Sa Grandeur Mgr Blanc et croire à mon affectueux dévouement en N.S.

A. Pettier
M. ap. Proc.

058 Rapport de l'œuvre de la Sainte Enfance, Mission de Corée 1885~1886
[AMEP v. 580 ff. 1457~1465]

La Sainte-Enfance, en Corée
1885~1886 (Les PP. Coste et Robert)
Séminaire des Missions Etrangères 128, Rue de Bac Pari

I, pp. 1-4
23 Septembre 1886
œuvre de la Sainte Enfance
Mission de Corée

Etat d'œuvre depuis le 1er Juin 1885 jusqu'au 31 Mai 1886
1886년 9월 23일, 서울

Nombre des enfants baptisés 1918
Nombre des enfants en nourrice 302
Nombre d'orphelinats 2
Enfants dans les orphelinats... Garçons 52
                                     Filles 28
                                     Total 80

Nombre d'écoles 2
Enfants dans les écoles ... garçons 37
Nombre total des Enfants entièrement
à la charge de la mission 382

Dépenses

Pour les baptêmes d'enfants	475d, 40
Pour les enfant en nourrice	5,848,80
Pour les enfant dans les orphelinats	3,470,45
Pour les enfants dans les écoles	720
Pour les fermes... achats de rizières	400,37
Total des dépenses	10.915d,02

Balance

Recettes

Reliquat de l'exercice précédent	131, 78
Allocation de l'année 1855	5,000
Total des Recettes	5,131d,78

Dépenses

Dépenses	10. 915d,02
Déficit	5,783d,24

Observations.

Le déficit accusé par la balance ci dessus, aussi bien que les chiffres du tableau comparés à ceux de l'année dernière, plaide en faveur des résultats obtenus par la Ste Enfance en Corée, pendant l'exercice 1885-1886.

L'état précaire où se trouvait la Mission, la crainte d'éveiller les soupçons d'un gouvernement persécuteur, les mille précautions dont les Missionnaires étaient obligés de s'entourer pour rester ignorés, et même pour cacher les œuvres de bienfaisance qu'ils exerçaient par l'entremise des Chrétiens, toutes les causes enfin, qui paralysaient leur action, tendent à disparaître l'œuvre a pu prendre l'élan que nous sommes heureux de constater.

Nous ne sommes pas encore, il est vrai, au plein air de la liberté, Mr. Cogordan, Ministre de France, envoyé pour nouer des relations avec la cour de Séoul, était très-bien disposé envers nous. Mais le département coréen des affaires étrangères, poussé, dit-on, par la Chine, s'est montré opposé à toute concession, et le traité franco-Coréen, qui doit être ratifié au printemps prochain, ne stipule aucune clause religieuse. Toujours est-il que le pays s'habitue peu à peu aux relations internationales, le roi ne nous est pas personnellement hostile, et la police ne nous moleste pas, bien que notre présence soit connue. – Il y a donc, lieu d'espérer que la tolérance dont nous jouissons, ne faisant que s'accroître, il nous sera permis de soutenir le mouvement progressif de l'œuvre de la Ste Enfance.

Des démarches avaient été faites pour établir la pharmacie qui entrait dans notre plan de l'année dernière. – Malheusement la mort du médecin d'un des orphelinats à qui nous l'avions promise, nous a forcés d'ajourner l'exécution de ce projet. Ce serait déjà un fait accompli n'étaient les difficultés d'organisation ; mais nous espérons aboutir peu à peu.

Afin d'assurer des revenues et de diminiuer d'autant les charges de l'œuvre, nous avions aussi songé à acheter des rizières. Nous avons pu en acquérir quelques hectares par un contrat de vente à réméré. Elles ne tarderont pas à donner leur première récolte. Si ces fondations réussissent, comme nous avons lieu de l'espérer, nous profiterons des circonstances favorables pour faire de nouvelles acquisitions sur des bases définitives.

Le conseil central de l'œuvre de la Ste Enfance voudra bien, nous n'en doutons pas, nous aider à poursuivre le progrès que nous avons l'honneur de lui signaler. Or, les 5000 fr alloués l'année dernière, sont absolument insuffisants, non seulement pour développer, mais même pour soutenir les œuvres commencées.

Dans l'espoir d'une augmentation de secours, et pour contrebalancer l'influence désastreuse des protestants, qui s'emparent du jeune âge dans leurs écoles, leurs asiles etc. nous n'avons pas reculé devant des dépenses nouvelles, voire même une déficit assez considérable : et il nous serait pénible d'être obligés, faute de ressources, à restreindre les entreprises suggérées par la charité en faveur d'une œuvre si belle et si fructueuse qui s'appelle la Ste Enfance.

Seoul, le 23 Septembre 1886
Signé : J. Coste
Provic. apost.

Seoul le 23 Septembre 1886
à Monsieur le directeur général de la Sainte Enfance

Monsieur le Directeur général,

La Sainte Enfance a fait, assurément, une perte très-sensible, en la personne de Mgr du Fougerais. Mais Dieu qui veille sur tous les événements, a des attentions particulières pour ses œuvres de prédilection. En donnant la récompense à celui qui est mort victime de son zèle, il n'aura pas manqué de lui choisir un digne successeur, héritier de ses qualités et de ses vertus.

Volontiers, Monsieur le Directeur général, nous joindrons nos prières aux vôtres, pour vous aider à supporter l'honorable fardeau d'une des plus belles œuvres écloses dans notre siècle. Mgr Blanc, en vous transmettant, par mon humble intermédiaire, l'expression de ses sentiments qui sont aussi les miens, me charge, en outre, de vous envoyer le tableau ci-joint de l'œuvre de la Ste Enfance en Corée. Nous avons taché[tâché] de réunir dans le cadre des observations, les principales données qui peuvent vous intéresser au point de vue de l'état actuel et de l'avenir de l' œuvre. Pour compléter ces renseignements, j'ai l'honneur de vous adresser la copie d'un compte-rendu du P. Robert. Vous trouverez dans ce récit fidèle, des détails plus circonstanciés, qui ne pouvaient pas trouver place dans le trableau général, et vous fourniront, j'en suis sûr, l'occasion d'admirer la conduite de la divine Providence, en vous exposant la situation de l'œuvre en province.

C'est ici, à la capitale, que se trouvent nos deux orphelinats. Seoul est depuis l'ouverture du pays, le siège des Légations ou consultats établis successivement par les puissances qui ont signé un traité avec la Corée. Les ministres protestants ne se hazardent[hasardent] guère en province, ils se contentent d'y faire distribuer quelques bibles par leurs émissaires. Mais il fallait s'attendre à les voir venir s'abriter à l'ombre de leur pavillon national. Le consulat anglais n'a pas encore voulu les admettre.

La légation des Etats-Unis les a pris sous sa protection. Six ou sept pasteurs américains avec autant de dames, leurs épouses ou diaconesses, sont établis dans les murs de la Capitale, bâtissent des écoles circulent au grand air, s'insinuent auprès des fonctionnaires du royaume et obtiennent même l'appui de la Cour, qui en subventionne plusieurs comme professeurs ou à d'autres titres. Ces messieurs et ces dames s'occupent préférablement de la classe aisée. Les déshérités de la fortune et notamment les petits enfants abandonnés sont le lot des catholiques. Nous n'aurions garde de refuser cette part qui nous est faite : c'est la part du bon Dieu.

L'exemple de la charité est, du reste, le meilleur moyen dont Dieu se sert pour dessiller les yeux des pauvres infidèles, faire tomber leurs préjugés et les attirer vers une religion qui enseigne et met en pratique le dévouement sous une forme qui leur est inconnu. – Or, où s'exerce le dévouement, d'une manière plus palpable que dans une institution où l'abnégation, le désintéressement ne se laissent rebuter par aucune répugnance ? Aussi pouvons-nous affirmer que nos orphelinats comptent parmi nos œuvres les plus chères et espérons-nous que la Sainte-Enfance, Sœur et auxiliaire de la Propagation de la foi, nous mettra à même de lutter contre les envahissements de l'hérésie, en nous fournissant les moyens de développer les œuvres commencées.

Veuillez, Monsieur le Directeur général, nous prêter aussi le bienveillance concours de vos prières, présenter nos hommages à Messieurs les Directeurs de la Sainte-Enfance, et agréer l'assurance du profond respect avec lequel j'ai l'honneur d'être,

Votre très-humble et dévoué Serviteur.
Signé : Jn. Coste
Provic. apost.

Pour répondre aux désirs des pieux associés de la Ste Enfance, Mgr Blanc vous serait reconnaissant de vouloir bien faire publier dans les Annales quelques détails intéressants, par exemple, le compte-rendu du P. Robert.

Extrait du Compte-rendu de Mr. Robert, miss. apost. en Corée 1885-1886

L'œuvre de la Ste Enfance établie depuis l'année dernière commence à produire des fruits. Plus de 950 enfants infidèles ont été régénérés dans les eaux du baptême in articulo mortis. – Sur ce nombre, 750 sont déjà allés jouir de la béatitude éternelle ; et sur les 200 qui survient, plus de 100 sont recueillis et nourris aux frais de l'œuvre. Faute de ressources, il est impossible d'en élever d'avantage, bien que, à cause de la disette qui règne dans le pays, les enfants abandonnés dans la rue, soient très-nombreux. En attendant le moment où on pourra en recueillir un plus grand nombre, j'ai donné ordre aux Chrétiens baptiseurs, de se contenter d'ondoyer ceux qu'ils trouveraient en danger de mort, ce qu'ils font avec beaucoup de zèle et de ferveur.

D'abord le bruit s'est répandu parmi les païens que les Chrétiens recherchaient les petits abandonnés pour les tuer et en extraire le cœur, qui était un excellent remède contre toutes sortes de maladie ; puis, peu à peu, ces calomnies sont tombées à l'eau pour faire place à la vérité ; et aujourd'hui, tous les païens qui connaissent l'œuvre, en sont remplis d'admiration et d'étonnement.

Pour raconter un fait, entre mille autres, je vous dirai qu'une païenne, ayant perdu son mari, qui mourut au mois de décembre dernier. Lui laissant pour toute fortune deux enfants, dont l'un était encore à la mamelle, dans l'impossibilité de les nourrir tous les deux, formait le projet d'en jeter un à l'eau : c'est ce qu'elle a raconté elle-même, quelque temps après, lorsqu'elle vient à apprendre que les Chrétiens recueillaient les enfants abandonnés et les élevaient avez beaucoup de soin. Bien vite elle eut pris son parti. Sur le soir, elle part, dépose le plus jeune sur le bord du chemin, enveloppé de quelques langes, et fait asseoir l'autre agé[âgé] seulement de trois ans à côté du petit qui poussait des cris horribles, puis va se blottir dans un coin de rue à quelque distance, de manière à voir ce que deviendraient ses deux nourrissons. Au bout de moins d'une heure, les deux petits malheureux, glacés de froid, n'avaient plus la force de crier. Les païens passaient et repassaient à côté sans même y faire attention, tant les spectales de ce genre sont nombreux à la ville et dans les environs, pendant une année de disette. – Enfin vint à passer un inconnu. Il s'arrête auprès des petits à demi morts, examine s'ils sont encore en vie, prend le plus jeune entre ses bras et va le porter soigneusement dans une petite cabane à quelque distance de là où il le fait réchauffer ; puis quelques instants après arrive une femme qui s'empare du second et le porte encore à la même maison. – La mère des deux enfants les suivit de loin, vit tout ce qui se passait ; et chaque jour alla mendier à la porte de la cabane où se trouvaient ses enfants, sans se faire connaître des Chrétiens. Elle les voyait chaque jour bien traités, bien habillés, en éprouvait une joie sans pareille ; et après avoir reçu un peu de riz, elle retirait pour revenir le lendemain ; et ainsi de suite pendant plusieurs jours.

Un mois après, comme elle arriva un peu plus tard que d'habitude, elle fut étonnée de ne plus voir que l'aîné des deux, et elle demanda ingénûment ce qu'était devenu le petit enfant qu'elle avait vu plusieurs fois auparavant. On lui répondit qu'il était mort la nuit précédente, de la diarrhée, et que ce soir même, on l'enterrait. Sans en entendre davantage, elle se retourne, une grosse larme tombe de ses yeux, se promettant bien de revenir le soir, assister à l'enterrement de son dernier-né.

En effet, dès la tombée de la nuit elle se trouvait blottie dans un coin de la rue voisine ; et au moment où défilait le petit convoi funèbre, elle se mit à sa suite, assista à toutes les cérémonies, et ne quitta la fosse de son bien aimé que lorsqu'elle fut complètement comblée. Dès le lendemain elle revint à la maison où se trouvait son ainé, et n'en pouvant plus de douleur mêlée de je ne sais quelle douce joie, elle épancha son cœur auprès de la veuve chargée d'élever et de nourrir son fils qui avait été admis à la Ste Enfance, lui raconta toute son infortune, comment elle avait suivi toutes les démarches du chrétien qui avait eu la charité de recueillir les deux enfants abandonnés dont j'ai parlé, ses visites de chaque jour à la maison, son assistance aux funérailles etc. etc. et demanda à ce qu'on lui enseignât à pratiquer une religion qui apprenait à faire de si belles choses. Remplie d'admiration en entendant un pareil récit, la pauvre veuve chrétienne, crut voir un dessein tout particulier de la divine Providence sur cette infortunée, se hata de l'instruire elle-même ; et au mois de février dernier, elle me la présenta parfaitement préparée au baptême qu'elle reçut avec une ferveur extraordinaire, versant une abondance de larmes, un souvenir de ses fautes passées.

Déjà elle a catéchisé plusieurs de ses proches et amis ; et j'ai l'espérance qu'elle travaillera avec zèle à la conversion des infidèles, vu qu'elle est loin d'être sotte, lisant et écrivant parfaitement l'écriture coréenne.

Dans une autre famille, un enfant est sur le point de mourir : c'est le fils unique de la maison. Tout le monde est sur pied, et des cris de douleur se font entendre de tous les voisins. – Un Chrétien habitant ces parages, Kim Paul, s'informant de la cause d'un pareil vacarme (car il va sans dire, que tous les sorciers des environs avaient été appelés, et faisaient force superstitions pour conjurer les mauvais esprits qui pouvaient se trouver dans la maison) voyant qu'il y avait là une ame[âme] à sauver, se présente comme médecin des petits enfants, pénètre auprès du moribond, et, se faisant apporter de l'eau claire, il lui administre la baptême, en disant qu'il n'y avait rien à craindre, et que l'enfant était sauvé, voulant parler du bienfait spirituel qu'il venait de recevoir. – Mais ne voilà-t-il pas, qu'au lieu de passer à une vie meilleure, contre l'attente du prétendre médecin, l'enfant ouvre les yeux et revient à la vie.

Tous les gens de la maison bondissent de joie, à l'exception de notre néophyte qui, croyant déjà avoir fait une nouvelle conquête pour le ciel, voyait son espérance déçue. – On lui demanda alors quel était le remède extraordinaire qu'il avait donné à l'enfant, pour qu'il guérit aussi promptement. Ne sachant comment répondre d'abord, «J'hésitai un instant, puis, encouragé, me dit-il, par je ne sais quelle inspiration intérieure, je lui expliquai la doctrine leur faisant voir toute la supercherie qu'il y avait chez ces sorciers dans lesquels ils mettaient leur confiance. – J'ai baptisé, ajouta-t-il, votre fils et, bien que malgré vous, il est chrétien et enfant de la Ste Eglise. Puisse-t-il le savoir un jour, et se montrer digne du nom qu'il porte!

Tout le monde est ravi en entendant ces paroles. «Si notre fils est chrétien, dit le père de l'enfant, raison de plus pour que nous le devenions nous-mêmes», demandant des livres de religion à l'instant même ; et aujourd'hui, dans la même famille, je compte plus de quinze catéchumènes fervents. Je n'en finirais pas, si je voulais énumérer tous les faits de ce genre, tant ils sont nombreux. Et pour n'être pas trop long, je m'en tiendrai là, en vous disant que les baptiseurs et baptiseuses ont acquis une telle renommée à la ville, que plusieurs fois les païens eux-mêmes, voyant leurs enfants en danger de mort, sont venus les prier d'aller leur conférer le baptême, afin que du moins ils puissent jouir du bonheur de l'autre vie, puisque selon eux (les Chrétiens), il y en a une. On m'a même raconté qu'un païen lui-même avait baptisé son propre fils à l'heure de la mort, en se servant de la formule d'un catéchisme qui lui était tombé sous la main, parce qu'il avait vue dans ce livre qu'on devait baptiser même les enfants païens, s'ils se trouvaient en danger de mort.

Kyeng-syang-to, Tchil-Kok, le 21 Avril 1886
Signé : Ach. Robert
Miss. apost. en Corée

059 Lettre de M. Coste à M. Lemonnier [AMEP v. 581 ff. 26~28]

P. Coste au P. Lemonnier

Séoul, 24 Février 1887
[reçue] 19 mars

Cher Père Lemonnier,

Les comptes que vous nous avez envoyés me paraissent exacts. Mgr Blanc me charge de vous en accuser réception et de vous faire part des réflexions suivantes.

Vous avez dû remarquer, comme nous, que certains membres de notre Société, en discutant les articles du réglement, réclament, en faveur de chaque missionnaire, le paiement intégral de l'allocation qui lui est accordée en principe.

Au change de cette année dernière, les 660 f alloués à Paris représentent $ 157.89 au lieu des $ 120 admis comme équivalent par les traditions de la procure, soit une différence de $ 37.89.

Quand il y avait à peu près équilibre entre les données de Paris et celles de HongKong, personne ne songeait guère à se prévaloir de la hausse ou de la baisse du change. Mais maintenant que la disproportion est si accentuée, n'y aurait-il pas lieu de modifier la vieille routine?

A première vue, il semble que chaque Mission est libre de régler cette affaire pour ce qui la regarde et comme elle l'entend. Mais, examinée de plus près, la question atteint les limites de l'intérêt général. Les Vicaires apostoliques ou les Supérieurs seraient bien aises d'avoir une règle fixe pour concilier les droits de l'équité et ôter tout prétexte aux réclamations. Dans l'état actuel, ils ne savent sur quelles bases s'appuyer. Verser les allocations d'après le taux de l'année, serait peut-être une mesure équitable, mais ce serait une innovation opposée à la pratique de la Procure générale elle-même, qui (on le voit encore sur nos comptes de 1886) retient le viatique annuel d'après l'ancienne moyenne de $ 120. Alors, comment faire?

En vertu de son titre, le Procureur général est appelé, ce nous semble, à émettre son avis sur cette question financière. Une motion de votre part serait d'un grand poids, à n'en pas douter ; et nous verrions peut-être mettre un terme à la difficulté présente.

Il y a quelques semaines, le P. Robert, chargé des districts du Sud-est de la Corée (province de Kyeng-syeng-to), nous annonçait que les chrétiens des environs de Taikou étaient poursuivis par ordre du gouverneur. Lui-même se croyait menacé d'être jeté en prison. Si la persécution en était arrivée à ce point, nous le saurions, sans doute, déjà. Néanmoins veuillez nous prêter le secours de vos bonnes prières.

Mes amitiés, s.v.p. aux Confrères de vos parages et croyez-moi toujours.

Votre tout dévoué et affectionnée in X°.

Jn. Coste

060 Lettre de M. Coste à M. Martinet [AMEP v. 581 ff. 36~38b]

P. Coste au P. Martinet

Séoul, 2 Juin 1887

Cher Père Martinet,

Enfin on nous a ouvert la porte de la cage : l'échange des ratifications a eu lieu le 30 mai sans difficulté. L'audience du roi a été bienveillante. Il s'est montré flatté de recevoir une dépêche qui lui a été présentée par M. Collin de Plancy de la part du Président de la République française, heureux de faire alliance avec les français ; il a promis de faire ses efforts pour maintenir l'amitié, de bien traiter les Français, etc., etc. Dans ces démonstrations il faut, évidemment, faire la part de ce qui était commandé par l'étiquette et la routine ; mais il était déjà avéré que le roi n'était pas mal disposé envers nous, et il y a lieu de croire que, s'il ne tenait qu'à lui, ses promesses ne seraient pas de vains mots.

Je ne sais par quelle suite de circonstances notre élève prisonnier a été transféré, quelques jours avant l'arrivée de l'Envoyé français, de la caserne, où il était bien traité, dans la prison des criminels, d'où l'on ne sort guère que pour aller au supplice. Mr. de Plancy a promis de plaider l'innocence de cet enfant et de faire ses efforts pour le délivrer. Il doit s'occuper actuellement de cette affaire (après-midi). Il doit aussi s'occuper de la question des passeports qui doivent nous donner le droit de circuler dans le pays. Puisse-t-il réussir dans le sens le plus favorable!

A propos de passeports, j'avais oublié de vous dire que Mgr Blanc avait retenu le sien pour servir de modèle à ceux qu'il voulait faire demander aux Coréens, et renvoyé à la Légation de France à Péking ceux du P. Deguette et de votre serviteur.

Mes élèves me demandent si l'on peut se procurer à Changhay ou en Chine de petits dictionnaires français-chinois, comme, par exemple, celui de MM. Giquel et Lemaire? Voudriez-vous nous donner une réponse.

Votre dernier envoi une fois déballé, il s'est trouvé qu'une lampe avait été cassée. Veuillez donc avoir la bonté d'en envoyer une autre pareille. Je suis chargé de vous demander, en outre, pour la Mission :

1° : 5 barres d'or,

2° : 8 à 10 sabots d'argent, à envoyer d'après la méthode usitée.

Je vous préviens aussi que je vais probablement donner à MM. E. Meyer and Co. de Chemulpo une traite, sur vous, de $ 1000, qui sera peut-être suivie à bref délai d'une seconde pour la même somme.

Nous achetons du terrain pour bâtir, songeant à faire venir des Sœurs, etc. etc. Gare à vous!... Mais figurez-vous donc que vous pouvez dès maintenant venir vous promener en soutane dans les rues de Séoul. Quand nous procurerez-vous l'occasion de jouir de ce spectacle?

En attendant, croyez-moi toujours

Votre tout dévoué in Xto.

Jn. Coste

061 Lettre de M. Coste à M. Rousseille [H-8 문서]

P. Coste au P. Rousseille

Séoul, le 3 octobre 1887

à Mr Rousseille

Monsieur et cher confrère,

Le P. Liouville, supérieur de notre séminaire de Corée, me prie de vous demander cinq exemplaires des messes de Dumont. Cela me permet de renouer avec vous une vieille correspondance qui a été longtemps interrompue.

Pas n'est besoin de dire que je suis heureux de pouvoir ainsi vous présenter l'hommage de mon respectueux et affectueux souvenir.

Vous faites, paraît-il des merveilles à Nazareth. Je me réjouis avec vous des succès que vous avez obtenu dans une entreprise très recommandable à bien des égards: l'approbation générale qu'elle semble avoir obtenue, est une preuve de la bénédiction de Dieu, ainsi qu'un garant de stabilité et de développement.

Vous faites une œuvre utile à nos missions, non seulement par la vie de prière et de retraite, mais aussi par la diffusion de bons livres. Peut-être verrons-nous un jour sortir de vos presses une revue catholique en chinois, comme celle que publient les pp Jésuites à Changhay. Quoi qu'il en soit, je fais des vœux pour les progrès que vous pouvez ambitionner en vue de la gloire de Dieu et du bien des âmes.

Ici, en Corée, nous commençons à sortir des catacombes, puisque nous pouvons déjà promener la soutane dans les rues de Seoul et aux environs; Quoi qu'il en soit, ce n'est pas encore la liberté officielle pour nos chrétiens: le gouvernement semble s'être réservé le droit de les persécuter, s'ils osent professer ouvertement la religion étrangère.

Dans les hautes sphères, il y a encore quelque vieux ferment d'hostilité qui tend à se faire jour d'un moment à l'autre. Vous avez appris, sans doute, que des chrétiens sont jusqu'aujourd'hui détenus en prison, en Kyeng-syeng-to, pour la foi, qu'ils ne veulent pas abjurer; que le jeune élève de Pinang, arrêté à Chemulpo l'année dernière, a été pendant plusieurs semaines dans la prison des malfaiteurs et finalement envoyé dans un exil lointain, d'où il est impossible de savoir de ses nouvelles.

Dernièrement plusieurs soldats se sont vu refuser leur solde mensuelle et ont été congédiés parce qu'ils ont été reconnus comme chrétiens.

Ce dernier trait est cependant significatif: car, il y a quelques années, on ne se serait pas contenté d'un congé ordinaire, on l'aurait remplacé par un congé pour l'autre monde. On se relâche donc de l'ancienne rigueur; et il y a lieu d'espérer qu'au contact des Européens, les moeurs farouches d'autrefois céderont la place à un décorum plus humanitaire, dont nous tâcherons de profiter pour avancer l'œuvre de Dieu.

Nous avons acheté un terrain pour bâtir. Commencerons-nous par une maison, par une cathédrale? Les plans seront faits en vue de l'un et l'autre parti, pour être réalisés in tempore opportuno. Peut-être, pour ménager la transition, nous arrêterons-nous au premier parti. et cette bâtisse s'appellerait le Collège, titre qui n'effaroucherait pas. Vous voudrez bien prier avec nous afin que l'édification spirituelle soit surtout menée à bonne fin.

Mes amitiés et respects, s.v.p., aux confrères et veuillez me croire en union de prières et SS Sacrifices.

Votre très humble et dévoué serviteur.
Coste

062 Lettre de M. Coste à Mgr Blanc [뮈텔 문서 1887-13]

P. Coste à Mgr. Blanc

22 Octobre 1887

Monseigneur,

Voici, dans la lettre de Mr Waeber, le résultat des négociations entreprises pour l'affaire du P. Deguette. Votre Grandeur, je présume, n'en sera pas plus satisfaite que nous, y compris, bien-entendu le P. Deguette. Comment? tout se bornerait à ces plates excuses?

On comprend que le Tjyo, qui n'était pas en place, ne soit pas personnellement coupable. Aussi bien n'est-ce pas à sa personne qu'on s'en prend. Il est clair qu'il y a eu faute, négligence, et par suite, dommage (surtout moral). La responsabilité en incombe au gouvernement, qui n'a pas promulgué le traité quand il le fallait, et, en partie, au préfet de Ouen-san, qui n'a pas attendu la réponse de Séoul. Une excuse, telle qu'elle est faite à huit clos, n'est pas une réparation suffisante. Il était presque convenu qu'on réclamerait 1° une escorte pour réinstaller le P. Deguette au nom du gouvernement, qui l'avait ignominieusement chassé malgré ses protestations appuyées sur le traité ; 2° une proclamation affichée à Ouen-san établissant les droits du P. Deguette, avec défense expresse, adressée au peuple, de le molester ; 3° une indemnité, si des dégâts s'étaient produits. De tout cela, il n'est nullement question dans l'exposé des excuses. N'y aurait-il pas lieu de protester plus énergiquement, en déférant, au besoin, l'affaire à tous les représentants étrangers de Séoul? Avant d'en venir là, on pourrait peut-être en prévenir Mr Waeber. Quoi qu'il en soit, le P. Poisnel et votre serviteur sont d'avis que Votre Grandeur ferait bien de se mettre Elle-même en avant, pour donner plus de force à la protestation.

Sans entrer dans d'autres considérations, je me hâte de vous envoyer la pièce en question, en me disant.

De Votre Grandeur
Le très humble et dévoué serviteur.
Jn. Coste

Amitiés au P. Deguette.

063 Lettre de M. Coste à M. Rouseille [H-8 문서]

P. Coste au P. Rousseille

Séoul, le 6 février 1888

Monsieur et cher confrère,

Nous avons reçu les articles mentionnés dans votre bonne lettre du 10 décembre et une foule d'autres belles choses que vous nous avez envoyées. Mgr Blanc doit vous en exprimer notre reconnaissance.

Les matrices que vous vous êtes procurées à Changhay sont, sans doute, la reproduction de celles qui ont servi à fondre les caractères du dictionnaire coréen. Telles que je les ai vues chez Lévy à Yokohama, elles n'étaient pas montées; c'était le simple produit de la galvanoplastie. Si vous les avez encore en cet état, vous ne pourrez pas les utiliser immédiatement. Nous en avons de la même force, nous en avons aussi pour caractères moyens et pour caractères plus gros, soit en tout, pour trois grandeurs différentes de caractères, que nous fondons nous-mêmes.

En attendant que vous puissiez mettre ces renseignements à profit, veuillez agréer mes voeux, un peu tardifs, mais non moins sincères, de bonne année, présenter mes respects et amitiés aux confrères, et me croire, en union de prières et SS sacrifices, votre très humble et dévoué serviteur.

Coste

Ci-joint une petite commande.

Seoul le 5 février 1888
Demandé à Nazareth:
Pour le Séminaire de Corée,
- 15 Epitome
- 5 Benedictio mensae

Coste

064 Lettre de M. Coste à M. Weber [뮈텔 문서 1888-49]

P. Coste à Weber

8 Février 1888

M.

La réflexion et les bruits qui nous sont parvenus depuis que nous avons eu le plaisir de vous voir hier nous font croire que l'intervention royale dans notre affaire n'a pas toute l'importance que nos envieux voudraient nous y faire attacher.

Les nobles s'accordent tous à dire que le Président du M…[Ministère des Affaires étrangères] a échoué dans une fausse manœuvre. Les uns considèrant la partie comme perdue, les autres, ceux de notre quartier, qui cherchent à se raccrocher aux branches, ne pouvant plus invoquer le dragon protecteur de la montagne ni nous contester notre droit de propriété, ils voudraient nous persuader que nous serions très agréables au roi si nous consentions à évacuer la place. Parmi eux on cite surtout le Présid., le général Han, un Sim, un Youn, etc. Avant d'aller chez le roi, le général Han a eu une entrevue avec le Président; d'autres réunions ont eu lieu dans lesquelles on a sans doute concocté un plan de campagne. Le général Han est notre ennemi: c'est lui qui a envoyé en exil le jeune élève coréen arrêté à Chemulpo à son retour du Japon dans les circonstances que vous connaissez; c'est encore lui qui a congédié plusieurs soldats parce qu'ils étaient chrétiens. Le roi ne nous paraît pas hostile. Bien informé et laissé à ses propres inspirations, il n'envisagerait probablement pas l'affaire au même point de vue que les nobles susdits. Tout porte donc à soupçonner que le général Han vous a présenté sous des couleurs favorables à la cause de son parti la conversation qu'il dit avoir eue avec Sa Majesté. Et supposé que le roi eût été circonvenu, nous conviendrait-il de céder ainsi la victoire à des intrigants qui pourraient s'en prévaloir contre nous dans l'opinion publique.

Nous sommes donc d'avis qu'il n'y a pas matière à conciliation, et que le maintien de nos droits est le meilleur parti à prendre. Cela ne nous empêchera pas d'avoir pour le roi l'estime et la déférence qu'il mérite par son caractère probe et loyal. Au reste, quand Sa Majesté daignera nous honorer de quelque bienveillance, nous saurons aussi nous montrer reconnaissants autant que nos moyens nous le permettront.

Nous avons pensé que ces quelques détails pourraient vous être utiles. Voilà pourquoi je m'empresse de vous les transmettre en vous priant d'agréer l'assurance du profond respect avec lequel j'ai l'honneur d'être, Monsieur le Chargé d'Affaires, v... [votre très humble serviteur]

065 Lettre de M. Coste à M. Lemonnier [AMEP v. 581 ff. 108~110]

P. Coste au P. Lemonnier

Séoul, le 18 Mars 1888

Cher Père Lemonnier,

Voilà déjà quelque temps que nous ne sommes plus en relations épistolaires. Si vous étiez à Changhay, il est probable que notre correspondance serait plus active. Demandez donc au P. Martinet, qui ne discontinue pas de nous faire des commissions. Quoi qu'il en soit, je suis heureux aujourd'hui, à l'occasion des comptes dont j'ai à vous accuser réception de la part de Mgr Blanc, de vous envoyer, au moins, un petit bonjour, et de rafraîchir notre vieille amitié.

Les comptes viennent d'être dépouillés. Ils me paraissent exacts. Mais ils me donnent occasion de constater que notre argent coule comme de l'eau. Et nous n'avons pas encore ouvert la grande écluse pour constructions de maison, d'église, etc.!

Nos établissements de bienfaisance détruisent passablement l'équilibre de notre budget : je voterais pour qu'on tâchât de le rétablir. Toujours est-il que, en attendant, nous serons peut-être obligés d'attaquer l'avoir que nous possédons à Yokohama. Au lieu de tirer directement sur le Japon septentrional, n'y aurait-il pas moyen de s'entendre avec la procure générale de manière à éviter des frais de part et d'autre? Le P. Pettier n'aurait qu'à vous donner avis de tenir à notre disposition telle somme, que vous passeriez au débit du Japon septentrional, comme à compte de ses allocations ; et nous tirerions nous-mêmes sur la procure de Changhay jusqu'à concurrence de la même valeur.

Vous savez que nous commençons à profiter des maigres avantages que nous assure le traité franco-coréen. Nous avons acquis un magnifique terrain, dont certains grands personnages ont essayé en vain de nous déposséder. Nous y terminons les travaux de terrassement préparatoires, et nous allons commencer à bâtir d'abord une maison, puis une église.

Nous attendons prochainement des Sœurs de St. Paul de Chartres.

Dans l'intérieur, nos confrères ont des succès encourageants. Dès que nous passerons de la tolérance à la liberté, les conquêtes seront plus nombreuses. Mais combien de temps faudra-t-il encore attendre, et combien d'épreuves aurons-nous encore à traverser? C'est le secret de Dieu. Priez-le de nous venir toujours en aide, présentez mes amitiés aux Confrères et me croyez.

Votre très-humble et affectionné confre.
Jn. Coste

066 Lettre de M. Coste à M. Martinet [AMEP v. 581 ff. 119~122]

P. Coste au P. Martinet

Séoul, le 29 avril 1888

Cher Père Martinet,

La malle qui vient d'arriver ne m'a pas apporté de lettre de vous. J'ai cependant à vous accuser réception de votre petit mot du 5 Avril.

Il devient maintenant douteux si nous pourrons assister au Sacre de Mgr Midon. Car, avant de partir, Mgr Blanc voudrait voir Mr. Collin de Plancy. Or, nous apprenons que ce dernier n'arrivera que dans la seconde moitié et peut-être à la fin du mois de mai.

A en juger par la manière dont il avait envisagé notre situation, Mr. Collin de Plancy nous semble être l'homme convenable pour soutenir nos droits et faire face à un reste d'opposition qui nous est faite, par un certain parti du gouvernement coréen, relativement à notre propriété. Jusqu'ici nous avons continué à suivre la ligne de conduite qu'avait indiquée Mr. Waeber lui-même dès le principe, lorsqu'il remporta la victoire sur le Président du Ministère des Affaires étrangères en le convainquant d'avoir fabriqué une fausse pièce : nous nous sommes montrés résolus à ne pas entrer en accommodement avec le gouvernement coréen, tant que nos titres de propriété envoyés par Mr. Waeber, pour légalisation, au Ministère des Affaires étrangères, ne nous auraient pas été remis. Or, malgré notre droit reconnu des autorités coréennes elles-mêmes, malgré la promesse réitérée qu'elles nous ont faite de remplir la formalité, nos papiers sont encore entre leurs mains. Mr. Waeber, qui a, paraît-il, plusieurs raisons de ménager le gouvernement coréen a maintenant viré de bord ; et, tout en reconnaissant aussi notre droit, il nous reproche d'attacher trop d'importance au retour de nos papiers, disant qu'il faut excuser les Coréens et savoir renoncer à un droit pour se les rendre favorables. Il serait facile de se ranger de son avis si notre cas était semblable, par exemple, à celui de la cathédrale de Péking. Mais il est bien différent. Et en outre, quelle compensation nous offrirait le gouvernement coréen? Il nous a fait proposer un petit terrain dans un coin isolé à une extrémité de la ville. Autant voudrait nous considérer comme des lépreux qu'il s'agit d'éloigner de la société. Au reste, après les travaux exécutés sur notre terrain, il est un peu tard pour parler d'accommodement. Mr. Waeber le comprend peut-être ainsi ; mais, il a fait un faux pas, en nous engageant à faire contresigner nos papiers, formalité qui n'est pas absolument nécessaire : il ne peut pas les retirer. En outre, il est en train d'élaborer un traité de commerce relatif à la frontière russe. Il ne veut pas froisser les Coréens. Aussi ne serait-il pas fâché de nous voir entrer en composition avec eux, et donner satisfaction au roi en nous transportant ailleurs. Il en résulterait, pense-t-il, une bienveillance féconde, le bien de la religion ; tandis que, dans le cas contraire, le spectre noir se dresse devant nous : défense aux chrétiens de communiquer avec nous, leur exil, la persécution, etc. Tout porte à croire qu'il s'exagère la gravité de la situation. Toujours est-il qu'il n'a pu nous convaincre, et que, dussions-nous nous exposer à un petit orage, nous ne croyons pas oppportun de céder aux Coréens dans les circonstances actuelles ; ce serait leur donner un signe de faiblesse dont ils ne manqueraient pas de se prévaloir pour être plus exigents, au besoin, dans d'autres cas. Je passe sous silence les autres considérations qui nous portent à maintenir nos droits. Ces quelques détails vous seront peut-être utiles, lorsque vous verrez Mr. Collin de Plancy. Prévenu par vous ou renseigné avec toute la délicatesse qui vous distingue, il se tiendra en garde contre les premières impressions qu'il pourrait recevoir auprès de Mr. le Chargé d'Affaires de Russie, chez qui il ira probablement loger les premiers jours.

Nous attendions quatre Sœurs dans le courant du mois de mai ; mais le P. Mutel nous écrit qu'elles ne pourront guère arriver avant la fin de l'année. Nous insistons pour en obtenir au moins deux le plus tôt possible.

Votre tout dévoué.
Jn. Coste

067 Lettre de M. Coste à Mgr Blanc [뮈텔 문서 1888-13]

P. Coste à Mgr. Blanc

15 Juin 88

Mr. Collin de Plancy.

M. le Commissaire,

J'ai l'honneur de vous transmettre les pièces relatives à mes élèves.

La lettre du P. L(?) instruit le récit pur et simple du fait inculpé.

Les autres ont pour but de vous montrer la suite des démarches ~~qui ont été faites l'ont suivi~~ subséquentes. Mgr Blanc ~~vous prie~~ sera reconnaissant de vouloir bien lui renvoyer, ~~s'il vous plaît,~~ après usage, ~~celle~~ la lettre de Mr Waeber ~~quand après vous en être servi quand vous le jugerez après que vous vous en avait ussiez fait l'usage voulu.~~

Hier Sa Grandeur étant allé faire visite à Mr le Chargé d'affaires de Russie, a recueilli de sa bouche un renseignement qu'il est peut-être bon de ~~vous faire~~ porter à votre connaissance, ~~comme~~ En jetant un nouveau jour sur l'intrigue de l'affaire, l'incident dont il s'agit pourra peut-être vous ~~suggérer un autre moyen de définir~~ guider ~~dans vos moyens de définir~~ aider à résoudre les difficultés. Monseign. ayant **** ~~parti~~ amené la conversation sur la question de nos élèves, voici en ~~peu près~~ substance ~~ce qu'~~à les paroles de Mr Waeber :

« ~~Mon~~ Monseigneur Dans cette affaire il y a eu un malentendu ~~regrettable.~~ Les Coréens, étaient embarrassés, ~~demandèrent~~ consultèrent à Mr Denny ~~ce qu'il y avait à faire de nos élèves~~ sur la manière de procéder relativement aux ~~vous trois jeunes~~ détenus. Mr Denny ne savait pas ~~que les trois jeunes qui~~ que c'étaient de vos élèves. Il répondit qu'il fallait les traiter suivant les lois du royaume et demanda une copie des dispositions relatives au cas. Or, d'après ces dispositions, il y a ~~peine de mort~~ décapitation ou exil contre quiconque ose pénétrer dans l'enceinte du palais royal.» Alors Mgr fit remarquer qu'il y a trois enceintes, et que la peine de mort doit s'appliquer à ceux qui violent l'enceinte tout à fait intérieure, que nos élèves n'avaient été que dans l'enceinte extérieure. Mr Wacker continue : «Mr Denny conseilla l'application de la peine la plus légère, celle du bannissement. ~~Quand~~ Grande fut sa stupéfaction quand il apprit que j'avais (c'est Mr Waeber qui parle) à intimider pour ces pauvres prisonniers ~~de nom~~ de la part de la Miss. cath., il regretta vivement, etc...» Sur la question de savoir si Mr Demy avait fait d'autres démarches pour délivrer les élèves, ~~la rép~~ Mr Waeber ne répondit pas catégoriquement : «Voilà, dit-il... les élèves sont toujours en prison.»

Cependant, il y a moyen de faire valoir leur innocence : ~~ils étaient étrangers, n'étaient pas de Séoul et pouvaient ignorer la défense.~~ Etrangers à Séoul, ils ne connaissaient ni la topographie ~~des environs~~ du palais, ni les conséquences ~~qu'ils pouvaient~~ que pouvaient entraîner pour eux le passage à travers une brèche ~~ouverte à tout le monde~~ en cherchant une issue pour continuer une promenade. Ils étaient sous l'autorité d'un Européen qui assume toute la responsabilité, etc. etc. Au reste, laissant à Mr le Commissaire le soin de tirer parti des autres moyens de défense fournis par les documents ci-inclus, j'ai l'honneur d'être avec une haute considération.

Son très humble et dévoué ser.

Mgr B. vous prie de vouloir bien accepter une grace rempli de droit cor(?). qu'il vous offre au nom de la Miss. de C.

Monsieur Coste

068 Lettre de M. Coste à M. Martinet [AMEP v. 580 ff. 127~130]

P. Coste au P. Martinet

Séoul, le 24 Juin 1888

Cher Père Martinet,

Aujourd'hui, fête de St. Jean-Baptiste, j'ai pensé à vous d'une manière particulière. Je prie votre Saint Patron de vous obtenir toutes les grâces que vous pouvez désirer.

Ma dernière lettre vous annonçait que je tirerais prochainement sur vous un millier de piastres. Voici les traites que j'ai données à la maison Meyer :

13 Juin, N° 14 ············ $ 800
18 .id. N° 15 ············ $ 240

Les journaux, à la suite du télégraphe, ont peut-être jeté l'inquiétude dans vos quartiers. Rassurez-vous, le danger est passé. Il avait circulé à Seoul et il circule encore en province des bruits assez communs en Chine, mais qu'on n'avait pas encore entendus en Corée. Des Coréens étaient soupçonnés par leurs compatriotes de voler des enfants et de les vendre, soit aux Japonais, soit aux Européens, qui les mettaient à mort, en suçaient le sang, les faisaient bouillir, se nourrissaient de leur chair, en faisaient des médecines, etc. Les enfants d'un an étaient payés 100 ligatures, ceux de deux ans 200 lig. et ainsi de suite ; les grands, ceux qui étaient trop durs pour la dent des hommes, étaient donnés aux chevaux. Voilà un échantillon de tous les commérages exploités par la crédulité populaire. L'agitation était grande en ville. Elle en était venue à un point où une étincelle aurait pu allumer l'incendie. Les représentants des Puissances étrangères s'en émurent. Après s'être concertés, ceux qui avaient des navires de guerre à Chemulpo firent venir une garde composée de quelques marins.

C'est ainsi que les Légations de France, d'Amérique, de Russie et du Japon, reçurent chacune un détachement d'une vingtaine de soldats. Il n'en fallut pas davantage pour imposer le respect. On provoqua des proclamations de la part du gouvernement coréen. Et maintenant le calme est rétabli à la capitale. Pour conjurer le danger en province, Mr. Collin de Plancy a demandé qu'on y dépêchat également des proclamations.

Les promoteurs de toutes ces calomnies ont eu bien soin de ne pas se déclarer. Elles ont eu lieu partout avec un tel ensemble qu'elles semblent devoir être attribuées à un mot d'ordre destiné à soulever une révolution au profit d'un parti ennemi du pouvoir actuel. Le roi, paraît-il, se croyait fortement menacé et n'était pas moins inquiet que les Européens.

Mr. Collin de Plancy est l'homme qu'il nous faut pour faire face à la situation. S'il ne tenait qu'à lui, toutes nos affaires seraient déjà réglées. Il les envisage au même point de vue que nous. Avec les Coréens, il ne se perd pas en arguments : il se contente d'affirmer notre droit, et les Coréens disent : «oui.» Ce n'est donc qu'une affaire de formalités à remplir. Nous espérons donc voir sous peu nos élèves délivrés et nos titres de propriété recouvrés. Deo gratias!

Mgr Blanc va inviter le P. Rousseille à venir nous voir. Et vous, quand viendra votre tour?

Comme je me propose de vous accompagner dans les rues de Seoul, laissez-moi vous demander une paire de souliers convenables. A ce propos, vous pouvez faire remarquer au cordonnier que la paire qu'il m'a envoyée l'année dernière, n'était pas selon la mesure : c'étaient des souliers qui avaient traîné dans son magasin, et dont il a eu l'air de vouloir se défaire. Les souliers que nous venons de recevoir pour le P. Liouville m'iraient presque bien. Or, quoique ma mesure soit plus petite, les souliers reçus pour moi l'année dernière sont trop grands. Pardon de tous ces détails, et pour résumer :

1 paire de souliers à élastiques, d'après ma mesure ou celle du P. Liouville, sur commande.

Si nos deux bonnes Sœurs arrivaient ici, par la prochaine malle, nous serions un peu surpris. A moins qu'elles ne se mettent au régime coréen, un peu comme les missionnaires, ou qu'elles ne se soient pourvues, je crains qu'il ne leur manque bien des choses sous le rapport de la vaisselle et de l'ameublement.

Je suis obligé de retourner la page pour me dire, comme toujours, Votre tout dévoué et affectionné in Xto.

Jn. Coste

Reçu la 4 N° 46 All right! Merci pour les timbres.

069 Lettre de M. Coste à M. Rouseille [H-8 문서]

P. Coste au P. Rouseille

Séoul, le 16 juillet 1888

Bien cher Père Rousseille,

Depuis votre départ, nous avons eu la douleur d'apprendre la mort du cher P. Lafourcade, miss. en Tyen-ra-to. Il a succombé le 11 courant à une forte fièvre, après avoir vu le P. Vermorel, en route vers le sud, qui arriva juste à temps pour lui administrer les derniers sacrements.

Veuillez faire part de cette triste nouvelle aux PP. Monnier et Maraval, en leur donnant le bonjour de ma part et agréer de nouveau mes souhaits de bon voyage, ainsi que la haute estime avec laquelle j'ai l'honneur de me dire votre très humble et dévoué confrère.

Coste

Nous sommes pleins de votre bon souvenir. Pourquoi votre passage a-t-il été si court? Monseigneur et le P. Poisnel vous saluent.

070 Rapport concernant l'affaire de la propriété du Tjyong-hyen
[뮈텔 문서1888-83]

AFFAIRE DE LA PROPRIETE DU TJYONG-HYEN RAPPORT

(Voir la fin)

Dans le courant de janvier 1888, Mr Waeber nous conseilla de faire enregistrer par les autorités coréennes nos titres de propriété. Nous reconnûmes et lui fîmes remarquer plus tard que cette formalité n'était pas nécessaire, Il n'en est pas question dans le traité. Les Européens, par suite sans doute de leurs traditions nationales, l'emploient comme une garantie. Les Coréens s'en abstiennent: dans leurs contrats de vente et d'achat, ils se contentent de se transmettre les titres, comme signe du transfert de la propriété, sans l'intervention de la chancellerie. Néanmoins pour condescendre aux désirs de M. le Chargé d'Affaires de Russie, qui nous assurait que nos papiers nous seraient promptement et fidèlement rendus, nous réunîmes en les classant, et lui envoyâmes, tous les documents que nous possédions. Mr Waeber, à son tour, les contrôla, en prit note, et les expédia au Ministre des Affaires Etrngères, qui devait les faire enregistrer par un département ad hoc (Han syeng pou) sous le nom de Mgr Blanc.

Sûrs de notre droit, nous poussions activement le déblaiement de notre colline. Le 3 février, sur l'invitation de Mr Waeber, qui avait à nous communiquer une dépêche du Président des Affaires Etrangères, MM. Coste et Poisnel se rendirent à la Légation de Russie. Dans la dépêche, on nous contestait le droit de propriété en alléguant que la colline était une propriété du Gouvernement coréen. La colline étant supposée dominer le temple voisin des ancêtres royaux (Yeng-heui-tyen), on nous reprochait d'en troubler le génie protecteur (主山) en déchirant les flancs de la montagne. Nous répondîmes à Mr Waeber que notre terrain n'était pas une propriété du gouvernement: Nos titres en faisaient foi. Nous les tenions de propriétaires particuliers qui se les transmettaient de génération en génération, et l'on voyait encore, sur la hauteur où nous proposions de bâtir, les fondements d'anciennes maisons qui existaient lorsque les Japonais s'établirent pour la première fois dans le voisinage. C'est à ce moment-là que pour éviter ce voisinage, les propriétaires démolirent leurs maisons, en vendirent les matériaux, et allèrent se loger ailleurs.

Quant au dragon de la montagne, nous fîmes remarquer que nous n'avions pas été les premiers à le troubler: en maint endroit de la colline, il y avait des excavations assez profondes, pratiquées par les Coréens qui étaient venus extraire une sorte de sable ou de terre propre aux constructions.

La colline, séparée du temple par un vallon habité et par un chemin fréquenté n'avait rien de commun avec lui. A notre avis et à celui des nobles non intéressés dans l'affaire, c'était à tort qu'on invoquait contre nous le génie de la montagne. Au reste, si le Gouvernement coréen avait voulu prendre en mains la cause de ses génies protecteurs de manière à leur réserver des terrains privilégiés, il aurait dû faire mention de cette réserve. Or il n'en est nullement question dans le traité. Nous avions agi suivant la teneur du traité qui accorde à tout Français le droit d'acheter des terrains et de bâtir dans les ports et les endroits ouverts aux étrangers. Si le Gouvernement coréen était autorisé à se prévaloir ainsi d'un prétexte qu'il inventerait à plaisir, il lui serait par trop aisé de molester quiconque lui déplairait.

Le 4 février, M. Waeber se rendit au Oe-a-moun (Minist. des Aff. Etrang.) pour plaider notre cause. Il y rencontra une vive opposition de la part du Tok-hpan (Ministre des Affaires Etrangères) qui, entre autres sophismes, prétendait aussi avoir des titres dans les archives du temple. Bref, ne pouvant tomber d'accord, il fut résolu de part et d'autre de faire une descente sur notre terrain à l'instant même.

Mr Waeber remarqua que les porteurs de chaise se faisaient longtemps attendre; il attribua ensuite ce retard à des ordres secrets, indices de quelque complot. Comme nous sortions de diner, on nous annonça des gens du Oe-a-moun. MM. Waeber et Denny arrivèrent les premiers. Le Tok-hpan arrivé longtemps après ne voulut pas entrer dans notre salon. Il se transporta aussitôt avec son escorte sur un des points élevés de la colline.

En passant il menaçait de faire arrêter les ouvriers occupés aux terrassements. MM. Denny, Waeber, Coste et Poisnel allèrent à sa suite. On commença à parler par interprètes. Le P. Poisnel s'adressa une fois directement au Tok-hpan. Celui-ci dédaigna de lui répondre, disant avec la fierté d'un noble coréen qui veut se rendre important: «Quel est cet homme? Je n'ai affaire qu'au consul»

Mgr Blanc arriva sur ces entrefaites. Des deux côtés on faisait valoir les raisons dont il a déjà été parlé. Mais le fait qui domine tous les incidents de la journée fut l'exhibition de la pièce sur laquelle le Ministre des Aff. Etrang. fondait son espoir. Le grimoire qu'on avait envoyé quérir depuis environ un quart d'heure au temple arriva enfin soigneusement plié dans une étoffe de soie. «Voyons» - «Vous allez voir» dit le Toj-hpan. On ouvre, on feuillette le livre et l'on trouve tout à fait à la fin du livre une phrase commençant par le mot 主山 et terminant un alinea. «Voilà, dit le Tok-hpan, lisez cette phrase.» Monseigneur, le premier, a déjà deviné la ruse: «De qui est cette écriture? dit-il. Vous venez d'écrire cela ce matin ou hier. L'encre n'est pas la même, le pinceau est différent,» Et passant le livre à M. Waeber, il lui fait constater la supercherie. Stupeur de la part du Tok-hpan, confusion de la part de son entourage. Aucun d'eux n'ose répliquer. Mr. Waeber renvoie le livre avec un geste de dépit. M. Denny demande ce que c'est: nouvelle exhibition du grimoire: «Oh! very bad, very bad! Indeed". Et chacun de pousser des exclamations à l'avenant. «Après une telle fourberie, est-il besoin de discuter davantage? Allons nous en.» dit Mr Waeber. Il jette le livre à la face du domestique qui l'avait apporté, et reprend le chemin de la maison en laissant le Tok-hpan et sa suite comme pétrifiés.

Cependant, Monseigneur resté auprès du Ministre des Aff. Etrang. eut compassion de lui; il fit prier M. Waeber de vouloir bien user de ménagement envers un homme assez puissant pour nous faire du bien ou du mal. Mr Waeber, qui avait bien joué son rôle, se prêta à la circonstance. Il revint sur ses pas. On invita le Tok-hpan à entrer au salon et l'on remarqua que son manque de tact de tout à l'heure faisait place à une certaine douceur. «Je suis content de voir que nous pouvons causer ensemble directement, dit-il à Monseigneur, et j'espère que nous arrangerons cette affaire à l'amiable». Bref, on se sépara avec toutes les marques de la politesse. Mais l'échec essuyé par le Tok-hpan dut contrarier ses vues et celles de ses amis. Battus sur un point, ils eurent recours à d'autres artifices. C'est ce que dénote une lettre ci-jointe du 8 février à l'adresse de Mr Waeber...

Le 1er mars, Monseigneur, sur l'invitation du Tok-hpan, étant allé au Yamen avec le P. Poisnel, il en reçut la promesse que nos papiers nous seraient renvoyés dès le lendemain, et qu'après cela, on terminerait l'affaire à l'amiable.

D'autres dépêches (une ou deux) furent adressées à la Légation de Russie, mais elles ne paraissent pas avoir laissé de fortes traces: c'étaient les mêmes arguties, répétées sous une autre forme.

Les dépêches ci-jointes du 5 et du 7 Mars échangées entre M. Waeber et Mgr Blanc, marquent une phase plus accentuée. ……

Dans le courant de mars, Mr Denny, conseiller de Sa Majesté le roi de Corée, vint aussi à la rescousse du Gouvernement coréen, à titre de mandataire et conciliateur.

Mais les propositions qui nous furent faites étaient tout à fait inacceptables; on aurait pu les prendre pour une dérision. Le terrain qu'on nous offrait était tellement isolé qu'il aurait même convenu à des lépreux mis aux ban de la société. M. Denny sembla en convenir. Aussi, après avoir exposé tous ses motifs de conciliation, nous avoua-t-il simplement, qu'il était venu s'acquitter d'un mandat.

Pour toutes les considérations indiquées dans ce rapport et dans les pièces y annexées, nous avons cru à propos de maintenir notre droit. Un jour, devant M. Waeber, nous faisions aux Coréens l'application du dicton populaire: «Si tu avances, je recule; si tu recules, j'avance». La suite des faits semble nous avoir donné raison. Si, par malheur, nous avions cédé, qui sait si nos adversaires ne s'en seraient pas prévalu pour chanter victoire et nous opprimer sur d'autres points?

Maintenant, Dieu merci, la partie est gagnée et les formalités qui restent à remplir ne feront qu'assurer le fruit de nos travaux. C'est ce que nous attendons de la sagesse de M. le Commissaire, et notre espoir est d'autant plus fondé que dès son arrivée, il a su se mettre à la hauteur de la situation et, par son ton, sa fermeté, captiver les Coréens. On rapporte une parole du Tok-hpan; «Celui-ci, dit-il en parlant de M. Collin de Plancy, n'est pas si facile à rouler que les autres». Nous sommes heureux de constater que ce prestige a imprimé une bonne tournure à notre affaire. A notre avis, il n'y a qu'à continuer sur le même train. Ne pas revenir sur ce qui a été décidé, autant que possible, ne pas s'arrêter aux arguties des Coréens, leur prouver par la constance que les Français sont des hommes de parole qui ne s'en laissent pas imposer par la finesse d'un peuple versatile, tels sont, croyons-nous, les moyens de se faire respecter et de faire respecter le droit et d'éviter des complications inutiles. M. Waeber lui même nous a dit un jour: «Si M. de Plancy réussit à vous faire obtenir gain de cause, certainement cela lui donnera une position bien avantageuse».

A tous ces points de vue, la solution de notre affaire se résoudrait donc à une simple formalité: la reddition de nos titres. Quant à la question de bâtir, de nous installer, nous ne voyons pas comment nous aurions besoin d'une autorisation spéciale, puisque cette autorisation est comprise dans la teneur du traité. Serait-ce qu'on élèverait des difficultés au sujet d'un édifice religieux? Mais, d'après le traité, les Français ayant le droit de pratiquer leur religion, ils ont par conséquent celui de bâtir des temples destinés à cette fin.

Nous n'en demandons pas davantage pour le moment, et les Coréens seraient malaisés à venir nous demander nos plans. A Yokohama, à Tokyo, à Nagasaki et dans les autres ports ouverts du Japon, où les anciens édits de proscription contre la religion catholique ne sont pas encore rapportés, on a bâti des églises, et nous ne sachons pas que le Gouvernement japonais soit intervenu pour en réglementer la structure et les dimensions.

La question de notre terrain mise de côté, puisque c'est une affaire réglée, et qu'il n'y a plus à y revenir, nous sommes assurément disposés à faire plaisir au roi autant que les circonstances nous le permettent. C'est ce que nous avons déjà déclaré à M. Waeber, et nous nous plaisons à le redire. L'avenir nous mettra peut-être à même de rendre à Sa Majesté des services qu'il n'est guère possible de prévoir maintenant.

Sa Majesté nous donnerait de son côté une marque de bienveillance qui serait très appréciée, si Elle rendait un édit accordant la liberté religieuse à ses sujets, et des passeports rédigés comme en Chine aux missionnaires catholiques. Mais le moment est-il venu de solliciter de tels avantages dans l'interêt de la Mission? Nous laissons à M. le Commissaire le soin d'agir suivant l'opportunité des circonstances et le prions de vouloir bien agréer l'assurance de notre profond respect, de notre gratitude et de notre dévouement.

Séoul le 25 juillet 1888

Après avoir acheté notre terrain petit à petit, en nous conformant aux contumes des nobles coréens, nous commençâmes les travaux de terrassement dans la seconde moitié de novembre 1887, et durant les mois de décembre 1887 et de janvier 1888 l'ouvrage se faisait au vu et au su de tout le monde sans que l'on entendît parler d'aucune protestation du Gouvernement coréen.

071 Lettre de M. Coste à M. Colin de Plancy [뮈텔 문서1888-49]

P. Coste à Colin de Plancy

26 7bre 88

M.

Voici notre courrier. Monseigneur a pensé que vous pouvez nous donner l'hospitalité à me **** qu'il y a rien de vous éviter la peine de nous avertir chaque fois.

Voudriez-vous avoir la bonté de nous dire s'il faut vous envoyer vos lettres par le sac le jour ou le lendemain de l'arrivée des plis qui viennent de Changhay? Merci d'avance.

Les Sœurs m'ont parlé de vous. Elles se souviennent que vous aviez exprimé le souhait de voir préparer un local provisoire où les Européens catholiques pourraient entendre la messe le dimanche et les jours de fête. Elles songeaient à vous offrir une place dans la modeste chapelle qu'elles ont fait disposer. Seulement, elles craignent de vous mettre trop à la gêne au milieu de leur petit peuple et de vous condamner à vous lever trop tôt pour la messe réglementaire de 6h. Chez Monseigneur, il n'y aurait pas le même inconvénient. Sa Grandeur [se] met volontiers à votre disposition ainsi qu'a celle de Mr Guérin pour une messe à 9h dans son oratoire, sans autre assistance que celle de ses gens... Quand vous croirez pouvoir en profiter, il suffirait de le prévenir.

Veuillez...

072 Lettre de M. Coste à M. le Ministre [뮈텔 문서 1888-62a]

P. Coste à M. le Ministre

20 9bre 88

Monsieur le Ministre,

Comme vous le savez, nous avions intention d'acheter du terrain à Chemulpo sur la concession européenne. ~~Or comme nous avons besoin de votre intermédiaire, nous~~ Etant allés visiter les lieux, le terrain qui nous paraîtrait le plus convenable.

Nous nous adressons à vous avec confiance *** ~~que vous ayez la bonté~~ en vous priant de vouloir bien faire auprès des autorités coréennes locales les démarches ~~nécessaires~~ requises. Le terrain que nous désirons acquérir est situé entre les propriétés de MM ~~Walter~~ E. Musper & Co. sur la hauteur de la colline, et celles de Mr Laporte d'un côté, et le mandarinat coréen de l'autre ~~côté~~, depuis le haut de la colline jusqu'au terrain vendu dans le bas pour une surface de 8 à 10 mille mètres carrés ~~Nous nous~~ que, sur notre demande, Mr le Commissaire de la douane a promis de faire délimiter. Nous nous adressons donc à vous... On nous a conseillé de ne pas acheter directement en notre nom.

Dans ce but, nous avons chargé M. Laporte de faire cette acquisition pour nous. Nous pensons que ce arrangement ne souffre aucune difficulté. ~~Nous~~

Nous vous serions reconnaissant ~~de vouloir bien~~ d'avoir la bonté de faire désigner, pour l'adjudication, ~~à bref délai~~ un jour à bref délai et de nous donner avis de ~~ce qui aura été décidé~~ la décision qui aura été prise.

En attendant, veuillez agréer l'assurance de mes sentiments ~~respe~~ très respectueux de

Votre tout dévoué serviteur.

073 Lettre de M. Coste à M. Wilhelm [뮈텔 문서 1888-62b]

P. Coste au P. Wilhelm

20 9bre 1888

Cher Père Wilhelm,

Conformément à votre lettre ~~dans~~ nous avons pris l'avis d'un docteur résidant à Séoul et nous vous adressons sa réponse ~~ci-inclus~~ sous ce pli. Vous y verrez que le climat de Corée vous offre des chances de guérison. La vie de la province, comme vous pouvez le supposer, ~~est peut-être un peu~~ serait trop pénible pour vous.

Aussi songions-nous à vous réserver une place au séminaire. Vous n'auriez donc qu'à continuer ici la vie de Pinang avec cependant ~~un peu plus~~ beaucoup moins de fatigue et un climat plus tempéré.

Si dans ces conditions, vous pouvez vous rétablir, nous en serons très satisfaits.

Au cas où vous ne pourriez pas vous acclimater après un essai suffisant, vous auriez toujours la ressource de vous adresser à Mgr Osouf, qui, nous en sommes convaincus, vous offrirait la plus bienveillante hospitalité avec un genre de vie plus approprié à votre santé et des commodités plus faciles à trouver au Japon septentrional.

~~Dans l'espoir~~ A vous de décider ; et, dans le cas où ~~votre choix retomberait sur~~ vous voudriez faire l'expérience de la Corée, soyez sûr que vous serez le bienvenu. ~~Veuillez donc consulter le Bon Dieu et votre demande~~ Demandez donc au bon Dieu de vous éclairer ; et après avoir consulté Mr Wallays, auquel vous aurez la bonté de communiquer cette lettre, veuillez nous donner avis de votre détermination.

En attendant, nous veuillez nous croire
Vos très affectionnés et dévoués en N. S.

 Lettre de M. Coste à M. Rouseille [H-8 문서]

P. Coste au P. Rouseille

Séoul, le 5 janvier 1889

Cher Monsieur Rousseille,

L'année qui commence me fournit l'occasion, en vous remerciant de votre lettre du 7 août, de me rappeler à votre bon souvenir et de vous exprimer mes voeux les plus sincères pour votre prospérité personnelle et la prospérité de vos œuvres.

Le P. Monnier réussit-il dans ses nouvelles inventions? Le talent dont il a fait preuve inspire toute confiance. Je ne sais pas si les renseignements que je lui ai envoyés, ont pu lui être de quelque utilité, et je suis persuadé que j'ai plus à profiter que lui de la communication de nos connaissances. Toujours est-il que je me mets avec le plus grand plaisir à son service.

Les matrices seront bientôt terminées. En attendant, j'ai profité du voyage du P. Rault pour vous adresser 5 caissons (ME 1/5) contenant la fonte de carectères coréens moyens que vous aviez commandée. Le P. Rault est parti vers la mi-décembre en route pour Changhay afin d'aller refaire sa santé un peu ébranlée. Peut-être descendra-t-il jusqu'à Hongkong, et alors il vous parlera de Seoul et des environs, où vous avez laissé de précieux souvenirs. Il vous dira que nous avons bâti non pas une cathédrale, ni même la maison, mais le magasin destiné à servir d'imprimerie et provisoirement de logement pour nous. Il est bâti mais non achevé: la gelée nous a interrompus pendant que l'on posait le toit.

Aussi ne comptons-nous pas y habiter avant le printemps.

Les Sœurs ont pris depuis longtemps la direction de notre Ste Enfance. Le zèle qu'elles déploient fait espérer que le bon Dieu se servira de leur ministère de charité pour opérer un grand bien.

Les confrères en province sont en train de faire leur adminstration annuelle. Rien de bien nouveau.

Nos élèves ont été délivrés, je crois, pendant que vous étiez ici. Avait-on déjà appris la délivrance de Colombe, l'intrépide chrétienne de Taikou? C'est un fait accompli, grâce à l'intervention de Mr de Plancy, dont nous sommes toujours très contents.

Veuillez présenter aux confrères mes souhaits de bonne année et agréer l'assurance du profond respect avec lequel j'ai l'honneur d'être, en union de prières et saints sacrifices, votre tout dévoué serviteur et confrère.

Jn. Coste

075 Lettre de M. Coste à M. Guérin [뮈텔 문서 1889-77]

P. Coste à Guérin

14 Août 89

Cher Mr Guérin,

Merci pour la bonne nouvelle que vous nous avez communiquée hier. Avec nos félicitations pour l'heureux succès de cette affaire, veuillez agréer nos sincères remerciements pour la peine que vous avez bien voulu vous donner.

Mgr à qui j'écris aujourd'hui sera ~~bien aise de savoir que tout~~ délivré d'un grand souci en apprenant que tout est terminé.

~~Quant au P. Andr~~ J'ai fait part au P. André de vos justes recommandations. Au reste, son exil de deux mois est ~~bien fait~~ assez éloquent pour lui prêcher la prudence.

Veuillez agréer, mes remerciements réitérés, l'assurance de mon respectueux dévouement.

M. mérite assurément des éloges pour le zèle ~~le dévouement l'activité~~ qu'il a ~~montré~~ témoigné dans l'aff. du P. André.

076 Lettre de M. Coste à M. Lemonnier [AMEP v. 581 ff. 420~420-1]

P. Coste au P. Lemonnier

Séoul, 21 Octobre 1889

Bien cher Père Lemonnier,

Vous trouverez à l'autre page une commande pour Mgr Blanc.

La Révde Mère Stanislas, Supérieur de l'Orphelinat de Seoul me prie de vous dire que la Révde Mère Candide l'autorise à nous rembourser, par l'intermédiaire de la Procure générale et l'établissement des Sœurs de St. Paul de Chartres à HongKong, la somme de $ 170.14. Vous voudrez bien vous prêter, j'en suis sûr, à cet arrangement, dont je vous remercie d'avance.

Je ne vous ai pas encore remercié de votre petit mot du 22 avril, et il ne me reste pas beaucoup de temps pour le faire. Notre évêché-procure se couronne de sa corniche, de ses frontons, etc. ; nous avons entrepris la construction d'un orphelinat pour les Sœurs. La surveillance des travaux et autres occupations variées, ne me laissent pas beaucoup de loisir pour causer avec mes amis. Mais cela n'empêche pas les sentiments.

Comment vous trouvez-vous maintenant?

Bonne santé! Pas trop de fatigue.

Tout à vous in Xto.
Jn. Coste

077 Lettre de M. Coste à M. Collin de Plancy [뮈텔 문서 1890-12]

P. Coste à Collin de Plancy

23 Fév. 90

Mr. le M.

Hier quand j'ai reçu votre petit mot, il était trop tard pour y répondre. ~~Nous voudrions témoigner notre reconnaissance à toutes~~

Nous sommes très sensibles aux moyens de sympathie qu'on nous ~~témoigne~~ donne à l'occasion de la mort de Mgr Blanc et voudrions témoigner à tous notre reconnaissance. Mais nous ne sommes pas habitués à ~~d'~~ inviter les missionnaires protestants aux cérémonies religieuses. ᴱⁿ ⁿᵒᵘˢ ᵃᵇˢᵗᵉⁿᵃⁿᵗ Dans le cas présent, nous avons cru répondre aux intentions du vénéré défunt, qui, dans les circonstances analogues, avait gardé à dessein la même réserve.

En dehors de la question de secte, si nous avions oublié quelques personnes, nous vous serions obligés de vouloir bien nous les faire connaître. Au reste voici deux ou trois exemples ~~que vous pouv~~ dont vous pouvez disposer comme vous le jugerez convenable.

Le P. Poisnel se propose d'envoyer chercher dans la journée les chaises que vous avez bien voulu nous promettre.

Respect : salut.

078 Lettre de M. Coste à M. Martinet [H-13 문서]

P. Coste au P. Martinet

Séoul, le 10 Mars 1890

Bien cher Père Martinet,

Le télégraphe vous a appris que la Mission de Corée est en deuil. Nous avons eu la douleur de perdre S.G. Mgr Blanc, décédé le 21 février, après une maladie (pneumonie) d'une quinzaine de jours. Quand, au commencement du mois, il songeait à faire ses préparatifs pour le Synode, où je devais l'accompagner, qui aurait cru qu'il s'acheminait vers la tombe, au moment où on l'attendait à Nagasaki avec toute l'expression de la joie? Les desseins de la Providence sont impénétrables. Nous n'avons qu'à nous soumettre à ses adorables dispositions, et, en payant notre tribut de regrets à Celui qui nous a quitté pour une patrie meilleure, nous efforcer de marcher sur la trace de ses vertus.

Veuillez excuser mon laconisme, car je ne suis pas sans besogne. Je n'ai pas eu même le temps d'examiner en détail les comptes de Hong-Kong, que vous avez envoyés.

J'ai donné sur vous la traite n°78 – 10 Mars – Of(?) On Cheong $ 190.

En tirant sur Hongkong, nous éviterions les variations du change, mais les occasions semblent rares.

Respects et amitiés aux P.P. Lemonier, etc. etc.

Tout à vous in Xto
Coste

Nous apprenons que le P. Pasquier est assez gravement malade. Que Dieu nous préserve d'un nouveau malheur!

079 Lettre de M. Coste à M. Collin de Plancy [뮈텔 문서 1890-20]

P. Coste à Collin de Plancy

10 Mars 90

M. le Ministre,

Je comptais aller vous voir cet après-midi pour vous soumettre une affaire ; mais crainte de vous détourner de vos ~~occupations~~ correspondances ~~pour le courrier prochain~~ et aussi afin de me ménager du temps par le ~~Dans le~~ même ~~but~~ courrier, j'ai jugé à propos de vous envoyer d'abord les pièces ci-jointes. Vous y verrez que le P. Robert ~~a pleine confiance dans son embarras~~ a recours à votre bienveillante intervention. Le succès que vous avez obtenu dans l'affaire de Colomba nous fait ~~aussi~~ aspirer qu'une même démarche de votre part auprès du même gouverneur ne sera pas sans résultat.

En attendant que j'aie l'honneur de ~~vous voir~~ vous voir, je p vous prie d'agréer mes excuses et mes respectueuses salutations.

Lettre de M. Coste à M. Collin de Plancy [뮈텔 문서 1890-22]

P. Coste à Collin de Plancy

13 Mars 90

Mr de Plancy,

En vous accusation[accusant] réception de la communication que vous avez eu la bonté de me faire, je ne puis m'empêcher de vous exprimer ma reconnaissance pour la promptitude avec laquelle vous avez bien voulu vous occuper de l'affaire de Ham-an, et mes félicitations pour le succès que vous avez obtenu.

M^r le ~~Ministre~~ Présid du Comité des Affaires étrangères et le Gouvernement Royal ont ~~donné~~ aussi donné dans cette circonstance des preuves d'un bon vouloir que nous ne ~~pouvons~~ saurions trop admirer. Cette manière loyale de terminer une difficulté, et d'éviter des tergiversations ~~dont on a souvent~~ nuisibles, fait le plus grand honneur aux autorités coréennes. Veuillez, à l'occasion être auprès d'elles, l'interprète de notre admiration et comme de notre gratitude, et les assurer de notre dévouement aux intérêts du pays.

Veuillez agréer l'assurance du profond respect avec lequel j'ai l'honneur d'être,

M. le Ministre
Votre très humble et dévoué serviteur.

081 Lettre de M. Coste à M. Colin de Plancy [뮈텔 문서 1890-31]

P. Coste à Collin de Plancy

7 avril 90

M. le Ministre,

Avec les PP. Liouville et Maraval, je viens d'examiner à Ryong-san le terrain qu'il s'agit de demander comme cimetière. Voici les remarques que nous avons faites.

D'après les témoins, les martyres auraient eu lieu autant derrière qu'à gauche de la mire actuelle. Il en résulterait que l'espace pointillé par vous n'engloberait pas cet endroit.

Nous préférerions donc, derrière la mire, une autre bande de terre (perpendiculaire à celle que vous avez désignée) qui pourrait avoir 95 à 100 mètres de long sur 45 à 50 de large (Je l'ai pointillé en vert sur votre plan) soit pour la longueur, 40m à partir de la mire vers le village, et 55m à partir du même point en allant du côté opposé. Longueur totale 95m.

Si l'on objecte que les flèches seront exposées à pénétrer dans notre enclos, on peut répondre: le tertre en fer à cheval est destiné à les arrêter. La cible est ordinairement à quelques pas en avant de ce tertre.

Au reste, les archers du village s'éxercent tantôt à cet endroit, tantôt un peu plus haut. Ils ne verraient peut-être pas grand inconvénient à changer leur cible et à la placer, par exemple, à un des angles du parallélogramme.

Le terrain que nous proposons paraît être de moindre valeur que l'autre et par conséquent, plus facile à obtenir.

Lettre de M. Coste à M. Collin de Plancy [뮈텔 문서 1890-29]

P. Coste à Collin de Plancy

14 Avril 90

M. le M.

J'ai l'honneur de vous accuser réception de votre lettre de ce jour et des pièces annexées.

Le P. Baudounet aura tout lieu d'être satisfait de l'heureuse solution de sa difficulté ; et je ne doute pas ~~qu'il ne se joigne très~~ de sa reconnaissance.

Avec mes sincères remerciements.

083 **Lettre de M. Coste à M. Martinet** [H-13 문서]

P. Coste au P. Martinet

Séoul, le 15 Avril 1890

Bien cher Père Martinet,

J'ai à vous remercier pour votre si sympathique lettre du 23 février.

Quand la tombe se fermait sur le regretté Mgr Blanc, nous étions loin de nous attendre qu'elle se rouvrirait sitôt après pour l'un de nous. Nous venons d'apprendre la mort du cher P. André, décédé le 13 du courant à 6h. 3/4 du matin, à une journée d'ici, assisté par le P. Alix. Il a succombé à la fièvre typhoïde le septième jour de sa maladie. On peut dire qu'il est mort victime de son dévouement et de son zèle. Quelques semaines auparavant il avait lui-même soigné le P. Pasquier, atteint de la même maladie ; et pendant la semaine sainte il s'était probablement trop fatigué à donner les sacrements à ses anciens chrétiens devenus les chrétiens du P. Alix. L'année dernière, à pareille époque, c'était le tour du P. Deguette. Que d'épreuves en peu de temps! Que la sainte volonté de Dieu soit faite!

Les comptes, dont je vous ai à peine accusé réception, me paraissent exacts. Voici seulement, pour l'exercice courant, un supplément que je suis amené à vous proposer :

Le P. Rousseille nous avait priés de faire monter des matrices de caractères et de lui envoyer des caractères coréens. Cette double commande ayant été exécutée, j'en avais indiqué le montant en bloc, dans une lettre, au P. Monnier, soit :

pour matrices	$50.
pour caractères	$50.
Total	$100.

Le P. Monnier, qui n'a pas contredit, se sera, sans doute, figuré que je ferais exécuter le remboursement par la Procure générale ; et, de mon côté, je me reposais également sur lui.

De là vient que le P. Lemonnier n'a reçu probablement aucun avis à ce sujet. Vous ne verrez pas d'inconvénient, je présume, à combler cette lacune sur les comptes de cette année, en prévenant, au besoin, le P. Rousseille. Merci d'avance.

L'examen des comptes de 1889 me fit faire une autre remarque, que je consignai sur un memo. Voyez d'après cette note, ci-incluse, s'il y a lieu à quelque rectification en faveur des Soeurs : j'abandonne cette affaire à votre sagesse.

Notre retraite annuelle commence le 21 de ce mois. Les Confrères de province ne tarderont pas à arriver. Nous tâcherons de les loger dans notre nouvelle maison, quoiqu'elle ne soit pas encore crépie.

Quand on a commencé à bâtir, on n'en finit pas. Et vous, vous n'êtes pas non plus au bout de vos peines, si vous devez transporter la procure ailleurs. Que de changements partout! Le P. Lemonnier, actuellement à Chang-hay, ne viendra-t-il pas nous pousser une visite?

Bon courage au milieu de tous vos travaux, bonne santé ; et croyez-moi toujours, en union de prières,

Votre tout dévoué et affectionné in Xto.

Coste

Merci au cher P. Raclot de sa bonne lettre du 14 Mars. Veuillez lui dire de ne pas envoyer, à moins d'un nouvel avis, du poil de chèvre au P. Liouville, puisque celui-ci a déjà reçu une étoffe qui fait son affaire.

P. Coste au P. Rouseille

Séoul, le 16 avril 1890

Bien cher Père Rousseille,

Vous devinez que le douloureux évènement qui s'est accompli chez nous ne m'a pas permis de répondre plus tôt à votre aimable lettre du 24 janvier.

A peine fermée sur le regretté Mgr Blanc, la tombe vient de se rouvrir pour le cher Père André, décédé le 13 courant, le 7e jour de sa maladie. L'année dernière, à pareille époque, c'était le tour du P. Deguette. Voyez que d'épreuves en peu de temps! Que la volonté de Dieu soit faite, et que son saint nom soit béni par ceux qui restent comme par ceux qui partent pour une vie meilleure.

Merci pour le bon souvenir que vous nous conservez et pour votre disposition à nous rendre service en imprimant notre dictionnaire. Nos élèves de Pinang qui doivent terminer leurs études à la fin de cette année scolaire, pourront vous aider dans ce travail, ainsi que vous le proposez. Notre conseil consulté vous autorise à retenir ceux dont vous aurez besoin.

Nos confrères se rénunissent pour la retraite annuelle, qui doit commencer le 21 courant. Nous les logeons dans notre nouvelle maison, quoiqu'elle ne soit pas encore crépie. Quand vous êtes venu nous honorer de votre visite, vous n'avez vu que le plan de nos constructions futures.

Depuis, nous avons bâti l'imprimerie qui nous sert de chapelle provisoire, et l'évêché-procure. Nous avons bien travaillé, n'est-ce pas? Plaise à Dieu de rencontrer en nous des ouvriers dociles et zèlés pour élever aussi l'édifice spirituel de cette chère Mission de Corée, dont les annales font vibrer nos coeurs! Un souvenir, s.v.p. dans vos bonnes prières.

Respects et amitiés aux Confrères de vos parages.

Et veuillez agréer l'assurance de l'affectueux respect avec lequel j'aime à me dire votre très humble et dévoué serviteur.

J. Coste

085 Notice nécrologique de M. André [AMEP v. 581 ff. 481~488]

Détails sur le P. André + en Avril 1890
2 feuilles (la suite manque)

Séoul, le 21 Avril 1890

Bien cher Père Mutel,

A peine fermée sur le regretté Mgr Blanc, la tombe vient de se rouvrir pour l'un de nous. Le cher P. André est mort le 13 du courant, à 6 h. 3/4 du matin, à une journée d'ici, assisté par le P. Alix, qui lui succédait dans sa chrétienté. L'année dernière, à pareille époque, c'était le tour du cher P. Deguette. ~~Voyez~~ que d'épreuves en peu de temps! Que la volonté de Dieu soit faite, et que son saint nom soit béni par ceux qui restent, comme par ceux qui partent pour une vie meilleure.

Le P. André, arrivé à Seoul le 15 janvier 1887, fut retenu auprès de Mgr Blanc, pour se former à l'étude *(f. 482)* de la langue. Dès qu'il put en bégayer quelques mots, il les mit à contribution ~~pour se mettre en rapports~~ parler avec les chrétiens qui fréquentaient la résidence épiscopale. Son caractère ~~sociable~~ particulièrement sociable lui fit vaincre bientôt les premières difficultés pratiques de cette langue : Il y fit des progrès rapides.

Au commencement de juillet de la même année, il fut envoyé à Katteng-i, district de Syou-ouen, province de Kyeng-Keui, ~~Il eut bientôt fait connaissance avec ses chrétiens,~~ et concentra toutes ses affections sur cette partie de la Vigne du Seigneur qui lui était échue en partage. Il allait enfin pouvoir fournir sa part de travaux à cette chère Eglise de Corée, dont les annales faisaient palpiter son cœur, et donner ses sueurs à cette terre que tant d'autres avaient arrosée de leur sang.

Afin de réunir plus facilement ses chrétiens, il résolut de bâtir une chapelle. Il avait, sans doute, compté sans les difficultés que cette entreprise devait lui causer ; difficultés du côté des matériaux, difficultés du côté des finances ; il fallait s'ingénier pour faire face à tout. Aussi, lorsque nous le revîmes à Seoul à l'époque de la retraite, portait-il l'empreinte des soucis qu'il s'était donnés. Néanmoins ses efforts furent couronnés de succès ; et il eut la consolation d'offrir le Saint Sacrifice dans un local plus vaste et plus convenable.

Selon le conseil de l'Apôtre, il se faisait tout à tous. Ses chrétiens le chérissaient comme un père. Aucun de leurs intérêts ne lui était étranger. Une fois, pour redresser le tort infligé à l'un d'eux par un païen, sa compas-*(f. 484)*sion lui dicta même des mesures que la prudence devait désavouer. Cette affaire l'obligea à revenir le ramena à Seoul. Tout le monde excusait son intention. Mais quelle peine, pour son cœur sensible, de se voir désapprouvé par ceux qu'il aimait et respectait. Pendant son séjour ici, il souffrait également des délais, que son désir d'aller retrouver ses chrétiens aurait voulu abréger. Toutefois sa patience était à la hauteur de ses autres vertus. Et quand, pour le distraire, on envisageait son procès sous le côté plaisant, sa bonne humeur se mettait volontiers de la partie. Enfin, au bout d'un long mois, on lui annonça que la difficulté était résolue. C'était pour lui la fin d'un exil : le lendemain il se retrouvait dans sa chère chrétienté.

La première année, il avait essayé son ministère dans les limites du village qu'il habitait. Dans les administrations de 1888 et 1889, où il a pu rayonner sur une plus grande étendue, il a déployé le zèle d'un apôtre. C'était cependant une ardeur contenue, qui ne s'appliquait pas à faire vite, mais à bien faire. Le tribunal de la pénitence lui permettait d'appliquer de donner des remèdes plus appropriés aux maladies spirituelles de chacune de ses ouailles. Aussi était-il, ce semble, pour lui l'objet d'une prédilection spéciale : il y consacrait un temps considérable.

Il ne reculait pas devant les fatigues. Le P. Doucet, partant pour le Japon comme délégué de la Corée au Synode de Nagasaki, laissait incomplète la visite annuelle de son district. Pour achever ce travail, ce ne fut pas en vain qu'on fit appel à la bonne volonté du P. André. Il allait se mettre à l'œuvre. Mais *(f. 486)* le dévouement l'appelait ailleurs.

On lui annonce que le P. Pasquier, son voisin, vient de tomber malade. Vite, il vole à son secours. Voici comment le P. André lui-même raconte le fait, dans une lettre du 17 mars, la dernière que j'ai reçue de lui :

« Parti dimanche dernier, dans l'après-midi, de San-mit, j'arrivais à Pa-oul le lundi matin. La pluie avait tombé Il avait plu toute la nuit. N'importe! L'on disait que ça pressait, et il s'agissait d'un confrère!»

Après avoir donné des nouvelles du P. Pasquier, il ajoute :

« Je resterai bien volontiers jusqu'à son entière guérison, s'il le faut. Mon travail, je le ferai quand Dieu voudra. Sans ordre de Seoul, je ne quitte donc pas Pa-oul. Si pourtant on jugeait à propos de m'envoyer un remplaçant... Si c'est trop difficile, pas de chagrin : je resterai au poste, et ferai mon devoir jusqu'au bout, en enfant du Velay.»

Il resta, en effet, jusqu'à ce que le P. Pasquier, tout à fait rétabli maintenant, pût se passer de ses services. Alors, ils se séparèrent ; et le P. André rentra le 28 mars à Kat-teng-i, où le P. Alix, son successeur, venait d'arriver. Les deux confrères réunis se préparaient ensemble aux joies pascales, et voulaient donner à la fête tout l'éclat que comportaient les circonstances. Le P. André entendit près de deux cents confessions. Ce fut pour lui un surcroît de fatigues ajoutées à celles qu'il avait apportées de Pa-oul. Le zèle l'entraînait : le bon pasteur, prêt à donner sa vie pour ses brebis, n'aurait pas voulu les *(f. 488)* priver du bonheur de participer au banquet eucharistique. Le lundi de Pâques, la fièvre l'obligeait à se mettre au lit. Hélas! il ne devait pas se relever. ~~Le P. Alix, qui l'assista tout le temps, vous parlera des sentiments de foi et de piété, dont il a été le témoin, de la mort survenue le dimanche de Quasimodo, et des funérailles.~~ Il mourut, le Dimanche de quasimodo, après avoir édifié, par ses sentiments de foi et de piété, tous ceux qui l'ont assisté à ses derniers moments.

Au reste, mes occupations m'obligent à clore ces lignes écrites à la hâte, non sans émotion, comme un tribut de regrets déposé sur la tombe d'un confrère, moissonné à la fleur de l'âge, dont les services nous étaient si précieux, mais déjà mûr pour le ciel.

Nous entrons en retraite dès ce soir. Tous les confrères sont réunis ; ils logent dans notre nouvelle bâtisse, quoiqu'elle ne soit pas encore crépie.

Le bref faisant mention de la [이하 내용 없음]

086 Lettre de M. Coste à M. Colin de Plancy [뮈텔 문서 1890-34]

P. Coste à Collin de Plancy

M.

Mgr Blanc, plein d'estime pour votre personne, avait de bonne heure et d'un mouvement tout à fait opportun, attiré l'attention des yeux de Rome en parlant des services signalés que vous avez rendus à la cause catholique en Corée.

Après avoir sollicité en votre faveur la récompense réservée au mérite, il est allé lui-même recevoir la récompense de Notre Père qui est dans le Ciel. Quelle joie n'aurait-il pas éprouvé en vous transmettant les honneurs qui vous sont décernés par le Souverain Pontife. Ce bonheur dont il aurait joui en cette circonstance, nous le partageons au Ministre, nous missionnaires de Corée, qui ne cessons de reconnaître les effets de votre bienveillance à notre égard et sommes si justement fiers d'avoir un représentant de la France faisant autant honneur à la religion qu'à la Patrie.

Maintenant, j'avais à vous présenter la décoration qui vous est destinée. Je regrette qu'elle soit en retard. Mais elle doit arriver incessamment, peut-être demain ou après-demain.

En attendant, j'ai l'honneur de vous remettre ce témoignage de la faveur du St Père. et je propose à tous ces MM. la santé du nouveau Chevalier de St Grégoire.

27 avril 90

M.

Le P. Maraval, qui doit partir prochainement, doit emmener son frère avec lui. Nous vous serions donc reconnaissant de vouloir bien faire préparer pour M. Maraval Jean 徐若翰, un passeport qui lui permette de voyager dans les provinces de Kang-ouen et Ham-Kyeng.

087. Lettre de M. Coste à M. Colin de Plancy [뮈텔 문서 1890-38]

P. Coste à Collin de Plancy

1ᵉʳ mai 1890

M.

Voici les noms et prénoms qui doivent être inscrits dans les passeports.

Mʳ Doucet	Mʳ Maraval	Mʳ Vermorel
丁	徐	張
加	若	若
彌	瑟	瑟

Il n'y a rien à changer quant à la destination de MM. Doucet et Vermorel. Mr Doucet, arrivé hier, n'a pas encore reçu de Chemulpo la partie de ses bagages où se trouve son passeport avec une lettre à votre adresse. Il espère pouvoir vous envoyer prochainement ces deux pièces. Il comptait même vous les apporter lui-même, sans une chute de cheval qui, sans être grave, le condamne au repos.

Merci pour la ****** relative aux démarches exécutées dans l'affaire de Ham-an et dans celle des brigands.

En vous remerciant de la peine que vous voulez bien vous donner pour nous, je vous prie d'agréer…

088 Lettre de M. Coste à M. Collin de Plancy [뮈텔 문서 1890-40]

P. Coste à Collin de Plancy

9 Mai 1890

Un Coréen, nommé Nam Tjyang, âgé d'environ 32 ans, ~~est venu me trouver hier soir~~ de la province de Tjyen-ra, où il occupe un rang honorable dans la ville de Tjyen-tjyou, est venu à Séoul principalement pour ~~s'éclairer sur~~ éclaircir certains doutes, avant d'embrasser la religion catholique qu'il a étudié ~~dans les livres~~. Il a entendu parler des chrétiens, a lu leurs livres ; l'année dernière il a eu une entrevue avec le P. Baudounet. S'apercevant que les chrétiens fuient les ~~villes~~ centres populaires, vivent retirés dans les montagnes, il se demandait s'ils ont encore à craindre les persécutions. Leur sort n'a-t-il pas été amélioré ~~par les relations étrangères ouvertes~~ par les traités ~~avec~~ conclues avec les puissances étrangères ou, du moins, par les relations qui en sont la conséquence? N'y aurait-il pas moyen de les tirer de l'ostracisme auquel ils se ~~condamnent~~ voient condamner? ~~(Puisque nous somme tous tous le hommes dépendant du même Dieu créateur qui les gouverne, pourquoi)~~

En se faisant chrétien, Ce ~~noble~~ Mr Nam voudrait donc essayer d'affranchir tous les chrétiens de l'~~l'~~ cet état d'abjection ~~dans lequel ils vivent~~ et, en les relevant dans l'opinion publique, donner au christianisme le rang qu'il mérite. Le ~~rang qu'il occupe~~ influence dont il jouit à Tjyentjyou ~~et lui donne l'espoir de~~ lui a inspiré l'espoir d'arriver peut-être à quelque bon résultat. Il s'est associé sept autres personnages de distinction

~~comme lui,~~ et ils ont concerté ensemble les moyens ~~d'établir une~~ de fonder une école, où, ~~sous prétexte~~ en étudiant les caractères chinois, la *** ~~langues~~ européenne notamment la ~~français~~ langue française, ils pourraient aussi s'instruire de la doctrine catholique, et l'inculquer à leurs élèves, selon que les circonstances leur permettraient ~~seraient plus ou moins favorables~~. Ils ont, paraît-il souscrit une somme égale à 50000 lig. (valeur de Séoul) pour frais d'install. d'une *** ~~achat de rizières avec rizières et une *** pa~~ création d'un revenu en rizières, maison habitation pour le missionnaire, etc.

~~Pour rendre leur projet viable et à l'abri exempt de toute entrave, ils ont songé à *** ** * qu'une sanction~~ Avant d'exécuter leur projet, ils ont voulu s'assurer s'ils n'avaient rien à craindre de la part de leurs autorités ~~du gouvernement ;~~ et pour le rendre viable, exempt de toute entrave ils seraient bien aisés d'obtenir même, si c'était possible, quelque sanction officielle.

~~Ce noble est~~ Telles sont les principales idées dont ~~le noble~~ Mr Nam est venu avant-hier me faire ~~part~~. Je l'ai loué de ces bonnes intentions, et, afin de l'encourager, je lui ai promis de ~~M^r le Ministre de France~~ prendre conseil de M^r le Ministre de France, tout dévoué à la cause ~~catholique~~ religieuse dans ses relations diplomatiques avec le gouvernement coréen.

Le traité ~~donne~~ confère aux missionnaires, aux sujets français, le droit de professer etc. Ne pourrait-on pas s'appuyer sur cette clause pour avertir le ~~gouverneur~~ Oi a-mou qu'une école va être établie à Tjyen-tjyou par MM. Nam et C^i sous la haute direction du P. Baudounet ou du P. Vermorel, et prier le Oi-a-mou d'en donner avis au gouverneur de la Province avec ~~recommandation~~ recommandations nécessaires, défense de faire obstacle, etc. Naturellement dans cette note adressée par Mr le Ministre au Oi-a-mun la question de religion serait mise de côté, ~~afin de~~

~~ménager l'opinion.~~ Mr Nam attendra une réponse avant de repartir.

L'~~conversion~~ exemple de ces nobles coréens serait de nature à entraîner la conversion ~~de beaucoup~~ d'une grand nombre d'indigènes de la ville et des environs, et serait un bienfait pour le catholicisme en même temps qu'une gloire pour la France.

Ces considérations m'ont porté à vous ~~faire part de ces réflexions~~ communiquer cette affaire, persuadé que vous voudrez bien lui prêter le concours que votre prudence vous suggérera.

En attendant, veuillez

089 Lettre de M. Coste à M. Collin de Plancy [뮈텔 문서 1890-42]

P. Coste à Collin de Plancy

15 Mai 90

M. le Ministre,

Le porteur, Hong-Tjyong-nam(洪鍾南) est le Coréen que je vous avais désigné ~~comme le promo~~ sous le nom de Nam-Tjyong, comme le promoteur du projet relatif à la création d'une école à Tjyen-tjyou.

Il a de la répugnance à voir le Tok-hpan, de la part de qui il craint ~~Il craint que celui ci ne lui réserve~~ quelque ~~désagréable~~ surprise désagréable. ~~Je lui conseille néanmoins de se rendre chez vous, de ca~~ Il est prêt à s'entendre avec vous, ~~il sait~~ à voir votre tjyou-sâ. Il sait que vous êtes lui êtes favorable et disposé à aplanir les difficultés, si difficultés il y a.

Dans l'espoir qu'il résultera quelque chose de bon des démarches entamées, j'ai l'hon de vous présenter mes respectueuses salutations.

Lettre de P. Coste au Cardinal Simeoni, Préfet de la Propagande
[SC Cina e Regni Adiacenti, vol. 26, f. 293r-293v]

P. Coste au Cardinal Simeoni

Seoul, le 19 Mai 1890

Eminence,

Le bref destiné à Mr. Collin de Plancy, Commissaire du Gouvernement français à Séoul, et la lettre du Votre Eminence, N° 1707/89, du 3 février, qui accompagnit cette pièce, sont parvenus ici après la mort de S.G. Mgr Blanc, de pieuse mémoire.

Le 27 avril, à l'issue de notre retraite générale, j'ai eu l'honneur de présenter à Mr. Victor Collin de Plancy les insignes dont Notre Saint Père le Pape a daigné le favoriser. La lettre ci-jointe témoigne de la satisfaction avec laquelle l'heureux destinataire a reçu ces marques de la haute bienveillance pontificale.

En transmettant l'expression de sa vive reconnaissance pour ce bienfait signalé, qui l'encouragera puissamment à soutenir la cause catholique, je baise avec respect la pourpre de Votre Eminence,

dont j'ai l'honneur d'être avec la plus profonde vénération.

le serviteur très-humble et très soumis.

Jn. Coste
Sup.

091 Lettre de M. Coste à M. Colin de Plancy [뮈텔 문서 1890-69]

P. Coste à Collin de Plancy

16 juin 90

M. le M.

Un courrier extraordinaire vient d'arriver de Chemulpo, m'apportant ~~une lettre de P. Wilhelm~~ de la part du P. Wilhelm, une lettre un peu chiffonnée et maculée. Je m'empresse de vous communiquer cette pièce, en vous priant d'excuser le mauvais état où elle se trouve. elle vous mettra au courant de la question pendante, et vous éclairera peut-être sur l'opportunité des démarches à faire.

Si, avant le départ du courrier, vous jugez à propos d'indiquer au P. Wilhelm une ligne de conduite à tenir, je me ferai un plaisir de lui transmettre vos instructions.

En attendant, veuillez...

093　Lettre de M. Coste à M. Collin de Plancy [뮈텔 문서 1890-30]

P. Coste à Collin de Plancy

3 Août 90

M. le M.

Nous avons appris avec plaisir que vous n'avez pas été repris par votre fièvre, et avons la confiance que le mieux continue.

J'ai l'honneur de vous ~~adresser~~ envoyer note pli par le san. En le confiant à Mr Beauvais veuillez avoir la bonté de lui renouveler mes souhaits de bon voyage.

Une lettre du P. Maraval vient rompre la monotonie de ces derniers temps. C'est avec timidité qu'il me prie de vous communiquer sa requête, dans le but d'obtenir justice en faveur d'une pauvre veuve indigène opprimée. ~~Sa lettre ci-incluse, n'a pas besoin de commentaires.~~ Cependant les calomnies dirigées contre les Européens dans le cours de cette affaire, lui semblent de nature à attirer votre attention et vous fournir un argument pour réclamer la répression des méfaits ~~et la correction des coupables~~. A la lettre ~~ci-incluse~~ du P. Maraval ~~vous trouverez jointe~~ je joins une pièce en chinois qui contient l'exposé détaillé de la même affaire.

En soumettant le tout à votre appréciation ~~et à~~ ainsi qu'à votre prudence j'ai l'honneur de me dire.

Mr. le M.

Votre très humble et ✳✳✳ serv.

094   Lettre de M. Coste à M. Collin de Plancy [뮈텔 문서 1890-58]

P. Coste à Collin de Plancy

Séoul, le 21 Août 1890

M. le M.

Une lettre du 11 août que j'ai bien reçue hier, contient le récit d'une nouvelle complication. Comme il y va de la vie d'un chrétien innocent, et que les faits sont bien déterminés, je ~~'ai cru à propos de~~ n'hésite pas à vous soumettre cette affaire, en vous priant de vouloir bien la considérer au point de vue qui vous semblera convenable. ~~J'en extraits Les détails en sont consigné dans une lettre du P. Baudounet, datée du 11 août, dont voici des extraits.~~

A Ryong-an (prov. du Tjen-la), le mandarin (Kim ~~de Ryong-san?~~) de la famille de Ryen-san, abusant de son autorité, se permet des vexations de tout genre contre ses ~~peuple~~ sujets, qu'il ne cesse de pressurer. Il a poussé les choses si loin que le peuple coréen, d'ordinaire très patient dans ~~l'ép~~ les épreuves, n'a pu supporter celles-ci. Les habitants du district se sont révoltés. Ils ont mis à leur tête un chef païen, Tjyang Koak san et ont pénétré dans le mandarinat, demandant à grands cris la cessation de toutes les injustices dont ils étaient victimes, et la réintégration complète dans leurs droits outragés. Le mandarin, ~~a pris pour~~ intimidé, a cherché un moyen de se tirer d'embarras. Sa conduite ~~peu louable~~ coupable ne lui laissait pas l'espoir de trouver protection auprès du gouverneur. Sa conscience peu délicate lui suggère un autre expédient. Il gagne par de belles promesses le chef des émeutiers. ~~qui~~ Celui-ci ~~disperse sa troupe~~ abandonne sa troupe et s'enfuit, pour éviter la mort qui le menaçait. ~~Pour~~ Afin de se mettre à l'abri de toute poursuite, il n'a rien imaginé de mieux que d'accuser un chrétien, You Pan-syou, comme chef de la rébellion. Le mandarin ~~a l~~ a lancé un mandat d'arrêt contre ce chrétien, se promettant de le tuer, de démolir sa maison.

You Pan-syou s'est soustrait provisoirement au danger par la fuite, et il a fait demander au P. Baudounet une lettre de recommandation.

«Est-il possible de la lui faire refuser? ajoute ce missionnaire. Il s'agit de la vie d'un chrétien innocent, d'une famille chrétienne, composée de vingt membres, de la paix entre chrétiens et païens de tout ce district... Les Kim de Ryeng-san se sont toujours montrés hostiles aux chrétiens ; qu'ils les persécutent encore. Je vous les recommande tous. De grâce, intéressez Mr le Ministre, s'il vous plaît, à tous ces événements, qui peuvent avoir des conséquences très préjudiciables.»

~~Je n'ai rien à ajouter~~ à Cet appel si émouvant du P. Baudounet n'a pas besoin d'autre commentaire. J'abandonne en toute confiance cette affaire à vos bons soins, et vous prie d'agréer.

095. Lettre de M. Coste à M. Collin de Plancy [뮈텔 문서 1890-60]

P. Coste à Collin de Plancy

22 Août 90

M. le M.

Merci pour les bonnes nouvelles que vous me donnez de l'affaire de Ouen-san ; je me ferai un plaisir de vous tenir au courant de ce que le P. Maraval m'en écrira.

Quant à celle de Ryong-an, il me paraissait aussi qu'il nous était difficile d'intervenir d'une manière officielle. Mais M. Ni Pierre semble arriver fort à propos pour nous tirer les uns et les autres d'embarras. Il connaît le Tok-hpan, avec qui il a pu arranger à l'amiable certaines petites difficultés. Il n'a peut-être qu'à se présenter chez lui ~~de votre part et~~ et à lui ~~faire savoir qu'il~~ parler de l'incident de Ryong-an, en lui faisant savoir que ~~il ferait~~ ce serait faire une chose agréable à M^r. Le Ministre de France, si il le Oi-a-moun voulait bien ~~rendre justice faire protéger l'individu aussi faussement d'être et le chef de la révolte~~ s'occuper de cette affaire, de manière à protéger un innocent et à rétablir le calme.

~~Veuillez présenter mes respects~~ à J'aime à croire que M^r d'Amade ~~eu le plus~~ a fait un bon voyage. Veuillez le ~~présenter mes~~ saluer de ma part, et agréer.

096 Lettre de M. Coste à M. Courant [뮈텔 문서 1890-61]

P. Coste à Courant

1 7bre 90

Cher Mr Courant,

Je me proposais d'écrire à Mr de Plancy ~~pour lui faire conn afin de lui faire mettre au couran~~ afin de lui faire connaître le résultat des démarches ~~qu'il avait~~ entreprises à l'occasion d'un incident qui s'était produit en Tjyen-ra-to. Mais j'apprends qu'il ~~est déjà parti, et~~ s'est absenté pour quelques jours. Je ne vois donc rien de mieux à faire que de m'adresser à vous, persuadé que ~~en l'absence~~ vous voudrez bien nous prêter le même concours bienveillant.

Le P. Baudounet, miss. en Tjyen-ra-to, avait eu à se plaindre surtout de deux individus, ~~nommés~~ qui, par leurs agissements, leurs menaces, leurs calomnies, leurs injures ~~avaient rendu non seulement rendu~~ s'étaient rendus insupportables non-seulement aux chrétiens du voisinage, mais ~~mem~~ même au missionnaire. Ils avaient réussi à exciter le peuple à tel point, que des voies de fait avaient été commises sur la personne d'un chrétien, Pak Moun-Kyem-i, sous les yeux du P. Baudounet, dans le but de molester ~~le missionnaire~~ notre confrère.

~~Vai~~ L'un de ces perturbateurs, Tchoi Pang-syek-i (de la ville de Tjyen-tjou), est chef de canton à Tai-syeng-tong.

L'autre, Ham Ye-tjon, habite Yak-pa-hai.

M^r. de Plancy, saisi de la plainte, avait bien voulu en référer au Comité des Affaires étrangères, afin de faire assurer une protection efficace à un Européen muni d'un passeport en règle. ~~Le Tok-hpan avait Cette intervention eut pour résultat un effet. Car aussitôt~~ A la suite de cette démarche, le Tok-hpan envoya ~~paraît-il aussitôt~~ un télégramme au gouvernement de Tjyen-la-to, lequel transmit au mandarin, ~~de l'endroit~~ chargé des deux ~~condamnés~~ coupables, les ordres ~~du gouv~~ émanés de la capitale. Mais ces ordres ont été éludés ~~comme de la manière que~~ vous pouvez le voir par la lettre ci-incluse du P. Baudounet. Celui-ci fait une ~~nouvelle~~ instance, accompagnée de considérations auxquelles ~~je ne v~~ vous ne serez pas, sans doute, insensible.

~~S'il y avait moyen. Il y aurait peut-être lieu d'aviser le Tok-hpan. Dans des cas analogues.~~ Un ~~nouveau~~ recours réitéré au Comité des Affaires étrangères, avec informations à l'appui, serait capable d'obtenir ~~prod peut produire~~ un bon ~~résultat~~ effet, ~~et de et en~~ en coupant la racine à des désordres plus graves à Mr Ni Pierre. Si vous vouliez bien confier ce soin au tjyou-sâ ou à l'interprète Mr Ni Pierre qui ~~n'aurait peut-être qu'à~~ se présenterait de nouveau au Oi-a-mou de votre part, vous nous rendriez un service dont nous vous serons très reconnaissants.

En attendant, pardon de la peine, et veuillez agréer nos ~~respectueuses salut.~~ sentiments respectueux et dévoués.

Compte-rendu de l'administration de 1890, écrit par M. Coste
[AMEP v. 581 ff. 491~504]

Le P. Coste, en Corée, Supr. provisoire compte-rendu de 1890

14 Septembre 1890

Mission de Corée
Compte-rendu de l'administration de 1890

	En 1889	En 1890	Augmentation
1° Population catholique	16.589	17.577	988
2° Baptêmes de païens	871	963	92
3° » d'enfants de païens	1.983	2.431	448

Messieurs et Vénérés Directeurs,

En commençant ce compte-rendu, la première pensée qui s'offre à mon esprit, c'est le vide laissé parmi nous par Sa Grandeur Monseigneur Blanc, de pieuse mémoire. Il succombait au moment où allait s'ouvrir, à Nagasaki, le Synode auquel il devait assister. Tandis que Nosseigneurs et nos Confrères du Japon se disposaient à aller au-devant de lui avec toutes les ovations de la joie, nous faisions à notre bien-aimé Père un cortège bien différent, en l'accompagnant à sa dernière demeure. Il aurait eu la joie de vous raconter lui-même, comme les années précédentes, les succès qu'il a plu à Dieu de nous accorder sur cette terre des Martyrs, où il avait concentré toutes ses affections, à laquelle il donnait tous ses soins. Après avoir connu les épreuves des dernières persécutions qui avaient ballotté la

Mission de Corée, il jouissait du bonheur de la voir sortir peu à peu des catacombes. Un terrain avait été acheté, où nous étions en train d'élever les premières constructions nécessaires au fonctionnement de nos œuvres. Cependant le gouvernement coréen, sans exercer envers nous des actes d'hostilité ouverte, n'avait point encore consenti à nous rendre nos titres de propriété confisqués en janvier 1888. Cette détention injuste était, pour Sa Grandeur, un sujet de sollicitude qui empêchait la joie d'être complète. Avant de mourir, Monseigneur eut la satisfaction de voir cet obstacle levé. A l'époque du premier de l'an coréen, grâce à l'intervention intelligente et dévouée de Mr. de Plancy, Commissaire du Gouvernement français à Seoul, les papiers nous furent restitués. Cet événement fut salué avec des démonstrations presque enthousiastes. N'accusait-il pas, en effet, un revirement dans la politique qui nous avait persécutés jusqu'ici, et un mouvement vers la tolérance de la doctrine catholique, que nous enseignons?

Dieu merci, ce progrès vers la tolérance s'accentue de plus en plus, non seulement à la capitale, mais même en province, où nos Confrères entrevoient l'aurore de jours meilleurs. L'un d'eux chargé d'un district dans le nord, m'écrit ce qui suit : «Vous ne pouvez vous imaginer quelle bonne impression ont faite en province les constructions de Seoul. Les chrétiens en sont fiers ; et les païens, croyant à une liberté prochaine, se rapprochent de plus en plus de nous.» Un autre Confrère m'écrit du Sud : «Les païens se familiarisent peu à peu avec les chrétiens. Les préjugés tombent parmi le peuple ; et l'autorité, plus bienveillante, évite tout conflit avec nos chrétiens. Les prétoriens, maîtres de la situation, s'accordent à rendre un bon témoignage à ceux-ci. «Ce sont, disent-ils, de braves gens, bons travailleurs, qui paient bien leurs dettes.» Les nobles louent leur probité, et la population est bien disposée à leur égard.

La principale cause de ces bonnes dispositions est due à la présence des Européens à Seoul.»

Si, malgré cela, quelques vexations locales se sont produites, comme il y a toujours lieu de s'y attendre, on peut dire qu'en général elles ont tourné à la confusion de nos ennemis et au progrès de notre sainte religion. Nous en aurons, plus loin, un exemple dans le compte-rendu de Mr. Robert.

Après cet aperçu général, et avant de passer en revue les différentes chrétientés de la Mission, qu'il soit permis de mentionner une nouvelle reçue pendant que je réunissais les matériaux de cette lettre. Elle a comblé de joie et missionnaires et chrétiens. Le télégraphe nous a annoncé la nomination de Mgr Mutel comme Vicaire apostolique de la Corée.

«Béni soit celui qui vient, au nom du Seigneur» faire cesser le veuvage de notre chère Mission, nous aider à porter le fardeau du ministère apostolique, guider nos pas dans la poursuite du bien, pour la gloire de Dieu et le salut des âmes!

Le P. Rault, chargé des deux provinces du nord-ouest, Hoang-hăi-to et Hpyeng-an-to, a eu 93 baptêmes d'adultes et entendu 506 confessions annuelles. Comme St. Paul, il surabonde de joie en pensant à ses chrétiens, lorsque, dans un tableau touchant, il nous montre «des hommes de tout âge, de tout rang, passant le jour à leurs rudes occupations, et, le soir, repassant leur catéchisme en famille, ou instruisant quelques catéchumènes ; une sainte émulation à propager et à faire connaître notre religion sainte ; des gens, hommes et femmes, ne se laissant ni décourager par un insuccès, ni enorgueillir par une bonne réussite, et ne croyant jamais en avoir assez fait ; toute une population chrétienne s'encourageant dans la voie du bien, et se faisant tout simplement la monition quand il y a lieu. Et, quand arrive l'époque des sacrements, chacun redouble d'ardeur, complète son instruction, ou parachève celle des catéchumènes qu'il est chargé de préparer... Que de fois, ajoute le P. Rault, n'ai-je pas été ému jusqu'aux larmes en voyant accourir de six et sept lieues des familles entières, sans prendre souci des difficultés de la route ni des embarras des enfants! Les plus heureux sont, sans contredit, ceux qui ont réussi à instruire quelques catéchumènes, qu'ils ont arrachés à Satan. La joie peinte sur leurs traits annonce assez que c'est leur jour de triomphe.»

Cependant il y a un revers de médaille.

«Je ne peux voir sans une certaine tristesse, continue le P. Rault, la multitude immense d'âmes qui ignorent la vraie religion, ou qui, si elles la connaissent, refusent encore de rendre à Dieu le culte qui lui est dû. Si j'en excepte le village de Paik-tjyen et de Syou-an, ma chrétienté de Hoang-hai-to est confinée au pied et tout autour du Kou-ouel-san (montagne) ; dans le Hpyeng-an-to, nos chrétiens occupent seulement cinq villages, qui forment un demi-cercle autour de la ville de Hpyeng-yang, et encore sont-ils assez peu nombreux. Sortez de ces deux centres, et vous ne trouvez pas un seul adorateur du vrai Dieu. A quoi donc attribuer cet état de mort? – A la méchanceté des populations? – Non. Partout j'ai voyagé à découvert, et rarement j'ai eu à me plaindre des mauvais procédés du peuple. Selon mon humble avis, il faut en chercher la cause dans l'ignorance, et dire avec St. Paul : «Quomodo audient sine prædicante?» Je crois le peuple du nord-ouest bien préparé à recevoir la bonne nouvelle et à remplir les devoirs d'un bon chrétien, quand une fois il aura été régénéré dans les eaux salutaires du saint baptême.»

Quand on jette les yeux sur le nord-est de la carte de Corée, dans la province de Ham-Kyeng, où le signe de la croix ne marque pas encore les étapes du missionnaire, on se prend aussi à désirer que le Seigneur envoie bientôt des ouvriers à sa vigne.

Un peu plus bas, dans les districts de Ouen-san (situé dans la partie méridionale de Ham-Kyeng-to), de I-tchyen et de Nang-tchyen (dans la province de Kang-ouen), le P. Couderc a enregistré 116 baptêmes d'adultes et entendu 880 confessions annuelles. Voici en quels termes il parle de ses chrétiens : «En général leur jugement est d'une droiture remarquable, et leurs mœurs très-pures. Même parmi les païens, il y a beaucoup de personnes d'une grande innocence. Aussi m'est-il arrivé souvent, très-souvent même, d'être ému jusqu'aux larmes, en voyant arriver au baptême des gens de tout âge, de toute condition, qui semblaient n'avoir que leur péché originel. Ils n'avaient pas connu Dieu, ils avaient adoré le diable ; mais en cela ils croyaient très-bien faire, et n'avaient jamais violé gravement la loi naturelle avec connaissance de cause.»

Pour enrayer l'œuvre de Dieu, le diable fait agir des ressorts qui, non seulement tournent quelquefois à sa confusion, mais produisent un effet opposé, comme le prouve le trait suivant raconté par le P. Couderc.

«Un brave païen voulait depuis longtemps embrasser le christianisme ; mais sa femme, vieille harpie, l'en détournait toujours. Enfin, la récolte une fois dans les greniers, le bonhomme s'esquive, et court apprendre la doctrine chez les chrétiens. Quelques jours après, la mégère arrive :

«Où est mon mari? Qu'on m'indique la maison où mon mari s'est réfugié.»

On la lui montre. Elle entre. Aussitôt, saisissant le pacifique déserteur, elle lui présente un couteau et le somme de lui donner immédiatement un morceau du gilet (signe de répudiation), ou de retourner à la maison en apostasiant. Tout stupéfait, le bonhomme n'ose se décider à couper son gilet, parce qu'il est neuf et qu'il ne veut pas répudier sa femme ; il proteste, en outre, qu'il est prêt à mourir plutôt que de renier son Dieu. Mais la femme, qui avait souvent eu raison de son mari, ne veut pas se tenir pour vaincue. Elle est bousculée ; elle bouscule. Le fait est que, dans la bataille, chapeau et habits de dessus, tout vole en éclats. Et le pauvre mari se décide enfin à suivre sa vaillante moitié, non sans promettre toutefois aux chrétiens de revenir bientôt. La méchante triomphait ; mais elle n'eut pas fait une demi-heure de marche, que l'émotion de la dispute fut remplacée par les douleurs terribles d'un avortement. On l'emporte à demi morte jusqu'à sa maison, où, clouée sur sa natte, elle dut se résigner à entendre le mari réciter quotidiennement ses prières. Quand elle put se tenir debout, elle n'eut pas le courage de recommencer la lutte à force de bras. Que faire? Elle se traîne jusqu'au lieu où un sorcier de renom vient d'arriver. Elle supplie l'homme enchanteur des diables de lui obtenir la grâce que son mari devienne muet.

«Et pourquoi?»

«Parce qu'il veut faire le détestable métier de chrétien.»

«et c'est pour l'en empêcher que tu veux le rendre muet?»

«Oui.»

«Oh! pour ça! garde-t-en bien,» dit le sorcier, en prenant un air solennel et mystérieux. «Sache que la doctrine des chrétiens est celle du Grand Esprit du Ciel, et que, lorsque cet esprit descend, il arrive toujours de grandes choses. Garde-toi bien d'irriter ce grand esprit; autrement il se passera quelque chose d'étonnant.»

«Alors, que faire?» reprend la femme toute tremblante.

«Ce qu'il faut faire? C'est que, non seulement ton mari, mais toi-même, mais tes enfants, mais toute la maison, vous devez tous vous faire chrétiens. Sans cela, gare à vous!»

Le diable fut bon missionnaire malgré lui : aujourd'hui on m'annonce qu'en effet toute la famille apprend la doctrine.»

En Kang-ouen-to, province de l'est, Mr. Le Merre a obtenu 73 baptêmes d'adultes et entendu 887 confessions annuelles ; 40 baptêmes d'adultes et

654 confessions annuelle forment l'appoint de Mr. le Viel.

«J'ai, écrit le P. Le Merre, plus de lieues à parcourir que de chrétiens à visiter. Ce n'est pas toujours par des chemins semés de roses et bien aplanis que voyage le missionnaire de l'est ; ce qui ne veut pas dire qu'il n'y ait point un certain agrément à voyager de la sorte, surtout quand on pense que les chers devanciers ont parcouru les mêmes chemins, et pas avec la même sécurité, ni à découvert, comme nous. Les temps sont changés. Là, dans ces montagnes, vivent, loin du souffle empesté du monde, les descendants des martyrs du Christ, les enfants du bon Dieu ; là aussi, et plus qu'au sein des villes, brisant ses idoles de bois, l'honnête païen se prosterne et adore le Dieu jusque-là inconnu pour lui.

«J'ai rencontré des chrétiens fervents, vrais disciples du Christ crucifié, morts au monde, et supportant la pauvreté, les douleurs, la maladie, avec une sérénité imperturbable. J'ai vu des chrétiens qui, sans être fervents comme les premiers, pratiquent du moins l'essentiel et évitent les grandes infractions à la loi de Dieu. J'ai aussi rencontré, hélas! des prodigues dissipateurs de l'héritage paternel, sans toutefois quitter la cabane enfumée où pleurent, inconsolables, un vieux père et une vieille mère. J'ai enfin entendu parler (j'en ai même vu) de tels [ou] tels, autrefois fidèles enfants de l'Eglise, et aujourd'hui, comme le prodigue de l'Evangile, gardant de vils pourceaux sous un maître dur et impitoyable, qui leur donne à peine le temps de respirer. Oh! quand donc diront-ils le 'Surgam' et courront-ils à leur Père, qui les attend depuis si longtemps? Un de ces prodigues me fit une impression que je ne puis dépeindre. Mais, par contre, qu'elles sont douces, les larmes qui coulent, en entendant les aveux du prodigue qui, pendant vingt et des années, devenu esclave du monde, de Satan et de ses passions, secoue enfin leur odieux joug, et revient en pleurant au Dieu qui jadis fit les délices de sa jeunesse! Le Dieu de toute consolation m'a donné d'entendre une dizaine de ces intéressants prodigues. Voici l'histoire de l'un d'eux ; et c'est l'histoire d'un grand nombre de chrétiens échappés à la grande persécution de 1866.

«Quand éclata la persécution, il se sauva, et n'eut plus depuis lors, pendant vingt deux ans, aucune nouvelle de sa famille. Il se mit à la suite d'une bande de sorciers et sorcières, race à jamais détestable et détestée en Corée, qui exploite on ne peut plus adroitement la crédulité publique. Un jour, jour heureux ménagé par le Ciel! un jour donc que le dit sorcier était venu à Kang-neung (en Kang-ouen-to) débiter aux badauds la bonne aventure, il eut lui-même la bonne aventure de faire la plus heureuse rencontre. C'était un jour de marché. Au moment où il traversait l'endroit où les potiers étalent leurs gracieuses productions, soudain il s'arrête : il a cru reconnaître parmi ces marchands son frère aîné, qu'il a perdu depuis vingt et des années. Son cœur et aussi son bon ange lui disent que c'est bien lui. Il appelle un de ses compagnons, lui donne ses instructions, et lui dit d'aller interroger cet homme sur son nom, son âge, le lieu de sa naissance, etc., etc. Quelques instants après, les deux frères se racontaient les malheurs du passé, et oubliaient, dans le bonheur d'une rencontre si providentielle, les douleurs d'une si longue séparation. Le sorcier avait retrouvé son frère, sa religion et son Dieu.

«Ce qui retient encore maintenant un grand nombre de tièdes qui désirent revenir, c'est, en majeure partie, la difficulté de déménager. Personne, parmi les chrétiens, qui veuille, ou plutôt qui puisse, leur aider à faire ce déménagement, acheter une maison, quelques petits champs, etc. Si j'avais seulement cinq cents francs, je pourrais, avec la grâce de Dieu, rapatrier huit à dix familles.»

L'intéressante province de Tchyoung-tchyeng, où est situé le Nai-hpo, célèbre, dans les annales de l'Eglise de Corée, par le nombre et la ferveur des vieux chrétiens, a été administrée par le P. Doucet. Ce cher Confrère, qui nous apporte une gerbe de 69 baptêmes d'adultes, avec 1851 confessions annuelles, raconte ce qui suit :

«Tout le monde connaît le Nai-hpo, terre fertile par le sang de tant de martyrs, jadis pépinière de chrétiens distribués maintenant dans six provinces. Il y eut un temps où l'on ne parlait plus de lui, et son nom seul jetait l'effroi et l'épouvante ; mais ce temps est passé. Le bon Dieu ne pouvait se montrer sourd à la prière de tant de martyrs qui, jour et nuit, intercèdent pour cette noble partie de la Corée. Quand je veux constater l'heureuse transformation qui a eu lieu, j'aime à reporter mon esprit, dans le passé, à cinq ans de distance, alors que, pour encourager quelques chrétiens dispersés çà et là, j'étais obligé de voyager des nuits entières, ou bien de m'enfermer dans une chaise à porteurs ; et même, avec toutes ces précautions, bien souvent j'ai failli tomber entre les mains des satellites. Mais aujourd'hui, Dieu en soit loué! les dangers ont disparu, la situation est bien changée. Pendant cet intervalle, des chrétientés nouvelles ont pris naissance, et maintenant j'ose affirmer que les plus belles sont celles du Nai-hpo. Voici, entre plusieurs, un témoignage du zèle qui anime nos néophytes :

«Un jeune homme, pour se faire chétien, avait quitté sa maison et s'était mis pendant quelque temps à mon service. De retour chez lui, il se mit à étudier et à instruire ses parents, en sorte que cette année il a reçu le baptême avec quatre membres de sa famille. Ce résultat, quelque médiocre qu'il paraisse, n'en est pas moins une preuve de ce que peut faire un bon chrétien, aidé du secours du bon Dieu. Je ne doute nullement de la conversion de toute cette famille. Comme elle est nombreuse et assez puissante dans le pays, on peut espérer que cet exemple amènera d'autres âmes au bercail du divin Maître.

« Encore un trait qui, dans sa naïve simplicité, démontre combien la foi est enracinée chez nos Coréens.

Il s'agit d'une vieille de 78 ans. Avant la persécution de 1866, elle avait entendu parler du christianisme. Ayant appris l'Ave Maria, elle ne laissait passer aucun jour sans le réciter à plusieurs reprises. Vingt-quatre ans s'étaient écoulés, et impossible de retrouver un seul chrétien. Cependant la chose pressait : la vieille était bien âgée ; ajoutez à cela les infirmités de cette période de la vie. Le bon Dieu ne pouvait être insensible à tant de bonne volonté. Enfin, un beau jour, elle fit la rencontre d'une chrétienne, qu'elle avait connue dans le temps. Combien grande fut sa joie! Et quelle ne fut pas sa surprise, en apprenant qu'à une demi lieue de là, il y avait un petit village chrétien, avec catéchiste en tête! La voilà donc partie. Chaque jour, elle reprenait la route de ce village, pour apprendre les Douze-prières avec les principaux mystères, afin de recevoir le baptême à mon passage ; car déjà elle savait que je devais arriver sous peu. J'arrive au jour déterminé. En entrant dans la chambre, j'aperçois cette bonne femme la face contre terre. Après quelques informations, je la fis venir ; et, avec elle, arrivaient trois ou quatre autres femmes, qu'elle avait louées pour défendre sa cause. Elle me raconta son affaire, en me priant avec instances de lui conférer le baptême.

L'examen terminé, dire la joie qu'elle manifesta quand je lui annonçai qu'elle pouvait se préparer à recevoir ce sacrement, serait chose impossible. Pauvre femme! elle était heureuse ; mais je puis bien dire que je l'étais autant qu'elle. Là n'est pas le curieux de l'histoire. Arrive l'heure de la cérémonie. Aux premières interrogations du rituel, elle me répondit avec une certaine surprise. J'avais beau lui faire observer de dire simplement oui ou non... il est si facile d'oublier à cet âge. Continuant les prières liturgiques, je lui demande une seconde fois :

«Renonces-tu à Satan, à ses pompes, à ses œuvres. La pauvre femme n'y tient plus :

«Si j'y renonce, dit-elle! Voilà vingt-sept ans que j'y ai renoncé ; et, Dieu merci, depuis cette époque je n'ai toléré aucune superstition chez moi. Comment le Père peut-il douter de ma parole?»

Cette conviction exprimée avec tant d'énergie ne laisse pas que d'exciter l'hilarité des assistants. Bientôt je me trouve seul avec la vieille ; et j'avoue que, pour faire face au sérieux de la situation, je passai un mauvais quart d'heure. Toujours est-il que je ne puis penser sans admiration à l'action de la grâce dans cette belle âme. Quelque temps après, au terme de sa carrière, elle est allée chanter les miséricordes de Dieu.

Dans la province méridionale de Tjyen-ra, voici les résultats obtenus.

Par le P. Baudounet :

Baptêmes d'adultes 48
Confessions annuelles 1616

Par le P. Vermorel
Baptêmes d'adultes 45
Confessions annuelles 1326

Nos deux Confrères voudraient pousser plus loin leurs conquêtes dans le Sud, et essayer de porter le nom de Jésus-Christ dans les îles voisines. Mais ils ne peuvent suffire à une telle entreprise. «Rogate ergo Dominum messis, ut mittat operarios in messem suam.» En attendant, ils emploient leurs soins à cultiver le champ qui leur est confié et à développer l'esprit de prosélytisme parmi leurs chrétiens, qui sont bons, mais sans initiative. «Les mauvais traitements, les vexations de tout genre, dont ils ont été l'objet de la part des païens, leur ont appris à être trop prudents.» dit le P. Vermorel. «Ils n'osent pas avoir affaire à ceux-ci, redoutent leur voisinage, les laissent chez eux ou se bornent aux relations de la simple civilité. Quant à leur parler de religion, il y en a bien peu qui se hasardent à le faire ; les plus braves mêmes y mettent la plus grande réserve. C'est un mal, je crois, car si l'on marche de ce train, de longtemps la Corée ne se fera chrétienne : «fides ex auditu.» Nos chrétiens ont trop peur ; les faits le prouvent.

«A Tai-ok-ki, un païen, maître d'école de son village, ayant, je ne sais comment, entendu parler de religion, voulut en conférer avec mon servant, lors de mon passage au mois de décembre dernier. Il écouta avec intérêt, et parut satisfait de ce qu'il avait entendu. En partant, il dit au servant : «J'y réfléchirai.» Là-dessus, arrivent les fêtes du premier de l'an coréen. Or, tout le monde sait que ces jours sont, pour les païens, des jours de bacchanales et de superstitions. Notre Tjyang (c'est le nom de l'individu en question), prié par ses amis de composer le programme, s'y refuse net, en disant que tout cela était de la bêtise, et qu'il avait pris la résolution de ne plus en faire. Irrités d'un refus qui leur paraissait si extraordinaire, et ne pouvant pas lui faire de misères, à lui, ils résolurent de se venger sur les chrétiens, en les accusant d'avoir empoisonné leur homme, en lui faisant manger de leur remède. Ils vont donc les trouver et les sommer de leur donner d'un coup 50 ligatures, pour aider aux frais des superstitions. Les pauvres chrétiens, effrayés d'une demande qui chargeait leur conscience et déchargeait par trop leur bourse déjà si légère, viennent s'enquérir de ce qu'ils doivent faire. Je leur défends de donner une seule sapèque, les exhorte à n'avoir pas peur, et, au cas où ils se verraient obligés d'aller traiter l'affaire devant le mandarin, d'y aller, de décliner leur titre et de déclarer que, comme chrétiens, ils ne peuvent, pour aucun motif, ni faire des superstitions, ni y coopérer. Ils montent donc à la ville, ainsi que les délégués païens ; mais, avant de comparaître devant le grand juge, ils expliquent aux employés de la préfecture le but de leur voyage. Ceux-ci, mieux inspirés qu'on n'aurait été en droit de l'attendre, répondent que l'affaire est très-grave et que, si elle allait devant le mandarin, il pourrait en coûter cher aux chercheurs de chicanes. Les païens très peu rassurés par ces paroles, pas plus que par la justice de leur cause, supplient le catéchiste d'en rester là, lui promettant de ne plus rien demander aux chrétiens, ni de les inquiéter à l'avenir. Là-dessus, ils paient un bon coup à boire aux employés et à lui, font la paix et s'en reviennent peu enchantés de leur voyage. De ce petit choc l'étincelle a jailli ; plusieurs des plus furieux eux-mêmes ont manifesté le désir d'apprendre, quelques-uns ont commencé.»

«Outre la propagation de la foi, écrit le P. Baudounet, il y a, dans cette province, une autre œuvre qui a toutes mes sympathies : c'est l'œuvre de la Ste Enfance. Les résultats sont des plus consolants. Le nombre des baptêmes d'enfants païens in articulo mortis s'élève à deux cent-vingt, c'est-à-dire quatre-vingt de plus que l'année dernière.

Vous savez déjà pourquoi on ne peut pas atteindre ici le chiffre de quelques autres districts. Mes chrétiens sont tous agglomérés dans un espace assez étroit ; de plus, cultivateurs de tabac, ils habitent les montagnes, loin des grands centres païens. S'ils descendent dans la plaine ou se rendent au marché, c'est très-rarement, et ce ne sont que les hommes qui voyagent. Entre tous mes baptiseurs, Pak André est celui qui se distingue le plus par son zèle et par le nombre des baptêmes qu'il administre. Ses bonnes qualités lui ont gagné l'estime et l'affection surtout des mères de famille. Il est plein d'attention pour les petits malades, les infirmes ; il leur distribue à propos quelque argent, quelques boisseaux de riz ; il administre un médicamment utile à celui-ci, donne un remède inoffensif au petit bébé malade de celui-là. Les parents de ces enfants s'estiment heureux d'avoir trouvé en notre chrétien un protecteur et un ami. Sur sa recommandation, les païens des environs ne manquent presque jamais de lui apporter leurs enfants en danger de mort, pour qu'il leur verse sur la tête l'eau qui envoie dans le bel endroit : c'est ainsi que, dans leur simplicité ils désignent le paradis.

«L'œuvre des écoles rencontre dès son début, comme on pouvait s'y attendre, de vrais obstacles. La pauvreté de nos chrétiens et les distances des villages en sont les deux principaux. J'ai réussi cependant à créer quatre écoles où les élèves, au nombre de vingt et un, étudient les caractères.»

La province de Kyeng-syang a été administrée par MM. Robert et Jozeau. Chez le premier, nous trouvons 135 baptêmes d'adultes et 1174 confessions annuelles, chez le second, 72 baptêmes d'adultes, 863 confessions annuelles.

Voici comment le P. Robert, dans son compte-rendu, raconte l'incident auquel il a été fait allusion plus haut :

«Une persécution locale survenue dans le petit district de Ham-an ayant fait passablement de bruit dans la province de Kyeng-syang, et même jusqu'à la capitale, je ne puis passer sans en indiquer l'origine et la fin.

«A la ville même de Ham-an, la mère d'un prétorien, baptisé sous le nom de Marie, étant tombée malade, lorsqu'elle vit que la maladie s'aggravait et qu'il y avait réellement danger pour sa vie, elle fit appeler une autre chrétienne de ses amies, autant pour la soigner que pour l'aider à bien mourir. Son fils, païen, riche et influent, docile aux préceptes de la piété filiale en honneur dans le pays, accéda aux désirs de sa mère. La chrétienne arriva ; et défense fut faite aussitôt aux parents et aux autres gens de la maison d'inquiéter la malade en quoi que ce fût. Notre néophyte n'épargna ni peine ni travail pour soigner sa filleule, car elle avait été sa marraine une année auparavant. Avant de rendre le dernier soupir, Marie fit appeler son fils, lui déclara qu'elle mourait chrétienne, et qu'elle entendait recevoir, après sa mort, tous les honneurs d'une sépulture vraiment chrétienne. Celui-ci le lui promit, et aussitôt elle rendit sa belle âme à Dieu.

«Le bruit de sa mort ne se fut pas plus tôt répandu dans la ville et les environs, qu'une foule de païens, parents ou amis, vinrent dans la maison de la défunte faire, selon l'usage, leurs condoléances à son fils. Mais, voyant que celui-ci n'avait étalé aucune superstition, ils l'en réprimandèrent vertement, l'accusant de manquer à tous les devoirs de la piété filiale envers sa mère, et voulurent, séance tenante, exercer eux-mêmes quelques-unes de leurs cérémonies diaboliques. Le prétorien s'y opposa formellement, leur disant que sa mère, en mourant, lui avait fait cette défense, parce qu'elle était chrétienne et que les chrétiens ne font aucune superstition à la mort de leurs parents. A ces mots, tout le monde se tut. Le corps de la défunte fut abandonné aux chrétiens des environs, qui vinrent en grand nombre, afin de donner le plus d'éclat possible à la cérémonie. Marie fut donc enterrée chrétiennement, sous les yeux des païens et de tous ses parents infidèles. Mais le démon ne se tint pas pour battu ; et comme, à la suite des funérailles, plusieurs païens demandaient déjà à être instruits des vérités de notre sainte religion, il profita de ce revirement d'idée en faveur du christianisme, pour jeter le trouble dans la ville elle-même, et étouffer dès le commencement ces premiers germes de salut. Or, voici comment il s'y prit.

«Les parents de la défunte, mécontents de ce qu'ils avaient été tenus à l'écart, non seulement pendant la maladie, mais encore après la mort, résolurent de s'en venger. Ils allèrent dénoncer le fils au mandarin, sous prétexte qu'il avait manqué aux devoirs les plus sacrés de la piété filiale, laissant mourir sa mère seule, dédaignant d'appeler aucun de ses parents pour la soigner, et, ce qui était pire, ayant fait venir auprès d'elle plusieurs chrétiens qui l'avaient ensorcelée, lui avaient coupé les quatre membres après sa mort, etc. etc ; bref ils ajoutèrent calomnies sur calomines, afin de rendre la chose la plus odieuse possible, aussi bien auprès du magistrat qu'aux yeux du peuple de la ville toute entière. Tout le monde tressaillit d'horreur au récit d'un pareil forfait ; et, sans avoir même la pensée de s'assurer de la vérité, ce ne fut partout qu'un cri de mort envers les auteurs d'un crime qui n'avait jamais été commis sous le soleil. Partout on maudissait le nom chrétien, qu'il fallait à toute force exterminer. Le mandarin, homme très mauvais, avide de lucre, espérant retirer de cette affaire un gain considérable, accepta l'accusation ; et le prétorien fut aussitôt arrêté avec six principaux de nos chrétiens. Ceux-ci, refusant d'apostasier, furent bientôt roués de coups et jetés en prison, pour y subir toutes les injures et les avanies des valets de la préfecture.

«Les satellites, enhardis par la conduite de leur magistrat, ne tardèrent pas à envahir les chrétientés voisines, où ils pillèrent tout ce qui leur tomba sous la main, infligeant vexations sur vexations à nos malheureux néophytes.

«Informé d'un tel état de choses, j'adressai des plaintes au gouverneur de Kyeng-syang-to, résidant à Tai-kou, lui demandant justice pour les chrétiens de Ham-an. Mais celui-ci, pour la seule raison qu'il s'agissait d'une affaire de chrétiens, refusa toute enquête, et renvoya les plaignants, sans toutefois les faire mettre en prison, comme cela se pratiquait par le passé.

«Ne sachant alors de quel côté me tourner, je ne vis d'autre moyen à prendre que celui d'écrire à nos confrères de la capitale, afin d'essayer la voie diplomatique. Mr. Collin de Plancy, Commissaire du Gouvernement français à Seoul, saisi de cette affaire, en référa au Ministre des Affaires étrangères de Corée, qui, par une bienveillance inconnue jusqu'alors, promit de nous donner satisfaction, télégraphiant à deux reprises différentes, afin de mettre le mandarin du district de Ham-an en demeure de rendre la liberté à nos chrétiens et leur faire restituer ponctuellement tout ce qu'ils avaient perdu. Il est vrai que ce magistrat, blessé dans son orgueil ne se pressa pas d'exécuter les ordres de ses supérieurs ; il en tomba même malade de dépit. Mais la leçon était donnée. Cette affaire fut connue dans tous les environs. Le bruit se répandit bientôt qu'à la capitale on ne proscrivait plus la religion chrétienne, et ce fut un vrai triomphe pour les chrétiens de toute la province. Les païens de la ville de Ham-an, qui avaient juré de les exterminer ne connurent pas plus tôt les ordres émanés de Seoul, qu'ils rapportèrent d'eux-mêmes les objets volés, avant même d'y être forcés par l'autorité supérieure. Gloire à Notre Seigneur, et actions de grâces à nos martyrs de Corée, qui ne cessent, sans doute, de prier Dieu pour la conversion de leur pays!»

Le P. Robert termine sa lettre en faisant remarquer que l'œuvre de la Ste Enfance, établie depuis plusieurs années dans la ville de Tai-kou, marche très-bien. A défaut d'étalissement spécial, les orphelins recueillis, au nombre de 63, sont tous placés dans des familles chrétiennes, où ils reçoivent des soins dévoués. Il n'est pas rare de trouver parmi eux des enfants de huit à neuf ans qui récitent déjà les quatre catéchismes avec les prières du matin et du soir. Dans le courant de l'année, notre Confrère a compté 357 baptêmes d'enfants de païens in articulo mortis, dont 272 sont déjà allés jouir de la béatitude éternelle.

Le P. André, dont le poste était situé à dix lieues de la capitale, dans la province de Kyeng-Keui, n'avait pas terminé la visite de son district, lorsque la mort est venue le surprendre. Sur sa feuille d'administration, il avait déjà enregistré 68 baptêmes d'adultes et 1550 confessions annuelles. Le P. Alix, continuateur de son œuvre, a eu 19 baptêmes d'adultes et 172 confessions annuelles.

Le P. Wilhelm, qui vient de fonder un établissement à Chemulpo, le plus important des ports de Corée ouverts au commerce, a obtenu 12 baptêmes d'adultes avec 72 confessions annuelles. «Quant à la situation matérielle du poste, écrit notre Confrère, un grand pas a été fait par l'acquisition d'un terrain. Cet achat, qui devait être simple, a donné lieu, de la part des autorités coréennes, à un série de difficultés et à une négociation fastidieuse au dernier point. Enfin, Dieu merci, je crois que la Mission est assurée dès maintenant d'avoir un terrain bien situé et suffisamment grand pour parer aux besoins du moment et à ceux de l'avenir.»

Voici les résultats obtenus à Seoul et dans les faubourgs par le P. Poisnel, aidé du P. Pasquier et des Confrères du Séminaire.

Baptêmes d'adultes 156
Confessions annuelles.... 1.061

La population chrétienne est : dans la banlieue, de 950 ; dans l'enceinte murée, de 586. «A ces chiffres, remarque le P. Poisnel, il faut, pour être complet, ajouter tout le personnel de l'orphelinat de la Ste Enfance. Malgré cette addition, de près de 200 personnes, la population chrétienne intra muros a diminué d'environ 150 personnes, au moins, cette année, par suite de l'émigration en province due à la cherté de la vie à Seoul.» Autrefois ces pauvres chrétiens étaient obligés de s'entourer d'une foule de précautions pour aller recevoir les sacrements. Aujourd'hui nous avons la consolation de les voir venir, sans entraves ni signes de malveillance, assister chaque dimanche à la messe, et se nourrir du pain de la parole divine, qui leur est distribué. Encore deux ou trois ans, et ils pourront peut-être contempler, dans des temples plus convenables, la pompe des cérémonies religieuses, pour lesquelles ils ont de l'attrait. Ce spectacle, si propre à nourrir la piété, sera aussi de nature à susciter de nouveaux adorateurs parmi ces âmes simples, généralement droites et accessibles aux rayons de la grâce.

Le Séminaire, que l'on songe à transférer dans l'enclos de la Mission à Seoul, est encore à Ryong-san, distant d'une lieue de la capitale. Les cours y ont été suivis avec l'exactitude que comportent les circonstances. Le P. Liouville, Supérieur, secondé du P. Maraval, a prodigué à ses vingt élèves tous les soins d'un cœur paternel. Aucun détail n'échappe à sa sollicitude : liturgie, plain-chant, décor de la chapelle, tout y a une place marquée.

A l'orphelinat de la Ste Enfance, tenu par les Sœurs de St. Paul de Chartres, outre 17 baptêmes d'adultes, il y a eu 83 baptêmes d'enfants. L'ancien local, trop étroit et incommode, a fait place à un établissement plus convenable, adopté aux besoins de l'œuvre. Il a été bénit le jour de la Nativité de la Ste Vierge. Le personnel semble y jouir d'une bonne santé. On ne saurait trop rendre hommage au dévouement des sept Religieuses qui en ont la direction, ni trop admirer le bon ordre et la propreté qui y règnent. Quel contentement on éprouve, quand on entend célébrer les bienfaits du Très-Haut ou chanter les louanges de Marie par tout ce petit peuple déshérité, auquel la Providence divine a ménagé un asile si tutélaire!

Une des dernières institutions du regretté Mgr d'Antigone, qui semblent devoir être fructueuses comme moyens de propagande, est l'œuvre des catéchistes ambulants. Neuf chrétiens choisis par les Missionnaires et venus de la province, étudient actuellement sous les auspices du P. Doucet, à Seoul. Ils rentreront sous peu dans leurs districts respectifs, où ils auront à déployer, auprès des païens, les ressources de leur zèle joint à la science acquise. Que Dieu daigne bénir ces modestes débuts!

Veuillez joindre vos prières aux nôtres pour implorer les mêmes bénédictions célestes sur toutes nos œuvres, et agréer l'assurance du profond respect avec lequel j'ai l'honneur d'être,

Messieurs et Vénérés Directeurs,

Votre très-humble et dévoué serviteur.
Jn. Coste
Prov.

Séoul, le 14 Septembre 1890

098 Lettre de M. Coste à M. Collin de Plancy [뮈텔 문서 1890-69]

P. Coste à Collin de Plancy

19 7bre 90

M. le M.

Hier soir, en rentrant de la province, où j'ai fait un ~~absence de quelques jours~~ petit séjour, j'ai trouvé les 2 plis du 13 et du 14 7bre que vous m'avez fait l'honneur de m'écrire. Je me disposais tout à l'heure à y répondre, quand m'est arrivée votre note de ce matin avec la lettre du Tok-hpan à l'adresse du Magistrat de Tek-ouen. Cette dernière pièce sera conféré au courrier du P. Maraval. ~~Mais voici des nouvelles d'autres compl~~ je me demande s'il n'y aurait pas lieu ~~de retenir encore ce courrier pour~~ d'y ajouter un post-scriptum. Voici, en effet, d'autres nouvelles reçues du P. Maraval. Je m'empresse de vous les communiquer, conformément au désir que vous m'en aviez exprimé. La situation actuelle ~~ne lui~~ due surtout à l'arrogance ~~et à l'entêtement~~ des prétoriens, ne lui fait augurer rien de bon. Peut-être pourrez-vous y apporter quelque remède : et s'il y a lieu, je prierai le courrier d'attendre.

~~En attendant,~~ Veuillez agréer mes remerciements pour le ~~nouv~~ second télégramme obtenu du Tok-hpan en faveur du P. Baudounet, ainsi que l'assurance.

Nous aimons à croire que votre court voyage en Chine vous a remis de votre indisposition ; ~~mais~~ Une nouvelle qui nous attriste c'est l'annonce ~~de votre~~ d'un changement qui peut être avantageux pour vous, mais qui assurément sera regrettable pour nous. Lettre du P. Maraval du 3 7bre Relative aux vexations d'un chrétien Ri-pang (Pak Jean) d'An-pyen, etc.

603

099   Lettre de M. Coste à M. Rouseille [H-8 문서]

P. Coste au P. Rouseille

Séoul, le 14 octobre 1890

Cher Monsieur Rousseille,

Merci pour votre bonne lettre du 26 août.

Nous avons commis un grand oubli sur les comptes de 1888 et 1889 relativement à vos frais de voyage de Chemulpo à Seoul etc…; mais cet oubli a été parfaitement volontaire. C'est ainsi que l'entendait Mgr d'Antigone, de vénérée mémoire; et nous étions tous de même avis. Pourrait-on comprendre autrement les droits de l'hospitalité? et ne comptez-vous pour rien le plaisir que nous a procuré votre aimable visite? Soyez sans inquiétude à ce sujet.

Quant aux petits achats, puisque vous y tenez, je demanderai au P. Poisnel à combien ils se montent. Je les inscrirai à la fin de la lettre, et vous pourrez vous arranger avec la procure de Hongkong.

Depuis le télégramme qui nous annonçait la nomination de Mgr Mutel, nous avons reçu une lettre de Sa Grandeur. Le sacre devait avoir lieu le 14 septembre; mais l'époque du départ de Paris n'était pas encore fixée. Béni soit celui qui vient au nom du Seigneur, faire cesser le veuvage de notre chère Corée! Les relations que vous avez eues avec Mgr Mutel, nous font supposer que nous ne serons pas seuls à être heureux de le voir revenir parmi nous.

Ne viendrez-vous pas lui faire visite dans son palais nouvellement construit, par exemple quand nous inaugurerons la cathédrale?

En attendant veuillez présenter mes amitiés au P. Monnier, dont nous avons conservé un si bon souvenir, aux autres confrères, et agréer l'expression de mes sentiments respectueux et dévoués.

Jn. Coste

100 — Lettre de M. Coste à M. Collin de Plancy [뮈텔 문서 1891-84]

P. Coste à Collin de Plancy

18 8bre 90

M. le M.

Vous savez que le second télégramme envoyé par le Tok-hpan au gouverneur de Tjyen-ra-to a eu pour résultat de faire incarcérer les deux coupables Tchoi et Ham. L'effet moral est, ~~très favorable en outre,~~ tout ce qu'on pouvait désirer : les ~~esprits remuants~~ perturbateurs ~~n'~~ auront moins envie de s'attirer des difficultés ~~en molestant des Français qui~~ capables de déterminer contre eux l'intervention de Mr le Ministre de France.

Maintenant que le but est atteint, ~~il semble Le P. Baudounet voudrait montrer par une exemple que~~ il semble au P. Baudounet ~~d'accord avec la doctrine chrétienne que nous enseignons, professée par~~ que la justice devrait faire place à la clémence. ~~Notre religion les chrétiens~~ D'accord avec ~~les~~ l'esprit du christianisme dont nous devons donner l'exemple, il propose donc de pardonner aux deux coupables. L'un, le nommé Ham, serait relâché ~~sans condition~~ simplement ; l'autre, ~~plus endurci peut-être~~ nommé Tchoi ~~serait aussi~~ quoique mis aussi en liberté, serait révoqué de son fonction titre de chef de canton. De cette manière il ne nuirait plus aux chrétiens ni aux païens, comme précédemment, et tout le monde serait satisfait.

~~L'intervention~~ Pour obtenir ces résultats, il serait nécessaire de recourir encore au Mo Comité des Affaires étrangères ~~d'où le mandat d'arrêt était~~

~~émané.~~ qui, ayant ~~donc lancé le~~ donné l'ordre de punir, peut faire cesser le châtiment. C'est pourquoi le P. Baudounet vous serait très obligé au cas vous le trouveriez bon, de vouloir bien ~~intervenir dans cette affaire acte de miséricorde vous lui prêtez votre bienveillant concours~~ intervenir pour solliciter cette faveur.

Pardon de la peine, et veuillez agréer.

101 Lettre de M. Maraval à M. Coste [AMEP v. 581 ff. 505~509-1]

Le P. Josh. Maraval au P. Coste(6 pages)

27 Octobre 1890

J.M.J.
A.M.D.G
+

Cher P. Coste,

A la réception de la dernière lettre vous avez dû penser que la vie de mon frère Jean était bien en danger. Hélas! la mort était plus près que je ne pensais. Le Bon Dieu a appelé à Lui l'âme de Jean le 24 Octobre à 6 heures et demi du matin.

La douleur que je ressens de cette cruelle perte est bien sensible. Que la volonté de Dieu soit faite! Que puis-je croire et espérer. Sinon que le St Archange Rapaël dont nous célébrions la fête ce jour là, aura conduit son âme en Paradis comme il conduisit le jeune Tobie, à qui il avait été donné pour compagnon.

Etant toujours à côté de Jean, je lui ai donné le Sacrement de l'Extrême Onction le 15 Octobre, l'avant veille de sa mort croyant sa fin très prochaine je lui récitais les prières des agonisants auxquelles il répondit lui-même en toute connaissance. D'ailleurs, il a conservé sa connaissance jusqu'à la fin. Au milieu des douleurs atroces qu'il souffrait, il n'avait pas peur de la mort, au contraire il l'appelait de tous ses vœux. On dit que les poitrinaires ne souffrent pas. Hélas, il n'en a pas été ainsi pour lui.

Mon Dieu! quelles souffrances, sans pouvoir dormir une minute, sans pouvoir se tenir couché d'aucune manière toujours tousser, toujours mal au côté, sans pouvoir respirer. Sa vue inspirait une grande pitié. On peut bien dire qu'il n'a fait que passer en Corée, mais son passage n'a été qu'une souffrance continuelle, et quand la douleur trop forte, pour la nature lui faisait pousser des plaintes, il n'avait qu'une crainte, celle d'offenser Dieu par ses impatiences et de murmurer contre sa volonté. Il trouvait extraordinaire sa tranquillité en face de la mort. Souvent il me disait avec effroi.

«Je ne me comprends pas, je suis bien en face de la mort. Je le sens, tu me le dis chaque jour, moi-même je me dis le soir: Il pourrait bien se faire, que le Bon Dieu t'appelle cette nuit, et cette pensée me laisse froid, je ne m'en emeus pas du tout, cependant je ne puis pas croire que la Sainte Vierge me laisse partir sans me donner quelques bonnes pensées.» Quelquefois je lui demandais. A quoi penses tu toute la journée? Hélas répondit-il, je serais bien en peine de le dire. Je passe toute la journée sans rien penser.»

Le démon te laisse-t-il tranquille, lui demandais-je. «Il me laisse tranquille sur tout, mais il est toujours à côté de moi, pour me pousser à l'impatience quand la douleur est trop forte et le malheureux n'y réussit que trop souvent.» Chaque jour, je ne sais combien de fois par jour, je l'exhortais, je lui parlais de la mort, lui disais le chapelet, la prière du soir. Les quelques derniers jours, il parlait difficilement, et se trouvait presque toujours assoupi, n'ouvrant les yeux que pour tousser, ces jours là je ne l'invitais pas à réciter le chapelet. Je crois cependant, qu'il ne l'a manqué que deux ou trois fois. Le jour d'avant sa mort au matin, il m'appelle. Joseph! Joseph! aussitôt je cours à lui.

Qu'y a-t-il lui demandais-je? Vite dit-il, une dernière absolution, car je crois que c'est la fin, j'ai failli m'étouffer en toussant. Selon ses désirs, je lui donnais l'absolution. Tiens, dit-il aujourd'hui offre le St Sacrifice pour moi.» Sois tranquille, je vais le faire. Sois y bien attentif, (une seule petite cloison le séparait de l'autel.) Dans l'après midi, étant toujours à ses côtés avec un livre pour passer le temps, vers les 3 ou 4 heures de l'après-midi, il se tourne vers moi, et me dit.

Que fais tu là toujours avec ton livre? Pauvre Jean, lui dis-je, si je te parle, tu ne peux me répondre parce que cela te fatigue, je ne puis pas rester tout le temps à regarder le plancher. He bien! dit-il au lieu de lire, dis moi le chapelet. J'accédais avec plaisir à sa demande, le soir je lui récitais la prière du soir, avec ses prières particulières, et me couchais à côté de lui. J'avais attaché une ficelle à mon pied dont il pouvait saisir le bout pour m'éveiller quand il aurait besoin de moi, à dix heures, à minuit, à une heure un quart, à 5 heures du matin, je le soignais de mon mieux. L'eunuque veillait, à 5 heures un quart, je dis à l'eunuque. Voilà qu'il va faire jour, tu peux aller prendre un peu de repos, moi je veillerai. Ce jour là la fatigue fut plus forte, après l'avoir assis comme il demandait. Vas-tu bien, lui dis-je? Bien! Bien! répondit-il en ajoutant un soupir qui voulait dire, que ce bien était très relatif. Ce fut ses dernières paroles que j'entendis. Je m'endormis vers les 5 heures et demi ; à 6 heures et demie, tout le monde trouvant extraordinaire que je ne fusse pas encore sorti, l'eunuque rentra, il regarde mon frère, et m'éveille. Hélas, il rendait le dernier soupir. Jean! Jean! m'entends tu? Rien. Son âme était devant Dieu, et nous n'avions entre les mains que son corps sans vie. *Anima ejus requiescat in pace.*

Son corps revêtu des habits sacerdataux, a été inhumé le Dimanche matin 26 Octobre à 6 heures à quelques pas de la maison. Une croix en bois est cachée au milieu du tumulus un peu sous terre, dans quelques jours, je mettrai un signe moins corruptible.

Ainsi m'a quitté pour toujours Jean, mon frère bien aimé à l'âge de 23 ans 11 mois moins un jour. Il était né le 25 Novembre 1866 à dix heures du soir, ainsi que le porte son extrait de baptême, tiré du greffe de la commune de Castres (Tarn).

Cher P. Coste, veuillez dire 5 Messes pour le repos de son âme. Je prie chaque confrère d'en faire autant et vous voudrez bien porter à chacun sur ses comptes 5 francs, comme honoraire de Messes pour le repos de l'âme de Jean Maraval.

Pensez un peu dans vos prières à votre serviteur tout désolé d'une si douloureuse perte.

Joseph Maraval

102 Lettre de M. Coste à M. Delpech [AMEP v. 581 ff. 510~516]

Le P. Coste à Mr. Delpech (2 feuilles)

Séoul, le 26 Novembre 1890

Monsieur et Vénéré Supérieur,

J'ai la douleur de vous annoncer la mort du cher P. Jean Maraval, décédé à Ouen-san (Corée), le 24 octobre, à 6 h. 1/2 du matin, des suites d'une maladie de poitrine.

A la lettre, que j'ai reçue de son frère, où vous lirez les circonstances édifiantes qui ont précédé cette fin prématurée, j'ajoute seulement quelques mots sur son court passage au milieu de nous.

Arrivé en Corée le 2 février 1890, le P. Jean Maraval, comme ses devanciers, fut retenu à la résidence épiscopale, pour commencer l'étude de la langue. Quelques jours après, Mgr Blanc, notre vénéré Vicaire apostolique, tombait malade pour ne plus se relever. Le P. Jean Maraval, plein d'affection pour notre auguste chef et père, voulut contribuer, pour sa part, aux soins qu'on lui prodiguait. On dut cependant lui interdire de veiller la nuit, parce qu'on s'aperçut que sa santé, ébranlée à Paris par un rhume négligé, ne pouvait supporter une telle fatigue. C'est à peu près à cette époque que la toux le reprit.

Fidèle à son règlement, il distribuait son temps entre la prière et l'étude. D'ordinaire, il employait ses jours de congé à faire le voyage de Ryong-san (à une lieue de Seoul), où le P. Maraval aîné était alors professeur ; et là, les deux frères épanchaient leurs cœurs dans les souvenirs de la famillet et du pays.

Lorsque vint l'époque de la retraite (fin d'avril), la joie de revoir les confrères qu'il avait connus, de faire connaissance avec les autres, était tempérée par un fond de tristesse facile à deviner. Il aurait voulu, comme eux, se lancer aussi dans l'arène et gagner des âmes à Jésus-Christ. Mais les remèdes n'avaient pu encore enrayer le mal qui le minait : la voix était devenue rauque, voilée. Le docteur, consulté, avait donné à entendre qu'il n'y avait pas beaucoup d'espoir de guérison. Quel sacrifice pour ce jeune cœur d'apôtre, en devinant cette sentence, qu'on essayait de lui dissimuler! Aussi dit-il un jour à un de ses confidents : «Je ne croyais pas que la résignation fût si difficile.» Il était résigné pourtant, le bon Père. Nous avons tous conservé le souvenir de sa douceur, de son amabilité. «C'est dommage!» disait-on en le voyant, avec les espérances qu'il promettait, s'acheminer peu à peu vers la tombe.

Un changement d'air fut jugé opportun. Le P. Maraval aîné ayant été transféré à Ouen-san, port ouvert à l'est de la Corée, il fut décidé que le jeune P. Jean Maraval l'accompagnerait. Ils partirent ensemble le 28 mai.

A Ouen-san, le cher malade a eu tous les soins qu'on pouvait attendre du dévouement fraternel. Une lettre qu'il m'écrivit le 29 juillet, où il donne le bulletin de sa santé, reflète son amour de l'étude, sa crainte d'être à charge, sa patience : «Je vous remercie, me dit-il, des sentiments affectueux que vous me témoignez, et des désirs que vous formez pour le rétablissement de ma santé.

«Depuis mon départ de Seoul, il n'y a pas eu grand changement. C'est pendant le temps des pluies que j'ai été le plus éprouvé. Avec le beau temps, les forces et la gaieté semblent revenir un peu. Ici, les distractions ne sont pas nombreuses : on est trop loin de la mer pour pouvoir aller se promener sur ses bords. Quand les livres seront arrivés, les journées paraîtront peut-être plus courtes ; au moins, on aura de quoi s'occuper quelques instants.

«Je vous remercie de m'avoir laissé avec mon frère pour quelques mois. Il y a des jours où la maladie me rend difficile. J'aime autant alors avoir mon frère à mes côtés que tout autre confrère ; je finirais par l'ennuyer.

«Dans vos prières, cher P. Coste, veuillez demander la patience et une parfaite résignation pour votre tout dévoué serviteur.»

Hélas! l'illusion qu'un mieux relatif avait fait concevoir, ne fut pas de longue durée ; et nous pleurons pour la troisième fois, cette année, la mort d'un des nôtres : Mgr Blanc, le P. André, le P. Jean Maraval. Que la sainte volonté de Dieu soit faite!

Vous trouverez ci-inclus le testament du cher défunt, avec l'acte de décès en double expédition. Ces pièces, ainsi que la notice ci-dessus, auraient dû être adressées à notre Procureur à Paris. En son absence, j'ai cru que je pourrais recourir à votre bienveillant intermédiaire heureux de profiter de cette occasion, pour vous renouveler l'expression des sentiments avec lesquels j'ai l'honneur d'être,

Bien cher et Vénéré Supérieur,

Votre très-humble et affectionné serviteur.

Jn. Coste
Prov.

103 Lettre de M. Coste à M. Collin de Plancy [뮈텔 문서 1890-70]

P. Coste à Collin de Plancy

20 X^bre 90

Mr le Ministre,

La copie, que je suis heureux de vous ~~transmettre~~ envoyer, d'une lettre du P. Baudounet, vous fera connaître les résultats obtenus par votre bienveillant intermédiaire. Permettez-moi de vous en offrir mes félicitations avec mes sincères remerciements.

Le P. Baudounet touche à d'autres points qui, en favorisant le christianisme, ne contribueraient pas peu à affermir le prestige de la France en Corée. Si, à ce sujet, vous avez besoin de me voir, je me ferai un plaisir de me rendre demain, à la Légat[Légation], dans l'après-midi.

Quant aux ~~rizières de~~ revendications du nommé Pai, votre tjyou-sâ est, paraît-il au courant de cette affaire, et pourrait nous fournir des renseignements.

Veuillez agréer.

104 Lettre de M. Coste à M. Collin de Plancy [뮈텔 문서 1891-1]

P. Coste à Collin de Plancy

11 Janvier 1891

M. le M.

On ~~a à se plaindre d'~~ porte des plainte contre un soldat, Kim Kyeng-tjyoun-i, faisant l'office de clairon à la caserne appelée Ou-yeng, quartier des clairons. Il ~~avait~~ eut pour complices quatre autres soldats de la même caserne. Voici le résumé des faits, tels qu'ils m'ont été racontés. Veuillez ~~excuser la crudité du langage~~ me pardonner de vous traduire, dans toute la crudité du langage, les injures avec dont les accusés se sont pe rendus coupables envers les Européens et votre personne en particulier.

A Syoun-htyeng-Kol (巡廳洞) du côté de la porte du Sud, habite un chrétien, Ni Thaddée. La sœur aînée de sa femme était mariée au frère aîné de Kim Kyeng-tjyoun (ci-dessus).

Le frère aîné de Kim Kyeng-tjyoun est mort. Sa femme a ~~avait~~ mis au monde un enfant ~~**~~ mâle, qui a été offert à l'Orphelinat et est ~~à la char~~ en nourrice à la charge des Sœurs.

Kim Kyeng-tjyoun-i, accompagné de ses quatre camarades, est allé demander à Ni Thaddée ce qu'il a fait de l'enfant. Ni Thaddée lui a répondu selon la vérité.

Alors Kim-Kyeng-tjyoun-i, mécontent, a fait dépouiller Ni Thaddée, tandis qu'il ne lui épargnait pas les coups, il lui a dit :

« Combien as-tu vendu l'enfant ? L'as-tu vendu au Ministre de

France?»

Réponse de Ni Thaddée : «Il n'a pas été vendu. Il est nourri par les soins des Sœurs françaises.»

Plusieurs soldats entre eux :

«L'enfant a été cuit, mangé par le Ministre de France et les Européens et passé en excréments.»

«Non. On ne mange ces enfants que lorsqu'ils ont cent jours.»

«On les mange crus.»

Et autres injures à l'avenant.

Ils n'ont renvoyé lâché Ni Thaddée qu'après s'être rassasiés de la frapper, et en le menaçant de revenir à la charge en cas de récidive.

En se saisissant de Kim Kyeng-tchyoun, ~~dont il serait facile dont au~~ chef des coupables, il serait facile de livrer aussi les autres à la justice.

Comme il s'agit de faits palpables ~~et de personnes connues~~ d'un cas précis, il y aurait peut-être lieu ~~de demande faire cela par~~ d'infliger une punition exemplaire, ~~pour~~ afin d'empêcher le retour des calomnies qui avaient si justement émue l'opinion publique il y a peu d'années, et menaçaient d'entraîner des suites graves.

En laissant cette affaire à votre appréciation j'ai l'honneur de me dire.

105. Lettre de M. Coste à M. Collin de Plancy [뮈텔 문서 1891-52]

P. Coste à Collin de Plancy

3 Février 1891

M. le M.

Dès qu'il se présentera une occasion se présentera, je me ferai un plaisir de ~~communiq~~ transmettre au P. Baudounet le contenu de la lettre que vous m'avez fait l'honneur de m'écrire le 2 du courant, sur ~~les démarches~~ le résultat des démarches effectuées en vue de ~~projet~~ l'école projetée au Tjyen-ra-to.

Une autre affaire vient de surgir à Ouen-san. La lettre, ci-incluse, du P. Maraval, en ~~contient~~ relate les détails. Notre Confrère ne voit pas d'autre moyen de la régler qu'en s'adressant de nouveau à votre puissant intermédiaire. Si vous croyez pouvoir agir, nous ne doutons pas que vos efforts ne soient couronnés de succès comme précédemment.

En attendant, veuillez agréer, avec mes remerciements, l'assurance.

Au moment où j'allais ~~vous envoyer~~ fermer le pli, je reçois du P. Maraval une seconde lettre du ~~P. Mara~~ qui contient le récit de nouvelles complications. Je m'empresse de la joindre à la première.

106 Lettre de M. Coste à M. Collin de Plancy [뮈텔 문서 1891-54]

P. Coste à Collin de Plancy

5 Février 91

M. le M.

Le courrier ~~venu exprès pour porter la lettre du P~~ dépêché par le P. Maraval sera prêt à partir quand on voudra, ~~et ce~~ avec les lettres qui lui seront confiées.

Les mesures que vous avez proposées au Président ~~sont appelées~~ semblent appelées à produire un très bon résultat, si elles sont exécutées fidèlement. ~~Espérons que tout sera mis en oeuvre pour qu'elles soient suivies de leur effet.~~

Dans cet espoir, j'ai l'honneur d'être.

M. le M.
V...

107 Lettre de M. Coste à M. Rouseille [H-8 문서]

P. Coste au P. Rouseille

Séoul, le 15 septembre 1892

Cher Monsieur Rousseille,

Mgr Mutel vient d'entrer en retraite. Avant de commencer ses pieux exercices, il m'a chargé de vous demander les imprimés dont vous trouverez la liste ci-incluse. Il désirerait les recevoir bientôt.

Cette commission me procure le plaisir de vous envoyer un petit bonjour et de me rappeler à votre bon souvenir.

Du fond de Nazareth, apercevez-vous toujours la crête ombragée de notre Namsan et la petite porte de l'ouest et le carrefour de Sai-nam-the (Sai-nam-to), où nos martyrs ont versé leur sang, et les tombeaux où sont déposés leurs restes, et notre colline dont vous avez vu le gazon ravagé par la tempête, etc, etc? Depuis que vous avez vu tous ces endroits en compagnie de Mr Monnier, il s'est opéré des changements. Plusieurs des projets que nous avions en vue ont été exécutés. Vous trouveriez maintenant un bâtiment réservé pour l'imprimerie, servant actuellement d'église provisoire; vous seriez logé dans une chambre du nouvel évêché, pas loin du réduit coréen (qui existe encore) où je vous montrais des plans. Vous verriez une église bâtie en dehors de la porte du Sud, sur une colline admirablement choisie, avec son clocher surmonté de la croix: c'est l'église St Joseph confiée au P. Doucet. Sur l'emplacement de l'ancien séminaire, vous verriez une construction nouvellement inaugurée, qui réunit déjà plus de 35 élèves. Enfin, vous verriez surgir la pièce principale si longtemps attendue: notre cathédrale s'élève entre les deux buttes, que vous connaissez, de notre colline. Elle est de style gothique, mesure près de soixante-dix mètres de long, en y comprenant la tour et la sacristie. La dépression du terrain nous a permis de pratiquer une crypte sous le chœur. La maçonnerie arrivée à la hauteur des premières fenêtres, monte plus vite que nous ne nous y attendions; mais aussi quelle brèche dans nos finances!

N'avez-vous pas promis de venir assister à l'inauguration de cet édifice, qui marque une date si mémorable dans les annales de l'Eglise de Corée? Mgr Mutel aura encore le temps de vous inviter, et vous, de faire vos préparatifs; car je présume que ce ne sera pas fini avant deux ans. En tout cas, soyez sûr que vous serez le bienvenu.

Et vous, comment allez-vous dans votre nouveau Nazareth? Est-ce que vous avez pu ainsi congédier la fièvre?

Mes amitiés, s.v.p., aux Confrères, notamment au P. Monnier, et veuillez agréer l'assurance de mes sentiments respectueux et dévoués.

Jn. Coste

108. Lettre de M. Coste à M. Martinet [H-13 문서]

P. Coste au P. Martinet

Séoul, le 1er Mars 1893

Cher Père Martinet,

Que faisons-nous donc? Quand vous étiez à Changhay, il ne se passait pas de malle sans que nous échangeassions quelques mots ; depuis que vous êtes à HongKong, rien ou presque rien. Ce sont les circonstances qui les veulent, sans doute, ainsi ; ce sont les occasions qui manquent. Quant au coeur, j'aime à croire qu'il n'a pas varié. C'est, du moins ce que je puis affirmer de mon côté, et je croirais vous faire injure que de penser le contraire de votre part. Recevez donc mes voeux les plus sincères... je n'ose dire à l'occasion du nouvel an, car il a déjà un peu vieilli. Mais les voeux sont toujours des voeux, et les sentiments sont indépendants de la variété des saisons.

On dit que vous blanchissez à vue d'oeil, que vous êtes minés par les soucis. Est-ce à cause de l'instabilité des Banques? Avez-vous perdu quelque chose sur l'O.B.C.? Vous savez peut-être que nous y avions $ 7.000 à Yokohama, et que nous n'avons touché qu'un dividende de 20%. Jusqu'à quelle concurrence va-t-on nous rendre le reste, et quand? C'est ce qu'on ne sait pas. Cependant nous aurions besoin d'un bon magot pour achever notre cathédrale commencée en mai dernier. Les travaux, interrompus pendant l'hiver, à cause du froid, vont être repris au commencement d'avril. Si nous ne sommes pas arrêtés par les finances, la construction proprement dite pourrait bien être avancée avant l'hiver prochain. Puis viendront les travaux d'intérieur, qui dureront plus ou moins longtemps. Selon nos prévisions, la bénédiction ne pourra guère avoir lieu avant deux ou trois ans. Y assisterez-vous ? Ce serait un vrai plaisir de vous voir pour cette circonstance. Mais en aurez-vous le temps juste à ce moment-là ? Il serait peut-être mieux de profiter de la première éclaircie dans vos occupations, et de venir dissiper vos soucis parmi nous. Vous ne doutez pas que vous ne fussiez le bienvenu ; et l'air de Corée vous ferait du bien, assurément.

Au cas où Monseigneur ne vous parlerait pas des comptes, que vous nous avez envoyés dernièrement, je suis heureux de vous dire que je les ai dépouillés et trouvés exacts. Monseigneur, à qui j'ai parlé de notre dépôt de livres coréens à la Procure de Hong-Kong, est d'avis de les faire venir ici, pour remplacer les exemplaires que nous écoulons petit à petit. Avant de nous les envoyer, veuillez avoir la bonté de les faire relier (peut-être chez le P. Rousseille). Il doit vous rester, si je ne me trompe :

15 ou 16 Dictionn. cor.-franç. *vendu* **** *14 Dic. dont 1 relié*

6 ou 7 Gramm. cor. 6 Gr.

Merci d'avance.

Comment vont nos malades, PP. Maraval et Le Viel ? Le P. Maraval va bientôt se mettre en route, probablement pour revenir. Mes amitiés à eux, ainsi qu'aux autres Confrères, et croyez-moi toujours.

Yours truly
Coste

Vous avez, sans doute, appris, ou vous ne tarderez pas à apprendre, que dernièrement nous avons fait les funérailles d'une bien digne religieuse, la Sr Elisabeth, décédée le 22 février.

109. Lettre de M. Coste à Mgr Mutel [뮈텔 문서 1893-148]

P. Coste à Mgr. Mutel

24 avril 93

Monseigneur,

la cloche est déjà hissée sur la tribune. Selon toute probabilité l'opération sera encore longue; et comme il est important de la surveiller, le P. Doucet et votre serviteur sont d'avis de rester jusqu'à la fin.

Impossible donc de nous rendre à la Légation, comme nous nous étions proposés de le faire. Veuillez donc être assez bon pour faire agréer nos excuses à Mr Frandin. Au reste il est facile de trouver des remplaçants parmi les confrères.

De Votre Grandeur le très humble et dévoué serviteur.

Jn. Coste

110 Lettre de M. Coste à M. Colin de Plancy [뮈텔 문서 1893-163]

P. Coste à Collin de Plancy

Séoul, le 29 août 1893

Monsieur le Commissaire,

Un certain nombre de nos livres coréens (Grammaire et Dictionnaire) étaient en consignation chez M. S. Salabelle, successeur de Mr Lévy, comme imprimeur à Yokohama. Il devait nous rembourser régulièrement le produit de la vente de ces livres, tout en retenant le prix de sa commission.

Mr Salabelle alla ensuite se fixer à Changhay et après quelque temps de séjour dans cette dernière ville, il partit pour le Tongking où il est employé dans la douane de Haiphong. En quittant Changhay, il régla notre compte avec le P. Martinet notre procureur. J'ai l'honneur de vous adresser la copie d'une lettre (30 octobre 1886) qu'il lui adressa à ce sujet.

Avec la copie de cette lettre, le P. Martinet m'envoyait la remarque suivante: «Mr Salabelle a annoncé par la voie des journaux, que le règlement de ses comptes se ferait à une époque ultérieure dont notice serait donnée. J'ai reçu en effet de Mr Salabelle le nombre de volumes ci-dessus indiqués». (voir la lettre)

Les livres étant vendus, M. Salabelle n'était redevable envers nous que du produit des ventes déjà opérées, moins le montant de la commission. A cette date (30 octobre 1886) son solde débiteur était, comme il le déclare dans sa lettre, de $203.

Dans une lettre du 2 décembre 1887, le p. Martinet m'annonçait que M. S. Salabelle lui avait payé un acompte de $50 avec promesse de solder le reste ($153) petit à petit.

Une lettre que j'ai écrite à M. Salabelle est restée sans réponse. Et voilà où nous en sommes. C'est donc $153 qu'il nous doit.

Oserai-je, Mr le Commissaire, vous prier d'user de votre crédit pour nous faire rembourser une dette qui dure déjà depuis trop longtemps. Ce sera un véritable service que vous nous rendrez; car nous avons à faire face à beaucoup de dépenses et avons de la peine, malgré nos économies à équilibrer notre budget.

Dans l'espoir que, sans recourir à la voie judiciaire, votre bienveillant intermédiaire sera assez puissant pour obtenir le résultat désiré, je vous prie d'agréer d'avance, mes sincères remerciements, ainsi que l'expression du profond respect avec lequel j'ai l'honneur d'être, M. le Commissaire, votre très humble serviteur.

111 Notice sur «Les Japonais en Corée» [AMEP v. 581 ff. 1006~1010]

1 feuille et demie (6 pages, 5 de texte)
Sur les Japonais en Corée

(à la 5e et dernière page) Le 16 Juillet 1894

Les Japonais en Corée.

Les troupes japonaises sont toujours en Corée; elles y sont en grand nombre et semblent vouloir y séjourner encore longtemps. Ce fait est digne de remarquer ; par sa gravité, il mérite d'être cité au tribunal de l'opinion publique.

Voyons ce qui s'est passé.

Les Japonais sont venus soit-disant pour mettre à couvert leurs nationaux contre les dangers que faisait craindre l'insurrection des Tonghak. Une petite garnison cantonnée à Chemulpo et à Seoul aurait suffi pour maintenir la sécurité. Les autres Puissances également intéressées n'ont pas même eu recours à cette précaution : elles se sont contentées de faire stationner pendant quelques jours un ou deux navires de guerre à Chemulpo. Le danger passé, ces navires ont disparu, ou sont restés uniquement pour suivre le programme de leurs évolutions régulières.

Il n'en a pas été ainsi pour les Japonais. Pendant que les autres se retiraient, ils ont continué à faire des débarquements considérables de soldats et de munitions de guerre, évidemment contre le gré du gouvernement coréen et des représentants étrangers, qui n'ont pu voir sans une grande surprise un tel déploiement de forces. A toutes les protestations, les Japonais ont répondu que le séjour de leurs troupes n'était que temporaire, et qu'ils étaient prêts à évacuer le pays, dès que les *(f. 1007)* troupes chinoises envoyées dans le Sud pour réprimer la rébellion se retireraient.

Pour un peuple civilisé, la parole donnée est une parole sacrée. Croyez-vous que les Japonais tiennent parole? – Oui, direz-vous, s'ils sont civilisés comme ils le prétendent. – Vous les connaissez bien peu. Ils se fortifient, au contraire, de plus en plus, comme pour un long séjour, font des cantonnements partout aux environs de Seoul, gardent les défilés, augmentent leurs baraquements, établissent des télégraphes et téléphones entres leurs divers postes, et même une ligne télégraphique entre Chemlpo et Seoul, malgré le gouvernement coréen, qui leur en avait refusé de l'autorisation.

En un mot, ils traitent la contrée en pays conquis, violant le territoire étranger, au mépris du droit des gens, et les propriétés privées, au mépris de la justice la plus élémentaire, arrêtant la circulation sur des chemins publics, etc., etc... Peut-on concevoir une insolence pareille?

Pour se justifier, invoqueraient-ils le droit de la guerre? Mais il n'y a pas eu de déclaration de guerre ; et il ne pouvait y en avoir contre un peuple inoffensif. Ah! il s'agit peut-être du droit de la force. «Bravo! Messieurs les Japonais. Vous voulez donc faire croire que la sphère de votre civilisation et l'ampleur de vos idées se mesurent avec la portée de vos canons et de vos fusils à tir rapide. Mais, permettez-moi de vous le dire, les sauvages, vos ancêtres, en auraient fait autant, s'ils avaient *(f. 1008)* connu plus tôt les engins de guerre que vous avez empruntés aux nations européennes.»

Voilà ceux qui se targuent d'être les pionniers de la civilisation en Extrême-Orient. Voilà les fameux jurisconsultes qui aspirent à marcher de pair avec la magistrature européenne, en réclamant, dans leur pays, la juridiction sur les résidants étrangers.

La politesse est l'expression de la bienveillance sous des dehors honnêtes et agréables. Chez les Japonais il y a, au moins, le vernis de la politesse : car ils ne ménagent pas les courbettes et les simagrées dans leurs rapports mutuels. Mais y a-t-il la réalité? Jugez-en par la conduite qu'ils tiennent à l'égard du gouvernement coréen désarmé. Cherchez de la bienveillance dans toutes les frayeurs qu'ils causent au pauvre peuple innocent et sans défense. Imaginez-vous que les troupes japonaises sont allées jusqu'à promener leurs canons d'un bout de la ville à l'autre, au risque de jeter, sans raison, l'effroi dans toutes les têtes. Ce sont chaque jour de nouvelles alarmes, depuis le palais jusqu'à la plus humble cabane. La panique est telle que la moitié environ de la population de Seoul et les huit-dixièmes de celle de Chemulpo ont fui en province, pour éviter l'éventualité de la guerre.

Voilà comment agissent ces fanfarons venus comme protecteurs. Aussi la haine des Japonais est-elle universelle ; tout le monde est plus que fatigué de leur présence. N'allez pas croire cependant qu'ils aient pour but de faire la guerre aux Coréens. Non, ils *(f. 1009)* affectent d'avoir pitié de cette nation infortunée. On dit qu'ils ont seulement des griefs contre la Chine. «Mais alors, Messieurs les Japonais, allez vider vos querelles ailleurs, et ne venez pas mettre le trouble dans un pauvre pays, qui a plus besoin de paix et de tranquillité que de vos services.»

Savez-vous ce qu'ils veulent? Ils ne le savent pas très-bien eux-mêmes. Mais ils désirent, au moins, procurer à la Corée, bon gré mal gré, les bienfaits de la civilisation. Grâce à leurs efforts, le pays sera débarrassé de la vieille suzeraineté de la Chine ; les pâles lumières des conseillers Möllendorff, Denny, Greathouse, Legendre, feront place aux brillantes clartés du Soleil levant ; l'armée coréenne trouvera dans des instructeurs japonais d'autres aptitudes que celles des instructeurs américains, et pourra désormais marcher sur le chemin de la gloire ; le joug de la noblesse coréenne ne pèsera plus sur les pauvres roturiers ; le rouage administratif sera remanié de fond en comble ; la direction des douanes passera aux mains de fonctionnaires japonais, qui auront soin d'y introduire l'admirable système bureaucratique qui les distingue ; les caisses du trésor seront remplies de papier-monnaie ; l'abondance et la prospérité règneront partout.

Mais comme le bien-être matériel ne servirait de rien, si tout l'édifice n'était couronné par une bonne éducation, des professeurs japonais seront établis dans des principaux centres universitaires, d'où leur influence lumineuse puisse rayonner sur toute la surface du pays. Ils *(f. 1010)* enseigneront les lettres, les sciences, et notamment les principes de la justice, du droit et de la politesse avec leurs multiples applications.

Telles sont les grandes lignes du programme. A en juger par cet aperçu, ne trouvez-vous [pas] que c'est une entreprise digne d'un grand peuple dévoué pour le bien de son voisin?... Vous riez... et vous avez raison : car, on ne peut voir là que l'outrecuidance et la morgue japonaise, voisines de la folie. A ces prétendus grands civilisateurs il ne manquera bientôt plus qu'à faire une levée de boucliers, pour aller civiliser l'Europe et l'Amérique. Mais en attendant, on est tenté de leur dire : «Allez Messieurs, retournez à l'école, et apprenez à devenir sages avant de prétendre enseigner la sagesse.»

Avouons-le cependant, il y a de la ressource dans le peuple japonais ; et l'on voit dans son sein des personnalités respectables. Pourquoi faut-il que sa fatuité comme nation donne lieu aux réflexions qui précèdent?

16 Juillet 1894

Les japonais en Corée, manuscrit 1- juillet 1894 (à la fin de cet article)
(article manuscrit de 5 pages, sans nom d'auteur)

112   Lettre de M. Coste à M. Robert

P. Coste au P. Robert

17 juillet 94

C. P. Robert,

L'autre jour, 14 juillet, Mgr Mutel, le P. Poisnel et votre serviteur, en revenant de la Légation de France, rencontrèrent dans la rue un petit Coréen de 5 à 6 ans qui se posant devant eux, leur adressa l'expression injurieuse dont on se sert ici pour désigner les Japonais, comme quand on appelle les Anglais John Bull. Le pauvre petit était bien innocent: il n'avait l'intention que de nous saluer. Mais il est facile de tirer des conclusions. Dans toute la ville et même en province, il n'est question, depuis quelque temps surtout, que des Japonais. On les déteste cordialement. Les Européens eux-mêmes sont fatigués de leur présence.

A l'insolence de leur intrusion, s'ajoutent des faits qui ne sont pas de nature à leur concilier la sympathie. Il y en a un qui s'est passé tout dernièrement. Je n'en ai eu connaissance qu'après avoir rédigé la pièce ci-incluse, dont nous parlerons tout à l'heure.

Le Consul anglais, Mr Gardner, allait se promener avec sa femme et son chancelier, en dehors des portes de la ville. Ils cheminaient par des sentiers qui d'habitude étaient ouverts à tout venant. Quelle ne fut pas leur surprise quand ils se virent barrer le passage par un factionnaire japonais. Mr Gardner protesta, sans doute, disant qu'un chemin public était fait pour tout le monde, et on peut croire qu'il se prévalut de son titre de représentant de l'Angleterre. Mais la sentinelle, qui probablement ne sait pas l'anglais, ne connaissait que la consigne. Et de là une bousculade infligée à Monsieur, à Madame et au chancelier. Les détails et les suites de cette affaire seront, sans doute, rapportés dans les journaux de Changhay.

Précédemment, une propriété que nous avons près du séminaire avait été le théâtre d'une scène analogue, qui aurait pu devenir plus tragique. Des soldats japonais s'étaient introduits violemment dans cette propriété sous je ne sais quel prétexte. Ceci ne se passa pas sans une juste protestation de la part du domestique. On court avertir les PP Rault et Vermorel, qui aussitôt quittent leur souper et se hâtent d'aller arranger les différends et de ... les torts. La dispute fut vive. Elle ne pouvait se terminer qu'en en référant aux chefs. Mais il fallait une pièce à conviction pour reconnaître les délinquants en cas de fuite. Ainsi que cela se pratique en Europe, nos confrères eurent l'idée d'arracher les képis des soldats. La sauvagerie japonaise ne s'accommodait pas de ce procédé. Il y eut un soldat qui alla jusqu'à dégainer contre le P. Rault, tandis qu'un autre sautait par dessus les murs. On croyait que celui-ci se sauvait par la fuite. Pas du tout. Il allait au poste voisin appeler ses camarades à la rescousse. Aussi les Pères étaient-ils à peine de retour au Séminaire qu'une nouvelle alerte les rappela sur le même théâtre. Enfin, après une suite de péripéties et de pourparlers, un des officiers vint faire des excuses, assura que les délinquants seraient punis et que des ordres sévères seraient donnés pour le maintien de la discipline. Les journaux de Changhay n'ont pas parlé ni ne parleront, je crois, de ce fait. Mais nous ne serions pas fâchés qu'ils donnassent une verte leçon aux malotrus qui viennent si mal à propos mettre le trouble dans ce pays.

Les Japonais sont sensibles au point d'honneur. Autrefois, vers 1870 ou 1871, lorsque les chrétiens d'Ourakami étaient en exil, il y avait à Paris un ambassadeur japonais. Cet ambassadeur ne pouvait se présenter dans aucun salon sans qu'on lui reprochât l'iniquité de son gouvernement à l'égard de ces pauvres malheureux. Honteux de voir sa noble race traitée de sauvage, il se hâta de télégraphier à la Cour de Tokyo et aussitôt les chrétiens furent relâchés.

J'ai pensé qu'on pourrait aussi toucher la corde sensible en faisant lancer par les journaux un article comme celui que vous trouverez ci-inclus. S'il n'obtient pas l'effet désiré (l'évacuation de la Corée par les troupes japonaises) j'aurai au moins la consolation d'avoir protesté contre une iniquité révoltante. Au reste, cet article inspirera peut-être d'autres articles du même ton, et le tout réuni sera capable d'éxercer une pression salutaire. L'affaire du Consul anglais semble lui donner de l'à-propos en excitant le mécontentement des sujets britanniques. Gardez-vous cependant de laisser soupçonner par les lecteurs de quelle source il émane. Vous comprenez que nous avons interêt à ne pas nous aliéner les Japonais, auxquel du reste nous savons gré des services qu'ils nous rendent ou sont disposés à nous rendre ici ; par consequent, l'article devrait etre traduit en anglais, sans laisser supposer que c'est une traduction. Je ne tiens pas tellement à la paternité de cette prose, que je sois jaloux de la voir passer à d'autres. Au contraire, si quelqu'un de vos amis voulait, tout en s'inspirant du ton et de l'idée générale, composer un article analogue qu'il ferait sien, ce serait pour le mieux. Vous comprenez mon idée. Donc suffit.

Que si, en raison des circonstances, vous croyez plus prudent de vous abstenir, je m'en rapporte à vous pour l'abstention comme pour l'action. En tout cas, merci.

Vous avez peut-être appris que les Tong-hak n'ont été que dispersés, mais non réduits complètement. Ce sont maintenant des bandes de pillards réduits aux abois, la vengeance dans le coeur, qui rançonnent les pauvres chrétiens auxquels ils en veulent particulièrement comme amis des Européens. Des télégrammes se sont succédés, plus éplorés les uns que les autres, parlant de périls imminents, menaces de mort contre chrétiens et missionnaires, et faisant appel à un prompt secours. Les commandants des navires français ont été informés. Ils sont tous pleins de bonne volonté, mais ne peuvent prêter aucun appui vraiment efficace. Des démarches ont été faites auprès du gouvernement central coréen. Celui-ci s'est montré favorable (quel revirement!) et le roi lui-même a fait transmettre des ordres sévères au gouverneur du Tjyen-la-to pour accorder aux missionnaires et aux chrétiens la protection qu'ils implorent. Qu'en résultera-t-il? Il est à craindre que le gouverneur n'ait ni la volonté ni les moyens suffisants pour réprimer les malfaiteurs. Il faudra du temps pour que le calme se rétablisse. Afin d'échapper à la mort ou aux mauvais traitements, les chrétiens du P. Jozeau ont pris le parti d'errer dans les montagnes comme au temps de la persécution. Que Dieu leur vienne en aide.

**Lettre de M. Coste à Mgr Mutel**

P. Coste à Mgr. Mutel

16 7bre 1895

Monseigneur,

Mr Lefèvre vient de nous envoyer du mouton. Je me suis cru autorisé à ouvrir le petit mot, à votre adresse, qui accompagnait cet envoi, et à remercier le donateur. Le cadeau est divisé en trois : une part pour Yakhyen, une pour la Ste Enfance et une pour la Procure. A l'envoi qui vous est destiné, je joins des lettres, reçues hier ou ce matin pour Votre Grandeur, avec me respectueuses salutations.

Jn. Coste

114. Avis de décès de P. Coste [뮈텔 문서 1896-191]

Avis de décès de P. Coste

☧

Le Vicaire Apostolique et les Missionnaires de Corée ont la douleur de vous faire part de la perte qu'ils viennent d'éprouver en la personne

de Monsieur Eugène-Jean-Georges COSTE
PROVICAIRE APOSTOLIQUE

décédé à Séoul le 28 février 1896 dans sa 54ᵉ année,
muni des sacrements de la Sainte Eglise.
Les obsèques auront lieu à la chapelle provisoire de la mission catholique
(Tjyong-hyen) le dimanche 1ᵉʳ mars à 11 heures du matin.

DE PROFUNDIS...

Séoul, le 29 février 1896.

116 Liste des participants de la cérémonie funéraire du père Coste
[뮈텔 문서 1896-145, 202~205]

Liste des participants de la cérémonie funéraire du père Coste

MM:
G. Lefèvre
E. Martel
C. Waber
A. de Speyer
N. Rospopoff
E. Stein
J. Krien
J. Reinsdorf
W. Hillier
R. Willis
J. M. B. Sill
H. Allen

MM:
J. Kormura
E. Hioki
S. Matsugata
S. Utchida
M. Harada
Dr Baldock
Dr B. Kojo

MM :
G^l Le Gendre
G^l Greathouse
C^l Nienstead
G^l Dye
W. du F. Hutchinson
W. Hallifax

법국	Commissariat de France
미국	Légation d'Amérique
아라사국	Légation de Russie
일본공사관	Légation du Japon
일본영사관	Consulat du Japon
영국	Consul Général d'Angleterre
덕국	Consulat d'Allemagne
해관	Monsieur Leavy Brown
해관	Monsieur Bohring
사바딘	Monsieur et Madame Sabatin
의원	Docteur Baldock
니의원	Miss Cooke
니선덕	Général Legendre
북촌	Général Dye
새문안	Général Greathouse
새문안	Madame Greathouse
새문안	Monsieur de Rémedios
새문안	Madame de Rémedios

Séoul		Chemulpo		Fusan		Ouen-san	
MM.Lefevre	|	Ct Rivet	×	Hunt	×	Grunseller	×
Martel	|	Officin	×	A***	×		
Waeber	|	Osborne	×				
de Speyer	|	Beriani	×				
Stein	|	Tournseul	×				
Rospopoff	|	Wilkinson	×				
Krisen	|	Wolter	×				
Reinsdorff	|	de Remedios	×			Japon et Cie	
Hillier	|	Woo li tang	×			Salmuna	×
Willis	|	Sripling	×			Pettier	×
Boldock	|	Moïsil	×			Mgr Vasselon	×
Sill	|					_ Berliot	
Allen	|					Sr Marie Auguste	×
Hutchinson	+					Mgr Guillou	×
Le Gendre	+					Supr Hong Kong	×
Dye	+					_ Saigon	×
Greathouse	+					_ ***	×
Hallifax	+					M. Leg**	×
Brown	×					Amiral	×
Chal**	×					Mgr Pis**	×
Ko**	+					M. Ma**	×
Matsugata	+					M. Fignaux	×
Hioki	+						
Utchida	+						
Nienstead	+						
Harada	+						
Kojo							

117. Lettre de condoléances de Vice-Consulat de S. M. B. [뮈텔 문서 1896-183]

Lettre de condoléances de Vice-Consulat de S. M. B.

Chemulpo, 1 Mars 1896

Monseigneur,

Je m'empresse d'offrir à votre Grandeur mes condoléances sincères et respectueuses sur la perte que l'Eglise en Corée vient d'éprouver à cause de la mort du Père Coste, votre illustre et aimable Provicaire.

Agréez, Monseigneur, l'assurance de ma considération très profonde,

W. H. Wilkinson
Vice Consul

Monseigneur Mutel
Vicaire Apostolique
etc etc etc
Séoul

118 Lettre de condoléances de M. et Mme. Woo Litang [뮈텔 문서 1896-194]

Lettre de condoléances de M. et Mme. Woo Litang

Chemulpo, le 2 Février[3] 1896

Monsieur et Madame Woo Litang apprennent avec le plus profond regret de la irréparable perte en la personne de Monsieur Coste, qui vienne d'éprouver à Votre Seigneurie et de toute la Mission Catholique en Corée.

---

3 2월로 적혀 있으나 코스트 신부의 선종일이 2월 28일이므로 옮겨 쓴 전사자의 오기로 판단된다.

119. Lettre de condoléances de Stripling à Mgr. Mutel [뮈텔 문서 1896-195]

Lettre de condoléances de Stripling à Mgr. Mutel

Monseigneur,

The announcement of the death of dear Father Coste was, to me, as unexpected as it was sad : had I known he was ill, I would have asked the privilege of being allowed to help to nurse him; alas, the sad news came too late, too late even to allow me to pray my last respects to his earthly remains, it saddens me to know I will see his kind face no more.

Your loss, and the loss of your Mission, is heavy indeed, too heavy for any words of sympathy to lighten, and I hesitate even to intrude his upon you.

Father Coste will be greatly missed in Söul; his genial happy disposition was like of sunshine, it brightened the lives of all with whom he came in contact.

Mr and Mrs Maertens, will I am sure, be exceedingly sorry to hear the sad news and would, if they knew it, join with me in respectfully tendering to you, ant to the members of your Mission. Our heartfelt sympathy.

Sincerily yours
Caesar B. Stripling

Chemulpo, March 5th 1896

120 Lettre de condoléances de J.H. Hunt à Mgr. Mutel [뮈텔 문서 1896-196]

Lettre de condoléances de J.H. Hunt à Mgr. Mutel

6 March 1896

Dear Bishop Mutel.

It was with deep regret I learnt this morning of the death of Monsieur Coste, through the obituary notice You sent me.

Not having heard that Mr Coste has been dangerously ill of late, the sudden news of his death took me by surprise.

I have hitherto omitted to acknowledge and thank you for your kind letter of the 23rd. Dec. 1894. Though late, pray let me do so now, and, at the same time, assure you that I am glad to be of service to anyone at all times.

Mrs Hunt and I send our kind regards to you and Mr Poisnel, and trust that you both are well .

Yours very respectfully and truly.

J.H. Hunt

121 Lettre de condoléances de M. A. Salmon à Mgr. Mutel [뮈텔 문서 1896-185]

Lettre de condoléances de M. A. Salmon à Mgr. Mutel

Nagasaki 16 Mars 1896

Monseigneur,

J'ai reçu il y a quelques jours la triste nouvelle de la mort du cher Père Coste dans la force de l'âge et de toutes ses facultés. Quel coup inattendu, comme la perte de Mgr Vasselon le 7 de ce mois à Osaka.

De tout cœur je m'associe au deuil de la Mission de Corée et vous prie d'agréer en même temps que mes remerciements pour la lettre de faire part que Votre Grandeur m'a envoyée l'hommage de ma respectueuse sympathie.

De Votre Grandeur
le très humble serviteur
M. A. Salmon

122 Lettre de condoléances de Ev. Jules A. Chatron [뮈텔 문서 1896-198]

Lettre de condoléances de Ev. Jules A. Chatron

Nagasaki le 17 Mars 1896

Bien vénéré Seigneur,

De tout cœur nous prenons notre part du deuil qui vient de vous frapper et dont votre dernière lettre nous a apporté la nouvelle aussi inattendue que douloureuse. Tous les confrères qui sont près de moi avaient connu et par conséquent estimé le bon P. Coste. Nos prêtres indigènes et beaucoup de nos séminaristes se souviennent encore de lui et ont joint leurs prières aux nôtres. C'est au nom de tous que je prie Votre Grandeur de vouloir bien agréer nos affectueuses condoléances.

Comme le Sémin. de Paris, comme la Corée, le Japon vient aussi de passer par une épreuve qui nous a tous surpris et profondément affligés.

Le cher Mgr. d'Osaka qui semblait au seuil d'un long et fructueux épiscopat, a été subitement frappé et la nouvelle de sa mort foudroyante nous a terrassés. Rien ne pouvait faire prévoir un coup pareil et voilà cette pauvre mission du Japon central sans pasteur encore une fois. Comme il faut peu compter sur la vie et sur rien en dehors de Dieu!

Veuillez agréer, bien vénéré Monseigneur, avec l'expression de mes bien douloureuses sympathies la nouvelle assurance de mes sentiments les plus affectueux en N. S.

+ Jules A. Chatron Ev. de Nag.

Lettre de condoléances de Sr Marie-Auguste à Mgr. Mutel

A. M. D. G.

Monseigneur,

Veuillez me permettre de venir vous exprimer la part bien sincère que nous prenons au deuil qui vous afflige actuellement ainsi que vos dignes Missionnaires. Nous sentons d'autant plus votre peine que nous connaissons le dévouement et le bienveillant intérêt que portait à nos Sœurs le Vénéré Défunt Monsieur Coste. Quelle nouvelle perte pour votre Mission et quelle douloureuse épreuve pour Votre Grandeur!

Croyez, Monseigneur, que nous nous faisons un devoir d'unir nos prières aux vôtres et de faire prier aussi toutes nos chères orphelines pour le repos de l'âme du regretté Défunt, afin qu'elle aille promptement jouir du bonheur qu'elle a si bien mérité, et prier pour Vous et pour votre chère Mission!

Daignez agréer avec l'expression de nos condoléances celle de nos hommages les plus respectueux avec lesquels je suis

Monseigneur,

De Votre Grandeur
La très humble servante
Sr Marie-Auguste

Hakodate, 18 Mars 1896

124 Acte de décès de M. Coste [AMEP v. 581 ff. 1370~1370-1]

Acte de décès de M. Coste

Extrait du registre des actes de l'état civil du Commissariat de la République française en Corée pour l'année mil huit cent quatre vingt seize.

Du vingt-neuvième jour du mois de février mil huit cent quatre-vingt-seize, à quatre heures du soir. Acte de décès de Monsieur Eugène Jean Georges Coste, provicaire apostolique de Corée, demeurant à Séoul à la mission catholique et ci-devant en France à Paris, au séminaire des missions étrangères, rue du Bac, numéro cent vingt-huit, décédé à Séoul, le vingt-huit février mil huit cent quatre-vingt-seize, à cinq heures quarante cinq minutes du soir, âgé de cinquante-trois ans, né le dix-sept avril mil huit cent quarante deux à Montarnaud, canton d'Aniane, département de l'Hérault, fils de Jean et de Félicité Aguillon. Sur la déclaration à nous faite par Sa Grandeur Monseigneur Gustave Charles Marie Mutel, vicaire apostolique de Corée, demeurant à Séoul, âgé de quarante et un ans et de Monsieur Victor Louis Poisnel procureur de la mission de Corée, demeurant à Séoul âgé de quarante ans, qui ont tous deux déclaré avoir connu le défunt. Et ont signé après lecture faite. Constaté par nous Georges Lefèvre, commissaire, par interim, du gouvernement français en Corée, faisant fonctions d'offcier de l'état civil.

(Signé) G. Mutel
(Signé) V. Poisnel
(Signé) G. Lefèvre

A Séoul, le sept mai mil huit cent quatre-vingt-seize.

Pour copie conforme,
L'Interprète-chancelier
G. Lefèvre

Vu pour la légalisation de la signature ci-dessus de Mr. George Lefèvre interprète-chancelier.

Le Chargé d'Affaires de la République
V. Collin de Plancy

부록

고인의 간략한 생애

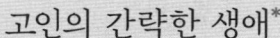

고인의 간략한 생애*

코스트 신부 교황 파견 선교사

조선 선교지 부주교[직무 대행]

1842년 4월 17일 출생

1868년 7월 15일 파견

1896년 2월 28일 선종

　조선 선교지는 훌륭한 일꾼 가운데 한 사람이었던 "착한 코스트 신부 (Bon Pere Coste)"를 잃었다. 우리가 부주교[직무 대행]를 그렇게 부르는 이유는, 그가 극동 아시아의 모든 동료 신부들과, 그의 수많은 선교사와 평신도 친구들에게 오래전부터 그 호칭으로 알려졌고 또 그 호칭으로 친근한 존경을 받아왔기 때문이다. 하느님께서는 그가 28년 동안 사도로 일하게 하신 뒤 향년 54세의 나이에 그를 [하늘로] 부르셨다. 일찍이 조선의 어떠한 선교사도 그만큼 오랜 경력을 누린 적은 없었다. 이제까지 대부분의 선교사들은 한창 일할 나이에, 또는 상대적으로 젊은 선교사들의 경우에는 내핍한 생활과 질병으로, 또는 박해의 칼날 아래 목숨을 잃었다. 우리는 그만은 적어도,

---

* Vol. 581, ff. 1371-1406과 동일한 문서. 문서 맨끝에 프와넬 신부의 서명이 있는 것으로 보아 프와넬 신부가 작성한 것으로 보인다.

그 이름과 덕행에서 연상되는 또 다른 요한으로, 이 젊은 조선 교회의 중심에 오래도록 머물며 조선 교회가 여러 해 동안 너무도 혹독하게 거듭 겪은 초상의 아픔을, 그의 아름답고 정정한 노년을 통해 위로해 주리라 희망하며 행복해했다. 선하신 하느님께서는 그에게 다른 계획을 품고 계셨으니 우리의 뜻이 아니라 하느님의 거룩한 뜻이 이루어지소서!

코스트 신부와 더불어, 우리 가운데 참으로 존경스럽고 다감한 인물이 사라졌다. 그의 모든 것이 평온함과 관대함, 겸손과 자애를 풍겼고 하느님과 흔들림 없는 영적 일치를 보여 주었다. 그가 없는 지금, 죽음은 그의 이마에 일종의 후광을 그려 놓은 듯하다. 또한 흰머리와 희끗희끗한 턱수염을 고귀한 화관처럼 두른 그의 얼굴을 보면, 화가들이 붓으로 그린 평화와 고요한 빛과 천상의 평온으로 가득한 수도승의 아름다운 얼굴이 저절로 떠오른다. 온전히 사제의 삶을 살았던 그의 생애라는 그림에는 그늘 한 점이 없었다. 전체적으로 보든, 세세하게 들여다보든 그 어떠한 얼룩도 공백도 보이지 않는다. 그의 생애는 충만한 날들의 연속이었고, 모든 것이 가지런히 제자리에 있었다. 그는 성격적으로 모난 데가 하나 없었고, 겸손하여 특출난 면모를 보이지도 않았으며, 변덕으로 사람들과 부딪친 적도 없다. 성마른 성질이나 기질로 일을 아무렇게나 하는 법도 전혀 없었다. 그는 모든 일을 할 때 계획과 기준을 따라 행했고, 모든 일에 또 항상 규칙과 법도가 있었다. 게다가 그의 척도는 결코 속 좁은 것이 아니었다. 그의 규칙은 결코 엄격하지 않고 오히려 부드러웠으며, 프란치스코 드 살 성인의 방식으로, 곧 사람들에게 상처를 주거나 사람들을 불편하게 만들지 않으면서 상황에 자신을 유연하게 맞출 줄 알았다. 맑은 물이 흐르듯 그는 모든 장애를 부수는 것이 아니라 그것들을 부드럽게 휘감으면서도 그 무엇에도 막히지 않았고, 표면에 파장이 일지도 않았다. 사반세기 넘게 선교사로 살아온 그의 삶은 그렇게 흘렀고, 그의 인생의 조화로운 일치는 하느님께서 부어 주신 특별한 은총으로 부단한 주의를 통해 본성을 끊임없이 이겨낸 승리로 설명될 뿐이다. 그처럼 모든 행동에서 규칙적인 사람은 진솔함과 올곧음 그 자체일 수밖에 없었고, 무엇보다 그는 호인이었다. 그의 호의를 사람들이 남용할 수 있었을지 모르지만 그는 호의를 베푸는 데 결코 지치지 않았고, 그의 호의에서 결점을 찾을 수도 없었다. 그는 누구에 대해서도 좋은 말만 하였고, 남의 단점이나 결점에 대해서는 거의 말을 아꼈기에 그것들을 잘 모르는 사람처럼 보였다. 그래서 사람들은 과연 그의 마음에 일말의 악의가 있었던 적이 있는지, 또 남에 대한 가시 돋치고 쓰디쓴 말이 과연 그의 입에서 나온 적이 있는지 의아해할 정도였다. 우리가 지금 슬퍼하며 애도하는 존경하는 벗을 곁에서 가까이 따랐던 이들이 많다. 그들에게 이렇게 묘사한 그의 모습이 미화된 것인지, 아니면 그의 모습 그대로 충실히 그린 것인지를 물어보시기를. 아마도 그들은 가장 중요한 특징이 빠져 있다고 생각할 것이다. 이를테면 완벽성의 인장(印章)이다. 그는 자신이 하는 모든 일들, 심지어 세속적인 일 속에도 이 완벽한 태도, 이 세심한 끝마무리의 인장을 새길 줄 알았다. 모든 일을 질서정연하게 정성껏 최선을 다하되, 오직 하느님만을 위해서 하는 것, 이를 줄여 말하면 바로 '코스트 신부'가 된다. 그는 모든 것을 훌륭하게 했다(Bene omnia fecit).

으젠느 장 조르주 코스트 신부는 1842년 4월 17일 [프랑스 남부] 에로(Hérault)주 아니안느 읍 몽타르노(Montarnaud)의 명망 높은 지주 가문에서 태어났다. 그의 집안은 많은 재산을 지녔는데, 신앙의 유산으로도 풍요로웠다. 그의 부친은 오래전에 별세하였고, 그의 신심 깊은 모친은 여전히 살아 있다. 과부인 누이는 고향 마을에서 모친과 함께 살면서 존경하올 팔순의 노모 곁에서 부재하는 이들의 빈자리를 채우고 있다. 그의 삼촌 마르슬랭 코스트 씨는 몽펠리에에 사는 공증인으로, 그 고장에서 영향력 있는 그리스도인이다. 자선 사업을 하면서 교구장 주교와 긴밀한 관계를 맺고 있는데, 코스트 신부의 편지를 보면 그를 신뢰할 만한 사람이며 수완 좋은 사업가로, 코스트 집안 전체를 이끄는 오른손으로 묘사하였다. 코스트 신부의 생가가 그 중심에 자리한 몽타르노 마을은 몽펠리에서 12킬로미터 정도 떨어져 있고, 포도나무와 올리브나무가 심긴 언덕들이 빙 둘러 에워싼 아름다운 계곡 속에 자리해 있다. 언덕 위 고성(古城)에서 이 마을이 내려다보인다. 이러한 그림 같은 환경 속에서 일찍부터 코스트 신부의 예술가적 기질이 싹텄고, 하느님과 신심 깊은 부모의 눈길 아래 장래의 선교사가 성장했다. 코스트 신부는 마지막까지 고향에 대한 감미로운 추억을 간직하고 있었는데, 선종하기 1여 년 전에 사촌 누이에게 이렇게 썼다. "너 기억나니? 저학년 꼬맹이들이 강가를 따라 또는 나디에르(Nadières)산들을 이리저리 뛰어다니다가 즐겁게 집으로 돌아오곤 했지. 르가르(le Gard)와 에로(Hérault)를 잇는 큰 다리와 그곳 바위들은 아직도 눈에 선하구나. 염소들이나 오를 수 있는 곳이라 아무도 올라갈 엄두를 내지 못했지. 염소들은 여린 풀들과 나뭇가지들을 뜯어 먹으러 그 바위산에 오르곤 하였지. 내 기억에 남아 있는 것은 무엇보다 온 가족이 한데 모여 훈훈한 정을 나누곤 했던 멋진 풍경이란다. 저녁 식사를 하고 나면 나를 탁자 위에 올라가게 해서, 나는 학교에서 배운 것들을 읊곤 하였지. 그런데 그러한 웅변 연습이 나중에 내가 행하게 될 성무의 서막과 같았음을 가족들은 생각조차 못했단다."

코스트 신부는 이미 그러한 생각을 했던 것일까? 바로 이 어린 시절부터 하느님의 부르심을 들었던 것일까? 지나치게 자신에 대해서 말을 아꼈기에 알 수 없다. 어쨌거나 그의 사도직 소명은 최소한 소신학교 시절로 올라간다는 것은 확실하다. 로데즈(Rodez)교구 벨몽 [소신학교]의 훈훈한 분위기 속에서 그는 학업을 상당 부분 익히고, 사도직의 꿈을 키웠다. 또한 신심 깊은 동기들(그처럼 선교사가 된 이들도 여럿 되는)과 함께 선교지로 떠나겠다는 열망을 품었고 그 열망을 "뜨겁게 달구었다". 코스트 신부의 훌륭한 모친은 아들의 성소 시작을 아직도 기억하고 있다. 존경하올 모친은 6년 전에도 아무런 원한 없는 목소리로, "자신에게서 너무도 사랑하는 장(Jean)을 벨몽 소신학교로 훔쳐 갔다"며 치보델(P. Chibaudel) 신부(지금의 파리외방전교회 신학교 교장)를 탓하곤 했다.

[소신학교의] 고전 과정을 마친 뒤 코스트 신부는 라자로회가 운영하는 몽펠리에 대신학교에 입학했다. 그곳에서 그는 소품 가운데 첫 품들을 받았다. 빈센트 드 폴 성인의 후예들, 특히 교수 신부였던 피아트 신부가 보여 준 겸손하고 소탈한 신심과 단순함은 코스트 신부에게 깊은 인상을 심어 주었다. 신학교 교수 신부들을 회상할 때마다 코스트 신부는 경의 어린 존경을 담아 말하곤 했다. 그런데 코스트 신부처럼 선한 사람이 이미 지녀온 그 온유함의 기질이, 신학교 교수 신부들의 가르침과 본보기 덕분이라고 해도 과언이 아닐 것이다. 1866년 말 코스트 신부는 [나머지] 소품들을 받고 파리외방전교회 신학교에 입회하였고, 1868년 6월 6일 사제품을 받았다. 이는 그가 뒤박 거리[파리외방전교회]에서 머문 시간이 2년이 채 안 되었다는 뜻이다. 이어서 다음 달인 7월 15일, 마지막으로 가족을 만나 포옹을 나누는 기쁨을 거절하고 파리와 프랑스를 떠나 극동 아시아로 향한 배에 올랐다.

그의 조화로운 재능과 자질, 온화한 성품, 또 깔끔하고 정확한 일 처리는 이때부터 두드러졌고, 이 때문에 장상들은 너나 할 것 없이 외방전교회 대표부들의 주요 업무를 그에게 맡겼다. [우리의] 젊은 선교사는 개인적인 선호에 대해 일절 말하지 않았는데, 이러한 은사로 순명의 공로가 배가되었고 모든 일을 마다하지 않았으며 온 마음을 다해 주어진 직무에 헌신하였고, 남들이 선호하는 직무가 아닌 만큼, 그의 헌신은 더더욱 칭찬받아 마땅하다.

이렇게 하여 그는 8년 동안 우리와 만남을 이어갔다. 먼저 홍콩 대표부에서 부대표로 오주프(Osouf) 주교의 지도 아래 초반의 경륜을 쌓았고, 이어 싱가포르에서 보냈다. 1870년부터는 홍콩 [베타니아] 요양소 건립에 여념이 없는 파트리아(Patriat) 신부를 대신하여 2년 동안 싱가포르 대표부를 맡았고, 1872년 무렵 홍콩으로 다시 가서 그의 건축적 재능을 발휘하여, 솜씨 좋은 베타니아 건축가들에게서 고딕 예술을 익혀 다소 독보적인 감각을 지니게 된다. 그리고 1874년 겸손한 그는 극구 사양했지만 상해 대표부 대표로 임명되었고, 이 소임을 맡으면서 마침내 조선으로 가는 길을 발견하였다.

그러한 다양한 상황 속에서 그가 어떤 사람이었는지는 장상들과 파리 참사회가 지닌 코스트 신부에 대한 존중과, 신부가 그들과 나눈 깊고도 오랜 우정, 떠나는 그를 환송하는 대표부에서 보여 준 아쉬움들을 보면 충분히 알 수 있다. 그처럼 상냥하고, 세심하게 배려하며, 늘 도울 준비가 된 사람, 남을 기쁘게 하는 것에서 자신의 행복을 찾았던 사람을 누가 좋아하지 않을 수 있겠는가! 늘 반듯한 그의 품행은 존경심을 갖게 했고, 그의 솔직 담백함은 신뢰를 주었으며, 진지하되 거칠지 않고, 명랑하되 가볍지 않은, 늘 한결같은 그의 기질은 모두를 기쁘게 했다. 그는 농담이나 야유를 잘 받아넘겼고, 필요하다면 받은 것 이상으로 돌려주기도 했지만, 날카롭고 정교하게 찌를 줄 알면서도 결코 상처를 주지 않았다. 그가 늘 자비로웠기 때문이다. 사람들이 그에게서 두려워하는 것이 딱 한 가지 있었으니, 바로 그의 '고약한 붓질'이다. 당시 그가 그린 캐리커처의 피해자들은 코스트 신부의 짓궂은 장난을 두고 그에게 반성을 불러일으키기보다는 오히려 그의 기지를 북돋우는 듯한 말들로 불평하곤 했다. 그 피해자들 가운데 한 사람은 이렇게 썼다. "아, 정녕 신부님이 저지른 수많은 악행에 상응하는 대가를 치러야 할 것입니다. 친애하는 코스트 신부님, 신부님은 어떻게 생각하십니까? 지극하신 순박함으로 아주 태연스럽게 이렇게 말씀하시겠죠. 문제는 자신에게 있지 않고 그 고약한 붓질을 해결해야[받아들여야] 할 이들의 문제라고." 또 다른 피해자는 이렇게 썼다. "암요. 신부님은 신부님이 그린 그림들 때문에 목이 매달리실 겁니다. 처음에 저는 신부님이 마무리를 잘못하셨겠거니 생각했습니다. 진지하게 드리는 말씀인데, 친구님, 제 말을 믿으십시오. 어쨌거나 제가 여전히 신부님을 조금은 사랑하기 때문에 드리는 말씀이니까요. 회개하십시오. 아직 그럴 시간은 있을 겁니다." 그런데 절친한 친구에게 곧 대표부를 떠나게 된다고 알리는 편지에서 코스트 신부 자신도 "말라코프 파파"가 이제는 "그의 끔찍한 박해자"로부터 해방된 것을 축하한다며 "자신의 끔찍한 붓질"에 대해 재치 있게 언급했다. 생애 내내 유머로 가득했듯이 코스트 신부는 편지를 쓸 때에도 그 유머를 잃지 않았다. 이렇게 유쾌한 면모가 참으로 거룩한 영혼 안에 있었다는 것은 전혀 놀라운 일이 아니다. 그는 신심이 모든 것에 도움이 된다는 것을 알았고, 이와 더불어 성령의 열매인 마음의 기쁨 또한 선교사의 동반자가 되어야 한다는 것을 간과하지 않았다. "기뻐하며 떠나갔다(Ibant gaudentes)." 이러한 이유에서 그는 또 다른 길을 따르라는 부르심을 받고 있다는 생각에 대표부의 생활이 그에게 짐이 되었을 때에도 기뻐할 줄 알았고, 오랫동안 혹독하게 불확실한 시간을 보낸 뒤 마침내 장상들에게 그 짐을 내려놓게 해 달라는 간청을 하겠다고 결심하게 되었다. 그런데 그 짐에서 자유로워진다는 것 자체가 그에게 고된 희생의 때임을 뜻했다.

그에 관해 코스트 신부는 지금은 동경[도쿄] 대주교인 오주프 신부에게 이렇게 편지를 썼다.

"이따금 살면서 힘든 감정이 들 때가 있지요. 우리는 저마다 이미 그러한 감정을 겪어 왔고 지금도 겪고 있습니다. 그러니까 또다시 이별이군요. 하도 많이 겪어서 마음이 무뎌질 만도 한데 익숙해지지가 않습니다. 마음먹은 대로 버리지 못하는 감정이 있기 때문인 것 같습니다. 또 신부님과 저를 묶는 이 애정은 결코 사라지지 않을 것입니다. 우리 사이에 놓인 물리적 거리가 점점 커진다 해도, 또 조선이 아무리 춥더라도 우리의 우정은 결코 줄지 않을 것입니다." 이렇게 진심이 담긴 말을 한 뒤 아픈 마음을 감추려는 듯 유쾌한 어조로 이러한 성찰을 덧붙였다. "저는 홍콩에서 보낸 좋은 옛 시절이 눈에 선합니다. 저와 오주프 파파와 그 멋진 자아도취자[파트리아 신부]가 베타니아의 건물들에 대해 한담하곤 했지요. 우리는 참으로 멋진 삼총사이지 않습니까? 신부님과 제가 이윽고 세상의 양끝에 있으리라고 누가 생각이나 했겠습니까? 베타니아 씨가 [우리를 잇는] 연결 부호로 우리 사이에 남아 있다는 말은 사실입니다. 경주 대회에서 상을 타지는 않았지만 베타니아 씨는 차를 타고 하늘로 가기 위해 태어났지요. 아주 침울하고 제게 종종 무례하기까지 한 그는 잔인한 사람이라 제가 조선으로 가는 것을 후회하도록 만들고 싶어 하지만, 걸어서 천국으로 가는 선교사들에게 조선은 천국의 입구입니다."

코스트 신부의 마음이 조선으로 기울게 된 것은 순전히 지극히 순수한 사도 정신, 십자가를 향한 일편단심의 사랑 때문이다. 이 사랑이 그로 하여금 박해받은 포교지를 갈망하도록 만들었고, 파리[외방전교회] 신학교 지도자들에게 그곳에 들어가게 해달라고 허락을 청하며 보낸 1875년 9월 21일자 편지에서 그의 심정이 잘 나와 있기에 전문을 싣고자 한다.

"우리 전교회 안에서 모든 자리가 훌륭하고, 우리의 목표인 이방인 개종에 모두 이바지하고 있습니다. 또 우리 모두가 연대를 이루고 있으며, 각자의 공로가 서로에게 미치고 있습니다. 저는 이를 잘 알고 있고 확신하고 있습니다. 그러나 저의 내면에서 들려오는 소리를 차마 뿌리칠 수가 없습니다. 제 안에서 이러한 말씀이 들려옵니다. '가서 하느님의 말씀을 전하여라.' 저는 이 말이 제 영혼의 평온함을 흔들고자 선(善)의 원수가 만들어놓은 함정이라고 여겨 물리쳤습니다. 저는 묵상하고 면담하고 기도했습니다. 그럼에도 여전히 똑같은 소리가 계속 들려왔습니다. 만일 더욱 느슨하고 편리한 생활로 저를 초대하는 목소리였다면 저는 유혹이라고 여겼을 것입니다. 그러나 그 목소리는 궁핍과 고통과 십자가로 저를 이끄는 것이었습니다. 하느님의 목소리일 수 있습니다. 그 목소리가 설령 넌지시 들려온다 해도, 이를 대수롭게 흘려 넘겨서는 결코 안 될 것입니다."

이어 코스트 신부는 자신이 [경리부] 업무에는 부적합하다고 여겨지는 이유들을 애써 들면서 장상들에게 자신이 내딛고자 하는 걸음을 허락해 달라고 청했다.

"장상들께서는 이를테면 사도들과 순교자들의 유산을 받고자 하는 저를 보고 참으로 무모하며, 만만찮은 책임을 떠맡겠다고 나서는 것이 참으로 주제넘다고 생각하실 수도 있습니다. 단언컨대 제가 저의 부적합과 나약함만을 생각했다면 이 걸음을 하지 않으려고 매우 조심했을 것입니다. 그러나 바오로 성인은 하느님께서 치욕의 그릇을 선택의 그릇으로 만드실 수 있다는 것을 우리에게 가르칩니다. 제 안에는 제가 자랑할 만한 것이 하나도 없습니다. 그러나 저를 강하게 해 주시는 분, 선한 생각과 거룩한 계획의 장본인이신 그분께 저는 모든 것을 기대하고 바랍니다. 저를 떠미는 거역할 수 없는 이끌림을 따라 저는 그분의 목소리에 순명하고자 합니다. 존경하는 지도자 신부님들, 제가 오랜 숙고 끝에 신부님들께 드리는, 또 이를 위해 적절한 때만을 기다려 온 저의 요청을 제발 무심히 흘려듣지 말아 주셨으면 합니다. 수없이 많은 기도와 눈물 끝에 보니파시오 성인은 장상들로부터 게르만인들에게 신앙을 전하러 가도 된다는 허락을 받았습니다. 분명 성인이 되기에는 부족하지만 그렇게 되기를 갈망하는 이 사람의 간청에 신부님들도 마음을 열어 주십시오. 오랜 희생을 통해, 그리고 그와 더불어 오랜 자기 비움과 인내를 통해 저는 [조선] 포교지의 문턱에 겨우 다다르게 되었습니다. 이제 그곳으로 들어가기 위해 한 걸음만 더 내디디면 됩니다. 그리고 이 걸음은 신부님들께 달려 있습니다. 신부님들께서 제게 남은 유일한 장애물을 걷어 주시고 저의 길을 평탄하게 해 주시기를 빕니다."

참으로 드높고도 진솔한 말에 감화되어 파리 참사회는 코스트 신부의 바람을 들어주었다. 1875년 11월 29일 자 편지를 통해 참사회는 대표부의 입장에서 보면 그를 잃는 아쉬움이 있음에도 "불구하고", 파리외방전교회와 선교지들을 위해 그동안 봉사해 온 그의 헌신에 감사의 뜻을 전하며 그의 요청을 받아들였다. 그가 '곧바로' 조선으로 들어갈 수 있기를 바란다는 말로 편지를 맺었던 것이다.

아! 애석하게도 그러한 바람은 '곧바로' 실현되지 못했다. 조선의 신임 파견 선교사는 약속의 땅으로 들어가게 되기까지 10여 년동안 보초병처럼 그 주변에서 포교지를 지키는 일을 하게 된다.

리델 주교는 그의 작은 사도 가족에 새 식구가 생기게 된 것을 몹시 기뻐하며 그를 반갑게 맞았다. 1876년 3월 18일 자 편지에서 리델 주교는 자신에게는 더없이 소중한 이 뜻밖의 지원군을 보내 주신 하느님의 섭리에 감사를 드렸다. 리델 주교는 여러 달 동안 수 차례 헛된 시도 끝에 마침내 두 선교사, 블랑 신부와 드게트 신부를 10년 동안 사도 없이 지난 조선 땅에 들여보내는 위로를 맛보았다. 같은 해 가을 그들을 대신하여 코스트 신부가 만주로 갔고, 이듬해(1877년) 겨울을 눈의 성모 성당(차쿠)에서 신심 깊은 주교와 리샤르 신부와 함께 보낸다. 코스트 신부는 참으로 시의적절한 때에 그곳에 도착했다. 리델 주교는 국외 추방으로 어쩔 수 없이 맞게 된 여유의 시간 동안 그 자신과 선교사들이 작성했던 『한불자전』의 집필을 마무리하던 중이었기 때문이다. 리델 주교는 이 중요한 저서의 대조 작업과 인쇄 책임을 코스트 신부에게 맡겼다. 그보다 더 좋은 선택은 없었다. 코스트 신부는 1877년 내내 사전의 필사 작업과 조선어 공부를 하며 보냈다. 조선어 공부는 그가 앞으로 맡을 일을 잘할 수 있으려면 반드시 필요한 것이었다. 원고들이 준비되자마자 [인쇄 작업을 위한] 물리적 방법을 알아보려고 코스트 신부는 만주를 떠나 일본으로 갈 채비를 했다. 사실 차쿠의 후미진 [시골] 마을에는 활자 인쇄본의 주조는 말할 것도 없고 방대한 분량의 책을 찍어내는 데 필요한 것이 전혀 없었기 때문이다.

때는 1878년 3월 초였다. 불과 몇 달 전에 조선으로 재입국했던 리델 주교가 서울의 외곽에서 발각되어 수도에 구금되었다. 이 불행한 소식을 몰랐던 코스트 신부는 서둘러 떠났고 나중에서야 체푸에서 주교의 체포 소식을 알았다. 그에게는 선택할 수 있는 두 가지 길이 있었다. 첫째는 잉체로 가는 길로, 그곳에는 이미 상해로 떠날 증기선이 정박해 있었는데 강물이 [얼어서] 막혀 있고, 항구도 빙하로 막혀 있었다. 또 다른 하나는 눈의 성모 성당에서 한나절 거리에 있는 장후(Tsouang-heu)[장하]라는 작은 항구로 가는 길이 있었다. 그곳에서는 무역선이나 고기잡이배를 구할 수 있었고, 그때까지 조선으로 가는 사도들의 항해 여정의 출발점이 그곳이기도 했다. 코스트 신부는 시간을 벌기 위해 장후를 택했다. 평소라면 해협에서 체푸까지 가로질러 가는 데 사흘이면 충분했다. 그런데 역풍이 분 탓에 여정은 3주 가까이 걸렸고, 그사이 코스트 신부는 바다가 어떠한 것인지 제대로 겪어야 했으며, 중국인 선원들이 지닌 극소량의 수수 말고 다른 식량이 없었다. 코스트 신부가 체푸에 도착했을 때 잉체에서 온 두세 번째 증기선은 상해를 향해 막 떠나려던 참이었고, 때마침 신부는 그 배를 타고 상해를 거쳐 일본으로 갔다.

일본은 1875년부터 "은자의 나라"와 조약을 체결하고 관계를 맺기 시작했다. 일본 선박과 상인들이 조선에 들어가기 시작했고, 선교사들도 조선에 입국할 수 있는 가장 수월한 길을 찾을 수 있으리라 예감했다. 그리하여 코스트 신부는 요코하마에 자리를 잡았다. 그에게는 그곳이 집에 있는 것과 같았는데, 지척에 정다운 벗 오주프 주교가 있었고 미동 신부의 환대 속에 지냈으며, 프랑스 인쇄소도 가까이 있었다. 그가 원할 수 있는 것은 그곳에 다 있었다. 코스트 신부는 곧바로 작업을 시작했다. 그의 정성으로, 그의 계획과 지휘 아래 최초의 조립식 한글 활자가 만들어졌고, 이 활자의 보급은 오롯이 그의 덕분이었다. 그때부터 일본과 여타 인쇄소들에서 사용하는 활자는 그가 모형으로 채택한 삼중 원형의 모방일 뿐이기 때문이다. 한글 철자는 25개로 이루어져 있어서, 언뜻 보기에 활자 한 벌을 주조하는 게 쉬워 보이나 실제 그렇지 않다. 한글은 서로 구분된 철자들의 나열이 아니라 음절들의 묶음으로 되어 있어서 한글을 쓸 때는 그만큼 많은 철자들을 하나하나 조합해야 해서 완성된 활자 한 벌에는 1,400개 이상의 음절군이 들어간다. 따라서 책 한 권을 인쇄할 엄두를 내기에 앞서 그만큼 수많은 철자를 새기고 주조해야 했으니, 이는 결코 만만찮은 일이었다. 『한불자전』은 1880년에 출간되었다. 이 저서의 가치는 익히 알려져 있고, 그 활판 인쇄의 교정은 완벽에 가까운 것이다. 이듬해(1881년)에는 조선어 문법서(『한어문전』)가 출간되었고, 조선 교우들을 위한 네 권의 기도 지침서도 나왔다.

이 중요한 작업, 코스트 신부 자신은 '시련의 연속'이라며 웃으며 말했던 작업이 잘 마무리되자, 이제 요코하마에서 그를 붙잡는 것이 더는 없었다. 1881년 가을 리델 주교는 고립 상태로 있는 그의 포교지와 한층 수월한 연락망을 구축하고자 일본을 방문하던 중이었고, 조선을 위한 일종의 대표부를 설치하기에 적합한 곳으로 나가사키를 점지했다. 리델 주교는 그를 나가사키로 불렀고, 코스트 신부는 평소대로 기꺼이 그의 소임을 받아들였다. 이렇게 자신의 포교지를 눈앞에 두고 코스트 신부는 또다시 4년의 수련기를 보내게 된다. 코스트 신부는 이렇게 그 시간을 바쳤다. 더욱이 프티장 주교와 일본의 모든 선교사들의 극진한 환대는 코스트 신부의 쓰라린 마음을 적지 않게 달래 주었다. 나가사키에서 코스트 신부는 또다시 인쇄 작업을 맡았고, 조선인 교우 여러 명이 이 작업을 배울 수 있도록 했다. 이때 여러 교회 서적이 출간되었고, 그가 말년까지도 헌신한, 책을 통한 사도직은 이방인들에게 진리의 말씀을 전하러 가지 못하는 착한 신부에게 위로가 되었다.

한편, 조선은 서서히 오래된 고립의 상태에서 벗어나고 있었고, 선교사들의 입국을 엄격히 막았던 장벽이 단번에 붕괴되지 않았지만, 시간이 지나면서 차츰 통과하기에 충분한 틈새들이 보이기 시작하였으며, 해마다 한두 명의 가톨릭 사제들이 들어갔다. 그리고 마침내 1885년 말, 하느님께서 섭리하시는 때를 기다리던 코스트 신부의 눈앞에도 약속의 땅의 문이 열린다.

여기서 코스트 신부의 이야기를 직접 들어보겠다.

"속인의 복장을 하고 저는 일본 증기선에 올랐습니다. 통상 조약 덕분에 이미 유럽인 여러 명이 이 배를 타고 조선에 들어가 있습니다. 상인들은 자유롭게 교역을 하고 돌아다니지만 선교사들은 여전히 절대 익명의 상태로 거동을 삼가며 지내 왔습니다. 제가 서울에 도착했을 때는 아직 밝은 대낮이었습니다. 저는 해가 지기를 기다려야 했고, 해거름이 지고 조용한 저녁 어스름을 틈타 블랑 주교님의 거처로 몰래 들어갔습니다. 그런데 그곳, 우리 가난한 조선 가옥 안에서도 발각되지 않도록 얼마나 많은 주의를 기울여야 했는지! 문이 열리거나 물지게꾼이 들어오기만 해도 깜짝 놀라지 않을 수 없었습니다. 위험한 의심을 살 수 있는 눈길을 피해 서둘러 방으로 사용하는 구석진 골방으로 몸을 피하곤 했습니다. 영혼의 구원을 위한 직무는 특히 밤사이 이루어졌고, 혹시라도 종부성사를 주어야 하는 경우라면 낮에도 외출할 수밖에 없기에 상복 차림을 하고 얼굴을 가려야 했습니다. 상복은 당시 저희에게 하느님의 섭리가 느껴지는 탁월한 복장이었습니다. 상복을 입으면 얼굴까지 가릴 수 있는 장점이 있는데, 상을 당한 사람은 [초상의] 슬픔을 나타내는 표시로 다른 사람들의 접근을 막고자 얼굴을 가리기 때문입니다. 우리의 은둔 생활은 1886년에 누그러지기 시작했고, 조불조약이 비준된 1887년 마침내 바깥 공기를 마음껏 쐴 수 있게 되었으니, 처음으로 수단을 입고 수도의 거리를 다닐 수 있게 된 것입니다. 그날은 우리 소중한 조선 교회가, 로마 교회가 카타콤바에서 나왔던 것처럼, 서서히 무덤에서 나온 부활을 알리는 날이었습니다."

조선 입국 당시 코스트 신부의 나이는 어느덧 마흔셋이었다. 지방에서 성무를 펼칠 생각을 하기에는 나이가 너무 많았다. 현장에서 일하는 선교사들이라면 으레 겪어야 했던, 전혀 나아질 기미가 안 보이는 궁핍한 생활을 신부의 건강 상태로는 견딜 수 없었을 것이다. 게다가 코스트 신부는 반드시 그가 서울에 있어야 하는 것은 아니라 하더라도 그가 있다면 매우 유용할 특별한 지식과 능력을 지니고 있었다. 따라서 리델 주교의 뒤를 이은 지 얼마

되지 않은 블랑 주교는 더욱 코스트 신부의 도움을 받고자 그를 곁에 두기를 몹시 바랐고, 1886년부터 부주교[직무 대행]로 임명하였다.

조불조약의 체결로 프랑스 선교사들은 수도와 개항장에 토지를 소유하고 건물을 짓고 거주하며, 전국을 자유롭게 드러내 놓고 다닐 권리를 갖게 되었다. 가톨릭교회에 새로운 시대가 열린 것이었다. 그만큼 또 새로운 과제들이 주어졌다. 조선 교회가 박해로 인해 음지에서 살 수밖에 없었던 때에는 자신의 존재를 드러내면서도 그와 동시에 위협을 받을 만한 공유 건물이 없다는 것이 문제가 되지도, 또 필요하지도 않았다. 그런데 이제 양지에 자리를 잡게 되자 몸을 피할 수 있는 땅 하나, 가시적인 사회의 발전에 없어서는 안 될 모든 물적 수단이 필요하게 되었다. 곧 성당, 경당, 주교관과 사제관, 신학교, 경리부, 학교, 고아원 등 모든 것이 필요했고, 게다가 이 모든 건물을 동시에 지어야 했다. 코스트 신부는 주교 두 명의 지도 아래 그들의 목적과 열정을 충실하게 보필하면서 10년 동안 이 모든 주요 건물을 짓는 데에 이를테면 '핵심 인물'이었다. 먼저 인쇄소를 설치하였는데, 이 기간에 조선어로 된 교회 서적을 30여 권 출간하였고, 그 가운데 여러 권은 수천 부씩 계속해서 찍어 냈다. 당시 불안하고 의심 많은 권력에게 완력으로 빼앗기다시피 했던 종현 부지를 구입한 뒤 코스트 신부는 장차 서울의 성당이 될 이 부지를 다지는 작업에 전력을 기울였다. 1887년 종현 언덕은 평평한 부분을 넓히기 위해 다져졌고, 1888년 임시 경당을 지어 예배할 수 있게 되었으며, 이듬해 주교관도 거의 마무리되었고, 주교관 바로 옆에는 샬트르 성 바오로 수녀회 수녀들도 건물을 갖게 되었다. 이 건물은 조선인 수련자들을 위한 수련원과 200명 가까이 되는 고아원의 원아들을 수용할 수 있을 정도로 충분히 컸다. 수도에서 10리 정도 떨어진 곳에 용산 신학교가 1891년에 세워졌고, 요셉 성인에게 봉헌된 우아한 조선 최초의 성당이 서문[서소문] 밖 인구 밀집 지역에 세워져 약현 언덕을 장식했다. 제물포에도 거의 동시에 선교사를 위한 거주지를 갖게 되었고, 수녀들의 거처와 거의 마무리된 성당도 뒤를 이어 세워졌음은 말할 것도 없다. 1892년 봄 뮈텔 주교는 서울에 대성당의 정초식을 갖는 기쁨을 누렸다. 이 대성당은 코스트 신부의 역작으로 길이 남을 것이다. 고딕 양식의 기념비적인 건축물은 라틴십자가 형태의 삼랑식(三廊式)으로, 절제되면서도 완벽한 세련미를 품고 있다. 길이 65미터, 폭 20미터로 3,000명 가량의 신도를 수용할 수 있다. 중앙 홀 상부의 줄지어 난 우아한 창들은 세로 방향으로 길게 중앙 복도(중랑)를 장식하고 있다. 종루 첨탑을 장식하게 될 십자가는 40미터 이상 공중에 높이 솟아 구세주의 대속을 거룩하게 드러내는 상징물이 될 것이고, 대성당은 서울의 외관을 꾸미는 결코 초라하지 않을 장식물이 될 것이며 수도에 사는 모든 외교인들에게 그리스도인들의 하느님에 대한 고양된 생각을 심어 주게 될 것이다. 고인[코스트 신부]은 어찌하여 그의 모든 재능과 심혈을 쏟은 이 아름다운 작품을 마무리할 시간을 가지지 못한 채 떠나야만 했던가?

너무 일찍 작품을 두고 떠난 건축가의 이야기는 이만하고, 그의 다른 업적을 이야기하고자 한다. 1890년 2월 21일 세상을 떠난 블랑 주교의 선종으로 코스트 신부는 부주교[직무 대행]의 자격으로 신임 주교가 선출되기까지 [조선] 포교지를 이끌었다. 조선 교회는 1년 가까이 지도자 없이 지내야 했는데, 훌륭한 장상[코스트 신부]에게는 희생의 한 해였다. 겸손으로 그러한 직분을 맡는 것을 두려워한 그였기에 서둘러 그 짐에서 벗어날 날만을 고대하였다. 게다가 그는 권위를 행사하는 것조차 별로 좋아하지 않았다. 지시를 따르는 것보다 지시를 내리는 것을 더 힘들어하는 듯했다. 그는 떨쳐내지 못하는 개인적인 부담에 지나치다 싶을 정도로 두려움을 지니고 있었는데, 이는 그의 성격 때문이기도 했지만 무엇보다 그의 투명한 양심 때문이었다. 이 때문에 그는 자신이 지닌 지식을 지나치게 불신하고 남의 말을 지나치게 따랐다. 그러나 설령 이것이 그의 단점이라고 해도 이 단점은 오히려 그가 임시로 맡은 지도 체제 속에서는 장점이 되다시피 했으니, 권한 대행을 맡은 [전임] 대목구장의 노선을 신중하게 따랐고, 으레 대리 운영으로 좌초의 원인이 되기도 하는, 시의적절치 못한 독립된 행보에 따른 일탈을 피했기 때문이다.

마침내 뮈텔 주교의 입국으로 조선 교회는 목자 없이 지내던 시기를 끝냈고, 코스트 신부도 "늘 그의 근심거리였던 책임의 짐"을 벗어 버리고 온전히 그의 책들과 건물들, 그리고 성영회 활동에 다시 전념할 수 있게 되었다. 샬트르 성 바오로회 수녀들이 조선에 입국한 이래(1888년), 코스트 신부는 수녀들의 지도 신부로 임명되었다. 샬트르 수녀회는 많은 고아를 돌볼 뿐만 아니라, 서울에서 앞으로 양성할 수련자들을 모집했다. 이들을 완덕의 길로 이끌고 지도하기 위해, 또 고결하면서도 때로는 까다로운 이 직무를 제대로 해내기 위해 필요한 자질을 코스트 신부는 모두 갖추고 있었다. 원숙미, 현명함, 깊은 신심, 신중함, 특히 거룩함을 그는 지니고 있었다. 그는 수도자다운 모든 덕행을 권위만이 아니라 많은 열매로도 전하였으니, 그 자신이 직접 실천하여 탁월한 경지에 이르렀기 때문이다. 신부의 선종 뒤 [유품에서] 매우 드물긴 하지만 마지막 몇 해 동안 쓴 몇 편의 편지 초고들을 찾아냈다. 가족과 고통받는 이들, 그리고 입교자들에게 보낸 편지였다. 이 적은 양의 글만 보더라도 그의 교리가 얼마나 높은지, 그의 마음이 얼마나 아름다운지를 충분히 알 수 있다. 그의 편지에는 그의 신심과 절대적인 초연함, 이 세상 것들에 대한 무관심, 하느님과의 일치, 자애심이 각 면마다 빛나고 있다. 솔렘 베네딕토 수녀회에 갓 입회한 조카에게 보낸 편지에서 코스트 신부는 그러한 특별한 소명을 받은 조카에게 축하의 말을 전하며 가장 높은 완덕을 향한 조언의 말을 건넨다. 곧 완전한 희생이 주는 행복, 관상 생활의 감미로움, 희생에 대한 갈망을 참으로 진솔하고도 생생한 색채로 그리고 있는데, 이를 통해 그가 진정 영원한 것들에만 사로잡힌 마음을 지녔고, 하느님께 속한다는 기쁨에 넘치는 영혼이었음을, 말하자면 하느님 사랑이라는 맑고 투명한 물속에 흠뻑 잠겨 헤엄치던 영혼임을 알 수 있다.

코스트 신부는 그 뜨겁고도 부드러운 신심을 열심한 기도 속에서 길어 올렸다. 시간경을 바치고 묵주 기도와 성체 조배를 하는 그의 모습을 보는 것만으로도 우리는 더욱 깊이 묵상에 잠기는 느낌을 받았다. 그런데 특히 미사성제를 드릴 때 그의 열정이 두드러져 보였다. 심지어 평신도들도 미사를 드리는 그의 모습을 보고 감화된 적이 한두 번이 아니었다. 그들 가운데 한 사람으로, 일본에서 저명한 법률가로 명성을 쌓은 한 프랑스인은 언젠가 프티장 주교와 식사를 하면서 모두를 대신하듯 이러한 견해를 밝혔다. "주일마다 요코하마에 머무를 때면 저는 코스트 신부님의 미사가 특별히 좋아서 즐겨 참례하곤 했습니다. 그분의 미사는 전혀 길게 느껴지지 않았습니다." 이는 절제된 표현 속에 담긴 극찬이다.

말년에 친애하는 코스트 신부의 신심이 한층 더 눈부신 광채를 보였다고 말할 수 없다. 민감한 식물이 지나친 햇빛을 본능적으로 피하듯이, 코스트 신부는 드러나는 것을 덕행으로 피했다. 오히려 그의 신심의 특징은 늘 거의 드러나지 않는 것, 다시 말해 완벽하게 한결같고, 단단하고 꾸준하며 겸손한 신심을 평상심으로 지니는 것이었다. 그런데 선교단 전체에 잔치와도 같았던, 그의 사제 수품 25주년이던 1893년 이후 그는 저녁마다 평소보다 더 오래 기도를 하는 듯했다. 코스트 신부는 묵주 기도를 날마다 15단씩 바치는 것을 습관으로 삼았는데, 유년 시절부터 각별한 신심을 지닌 지극히 거룩하신 동정 마리아께 의탁하며 그분의 특별한 보호 아래 사제 생활의 새로운 시기를 맞고 있음을 보여 주고자 했을 것이다.

그러나 애석하게도! 그 시기는, 그토록 충만한 그의 사제 생활은 오래 지속되지 못했다. 모두의 기대와 달리, 선하신 하느님께서는 당신 종에게 [천상 영광의] 화관을 씌울 준비를 하셨다. 그러나 그에게 끝이 가까이 왔음을 짐작할 만한 징후가 전혀 없었다. 물론 그가 늘 죽음을 준비하고는 있었지만 코스트 신부 자신도 그렇게 일찍 맞이하리라고는 예상하지 못했다. 그가 마지막으로 쓴 것으로 추정되는 [1896년] 2월 13일 편지를 통해, 코스트 신부는 누이에게 그토록 오랫동안 누이가 고대하던 [그의] 사진을 보낸다며 이렇게 전했다. "[내 모습 속에서] 예전의 흔적을 알아보는 게 어려울지도 모르겠구나. 그런데 하느님께 감사하게도 나는 여전히 아주 건강하단다. 나이가 들어 머리가 벗겨지고 수염은 희끗해졌지만, 다들 내가 늙지 않는다고 하는구나."

맞는 말이었다. 몇 해 전부터 그의 안색은 밝아졌고 동료 신부들도 그가 스무 해는 족히 더 살 거라고 장담했다. 실제로 그는 규칙적인 습관과 모범적인 생활 양식 덕분에 건강을 유지하고 있었다. 이러한 예방 덕분에 그의 몸은 불편했던 적이 매우 드물었고, 단 한 순간도 허비하지 않고 늘 일했으며, 청년처럼 명랑하고 활기찼다. 말년에 시력이 나빠졌을 뿐이다. 이따금 생각의 속도가 느려져 대화의 흐름을 따라가고자, 또는 돌아가는 사정을 파악하기 위해 약간의 노력을 기울여야 했으나 이마저 거의 눈치챌 수 없을 정도였다. 이따금 저녁 식탁에서, 특히 겨울 저녁 식사 후에 길게 이어지는 대화 중에 그도 모르게 깜박 졸았던 것은 노화 때문이라고 말할 수 없을 것이다. 이러한 노인을 두고 뭐라 할 사람은 아무도 없을 것이다. 깜박깜박 조는 것을 두고 코스트 신부는 천진난만하게 젊은 시절부터 지어 온 죄라며 몸소 고백했는데, 별로 뉘우치는 기색도 없었고 게다가 [다시는 졸지 않겠다는] 변화의 희망도 없어 보였다. 그런데 한 편지에서 쾌활하게 말하기를, 싱가포르에 있을 때부터 조금의 개선이 있었다며, [그때부터는] 손에 수저를 들고 잠이 들곤 했다고 한다. 더욱이 이 의인의 잠은 홍콩의 태풍도 깨우지 못했고 그의 건강을 방해하는 것은 더욱이 아니었으며, 오히려 건강하다는 좋은 징조였다.

이렇게 모든 것이 더할 나위 없이 순조롭게 흘렀다. 그러다 2월 19일 즈음 산보를 가볍게 한 뒤 열이 나면서 가벼운 오한을 느꼈다. 봄이 가까웠던 터라 이러한 증세를 처음에는 걱정하지 않았다. 흠뻑 땀을 내고 퀴니네를 복용하면 곧 나으리라 기대했다. 이튿날 그는 평소처럼 성영회 고아원으로 미사를 드리러 갔다. 그때는 그가 알지 못했지만, 이것이 그가 어린 영적 식구들과 함께 한 마지막 미사였다. 그 고아들은 거의 모두 그에게서 세례를 받았고, 8년 전부터 그가 정성을 다해 돌보아 왔는데, 다시는 그들의 선한 아버지를 보지 못하게 되었다. 돌아오는 길에 몸이 안 좋은 것을 느꼈고, 오후 내내 한기를 느꼈다. 불안한 밤을 보내고, 그는 이튿날 미사성제를 드리지 못했다. 그럼에도 평소처럼 새벽 5시에 일어났고, 방 안에서 홀로 보내다가 동료 신부들과 함께 점심을 들려고 내려갔다. 그러나 식당에 들어선 지 채 5분도 되지 않아 갑자기 안색이 바뀌었고, 돌연 창백해진 그를 보고 놀란 주교의 조언을 따라 다시 방으로 올라가기로 했다. 그리고 그 뒤 자신의 방에서 다시 나오지 못했다.

2월 21일 금요일 오후 의사를 부르자 미열이 있다는 것만 확인했을 뿐 병명에 대해서는 진단을 받지 못했다. 이튿날 모든 것으로 볼 때 장티푸스임을 알 수 있었는데, 겉으로 봐서는 심하지 않아 보였다. 주일부터 일본인 의사가 하루에 두 차례 정기적으로 신부를 진찰하러 왔고, 병세의 추이를 가능한 한 세심하게 살폈다. 여러 날 동안 열은 보통 상태를 유지했고, 환자의 체온이 거의 오르지 않자 앞으로 잘 치료를 받고 조심을 한다면 거의 확실하게 나으리라 희망했다. 그러나 이 희망은 거의 마지막까지 놓지 못한 헛된 기대가 되고 말았다! 병을 앓은 지 엿새쯤이 되자 머리의 고열이 심해졌다. 두통 때문에 조금도 편히 쉴 수 없는 환자를 위해 얼음을 가져다 대는 것 말고는 할 수 있는 게 없었다. 수요일 밤과 목요일 새벽 사이 병세가 나빠졌다. 목요일 아침 신부 곁을 지키던 모든 이들, 특히 밤새 그의 머리맡을 지켰던 고아원 원장 수녀는 코스트 신부의 병세가 그때까지와는 달리 걱정스럽게 변화했음을 알 수 있었다. 머리는 무거운 듯 보였고, 말은 더욱 불분명해졌으며, 환자 본인도 자신의 생각을 따라가거나 [논리적으로] 연결할 수 없다고 호소했다. [뮈텔] 주교는 서한을 통해 약현과 용산의 동료 신부들에게 [신부의 죽음이] 임박한 것은 아니지만 위중하므로 [종부]성사 집행을 더 미룰 수 없는 상태임을 알렸다. [목요일] 오후 코스트 신부도 자신의 상태를 통보받았고, 위중하다는 것을 잘 알고 있었다. 어린이의 양순함으로 그는 마지막 고해를 준비하였고, 말하는 데에 상당한 어려움이 있어 [고해의] 의무를 다하는데 상당히 더디고 심지어 고되었음에도 온전한 의식 속에 고해를 마칠 수 있었다. 주교는 종부성사를 주고자 두세 신부가 도착하기를 기다렸다. 환자는 그를 알아보았다. 성사 집행을 위한 모든 것이 준비되었을 때, [뮈텔] 주교는 그에게 물었다. "종부성사를 지체 없이 받기를 바라십니까?" 환자는 동의를 표했다. [종부]성사가 시작되었다. 그는 진행되는 것을 이해하는 듯 보였고, 공동체의 기도들에 지향을 갖고 일치하는 듯 보였다. 그러나 주교가 첫 번째 도유를 마치자 가엾은 신부님은 모든 기억을 잃어버렸다. 주교가 성유를 바른 손으로 십자 표시를 하려고 그의 눈꺼풀 위에 손을 대자 그는 두려움에 몸을 흔들고 소스라치게 놀라는 듯했고, 고통스러운 꿈에서 깨어나 의식을 회복하려고 애쓰는 사람처럼 보였다. 그는 갑자기 오른편으로 몸을 돌리더니 자기 머리를 손으로 받치고 일어나 거의 앉은 자세로 주변에 모인 사람들을 근심스러운 눈길로 바라보았다. 그 눈길은 섬광 같았고, 완전한 계시였다. 그의 안색이 돌연 붉게 변했고, 두 눈은 눈물로 가득했다. 이는 [인간의] 본성으로 본다면 분명 가엾은 신부에게 희생의 순간, 잔인한 시간이었다. 온 생애가 오롯이 하느님의 것이었던 이 의인에게 어쩌면 하느님께서는 마지막 공로마저, 곧 자기 생명이 끝나가고 있음을 절실하게 느끼는 공로, [죽음을 맞이하며] 자기 생명을 봉헌한다는 것을 충분히 헤아리는 공로, 자기 생명을 완전히 [하느님께] 내맡긴다는 것을 홀가분히 받아들이는 마지막 공로를 남겨 주기를 바라셨는지도 모른다. 그리고 그대로 되었다. 죽음의 고통이 짓누르는 순간이 지난 뒤 환자는 다시 평온을 되찾았고, 눈을 들어 새로운 고향을 바라보았다. 그는 침대에 다시 몸을 누운 뒤 깊은 신앙과 기도에 잠긴 표정을 지으며, 종부성사에 참례하여 마지막 예식들을 받을 준비를 하였다.

이 세상에서 그를 붙잡는 것은 더 이상 없었다. 그 순간부터 죽음이 활발히 움직였다. 가엾은 신부는 두 눈을 감은 채 가쁜 숨을 몰아쉬었고, 입술은 열병의 열기로 타들어 갔으며, 무기력한 덩어리처럼 말없이 누워 있었다. 이따금 불편한 목으로 거친 숨을 내쉬는 그의 입에서 예수와 마리아의 거룩한 이름이 들려왔다. 분명하게 발음하지 못했지만 여전히 의식을 갖고 하느님을 향한 영혼의 갈망을 그렇게 표현하였다. 우리는 그가 살아나리라는 모든 희망이 꺾였음을 받아들이고 임종하는 이들을 위한 기도를 바쳤다. 그러나 죽음의 고통은 24시간 더 지속되었고, 그동안 신부는 똑같이 미동도 없었으며, 때로는 숨이 막히기도 하고 거친 숨을 내쉬기도 했다. 마침내 금요일 저녁 몇 번 호흡이 멈추면서 마지막 숨을 내쉬고 있음을 알 수 있었고, 신경 경련이 오래 계속되자 위독한 환자의 얼굴은 지나치게 고통스러운 듯 경련을 일으키며 늘어졌다. 이내 그의 표정은 자연스러운 본래 모습을 되찾았고, 신부는 영원한 안식에 들어갔다. 때는 2월 28일 금요일 오후 5시 45분이었다.

그의 시신에 제의를 입히자마자 신자들이 그의 곁에서 기도를 드리고자 몰려왔다. 그들의 신심을 충족시키고자 고인의 유해는 이튿날 일찍 모든 이들이 닿을 수 있도록 인접한 별도의 방으로 옮겨졌고, 빈소가 차려졌다. 낮에는 여신도들이, 밤에는 남신도들이 그의 유해 앞에서 장례식이 거행되는 순간까지 계속 시편을 낭독하고 위령 성무일도를 바쳤다.

3월 1일 주일 오전 11시, 뮈텔 주교는 직접 장례 미사를 거행하기를 원했다. 여러 열강의 대표들, 프랑스는 물론이고, 미국, 독일, 영국, 러시아, 일본 대표들과 다른 여러 외국 주재원들이 모두 참석하여 이 고통스러운 상황에 있는 가톨릭 선교단에 대한 위로와 고인에 대한 깊은 존경을 보이며 경의를 표했다. 몰려드는 신도들을 수용하기에 임시 경당이 너무 비좁아서 그 주변으로 운집한 신도들과 이들의 절제된 슬픔과 묵념, 신부의 관 위로 떨어지는 눈물만큼 무수히 쏟아지며 거룩한 의식의 침묵을 깨뜨리는, 신도들이 함께 바치는 연도 소리…. 장소가 협소했음에도 이 모든 것들이 일치를 이루어 장례 예식에 형언하기 힘든 감정과 신심의 인장을 새겨 주는 듯했다. 신자가 아닌 대사와 공사 여러 명도 이 광경에 감동한 듯 보였다.

미사와 사죄경을 마친 뒤 장례 행렬은 십자가를 선두로, 놀라움과 경의를 표하는 군중 앞을 지나 도시를 가로질렀다. 남신도로만 이루어진 500명가량의 운구 행렬이 큰 목소리로 일제히 기도를 바치며 관을 뒤따라갔다. 두 시간 가까이 걸리어 용산 신학교에서 몇 분 떨어진 곳에 위치한 삼호정 언덕에 자리한 선교단의 묘소에 도착했다. 이곳은 친애하는 코스트 신부가 [영원한] 안식처로 동료 신부들을 배웅했던 곳으로, 이제는 그 자신이 그가 배웅했던 동료들과 함께 이곳에서 안식을 누리면서 복된 부활을 기다릴 것이다.

아직도 채 마르지 않은 그의 무덤 앞에 조선의 모든 선교사들을 대신하여, 우리 모두의 존경을 표하며 바치는 이 몇 장의 글을 통해 그의 덕행에 대한 기억이 우리 가운데 길이 남기를 바란다! 또한 이 글이 코스트 신부의 훌륭한 모친에게도 전해진다면, 어머니의 눈물을 말끔히 가셔 드리지는 못해도 적어도 그분의 쓰라린 회한을 달래 드릴 수 있기를 바란다! 이 글이 시간이 흘러감에 따라 [인간] 본성의 탄식을 축복으로 바꿔 주기를 희망한다! 사실 신앙의 눈으로 보면, 하느님께로부터 그러한 [훌륭한] 아들을 받았고, 또 그 차례가 되어 아들을 하느님께 드렸으니 존경하올 그 여인은 복되지 않는가? 아들을 이생에서 다시는 만나지 못하겠지만 그의 생애에 관한 이야기를 들으면, 야곱의 냄새가 배인 옷을 만지며 늙은 이사악이 그랬듯이 마땅히 기쁨을 누릴 자격이 있지 않겠는가? 그리하여 이사악처럼 이렇게 말하며 마땅히 기뻐할 것이다.

"참으로 내 아이의 삶에서 우러나오는 향기는 주님께서 복을 듬뿍 내리신, 꽃과 과일로 가득한 들의 냄새와 같구나."

이상이 우리가 간략하게 살펴본 [코스트 신부의] 생애이다. 그의 삶은 [인간] 본성과 은총의 선물들을 두루 갖춘 비옥한 밭, 소중하게 끊임없이 보살핌을 받아 잘 경작된 밭, 하루하루 소리 없이 쉼 없이 쌓은 노고와 공로로 가득한 밭이었다. 이제 이 밭은 가문의 영광이자 보물로 길이 남을 것이며, 전교회와 선교단에게도 영광으로 길이 남을 것이다. 그의 모든 활동과 온 마음으로 으레 그렇게 할 줄 알듯이 [자신을] 내어 준 코스트 신부는 [우리의] 고유 재산으로 길이 남을 것이다.

보아라, 내 아들의 냄새는 주님께서 복을 내리신 들의 냄새 같구나!

[뮈텔 문서 1896-201]

Notice Nécrologique

Mr Coste. Miss. Ap^{que}
Provicaire de la Mission de Corée
Né … le 17 Avril 1842
Parti … le 15 Juillet 1868
Mort … le 28 Février 1896

La mission de Corée vient de perdre un de ses plus dignes ouvriers dans la personne du «Bon Père Coste». Car c'est sous ce nom que notre Provicaire était depuis longtemps connu et familièrement vénéré de tous ces confrères et nombreux amis, tant missionnaires que laïques, en Extrême Orient. Dieu l'a rappelé à lui dans la cinquante-quatrième année de son âge, après vingt-huit ans de travaux apostoliques. Aucun missionnaire de Corée n'avait encore fourni aussi longue carrière. Tous, jusqu'ici, avaient été emportés la plupart à la fleur de l'âge, les autres relativement jeunes, ou par les privations et la maladie, ou par le fer des persécutions. Aussi étions nous heureux d'espérer que lui, au moins, comme un autre Jean, dont il rappelait le nom et les vertus, resterait longtemps encore au milieu de cette jeune église Coréenne, pour la consoler par une belle et verte vieillesse des deuils répétés qui l'affligent si cruellement depuis quelques années. Le Bon Dieu en a disposé autrement : Que sa Sainte Volonté soit faite et non la nôtre!

Avec le Père Coste disparaît du milieu de nous une figure vraiment vénérable et sympathique où tout respirait le calme, la mansuétude, la modestie, la charité et une imperturbable union de l'âme avec Dieu. Maintenant qu'il n'est plus, il semble que la mort ait déposé sur son front une sorte d'auréole, et la douceur de son visage noblement encadré dans une couronne de cheveux blanchis et de barbe grisonnante rappelle volontiers ces belles têtes de moines où le pinceau des artistes a su mettre tant de paix, de lumière tranquille et de céleste sérénité. C'est que dans le tableau de cette vie toute sacerdotale il n'y a pour ainsi dire point d'ombre. Qu'on l'examine dans l'ensemble ou dans les détails, on n'y découvre ni tache ni vide : c'est une suite de jours pleins. Tout y était en ordre et à sa place : rien de saillant par caractère, rien d'éclatant par modestie, rien de heurté par caprice, rien de négligé par impatience ou par humeur. Il suivait un plan et une méthode en tous ses actes ; la règle et la mesure en tout et toujours. Encore cette mesure n'avait-elle rien d'étroit ; sa règle n'était point rigide, mais douce, à la manière de St François de Sales, sachant se plier aux circonstances sans blesser ni gêner personne. Telle une eau limpide qui suit son cours et tourne doucement tous les obstacles sans les briser, sans que rien non plus puisse arrêter sa marche ou troubler sa surface, telle durant plus d'un quart de siècle s'est déroulée cette vie de missionnaire dont l'harmonieuse unité ne s'explique que par une vigilance et une victoire continuelles sur la nature avec une effusion spéciale de la grâce de Dieu. Un homme si bien réglé dans toute sa conduite ne pouvait être que la sincérité et la droiture mêmes ; il était surtout la bonté. On aurait pu abuser de sa bienveillance; la fatiguer ou la trouver en défaut, jamais. Il ne disait que du bien de tout le monde, des défauts ou des travers d'autrui, il en parlait si peu qu'il semblait ne pas les connaître, en sorte qu'on se demande s'il y eut jamais dans son cœur une goutte de fiel, dans sa bouche une parole d'aigreur ou d'amertume contre personne. A ceux qui ont pu suivre de près, et ils sont nombreux, l'ami vénéré que nous pleurons, de dire si ce portrait est embelli ou simplement fidèle. Peut être trouveraient-ils avec raison qu'il y manque le trait principal, à savoir ce cachet de perfection, cet air achevé, ce fini qu'il savait imprimer sur toutes ses oeuvres, mêmes vulgaires. Faire tout avec ordre, avec soin et de son mieux, rien que pour Dieu, n'est-ce pas, de fait, en trois mots, tout le Père Coste? Bene omnia fecit.

Monsieur Eugène Jean Georges Coste naquit le 17 avril 1842 à Montarnaud, canton d'Aniane, département de l'Hérault, d'une famille honorable de propriétaires, doués des biens de la fortune, riches surtout des dons de la foi. Son père est mort depuis assez longtemps, sa pieuse mère vit encore. Une sœurs veuve elle même habite avec elle le village natal et tient près de la vénérable octogénaire la place des absents. Un oncle paternel, Mr Marcellin Coste, notaire à Montpellier, chrétien influent dans la contrée, homme d'œuvres, très lié avec l'Evêque du diocèse parait dans les lettres du missionnaire avoir été jusqu'à ces dernières années l'homme de confiance et d'affaires, comme le chef et le bras droit de toute la famille. Le village de Montarnaud, dont la maison paternelle du P. Coste occupe le centre, est situé à douze kilomètres environ de Montpellier, dans une riante vallée qu'entoure un cercle de collines plantées de vignes et d'oliviers. Un vieux château perché sur la hauteur domine le village. C'est dans ce cadre pittoresque où s'éveillèrent sans doute ses goûts d'artiste que grandit sous l'œil de Dieu et de ses pieux parents le futur missionnaire ; il en avait gardé jusqu'à la fin le doux souvenir : «Te rappelles-tu, écrit-il à une cousine moins d'un an avant sa mort, l'époque où des jeunes écoliers après avoir gambadé le long de la rivière ou sur les montagnes de Nadières, rentraient joyeux sous le toit paternel? Il me semble voir encore le grand pont qui joint le Gard à l'Hérault et les roches où personne n'osait monter excepté les chèvres qui allaient y brouter les brins d'herbe et les branches des arbres. Je me souviens surtout de ces scènes charmantes où toute la famille réunie goûtait les douceurs de la plus cordiale amitié. Après le repas du soir, on me faisait monter sur une table, et là, je débitais des morceaux appris à l'école. On ne se doutait guère que ces débuts oratoires étaient comme le prélude du ministère que je devais exercer plus tard.»

S'en doutait-il déjà lui-même, et est-ce à ce temps de la première enfance qu'il entendit l'appel de Dieu? Son extrême discrétion n'a pas permis de le savoir. En tout cas, il est certain que sa vocation apostolique remonte au moins à l'époque de son Petit-Séminaire. C'est dans cette chaude atmosphère de Belmont, au diocèse de Rodez, qu'il où il fit une bonne partie de ses études, qu'il en développa les germes : c'est là en compagnie de pieux condisciples, dont plusieurs sont devenus missionnaires comme lui, qu'il entretenait et «chauffait» son désir de partir pour les missions. La Vénérable mère du P. Coste n'a pas encore oublié l'origine de la vocation de son fils, elle qui, il y a moins de six ans, accusait encore, sans lui garder toutefois rancune, le P. Chibaudel – actuellement Directeur au Séminaire de la rue du Bac – «de lui avoir volé, à Belmont, son bien aimé Jean.»

Au sortir de ses humanités, Monsieur entra au Grand-Séminaire de Montpellier, dirigé par N.N les Lazaristes. Il y reçut les premiers ordres. La piété humble et modeste, la simplicité des fils de St Vincent de Paul, particulièrement de Mr Fiat, qu'il y eut pour professeur firent sur lui une impression profonde. Il n'en parlait qu'avec un respect mêlé d'admiration : peut-être n'est-il pas téméraire d'attribuer à la vertu de leurs leçons et de leurs exemples cet esprit de douceur qui fit depuis de lui un homme si bon. A la fin de 1866, il entra minoré au Séminaire des Missions Etrangères, fut ordonné prêtre le 6 Juin 1868, c.a.d. après un séjour de moins de deux ans à la rue du Bac, et le 15 Juillet suivant, se refusant la joie d'aller embrasser une dernière fois sa famille il quittait Paris et la France, et s'embarquant pour l'Extrême-Orient.

L'ensemble de ses talents et de ses qualités, l'aménité de son caractère, les goûts d'ordre, de régularité, de travail, qui le distinguaient dès lors, l'avaient désigné au choix de ses supérieurs pour l'important service des procures de la société. Le jeune missionnaire fit taire ses préférences personnelles, et avec cette bonne grâce qui double le mérite de l'obéissance et qu'il savait mettre à tout, il s'adonna de tout son cœur aux devoirs de sa charge, d'autant plus méritoire qu'elle est généralement moins enviée. C'est ainsi que nous le rencontrons dans un espace de huit années, d'abord sous-procureur à Hong-Kong, faisant ses premières armes sous la direction de Mgr Osouf, puis à Singapore où, il à partir de 1870 il remplace pendant deux ans le P. Patriat occupé à la fondation du Sanatorium, de nouveau de Hong-kong vers 1872 où il essaie ses talents d'architecte et emprunte aux habiles constructeurs de Béthanie ce goût de l'art gothique, qu'il gardera toujours, un peu exclusif peut être, enfin en 1874 il est nommé procureur à Chang-hay, malgré les résistances de son humilité et finit par trouver dans ce poste le chemin de la Corée.

Ce qu'il fut dans ces situations diverses, les témoignages d'estime de ses Supérieurs et du Conseil de Paris, les amitiés profondes et durables qu'il sut inspirer, les regrets surtout qui accueillirent son départ de la procure, le disent assez. On ne se défendait pas d'aimer un homme si affable, si prévenant, toujours prêt à rende service et qui mettait tout son bonheur à faire plaisir. Sa tenue toujours digne imposait le respect, sa franche bonhomie donnait confiance, son humeur toujours égale, sérieuse sans rudesse et joviale sans légèreté plaisait à tous. Il entendait fort bien la plaisanterie, la rendait même au besoin avec usure, mais le trait qu'il savait aiguiser et enfoncer finement ne blessait jamais parce qu'il était toujours charitable. On ne craignait de lui que ses terribles crayons. Encore les victimes de ses caricatures d'alors se plaignaient-elles de ses malices en des termes plus propres à exciter sa verve que son repentir. «Ah, vraiment, lui écrit l'une d'elles, vous aurez un joli compte à régler pour tant de méfaits. Qu'en dites-vous? Notre cher Père Coste. Vous dites tout naturellement dans la profondeur de votre simplicité qu'il ne saurait être question de vous, et que ceux qui ont à se débrouiller avec ces affreux crayons se débrouillent.» «Bien sûr, vous serez pendu pour vos peintures, lui écrit un autre, d'abord j'ai toujours pensé que vous finiriez mal. Sérieusement, croyez moi, mon ami, car enfin, je vous aime encore un peu. Convertissez vous : il en est peut être temps encore». Et lui même annonçant à un de ses meilleurs amis sa prochaine sortie de la procure, fait spirituellement allusion à «ses horribles pinceaux» et félicite un certain «Papa Malakoff» d'être désormais délivré de «son affreux persécuteur» avec une pointe de gaieté qu'on est heureux de retrouver dans toute sa correspondance comme dans toute sa vie. Cette note enjouée est loin d'étonner d'ailleurs dans une si sainte âme : car s'il savait que la piété est utile à tout, il n'ignorait pas non plus que la joie de l'esprit, qui est un fruit de l'Esprit Saint, doit être sa compagne chez un Missionnaire. «Ibant gaudentes.» et c'est pourquoi il sut se montrer joyeux même à une époque où se croyant appelé à suivre une autre voie, la vie de procure lui pèse, et après de longues et cruelles incertitudes, il finit par se résoudre à prier ses Supérieurs de le relever d'une charge dont la délivrance elle-même lui sera une occasion de durs sacrifices.

«Il est donc bien vrai, écrivait-il à ce sujet au P. Osouf maintenant Archevêque de Tokio, qu'il y a de rudes émotions quelquefois dans la vie : nous en avons eu, et nous en avons chacun notre part. Donc, encore une séparation. A force d'en subir, il semble que le cœur devrait s'y faire, et cependant, il ne peut s'y habituer. C'est que le cœur ne peut se départir de certaines affections, et celle qui m'attache à vous, est de celles qui sont impérissables. Ni les distances qui vont s'accroître entre nous, ni les froids de la Corée ne seront capables de l'amoindrir.» Puis après ce cri du cœur, et comme pour en cacher la blessure, une réflexion enjouée. «Je me revois toujours dans le bon vieux temps à Hong-kong avec Papa Osouf et le beau narcisse, devisant sur les constructions de Béthanie. Quel trio, n'est-ce pas? Qui aurait-dit que bientôt nous serions aux deux bouts du monde? Mr de Béthanie reste, il est vrai, au milieu comme trait d'union. Il est fait pour aller au Ciel en voiture, lui, quoiqu'il n'ait pas gagné le prix des courses. Il est tout maussade et presque impertinent avec moi, cet atroce, il voudrait me faire regretter d'aller en Corée, ce vestibule du paradis pour les missionnaires qui y vont à pied».

C'était bien en effet le plus pur esprit apostolique, le seul et unique amour de la croix qui inclinaient le cœur du P. Coste vers la Corée, et lui faisaient désirer cette mission percutée. La lettre par laquelle en date du 21 7bre 1875, il demandait à Messieurs les Directeurs du Séminaire de Paris, d'y être agrégé, ~~est trop montre prend~~ peint trop bien l'état de son âme pour n'être pas citée en partie.

«Dans notre Société, disait-il, tous les postes sont bons, tous concourent à la conversion des gentils, qui est notre but ; nous sommes tous solidaires : les mérites des uns rejaillissent sur les autres... Je sais cela : j'en suis convaincu, et cependant je ne suis pas parvenu à faire taire une voix intérieure qui me dit : Va, prêche la parole de Dieu.

Longtemps j'ai repoussé cette suggestion comme une embûche dressée par l'ennemi du bien pour me faire perdre la tranquillité de l'âme. J'ai médité, j'ai consulté, j'ai prié. La même voix se fait toujours entendre. Si elle m'invitait à une vie plus molle, plus commode, je la regarderais comme une tentation ; mais elle me poussa vers les privations, vers les souffrances, vers la croix. Elle peut être la voix de Dieu ; or la voix de Dieu n'est jamais à mépriser, lors même qu'elle conseille seulement». Puis avoir avoir essayé par des raisons de sa prétendue inaptitude aux affaires, d'incliner la volonté des Supérieurs à lui accorder sa démarche : «Vous me trouverez peut être, continuait-il, bien téméraire de vouloir pour ainsi dire accepter l'héritage des apôtres et des martyrs, bien présomptueux d'assumer une responsabilité redoutable. Assurément, si je ne considérais que mon indignité et ma faiblesse, je me garderais bien de faire cette démarche. Mais St Paul nous apprend que d'un vase d'ignominie Dieu peut faire un vase d'élection. Il n'y a rien en moi de quoi je puisse me glorifier ; mais j'attends tout de Celui qui me fortifie, de Celui qui est l'auteur des bonnes pensées et des saintes entreprises. En cédant à l'attrait irrésistible qui me pousse, je crois obéir à sa voix. Aussi je vous conjure, Messieurs et Vénérés Directeurs, de n'être pas insensibles à une demande que je vous fais après mûres délibérations et pour laquelle je n'attendais qu'une circonstance favorable. A force de prières et de larmes, St Boniface obtint de ses Supérieurs d'aller prêcher la foi aux Germains. Laissez vous toucher également par les supplications de qqun à qui il manque sans doute d'être saint, mais qui a la volonté de le devenir. Par une longue série de sacrifices, accompagnés d'abnégation et de patience, je suis parvenu jusqu'au seuil des missions : je n'ai qu'un pas à faire pour y entrer, et ce pas dépend de vous. J'espère que vous lèverez le seul obstacle qui me reste, que vous m'aplanirez la voie.»

Touché d'un langage si élevé et si sincère, le Conseil de Paris se rendit au désir du P. Coste et dans une lettre du 29 9bre 1875 lui accorda la permission demandée, «malgré» le regret de le perdre pour la Procure et en le remerciant du dévouement qu'il avait montré au service de la Société et des missions. La lettre finissait en lui souhaitant de pouvoir entrer bientôt en Corée.

Ce vœu, hélas! ne devait pas se réaliser de sitôt et ~~il faud~~ le nouveau missionnaire de Corée montera près de dix ans la garde aux abords de sa mission avant de pouvoir entrer dans la terre promise.

Monseigneur Ridel reçut avec une joie bien vive ce nouveau membre de sa petite famille apostolique, et dans une lettre du 18 Mars 1876, remerciait la Providence de ce secours inattendu qui devait lui être précieux. Quelques mois après plusieurs tentatives infructueuses, il avait la consolation d'introduire deux missionnaires, les P.P. Blanc et Deguette, sur le sol coréen privé depuis dix ans d'apôtres. Le Père Coste, à l'automne de la même année alla prendre leur place en Mandchourie, et passa l'hiver suivant à N. D. des Neiges en compagnie du pieux Evêque et du P. Richard. ~~C'était un~~ Il arrivait bien à son heure. Monseigneur Ridel était en train de mettre le dernière main au dictionnaire Coréen-Français composé par lui et ses missionnaires durant les loisirs forcés de l'exil ; il confia le travail de collation et le soin de l'impression de cet important ouvrage au P. Coste. ~~C'était un heureux~~ Il ne pouvait faire un meilleur choix. L'année 1877 se passa pour le P. Coste à la copie du dictionnaire et à l'étude du coréen dont la connaissance lui devenait indispensable pour mener à bien l'entreprise. Dès que ses pièces furent prêtes, il se disposa à quitter la Mandchourie pour aller chercher au Japon les moyens matériels de l'exécuter. Le village perdu de Tchakeou ne possédait en effet rien de qu'il fallait pour imprimer un volumineux ouvrage, à plus forte raison pour fondre des caractères typographiques qui n'existaient pas.

On était au commencement de Mars 1878. Mgr Ridel, rentré en Corée depuis quelques mois seulement, venait d'être découvert dans un faubourg de Séoul, et incarcéré à la capitale. ~~Ignorant encore~~ Ce malheur n'arrêta pas le P. Coste était pressé de partir à qui ne l'apprit que plus tard à Chefoo. Deux voies s'offraient à lui ; celle d'Ingtsé où abordait déjà une ligne de bateaux à vapeur faisant le service de Changhay, mais le fleuve était encore barré et le port bloqué par les glaces, celle du petit port de Tsouang-heu à une journée de N. D. des Neiges où l'on trouvait des barques de commerce et de pêche, et qui avait été jusqu'alors le point de départ de toutes les expéditions apostoliques pour la Corée. C'est cette dernière voie que choisit le P. Coste pour gagner du temps. Trois jours suffisaient en temps ordinaire pour traverser le détroit jusqu'à Chefoo. Grâce aux vents contraires, le voyage dura près de trois semaines, pendant lesquelles il fallut faire connaissance avec la mer, et, faute de provisions, avec la pauvre tassé de millet des matelots chinois. Quand le Père arriva à Chefoo, le deuxième ou troisième steamer venant d'Ingtse était en partance pour Chang hay ; il s'y embarqua et passa de là au Japon.

Ce pays avait dès 1875, conclu un traité et entamé des relations avec le «royaume ermite». Ses navires et ses marchands commençaient à y aborder, et on pressentait déjà que les missionnaires pourraient trouver bientôt de ce côté une voie de pénétration plus facile en Corée. Le P. Coste s'établit donc à Yokohama. Il se trouvait presque chez lui, à deux pas du bon Mgr Osouf, l'ami du cœur, sous le toit hospitalier du P. Midon et à portée d'une imprimerie française. C'était tout ce qu'il pouvait désirer. Il se mit de suite à l'œuvre. Par ses soins, d'après ses dessins et sous sa direction, furent créés les premiers types de caractères mobiles en langue coréenne, et c'est à lui en somme que revient l'honneur de leur diffusion, puisque tous ceux en usage depuis lors dans les imprimeries japonaises et autres, ne sont guère que la reproduction du triple modèle qu'il adopta pour ses matrices. L'alphabet coréen se composant de vingt-cinq lettres, il semble aisé à première vue de composer une fonte de caractères complète; mais il n'en va pas ainsi pratiquement. Le coréen ne s'écrit pas par lettres séparées, mais par groupes syllabiques qui dans l'écriture paraissent former autant de lettres distinctes, d'où il suit qu'une fonte entière compte plus de 1.400 de ces groupes ~~distincts~~. Il y avait donc autant de caractères à faire graver et à faire fondre avant de songer à l'impression d'un livre, et ce n'était pas une mince besogne. Le Dictionnaire Coréen-Français parut en 1880. La valeur de cet ouvrage est connue, sa correction typographique est aussi parfaite que possible. L'année suivante, furent publiés la «Grammaire coréenne» et un Manuel de prières en quatre volumes, à l'usage des chrétiens indigènes.

Cette tâche importante, ou, comme il le disait lui-même en riant, cette série d'épreuves heureusement terminée, rien ne retenait plus le P. Coste à Yoko-hama. A l'automne de 1881, Mgr Ridel était en train de visiter le Japon pour nouer, si possible, de ce côté des communications plus faciles avec sa mission toujours isolée. Nagasaki lui parut être le point favorable à l'établissement d'une sorte de procure au service de la Corée. Il y appela le P. Coste qui accepta ce poste avec sa bonne grâce ordinaire. Ce nouveau stage aux portes de sa mission devait durer quatre ans ; il en fit le sacrifice : du reste l'accueil si aimable de Mgr Petitjean et de tous ses missionnaires ne contribua pas peu à lui en adoucir l'amertume. A Nagasaki, le P. Coste reprit son métier d'imprimeur, et forma plusieurs Chrétiens Coréens à ce genre de travail. Plusieurs ouvrages de religion furent publiés, et cet apostolat par le livre qu'il exerça jusqu'à la fin de sa vie, consolait le bon Père de ne pouvoir aller prêcher la parole de vérité aux païens.

Cependant la Corée sortait peu à peu de son isolement séculaire, et, si les barrières qui en fermaient si strictement l'entrée aux missionnaires ne tombaient pas encore tout d'une pièce, il s'y ouvrait avec le temps des brèches suffisantes pour laisser passer, chaque année, un ou deux prêtres catholiques. Enfin, à force de guetter l'heure de la Providence, le P. Coste vit s'ouvrir devant lui, à la fin de 1885, la porte de la terre promise.

Déguisé en laïque, raconte-t-il lui-même, je m'embarquai sur un vapeur japonais qui, à «la faveur des traités de commerce, avait déjà transporté plusieurs Européens en Corée. Les commerçants trafiquaient et circulaient librement, mais les missionnaires étaient encore astreints à l'incognito le plus absolu. Quand j'arrivai à Séoul, il faisait encore jour; je dus attendre que le soleil se fût caché derrière l'horizon et profitai du crépuscule et du calme de la nuit tombante pour me glisser furtivement dans la résidence de Mgr Blanc. Et encore là, dans nos pauvres maisons coréennes, que de précautions ne fallait-il pas prendre pour éviter d'être découverts! La porte qui s'ouvrait, le porteur d'eau qui entrait, c'en était assez pour jeter l'alarme; vite on se réfugiait dans le réduit qui nous servait de chambre, afin de se soustraire aux regards compromettants. Le ministère des âmes s'exerçait surtout pendant la nuit, et si une extrême-onction à donner nous obligeait à sortir pendant le jour, il fallait s'abriter sous le costume de deuil : costume providentiel alors pour nous, puisqu'il a l'avantage de voiler jusqu'au visage de la personne qui le porte et de la rendre inabordable en signe de tristesse. Notre réclusion commença à s'adoucir en 1886, et en 1887, quand le traité français fut ratifié, nous pûmes enfin respirer le grand air, et la soutane fit sa première apparition dans les rues de la capitale. Cette date marque la résurrection de notre chère église de Corée, sortant peu à peu de son tombeau, comme l'église de Rome sortait des catacombes.»

A l'époque de son entrée en Corée, le P. Coste avait déjà quarante-trois ans : c'était un âge trop avancé pour qu'il pût songer à exercer le ministère en province. Sa santé n'aurait pas résisté au régime de privations qui était alors l'apanage quotidien du missionnaire vivant, sans adoucissement possible, de la vie purement indigène. Il possédait, d'ailleurs, une somme de connaissances et d'aptitudes spéciales qui devaient rendre sa présence à Séoul, très utile sinon nécessaire. Mgr Blanc qui venait de succéder à Mgr Ridel, mort en France, tint donc à le garder près de lui pour profiter de ses services, et en fit son Provicaire dès 1886.

La conclusion du traité Franco-Coréen, en donnant aux missionnaires français le droit de posséder, de bâtir et de résider à la capitale et dans les ports ouverts, celui de voyager librement, et à découvert dans tout le pays, ouvrait à la religion catholique une ère nouvelle. Elle imposait aussi des devoirs nouveaux. Tant que l'église de Corée avait été forcée par la persécution de vivre dans l'ombre, il n'avait été question ni besoin d'établissements communs qui eussent signalé et compromis tout à la fois son existence; en prenant place au soleil, elle ne pouvait plus se passer d'un coin de terre pour s'abriter et de tous les autres ~~choses~~ moyens matériels indispensables au développement d'une société visible. Eglises, oratoires, résidences pour l'Evêque et les missionnaires, Séminaire, procure, écoles, orphelinats, tout lui manquait mais tout devenait nécessaire et était à créer en même temps. Sous la direction des deux Evêques dont il seconda toujours si fidèlement les vues et le zèle, le P. Coste fut pendant dix ans, on peut le dire, la cheville ouvrière de toutes ces constructions importantes. Il installa d'abord l'imprimerie qui, dans cet intervalle a pourvu la Mission d'une trentaine de livres de religion en langue indigène, dont ~~plusieurs~~ q.q. uns avec éditions successives de ~~deux et trois~~ plusieurs milliers d'exemplaires. Après l'achat de la propriété de Tyong-hyen, arrachée pour ainsi dire de vive force au pouvoir ombrageux et défiant d'alors, il s'occupa activement d'aplanir l'emplacement de la future église de Séoul. En 1887, une colline fut presque rasée pour élargir le plateau; en 1888, une chapelle provisoire construite et ouverte au culte; l'année d'après, la résidence épiscopale était presque terminée, et tout près de l'évêché, les Sœurs de St Paul de Chartres étaient dotées d'un établissement assez vaste pour y loger un noviciat de religieuses indigènes et un orphelinat qui compte bientôt près de deux cents enfants. Le Séminaire de Ryongsan sortait de terre en 1891, à une lieue de la capitale, et une gracieuse église, dédiée à St Joseph, la première élevée en Corée, couronnait la hauteur de Yak-hyen, dans le faubourg populeux qui s'étend en dehors de la porte du Sud. Chemulpo possédait presque en même temps sa résidence pour le missionnaire, sans parler de la maison des Sœurs et de l'église presque achevée qui sont venues s'y ajouter depuis. Mgr Mutel, au printemps de 1892, avait la joie de pouvoir poser et bénir à Séoul la première pierre de sa cathédrale qui restera l'œuvre maîtresse du P. Coste. C'est un monument de style gothique, à trois nefs, en forme de croix latine, d'un goût sobre et pur. Long de 65 m., large de 20, il pourra contenir près de trois mille fidèles. Une élégante claire-voie décore la nef principale dans toute sa longueur. Lorsque la croix qui doit couronner la flèche du clocher, portera à plus de quarante mètres, dans les airs, le signe sacré de la Rédemption, on peut dire, que cette église ne sera pas le moindre ornement de la capitale et donnera à toute cette population païenne une haute idée du Dieu des chrétiens. Pourquoi faut-il que le regretté défunt n'ait pas eu le temps d'achever ce bel ouvrage, où il avait mis tout son talent et tout son cœur?

Nous laissons là l'architecte, enlevé trop vite à son œuvre, pour suivre ses autres travaux. Le mort de Mgr Blanc, décédé le 21 février 1890, mettait le P. Coste, en sa qualité de Provicaire, à la tête de la Mission jusqu'à l'élection d'un nouvel évêque. Le veuvage de l'église de Corée dura près d'un an, ~~année pendant~~ année de sacrifices pour ~~le P. Coste, laquelle~~ le digne supérieur car il ne cessa de soupirer après le jour où il serait délivré d'une charge dont s'effrayait sa modestie. Il aimait peu d'ailleurs l'exercice de l'autorité ; on sentait qu'il avait plus de peine à commander ~~comme malgré lui~~ qu'à se faire obéir. Une crainte, excessive peut être, de responsabilité personnelle dont il ne se départit jamais, un peu par caractère, certainement aussi par délicatesse de conscience, le portait ~~aussi~~ à se défier de ses lumières outre mesure et à trop s'appuyer sur autrui. Mais ce défaut, si c'en était un, devenait presque une qualité dans une administration provisoire, en lui faisant suivre avec une prudente réserve la ligne de conduite tracée par le Vicaire Apostolique dont il continuait l'autorité, et en lui éviter les écarts d'initiative inopportune qui sont l'écueil principal de toute gestion intérimaire.

Enfin, l'arrivée de Mgr Mutel, en mettant fin au veuvage de l'église coréenne, vint décharger le P. Coste «du fardeau de la responsabilité qui causait ses préoccupations», et le rendre tout entier à ses livres, à ses bâtisses et à son Oeuvre de la Ste Enfance ; car, depuis l'entrée des Sœurs de Saint-Paul de Chartres en Corée (1888), il avait été désigné pour leur servir d'aumônier. Les Sœurs n'avaient pas seulement le soin d'un nombreux orphelinat, elles trouvèrent vite à Séoul les éléments d'un noviciat prospère. Pour soutenir et diriger ces âmes dans le chemin de la perfection, pour réussir dans un ministère si élevé et souvent délicat, le Père Coste avait toutes les qualités désirables : la maturité, la prudence, la piété, la discrétion ; il avait surtout la sainteté. Il pouvait prêcher toutes les vertus religieuses avec autant de fruit que d'autorité, parce qu'il les pratiquait lui-même à un degré éminent. On a retrouvé après sa mort quelques brouillons de lettres, trop rares, il est vrai, écrites par lui dans ces dernières années, soit à sa famille, soit à des âmes affligées, soit à des personnes entrées en religion. Ce peu d'écrits suffit à montrer l'élévation de sa doctrine, la beauté des sentiments dont son âme était pénétrée. Son esprit de foi, son détachement absolu, son mépris des choses de la terre, son union à Dieu, sa charité y éclatent à chaque page. A une cousine qui venait d'entrer chez les Bénédictines de Solesmes, et qu'il félicite de cette vocation privilégiée, il donne des conseils de la perfection la plus haute ; il lui peint le bonheur de l'immolation complète, les douceurs de la vie contemplative, la soif du sacrifice avec des couleurs si vraies et si vives qu'on sent un cœur uniquement épris des choses biens éternels, une âme qui déborde de joie d'être à Dieu, et qui nage pour ainsi dire en pleines eaux dans les pures régions de l'amour divin.

Le Père Coste puisait cette piété ardente et tendre dans une prière assidue. Rien qu'à le voir dire son bréviaire, réciter son chapelet, prier à la chapelle devant le Saint-Sacrement, on se sentait soi-même plus recueilli. Mais c'est dans la célébration du St Sacrifice que paraissait surtout sa ferveur. Des laïques même en avaient été plus d'une fois frappés, et l'un d'eux, un Français, qui a laissé au Japon une réputation de juriste distingué, exprimait l'opinion de tous, un jour qu'il disait, à la table de Mgr Petitjean : « Quand je me trouvais le dimanche à Yokohama, j'aimais à entendre de préférence la messe de l'abbé Coste ; elle ne me paraissait jamais trop longue.» Sous une forme discrète, c'est un éloge de grand prix.

On ne peut dire que, sur la fin de sa vie, la piété du Cher P. Coste ait jeté un plus vif éclat. L'éclat, il le fuyait par vertu, comme certaines plantes délicates fuient par nature la trop grande lumière. Le caractère spécial de sa piété a été, au contraire, de paraître toujours peu, de rester constamment la même, solide, soutenue, modeste, d'une parfaite égalité. Pourtant, depuis les noces d'argent de sa prêtrise qui furent une fête pour toute la Mission en 1893, il paraissait, le soir, prolonger sa prière plus avant que de coutume. Il s'était fait comme une règle de réciter chaque jour en entier les quinze dizaines du Rosaire, voulant sans doute montrer par là qu'il mettait cette nouvelle période de sa vie sacerdotale sous la protection spéciale de la Très Ste Vierge, à laquelle il avait depuis l'enfance une dévotion toute particulière.

Hélas! elle ne devait pas durer longtemps cette vie si pleine, et contre toute attente, le Bon Dieu se préparait à couronner son serviteur. Rien cependant n'annonçait chez lui une fin prochaine ; quoique toujours prêt à mourir, lui-même ne s'y attendait pas de sitôt : Dans une lettre datée du 13 Février dernier, la dernière probablement qu'il ait écrite, il annonçait ainsi à sa sœur l'envoi d'une photographie longuement désirée : «Tu auras peut-être de la peine à reconnaître les traits d'autrefois. Pourtant, grâce à Dieu, ma santé est toujours florissante. Malgré les ans, ma tête chauve et ma barbe grisonnante, on prétend que je ne vieillis pas.»

C'était vrai : depuis quelques années on lui trouvait même une mine réjouie, et les confrères lui promettaient volontiers encore vingt ans d'existence. La régularité d'habitudes et le régime de vie exemplaire qu'il suivait étaient, il est vrai, pour beaucoup dans le maintien de sa santé. Grâce à ces précautions, il était très rarement indisposé et travaillait toujours, sans perdre un moment, gai, alerte comme un jeune homme. La vue seule avait baissé dans les derniers temps. A peine remarquait-on une certaine lenteur d'esprit qui lui demandait parfois un peu d'effort pour suivre le fil d'une conversation, ou pour se mettre au courant d'une affaire. Car on ne pourrait accuser la vieillesse des accès de somnolence qui le surprenaient quelquefois à table, le soir, surtout pendant les longues veillées d'hiver. C'était, un péché de jeunesse qu'il confessait lui-même avec candeur, sans grande contrition peut-être, surtout sans espoir de conversion. Il y avait pourtant quelque amendement depuis Singapore, où il s'endormait, disent gaîment ses lettres, la cuillère à la main. Au reste ce sommeil du juste, que les typhons de Hong-kong n'ébranlaient pas autrefois, ne pouvait guère non plus troubler sa santé, il en était même un bon signe.

Tout allait donc pour le mieux, lorsque, vers le 19 Février, à la suite d'une petite promenade, il ressentit quelques légers frissons de fièvre. Aux approches du printemps, ce symptôme ne l'inquiéta pas tout d'abord. Il espérait qu'une bonne sueur et une dose de quinine feraient tout disparaître. Le lendemain, il alla donc, comme de coutume, dire la messe à l'Orphelinat de la Ste Enfance. C'était la dernière fois qu'il se trouvait, sans le savoir, au milieu de sa petite famille spirituelle. Ses chers orphelins qu'il avait presque tous baptisés, qu'il entourait de soins depuis huit ans, ne devaient plus revoir leur Bon Père. ~~Le reste de la journée~~ Au retour, il se sentit mal à l'aise ; le reste de la journée, il eut froid. La nuit suivante fut agitée. Il s'abstint le lendemain de célébrer la Ste messe, se leva cependant à cinq heures suivant l'ordinaire et, s'ennuyant seul dans sa chambre, voulut encore descendre avec les confrères pour le repas de midi. Mais il était à peine depuis cinq minutes au réfectoire qu'il changea soudain de couleur, et, sur le conseil de Monseigneur effrayé de cette pâleur subite, consentit à remonter dans sa chambre. Il ne devait plus en sortir.

Le médecin appelé dans l'après-midi — c'était le vendredi 21 — constata un peu de fièvre, mais ne put se prononcer sur la nature du mal. Le lendemain, tout annonçait une fièvre typhoïde, assez bénigne, du reste, en apparence. A partir du dimanche, le docteur Japonais visita le Père deux fois par jour, régulièrement et suivit aussi attentivement que possible la marche de la maladie. Pendant plusieurs jours, la fièvre suivait son cours normal et le peu d'élévation de la température chez le malade faisait espérer avec des soins et des précautions, une guérison presque certaine. Illusion qui devait durer presque jusqu'à la fin! Vers le sixième jour de la maladie, l'effort de la fièvre se porta à la tête. Bientôt il n'y eut plus que des applications de glace pour calmer la douleur que le malade ressentait dans cette région et qui lui enlevait tout repos. La nuit du Mercredi au Jeudi fut mauvaise. Le Jeudi matin, tous ceux qui approchaient le Père, particulièrement la Supérieure des Sœurs de l'Orphelinat qui ne quittait son chevet qu'aux heures de nuit, remarquèrent dans son état général un changement inquiétant. La tête semblait s'alourdir, la parole devenait moins sûre, le malade se plaignait lui-même de ne pouvoir suivre ni lier ses idées. Mgr prévint par lettre les confrères de Yak hyen et de Ryong san que le danger, sans être imminent, était assez sérieux pour conseiller de ne pas remettre à plus tard l'administration des sacrements. Après midi, le Père fut donc averti de son état : il était loin d'en soupçonner la gravité. Avec la docilité d'un enfant, il prépara sa dernière confession, et, malgré une certaine difficulté de parole qui lui rendit long et même pénible l'accomplissement de ce devoir, il put se confesser avec une lucidité d'esprit complète. Pour lui donner l'extrême-onction, Mgr attendit l'arrivée de M. Doucet. Le malade le reconnut encore. Quand tout fut prêt pour l'administration du Sacrement «N'est-ce pas que vous désirez recevoir sans plus tarder l'Extrême-Onction?» lui dit Sa Grandeur. Le malade fit des signes d'assentiment. La cérémonie commença. Il paraissait se rendre compte de ce qui se passait et s'unir d'intention aux prières de l'Eglise. Mais dès que

Mgr arriva à la première Onction, le pauvre Père avait perdu mémoire de tout. Quand il vit la main de l'Evêque se poser sur les paupières pour y tracer le signe de la croix avec l'huile Sainte, alors il y eut dans tout son être comme une secousse de peur et un sursaut d'étonnement, l'état d'un homme qui sort d'un rêve pénible et cherche à reprendre conscience de lui même. Il se tourna brusquement sur le côté droit, ~~appuya sa tête sur sa main,~~ et se mit presque sur son séant, la tête appuyée sur la main, et jeta un regard anxieux sur l'assistance. Ce regard dut être un éclair, une révélation complète. Le visage s'empourpra soudain, les yeux s'emplirent de larmes. C'était certainement pour le pauvre Père l'heure, le moment du sacrifice, moment cruel pour la nature. A ce juste dont la vie avait été toute à Dieu, Dieu sans doute voulait laisser le dernier mérite d'en sentir vivement la perte, d'en mesurer pleinement l'offrande, d'en accepter librement l'entier abandon. Ce qui fut fait. Après la minute d'angoisse, le calme revint, le malade, levant les yeux vers une patrie nouvelle, reposa doucement son corps sur sa couche, et, avec une expression de foi et de prière profondes, se prêta, en s'y associant, aux dernières cérémonies de l'Extrême-Onction.

Rien ne le retenait plus sur la terre. A partir de ce moment, la mort activa son œuvre. Le pauvre Père, les yeux fermés, la poitrine haletante, les lèvres brûlées par l'ardeur de la fièvre, gisait muet, comme une masse inerte. On distinguait parfois, non sans peine, à travers le sifflement de l'air qui sortait péniblement de sa gorge embarrassée, les saints noms de Jésus et de Marie qu'il ne pouvait réussir à articuler, mais qui prouvaient encore avec un reste de connaissance, les aspirations de son âme ~~pour~~ vers Dieu. Nous récitâmes les prières des Agonisants, pensant que tout espoir de le sauver était perdu. Mais l'agonie devait se prolonger encore vingt-quatre heures, pendant lesquelles même immobilité, même oppression, même râle. Enfin le vendredi soir, après quelques pauses de respiration qui annonçaient le dernier souffle, le visage du moribond s'étira convulsivement, comme sous l'excès de la douleur, dans une longue crispation nerveuse ; puis les traits reprirent leur pose naturelle. Le Père était entré dans l'éternel repos. Il était 5 heures 45 du Soir, Vendredi 28 Février.

Dès que le corps fut revêtu des ornements sacerdotaux, les chrétiens affluèrent pour prier autour de son lit funèbre. Pour satisfaire leur piété, le défunt fut transporté de bonne heure le lendemain dans une pièce séparée, ~~attenante~~ à la portée de tous, et disposée en chapelle ardente. Les femmes pendant le jour, les hommes pendant la nuit, ne cessèrent de psalmodier devant ses restes, jusqu'à l'heure des funérailles, l'office des défunts.

Le dimanche 1er Mars, à 11 h. du matin, Monseigneur Mutel tint à célébrer en personne la messe d'enterrement. Les représentants des diverses puissances : Amérique, Allemagne, Angleterre, Russie, Japon, sans compter la France, ainsi que plusieurs autres résidents étrangers, s'étaient tous fait un pieux devoir de témoigner par leur présence, dans cette circonstance douloureuse, leur sympathie pour la Mission Catholique et leur respect profond pour le défunt. L'affluence des Xtiens, massés aux abords de la chapelle provisoire trop petite pour contenir cette foule, leur tristesse contenue, leur recueillement, la récitation des Litanies des Morts dont les invocations répétées par toute l'assistance, coupant le silence de la fonction sacrée, tombaient comme autant de larmes sur le cercueil d'un Père, tout semblait concourir, malgré l'exiguïté du local, à donner à cette cérémonie funèbre un cachet d'émotion et de piété indéfinissables. Plusieurs ministres et consuls, même non catholiques, furent remués, paraît-il, par ce spectacle.

Après la Messe et l'Absoute, le convoi funèbre, Croix en tête, traversa la ville devant une foule étonnée et respectueuse. Près de cinq cents Chrétiens, rien que des hommes, ~~suivant le cercueil~~, priant à haute voix, en chœur, suivaient le cercueil. Il fallut près de deux heures de trajet, pour arriver au Cimetière de la Mission, qui occupe la colline de Samho-tjyang, située à quelques minutes du séminaire de Ryong san. C'est là, qu' en compagnie de plusieurs confrères qu'il avait tous accompagnés au champ du repos, que repose à son tour notre Cher Père Coste, en attendant la résurrection bienheureuse.

Puissent ces quelques pages que nous déposons sur sa tombe encore fraîche, au nom de tous les Missionnaires de Corée, comme un témoignage de notre vénération commune, perpétuer longtemps au milieu de nous le souvenir de ses vertus! Puissent-elles aussi, si elles viennent à tomber sous les yeux de sa digne mère, sinon sécher entièrement ses larmes, du moins adoucir l'amertume de ses regrets! Qu'elles changent, avec le temps, en bénédictions, les cris de la nature! N'est-elle pas heureuse, en effet, aux yeux de la foi, cette femme vénérable à qui Dieu a donné ~~et qui~~ un tel fils, et qui l'a donné à son tour tout à Dieu? Au récit de la vie de ce fils qu'elle ne doit plus revoir ici-bas, n'a-t-elle pas le droit de se réjouir comme le vieil Isaac au contact des vêtements embaumés de Jacob, et de dire comme ce patriarche : Vraiment le parfum qui s'exhale de la vie de mon enfant est comme l'odeur d'un champ rempli de fleurs et de fruits, que le Seigneur a comblé de bénédictions.

Telle est en effet la vie dont nous avons tracé une légère esquisse. Ce fut, ~~en effet~~, un champ fertile, doué de dons de la nature et de la grâce, un champ cultivé avec un soin constant et jaloux, un champ plein de travaux et de mérites, amassés au jour le jour sans bruit, sans relâche, champ qui restera l'honneur et le trésor d'une famille, l'honneur aussi de la Société et de la Mission auxquelles le Père Coste appartient désormais comme en bien propre après leur avoir donné, comme il savait le faire, toute son activité et tout son cœur.

Ecce odor filii mei, sicut odor agri pleni, cui benedixit Dominus!

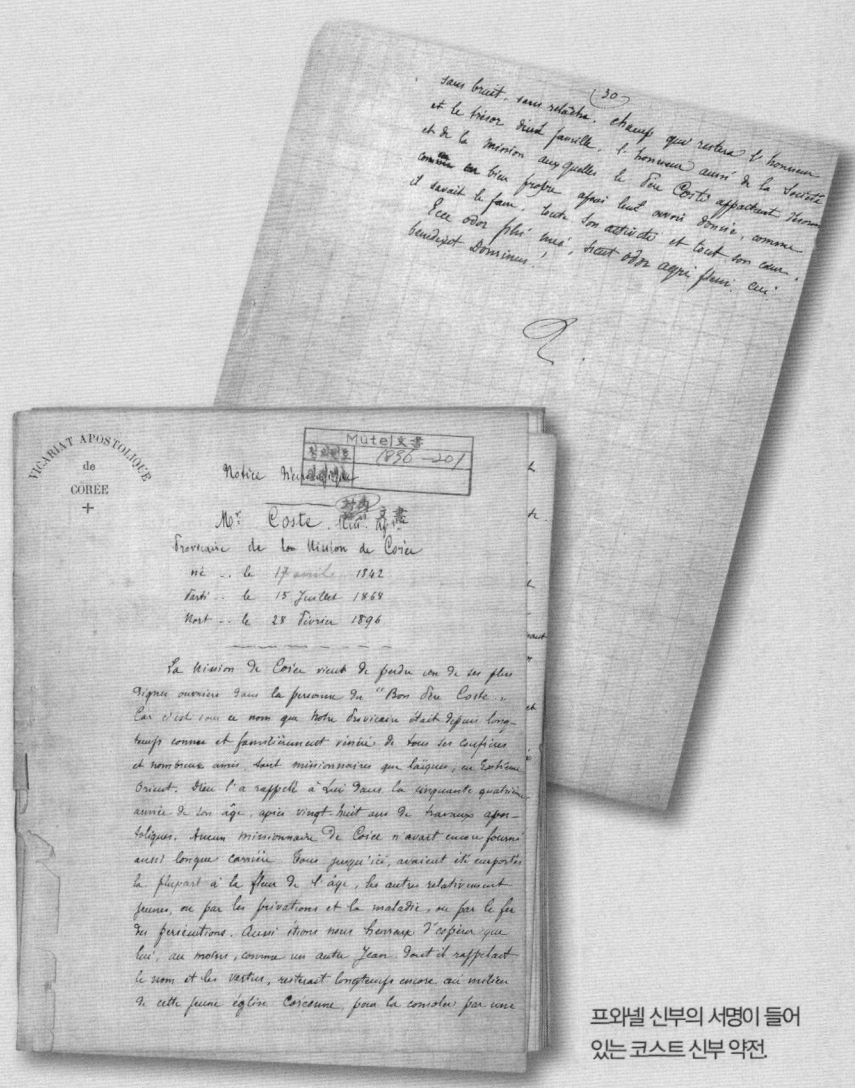

프와넬 신부의 서명이 들어 있는 코스트 신부 약전

색 인

ㄱ

갑신정변(甲申政變) 27, 172
강화도조약(江華島條約) 22, 27, 34, 39, 45, 85
게랭(A. Guérin) 164, 237, 245
고종(高宗) 76, 137, 142, 205, 219, 229, 231
권(權) 타대오 142
김홍집(金弘集) 159

ㄴ

나가사키(長崎) 23, 27, 37, 45, 73, 84, 121, 122, 124, 128, 129, 130, 132, 133, 134, 136, 137, 139, 140, 141, 142, 143, 145, 148, 150, 152, 154, 161, 166, 169, 172, 174, 175, 176, 177, 179, 180, 181, 182, 235, 248, 262, 282, 355, 356, 357, 665
내포(內浦) 292
뉴창 → 잉체(혹은 영구[營口])

ㄷ

다마드(A. d'Amade) 279
다블뤼(A. Daveluy) 34, 61, 66, 142
달레(Ch. Dallet) 61, 66
대구(大邱) 72, 202, 204, 244, 250, 300, 301
대원군 → 흥선대원군
데니(O.N. Denny) 222, 223, 231, 232, 233, 332
델페슈(P.B. Delpech) 208, 312

도쿄(東京) 74, 80, 81, 83, 87, 90, 94, 97, 102, 103, 112, 121, 148, 235, 336, 659
동방회리은행(東方滙理銀行) 94, 101, 103, 107, 118, 323
동학교도(東學教徒) 329, 337
두세(C. Doucet) 24, 25, 33, 63, 69, 72, 77, 129, 262, 267, 292, 303, 320, 322, 326, 673
드게트(V. Deguette) 34, 36, 37, 40, 41, 42, 47, 52, 54, 71, 77, 103, 104, 106, 126, 136, 142, 143, 144, 145, 149, 154, 206, 211, 212, 255, 258, 260, 663
들라플라스(L.G. Delaplace) 46, 50, 78, 155
디용(Dillon) 126, 128, 130, 131, 133, 134, 182

ㄹ

라이몬디(G.T. Raimondi) 119
라푸르카드(A.J. Lafourcade) 227
랑글레(J.A. Langlais) 80, 81
레그르(J.M.M. Laigre) 139
로(J.L. Rault) 243, 244, 285, 286, 335
로베르, 레옹(Léon Robert) 334
로베르, 아실(Achille P. Robert) 33, 63, 69, 72, 74, 77, 124, 143, 147, 149, 182, 197, 198, 202, 204, 250, 285, 298, 301
로케뉴(J.-M. Laucaigne) 45, 49, 108
루세이유(J. Rouseille) 24, 69, 137, 208, 213, 225, 227, 243, 256, 258, 305, 320, 324
르 메르(Le Merre) 289

700 코스트 요한 신부 서한집

르모니에(E. Lemonnier)　40, 47, 56, 71, 79, 80, 92, 94, 96, 99, 101, 103, 105, 107, 109, 113, 118, 120, 122, 124, 126, 141, 143, 150, 152, 154, 167, 174, 175, 177, 179, 181, 188, 190, 203, 217, 246, 249, 256, 257

르 비엘(E.C. Le Viel)　289, 324

르페브르(G. Lefèvre)　339, 344, 346, 359, 360

리델(F. Ridel)　22, 23, 25, 26, 33, 34, 35, 36, 37, 40, 42, 43, 44, 45, 48, 49, 51, 52, 53, 54, 57, 59, 60, 61, 63, 65, 66, 67, 69, 70, 72, 73, 74, 76, 77, 81, 83, 84, 85, 87, 88, 90, 91, 92, 96, 101, 102, 103, 104, 105, 106, 108, 109, 110, 112, 118, 121, 122, 124, 126, 129, 130, 132, 136, 137, 139, 142, 152, 168, 169, 170, 171, 183, 662, 663, 665, 666

리샤르(P.E. Richard)　23, 36, 39, 49, 53, 58, 59, 60, 65, 66, 67, 68, 70, 74, 76, 77, 81, 83, 85, 88, 111, 663

리우빌(A. Liouville)　74, 116, 208, 222, 226, 252, 257, 302

ㅁ

마라발, 요셉(J. Maraval)　182, 183, 227, 252, 266, 267, 276, 279, 302, 304, 308, 311, 312, 313, 318, 319, 324

마라발, 장 밥티스트(J.-B. Maraval)　266, 308, 310, 311, 312, 313, 314

마르티네(Martinet)　56, 80, 81, 102, 106, 109, 110, 114, 126, 130, 144, 145, 151, 152, 153, 161, 166, 171, 172, 176, 181, 185, 205, 217, 219, 224, 248, 255, 323, 327, 328

명동(明洞) (대)성당 → 종현 성당

모니에(F.C. Monnier)　227, 243, 256, 306, 320, 322

묄렌도르프(P.G. von Möllendorff)　156, 157, 158, 159, 161, 185, 207, 231, 238, 332, 352

뮈텔(G. Mutel)　24, 25, 65, 70, 74, 75, 100, 116, 133, 136, 137, 149, 156, 157, 162, 167, 172, 175, 176, 177, 183, 221, 260, 274, 280, 285, 305, 306, 320, 322, 326, 334, 337, 339, 350, 352, 354, 355, 356, 358, 359, 668, 669, 673, 675

미동(F.N. Midon)　79, 80, 100, 103, 105, 110, 123, 186, 219, 664

ㅂ

발레이스(E. Wallays)　117, 242

베롤(J. Verrolles)　22, 33, 34, 58, 59

베르모렐(J. Vermorel)　227, 267, 269, 294, 295, 335

베를리오즈(A. Berlioz)　74, 99, 100, 102

베베르(Karl I. Weber)　156, 211, 212, 215, 219, 220, 222, 223, 229, 230, 231, 232, 233, 234, 235, 344, 346

보두네(F.X. Baudounet)　254, 268, 269, 277, 278, 280, 281, 294, 297, 304, 307, 315, 318, 337

부레(Nicolas Prosper Bourée)　128, 130, 134, 148, 149

부엉골 신학교　139, 182, 266

부주교(副主敎, Provicaire) → 직무 대행

브르니에 드 몽모랑(Brenier de Brenier de Montmorand)　50, 57, 65, 90

블랑(J. Blanc)　23, 24, 25, 27, 34, 37, 38, 40, 42, 46, 47, 52, 53, 54, 66, 71, 77, 103, 104, 116, 124, 134, 137, 138, 139, 142, 143, 144, 147, 149, 150, 151, 152, 153, 154, 155, 156, 161, 162, 163, 164, 167, 169, 170, 171, 172, 173, 178, 179, 180,

색인　701

181, 182, 183, 184, 185, 187, 188, 189, 191, 192, 196, 198, 203, 206, 211, 213, 217, 219, 222, 223, 225, 229, 231, 233, 246, 247, 248, 255, 258, 260, 265, 271, 282, 303, 305, 312, 314, 663, 666, 667, 668

빌렘(J. Wilhelm)   240, 273, 301

ㅅ

상해(上海)   21, 26, 33, 36, 37, 38, 40, 42, 45, 47, 49, 50, 51, 52, 53, 54, 56, 57, 58, 71, 73, 75, 92, 93, 96, 102, 105, 106, 109, 110, 114, 117, 120, 121, 124, 126, 128, 130, 139, 142, 145, 146, 148, 150, 151, 152, 156, 157, 160, 161, 164, 165, 166, 167, 169, 172, 175, 176, 180, 181, 184, 185, 186, 188, 205, 206, 208, 213, 217, 218, 219, 224, 237, 244, 248, 255, 257, 323, 327, 334, 335, 336, 658, 663, 664

샬트르 성 바오로 수녀회   192, 218, 246, 257, 303, 358, 667, 669

성영회(聖嬰會)   24, 26, 192, 194, 195, 196, 197, 198, 199, 200, 244, 297, 301, 302, 303, 339, 669, 672

세창양행(世昌洋行)   207, 224, 238, 347

스트리플링(A.B. Stripling)   348, 352, 353

신정왕후(神貞王后)   76

쓰촨(四川) 시노드   38

ㅇ

암브루스터(H. Armbruster)   63, 77, 128, 169, 170

앙드레(J. André)   245, 255, 258, 260, 261, 262, 263, 264, 301, 314

양목림자(楊木林子)   59

에모네(N.M. Emonet)   163, 164

에브라르(F. Évrard)   84, 87, 148, 179

예수성심신학교(-聖心神學校)   24, 27, 182, 210, 243, 266, 313

오메트르(P. Aumaitre)   142

오주프(P. Osouf)   79, 80, 81, 83, 85, 86, 89, 91, 92, 95, 97, 99, 100, 102, 119, 151, 178, 179, 189, 240, 658, 659, 660, 664

올랑(L. Holhann)   102

요코하마(橫浜)   22, 27, 66, 73, 76, 79, 80, 84, 88, 90, 92, 94, 95, 96, 99, 100, 101, 103, 105, 107, 108, 109, 110, 112, 113, 115, 118, 120, 138, 148, 165, 175, 177, 189, 190, 213, 217, 235, 323, 327 664, 665, 670

용산(龍山)   182, 252, 266, 302, 673

용산 신학교(龍山神學校) → 예수성심신학교

운요호(雲揚號) 사건   34

위앵(L. Huin)   142

이홍장(李鴻章)   149, 156, 231

임오군란(壬午軍亂)   27, 137, 138, 139, 159

잉체(Ing-tze)   57, 58, 61, 90, 164, 663, 664

ㅈ

자크맹(C. Jacquemin)   102

장하(莊河)   33, 63, 72, 663

전주(全州)   268, 269, 270, 280, 337

조대비(趙大妃) → 신정왕후

조선어 문법서(朝鮮語文法書) → 『한어문전』

조스(J.-B. Josse)   139, 150, 151, 153

조일수호조규(朝日修好條規) → 강화도조약

조조(M. Jozeau)   298, 337, 338

조프르와(L. de Geofroy)   81, 84, 85, 90, 91, 97

종현(鐘峴) 성당   24, 136, 220, 229, 283, 337, 340

직무 대행(職務代行) 23, 24, 137, 196, 198, 282, 303, 314, 340, 349, 350, 359, 653, 667, 668

ㅊ

차쿠(岔溝) 22, 26, 33, 34, 36, 37, 40, 41, 42, 43, 56, 59, 61, 63, 64, 66, 69, 71, 115, 663
체푸(芝罘) 26, 43, 45, 49, 52, 57, 126, 128, 130, 132, 663, 664
최[태종] 175, 183

ㅋ

카즈나브(P.X. Cazenave) 169, 171
코고르당(F.G. Cogordan) 179, 182, 195
콜랭 드 플랑시(Collin de Plancy) 26, 205, 206, 219, 221, 222, 225, 234, 237, 238, 241, 244, 245, 247, 250, 251, 252, 254, 265, 266, 267, 268, 270, 271, 273, 276, 277, 279, 280, 281, 283, 300, 304, 307, 315, 316, 318, 319, 327, 360
쿠데르(V. Coudere) 287, 288
쿠랑(M. Courant) 26, 205, 280
쿠브뢰르(N. Couvreur) 95, 97, 102

ㅍ

파스키에(P. Pasquier) 249, 255, 262, 263, 302
파크스(H. Parkes) 154, 163
파트리아(C.-E. Patriat) 60, 74, 79, 80, 93, 95, 102, 104, 108, 111, 113, 114, 116, 120, 122, 143, 147, 151, 154, 175, 180, 183, 658, 660
퍼거슨(T.T. Fergusson) 57
페낭(Penang) 109, 113, 117, 120, 139, 142,
152, 153, 154, 177, 182, 183, 209, 240, 258
페레올(J. Ferréol3) 34, 58
페롱(S. Féron) 33, 113, 120
페티에(A. Pettier) 190, 191, 348
프와넬(V. Poisnel) 20, 21, 24, 25, 136, 143, 145, 153, 187, 212, 228, 230, 231, 233, 247, 284, 302, 305, 334, 354, 359, 653
프티장(B.T. Petitjean) 45, 103, 105, 116, 134, 138, 140, 156, 665

ㅎ

하스(J. Haas) 157, 158, 159, 161, 162, 163, 168, 173
하트(R. Hart) 57
『한불자전(韓佛字典)』 22, 33, 37, 66, 109, 112, 113, 165, 324, 663, 664
『한어문전(韓語文典)』 22, 33, 66, 70, 73, 92, 120, 186, 324, 664
함안(咸安) 251, 267, 298, 300
헌트(J.H. Hunt) 348, 354
홍종남(洪鐘南) 268, 270
홍콩(香港) 21, 24, 26, 33, 40, 44, 47, 56, 60, 63, 71, 73, 74, 79, 80, 81, 92, 93, 94, 95, 96, 99, 101, 102, 103, 104, 105, 106, 107, 109, 110, 113, 114, 116, 118, 119, 120, 121, 122, 124, 126, 130, 132, 137, 139, 141, 142, 143, 144, 150, 151, 152, 153, 154, 156, 169, 174, 175, 176, 177, 179, 181, 183, 184, 188, 189, 190, 203, 208, 217, 243, 244, 246, 248, 256, 257, 305, 320, 323, 324, 348, 658, 660, 672
홍콩 나자렛 인쇄소 243
홍선대원군(興宣大院君) 76, 96, 137, 138, 139, 141, 142